버나드 쇼
지성의 연대기

헤스케드 피어슨 지음 김지연 옮김

Bernard Shaw: His Life and Personality
Hesketh Pearson

Tendedera

차례

제1부 더블린 (1856~1876)

1장	가족	05
	수치스러운 비밀을 없앨 수 없다면 차라리 활용하라	
2장	학교	17
	오, 지옥 같은 어린시절이여!	
3장	친척	29
	사실처럼 보이는 이야기는 얼마든지 지어낼 수 있다	
	오히려 현실을 사실로 받아들이게 하기가 힘들다	
4장	독서	35
	오리에게 수영은 희망사항이 아니다	
5장	학습	41
	배우려는 마음이 없으면 경험하고도 배우지 못한다	
6장	열정	49
	나의 정신은 도덕적 열정에서 태어났다	
7장	취업	54
	정당하게 먹고살겠다고 본성에 반하는 죄를 짓다	

제2부 런던 (1876~1900)

8장	소설가	65
	바라는 게 없는 자는 절망하지도 않는다	
9장	연설가	83
	나의 명성은 실패와 더불어 커졌다	
10장	필생의 귀인	103
	나에게 일어난 최고의 행운은 시드니 웹을 만난 것이다	
11장	피의 일요일	114
	신이시여, 저들을 저들 자신으로부터 구원하소서!	
12장	페이비언 스타일	123
	나는 사상가이지 투사가 아니다	

13장	로맨스	131

"매우 쇼답지만, 멍청한"

14장	영국박물관 독서실	148

참으로 멋진 공산주의적 시설

15장	여자들	164

내 호주머니는 언제나 사랑의 잔돈으로 가득하여라

16장	음악비평가	191

예술을 개인적인 문제로 만드는 능력이 그 사람을 비평가로 만든다

17장	여가	203

여가의 결핍이나 과잉은 머리를 굳게 만든다

18장	더 노토리어스	230

예술 문제에 관한 한 나는 인정사정없다

19장	연극비평가	253

극작가의 일이란 경험을 이해할 만한 것으로 만드는 것이다

20장	정치가	271

버틸 수 있는 마지막까지 혹사되어서 좋다

21장	극작가	286

단지 반응하지 않고 행동하기로 마음먹으면
할 수 있는 일은 여러가지다

22장	결혼	317

모든 결혼은 다 다르다

23장	평판	347

심각함은 대단해 보이고 싶은 소인배의 허세다

제3부 런던, 에이욧 세인트 로렌스 (1900~1950)

24장	희극	357

정말로 지적인 작품은 전부 유머러스하다

25장	논객	390

오직 웃음을 통해서만, 악의 없이 악을 물리치고
오글거림 없이 의리를 말할 수 있다

26장	논쟁	415

사람들은 진실을 두려워하고, 비겁한 마음에서 미움이 싹튼다

27장	위원회맨	428
	영국인들이 서로 싸우고 모욕하는 것을 막느라,	
	인생의 상당 부분을 보냈다	
28장	정복	438
	오늘 내가 얘기한 것은 내일이면 모두가 얘기할 것이다	
29장	망중한	483
	"유럽 어디를 가도 쇼의 조각상을 피할 수가 없다"	
30장	전쟁	523
	전쟁의 열병은 여느 전염병과 다르지 않다	
31장	우정	554
	"옛 친구의 체면을 세워주려다 본인의 체면을 깎아 먹다"	
32장	모스크바	574
	사악함이 아니라 무지함이 문제다	
33장	걸작	598
	관객은 자기가 놓친 대사를 언제나 최고의 대사로 상상한다	
34장	제2의 소년기	645
	삶은 자신을 알아가는 것이 아니라 자신을 창조해가는 것이다	

참고문헌
버나드쇼 연보
옮긴이의 말
찾아보기

"내가 원래 정신이 이상해서 그런 건지 아니면 지나치게 제정신이라서 그런 건지, 나의 왕국은 이 세상에 없었다. 나는 상상의 영역에 있을 때만 마음이 편안했고, 죽은 위인들과 함께할 때만 편히 쉴 수 있었다."

제 1 부
더블린
1856–1876

일러두기
1. 이 책의 각주는 앞에 (저자 주)라고 표시된 경우를 제외하고 모두 역자 주이다.
2. 따로 화자를 언급하지 않고 큰 따옴표로 표시한 부분은 모두 버나드 쇼의 말이나 글을 인용한 것이다.
3. 단행본이나 정기간행물, 희곡에는 겹낫표『』를, 논문이나 기사, 회화 등에는 낫표「」를 사용했다.

가족
수치스러운 비밀을 없앨 수 없다면 차라리 활용하라

"내가 맥더프의 후손일 거라더군."

버나드 쇼가 말했다.

"봉건적 감상에 빠져서가 아니라, 내 조상이 셰익스피어 작품[1]에 나온 인물이라니 기분 좋군."

'맥더프'가 아니라 '술 취한 짐꾼'이 조상이래도 그렇게 좋아했을까 싶었지만, 나는 아무 말도 하지 않았다. 이 책에서도 그렇게까지 먼 조상을 다룰 생각은 없다.

부모의 특징적인 성격을 온전히 물려받는 경우는 드물다. 역사적으로 유명한 인물들 가운데 뛰어난 정신적 특질을 부모에게서 그대로 물려받은 경우는 아마도 쇼가 유일하지 않을까. 그는 아버지에게서 유머감각을, 어머니에게서 상상력을 물려받았다.

---

[1] 『맥베스Macbeth』. 왕을 살해하고 왕위에 오르는 '맥베스', 맥베스의 동료 장군이었으나 맥베스에게 살해당하는 '뱅코', 귀족 출신으로 결국 맥베스를 처단하는 '맥더프'가 주요 등장인물이다. '술 취한 짐꾼'은 왕이 살해된 다음 장면에 잠깐 등장하는 인물이다.

쇼의 아버지 조지 카 쇼는 17세기 말 아일랜드에 정착한 집안에서 태어났다. '쇼 집안'은 은행가와 성직자, 증권거래인, 공무원, 준남작까지 배출한 괜찮은 집안으로, 다들 혈통의식이 강했고 자신들이 마치 특별한 사람들이라도 되는 것처럼 말하곤 했다. 조지 카 쇼는 운이 없었다. 홀어머니 밑에서 열세 명이나 되는 형제자매와 함께 자랐다. 형편이 어려운 그의 가족은 배급에 의존해 살아야 했다. 그러나 그들은 쇼 집안의 일원이라는 의식으로 차분히 미래에 맞섰고 그 고상한 태도는 얼마 지나지 않아 보상받았다. 조지 카 쇼는 더블린 법원에 한직을 얻었다. 그 자리는 1850년에 없어져 버렸지만, 그의 가족은 갑자기 수입이 끊기는 고통스러운 상황을 맞지는 않았다. 조지 카 쇼에게 연간 60파운드의 연금이 지급되었기 때문이다. 그는 연금수급권을 팔아서 곡물도매업체를 하나 사들이고(쇼 집안 체면에 차마 소매상은 할 수 없었다) 여생을 돈 걱정 없이 편안하게 보내리라 자신했다. 그러나 곡물가루에 대해서는 아는 것이 전혀 없었다. 그의 동업자 역시 무지하기는 매한가지였다. 그들은 그저 지켜보기만 해도 돈을 벌 것이라는 생각으로 일을 벌였기 때문에 잘 될 턱이 없었다.

조지 카 쇼는 따뜻한 마음씨와 유머감각을 지녔지만 직업적 적성이나 상업적 능력은 많이 부족한 인물이었다. 그의 유머감각은 감정이 절정으로 치달을 때 희극적으로 맞서는 식이어서, 다른 사람이라면 울고불고할 불상사에도 그는 웃음을 터뜨렸다. 곡물 사업에 투자하고 얼마 안 되어 그의 주 고객이 외상 빚을 잔뜩 진 채 파산했다. 그의 동업자는 충격으로 몸을 가누지 못했으나, 그는 엉망진창이 된 상황에서도 "그렇게 큰 재앙을 당했다는 게 너무 웃겨서 황급히 사무실을 빠져나가 아무도 없는 창고 구석에서 지칠 때까지 웃었다." 그는 이러한 '반전의 기질'을 매우 강하게 타고나서 아들에게 그대로 물려주었으며, 개신교도로서 성경을 논할 때도 그러한 성향을 억누르지 못했다. 버나드 쇼는 이렇게 적었다. "어떤 견해나 상황이 관습에 의해 신성시될수록 아버지는 그걸로 웃기고 싶은 유혹을 더욱 강하게 느꼈다. 언젠가 내가 성경을 비웃자, 아버지는 사뭇 진지한 얼굴을 하고 어울리지도 않는 엄한 말투로 그런 식으로 얘기해서는 안 된다는 둥, 교육받은 사람이라면 그런 무지함을 드러내지 않을 것이라는 둥, 성경은 누구나 인정하는 문학적·역사학적 걸작이라는 둥, 본인이 알고 있는 고만고만한 이야기를 최대한 늘어놓으며 나를 꾸짖었다. 하지만 분위기가 정말로 엄숙해지자, 아버지는 속에서 터져 나오는 웃음을 참느라 움찔움찔했고 눈가에는 주름이 잡힌 채로 (그다음에 무슨 일이 일어날지 나는 익히 알고 있었다) 최대한 공정한 척하면서, 아무리 기독교에 반감을 품은 사람이라도 성경에 대해서는 지독한 거짓말 보따리라는 욕밖에 더하겠냐며 당신의 성경예찬을 마무리한 뒤 눈을 비비며 한참을 웃어댔다. 이런 일은 아버지와 나 사이에 일종의 게임처럼 되어버렸고 아버지를 그런 식으로 은근슬쩍 자극하는 것이 내 역할이었다."

하지만 조지 카 쇼는 별로 자극하지 않아도 알아서 발동이 걸리는 스타일이었다. 한번은 어린 아들을 처음 바다에 데려가 수영을 반드시 배워야 하는 이유에 대해 진지하게 설명했다. "아버지는 겨우 열네 살 때 말이야…." 여운을 남기는 말투였다. "수영할 줄 알았기 때문에 로버트 삼촌을 살릴 수 있었어." 그는 한 박자 쉬며 한껏 분위기를 잡더니 이렇게 덧붙였다. "솔직히 말하면, 살면서 그렇게 후회되는 일도 없었단다." 그러고는 바다로 풍덩 뛰어들어 한바탕 수영을 즐겼고 집으로 가는 내내 즐거워했다.

사실 조지 카 쇼는 한쪽 눈이 사시였지만 호감 가는 인상이었고 같이 있으면 유쾌한 사람이었다. 그는 오스카 와일드의 아버지이자 안과 의사였던 윌리엄 와일드 경에게서 사시 교정수술을 받았는데 "교정이 너무 과했던 탓인지 이번에는 반대쪽 눈이 사시가 되었고 그런 채로 여생을 살았다." 곡물도매업체를 인수했지만 입에 풀칠하기 급급했던 그는 엘리자베스 걸리라는 여인에게 반해서 청혼하기에 이르렀다. 그는 당시 사십대로 엘리자베스보다 나이가 두 배나 많았다. 그런 그를 그녀가 사랑했을지는 의문이다. 아니, 누가 됐든 그녀가 사랑한 사람이 있기는 했을지 의문이다. 어쨌든 조지 카 쇼는 그녀가 참을 수 없는 상황에서 벗어날 기회를 제공했다. 엘리자베스는 어머니를 여읜 뒤, 곱사등에 천사 같은 얼굴을 하고서 전제군주처럼 구는 친척 아주머니 손에 길러졌다. 이 후견인은 엘리자베스가 전형적인 귀족 숙녀로 자라도록, 즉 명망 있는 남자와 혼인함으로써 자질구레한 일들은 의사나 변호사나 하인에게 맡기고 아무것도 몰라도 평생 잘 살 수 있도록 그녀를 야단치고 혼내고 들볶았다. 그러한 스파르타식 훈련의 대가로 엘리자베스는 천사의 탈을 쓴 늙은 마녀의 재산을 물려받을 예정이었다. 엘리자베스 걸리(베시)와 결혼할 수 있는 명망 있는 남자 명단에 조지 카 쇼는 없었다. 그는 재미있었으나 나이가 많았고, 귀족이었으나 돈이 없었다. 한편, 조지 카 쇼 본인의 생각은 이랬다. 쇼 가문이라는 사실 하나만으로도 어떤 반대든 무효로 만들 수 있고, 자신의 곡물 사업이 마녀의 유산과 결합하면 어찌 됐든 귀족 체면은 유지하며 살 수 있을 거라고. 그러나 베시의 친척들은 베시가 약혼을 발표하자 준비해 놓은 비장의 카드를 꺼내들었다. "그 사람 술주정뱅이래." 베시는 즉시 약혼자에게 달려가 그 문제에 대해 따져 물었다. 조지 카 쇼는 당황했지만 이내 능란한 화술로 자신은 술을 극도로 혐오하는 사람이라는 확신을 그녀에게 심어줬다. 그 술에 대한 혐오가 잦은 음주로 인한 죄책감에서 비롯됐다는 이야기는 물론 쏙 뺐다.

둘은 결혼했고, 늙은 마녀는 그들의 결혼을 축하하는 의미로 말 안 듣는 조카의 이름을 유언장에서 빼버렸다. 어린 쇼 부인은 리버풀로 신혼여행을 가서 결국 못 볼 것을 보고 말았다. 찬장에 빈 술병이 가득했던 것이다. 이런저런 생각 끝에 그 빈 병들의 주인이 자기 남편일 것이라는 결론에 도달한 그녀는 그길로 부둣가로 뛰쳐나가, 술을 못 끊는 금주주의자 따위는 내팽개치고 어느 여객선의 승무원이 되어 대양 저편으로 떠나버릴까 고민했다. 하지만 술에 취해 거침없이 떠드는 항만노동자들을 보니 집에 두고 온 천진한 남자가 차라리 덜 무섭겠다는 생각이 들어서 결국 발길을 돌렸고 어떻게든 남편과 잘 해보기로 마음먹었다. 기질적으로 그녀는 그런 상황에 대처할 준비가 되어 있었다. 자기 안으로 들어가서, 자기에게 너무도 가혹했던 현실 세계와는 비교할 수 없을 정도로 좋은 자기만의 세계를 구축하고, 그 안에서 살아갈 수 있는 능력이 있었다. 그리하여 마침내 그녀의 정신적인 독립성, 상상력에 의한 자기만족, 정신세계에서 살아갈 수 있는 능력을 그대로 물려받은 아들 버나드 쇼가 1856년 7월 26일 더블린 어퍼 싱 가 3번지(후에 싱 가 33번지로 바뀌었다)에서 태어났다.

버나드 쇼에게는 누나가 둘 있었다. 그들 모두 부모의 충분한 관심을 받지 못했고 유년기 대부분을 유모와 하인들 사이에서 보냈다. 부모의 보살핌이라고는 매일 저녁 퇴근해서 돌아온 아버지가 잠깐씩 놀아주는 것이 전부였다. 그들이 유년기를 벗어나자 가족 간의 애정 표현은 사라졌다. 서로에게 신경을 쓰거나 의지하는 일도 없었다. 무법상태에서 스스로 결정하는 능력을 기르기에는 안성맞춤인 환경이었다. 그래서 소년 버나드 쇼는 "생각하는 방법을 알기도 전에 자유사상가"가 되어버렸다. 후에 그에게 일상적인 감정이 결여됐던 이유라든지 개인주의적 성향이 두드러졌던 이유, 공산주의에 대한 열망이 생긴 이유를 이해할 수 있는 대목이다. "나는 학대당하며 자란 건 아니었지만(나의 부모님은 그런 종류의 비인도적인 행위를 아예 할 줄 모르는 사람들이었다) 나에게 간섭하는 사람이 전혀 없었던 까닭에, 끔찍한 자기만족적 성향, 다시 말해 상상의 재미를 갈구하는 능력이 생겼다. 내가 성장이 한참 더뎠던 것이나 순수한 사랑 문제에 관해서는 여태껏 종잡을 수 없는 야만인으로 남아있는 게 다 그 때문이지 싶다."

이 미래의 사회주의자를 만든 또 다른 요인은 당시 당사자에게는 별로 기분 좋은 경험이 아니었다.

"나는 부엌에서 식사했다. 내가 싫어하는 쇠고기 스튜와 싱싱하든 상했든 맛대가리라곤 없게 요리한 감자를 거의 매일 먹었다. 차는 또 어찌나 많이 마셨던지. 화덕 위에 놓인 밤색 도자기 찻주전자는 차가 타닌으로 변할 때까지 끓었다. 나는 설탕을 슬쩍하곤 했지만 배가 고파본 적은 한번도 없었다. 어릴 때 자주 배를 곯아본 아버지가 어린아이의 배고픔에 대해 일종의 공포심 같은 게 있었기 때문이다. 그래서 아버지는 우리 손이 닿는 곳에 항상 빵과 버터를 충분히 놔두도록 지시했다. 내가 말썽을 피우면 하인 한 명이 내 머리를 쥐어박곤 했는데, 어느 날 내가 크게 용기를 내서 대들었더니 그가 비굴하게 무너져버렸다. 그때부터 나는 통제불가능한 아이가 되었다. 나는 하인들이 싫었고 어머니가 좋았다. 한두 번쯤 어머니가 내 빵에 버터를 발라준 적이 있었는데 나이프로 그냥 쓱 문지르는 대신 아주 두툼하게 발라줬기 때문이다. 어머니는 나한테 신경을 거의 쓰지 않아서 나는 오히려 어머니에 대해 환상을 품고 어머니를 마음껏 동경했다. 어머니와 보내는 시간이 많지 않다 보니 어머니에 대한 환상이 깨질 만큼 불쾌한 경험을 할 일도 없었다. 어머니랑 산책을 하거나 누구를 만나거나 나들이를 하는 것은 일종의 특권이었다.

너무 어려서 혼자 밖에 나갈 수 없었던 시절에는 어느 하인의 손에 이끌려 외출하곤 했다. 그녀는 운하나 광장 주변같이 건전하고 수준 있는 곳으로 나를 데려가 바람을 쐤어야 했다. 하지만 실제로는 빈민가로 데려갔다. 지저분한 공동주택에 사는 자기 친구들을 만나기 위해서였다. 그녀가 아는 남자가 자꾸 술을 사겠다고 해서 둘이 나를 술집에 데려간 적도 있다. 나에게는 레모네이드며 진저비어를 마음껏 마시라고 했지만 나는 별로 즐겁지가 않았다. 아버지가 음주의 폐단에 대해 귀에 쏙 들어오게 설명해준 덕분에, 나에게는 술집이 사악한 장소이며 절대 발을 들여서는 안 될 곳이라는 인식이 있었다. 요컨대, 그런 경험들이 바탕이 되어 나는 평생 가난을 혐오하고 가난을 완전히 뿌리 뽑는 데 나의 공적인 삶 전부를 바치게 됐다."

버나드 쇼는 아버지를 통해 그의 인생에서 첫 번째 도덕적 교훈을 얻었다. 그의 아버지는 술에 대해 극도의 공포심을 드러냈기 때문에 어린 버나드 쇼는 술에 손도 안 대겠다고 결심하며 투철한 금주가가 되어 있었다. "어느 날 밤, 내 키가 아직 아버지 무릎 정도밖에 안 되었을 때 아버지를 따라 산책을 나간 적이 있었는데, 산책하는 동안 내 안에서 무시무시하고 믿기 어려운 의혹이 고개를 들기 시작했다. 집에 도착하자마자 나는 겁에 질린 채로 몰래 어머니에게 가서 속삭였다. '엄마, 아빠가 술 취한 것 같아요.' 그러자 어머니는 짜증난다는 듯 고개를 돌리더니 '네 아빠가 언제 안 그런 적이 있었니?'라고 하는 게 아닌가. 그 후로 나는 아무것도 믿지 않았다. 나의 냉소적인 태도는 그때 시작됐다." 가장의 음주 습관은 그 가족에게 두 가지 무시 못 할 영향을 미쳤다. 조지 카 쇼의 가족은 일단 쇼 집안의 크고 작은 사교 모임에서 배제되었다. 그래서 그들은 자기방어적 차원에서 유머감각을 길러야 했다. "저녁 식사나 파티에 초대된 아버지가 술에 취하지 않은 채로 나타나는 경우는 드물었고 그런 자리를 뜰 때쯤에는 영락없이 추하게 취해 있었다. 사실 유쾌한 술꾼은 친구들 사이에서 분위기를 띄우기도 한다. 시비걸고 허세부리는 술꾼조차 까다롭지 않은 사람들은 재미있어한다. 하지만 내 아버지처럼, 원칙적으로는 금주주의자인 탓에 술잔을 들고도 창피함과 죄책감에 시달리는 비참한 술꾼은 정말 참아주기 힘들다. 우리 가족은 결국 사회적으로 고립되었다. 아주 어릴 때 이후로는 친척 집에 가 본 기억이 없을 정도다. 만일 부모님이 단둘이 외식하러 나간다거나 파티에 간다고 하면 우리 남매는 집에 불이 났다고 할 때보다 더 놀랐을 것이다." 다행히 조지 카 쇼는 술에 취해 악마로 돌변하거나 하지는 않았다. "아버지는 동네 술집에서 혼자 외롭게 마시는 스타일이었다. '인사불성'이 될 때까지 마시는 일은 없었다. 술이 아버지에게 그런 식으로 영향을 미치지는 않았고, 아버지도 술을 고주망태가 되도록 마시지는 않았다. 하지만 아버지는 대체로 취해 있었고 몽유병자처럼 멍했다. 그러다 누가 한마디 하기라도 하면 갑자기 욱해서 아무거나 집어 들고 바닥에 내동댕이치곤 했다." 조지 카 쇼는 술에 취하든 취하지 않든 정감 가는 사람이었다. 그러나 "아버지의 알콜중독은 몹시 수치스러운 문제였기 때문에 만일 우리가 웃음이라는 피난처를 찾지 못했다면 굉장히 견디기 힘들었을 것이다. 그 문제는 가족의 비극이 되거나 가족의 농담거리가 되어야 했다. 그 상황에서 우리는 건강한 본능에 따라 아무리 상스러운 재미일지라도 웃음을 찾기로 했다. 물론 잘 되지는 않았지만 말이다. … '가장'인 아버지가 한 손에는 대충 포장한 거위를, 다른 한 손에는 역시나 대충 포장한 햄을 든 채(이유는 알 수 없지만 뭔가에 들떠서 산 것들이다), 현관문을 연답시고 담장을 머리로 들이받으며 실크 모자를 아코디언처럼 찌그러뜨리는 모습을 목격한 아이라면, 그런데 그 상황을 민망해하고 걱정스러워 하면서 실크 모자와 모자 주인을 구하러 달려나가는 대신 외삼촌과 함께 깔깔대고 웃느라 정신이 없었던 아이라면, 비극을 사소하게 만들 수는 있어도 사소함을 비극으로 만들지는 않는다. 가족의 수치스러운 비밀을 없앨 수 없다면 차라리 활용하는 편이 낫다."

이 모든 상황에서 조금도 재미를 찾을 수 없었던 유일한 인물은 쇼 부인이었다. 그녀에게 '희극적 충동' 같은 것은 없었다. 더구나 그녀는 높은 사회적 지위와 그에 걸맞은 부를 누리며 살도록 상류층 여인의 엄격함을 배우고 자란 터였다. 그런데 서른이 되기도 전에 술고래 남편과 자식 셋과 소득 불안에 시달리며 사회의 낙오자가 되어 있는 자기 자신을 발견했다. 그 상황에서 웃고 떠든다는 것은 여자 팔스타프가 아닌 이상 불가능했을 것이다. 남편과 아이들에게 신경 끄기로 한 것이 그녀에게는 불가피한 선택이었을지도 모른다. 그녀는 품행은 타고나는 것이라고 믿은 데다가 "성격이 고상해서 본인이 겪은 고통을 자식에게 강요하지는 않았지만" 아이에게는 부모의 지도가 필요하다는 것을 깨닫지 못한 채 아이들이 뭘 먹고 마시는지 신경쓰지 않았고 마치 남의 집 문 앞에 우유를 배달하듯 아이들을 낳고는 그대로 방임했다. 상냥함이 몸에 배어 있었으나 한없이 고독하게 지낼 수 있는 성격이었고, 참을성이 강했지만 누군가 선을 넘어 자신을 공격해 오면 단호하게 차단했다. 속이 깊고 말수가 적었으며, 인간의 도리를 저버리지는 않았지만 인간적이지도 않았다. 그래서 나중에 그녀의 아들은 그녀가 어떻게 세 아이의 어머니로 살 수 있었는지 신기해하곤 했다.

자신이 져야 할 책임을 뒤로하고 그녀가 찾은 도피처는 음악이었다. 그녀는 메조소프라노로서 유난히 맑은 음색을 지니고 있었고 성악 수업도 받았다. 스승은 조지 존 밴덜러 리라는 이름의 좀 특이한 이웃이었다. 리는 "매력적인 기운과 활력이 넘치는 사람"으로서 성악이 인생의 유일한 관심사였고, 몇 년에 걸친 실험과 연구 끝에 기존의 방법과는 완전히 다른 성악 교수법을 개발했다. 그 '방법'은 그의 종교가 되어 그는 거기에 온 인생을 걸었다. 정통파 교수들은 당연히 그를 미워했고 돌팔이 사기꾼 취급했다. 리의 성악 교수법이 놀라운 성공을 거두자 정통파는 그를 끌어내리기 위해 별의별 이유를 다 갖다 댔다. 그러나 리는 콘서트와 오페라를 끊임없이 기획했고, 아마추어 오케스트라가 오페라와 오라토리오의 서곡과 발췌곡, 전곡을 무난하게 연주할 수 있도록 지휘했다. 그가 쇼 부인에게 자신의 교수법을 전수하자 그녀는 즉시 그의 신도가 되었다. 그는 쇼 부인의 목소리를 아주 잘 훈련해 리드 보컬로 만들었다. 쇼 부인은 그의 '조수' 역할까지 도맡아 했기 때문에 리의 형제가 사망하자 해치 가 1번지에 있는 그의 집으로 온 가족을 데리고 이사하기로 했다. "그건 경제적인 선택이었다. 우리는 좋은 집에 살 만한 형편이 안 됐고, 리는 침실과 작업실만 있으면 되는 미혼 남성이었지만 후진 집에 사는 것은 못 견디는 성격이었기 때문이다." 리는 달키Dalkey에 있는 별장을 사서 쇼 부인에게 선물하기도 했다. "그 집은 톨카 언덕 꼭대기에 있어서 정원에서 내려다보면 달키 섬부터 호스에 이르는 더블린 만이 한눈에 들어왔다. 현관문을 열면 저 멀리 위클로 산맥을 배경으로 킬리니 만이 보이기도 했다."

한마디로, 리의 등장은 어린 쇼에게 지대한 영향을 미쳤다. 이후 자연과 음악은 쇼의 교육에서 중요한 부분을 차지하게 된다. 리는 건강이나 위생과 관련해서도 소년 버나드 쇼에게 많은 영향을 주었다. "리는 창문을 열고 자야 한다는 주의였다. 그 견해가 나름 참신하게 들려서 나도 그때부터 창문을 열어 놓고 자기 시작했다. 또, 리는 흰빵 대신 갈색빵을 먹었다. 참으로 별짜였다. 그는 의사도 믿지 않아서 언젠가 어머니가 앓아눕자 일말의 망설임도 없이 자기가 치료하겠다고 나섰다. 옆에서 벌벌 떨고만 있던 아버지는 일주일쯤 지나자 보다 못해 더블린에서 제일가는 의사를 데려왔다. 그 의사는 어머니의 상태를 보더니 '제가 할 일이 없네요.'라며 모자를 쓰고 가버렸다." 쇼 남매는 리를 별로 좋아하지 않았다. "어머니가 리를 처음 소개했을 때가 그가 나와 놀아준 처음이자 마지막이었다. 내가 폭발하기 일보 직전인 줄도 모르고 그는 검게 탄

코르크로 내 얼굴에 수염과 구레나룻을 그려 가며 나랑 놀아준다고 착각했다. 그러니까 우리의 첫 만남은 그다지 좋지 않았다. 그 후 나는 그에게 빈정대거나 하지는 않았지만, 쭉 방어적인 태도를 유지했다. 그가 힘이 약해지고 나는 힘이 세져서 둘의 관계가 대등해질 때까지 그랬다."

학교
오, 지옥 같은 어린시절이여!

쇼는 아기였을 때 사제였던 삼촌에게서 세례를 받았다. 쇼의 대부는 술에 취한 나머지 식에 나타나지도 않아서, 아기 쇼를 위해 악마와 모든 관계를 끊겠다는 맹세는 교회 관리인이 대신해야 했다. 쇼의 미래를 보증한 것은 영국국교회 역사상 가장 위험한 결정이었는지도 모른다. 그렇지만 쇼가 아기 때는 여느 아기들과 다르지 않아 보였기 때문에 교회 관리인은 전혀 망설이지 않았다. 쇼의 대모 또한 별다른 생각 없이 그 책임을 받아들였다. 남자가 여자보다 더 무거운 신발을 신듯 더 무거운 책을 받는 관례에 따라, 쇼의 대모는 쇼의 누이들이 받았던 것보다 더 큰, 금빛 자물쇠와 금테로 장식된 성경을 쇼에게 건네주었다. 그 후 20년 동안 그녀는 쇼를 네 번 정도 보고 사실상 연락을 끊었으며 그 세례식에 대해 두 번 다시 언급하지 않았다.

1861년 다섯 살이 된 쇼는 검은 테두리를 두른 신문기사에서 빅토리아 여왕의 부군 앨버트 공의 사망 소식을 접하고 처음으로 외부 세계의 사건들을 의식하게 되었다. 그 후 그는 미국 시민전쟁과 엘버튼 경 이혼

사건, 로버트슨 장군의 법정 소송을 다룬 신문의 머리기사들을 인상 깊게 봤다. 그의 우주에 대한 관념은 여느 어린아이들과 다르지 않았다. "내가 생각한 지구는 천장에는 별이 총총하고 지하에는 지옥이 있는 광대하고 평평한 바닥이었다." 그렇지만 곧 그의 내면에서 회의주의가 고개를 들기 시작했다. 좋은 약일수록 입에 쓰다는 말을 들어도, 자신이 느끼기에 영 아니라면 좋다는 것을 순순히 인정하려 들지 않았다. 어른들이 아이를 어르는 방식에 반감을 갖기도 했다. "어떤 사람들은 내 머리를 토닥이거나 어린아이의 말투를 흉내 내면서, 자기들이 어린 나에게 맞춰준다고 생각했다. 내가 신체를 아무렇지 않게 툭툭 치는 그들의 행동에 얼마나 분개했는지, 부적절하고 공격적인 그들의 언사를 얼마나 경멸했는지 기억난다. 하지만 어른들은 항상 똑같은 실수를 했다. 나를 자연스럽게 대해도 좋을 만큼 그들 역시 유치했으면서도, 그들은 일부러 어리석은 척했다. 그런 바보짓은 유치함과는 전혀 달랐고, 정상적인 아이라면 누구나 그 차이를 알 수 있었다."

어린 쇼에게 종교 교육은 거북하고 불만족스러웠다. 아직 리를 알기 전이었던 시절, 그의 아버지는 세 남매에게 가족 기도문을 읽어주곤 했다. 세 남매는 몇 년 동안 주일학교를 다니며 교리를 배웠고 교회에 가서는 한시도 가만히 있지를 않았다. 나중에 쇼는 교회를 사탄의 집으로 여겼다. "나는 매주 일요일 아침마다 어린아이에게 교회에 앉아있을 것을 강요하는 비인간적이고 어리석은 관습의 희생양이었다. 건물 밖은 화창한 아침인데 어둡고 답답한 교회에서 좋은 옷을 입고 꼼짝없이 갇혀있노라면, 나의 어린 팔다리는 부자연스러운 침묵으로 고통받았고, 나의 주체할 수 없는 상상력은 일요일마다 같은 좌석에 앉아 있는 똑같은 어른들에 대해 생각하느라 지쳐버렸으며, 나의 마음은 마지막 기도만을 기다리다가 찬송가 대신 오페라를 바라는 타락한 존재는 나뿐이라는 생각으로 무거워졌다. 사제는 엄숙하고 따분하게 굴어서 싫었고, 교회 관리인은 직업적인 감으로 한눈에 나쁜 아이를 찾아내서 쫓아낼 것 같아 두려웠다. 그래서 감수성이 예민한 아이는 자신이 하고 싶은 대로 행동할 수 있는 나이가 되면 제일 먼저 교회와 거리를 두려고 하는 것이다."

매주 반복되는 이 고난은 그의 정신을 갉아먹었고, 어느 날 밤 그는 죽어서 창조주를 만나는 꿈을 꾸었다. "어린 시절 내가 상상한 천국의 모습은 아일랜드 교회의 영향을 받아서, 흐린 하늘색 타비넷 벽에 기다란 교회 의자가 문이 있는 한쪽 벽면만 제외하고 쭉 둘려 있는 대기실 같았다. 나는 문을 열고 옆방에 들어가면 신이 있다는 것을 어렴풋이 알고 있었고, 어른들 앞에서 예절 바르게 행동하기 위해 발목을 단단히 꼬고 다리가 달랑거리지 않도록 애쓰며 앉아 있었다. 그 어른들은 모두 일요일 예배 때 봤던 사람들로 의자에 앉아 있거나 엄숙하게 이리저리 움직이고 있었다. 평소 교회에서 나와 가까운 구석 자리에 앉곤 했던—신과의 만남을 능숙하게 주선해 줄 것처럼 보이는—음침하면서도 인물 좋은 어떤 숙녀가 나를 옆 방으로 안내하면, 나는 기쁘고 즐거운 마음으로 그 순간을 맞이하게 돼 있었다. 물론, 실제로 내 안에서는 심장이 납덩이처럼 철렁 내려앉았다. 왜냐하면 신은 내가 독실한 척해도 속지 않을 것이고 모든 것을 볼 수 있는 눈으로 힐끗 보기만 해도 내가 실수로 천국에 오게 되었다는 것을 알아차릴 것 같았기 때문이다. 이 이야기의 재미를 위해서는 안 될 일이지만, 그 급박한 순간이 오기 전에 나는 잠에서 깨거나 또 다른 꿈을 헤매고 다녔다."

그는 교회에서 참아야 했던 지루함을 도저히 잊을 수가 없어서, 예배 시간에 앉아 있도록 강요당한 지 20년이 지난 후 종교의식의 지루함을 줄이자는 제안을 하기에 이른다. "빈민가의 어떤 진취적인 목사가 빈민의 영혼을 구제하기 위해 교회에 다음과 같은 표지판을 달아놓는다고 해보자.「금요일 일과 후에는 (술을 마시지 않는다는 조건에서) 남녀가 춤을 출 수 있다. 토요일에는 좋은 음악을 들을 수 있다. 일요일에는 기도할 수 있다. 월요일에는 경찰에게 방해받지 않고 공적인 일을 논의할 수 있다. 화요일에는 목적만 올바르다면 원하는 대로 건물을 사용할 수 있다. 원한다면 연극을 할 수도 있다. 수요일에는 아이들을 데려와 게임을 하거나 훈련하거나 뛰놀게 할 수 있다.」매우 충격적일 것이다. 하지만 그렇다고 런던 주교의 봉급이 줄어들지는 않을 것이다." 그는 성당 역시 그래야 한다고 생각하지는 않았다. 모름지기 성당은 모든 종교인과 비종교인이 특정 종파 의식에 방해받지 않으면서 조용히 "자신의 영혼을 돌아볼 수 있는" 장소가 되어야 한다고 생각했다.

쇼는 교회에서건 주일학교에서건 신은 개신교도이자 신사이고 모든 가톨릭교도는 죽어서 지옥에 간다고 배웠는데, 그런 이야기들은 그가 신을 좋게 생각하는 데 전혀 도움이 안 됐다. 가정에서 종교 교육은 보모의 몫이었다. "보모는 내가 '착하게 굴지 않으면', 다시 말해 내가 그녀의 편의를 위해 성의껏 행동하지 않으면, 수탉이 굴뚝에서 내려올 거라고 말하곤 했다. 그런 일이 일어난다는 것이 나에게는 세상의 종말과도 같아서 나는 감히 도발할 생각을 하지 못했고 설사 그런 일이 일어난다고 나에게 안 좋을 게 뭔지 자문해 볼 엄두도 내지 못했다." 어떤 교리는 쇼에게 즉각적인 적대감을 불러일으켰다. 예컨대, 개와 앵무새는 인간과 같은 창조물이 아니며 인간은 이성적이지만 개와 앵무새는 야만적이라는 말을 들었을 때, 개나 앵무새와 친하게 지냈던 그는 그런 구별을 거부했다. 그의 아버지는 그와 같은 문제들을 별로 심각하게 여기지 않아서 쇼가 신약성서를 비평하는 자리에 참석하는 것을 허락했다. 한번은 쇼의 외삼촌이 라자로를 예수 편의 영리한 책략가로 묘사했다. 라자로가 죽은 척하고 있으면 예수가 나서서 적절한 때에 부활시키기로 미리 합의했다는 것이다. 이러한 견해는 어린 쇼의 유머감각을 자극했다. 쇼의 아버지는 종교 문제는 가볍게 넘겨도 체면에 대해서는 그러지 못했다. 그는 자기 아들이 못을 파는 장사꾼의 아들과 거리에서 노는 것을 보고 "소매상과 어울리는 것"은 품위 없고 사실상 수치스러운 일이라며 아들에게 심각하게 경고했다.

    쇼의 아버지는 종교에 대해 상대적으로 무관심했고, 쇼의 어머니는 본인의 자식만큼은 경외심을 빙자한 공포 속에서 키우지 않겠다는 결심이 확고했으며, 예민한 소년이었던 쇼는 교회 예배를 지루하게 여겼다. 이러한 사실을 고려하면 소년 쇼가 개인 기도라는 종교의식을 자발적으로 행했다는 것이 놀랍기만 하다. 그렇지만 어린 쇼에게 개인 기도는 막 싹트기 시작한 문학적 재능을 배출할 유일한 방법이었다. "내가 최종적으로 선택한 기도문의 구체적인 내용은 떠오르지 않는다. 어쨌든 그 기도문은 소나타처럼 세 부분으로 구성되어 있었고 아일랜드 교회 최상의 형식을 따랐으며, 주기도문으로 마무리되었다. 나는 매일 밤 침대에서 내 기도문을 암송했다. 나의 보모는 미지근한 기도는 쓸모없다면서 춥더라도 침대 옆에서 무릎을 꿇어야만 기도가 통할 것이라고 훈계했다. 나는 보모의 주장에 반박하며 여러 가지 이유를 댔지만, 진짜 이유는 내가 따뜻함과 편안함을 선호한다는 것이었다. 나의 보모는 가톨릭교도였기 때문에 나는 그런 문제들에 관한 한 보모의 권위를 깎아내리지 않았고 그녀가 '성수'라면서 가끔 나에게 물을 뿌리는 것도 참았다. 하지만 그녀의 금욕주의는 내 기도문의 예술적이고 화려한 본질과 어울리지 않았다. 더구나 내 기도문을 벌칙처럼 외는 것은 용납할 수 없었다. 내 기도문은 기원문이 아니었기 때문이다. 나는 일찍 지각이 나서 내가 가져서는 안 되는 것들을 잘 알았고, 쓸데없이 그런 것들을 간청함으로써 내 믿음을 위태롭게 하지 않았다. 내 기도가 응답을 받든 말든 상관하지도 않았다. 내 기도문은 전지전능한 신을 달래고 즐겁게 하기 위한 문학적 행위였다. 신이 내 기도문을 좋아하지는 않아도 참아주기는 할 것이라고 감히 떠들지는 못했지만(사실 나는 몹시 자신감에 차있어서 묵살당할 걱정은 하지도 않았다), 기도라는 의식을 제대로 거행하기 위해서는 나의 편안함이 필요조건인 것처럼 행동했다. 주기도문은 보호용 주문으로 한두 차례 읊었다. 영국에 비하면 아일랜드에는 뇌우가 드문 편이지만, 내가 처음으로 경험한 두 번의 뇌우는 끔찍하게 무서웠다. 나는 두 번째 뇌우 때 주기도문을 생각해냈고 그것을 외면서 마음을 진정했다."

쇼에게는 세속 교육 역시 무의미했고 쓸모없었다. 그것은 가정교사와 함께 시작되었다. "가정교사가 읽기를 가르치려고 해서 당혹스러웠다. 나는 글 읽는 능력을 타고나서 언제부터 글을 읽었는지 기억할 수도 없을 정도다. 그녀는 나와 나의 두 누이에게 바이런의 시를 읊어주면서 시에 대한 감각을 길러주려고 했지만 안타깝게도 우리의 비꼬는 유머감각을 일깨웠을 뿐이다. 그녀는 파리 한 마리도 잡을 수 없을 것 같은 손으로 나를 때려서 벌을 주고, 그때마다 나에게 울면서 수치스러워하라고 강요하기까지 했다. 우리에게 평가서를 나눠주면서, 자기가 가고 난 뒤 우리가 '오늘은 아무 지적도 받지 않았어요'라고 외치며 부엌으로 달려갈 수 있다면 기뻐하고, 그렇게 외칠 수 없다면 부끄러워하라고 가르치기도 했다. 그녀는 나에게 더하기와 빼기, 곱하기는 가르쳐도 나누기는 가르치지 못했다. 4 나누기 2, 9 나누기 3 등을 말하면서도 정작 '나누기'라는 단어가 무슨 뜻인지는 전혀 설명해주지 않았기 때문이다. 나누기에 대한 설명은 학교 들어간 첫날에 들을 수 있었다." 그 가정교사 다음으로는 사제인 삼촌이 한동안 쇼를 가르쳤다. "삼촌에게 배우고 학교에 들어가면 내가 다른 아이들보다 라틴어를 더 잘할 것이라는 생각에서였다. 하지만 학교에서 내 수준에 못 미치는 초급 라틴어 수업을 몇 년 동안 들었더니 삼촌에게서 배운 라틴어 문법을 대부분 잊어버리고 말았다."

 그 학교는 쇼가 열 살에 들어가 완전히 실패한 학생으로 지냈던 더블린의 웨슬리언 커넥셔널 학교(지금의 더블린 칼리지)였다. "교실에서 우리는 알파벳 순서로 앉았고 다른 자리로 이동할 수가 없었지." 쇼가 말했다. "처음 며칠 동안 보니까, 초급 라틴어 교사는 알파벳 오름차순으로 우리에게 질문하더라고. 나는 삼촌 덕분에 단번에 1등을 했는데, 그것도 그때가 마지막이었지. 알파벳 순서대로 앉아서 좋은 점은 수업 시작 전에 책을 쓰윽 한 번 훑어보기만 해도 S 순서가 되면 어떤 질문을 받을지 예측할 수 있다는 거야. 그래서 웨슬리언에 다닐 때는 집에서 숙제한 적이 없었지. 그 시절 나는 구제불능의 게으름뱅이에 변명을 일삼는 뻔뻔한 거짓말쟁이였어." 웨슬리언에 다니는 아이들 대부분은 아일랜드 교회 소속이었고 웨슬리언은 가톨릭 학교가 아니었기 때문에(아일랜드에서 유일하게 의미있는 구분이다), 어떤 부모도 아이의 종교적인 성향에 대해서는 걱정하지 않았다. (분명 유치한 에세이에 불과했겠으나) '작문'에서 일등한 것을 제외하고는 거의 두각을 나타내지 못했던 자신의 성적에 대해 훗날 쇼는 이렇게 설명했다. "난 내가 흥미를 느끼지 못하면 아무것도 배우지 못한다. 나의 기억력은 무차별적이지 않다. 지울 것은 지우고 남길 것은 남기며, 학업과는 무관하다. 나는 승부욕이 없고 상을 받고 두각을 나타내는 것에도 관심이 없어서 순위를 다투는 시험에는 흥미를 느끼지 못한다. 내가 이기면 경쟁자들이 실망하는 모습을 보고 괴로울 것이고, 내가 지면 나의 자부심에 상처를 입을 것이다. 솔직히 나는 자존감이 매우 높기 때문에 성적이나 금메달 같은 것에 어떤 영향이나 받을 수 있을지 모르겠다. 나를 학업적으로 성공하게 해줄 수 있는 학교는 딱 한 종류뿐이다. 교사가 공포 분위기를 조성함으로써 학생들이 절박한 심정으로 배운 것을 계속해서 외우지 않으면 심각한 육체적 고통에 시달리다가 울음을 터뜨리는 학교다. 교사들이 학생들 혹은 자신들의 직업에 충분한 관심을 갖거나 그런 수고를 하려는 학교는 본 적이 없다. 그래서 나는 학교에서 아무것도 배우지 못했다. 내 흥미를 끄는 어떤 시도만 있었어도 나는 뭔가를 배울 수 있었을 테고 실제로 배웠을지도 모른다. 학교에서 억지로 뭔가를 배우지 않은 것은 다행이라고 생각한다. 뇌의 부자연스러운 활동은 신체의 부자연스러운 활동만큼이나 건강에 해로우며, 사람들에게 원치 않는 것을 배우도록 강요하는 것은 톱밥을 억지로 먹이는 것만큼이나 끔찍한 일이라고 확신하기 때문이다." 나아가 그는 "배우려는 마음이 없으면 경험하고도 배우지 못한다"고 주장했다.

훗날 그는 이렇게 말했다. "매우 유감스럽게도 나는 언어를 배울 수 없다. 배우려고 노력은 해봤지만, 보통의 능력을 가진 사람들도 내가 독일어 사전을 사는 데 들인 시간보다 더 짧은 시간 안에 산스크리트어를 배운다는 사실만 알게 되었을 뿐이다." 그렇지만 그는 "학교를 감옥으로 만들고 타락시킨 게 라틴어가 아니었다면" 라틴어를 프랑스어만큼은 할 수 있었을 것이라고 시인했다. 쇼는 학교에 대한 안 좋은 기억 때문에 『성녀 잔다르크』의 한 장면을 교과서에 싣게 허락해달라는 요청을 받자 펄쩍 뛰었다. "절대로 안 됩니다. 지금도 그렇고 앞으로도 내 작품을 교과서에 실어서 셰익스피어처럼 나를 미움받게 만들려고 하는 자는 누가 됐건 영원히 저주할 것입니다. 내 작품은 고문의 도구로 만들어진 것이 아닙니다. 내 작품을 원하는 학교가 어디가 됐건 나 버나드 쇼에게서는 이러한 대답 외에 다른 어떤 답도 들을 수 없을 것입니다."

수학 역시 그의 흥미를 끌지 못했고 순전히 개념으로 기억됐다. "평생 로그는 사용해 본 적이 없다. 4의 제곱근을 구할 때조차 확신이 없었다." "수학적인 계산을 해야만 할 때, 나는 연필과 종이를 가지고 천천히, 그 결과에 자신이 없어 주저하면서 하나하나 풀어나간다. 그리고 더 자세히 풀어서 그 결과를 증명하기 전에는 감히 그 계산에 따라 행동하지도 못한다." "나에게 네 자리 수 세제곱하기 같은 복잡한 수학 문제를 풀어 보라며 석판과 30분을 줘봤자 나는 틀린 답을 낸다." "나는 수학적인 계산에 유별날 정도로 무능해서, 청어 한 마리 반이 1.5펜스라면 11펜스로는 몇 마리의 청어를 살 수 있겠는가 하는 문제를 열네 살이 되어서야 풀 수 있었다."

설사 쇼가 라틴어와 수학을 배우고 싶어했다고 할지라도, 학교에서는 배우기 힘들었을 것이다. 학교는 교도소만도 못한 곳이었기 때문이다. "이를테면, 교도소에서는 교도관과 소장이 쓴 책을 읽으라고 강요하지 않으며(읽을만한 책을 썼다면 그들은 교도관이나 소장이 되지는 않았을 것이다), 기억하기 힘든 내용을 기억하지 못한다고 해서 두들겨 패거나 고문하지 않는다. 교도관이 자기가 이해하지 못하고 좋아하지도 않는 주제들에 대해 재미없게 떠들면서 그것을 들으라고 강요하지도 않는다. 교도소에서는 신체를 고문할지는 모르지만 뇌를 고문하지는 않으며, 동료 수감자의 폭력과 잔학행위로부터 보호해준다. 학교에는 이런 장점들이 전혀 없다."

아이들을 자기들끼리 내버려둬 보면, 아이들을 범죄자 취급하면서 그들이 기독교도답게 행동하기를 바라는 게 얼마나 어리석은 것인지 드러난다. "한번은 어느 상주 담임교사의 부인이 갑자기 위독해져서 학급 하나가 교사의 지도 없이 남게 되었다. 난 당시 그 학급 소속이었다. 우리를 집으로 돌려보내는 것은 학교가 부모들과 맺은 기본적인 계약을 깨는 행위였다. 그 계약에 따르면 학교는 어떤 어려움이 있어도 반나절은 우리를 부모에게서 떨어뜨려 놓아야 했다. 결국, 학교는 우리를 조용히 시키면서 우리의 양심 혹은 인간 됨됨이에 호소해야 했다. 하지만 우리의 담임교사는 우리에게 인간성이 있다고 인정한 적이 없었다. 우리가 그를 저 멀리 저 높은 곳에 있는 존재로 여기게끔 우리를 길들여 왔다. 우리 눈에 그는 쉽게 실수하지도, 고통받지도, 죽지도, 병들지도 않는 불사의 존재였다. 그러니까 우리가 그에게 연민을 가지는 것은 불가능했다. 나는 그때 그 상주 담임교사의 불쌍한 부인이 죽지 않은 까닭은 그녀가 자신의 고통에 사로잡혀 너무 크게 소리를 지르는 바람에 아래층의 대혼란을 미처 알아채지 못한 것으로 추측하며 그나마 위안을 얻고 있다." 이런 일들로 인해 쇼는 학교 교육에 회의적인 입장이 되었다. 세월이 흘러 그는 자기가 사는 마을의 학교를 위해 뭔가 해줄 수 없겠냐는 요청을 받고 뭐라고 대답해야 할지 몰랐다. "그 학교가 내 일과 시간에는 아이들을 조용히 시켰기 때문에 다른 학교들처럼 다이너마이트로 폭파하고 싶다는 생각을 불러일으키지는 않았다. 그래서 나는 그 학교를 위해 내가 할 일을 알려달라고 했다. 그랬더니 '상을 주면 된다'는 답이 돌아왔다. 나는 선행상이 있는지 물었다. 내 기대대로 가장 모범적인 소년과 가장 모범적인 소녀에 대한 상이 하나씩 있었다. 나는 심사숙고 끝에 가장 태도가 나쁜 소년 소녀에게 선행상을 주자고 제안했다. 그러면서 그 학생들의 수상 이후의 경력을 기록하고 그것을 모범 학생들의 경력과 비교할 것을 조건으로 내걸었다. 좋은 행동에 대한 학교의 기준이 학교 밖에서도 유효한지 확인하기 위해서였다. 내 제안은 거절당했다. 아이들이 문제를 일으키지 않도록 유도하는 데는 효과가 없다는 이유에서였다. 그러니까 모든 학교에서 선행상을 주는 진짜 목적은 거기에 있었다."

그는 자녀를 성가셔하면서도 나쁜 장난은 치지 못하게 막고 싶어하는 부모들을 위해서, 먹고살아야 하는 교사들을 위해서, 그리고 무엇보다도 학생들로 돈을 버는 교육기관 그 자체를 위해서 학교가 존재한다는 결론에 이르게 되었다. 쇼는 웨슬리언 학교 이후 두세 학교를 더 다녔지만 "가장 많이 배웠다고 하는 사람들이 가장 모른다"는 의견에는 변함이 없었다. 사람들이 그렇게 되는 것은 "부자연스럽고 힘들고 고통스러운 방식이 옳은 방식이며, 아이들에게 특히 좋은 방식"이라는 속설 때문이라고 봤다. 그래도 그는 "거짓말하고, 독재에 수치스럽게 굴복하고, 더러운 이야기를 하고, 사랑과 모성을 외설적인 농담의 소재로 삼고, 절망하고, 얼버무리고, 조롱하고, 기죽고, 겁쟁이가 다른 겁쟁이를 위협하면서 불한당으로 변하는 모습에서" 많은 것을 배웠다. 그리고 자신의 학창시절을 의미심장한 한 문장으로 요약했다. "오, 지옥 같은 어린 시절이여!"

인생 후반기에 쇼는 자신이 했던 말 한마디를 취소하게 된다. 여성 가정교사를 위한 자선 단체 G.B.I.로부터 기부 요청을 받고, 날 때부터 글을 읽을 줄 알았다고 자부했던 자신이 어리석었음을 불현듯 깨달은 것이다. 물론 자신이 학교에서는 아무것도 배우지 못했고, 학교가 자신을 가둬서 진정한 교육에 오히려 방해만 됐다는 확신은 여전했다. 그렇지만 그가 학교에 가기 전에 아이가 배울 수 있는 모든 것들은 누구에게서 배웠겠는가? 당연히 그의 가정교사 캐롤라인 힐에게서였다. 그는 어리석게도 그녀를 조롱했지만 말이다. 후회되고 부끄러운 마음에, 그는 곧바로 그의 은행담당자에게 매년 G.B.I에 기부금을 보내도록 지시했다. 그가 저지른 죄의 강도를 고려하면 그렇게 넉넉한 금액은 아니었지만

③

친척

사실처럼 보이는 이야기는 얼마든지 지어낼 수 있다
오히려 현실을 사실로 받아들이게 하기가 힘들다

그렇다고 학창시절이 괴롭기만 한 것은 아니었다. 간간이 웃음거리를 제공하는 친척들이 있어서, 쇼는 선생님 뒤에서 친척 이야기를 시리즈로 선보이며 학급 최고의 재담꾼으로 이름을 날렸다. 그 친척 가운데 삼촌 두 명에 관한 그의 설명을 들어보자.

월터 외삼촌은 아틀란틱 정기선의 상주 의사로서 배를 타지 않을 때는 쇼의 집에 머무를 때가 많았다. "월터 삼촌은 생동감 넘치는 언어를 구사하는 능력이 탁월했는데, 어느 정도는 성경과 기도책 덕분이었고 어느 정도는 타고난 덕분이었다. 요새는 어떤지 모르겠지만 당시 선원들의 대화는 극도로 풍자적이고 상스러웠다. 외설적인 이야기나 5행시, 불경스러운 상상력에서는 팔스타프도 삼촌에게 무릎을 꿇어야 할 정도였다. 삼촌은 상대가 같은 배를 탄 동료이건 아직 학생인 조카이건 가리지 않고 열정적으로 얘기했다. 외설적이고 불경스러운 이야기를 할 때 그는 예술가였고 무식한 불한당과는 수준이 달랐다. 그의 이야기와 어휘는 신중한 계획과 세심한 선택을 거쳐서 나온 것들이었다. 바로 그 점이 종교의 장황함이나 신화, 우화를 통해 내 머릿속에 주입된 유치한 경외심을 무너뜨리는 데 매우 효과적으로 작용했다. 이제 와서 드는 생각이지만, 종교에서 지어내고 꾸며낸 부분이 죄다 불경스럽고 우스워 보이면서 종교의 본질적인 면으로 눈을 돌리게 됐던 그 상황이 나에게는 천우신조였던 것 같다."

쇼의 친삼촌 윌리엄은 웃기려는 의도가 없었지만 삶 자체가 너무 특이해서 그의 조카가 다음과 같은 점을 시인했다. "사실처럼 보이는 이야기는 얼마든지 지어낼 수 있다. 오히려 현실을 사실로 받아들이게 하기가 힘들다." 윌리엄 삼촌은 품위 있고 상냥한 사람이었다. "윌리엄 삼촌이 젊었을 때는 못 말리는 애연가이자 모주꾼이었다. 예전에 어떤 사람이 '윌리엄 쇼도 말짱할 때가 있다'는 데 내기를 걸고 삼촌을 아침 6시에 깨우러 왔을 때도 내기에서 졌을 정도다. 사실 웬만한 술꾼들 사이에서 그런 일은 비일비재하다. 윌리엄 삼촌이 특이하면서도 웃겼던 이유는 삼촌이 어느 순간 술과 담배를 딱 끊고 오피클라이드ophicleide 연주에 전념했기 때문이었다. 삼촌은 오피클라이드를 마스터한다는 고상하고도 무해한 목표를 위해 수년 동안 나무랄 데 없는 노총각으로 지내더니, 어느 날 오피클라이드 연주를 그만두겠다고 선언하고 대단한 집안의 신앙심 깊은 여인과 결혼해서 더블린 사람들을 놀라게 했다. 삼촌과 결혼한 여자는 당연히 우리 가족과 엮이지 않으려고 했다. 내가 아는 한, 쇼 집안의 다른 사람들과도 마찬가지였다. 아무튼 나는 그녀를 본 적이 없다. 윌리엄 삼촌과는 결혼식 이후 길에서 잠깐 마주친 적은 있었다. 그때 삼촌은 쇼 집안사람답게 나의 불경스러운 농담을 은근히 즐기면서도 짐짓 경건한 말투로 나를 구원하려는 헛된 시도를 했다. 성경을 무릎에 올려놓은 채 오페라글라스를 눈에 갖다 대고 달키의 여성 전용 해수욕장을 훔쳐본다고 소문났던 사람이 말이다. (당시 수영을 했던 내 누이가 오페라글라스에 관한 그 소문은 사실임을 확인해주었다.)

하지만 그건 단 하나의 결말, 아니 재앙으로 가는 서곡에 불과했다. 윌리엄 삼촌은 성경에 나오는 환상적인 이미지에 단단히 사로잡힌 나머지, 자신은 조만간 엘리야처럼 승천할 예정이며, 하늘로 가는 여정에 방해될 것 같은 부츠는 벗어 던져야 한다고 생각했다. 한술 더 떠, 본인이 성령이라고 주장하면서 흰색 천이란 천은 죄다 끌어모아 방 안을 장식했다. 그러다 결국 말이 없어졌고 죽는 날까지 그렇게 지냈다. 숙모는 삼촌의 무해한 공상이 언젠가는 유해한 것으로 바뀔 수도 있다는 충고를 받아들여서 삼촌을 더블린 북쪽에 있는 사설 정신병원으로 보냈다. 나의 아버지는 음악이 삼촌을 변화시킬지도 모른다는 생각에 오피클라이드를 찾아봤지만 결국 못 찾아서 플루트를 대신 들고 병원에 갔다. 쇼 집안사람들은 아버지 세대에만 해도 눈에 보이는 관악기는 무엇이든 연주할 수 있는 능력을 타고났던 것 같다. 윌리엄 삼촌은 여전히 입을 굳게 닫은 채 플루트를 한참 응시하더니 이윽고 '즐거운 나의 집'을 연주했다. 아버지는 동생에게 그 이상을 요구할 수 없었고 작은 성공에 만족해야 했다. 이틀쯤 지나 윌리엄 삼촌은 승천하고 싶은 조바심에 일을 서두르기로 마음먹었다. 병원관리인들이 무기가 될만한 것들은 삼촌 눈에 띄지 않게 잘 치워놓았지만 쇼 집안사람들의 독창성까지 고려하지는 못했다. 삼촌 손이 닿는 곳에 여행용 가방을 놔둔 것이다. 삼촌은 머리를 가방에 넣고 가방문을 닫음으로써 목을 자르거나 조르려고 안간힘을 썼고 결국 심장마비로 사망했다. 나는 윌리엄 삼촌도 엘리야처럼 그렇게 바라던 하늘의 보상을 받았을 것이라고 믿는다. 착하고 정직한 사람이었고 온순한 생명체였으며, 누군가의 말마따나 '적이 있다면 오직 그 자신뿐'인 사람이었기 때문이다."

어떤 식으로든 코미디는 쇼 집안과 뗄 수 없는 관계였다. 쇼 집안 최고의 유명인사 버나드 쇼는 베토벤의 교향곡「에로이카」중 장송행진곡에 관해 독특한 평을 하게 된 배경을 설명했다. "나는 친척이 유난히 많은 집안에서 태어났고 그 후로도 내 친척의 수는 날로 불어났다. 고모와 삼촌이 수없이 많았고 사촌은 해변의 모래알처럼 셀 수 없을 정도였다. 갈수록 사망률이 낮아지더라도, 우리 집안(사이가 좋은 게 아니라 단결심이 지나치게 강한 집안)이 치러야 할 장례식은 끊이지 않을 거란 뜻이었다. 우리가 살던 곳에서는 종교적 견해에 따라 사람들이 두 파로 나뉘어서 묘지도 두 군데로 나뉘었으며, 다들 상대파의 묘지는 지옥 대기실이고 자기파의 묘지는 천국의 입구라고 믿었다. 두 묘지 모두 마을에서 1-2마일 정도 외곽에 자리하고 있었다. 이러한 상황은 대수롭지 않아 보일지 몰라도 장례식에 지대한 영향을 미쳤다. 묘지까지 가려면 마차로 시골길을 한참 달려야 했기 때문이다. 이제는 아무리 가슴 아픈 사별을 겪어도 시간은 돈이라는 사실을 잊어버리기가 쉽지 않다. 그래서 묘지로 가는 여정 초반에는 골목과 거리를 천천히 지나가며 슬픔을 충분히 음미하지만, 마을을 벗어나면 마부가 마차를 모는 것부터 달라지기 마련이다. 말들을 재촉하는 마부의 외침과 채찍 소리가 커지고 마차가 덜컹거리기 시작하면, 우리는 장의마차의 기둥에 탄력 없는 커다란 스프링을 연결해서 고정한 널찍한 팔걸이 안으로 얼른 팔을 끼워 넣었다. 그때부터가 본격적인 장례식의 시작이었다. 시골길을 달리는 그 시간 동안 나는 고인이 된 삼촌들 바로 뒤에서 참 많이도 까불었다. 그 삼촌들도 살아생전에 나와 같은 재미를 누렸으리라. 묘지 근방에 도착하면 가족들은 다시 부산해졌고, 슬픔은 아까 전보다 훨씬 더 큰 무게로 우리를 짓눌렀다. 우리는 간신히 몸을 가누면서 거대한 철문 앞까지 갔다. 그곳에는 원시시대의 포차 비스름하게 생긴 것과 관을 덮는 보자기와 함께, 저승사자 같은 검은 조랑말이 우리의 짐을 영안실까지 운반해주기 위해 대기하고 있었다. 그 조랑말은 걸음을 옮길 때마다 코로 불을 내뿜고 박쥐처럼 거대한 양 날개를 펼친 다음 관과 함께 천둥과 유황 속으로 사라져버릴 것 같았다. 내가 「에로이카」의 장송행진곡을 평생 남들처럼 감상할 수 없게 된 것은 바로 그런 기억들 때문이다. 오보에가 행진곡을 장조로 끌고 가서 모든 악기가 밝게 도드라지는 대목이 되면 그때의 장면이 떠오르며 감상을 망친다. 그 부분이 시작되면 나는 팔걸이를 찾아서 나도 모르게 고개를 두리번거린다. 이어서 세 사람의 목소리가 오케스트라의 화음을 타고 들려온다. 세 사람 모두 덜컹거리고 흔들리는 마차 안에서 팔걸이를 꼭 잡고 있다. 셋 중 가장 어린 내 사촌은 사냥터에서 아름다운 주지사 부인과 마주치는 낭만적인 이야기(전부 상상 속의 사건이다)를 나에게 들려준다. 가장 나이가 많은 삼촌은 내 아버지에게 5실링짜리 회중시계가 40년 동안 한 번도 고장난 적이 없었다는 이야기를 끝도 없이 늘어놓는다. 내 아버지는 고인의 수명이 그 아내의 바가지 때문에 얼마나 줄었을지, 술이나 자연적인 이유 때문에는 또 얼마나 줄었을지 머릿속으로 헤아리는 중이다. 마음의 준비도 하지 않았는데 곡이 갑작스럽게 단조로 옮겨가면, 나는 우리 가족이 묘지에 도착했던 순간으로 돌아간다. 그러다 완전히 정신을 차리고 곡의 마지막 부분은 제대로 듣지도 못했다는 것을 깨닫는다. 평론을 썼던 그때나 지금이나 내가 한 일을 정당화하려는 것이 아니다. 내 약점을 설명하려는 것뿐이다. 사람들이 그러한 내 약점을 염두에 두고 내 평론을 읽었으면 하는 바람에서다. 어린아이들은 재미있는 것은 그저 재미있다고 받아들이지 그 이면을 들여다보려고 하지는 않는다. 사회가 망자를 보내는 방법으로 기괴한 행진을 선택했으니 도처에서 우스꽝스러운 일들이 벌어지고도 남았다. 그러니까 나이든 내가 장례식에 역겨워하는 것처럼 어린 내가 장례식을 보고 깔깔거린 것도 무리는 아니었다."

④

독서
오리에게 수영은 희망사항이 아니다

쇼는 자라면서 부모의 훈육에 시달리지 않았다. "미움도 사랑도 두려움도 존경심도 없었지만, 개성만큼은 언제나 넘쳤던 가정에서 우리는 아이로서 우리의 길을 찾아야만 했다." 대부분의 다른 소년과 달리 그는 게임을 좋아하지 않았다. 그에게 "크리켓은 치고 달리는 그 형식이 유머러스하고 간단하고 참을 만하다는 점만 빼면 (축구를 제외하고) 다른 어떤 것보다도 지루한 게임"이었다. 그는 탈이 날 때까지 과식하지 않을 만큼 어른스럽기도 했다. "친척 과수원에서 사과를 한 오십 개쯤 서리한 적이 있다. 공범자와 다락으로 올라가서 그 훔친 사과들을 먹었는데… 한 열여덟 개쯤 먹고 나서였을까? 나는 아직 거뜬했지만, 만찬을 계속하기보다는 남은 사과를 닭에게 던져주는 편이 훨씬 낫겠다는 생각이 들었다." 그에게도 평범한 소년다운 호기심은 있었다. 고양이는 높은 곳에서 떨어져도 항상 제대로 선다는 이야기를 듣고 그는 이층 창문에서 실험을 했고 성공을 거두었다. 잔혹한 성격은 아니었지만, 기회가 생길 때마다 장난기가 발동했다. 어느 날, 집 밖에 유모차가 덩그마니 서 있는 걸 보고 쇼와 그의 친구는 그 유모차를 밀고 거리 끝까지 내달리다가 갑자기 방향을 틀어서 그 안에 있던 아기를 길 한복판에 떨어뜨리고 말았다. 그들은 공포에 질려 도망갔다. 그 후로는 그 아기가 어떻게 됐는지 듣지 못했고 어떤 조사도 받지 않았다. 내가 그에게 "어린 시절 자주 곤욕을 치렀나요?"라고 물었을 때, 그가 "항상 곤란했었지"라고 대답했던 걸로 보아, 그의 야성은 그 후에도 숱한 문제를 일으켰던 것 같다.

문학을 좋아했던 어린 시절 쇼는 학교 친구들 사이에서 로맨스 작가로 통했다. 전에 그가 말했다. "나는 읽기나 쓰기를 배운 기억이 없어. 가끔 단 한 문장도 이해할 수 없는 『네이처』 기사를 제외하면, 셰익스피어에서 브리태니커 백과사전 최근 판본에 이르기까지 영문학의 모든 어휘를 필요하면 언제든지 즉석에서 완벽하게 사용할 수 있거든. 그래서 세 번째 혹은 네 번째 동의어를 찾아야 했던 한두 번의 특별한 경우를 제외하고는 유의어 사전이 필요하다고 느껴본 적도 없어." 쇼가 대여섯 살 때 뭘 읽고 있는지를 눈여겨 본 사람이라면, '셰익스피어의 작품은 고전교육을 받은 사람이 쓴 것이 분명하다'는 기발한 추정을 가능하게 한 쇼의 특출난 재능을 진작에 간파했을지도 모른다. 그는 『로빈슨 가족』처럼 자기가 보기에 재미없고 거짓투성이인 '아동용 도서'는 하나같이 싫어했다. 『로빈슨 크루소』는 좋아했다. 『천로역정』도 매우 좋아해서 아버지에게 소리 내 읽어주다가 '그리버스grievous'는 '그리비어스'로 발음하면 안 된다는 지적을 받기도 했다. 멋있고 환상적인 딱정벌레 채색 삽화가 실린 책에 빠지기도 했다. 하지만 "금세 새로운 생각을 갈구하면서" 그러한 그림들에 대한 관심은 이내 시들해졌다. 이모할머니의 시골집에서는 『아라비안나이트』에 완전히 사로잡혀서, 유리창 덧문 사이로 햇살이 비치면 침대에서 벌떡 일어나 덧창을 활짝 열어 놓고 누가 부를 때까지 침대에서 그 책을 읽었다. 이모할머니는, 그가 극도로 무서워하는데도 아랑곳하지 않고 그의 신발에 박차를 채우고 날뛰는 조랑말 위에 태워서 결국에는 조랑말이 그를 데리고 달아나게 한 장본인이었다. "내가 『아라비안나이트』를 보물처럼 얘기하자, 이모할머니는 조랑말이 내 목을 부러뜨릴 뻔했던 것처럼 그 책이 내 영혼을 망가트릴지도 모른다고 생각해서 나 몰래 그 책을 숨겼다. 이런 식으로 신체는 강인하게 하고 정신은 소심하게 만드는 것이 시골에서는 너무도 일반적인 분위기라서, 빗장뼈나 등뼈, 목이 부러진 이야기는 얼마든지 들을 수 있지만, 정신적 모험이나 대담한 생각은 하나도 접할 수가 없다." 쇼의 이모할머니는 자신의 종손을 잘 몰랐다. 한창 정신적 모험에 빠져 있던 쇼는 옷장에서 이모할머니가 대충 숨겨 놓은 책을 찾아냈고, 그때부터는 그 책을 자신의 침대 매트리스 밑에 안전하게 보관했다.

대부분의 다른 아이들은 이제 막 알파벳을 뗄 나이에 쇼는 찰스 디킨스가 발행한 『일 년 내내』라는 주간지에 빠져 있었다. 그 책에서 찰스 레버Charles Lever의 『하룻길A Day's Ride』을 접한 그는 "남자주인공이 인생의 현실을 성공적으로 마주하지 못하는 것을 보며 로맨스 소설에 결여된 중요한 특징"을 알게 됐다. 디킨스의 『위대한 유산』과 씨름하고 『두 도시 이야기』를 읽으며 프랑스 혁명에 대해 처음 알게 된 것도 그즈음이었다. "당시 나는 『작은 도릿』을 가지고도 고군분투했다. 말 그대로 고군분투였다. 그때 읽은 책들은 너무 현실적이어서 내 상상력을 지독하게 압박했다. 『피크위크』부터 『황폐한 집』까지 디킨스 작품을 다 읽은 열두세 살 무렵 나는 냉소적이고 심드렁한 사람이 되어 있었다."

쇼는 카셀[1] 월간호에서 셰익스피어를 처음 접했다. 셀루스가 그린 삽화 아래 글이 몇 줄 적혀 있는 형식이었다. 후에 그는 "더 긴 나머지 글들"을 마저 읽었고, 뒤마에게서 프랑스 역사를 배웠던 것처럼 셰익스피어에게서 영국 역사를 배웠다. "열 살 이전에 나는 이미 성경과 셰익스피어에 통달했다. … 로크의 『인간 지성에 대한 시론』을 읽었다고 주장하는 학우의 태도에 자극받아 성경 완독을 시도했고 실제로 사도 바오로의 서신까지 읽다가, 그 서신에서 전해지는 고질적으로 비뚤어진 마음씨에 구역질이 나서 그만두고 말았다." 아무튼 그렇게 뜻밖에 얻은 지식에 힘입어 그는 학교 성경 시험에서 초반부터 두각을 나타냈고, 담당 교사는 그에게 열심히 공부하면 준우승을 할 수도 있을 것이라고 말했다. 그러자 그는 준우승이란 자신보다 많이 아는 사람이 한 명 더 있다는 것을 모두가 알게 하는 것이 아니냐고 대답했다. 그리고 낙오자이기를 자처했다.

깊이 있고 다양한 독서는 그의 상상력에 불을 붙였다. 그는 환상과 풍자로 가득한 자신만의 세계를 건설하기 시작했다. 결투하고, 왕에 대항해 전투를 벌여 승리하고, 여왕과 사랑에 빠지고, 사랑을 쟁취하는 사건의 주인공이 되었고, 천하무적이자 전쟁의 최강자이며 거부할 수 없는 매력의 소유자가 되었다. 상상 속에서는 친척도 친구도 없었다. 업둥이이자 슈퍼맨으로 홀로 서 있었다. 반면, 실제 세계에서는 매우 예민하고, 소심하고, 수줍어하고, 잘 울고, 지독하게 겁이 많았지만 특이하게도 무례했다. "나의 무례함은 타고난 것이지 고의가 아니었어." 그가 말

[1] 존 카셀John Cassell이 설립한 영국의 출판사. 1890년대에 세계적인 출판사로 성장했다.

했다. "어린애들의 입을 다물게 하는 경외감이나 저어함이 나에게는 날 때부터 별로 없었던 것 같아." 그는 상상 속 자신과 실제 자신의 모습이 크게 차이가 나는 것에 괴로워하며, 허풍으로 부족한 용기를 감추려고 했다. 그런 시도가 때로는 성공하기도 하고 때로는 비참하게 실패하기도 했다. 언젠가 그가 어떤 소년에게 "죽을 때까지 밟고 걷어찰 테다!"라며 위협하자 그 소년은 할 테면 해보라고 했다. 그 소년은 차분했고, 허풍쟁이는 놀라서 도망쳤다. 쇼는 끔찍하게 수치스러웠던 그 사건을 거의 40년이나 기억하고 있다가 자신이 창조한 인물 중 한 명인 존 태너의 입을 통해 고백했다. "예민한 소년이 느끼는 굴욕감이 둔감한 보통 어른들에게는 좋은 웃음거리일지도 모르오. 하지만 그 소년 본인은 너무 아프고 너무 창피해서 그런 감정을 인정할 수가 없소. 그저 격렬하게 부인할 수 있을 뿐이지."

한번은 용기를 발휘했다가 패배의 고통에 버금가는 대가를 치렀다. "아주 어릴 때, 어떤 소설을 읽다가 로맨틱한 상상에 빠져서 나보다 더 어린아이에게 허풍을 좀 심하게 떨었는데, 그 아이는 순진해서 내가 진짜 천하무적의 영웅이라고 믿었다. 그래서 내 기분이 좋았는지는 기억나지 않는다. 하지만 분명하게 기억나는 것이 있다. 어느 날 내 추종자가 기르던 애완 염소를 우리보다 덩치 큰 아이가 빼앗아 갔다. 그 덩치 큰 아이는 내 추종자를 놀리면서 염소 돌려주기를 거부했다. 당연히 내 추종자는 울먹이며 나를 찾아와 그 염소를 구하고 약탈자도 무찔러 달라고 요구했다. 나는 말할 수 없이 두려웠다. 하지만 나는 나에게 사기당한 불쌍한 그 어린 소년이 보는 앞에서 필사적인 용기를 발휘할 수밖에 없었다. 공포와 두려움이 최고조에 달하자, 나에게는 다행스럽게도, 내 목소리와 표정은 죽은 사람처럼 무시무시해졌다. 내가 그 상태로 적에게 가서 "그 염소를 놔줘"라고 하자 적은 전리품을 포기하고 도망쳤다. 그때의 안도감을 어찌 말로 다 표현할 수 있으며, 어찌 잊을 수 있을까. 그 후로 나는 몸싸움에서 절대로 내 기량을 과장하지 않았다."

쇼는 보통 상상력을 활용했고 그편이 힘이 덜 들었다. 거짓말과 솔깃한 이야기로 곤경에서 벗어난 적은 한두 번이 아니었다. 그는 자신의 예민한 감성을 숨기기 위해 항상 누군가를 연기했고, 주로 악당 역을 맡았다. 그가 영웅보다는 악당에 더 흥미를 느낀 데다가 영웅 이야기를 할 때보다 악당 이야기를 할 때 청중의 반응이 훨씬 좋았기 때문이다. 구노의 「파우스트」에 등장하는 메피스토펠레스의 다홍색 의상과 함정에서 빠져나오는 방식, 냉소적인 태도에 완전히 매료된 탓도 있었다. 그는 달키 집에 있는 침실의 하얀 벽에 물감으로 메피스토펠레스 프레스코화를 그리곤 했다. "1880년 자연이 내 얼굴을 완성했을 무렵, 나는 내가 어릴 때 항상 따라부르고 좋아했던 오페라 속 악마처럼 턱수염과 눈썹, 빈정대는 콧구멍을 갖추게 되었다." 이로써 그는 자연이 예술을 모방한다는 증거를 제공하기도 했다.

그렇지만 악당 이야기만으로는 성에 차질 않았다. 그는 이미 냉소적이고 희극적인 이야기로 눈을 돌리고 있었다. 쇼 집안의 사건들을 소재로 학교 친구들을 웃기고, 일리아드와 오디세이를 재미있게 각색해서 들려주었으며, 롭조이트라는 이름의 특이한 인물을 만들어냈다. 롭조이트의 모험담은 쇼의 친구들을 정신없이 웃겼다. 모르긴 몰라도, 그 가공의 인물이 활약하는 동안에는 웨슬리언 학생들의 학업 수준이 상당히 낮아졌을 것이다.

⟨5⟩
학습
배우려는 마음이 없으면 경험하고도 배우지 못한다

"아이에게 호라티우스의 송시를 암송하게 하는 것보다 베토벤 소나타를 흥얼거릴 수 있게 하는 것이 확실히 더 좋은 교육이지." 쇼가 말했다. 나는 맞장구치며 조용히 말을 보탰다. "혹은 마르크스를 인용할 수 있게 하든가요."

가족의 음악 활동은 쇼의 교육에서 가장 큰 비중을 차지했다. 그의 어머니와 그녀의 스승 리의 동업은 그의 삶에 지대한 영향을 미쳤다. 집 안에서 오페라, 콘체르토, 오라토리오가 끊임없이 연주되다 보니 쇼는 열다섯 살이 되기도 전에 헨델에서 베르디, 구노에 이르는 대가들의 곡을 거의 외우다시피 했고 그러한 곡들을 처음부터 끝까지 휘파람이나 노래로 따라부를 수 있었다(그의 노래가 아일랜드 사람에게는 이탈리아어처럼, 이탈리아 사람에게는 아일랜드어처럼 들리긴 했지만 말이다). 쇼가 가장 사랑한 음악가는 모차르트였다. 그는 오페라 「돈 조반니」를 통해 어떻게 하면 진지하면서도 따분하지 않게 글을 쓸 수 있는지를 배웠다. "어릴 적 나는 운 좋게도 「돈 조반니」를 철저히 탐구할 기회가 있었다. 잘 만든 작품의 가치에 눈뜨게 되었다는 것이 내가 「돈 조반니」를 통해 얻은 유일한 소득인지도 모르겠다. 하지만 지금 생각해도 그것은 나에게 최고의 교육이었다. 「돈 조반니」는 내가 어떤 일을 하든 예술적으로 하도록 가르쳤지만, 한 가지 일-모차르트를 공정하게 평가하는 일-만큼은 제대로 할 수 없게 했다."

그가 영국국교회의 교리와 아버지의 상류층 체면 타령에 회의를 품게 된 것도 음악 때문이었다. "신은 과연 개신교도일까 하는 것이 어릴 적 내가 최초로 품게 된 의심이다. 그러한 의심은 관찰에서 비롯되었는데, 가만 보니 위대한 작곡가의 곡을 어머니와 함께 부르는 최고의 성악가들이 하필 가톨릭교도였던 것이다. 얼마 안 가서는 상류사회가 최고라는 믿음조차 흔들리기 시작했다. 최고의 성악가 중 몇몇은 분명 상인 집안 출신이었기 때문이다. … 사람과 사람을 이어주는 것이 종교이고 분열시키는 것은 종교에 반하는 것이라면, 나는 확실히 증언할 수 있다. 우리나라의 음악 천재들에게서는 종교를 봤지만, 교회와 상류층에게서는 종교를 보지 못했다고."

쇼의 음악적 배경은 그의 어머니와 리의 진지한 음악 활동 덕분에 형성됐다고 해도 과언이 아니지만, 음악에 관한 한 상대적으로 처졌던 쇼의 친가도 알고 보면 음악적 장기가 대단한 집안이었다. 쇼의 삼촌과 고모, 사촌들은 별의별 악기를 다 연주했다. 쇼의 "아버지는 트롬본에 빠져서 가정의 평화를 깨곤 했다." 그래서 조지 카 쇼가 건강했는지도 모른다. 쇼는 이렇게 썼다. "관악기 연주를 반대하는 가장 큰 이유는 관악기가 연주자의 수명을 지나치게 연장한다는 것이다. 폐병이나 음주, 콜레라에 끄떡없는 사람이 되고 싶다면, 다시 말해 불사조가 되고 싶다면,

트롬본을 꾸준히 잘 불어 보시길." 보아하니 쇼의 아버지는 가정의 평화를 깨뜨리는 것에 만족하지 못하고 도를 넘었던 것 같다. 쇼는 음악평론가로 활동할 당시 그의 아버지에 관한 추억을 공개해 독자들을 즐겁게 했다. "트롬본으로 무장한 나의 아버지는 다른 고상한 사람들 스물너댓 명과 함께 여름이 오면 저녁마다 더블린 근교의 강변 산책로로 나가 공공심 충만한 곡을 연주하고 동료 시민들에게 즐거움을 선사했다. 사실 아버지는 트롬본 연주뿐 아니라 작곡도 했고, 독보에는 서툴렀으나 '뱀핑vamping'으로 알려진 즉흥 연주에는 전문가였다. 나는 당시 아버지의 공연을 지금 내 기준으로 평가하면서 아버지에게 죄송스러운 결론을 내리고 싶지는 않다. 그런 음악이라도 있는 것이 음악이 아예 없는 것보다는 훨씬 낫고 희망적이라고만 해 두겠다."

쇼는 음악이 가장 중요하고 다른 것들은 별로 중요하지 않다고 여기는 가족의 일원으로서, 또래 친구들은 팬터마임 공연을 보러 갈 때 오페라 공연장을 자연스럽게 드나들었다. "그때는 오페라가 뭔지도 몰랐다. 오페라는 거의 다 따라부를 수 있었는데도 말이다. 어머니 사진첩을 보면 이브닝드레스를 입은 유명 오페라 가수들이 다 있었다. 그러다 극장에 갔더니 내 뒤로 보이는 화려한 발코니에 이브닝드레스 차림의 오페라 가수 같은 사람들이 잔뜩 있었다. 나는 몸집이 크고 피부색이 어두운 여자가 마리에타 알보니Albony라는 것을 알아보고 그녀가 언제쯤 일어나서 노래를 부를지 궁금해했다. 한편으로는 내가 왜 가수들을 등지고 앉아 있는지 몰라서 어리둥절한 채로 말이다. 그러다 커튼이 올라갔을 때 그 놀람과 기쁨이란, 말로 표현할 수 없을 정도였다."

오페라에 빠져들자 소설 속 해적과 악당은 더는 무대 위 테너와 소프라노만큼 매력적이지 않았다. 쇼는 보다 새롭고 신기한 우화와 모험의 세계로 탐험을 나섰다. 몇 년 후, 그러니까 그가 (도니제티Donizetti의 오페라마저도 평범하다고 느끼게 한) 「로엔그린」의 악보를 사고 수년이 지나 우연히 무대 뒤편을 엿보고 나서는 그의 낭만적인 환상도 산산조각났다. "뛰어난 오페라 가수를 무대 뒤에서 보기 시작한 것은 어느 「루크레치아 보르자」[2] 공연 때부터다. 당시 나는 십대였는데 어찌어찌하다 무대 뒤에서 볼 기회가 생겼다. 테너는 따뜻한 남쪽 나라에서 온 잘생긴 청년으로, 모두가 마리오Mario가 되고 싶어하던 그 시절 마리오의 뒤를 이을 기대주였다. 문제의 그 순박한 청년은 마지막 두 막 사이에 「땅바닥에 버려진Deserto sulla terra」[3]을 불러서 나에게 깊은 인상을 남겼다. 그런데 내 옆을 지날 때 보란 듯이 목청을 가다듬더니 대뜸 너무도 자연스럽게, 무대 바로 뒤에 앉아 수다 떨고 있는 여인네들 한가운데로 침을 탁하고 뱉는 것이 아닌가. 순간 이런 의문이 들었다. 더러운 가래를 조심스럽게 처리할 줄도 모르는 사람이 과연 로엔그린처럼 보이고, 로엔그린처럼 노래하고, 로엔그린처럼 느낄 수 있을까? 도니제티가 판을 치고 있는 무대를 로엔그린 수준으로 끌어올릴 수 있을까? … 아무튼, 이탈리아 테너들에게 무대를 진중하게 바라보는 시각을 기대하기는 글렀다는 생각이 들었다."

사실 그는 오페라에 대한 환상이 깨지기 전에 이미 극장에 매료되어 있었다. 극장에 처음 간 날, 소극 두어 편과 톰 테일러의 3막극, 크리스

1 W.R.바그너의 오페라. 1850년 리스트의 지휘로 바이마르에서 초연되었다.

2 도니제티의 오페라. 1834년 밀라노 스칼라 극장에서 초연되었다.

3 베르디의 오페라 「일트로바토레Il Trovatore」에 나오는 아리아이다.

마스 팬터마임 한 편을 보고, 마지막에는 정기적으로 열리는 저녁공연을 감상했다. 당시 연극애호가들이 바그너의 오페라에서 종교부흥회까지 어떤 공연이든 유쾌한 마음으로 끝까지 지켜볼 수 있었던 것은 그와 같은 정기 공연에 단련된 덕분이었다. 하지만 극장 입구에 길게 줄을 서는 유행은 아직 시작되지 않은 때였다는 사실에 유념해야 한다. 그 시절 관객들은 난투 끝에 극장에 들어온 사람들이었다. "야만스럽던 청소년기에는 극장 입구에서 벌이는 난투극이 극장 가는 재미 중 하나였다. 그때 터득한 교훈을 나는 결코 잊은 적이 없다. 요컨대, 안으로 들어가는 비법은 싸움이 가장 격렬한 곳을 비집고 들어가는 것이다. 갈비뼈와 가슴뼈가 으스러질 것 같을 때쯤, 앞쪽에 서 있던 뚱뚱한 부인이 남자들더러 자기 좀 꺼내 달라고 아우성치다가 정신줄을 놓아버리면, 내가 앞줄에 앉을 수 있다는 기대감은 최고조에 달했다. 압박이 줄어든다는 것은 주변으로 밀려나고 있다는 뜻이었다. 좋은 자리고 나발이고 숨 좀 제대로 쉬고 등 좀 펴보겠다고 몸이 부실하거나 별로 열성적이지 않은 사람들이 오글오글 몰려있는 곳으로 말이다."

그 시절 최고의 배우는 배리 설리번Barry Sullivan으로, 그의 매력과 우아함, 기운은 쇼에게 깊은 인상을 남겼다. "『리처드 3세』와 『맥베스』 공연에는 그가 무대에서 싸우는 장면이 있어서 나 같은 소년 관객들은 동요할 수밖에 없었다. 특히 재미있었던 어느 날 저녁공연이 기억난다. 맥베스가 싸우는 장면이었는데, 그 장면을 위해 특별히 제작된 맥베스의 칼에서 2인치 정도가 갑자기 휙 떨어져 나가더니 앞줄에서 그걸 피해 웅크리는 사람들 머리 위로 쌩하고 날아가 2층 특별석 정면에 콕 박히는 것이 아닌가. 파편이 날아가는 동안 주변 사람들이 느꼈던 스릴은 그야말로 기대 이상이었다. 배리 설리번은 키가 크고 건장한 데다 목소리는 세련되고 깊이가 있었다. 그가 무대에서 걷는 모습은 기품과 위엄 그 자체였다. 행동은 또 어찌나 번개 같은지, 『햄릿』 마지막 장면에서는 순식간에 무대 위로 올라와서 눈 깜짝할 사이에 왕을 네 번이나 찔렀다. 그런 그의 몸짓들은 하나의 신체전身體展을 이루면서 극과는 별개로 관객을 끌어들이는 힘이 있었다." 배리 설리번은 순회공연을 다니는 스타였다. 하지만 대개 순회는 혼자서 다니고 공연에 필요한 나머지 배우들은 최대한 지역 극단에서 조달했다. 쇼의 비평 능력은 어릴 때 이미 상당한 경지에 올랐던 듯하다. 그는 현지 배우의 오필리아 연기를 보고 미친 듯이 웃다가 "극장에서 쫓겨날 뻔"한 적이 있었다. 설리번의 연기가 평소에 못 미치면 그걸 알아볼 수도 있을 정도였다.

설리번은 초인적인 배우들이 승승장구하던 시대의 마지막 주자였다. 쇼는 더블린을 찾은 런던 극단의 『두 장미Two Roses』(제임스 올버리 작)를 보고 새로운 연극의 시대가 도래했음을 감지했다. 전에 없는 연기를 선보인 어느 배우가 『두 장미』 성공의 일등 공신이었다. 그 배우는 키가 크고 마른 체형에 걸음걸이가 특이했고 몸짓은 이상했으며 비음 섞인 목소리에 성격까지 나빴다. 하지만 그에게는 묘한 위엄이 있었고 어딘가 모르게 다른 이들과 달라 보였다. 한마디로, 그는 "현대적"이었다. 쇼는 직감했다. "그 남자에게서 새로운 극의 미래를 봤다. 물론 그때는 그 새로운 극을 내가 쓰게 될 줄 몰랐다." 하지만 "그 남자"는 그 새로운 극에 출연하려고 하지 않아서 훗날 쇼의 공격을 받는다. 그 남자의 이름은 헨리 어빙Henry Irving이다.

청년 쇼에게 극작가까지는 몰라도 작가가 되는 것이 어떻겠냐고 제안했다면 비웃음을 샀을 것이다. 전혀 힘들이지 않고 글을 깨우쳤던 그는 글쓰기가 목표가 될 수 있다거나 삶을 각색하는 것도 재능이 될 수 있다는 생각을 하지 못했다. 이야기를 쓰고 말하는 것은 그에게 숨쉬는 것만큼이나 자연스러운 행위였다. 오리에게 수영은 희망사항이 아니듯 그에게 글쓰기는 희망사항이 아니었다. 그의 말대로, "이미 가진 것을 원할 수는 없는 법"이었다. 그는 보통 아이들처럼 해적, 노상강도, 운전기사가 되고 싶어하는 단계를 거쳐 바리톤으로 오페라의 악역을 맡고 싶어하는 단계에 도달했다. 그의 야망은 그다음 단계에서 정점을 찍었다. 제2의 미켈란젤로가 되고 싶어한 것이다. 그는 틈만 나면 아일랜드 국립미술관에 갔다. 미술관 직원들을 제외하면 혼자서 관람할 때도 종종 있었다. "내가 거장의 작품을 한눈에 알아볼 수 있게 된 것도 그 시절 미술관을 어슬렁거리며 돌아다닌 덕분이다." 쇼는 미술에 관한 책을 사거나, 대개는 빌려서 이탈리아와 플랑드르의 위대한 화가들의 작품을 몇 시간이고 들여다봤다. 주류 판매 수익으로 복구한 더블린의 두 성당에서 시간을 보내는 것보다 그편이 훨씬 유익했다. 그는 한동안 사우스 켄싱턴 공립 디자인학교에 자유화와 실용기하학, 원근법을 배우러 다니기도 했다. 그렇지만 "잘 모르는 상태에서 해 본 첫 시도에서 미켈란젤로나 티치아노처럼 그릴 수 없다는 이유로" 자신이 가망 없는 낙제자라고 확신하며 그만뒀다.

대부분의 사람과 달리 쇼는 더블린의 단조로운 자연환경보다 잘 지은 18세기 건축물을 선호했음에도 불구하고, 도시생활은 별로 좋아하지 않았다. 그래서 그의 인생에서 가장 행복했던 날은 가족이 달키에서 살게 될 것이라는 이야기를 어머니에게서 들은 날이었다. 그는 달키에 소풍 간 적이 있었다. "자연이 끝없이 그려놓은 그림을 바라보며 킬리니 언덕을 올랐던 적도 있었다." 열 살 때부터 열다섯 살 때까지 그는 가족과 함께 매해 여름을 그곳에서 보내게 됐다. 자연의 아름다움에 민감했던 그에게 달키의 풍경은 뜻밖의 선물이나 다름없었다. "달키에 알프스 산맥에 있는 것 같은 나무는 없다. 하지만 달키의 하늘은 끝내주게 아름다웠다. 베네치아에서도 그런 하늘은 본 적이 없다. 그 하늘이 항상 눈에 선하다." 그는 사방에 펼쳐진 아름다운 풍경이 그가 읽은 책처럼, 그가 들은 음악처럼, 그가 본 그림처럼 자신의 자산이 되어가고 있음을 느꼈다. 그의 자발적인 교육이 완성되는 순간이었다.

열정
나의 정신은 도덕적 열정에서 태어났다

자유로운 달키와 억압적인 더블린, 탁 트인 공원과 악취 나는 슬럼의 차이를 경험한 쇼는 훗날 인류의 진보를 위해 기발한 제안 하나를 한다. "현재 우리 사회에는 불합리한 점이 한둘이 아니지만, 사냥터와 꿩 번식지를 위해서는 시골의 넓은 땅을 확보해 많은 돈을 들여 엄격하게 관리하는 반면 아이들에게는 그와 같은 공간을 거의 제공하지 않고 있다는 사실만큼 이상한 점도 없다. 스포츠로 아이 사냥을 하라고 제안해야겠다는 생각이 몇 번이고 들었다. 그렇게 하면 일 년에 두 달 동안은 사냥꾼의 사격으로 아이 사망률이 높아지더라도 나머지 열 달 동안은 아이들이 매우 조심스럽게 보호되어서 전체적으로 보면 아이 사망률이 크게 낮아질 것이다. 이제 사냥개를 풀어 여우사냥을 하는 것 말고 다른 식으로 여우를 죽이면 사람들이 경악한다. 그렇지만 아이들은 사냥개를 풀어놓거나 총을 쏘는 것 말고도 백오십 가지나 되는 방법으로 죽어가고 있다. 여우의 처지가 낫다는 사실을 인정해야만 한다. 실제로 제아무리 냉소적인 사람도 우리네 꿩과 사슴과 아이들을 얼핏이나마 보게 된다면, 아이들의 여건이 최악이라는 것을 대번에 알아차릴 것이다."

위의 글을 쓴 사람도 달키 집 근처 가시금작화 덤불을 헤매고 다니다 처음으로 자신의 본성을 의식하기 전까지는 "양계장에 들어온 여우 정도의 양심을 지닌 소년 해적"이자 건강하고 파괴적인 청년이었다. 『인간과 초인』을 보면, 잭 태너가 어릴 때 못된 장난을 많이 친 것에 대해 앤이 비난하는 장면이 나온다. "당신은 나무칼로 어린 전나무 순을 모두 잘라서 망쳐버렸지요. 새총으로 오이 넝쿨의 지지대를 몽땅 부숴버렸고요. 공원 같은 공유지에 불을 내고요. 테이비가 당신을 말릴 수 없어서 달아나다가 경찰에 붙잡혔죠."[1] 태너는 대답한다. "그것들은 레드 강 유역의 인디언들로부터 머리가죽을 보호하기 위한 전투요, 폭격이요, 전략이었어요." 공원에 불을 놓은 일화는 어쩐지 자전적인 것 같았다. 그래서 나는 쇼에게 자세한 내용을 물었고 다음과 같은 대답을 들었다.

"열두 살 때쯤이었나, 나는 내 또래 녀석 두 명과 달키 토르카 언덕의 해변 쪽 비탈에 있었어. 그때 가시금작화 덤불에 불을 놓으면 어떨까 하는 생각이 떠올랐지. 소년 3은 혼자 강하게 반대하다 소용없자 언덕 아래로 달아났고 거기서 경찰에게 붙잡혔어. 언덕에서 큰불이 났는데 어떤 소년이 달아나는 것을 마침 그 경찰이 본 거지. 고생은 무고한 사람이 하게 된 셈이었어. 나와 소년 2는 우리의 성냥에서 솟아오른 화염을 보고 깜짝 놀라서 언덕 위로 달아났어(우리 둘 다 더 높은 곳에 살았거든). 언덕 위에서 나는 소년 3이 체포된 것을 알게 됐지.

나는 내 잘못으로 다른 사람에게 짐을 지우는 것은 예의가 아니라고

---

[1] 『인간과 초인』, 열린책들, 2013, p.66.

생각했어. 그래서 가장 좋은 옷을 걸치고 그 언덕의 주인인 허큘리스 맥도넬 씨를 방문했지. 그는 나만큼이나 진지한 태도로 자신의 집 테라스에서 나를 맞이했어. 나는 젊은이의 경솔함에 대해 내 나이답지 않게 유창하게 떠들었고 결국에는 맥도넬 씨가 경찰조사관 앞으로 쓴, 앞으로 그 사건을 문제 삼지 않겠다는 내용의 편지를 받아냈지. 나는 그 편지를 얼른 경찰서에 전달했는데, 알고 보니 소년 3은 이미 풀려났더군. 이웃집 정원사들이 불을 껐다나 봐.

나의 긴 단어 선호와 갓 피어난 문학적 재능이 맥도넬 씨의 유머감각을 만족시켰던 것 같아."

그것은 쇼의 첫 번째 연설이었다. 언덕에 불이 난 것은 젊은이의 경솔함 때문이 아니라 본인의 호기심 때문이었다고 하는 편이 더 정확했겠지만 말이다. 그가 언론에 보낸 편지와 글의 상당수는 불을 지르고 싶어하는 그의 본능에서 비롯됐으며, 그의 지식에 대한 갈증은 그 무엇으로도 채울 수 없었다. "나는 항상 아담을 경멸했다. 여자가 뱀에게 유혹당했던 것처럼 그 역시 여자에게 유혹당하고 나서야 선악과를 따먹었기 때문이다. 나 같으면 주인이 뒤돌아서자마자 선악과를 모조리 먹어치웠을 것이다."

허큘리스 맥도넬과 만나고서 얼마 지나지 않아 그는 불현듯 자각의 순간을 경험한다. "어느 땅거미 지는 저녁, 나는 토르카 언덕의 가시금작화 덤불을 헤매고 다니다가 갑자기 이런 의문이 들었다. 나는 왜 믿지도 않는 기도를 매일 저녁 반복하는가? 나의 지적 양심은 나를 책으로 이끌었고, 나의 솔직한 심정은 미신적인 관습을 그만둘 것을 요구했다. 그리고 그날 밤 내가 말을 깨친 이후 처음으로, 나는 기도하지 않았다.

기도하지 않는 대신 나 자신에게 또 다른 질문을 던졌다. 기도를 빼먹는 게 왜 이렇게 불편한가? 이것이 양심인가? 그렇지만 다음날 밤이 되자 불편한 마음은 미처 알아차리기도 전에 온데간데없이 사라졌다. 그리고 그날 이후 나는 원래 이교도였던 것처럼 기도에 대해 완벽하게 잊었다." 의지할 기도가 사라지고 자력으로 서야 하는 상황이 되자, 그는 사물에 대해 스스로 사고하기 시작했다. "나에게 양심의 가책과 의무감이 생기기 시작했다. 진실과 명예는 어른들이 착한 척하기 위해 말로만 하는 그런 표현들이 아니라 나 스스로 지켜야 할 원칙이라는 것을 깨닫게 되었다. 내 안에 도덕적 열정이 탄생하는 변화가 찾아온 것이다. 분명히 말하건대, 내 경험에 의하면 도덕적 열정이야말로 유일한 참열정이다. … 전에 내 안에 있던 다른 열정들은 모두 게으르고 목표가 없었다. 그래서 유치한 탐욕과 잔인함, 호기심과 망상, 관습과 미신에 지나지 않았고, 성숙한 지성이 보기에는 이상하고 우스꽝스러울 만한 것들이었다. 그 열정들이 새로운 불꽃처럼 갑자기 빛나기 시작했을 때, 그것들은 스스로 빛난 것이 아니라 막 탄생한 도덕적 열정 덕분에 빛난 것이었다. 도덕적 열정은 다른 열정에 고귀함과 양심과 의미를 부여했고, 욕망 덩어리에 지나지 않던 것들을 질서정연한 목표와 원칙으로 발전시켰다. 나의 정신은 그러한 도덕적인 열정에서 태어났다."

마침 쇼의 아버지가 "어느 일요일 오후 문간 계단에서 가벼운 발작으로 쓰러지면서 금주하지 않으면 죽을지도 모른다는 생각을 하게 되었고 말로만 하던 절대 금주의 원칙을 실행에 옮기기로 하면서" 쇼의 집안에는 종교 개혁의 분위기가 감돌았다. 조지 카 쇼는 술을 끊었고 이후로 다시는 술을 입에 대지 않았다. 그러나 술을 마시든 마시지 않든 그것으로 부인의 동정을 얻을 수는 없었다. 쇼의 어머니는 1872년에 가정을 깨고 런던으로 갔다. 런던에서 리는 이미 그의 음악적 재능을 기반으로 부와 명성을 쌓고 있었다. 쇼의 어머니는 성악 교습으로 먹고살 수 있기를 바라며 두 딸을 데리고 떠났다. 그 두 딸 중 한 명은 아일랜드를 떠나 벤트너에 도착하자마자 폐결핵으로 죽었다. 그녀는 "스코틀랜드 하이랜드 지방에서만 볼 수 있는 타는 듯한 붉은 머리카락을 지니고 있었다." 흑갈색 머리의 다른 누이는 성악가로서 전도유망해서 가족들은 그녀가 리의 도움으로 프리마돈나가 되기를 바랐다. 버나드 쇼와 그의 아버지는 더블린 하코트 가 61번지에 위치한 하숙집으로 거처를 옮겼다.

⑦ 취업
정당하게 먹고살겠다고 본성에 반하는 죄를 짓다

가장이 망해 가는 사업을 붙들고 승산 없는 싸움을 벌이는 동안 가세는 점점 기울어갔고, 쇼가 열세 살이 되자 주변에서 나서서 그에게 일자리를 알아봐 주기 시작했다. 어느 지인은 쇼를 '스콧, 스페인 & 루니'라는 직물회사에 소개했다. 쇼는 '스페인'이라는 낭만적인 이름의 파트너에게 면접을 보고 싶어했으나 스콧이라는 파트너에게 안내되었고, 마침 스콧보다 나이 많은 파트너 루니가 나타나지 않았으면 바로 채용될 뻔했다. 루니는 쇼에게 이것저것 물어보더니, 쇼가 일을 하기에는 너무 어리다고 결론지었다. 그런 루니에게 쇼는 두고두고 고마워했다.

하지만 쇼의 가족은 나이 어린 사람에 대한 루니의 배려가 별로 고맙지 않았다. 한두 해쯤 지나 쇼는 삼촌의 소개로 상류층을 상대하는 몹시 속물적인 부동산 중개회사에 취직했다. 훗날 그의 표현대로라면, "정당하게 먹고살겠다고 본성에 반하는 죄"를 지은 것이었다. 당시 아일랜드에서는 부동산 대리인이 벌이가 좋았기 때문에 부동산 대리인이 되려는 사람에게는 그보다 좋은 출발도 없었겠지만, 악역 바리톤이 되려는 사람에게는 썩 좋은 출발이라고 할 수 없었다. 쇼는 회사 간부들이 자리를 비울 때마다 뭔가 다른 것을 배우고 싶어하는 나이 어린 사원들에게 돈을 받고 오페라를 가르쳤다. 어느 날 쇼의 제자 한 명이 한창 본전을 뽑고 있을 때, 유니애크 타운센드라는 고위 간부가 불쑥 나타났다. 순간 모든 부하 직원이 책상에 고개를 파묻었다. 그러나 노래하던 직원은 자기 노래에 몹시 심취한 나머지 갑작스러운 관객의 이탈을 감지하지 못했다. 타운센드는 뒷목 잡고 쓰러질 뻔하다가 간신히 자기 방으로 피신해 한참을 씩씩거렸다. 안정을 찾은 다음에도 방금 자신이 목격한 장면을 차마 인정할 수가 없어서 아마도 헛것을 봤겠거니 하고 넘어간 듯하다.

청년 쇼는 다른 문제에 있어서도 만만찮은 골칫덩이였다. 타운센드는 쇼의 무신론적 성향을 눈치채고 업무 중에는 종교 이야기를 하지 말라고 지시했다. 부동산 사무실을 토론회장으로 만들기를 거부한 타운센드에게 무슨 잘못이 있겠는가. 하지만 그의 지시 때문에 말하기 좋아하는 한 청년의 마음은 갑갑해졌다. 쇼는 부글부글 끓어오르는 속을 대중을 상대로 터뜨렸다. 더블린을 방문한 복음주의적 종교부흥단체 '무디와 샌키Moody and Sankey(무디는 설교하고 샌키는 노래했다)'가 신문 지면에 쇼를 처음 등장시킨 장본인이었다. 쇼는 무디와 샌키의 부흥회를 보고 『퍼블릭 오피니언Public Opinion』에 편지를 보냈고, 그 편지는 1875년 4월 3일 자에 실리게 되었다. 무디와 샌키의 부흥회가 성공한 것은 종교가 부흥해서가 아니라 홍보와 호기심, 참신함과 재미 때문이었다는 것이 그 편지의 골자였다. 그는 "무디와 샌키의 부흥회가 개인들을 몹시 무례한 사회구성원으로 만드는 경향이 있다"고 지적하기도 했다.

그 편지가 쇼의 첫 번째 작품은 아니었다. 그는 열 살이 되기도 전에 이미 한 남자에 관한 짧은 이야기를 썼다. 글렌오브더다운즈 협곡에서 총을 가진 한 남자가 총이 없는 다른 남자를 쏜다는 내용이었다. 몇 번인가는 잡지에 설명문이며 소설이며 이런저런 원고를 보내기도 했다. 또한, 옛 동창 에드워드 맥널티Edward McNulty와 상당히 낭만적인 어조의 업무 편지를 주고받기도 했다. 하지만 그가 작가로서 처음 대중에게 모습을 드러낼 수 있었던 것은 아무래도 무디와 샌키 덕분이었다. 쇼는 문학적인 자기 표현력을 타고났고 그러한 천부적 재능을 스스로 당연하게 받아들였기 때문에 자기 글이 매체에 실린 것을 보고도 아무런 감흥을 느끼지 못했다. 그저 "물맛처럼 별 느낌 없었다"고 했다. 셸리Shelley를 흠모했지만 최고의 관심사는 여전히 음악이던 시기였다.

쇼의 어머니는 런던으로 떠나면서 다른 가구는 다 팔아버렸으나 가족의 피아노만은 남겨두었다. "불현듯 집에 음악이 없다는 걸 깨달았고, 내가 만들지 않는 한 앞으로도 없겠다는 생각이 들었다." 그래서 그는 피아노를 독학했다. 연습곡이 아니라 「돈 조반니」 서곡으로 시작했다. "내가 잘 아는 곡으로 시작하길 잘했다. 내 손가락이 음을 제대로 치고 있는지 들으면 바로 알 수 있었으니까. 집에 오페라와 오라토리오 악보는 충분히 있었다. 나는 피아니스트 같은 기교에 도달하지 못했고 스케일은 아직도 헷갈려하지만, 내가 원하던 능력은 얻을 수 있었다. 어머니와 동료들이 연습하는 것을 직접 들은 것처럼 악보를 이해하고 그 내용을 습득하는 능력이었다. … 나는 악보를 더 많이 샀다. 그중에는 「로엔그린」도 있었는데, 바그너를 발견한 건 혁명이라 할 만했다. 베토벤 교향곡 편곡집을 사고 나서는 오페라와 오라토리오 말고도 또 다른 음악 세계가 있다는 것을 알게 되었다. … 이렇게 혼자 배우던 시절 쿵쿵거리고 휘파람을 불어대고 큰소리로 울부짖고 으르렁거리면서 이웃에 폐를 끼쳤던 걸 생각하면 때늦은 후회가 밀려온다. 하지만 그때 내가 달리 뭘 할 수 있었겠는가?"

하코트 가 주민들이 61번지에서 울려 퍼지는 소음을 견디며 분을 삭이는 동안, 쇼는 부동산 회사의 말단 직원이 겪는 고충에서 벗어날 안식처를 찾기 위해 발버둥치고 있었다. 그가 말단 직원으로서 해야 할 일 가운데 가장 견디기 힘들었던 것은 가난에 찌든 세입자들에게서 매주 집세를 걷는 일이었다. 그에 비하면 마운트조이 교도소를 방문한 것은 차라리 즐거운 경험이었다. 이런 일들과 더불어 아일랜드 검찰 서류를 검토하다가 알게 된 사실 하나가 그의 사회적 양심을 깨웠다. 어떤 부대에서는 술 취한 군인들이 저지른 범법행위를 대체로 눈감아주었는데, 왜 그런가 했더니, 법대로 처리하면 중죄에 해당해서 군인들에게 야만적이고 잔혹한 형벌을 내려야 하기 때문이었다. "아무것도 모르던 청년 시절 이런 사실들을 알게 되면서, 숨은 진실을 방조하고 넘어가는 것에 대해 무거운 책임을 느끼게 되었다. 나는 군대에서 그런 일이 일어나고 있다는 걸 사람들도 알아야 한다고 생각했다. 당시 유럽은 다윈의 자연도태설 이후 과학 열풍에 사로잡혀 있었다. 다윈의 자연도태설은 그때까지 우리가 종교 행위로 여겼던 천박한 성경 숭배와 구원 장사에 일격을 가했다. 나는 사실을 알고 싶었고, 별로 달갑지 않은 사실이라 할지라도 받아들일 준비가 되어 있었다. 내가 추락한 천사가 아니라 원숭이 사촌이라는 사실도 이미 받아들이지 않았던가?"

쇼가 회사에서 계속 승진한 것을 보면 그가 원숭이와는 거리가 먼 사람임을 알 수 있다. "월급이 30실링으로 올랐을 무렵, 회사에서 가장 일을 많이 하고 책임도 막중한 경리 직원이 사라져버렸다. 우리 회사는 고객에게 수표를 발행하는 등 어느 정도 개인 은행의 역할도 했기 때문에 경리 자리는 한시도 비워둘 수 없었다. 나의 상사 한 명이 그 자리를 대신했는데 그는 불평만 늘어놓았다. 나름 능력 있는 사람이었지만 잔고 맞추는 일에는 영 소질이 없었던 것이다. 이틀 정도 혼란을 겪고 나자 회사 차원에서도 다른 직원을 쓰지 않을 도리가 없었다. 그래서 적당한 나이의 책임감 있는 경리 직원을 모집한다는 구인광고를 내걸고 임시방편으로 사환인 나를 그 자리에 앉혔다. 그런데 (땡전 한 푼 없을 때를 빼고) 내 수중에 얼마가 있는지도 모르던 내가 남의 돈에 관해서는 그렇게 정확할 수가 없는 것이다. 전임자의 정갈한 필체도 배웠다. 내 글씨체가 장부를 쓰기에는 너무 지저분하고 제멋대로였기 때문이다. 중요한 직책을 제대로 수행하기 위해 들여야 하는 수고가 점차 줄어들었다. 꼬리 달린 양복을 샀더니 수습직원들이 놀랐고, 내 연봉은 48파운드로 올랐다. 열여섯인 나로서는 괜찮은 액수라고 생각했지만, 회사로서는 능력 있는 어른 직원을 고용할 때보다 돈이 훨씬 절약되는 셈이었다. 요컨대, 나는 나도 모르게 일을 잘했다. 그리고 당혹스럽게도, 회사가 나를 쓸모없는 사기꾼 취급하며 내치는 대신 꽉 붙들고 놓지 않으려 한다는 것을 알게 되었다."

쇼는 4년 동안 모범 경리 직원이었다. 그러나 "정신이 온전한 사람이라면 자신을 가두는 것은 무엇이든 혐오하게 마련이다." 스무 살 무렵 그의 연봉은 84파운드였고 그의 성실함과 정직함을 높이 산 고용주는 그가 불만족스러워할 것이라고 예상하지 못했다. 처음에 그가 일을 관두고 싶어한 이유는 일이 지루하기도 하고 주 관심사가 음악과 미술, 문학이라는 데 있었다. 그러던 중 다소 신기한 일이 일어났다. "나는 내가 소위 말하는 위대한 인물이 될 운명이라고 생각해 본 적이 없었다. 솔직히 나는 아주 애처로울 정도로 자신이 없었다. 그래서 나보다 박식하거나 권위 있는 사람의 말을 멍청하리만치 잘 믿었다. 그러던 어느 날 회사에서 충격을 받았다. C.J.스미스라고 나보다 나이도 많고 아는 것도 많은 수습직원이 있었는데 그가 말하길, 어린 녀석들은 모두 자기가 위대한 인물이 될 거라고 믿는다나. 보통의 젊은이들은 아무렇지 않게 넘길 얘기였다. 그러나 나는 머리가 멍해지는 느낌이었다. 내가 위대한 인물이 될 거라고 믿는다고 해서 정말로 위대한 인물이 될 수 있을 거란 생각은 해본 적이 없었기 때문이다. 그 일은 그렇게 지나갔다. 나에게 별다른 영향은 미치지 않았다. 나는 여전히 무능했고 여전히 자신이 없었다. 그렇지만 그 일을 계기로, 나는 오직 몇 사람만 두각을 나타내는 일에 전념하며 그 자리에 따르는 책임을 지겠다고 결심했던 예전의 그 순진무구함을 회복했던 것 같다." 그가 더블린을 떠나기로 한 것은 당연한 수순이었다. "내 인생의 과업은 아일랜드에 국한된 경험을 밑천 삼아 더블린에서 펼칠 수 있는 그런 것이 아니었다. 나는 런던에 가야 했다. 내 아버지가 곡물거래소에 가야 했던 것처럼 말이다. 런던은 영문학의 중심지이자 영어권 예술문화의 중심지였다(나는 영어 왕국의 왕이 되고 싶었다). 그때는 게일어 연맹Gaelic League 같은 것도 없었고 아일랜드가 어떤 문화의 씨앗을 잉태하고 있다는 느낌도 들지 않았다. 문화예술계에서 승부를 보려는 아일랜드인은 누구나 대도시에 살면서 국제 문물을 접해야 한다고 느꼈다. 다시 말해, 일단 아일랜드부터 벗어나야 한다고 느꼈다. 나 역시 예외가 아니었다."

이런 실질적인 이유 외에 그가 더블린을 떠난 이유는 또 있다. 더블린이 싫어진 것이다. "더블린에는 고상하고 진지한 것을 비도덕적이고 바보 같은 것과 혼동해서 조롱하고 업신여기는 경박하고 무익한 풍토가 존재하는 듯했다." 더 나아가 그는 이렇게 말했다. "나는 실패도 싫고, 가난도 싫고, 비천함도 싫고, 그런 것들과 연결된 배척과 멸시도 싫었다. 그런데 잠재적 야망이 어마어마한 나에게 더블린이 제시하는 거라곤 그런 것들뿐이었다." 더블린 사람들은 개별적으로든 집합적으로든 그의 취향에 안 맞았다. "아일랜드 사람이 다 그렇듯, 나도 아일랜드 사람을 싫어하네." 언젠가 그가 말했다. "도덕적인 이유 때문인가요?" 내가 물었다. "아니, 본능적인 거지." 그는 주저 없이 대답했다. 그러면서 아일랜드 사람들은 온갖 미덕을 다 갖고 있는데도 싫고, 스코틀랜드 사람들은 온갖 악덕을 다 갖고 있는데도 좋다고 한 윌리엄 모리스 말이 맞다고 했다. 쇼는 그 후로 거의 30년 동안 고국을 찾지 않았고 고국을 멀리하려는 마음을 숨기지도 않았다. 1896년 그는 이렇게 썼다. "나는 아일랜드를 가능한 한 빨리 벗어남으로써 내가 고국을 어떻게 생각하는지를 아일랜드식으로 보여줬다. (런던은 물론이고) 세인트 헬레나처럼 매력적인 곳에서도 살 수 있는데 굳이 아일랜드로 돌아가서 살고 싶지는 않다."

그는 갑자기 떠나는 방법을 택했다. 1876년 3월 그는 고용주에게 한 달 후에 그만두겠다고 통보했다. 그의 고용주는 그가 연봉에 불만이 있는 줄 알고 뭐든지 요구대로 해주겠다는 뜻을 내비쳤다. "회사가 뭐든지 다 해주려고 해서 내가 그만둘 구실이 없어질까 봐, 오로지 그게 걱정이었다. 나는 회사에 감사의 뜻을 표하며 이미 그만두기로 결심했다고 애기했다. 물론, 왜 그만두는지까지 회사에 얘기할 필요는 없었다. 사장은 감정이 조금 상해서 (나를 소개한) 삼촌에게 자신은 최선을 다했지만 내가 이미 마음의 결정을 내린 것 같다고 설명했다. 그의 말은 사실이었다." 쇼의 아버지는 자식을 다른 곳에 취직시킬 요량으로 그 회사에 추천서를 써달라고 요구했다. 그리고 그렇게 자식을 챙기는 행동에 왜 쇼가 격분하는지 이해하지 못했다.

출근하지 않아도 되는 사치를 며칠 동안 만끽한 뒤, 그 어떤 후회도 감상적인 작별인사도 없이, 쇼는 짐을 싸서 영국행 배에 몸을 실었다. 그때까지 그는 꿈속의 여인들하고만 사랑에 빠졌다. 음악과 책과 그림이 있었기 때문에 그는 "현실 세계의 여자들처럼 따분한 존재"에 안주할 수 없었다. 그의 연애가 어땠는지는, 『인간과 초인』의 잭 태너가 회상 장면에서 읊는 대사를 통해 유추해 볼 수 있다. "레이첼 로즈트리라는 짙은 눈동자의 소녀를 기억해? 예전에 그 애랑 사귄 적이 있어. 어느 날 밤 우리는 아주 불편하게 서로 껴안은 채로 정원을 거닐었지. 헤어질 땐 키스도 하고 정말로 낭만적이었어. 그런데 만일 그 애랑 계속 사귀었다면 말이지, 아마 지루해서 못 견뎠을 거야……."

제 2 부

런던
1876–1900

"버나드 쇼의 작품을 싫어하는 방법은 두 가지가 있는데, 하나는 그의 작품을 싫어하는 것이고, 다른 하나는 그의 소설을 좋아하는 것이다."

−오스카 와일드

소설가
바라는 게 없는 자는 절망하지도 않는다

이른 봄날의 어느 아침, 쇼는 기차에서 내려 유스턴 역 플랫폼에 발을 디뎠다. 짐꾼 하나가 이상한 발음으로 그에게 말을 걸어왔다. "앤섬이요? 포월이요?" 디킨스를 헛읽은 게 아니었다. 쇼는 마음속으로 'H' 한두 개를 복구해서 핸섬(이륜)과 포휠(사륜)로 알아들을 수 있었다. 핸섬이라는 특이하게 생긴 마차는 어떻게 타고 내릴지 감이 안 와서 사륜마차를 청했다. 디킨스는 6년 전에 죽었지만 쇼에게 런던은 그 소설가의 창조물 같았고, 마차 안에서 본 거리 이름들은 디킨스 소설에서 바로 튀어나온 것 같았다. 런던은 전성기였고, 이 도시를 정복하겠다고 탐방에 나선 아일랜드 청년은 마냥 들뜰 수밖에 없었다. 어떻게 살아갈 것인가는 그의 안중에 없었다. 그에게는 계획도, 방법도, 확실한 목적도 없었다. "일반적인 관점에서 보면, 나는 가장 야망이 없는 축에 속한다. 전에도 누차 말했지만, 나는 용쓰며 노력하는 성격이 아닌 데다가 보상에도 별로 관심이 없다. 나는 순전히 자연스럽게 여기까지 왔다. 성실한 습관이 몸에 배어서 꾸준히 일하기는 했지만(나는 내 아버지가 술을 마시는 것처럼 일한다) 천성이 게으르고 소심해서 야망 있다는 사람들이 벌어들이는 돈이나 기회의 십 분의 일도 잡지 못한다." 신념이나 희망은 없었지만 그는 비버가 댐을 짓듯 끈질기게 책(소설 5권)을 썼고, 다 쓰고 나서는 그것들을 싫어하고 부끄러워했다. 그것은 그가 수습 기간 동안 반드시 거쳐야 할 과정이었다. 그는 뭔가를 계속해야 한다는 것은 알았지만 달리 할 줄 아는 것이 없어서 글을 썼다. 그리고 돈 한 푼 안 벌던 그 끔찍한 습작 기간 덕분에 완전히 전문가가 되었다. 그때부터 글쓰기는 그에게 아무 문제도 되지 않았다. 생각지 못했던 위로를 얻게 된 그는 나중에 시저의 입을 빌려 말한다. "바라는 게 없는 자는 절망하지도 않는다."

브롬턴 대로를 벗어나 빅토리아 그로브라는 막다른 골목에서 그는 어머니와 누이를 찾았다. 당시 그 지역은 과수원과 채소밭으로 둘러싸여 있었고 시골 같은 분위기를 풍겼다. 그곳에 자리한 어느 연립주택 13호에서 어머니는 교습으로, 누이는 노래로 생계를 이어가려 애쓰고 있었다. "더블린에 남겨진 나의 아버지는 얼마 안 되는 자산에서 매주 1파운드씩 떼어 우리에게 보내줬다. 우리는 빚을 지기도 하고 어머니가 상속받은 유산 4,000파운드를 조금씩 헐어 쓰기도 하면서 어떻게든 생활을 유지했다." 그렇지만 쉽지 않은 생활이었고 쇼가 왔다고 형편이 더 나아진 것도 아니었다. 그가 제일 먼저 한 일은 어머니에게 노래를 가르쳐달라고 한 것으로, 당연히 가계에는 전혀 보탬이 되지 않았다. 이어서 그는 누이와 "피아노 듀엣에서 저음 부분을 정확하게 연주하는 법과 클래식 교향곡과 서곡에 대해" 배웠다. 이 역시 살림살이에 도움이 안 되기는 마찬가지였다. 오히려 그는 바그너의 「니벨룽겐의 반지」에서 자신이 좋아하는 곡을 연주하곤 해서 어머니를 거의 미치게 했다. "어머니께서 당시에는 전혀 불평하지 않으셨다. 하지만 내가 분가하고 난 후 어머니께서 털어놓으시기를, 그때 나 때문에 소리 지르러 나간 적이 한두 번이 아니었다고 했다. 내가 살인을 저질렀어도 이렇게까지 괴롭지는 않을 것이다. 정말 생각할수록 후회스럽다. 인생을 다시 살 수 있다면 나는 음악광들이 내는 소리가 그들에게만 들리게 하는 헤드폰과 마이크 같은 장치를 만드는 데 매진할 것이다. 독일에서는 창문을 열어놓고 피아노를 연주하는 것이 불법이다. 그렇지만 집 안에 있는 사람은 무슨 죄인가? 완벽하게 방음된 공간이 아닌 곳에서 악기를 연주하는 것은 중죄로 다스려야 한다. 큰 소리로 떠드는 사람에게도 마찬가지로 벌금을 물려야 한다."

쇼는 가계를 도우려는 의지가 전혀 없었다. 오로지 돈을 벌기 위한 일은 하지 않겠다고 내심 결론을 내린 상태였다. 하지만 주위 사람들의 등쌀에 일을 하지 않을 수가 없었다. 그에게 일을 강요한 첫 번째 사람은 밴덜러 리였다. 리는 자신만의 성악법을 버리고 구레나룻을 밀고 콧수염에 왁스를 바르는 것도 모자라 파크레인 13번지에서 고가의 수업료를 받아 챙기면서 열두 번의 교습으로 프리마돈나를 만들어주겠다고 사기치는 돌팔이 선생이 되어 있었고, 쇼의 어머니는 그런 그에게 넌더리를 내고 있었다. 그녀는 리의 사도였지만 어느새 유다가 되어 리와의 관계를 조심스럽게 정리하려 하고 있었다. 그러는 사이 쇼는 리의 음악회에서 피아노를 치며 영국 '사교계'의 음악적이고 보헤미안적인 측면을 처음으로 엿봤다. 반주자로 일한 대가로 쇼는 리가 음악 비평을 담당하고 있는 『호넷』에 리 대신 비평을 쓰고 보수를 받았는데, 이 일은 공연대행사들이 그의 음악 비평에 반발하며 광고를 끊고 이어서 잡지가 폐간되면서 금세 끝나버렸다. 그는 안심했다. 자신의 진지한 비평을 자꾸 음악에 관한 잡설로 전락시키려는 편집장을 더는 보지 않아도 됐기 때문이다. 하지만 또다시 취업 제의에 노출되어야 했다. 그는 극도로 소심했던 탓에 자신에게 도움을 줄지도 모르는 사람들과 만날 기회를 전부 거절했지만, 적잖이 끔찍한 직장에 안정적으로 자리잡을 때까지는 아는 사람들이 좋은 의도랍시고 자신을 가만 놔두지 않으리란 걸 확신했다. "나는 본능적으로 모든 기회를 피했다. … 나는 구제불능의 무직자였다. 한동안은 (나 자신에게나 다른 사람에게나) 구직을 하는 척했다. 너무 적극적이지 않은 선에서 구인광고에 응했다. … 어느 은행 지점장과 온슬로 가든에서 면접 봤던 일이 기억난다. 나는 그 지점장을 아주 즐겁게 해줘서 그와 기분 좋게 헤어질 수 있었는데, 그는 내가 어려움 없이 지내려면 반드시 일자리를 얻어야 하겠지만, 은행 사무원이 나에게 맞는 직업은 아닌 것 같다고 했다."

쇼에게 맞지도 않는 일자리를 강요한 다음 사람은 그의 사촌이자 작가였던 캐셜 호였다. 그녀는 1879년 그에게 퀸 빅토리아 가의 사무용 건물 지하에 있던 에디슨 전화회사의 비서 자리를 알아봐주었다. 하지만 그는 운송 부서에 배치되었고, "전화선을 나르기 위해 절연 자재와 장대, 기중기 등을 지붕에 올릴 수 있게 허락해 달라"고 이스트엔드 거주자들을 설득하며 시간을 보냈다. 그는 탐험을 좋아했지만, 주민을 만나는 일은 싫어했다. "나는 뻔뻔하고 강인한 척했지만 실은 극도로 예민한 성격이어서 퇴짜를 맞는 것이 때로는 못 견디게 싫었다. 나를 외판원으로 오해해서 몹시 경계하던 어느 여인에게 거절당했을 때는 정말이지 어처구니없을 정도로 고통스러웠다." 에디슨의 전화 사업은 성공하지 못했다. 영국의 증권 중개인들은 "아주 사적인 대화가 조심스럽게 이루어지지 않고 온 집안에 울려 퍼진다"는 이유로 전화를 달가워하지 않았다. 에디슨 전화회사는 곧 내셔널 전화회사에 합병되었다. 그러나 에디슨의 발명이 완전히 헛된 것은 아니었다. 덕분에 쇼는 몇 달 동안 직장인으로 살 수 있었고, 운송 부서의 책임자가 되고 나서는 미국인 노동자들과 어울릴 수도 있었다. 그 미국인 노동자들은 "한물간 유행가를 진심을 다해 부르고" 끔찍한 언어를 사용했으며, "목표치를 실제로 달성할 기세로 맹렬하게 일했고," 미국인 외에 다른 사람 밑에서 일하기를 거부했으며, 에디슨을 전 시대에 걸쳐 가장 위대한 천재로 생각했고, 재촉하거나 재촉당하기를 싫어하는 영국인 노동자들을 대놓고 멸시했다.

그 회사가 더 큰 회사에 합병되면서 겨우 직장에서 벗어난 쇼는 2년 후 레이턴 지역 선거에서 표를 세는 일로 2파운드 남짓 벌었던 특이한 경험을 제외하면, 정당하게 돈을 벌겠다고 본성에 반하는 죄를 짓는 일은 두 번 다시 하지 않았다. 런던 생활 초창기에도 그는 자신의 다양한 성향을 글로 표현해 온갖 유명 매체에 보냈다. 신문사나 잡지사에서는 "감사하며" 혹은 "유감스럽게도"라는 문구와 함께 매번 그의 글을 되돌려 보냈다. 딱 한 번 예외가 있다면, 그가 "기독교식 이름"에 관해 쓴 글이 G.R.심스가 발행한 잡지 『원 앤드 올 One and All』에 실린 것이었다. 쇼의 수많은 언론 기고 중 처음으로 빛을 보게 된 이 글에서, 그는 부모가 자녀에게 과시적이거나 멍청한 기독교식 이름을 지어주어서는 안 된다고 충고했다. "자녀에게 대단한 이름, 즉 역사적으로 잘 알려진 인물의 이름을 지어주어서는 안 된다. 그런 이름으로 세례를 받은 사람은 공작 꼬리를 가진 갈까마귀나 다름없다. 항상 이름값을 못해서 예의상으로라도 부끄러워해야 하는 운명인 셈이다. 자신이 잘못된 자리에 있다는 것을 지속적으로 의식하면서 차마 꿈꿀 수도 없는 기준과 비교당하는 그 불행한 사람은 곧 실패자로 여겨지며 자기 이름의 무게에 짓눌리다 모멸감에 빠지게 된다. 마찬가지로 천재성이 너무 강해 그것을 억누를 수 없는(물론 조정될 수는 있을 것이다) 몇몇 경우를 제외하고, 바보의 이름을 가진 사람은 자기가 바보가 아니라는 걸 보여주기 전까지 바보 취급을 견뎌야 할 것이다."

쇼는 이 글로 15실링을 받고 감격한 나머지 앉아서 무언가를 더 열심히 썼다. 그 글은 잘 써도 너무 잘 쓴 것이 분명했다. 그 글이 잡지에 실리고, 아마도 그의 그 "눈부신 공헌" 덕분에, 곧바로 그 잡지가 폐간되었으니까. 1876년부터 1885년까지 9년 동안 그가 글을 써서 번 돈은 총 6파운드였다. 그중 5파운드는 전매특허 제약 광고를 써서 벌었고,『원 앤드 올』에서 받은 15실링을 제외한 나머지 5실링은 그와 같은 건물에 사는 세입자의 의뢰로 (패러디를 의도했으나 심각해져버린) 몇 편의 시를 써서 벌었다.

1879년에서 1883년 사이, 쇼는 성모마리아를 성질 더러운 여인으로 설정한 것에서 더 나아가지 못하고 집필 초반에 포기해버린 무운시 형식의「예수 수난극」을 쓴 것 말고는 내내 소설 쓰기에 몰두했다. 소설은 총 다섯 편을 썼는데, 그게 그에게는 많은 도움이 되었다. 그의 소설에 대해 오스카 와일드는 이렇게 말했다. "버나드 쇼의 작품을 싫어하는 방법은 두 가지가 있는데, 하나는 그의 작품을 싫어하는 것이고, 다른 하나는 그의 소설을 좋아하는 것이다." 쇼는 극작가로 유명해지고 한참 뒤에 그 소설들을 다시 읽어보고는 "참을 수 없을 정도로 잘 읽힌다"고 생각하며 싫어했다. 그 소설들은 군데군데 쇼 특유의 유머가 살아있기는 하지만, 이제는 우스꽝스러울 정도로 부자연스럽고 자의식이 강해 보이는 고전적 문체로 쓰였고(아일랜드에서는 그러한 문체가 토착화되어 여전히 살아 있다) 그만의 타고난 생기를 담아내지 못했다. 예를 들어, 그의 첫 소설 『미완성Immaturity』에서 그는 그 자신임이 분명한 젊은 주인공 스미스가 깊은 감상에 젖어 웨스트민스터 사원의 회랑을 거닐고 있는 모습을 묘사하며, 그 젊은이가 왜 깊은 감상에 빠져있는지를 설명한다. "안목 있는 관찰자라면 그의 고요한 발걸음, 감명받은 듯한 태도, 사색적인 평온함에서 그가 확고부동한 자유사상가라는 것을 알아봤을 것이다."

사실 당시 쇼는 호전적 무신론의 단계를 거치고 있었다. 그는 켄싱턴에서 열린 어느 신사 모임에 참석했다가 누군가 떠드는 것을 듣게 되었다. 어떤 사람이 무디와 샌키를 조롱해서 신을 화나게 했고 그 바람에 죽임을 당해서 관에 실려 나갔다는 이야기였다. 이 이야기는 논쟁을 촉발했다. 거기서 "가장 독실해 보이는 어떤 남자는 찰스 브래들로[1] 이야기를 꺼냈다. 세속주의자 중에서도 가장 만만찮은 무신론자인 찰스 브래들로가 자신의 시계를 보란 듯이 꺼내 들고서, 신이 정말 존재하고 무신론을 부정한다면 5분 안에 자신을 죽여보라는 식으로 신에게 도전했다는 것이다." 그러자 그 자리에 있던 다른 누군가가 브래들로는 절대로

---

[1] 찰스 브래들로Charles Bradlaugh(1833-1891): 영국의 자유주의적 정치운동가. 종교로부터의 자유와 공화주의를 호소하여 노동자와 소시민의 지지를 얻었다. 의회투쟁을 전개하여 제명·재선을 네 차례나 반복한 후 평생 의원직을 지냈다.

그런 일을 한 적이 없으며 공식적으로도 그 이야기를 부인했다고 했다. 이에 쇼가 나서서 브래들로는 그 일을 반드시 해야만 했다고 주장했다. "나는 브래들로가 실제로 신에게 그런 식으로 도전했다면, 쉽게 상황을 정리할 수 있었을 거라고 덧붙였다. 마침 내가 브래들로와 같은 의견이었기 때문이다. 즉, 성마르고 화를 잘 내는 초자연적인 신이 자연의 질서에 마구잡이로 간섭할 수 있다고 믿는 것 자체가 어리석다고 생각했다. 그리하여 나는 곧바로 내 시계를 꺼냈다. 그 효과는 전율을 일으킬 정도였다. 회의론자나 신자 그 어느 쪽도 실험 결과를 감당할 준비가 안 되어 있었던 것이다. 나는 독실한 사람들에게는 신이 벼락을 정확하게 때려서 무고한 자와 죄인을 정의롭게 구분할 것이니 믿으라고 호소했고, 회의주의자들에게는 회의주의의 논리적인 결과를 받아들이라고 호소했다. 하지만 다 헛수고였다. 벼락에 관한 한 회의주의자는 존재하지 않는 것 같았다. 그 모임의 주최자는 내가 그 불경스러운 도전을 입 밖으로 꺼내면 순식간에 손님들이 사라지고 5분 후에는 사형선고를 받게 될 불신자(비기독교도)와 자신만 남게 될 것이라는 생각에, 우리의 대화에 끼어들어 실험을 저지하는 한편 나에게 대화 주제를 바꾸자고 애원했다. 나는 그의 부탁을 받아들여 신에게 도전하는 위험한 말은 내뱉지 않았지만 이렇게 덧붙이지 않을 수 없었다. 내 마음속에는 그런 생각이 확고한데 단지 내 입을 봉한다고 해서 결과가 달라질지는 의문이라고 말이다. 그렇지만 사람들은 모종의 규칙에 따라 게임을 진행하고 있는 것처럼 보였다. 내가 속으로 무슨 생각을 하든 입 밖으로 꺼내지만 않으면 된다고 여기는 듯했다. 오직 복음주의자 무리의 대표만이 초조한 마음으로 5분을 세면서 날씨가 계속 잠잠한지를 주시했던 것 같다."

쇼의 사려 깊은 친구 하나는 쇼의 지옥행을 막으려고 브롬턴 성당의 애디스 신부에게 그를 가톨릭으로 개종시켜달라고 간청했다. 쇼는 그 문제를 토론하고 싶기도 하고 애디스 신부의 정신세계가 궁금하기도 해서 성당 수도실로 갔다. "애디스 신부가 말했다. 우주는 존재하므로, 누군가가 그것을 만든 것이 분명하다고. 그래서 내가 그랬다. 그 누군가가 존재한다면, 그 누군가를 만든 또 다른 누군가가 존재할 거라고. 그 오라토리오회 수도사는 논리대로라면 그렇다는 것을 인정하더니, 신을 만든 자가 있을 수 있고, 또 그 신을 만든 자를 만든 자가 있을 수 있으며, 그런 식으로 배후에 창조자가 얼마든지 이어질 수 있다고 했다. 그렇지만 창조자가 무한히 많다고 하면 상상하기도 힘들고 불필요하게 느껴질 것이 아니냐, 오만이나 오천만 신을 믿느니 하나의 신을 믿는 게 더 쉽지 않겠냐, 하나만 인정하고 그만 멈추는 게 어떻겠냐, 그러면 논리적 어려움도 사라지지 않겠냐고 했다. 나는 대답했다. 미안하지만, 창조주가 스스로를 창조했다고 믿는 것이나, 우주가 저절로 생겼다고 믿는 것이나 나에게는 마찬가지라고. 사실 우주가 저절로 생겼다고 믿는 편이 더 쉽다. 우주는 가시적으로 존재하는 데다가 계속 자신을 만들어 나가고 있기 때문이다. 반면 창조자는 가설일 뿐이지 않은가. 물론 우리는 그 선에서 더 나아가지 못했다. 애디스 신부는 자리에서 일어서더니, 우리는 톱 하나를 가지고 한 명은 앞으로 밀고 한 명은 뒤로 밀어서 아무것도 자르지 못하는 사람들 같다고 했다. 그러나 우리가 그 대화를 멈추고 식당을 가로질러 가고 있을 무렵, 그는 잠시 그 주제로 돌아가더니 자기는 믿음을 잃으면 틀림없이 미쳐버릴 거라고 했다. 젊음의 투지 넘치는 냉철함과 희극적인 정신에 고취된 나는 마음이 한결 편안해졌고 그런 기분을 말로 표현했다. 그래도 그 신부의 진솔함에는 감동받았다."

이는 명백히 『미완성』의 주인공이다. 『미완성』은 다음과 같은 문장으로 끝맺는다. "스미스는 다시 다리를 건너다 잠시 멈춰 서서 자신의 불완전성에 대해 깊이 생각해보고 눈앞에 펼쳐진 고요한 수면 위로 하얀 달빛과 검은 그림자가 아름답게 드리운 모습을 지켜보았다. 결국, 그는 고개를 절레절레 흔들고는 집으로 돌아갔다."

1879년 작 『미완성』은 런던의 모든 출판사에서 거절당했다. 챕맨앤드홀Chapman and Hall 출판사의 원고검토자 조지 메레디스는 딱 잘라 "노"라고 했다. 맥밀란Macmillan 출판사의 원고검토자 존 몰리는 그 작품을 상당히 인상 깊게 보고 자신이 편집자로 있던 『팰맬 가제트The Pall Mall Gazette』에 쇼의 글을 실을 수도 있겠다고 생각했다. 그는 자신을 찾아온 쇼에게 뭘 할 수 있겠냐고 물었다. 쇼는 예술에 대해 쓸 수 있을 것 같다고 했다. "푸하! 예술에 대해서는 누구나 쓸 수 있지." 몰리는 조롱조로 대답했다. "오, 그렇습니까?" 쇼가 무시하는 투로 받아쳤다. 그 말에 몰리는 쇼가 기고자로서는 영 안 되겠다고 결론지었다. 반세기 후 쇼는 『미완성』을 직접 출판하면서, 소설 속 예술가는 풍경화가 세실 로손에게서 영감을 얻은 캐릭터라고 설명했다. 그는 어머니에게서 로손 가족을 소개받았고, 일요일 저녁 가끔씩 체인워크에 위치한 그 집에 놀러 갔다. 초년기에 리의 집을 제외하고 유일하게 드나든 집이었다. 쇼는 그 집을 방문할 때마다 비정상적인 부끄러움으로 괴로워했고(젊은 시절에는 자만심이 그런 식으로 나타난다) 그 때문에 사람들에게 무례하고 거만하게 굴었다. "나는 수줍음으로 괴로워하며 강둑 위를 20분이나 왔다갔다하다가 겨우 그 집 문을 두드렸다. 이런 식의 태도에서 벗어나지 않으면 세상 그 어떤 일도 할 수 없다는 것을 본능적으로 알지 못했다면, 속 편하게 도망치는 게 낫지 굳이 나 자신을 괴롭힐 필요가 있겠냐고 자문하며 꽁무니를 뺐을 것이다. 젊은 시절 단지 용기가 없어서 나만큼 많이 고생하고 나만큼 끔찍하게 부끄러워한 사람은 별로 없을 것이다. 실제이건 상상이건 위험을 마주했을 때, 거기에 극히 중대한 이해가 걸려있지 않는 한 나는 숨고 회피했다. 중대한 이해가 걸린 문제라면 앞으로 나서기는 했지만 상당한 고통이 뒤따랐다. 최악은, 내가 풋내기답게 적당히 수줍음을 타면서 로손 가족의 호의를 구했어야 하는데 그러지 않은 것이었다. 섀비언의 곡조를 아직 어떤 종류의 화음에도 맞추지 못하고 있던 때였다. 확신컨대, 로손 가족은 나를 거슬리고 교양 없이 콧대가 높고 참기 힘든 인간으로 여겼을 것이다."

그의 두 번째 소설은 『부적절한 결혼The Irrational Knot』이었다. 이 작품에는 "그를 알게 된 이래로 그를 싫어할 구실이 생기기를 기다려 왔다"와 같은 좋은 표현들이 더러 있었지만, 출판업자들에게 일말의 흥미도 불러일으키지 못했다는 점에서 전작과 비슷했다. "나는 어리고 경험이 부족했던 탓에, 문제는 나의 문학적 재능이 모자라는 것이 아니라 점잖은 빅토리아식 사고와 사회를 대하는 나의 적대적인 태도가 사람들의 반감을 불러일으키는 것임을 미처 깨닫지 못했다. 나에게는 한줄기 희망도 남지 않았다. 하지만 나는 소설 쓰기를 멈추지 않았다."

날씨가 좋든 안 좋든 기분이 내키든 안 내키든, 매일 4절판 싸구려 백지 5페이지를 채우겠다는 결심은 직장 생활의 경험에서 우러나온 것이었다. "내 안에는 여전히 학생이나 사무원 같은 면이 남아 있어서, 다섯 페이지를 다 채우면 설사 문장을 다 끝마치지 못했어도 거기서 멈추고 다음 날 다시 시작했다. 반대로, 아무것도 못 쓰고 지나가는 날이 있으면 다음 날 일을 두 배로 해서 전날치를 보충했다. 『부적절한 결혼』을 쓰는 동안 쇼는 마침 런던에서 초연된 비제의 오페라 「카르멘」을 보고 자신의 낭만적 충동을 안전하게 배출하는 장치로 활용했다. 자신이 창조하던 세계에 싫증이 나면 펜을 집어 던지고 피아노로 가서 "카르멘과 정열적인 투우사와 겁쟁이 기마병의 화려한 세계를 떠올리며" 자기 작품의 추악한 사실주의를 잊었다.

쇼의 작품번호 3번 『예술가들의 사랑Love Among the Artists』은 그가 가장 심사숙고해서 쓴 소설이자 그의 개성을 가장 많이 드러낸 소설이다. 여자가 남자에게 전력투구하게 하는 셰익스피어적인 수법을 쇼는 이 작품에서 처음으로 사용했다. 또, 베토벤을 모델로 한 주인공은 쇼가 자신의 오락적 재능을 발휘해 역사적인 인물을 실제보다 훨씬 유쾌하게 바꾼 첫 번째 사례였다. 이 작품은 그의 발전 과정에서 중요한 전환점이 되었다. 그의 처음 두 소설은 확실히 합리주의적이었다. 특히 『부적절한 결혼』은 처음부터 끝까지 거침없이 맹렬하게 쓴 작품이었다. 이 작품의 주인공은 교양 있는 '전문가'로서, 음악적 업적을 발판으로 귀족 사회에 진입해 허울뿐인 신사숙녀들을 말과 인품으로 압도한다. 당시 한창 성장세이기는 했지만 아직 수적으로 많지는 않았던 교양 있는 전문가 계층을 제외하고 웬만한 사람들에게는 아직 생소한 캐릭터였다. 이는 쇼가 사회주의자가 되기 일보 직전이었음을 보여준다. 그는 그 작품과 함께 합리주의자, 유물론자, 자유사상가로서 그의 재미 없는 경력도 끝을 냈다. 그런 쪽으로는 더는 나아갈 수 없다는 것을 깨닫고 단호하고도 의식적으로 방향을 틀었다. 그런 다음 신비주의적이고 직관적인 것, 소위 '천재성'이라고 하는 것의 정도와 차이를 주제로 삼았다. 천재성과 속물적인 상식의 충돌은 그때부터 쇼 희극의 단골 소재가 되었다. 『부적절한 결혼』과 달리 『예술가들의 사랑』은 대단원도 없고 결말도 없다. 그냥 끝난다. 그는 『예술가들의 사랑』을 쓰는 동안 아파서 작업을 중단하는 사태를 처음 겪었고(자신이 결국 죽을 운명이라는 것을 치욕스럽게 확인했다), 그렇게 놓친 맥락을 따라잡느라 이미 썼던 것을 다시 읽으며 일이 더뎌지는 것을 견뎌야 했다. "백신 접종을 한 사람은 평생 천연두에 면역되어야 했지만" 쇼는 1881년에 유행한 천연두의 희생자가 되었고, 거기서 살아남게 되었을 때는 수북이 자라있는 턱수염만큼 의학적 권위에 대한 불신도 커져 있었다. 그러한 불신은 그와 평생을 같이하며 저명한 의사 상당수를 약올렸다.

그의 다음 소설 『캐셜 바이런의 직업 Cashel Byron's Profession』은 스릴러에 가깝다고 할 수 있다. 그는 수많은 권투시합을 참관하고 권투에 흥미가 생겨 영국박물관 독서실에서 그 주제를 파고들었고 결국 이 책을 썼다. 그는 권투시합에 대한 관심이 원죄의 일부인 것처럼 느껴졌다. 실제로 그는 그 누구보다 '스포츠맨'과 거리가 멀었다. 그가 나에게 했던 말에서 시합에 대한 그의 지론을 엿볼 수 있다. "깊은 명상 끝에 나는 현 인류가 경기장에서 공을 쫓는 수준이라는 결론에 도달했네. 천 년이 지나면, 인류가 경기장 밖으로 공을 차내기 위해 도덕적으로나 지적으로 노력하는 수준에 이르게 될지도 모를 일이지." 언젠가 그는 야구경기를 보고 나서 다른 경기에도 가자는 제의를 받고 이렇게 답했다. "누군가 두 번째 야구경기를 보러 가자고 하면, 애초에 첫 번째 경기는 왜 보러 갔는지 자문하게 된다. 그것은 절대로 대답할 수 없는 질문이다. 미친 세상이다." 그 보편적인 광기에 동참함으로써 그는 베스트셀러 작가가 될 뻔했다. "『캐셜 바이런의 직업』을 떠올릴 때마다, 스물여섯 살에 성공한 소설가가 될 뻔했던 게 생각나서 몸서리치게 된다. 그때 모험적인 출판업자를 만났다면 나는 파멸했을지도 모른다." 모험적인 출판업자는 없었지만, 그 작품은 『투데이』라는 사회주의 잡지에 연재된 후 1실링짜리 염가판으로 시장에 나왔으며, 미국에서는 적절한 시기에 해적판이 출간되어 작가를 제외한 모든 사람이 돈을 벌었다. 쇼는 자기가 재미있어서 쓴 작품이었지만 그런 치기 어린 즐거움에 빠져있었던 것을 곧 후회했다. "권투시합이라는 소재와 상투적인 결말 덕분에 나는 처음으로 과한 호평을 받으며 수천 명의 독자에게 노출되는 굴욕을 경험했다. 사실 그보다 훨씬 전에 나의 자존감에는 이미 빨간불이 켜진 상태였다. 나는 나의 전작들을 곰곰이 돌아보며 단순한 인물 묘사는 더 이상 안 하기로 했다. … 사회 전반의 문제를 해결하려는 거대한 투쟁과도 같은 소설을 써야겠다고 마음먹었다."

사회 전반의 문제와 싸우려는 시도는 진을 빼는 일로 판명났다. 그는 심각한 본론으로 들어가기도 전에 그저 그 배경이 되는 내용을 설명하고자 경이로운 분량의 두 단원을 쓰고는 곧바로 나가떨어졌다. 책의 서문 격이었던 그 글은 나중에 『비사회적 사회주의자An Unsocial Socialist』라는 제목으로 출판되었다. 그 책에는 저자의 창작 방식에 관한 흥미로운 자전적 기록이 실려있다. "어느 날, 나의 다섯 번째이자 마지막 소설 『비사회적 사회주의자』를 시작하려고 영국박물관 독서실에 앉아있는데, 시선을 사로잡는 매력적인 얼굴에 용감하고 명석해 보이는 젊은 숙녀가 수많은 책상 중 하나를 차지하고 있는 모습이 눈에 띄었다. 나는 그녀의 얼굴을 흘끗 보고서 '애거서 와일리'라는 캐릭터를 구상하고 묘사했다. 그 숙녀와는 대화 한 마디 나눈 적이 없다. 한마디로, 그녀를 전혀 알지 못했다. 비슷한 상황에서 몇 번 보기는 했지만 그게 다였다. 만일 내가 그녀의 이름을 밝히면, 이제는 문학계에서 잘 알려진 그녀가 죽는 날까지 애거서 와일리로 규정될 것이다. (당시 그녀도 소설을 쓰고 있었는데, 어쩌면 내 옆모습을 보고 주인공을 구상했을지도 모를 일이다.) 그녀의 캐릭터를 실제로 내가 잘 아는 사람처럼 묘사하기 위해서 얼마나 많은 추문을 보태고 지어냈는지, 하늘은 안다. 전에도 그랬고 그 후에도 나는 화가들이 하는 것처럼 살아있는 모델을 자유롭게 활용했다. 개인적인 친분을 토대로 정말 믿을 만한 초상화를 그리는가 하면, 애거서의 경우에서처럼 지나가면서 흘끗 본 것에 상상을 덧붙여 발전시키기도 했다. 후자의 경우, 잠깐의 관찰을 통해 즉흥적으로 창조해낸 사건들이 현실과 거의 맞아떨어지면서 나는 사생활 침해라는 용서받을 수 없는 혐의에 휩싸이기도 했다. 작중 인물을 위해 하인이 있다고 설정했는데, 알고 보니 모델이 된 실제 인물에게도 그런 하인이 있더라고 하면 믿을 사람이 몇이나 되겠는가. 실제 인물에 대한 묘사가 한쪽 끝이고 언뜻 보고 들은 것에 기댄 순수한 창작이 다른 쪽 끝이라면, 나는 그 양극단 사이를 자유자재로 왔다갔다하면서 인간의 본성을 표현하고자 했다. 다시 말해, 현실에서 얻은 재료와 순수 창작이라 할 수 있는 재료들을 한 작품 안에서 다양한 비율로 결합하려고 했다."

쇼는 소설로는 성공하지 못했다. 영국과 미국의 출판업자들에게 자신의 소설을 보냈다가 60번 정도 거절당했다. 무거운 갈색 종이뭉치 다섯 개를 계속 보내고 받았고, 종이뭉치 하나가 돌아올 때마다 다른 출판업자에게 보낼 우편비용 6펜스는 또 어떻게 마련할 것인가 하는 중대한 재정 문제에 부딪혔다. 힘내라는 한 마디만 달랑 돌아오는 실패를 거듭 겪으며, 그는 더욱 단단해지고 자기만족적 성격이 되어갔으며 칭찬이나 비난에 무감각해졌다. 결과적으로는 그의 첫 작품을 제외한 모든 작품이 잡지에 연재되었다. 미국에서는 해적판이 돌았는데, 그는 그렇게 해적판을 펴낸 회사들 중 한 곳이 자기 작품의 진가를 알아봤다고 확신하고 나중에 그 회사에 출판권을 주었다. 미국의 또 다른 출판사 하퍼앤드브라더스는 1887년 자신들이 발행한 해적판에 대해 쇼에게 사례금 조로 10파운드를 보냄으로써, 판권을 획득하는 것이 법적으로 아직 불가능하던 시절 쇼 작품에 대한 도덕적 권리를 획득했다. 그로부터 몇 년 후, 다른 출판사들이 경쟁적으로 같은 책을 출판하면서 그러한 도덕적 권리를 침해하자, 쇼는 도덕적인 저작권이 소용없게 되었다는 이유로 하퍼앤드브라더스 출판사에 10파운드를 돌려주었다. "하퍼는 10파운드를 돌려받고 놀라서 까무러쳤다. 그때 이후로 그 회사는 결코 전과 같아질 수 없었다." 1892년, 쇼는 자신의 인세 수입이 1889년에서 1891년 사이에 170퍼센트 증가했다고 공언할 수 있었다. 인기가 급상승한 작가를 찾고 있는 출판업자들에게 친절하게도 힌트를 제공한 것이었다. "살아있는 소설가 중에 그런 기록을 가진 사람이 또 있을까 싶다." 그는 말했다. "사실 170퍼센트는 과소평가된 수치다. 정확히 말하면, 1889년에는 2실링 10펜스를 벌었고 1891년에는 7실링 10펜스를 벌었으니까."

쇼가 런던에 오고 처음 9년 동안 쇼의 어머니는 음악 교사로 일하며 벌은 수입과 남편이 보내오는 돈과 자신이 물려받은 유산 4,000파운드 중 남은 부분과 아일랜드 부동산 임대수익(일주일에 1파운드)을 합쳐서, 자기 아들을 남부럽지 않게 입히지는 못했지만 적어도 지붕 밑에서 살 수 있게는 하려고 애썼다. 『인간과 초인』에서 태너는 말한다. "진정한 예술가는 아내를 굶기고 자식들을 맨발로 다니게 하고 일흔 노모에게 집안일을 지겹게 시키면서, 자신은 자신의 예술 말고는 어떤 일도 하지 않지." 쇼는 그러한 원칙에 따라 행동했고, 그것을 감추려 하지 않았다. "젊었을 때 나는 몸과 마음이 건강한 청년이었다. 당시 우리 가족은 상당히 난처한 상황에 처하게 되었고 내 도움을 절실히 필요로 했다. 가족에게 도움 대신 짐이 되기로 한 나의 선택은 시골 청년이 등장하는 기존 소설의 문법에 비추어 보면 말도 안 되는 끔찍한 행동이었다. 그렇다. 나는 얼굴 한 번 붉히지 않고 그 끔찍함을 받아들였다. 나는 나 자신을 생활전선으로 내몰지 않았다. 대신 내 어머니를 내몰았다. 나는 나이든 아버지의 지팡이가 되지 않았다. 아버지의 코트 뒷자락에 매달렸다. 나의 아버지가 받은 보상이란, 별로 유명하지도 않은 잡지에서 나의 바보 같은 소설 중 하나에 대한 비평을 읽고 당신 아들이 저명한 작가가 될 거라고 예견할 정도로 오래 산 것뿐이다. … 난 그것이 후한 보상이라고 생각한다. 부모를 부양하기 위해 어느 추악한 회사에서 노예처럼 일한 순종적인 아들의 연금보다 훨씬 더 가치있고 멋진 보상이다. 후하든 후하지 않든, 그것은 아버지가 아일랜드에서 얼마 되지 않는 본인의 연금을 어떻게든 가족에게 떼어 주고서 얻은 유일한 보상이었다. 나의 어머니는 젊었을 때 그저 좋아서 시작한 음악을 생활비를 벌기 위해 나이들어서까지 지겹게 하게 됐다. 나는 그저 쓰는 것을 거들었을 뿐이다. 사람들은 나의 무정함에 놀랐다. 젊고 낭만적인 어느 숙녀는 나에게 대놓고 화내며 따졌다. '나는 그녀를 존중했다.' 영국의 해군 대신이었던 피프스가 어느 조선공의 아내에게 접근했다가 거절당하고서 했던 말처럼 말이다. 하지만 도덕적 잔소리에 무심한 젊은 신 코머스처럼 나는 그저 하루에 다섯 장씩 꾸준히 써나갔고, 내 어머니의 희생을 발판 삼아서, 노예가 되는 대신 나 자신이 되었다."

연설가
나의 명성은 실패와 더불어 커졌다

1876년부터 1885년까지 쇼는 런던 밖으로 한 발짝도 나가지 않았고 내내 단벌 신사로 지냈다. 그는 가난했고 "생쥐처럼 소심했으며" 낮에는 밖에 나가지 않는 날이 허다했다. "한번은 『하루 6펜스로 사는 법』이라는 책을 샀던 게 기억난다. 당시 내 형편상 그런 게 궁금할 수밖에 없었다. 그날 오후 나는 그 책이 하라는 그대로 했다. 내 공식 전기를 출간하게 된다면, 나의 인내심과 자제력을 보여주는 예로서 한동안 내가 하루 6펜스로 살았다는 이야기를 반드시 넣을 참이다." 1896년 그가 평론에 쓴 자기 고백적인 이야기에서도 그러한 현실을 엿볼 수 있다. "작가는 고객을 만날 일이 없어서 잘 차려입을 필요가 없습니다. 그건 제가 글쓰기를 직업으로 선택한 주된 이유이기도 합니다. 제가 만약 증권중개인이거나 의사이거나 사업가였다면 풀 먹인 양복을 입고 실크 모자를 쓰고 무릎이나 팔꿈치의 불편함을 감수해야 했겠지요. 점잖은 직업 가운데 유일하게 작가는 복장에서 자유롭습니다(화가도 모델은 직접 대면해야 하니까요). 그래서 저는 글쓰기를 직업으로 선택했습니다. 친애하는 독자 여러분, 제 글을 사서 보시더라도 밖에서 제가 어떻게 하고 다니는지는 잘 모르실 겁니다. 아셨다면, 아마 다른 신문을 사셨을 걸요."

그는 9년 동안 무일푼 신세였다. "최악일 때"는 찢어진 부츠를 신고, 엉덩이 부분이 닳아서 구멍난 바지를 코트 뒷자락으로 가리고 다녔으며, 검은색이었던 코트가 점차 녹색으로 바래는 중이었고 소매 끝은 가위로 잘라낸 상태였다. 오래된 실크 모자는 흐물흐물해져서 벗을 때 말려 올라가지 않게 하려면 앞뒤를 바꿔 써야 했다. 하얀 얼굴에 창백한 눈동자, 제멋대로 자란 적갈색 턱수염, 큰 키에 마르고 꼿꼿한 체형, 단호하게 성큼성큼 걷는 그의 모습이 거리의 부랑자들에게는 경외감을 불러일으켰을지도 모른다. 하지만 출판업자들의 속물근성에는 어필하지 못했던 것 같다. 가끔 극장 갈 돈이 생겼을 때를 제외하고 하릴없이 거리를 쏘다니던 그는 해가 갈수록 몰골이 추레해졌고 급기야 "이루 말할 수 없을 정도로 초라한 상태"가 됐다. 그의 취미는 (무료 관람일마다) 국립미술관이나 햄프턴 궁전에 가는 것이었다. 새뮤얼 버틀러처럼 영국박물관 독서실을 제2의 집으로 삼고 소장도서 목록에 있는 '에티켓' 관련 책을 모조리 섭렵하기도 했다. 그는 특히 『상류층의 예절과 말씨』라는 책의 덕을 톡톡히 봤다. 그때까지 그가 기억하고 있던 예절 중 하나는 그의 고모에게서 배운 것이었다. 어릴 때 누가 어떤 여자아이를 "예쁜 누구누구양"으로 부르는 것에 이의를 제기했다가, 고모로부터 "명심해라, 어느 집이든 가장 덜 못생긴 여자애가 그 집안의 예쁜이인 거다"라는 꾸지람을 들었던 것이다. 영국박물관에서 그가 닥치는 대로 탐독한 예의범절에 관한 책들은 핑거볼(디저트 후 손 씻을 물을 담아 놓은 그릇) 예절도 다른 예절들과 마찬가지로 중요하게 다루고 있었다. 그리하여 그는 사교생활에 미숙한 사람을 괴롭히는 문제, 즉 예의에 어긋날지도 모른다는 두려움에서 벗어날 수 있었다. 하지만 보다 중요한 문제들에 관해서는 책의 충고를 곧이곧대로 따르지 않았다. "나는 내 출신을 숨기지 않듯 내 의견도 스스럼없이 밝혔고, 그런 걸 감춰야 한다는 생각 자체를 한 적이 없었다. 오히려 뭔가 배울 점이 있는 사람에게는 일부러 반박하는 못된 장난을 치기도 했다. 그 사람이 자꾸 말하게 함으로써 그의 생각을 공유하려는 속셈이었다. 그 바람에 많은 괜찮은 사람들에게 불쾌하고도 달갑지 않은 청년이라는 인상을 주고 말았다."

나중에 그를 둘러싸고 생겨난 소문들과는 달리, 그가 정장을 고수했던 건 정장이 모든 복장 중에서 가장 민주적이라고 생각했기 때문이다. 정장을 입으면 그도 공작처럼 보여서 만찬회장에서도 그럭저럭 버틸 수 있었다. 어느 날 저녁 오페라를 보러 갔다가 그 옷이 어딘가에 걸려 너덜너덜해지기 전까지는 말이다. 하지만 그 무렵에는 그도 새 옷 한 벌쯤은 살 수 있는 형편이 됐다. 아무튼 그 정장 때문에 환한 대낮이었으면 일어나지도 않았을 일을 두 번이나 경험했다. "어느 날 저녁이었다. 내가 소설을 쓰던 시절이었고, 내 글을 돈 주고 읽겠다는 사람이 아무도 없던 시절이었다. 나는 문인의 초라함을 가려주는 신성한 방패, 즉 정장 차림으로 슬론 가를 걷고 있었다. 한 남자가 나에게 다가오더니 능숙한 말투로 도움을 청했다. 그러면서 막판에는 자기가 완전히 빈털터리라는 것을 강조했다. 나는 사실을 말해줬다. '저도 마찬가지랍니다'라고. 그는 정중히 고맙다고 말하고 가버렸다. 전혀 놀라는 기색도 없이. 그런 그를 보니 나 자신에게 묻지 않을 수 없었다. 나는 왜 거지가 되지 않았나, 하고. 그 거지도 그렇고, 거지가 된 사람들이 정말 편하게 사는 것 같앉기 때문이다.

또 다른 사건도 기억난다. 아까 말한 그 정장을 입고 자정이 조금 넘은 시각에 피커딜리에서 본드 가로 접어들려고 하는데, 거리의 여자 한 명이 (운도 참 없지!) 내게 오더니 브롬턴으로 가는 마지막 버스를 놓쳤다며 마차를 태워주면 고맙겠다고 했다. 당시 나는 영국에서 산 지가 꽤 됐음에도 불구하고 여자를 정중하게 대하는 아일랜드식 태도가 아직 몸에 배어 있었다. 나처럼 책 내주겠다는 곳이 없는 소설가나 그 여자나 처지가 비슷하다는 생각이 들어서 마음이 짠하기도 했다. 나는 아내가 집에서 기다린다는 이유를 대며(물론 지어낸 이야기였다) 아주 정중하게 양해를 구했고, 숙녀분이 굉장히 매력적이니 에스코트해 줄 다른 신사분을 찾는 데 전혀 문제가 없을 거라는 말도 해줬다. 안타깝게도 내 말은 그 여자에게 지나치게 좋은 인상을 심어준 듯했다. 그녀는 대뜸 내 팔을 잡더니 나와 어디든 가겠다고 했다. 나를 진짜 신사라고 추켜세우면서 말이다. 설득해도 소용없었다. 피커딜리를 벗어나 본드 가까지 따라오면서 그녀는 마차를 탈 마지막 기회를 날려버렸다. 나한테 어찌나 꼭 들러붙던지 그 여자를 떼어놓으려면 정말로 힘을 쓰지 않으면 안 될 지경이었다. 결국 나는 본드 가 끝에서 멈춰 섰다. 그리고 지갑을 꺼내 활짝 연 다음 거꾸로 뒤집어 보였다. 여자의 표정이 일그러졌다. 어찌나 딱하던지! 그녀는 치맛자락을 쓸쓸히 휘날리며 발걸음을 돌리더니 이내 내 시야에서 사라졌다."

리와 세실 로손이 세상을 뜨자 그는 사교계에 발길을 끊었다. 런던의 문화예술계와 완전히 절연하고, 새빌 클럽에서 점심을 먹은 이후로는 문인이 되지도 문인과 어울리지도 않겠다고 다짐했다. "문인들이 서로의 빨랫감을 주워 담는 모습이나 지켜보며 시간을 보낼 뻔했지. 내가 정말 멍청했으면 거기 앉아 있다가 타자 치는 법이나 배웠을 거야." 그는 정치인이나 배우, 경제학자, 음악가, 배관공 등 다른 집단도 똑같이 편협하고 역겨울 수 있다는 생각은 못 했나 보다. 문인과 어울리지 않기로 마음먹기 직전 그는 당대 문단에서 가장 비범했던 한 인물과 조우했다. 노래를 잘했던 그의 누이 덕분에 오스카 와일드의 어머니 와일드 여사를 알게 됐고, 와일드 여사가 주최한 연회에서 오스카 와일드가 그에게 다가와 특별한 관심을 보였던 것이다. "우리는 서로 몹시 불편해 했어. 그 이상하게 불편한 감정이 끝까지 지속됐지. 우리가 유치했던 신인 시절에서 벗어나 풍부한 경험으로 사교계를 장악했을 때까지도 말이야. 그를 만난 적은 거의 없어. 내가 문인이나 예술가 패거리를 역병 취급하며 피했기 때문이지. 그들에게서 간혹 초대를 받더라도 일부러 불같이 화를 내며 거절했어. 그쪽 세계와 거리를 두되, 나를 일류 미치광이로 여기고 싶어하는 사람들을 실망시키지 않기 위해서였지."

쇼를 만난 사람은 거의 누구나 그가 미치광이까지는 아니더라도 괴짜라고는 생각했을 것이다. 1881년 그는 셸리의 전철을 밟아 채식주의자가 되었다. 그러면서 육식은 "결정적인 음식은 빠진 식인습속"이나 다름없다고 했다. 그는 세 가지 이유로 육식에 반대했다. 첫째는 끔찍하다는 것이었다. 그는 우리의 동료 피조물인 동물에게 강한 동류의식을 느꼈다. "내가 발명한 언어로 동물에게 말을 거는 것은 재미있다. 동물들도 내가 말을 걸면 좋아하는 것 같다. 내용을 전부 알아듣지는 못해도 대화의 분위기에는 반응을 하는 것처럼 보인다. 세 들어 살 때마다 가구의 일부처럼 딸려 있던 개들을 상대로 몇 번의 실험을 해 본 결과, 사나운 짐승 취급을 받아서 사회성이 발달하지 않았던 동물(그 같은 상황에 놓이면 인간 역시 사회성이 결여된다)을 동료 피조물로 대하고 말을 걸어 버릇하면, 금세 친근하고 사귐성 있는 존재가 된다는 것을 확신하게 됐다. … 그 외에 다른 식으로 동물과 관계 맺는 것은 있을 수 없는 일이다. 나는 가끔 울새들이 그러는 것처럼 나에게 당당하게 구는 새들을 보면 그렇게 좋을 수가 없다. 나에게 적대적인 동물을 회유하는 것도 재미있다. 회유되지 않는 동물은 나를 공격하기도 한다. 동물원에 있는 갈기 달린 사자는 기회만 되면 사람을 갈기갈기 찢어놓을 만큼 사납다. 그렇지만 갈기 없는 잘생긴 사자도 있는데, 녀석이랑 노는 것은 아마 성 베르나르랑 노는 것보다 안전할 것이다. 관심과 칭찬만으로도 그 녀석을 기분 좋게 할 수 있다. 내가 이 두 사자에게 느끼는 감정은, 목수가 두 개의 나무토막을 보면서 이건 다루기 어렵고 저건 다루기 쉽다고 느끼는 것과는 다르다. 혹은 두 대의 모터 자전거에 대해 이건 까다롭고 위험하고, 저건 적당하다고 느끼는 것과도 다르다. 내가 두 사자를 보며 느끼는 감정은 두 인간을 볼 때와 비슷하다. 하나는 좋고 다른 하나는 싫은 것이다. 만일 두 마리가 달아나다 총에 맞는다면, 한 녀석에 대해서는 슬퍼하겠지만 다른 녀석에 대해서는 '옳거니!'라고 할 것이다. 이는 분명 동류의식이다. 그리고 내가 이해하기에, 인도주의자들의 요구는 그러한 동류의식의 범위를 확대하자는 것이다." 쇼의 말은 동물이나 곤충 혹은 사람을 죽이는 게 무조건 나쁘다는 뜻이 아니었다. 때로 인간은 순전히 자기방어를 위해 쥐, 토끼, 늑대, 사슴, 뱀 같은 동물을 죽여야 한다. 사회에서 상습범을 제거해야 하는 것과 마찬가지다. "불교도들은 곤충을 밟아 죽이지 않으려고 먼저 빗자루로 길을 쓴다고 하는데, 잠을 한 시간이나 방해한 벼룩을 잡았을 때 그들이 어떻게 나올지는 알 수 없는 일이다." 사실 해충을 제거하는 것과 먹는 것은 전혀 다른 문제다.

그가 육식을 반대한 두 번째 이유는 육식이 사회적으로 해롭다는 것이었다. "소와 양은 인간의 노동력을 어마어마하게 잡아먹는다. 새끼 낳는 걸 도와주는 산파에서 목축업자, 양치기, 도축업자, 정육점 주인, 젖을 짜는 여인에 이르기까지, 인간을 기르고 보살피는 데 써야 할 힘이 소와 양한테 가는 셈이다. 우리가 공기만 먹고 살 수 있는 날이 오면 좋겠다. 그래서 육식 때문에 악화되고 있는 불쾌한 위생 문제가 전부 사라졌으면 좋겠다."

건강과 체력 문제는 그가 육식을 반대하는 세 번째 이유였다. 전에 그는 이렇게 썼다. "허깨비 같은 사람들이 돌아다니는 것을 보고 싶지 않다. 그건 부자연스러운 일이다." 그는 애써 건강한 척하지 않아도, 육식하는 대개의 사람보다 적어도 열 배 이상 건강해 보였다. 동물 중에서 가장 힘이 세다는 황소는 채식을 한다. 사자도 사냥한 먹이의 배를 갈라서 위장에 소화되지 않고 남은 채소를 먹고 사는 것이지, 고기를 먹고 사는 것이 아니다. 세계 최고의 운동선수들을 보면 불에 그슬린 사체에는 손도 대지 않는다. 채식주의자가 받는 벌은 축적한 에너지를 어지간해서는 소모하기 힘들다는 것이다. 쇼의 경우 격렬한 육체노동을 매일 한 시간 반 정도는 해야 했다. "나한테 필요한 건 일이다. 기왕이면 밀림을 간벌하는 일 같은 것이 좋겠다. 하지만 빨래도 그럭저럭 괜찮다."

그러나 그의 넘치는 에너지가 채식주의 때문만은 아니었다. "나는 금주가다. 우리 가족이 주류회사에 이미 충분히 많은 돈을 갖다 바쳤는데 나까지 그럴 필요가 있겠나 싶어서다. 나의 정신은 인위적인 자극을 요하지 않기 때문이기도 하다. … 분명히 말하지만, 위스키와 사체를 먹고 사는 사람은 제 능력을 최대한으로 발휘하기 힘들다." 그렇지만 그도 인정했다. "하긴, 건설적인 생각을 5분 이상 지속할 수 없는 사람들이 대부분인데, 그들의 정신적 능력이 개기일식처럼 뒤로 가려진다고 별일이 있을까 싶다." 담배를 피우지 않은 것도 활력 증진에 보탬이 됐다. 그의 아버지는 혁신적인 은행 휴일[1] 제도에 반대했는데, 과도한 흡연과 게으름을 부추긴다는 이유에서였다. 쇼는 술과 담배에 관한 아버지의 견해가 (개인적인 실천으로 이어지지 않아서 그렇지) 타당하다고 여기지 않을 이유가 없었다. 그는 이렇게 말했다. "어릴 적에는 폐를 까맣게 만드는 것이 남자다운 행동이라고 여길 정도로 어리석었지. 하지만 십대를 벗어나기 전에 깨달았어. 유해 잡초에 의한 매연을 방안 가득 뿜어대면서 굴뚝 청소에 돈을 들이는 것이 얼마나 멍청한 짓인지 말이야. 가뜩이나 먼지도 많고 공기도 안 좋은 세상에 우리까지 보탤 건 없잖아."

1차세계대전 기간 동안 영국에는 버나드 쇼의 글이나 성격이 채식에서 비롯됐다는 설이 나돌았다. 당시 영국인들은 채식을 하지 않으면 안 될 상황에 처해 있던 터라, 채식하면 버나드 쇼처럼 된다는 이야기를 듣고 거의 공황상태에 빠질 뻔했다. 쇼가 다음과 같은 말로 사람들을 안심시키지 않았더라면 말이다. "세상에는 채식주의자가 수백만 명이 있지만, 버나드 쇼는 오직 한 명뿐이다. … 그런 명성은 단지 양갈비 대신 마카로니를 먹는다고 해서 얻어지는 게 아니다." 그렇지만 쇼는 채

---

[1] 은행 휴일 bank holiday: 영연방의 공휴일. 1871년 은행휴일법이 발효되면서 크리스마스나 성금요일과 같은 전통적인 휴일에 더해서, 부활절 월요일, 성령 강림절 월요일, 스테판 성인의 날(12월 26일), 8월 첫째 주 월요일이 공휴일로 추가 지정되었다. 은행 휴일이라고 하면 원래 이 4일을 가리켰으나, 오늘날에는 일반적인 공휴일을 통칭하는 용어로 사용되고 있다.

식주의자가 바리새인처럼 다른 사람들과는 조금 다른 면이 있다고 고백했다. "채식주의자가 되고 뜻밖이었던 점은, 다른 사람들에게 일어나는 일들이 나에게는 일어나지 않는다는 것이 아니라―채식주의자에게도 다 일어나긴 하지―다르게 나타난다는 것이었어. 예컨대, 고통도 다르고, 기쁨도 다르고, 뜨거운 것도 다르고, 차가운 것도 다르고, 심지어 사랑도 다르게 나타나지." 한마디로, 쇼는 달랐다. 그에게는 채소가 맞았다. "정신력이 나 정도 되는 사람은 사체를 먹지 않아." 그는 말했다. 그러니까 요한은 메뚜기(쥐엄나무)와 석청을 먹어서 세례자가 된 것이 아니라, 세례자로 타고났기 때문에 메뚜기와 석청을 먹었다는 말이었다. 실제로 채식은 쇼의 에너지를 고양함으로써 개성을 더욱 부각시켰다. 범죄자가 감자와 양배추를 먹는다고 기독교인이 되는 것은 아니다. 더욱 범죄자다워질 뿐이다. 쇼 역시 채식으로 더욱 쇼다워질 뿐이었다. 그리고 세상에는 기독교인보다 범죄자가 훨씬 더 많은 것처럼 육식을 옹호하는 의견도 강하게 존재한다.

쇼는 채식주의자가 되기 전에도 활력이 넘쳤고, 소설 쓰는 것으로는 그 에너지를 다 풀 수 없었다. 그래서 에너지를 해소하고 평정심도 찾을 겸, 1879년에는 음성학에 대한 관심을 일깨워준 그의 친구 제임스 렉키와 함께 토론 클럽에 가입했다. 회의론자 모임으로 알려진 그 클럽은 진화나 무신론과 같은 주제를 토론했으며, 존 스튜어트 밀과 찰스 다윈, 허버트 스펜서, 토머스 헉슬리, 맬서스, 잉거솔을 숭배했다. 그레이트퀸가에 위치한 여성보호대책연맹 토론회에서 쇼는 난생처음 논쟁에 뛰어들었다. 자리에서 일어나 긴장으로 몸을 떨면서 자신의 목소리를 들었고, 측은할 정도로 주위를 의식했으며, 다시 자리에 앉았을 땐 자기가 바보가 됐을 거라 확신했다. 그날 그 자리에서 그는 결심했다. 아무리 괴로워도 토론 모임에는 반드시 참석하고, 발표할 기회는 절대로 놓치지 않겠다고 말이다. 괴로운 마음으로 차례를 기다리고 고통스럽게 쿵쾅거리는 심장 소리를 누가 들으면 어쩌나 조마조마해 하면서도 그는 그 결심을 지켰다. 발표문을 미리 준비해서 가보기도 했지만 너무 긴장해서 읽을 수 없었다. 아니, 심하게 떨다가 미리 적어둔 게 있다는 사실조차 잊어버렸다. 그런 자신의 상태를 다들 눈치챈 줄 알았는데, 세 번째로 참석했을 때 회장을 맡아달라는 제의가 들어와서 깜짝 놀랐다. 그래서 겉으로 침착한 척하면 긴장한 티가 잘 안 난다는 것을 알게 됐지만, 회의록에 서명도 제대로 못 할 정도로 손을 부들부들 떠는 바람에 총무에게는 들키고 말았다.

한번 말문이 트이자 그는 누구보다 거침없이 내달리기 시작했다. 토론 단체나 논쟁 모임에 초대받으면 빠짐없이 참석했다. 당시 일요일이 되면 열두 개씩 열리던 공공집회와 강연회에도 꾸준히 나갔고 반드시 발언했다. 그는 자신을 "겁 많은 소방관"에 비유하기를 좋아했다. 자신은 "두려움을 극복하고 하나씩 배워나가기 위해 매번 화재 현장에 뛰어드는 소방관"이라고 했다. 한두 해 동안은 그렇게 대중을 상대로 새롭고도 중요한 기술을 연마하며 개인적 역량을 늘리는 데 집중했다. 일반 토론자로서 대기석에 앉아있던 그가 열정적인 사회주의 선전원으로서 연단에 우뚝 서게 된 것은 헨리 조지의 유창한 언변에 매료되고 난 후였다.

1882년 9월이었다. 스물여섯의 쇼는 파링던 가에 있는 기념관에 갔다가 토지국유화와 단일토지세를 설파하고 있는 헨리 조지를 발견했다. 이 미국인 능변가는 본인의 생각을 외치며 영국인들의 가슴에 불을 지르고 있었다. 모르긴 몰라도 쇼의 가슴에는 확실히 불을 질렀다. "그날 밤 헨리 조지의 연설을 듣기 전까지 무신론자로서 나의 주된 관심사는 과학과 종교의 갈등이었지만 헨리 조지가 나의 관심을 경제학으로 돌려놓았다. 나는 그의 『진보와 빈곤』(6펜스 주고 산 책이다)을 읽고 흥분해서 하인드먼의 민주연맹Democratic Federation 모임에 들고 나가 논제로 삼자고 제안했다. 그랬더니 칼 마르크스를 읽지 않은 사람은 그 문제에 대해 논할 자격이 없다는 대답이 돌아왔다. 나는 그 길로 곧장 영국박물관으로 가서 드빌Deville이 번역한 프랑스어판 『자본론』을 읽었다(영어판은 아직 나오지 않았을 때였다). 내 이력의 전환점이 된 사건이었다. 마르크스는 일종의 폭로자로서, 그의 관념적인 경제학은─나중에 깨달은 것이지만─잘못됐다. 하지만 그는 경제학을 에워싼 장막들을 갈기갈기 찢어버렸다. 마르크스를 읽고 나는 역사와 문명의 사실에 눈을 뜨고 완전히 새로운 세계관을 갖게 되었으며 인생의 목표와 임무가 생겼다. 나는 새로운 복음으로 무장하고 열의에 불타서 다시 민주연맹으로 돌아갔다. 그랬더니 웬걸? 거기서 마르크스를 한 줄이라도 읽은 사람은 나와 하인드먼뿐이었다."

마르크스를 읽은 적이 없고, 읽을 생각도 없으며, 마르크스 읽기가 죽기보다 싫은 나로서는 마르크스가 쇼에게 미친 영향이 어떤 것인지를 정확하게 이해하기가 어려웠다. 하지만 『자본론』이 그에게 어마어마한 영향을 미쳤다는 사실에는 의심의 여지가 없다. 『자본론』은 쇼를 사회주의로 개종시키고, 혁명 작가이자 정치 선동가로 거듭나게 했으며, 그의 세계관을 변화시키고, 에너지의 방향을 바꿔놓고, 작품에 영향을 미치고, 그에게 종교를 부여하고, (그의 주장대로) 그를 그답게 만들었다.

한번은 동시대 정치 거물들 가운데 존경하는 인물이 있는지 그에게 물은 적이 있다. 그는 대답했다. "누구든지 마르크스를 읽고 나면 글래드스턴 같은 인물한테는 속을 수가 없지." 이쯤 되면 마르크스가 그에게 어떤 존재였는지 충분히 짐작하고도 남으리라.

'성 마르크스'의 복음을 접한 그 순간부터 쇼는 기회가 생길 때마다 복음 전파에 앞장섰다. 물론 나중에는 마르크스 경제론의 문제점을 바로잡고, 차별화된 영국판 사회주의, 즉 페이비어니즘을 창안하기에 이르렀다. 그는 12년 동안 평균 주 3회씩 연설했다. 거리에서, 시장 광장에서, 공원에서, 시청에서, 시티템플(기독교 설교가 조지프 파커가 런던에 건립한 회당)에서, 영국학술협회에서, 아주 소규모로 비밀리에 열리는 정치 집회에서, 한마디로 설 수 있는 자리에는 다 섰다. 그러는 사이, 연사로서 달라는 요청이 많아지면서 발언 기회를 잡지 못할까 봐 걱정할 일도 없어졌다. 원래 연설 지원자들은 유명인이건 일반인이건 선착순으로 발언하게 되어 있었다. 그는 마흔을 갓 넘기자마자 긴 병치레를 하고 곧이어 결혼까지 하게 되면서 매주 규칙적으로 대중 앞에 나서는 것을 중단해야 했지만, 그에게 들어오는 연설 요청은 날로 늘어났고 그의 인기는 런던에서 가장 큰 홀과 두 대로를 메울 정도가 되었다. 그는 다른 사람들이 골프나 테니스를 즐기듯 연설을 즐겼다. 실제로 그에게 연설은 일이자 운동이자 오락이었다. 그래서인지 그는 어떻게 하면 행복할지 고민하다 인생의 반을 흘려보내는 사람들보다 훨씬 행복했다. "나는 브라스 밴드의 쾅쾅 울리는 소리에 맞서 하이드 공원의 손수레 위에 올라서면서 처음으로 영국 대중의 주의를 끌었다." 쇼는 이렇게 적었다. '주의를 끌었다'는 말은 어떤 의미에서건 사실이었다. 그는 하이드 공원 잔디밭에 누워서 빈둥거리던 세 건달을 상대로 야외연설이라는 것을 처음으로 시도했고, 거기 있던 건달 중 한 명은 그가 잠시 연설을 멈출 때마다 그 자리에 누운 채로 "옳소, 옳소"하고 맞장구쳤다. 또, 비가 퍼붓던 어떤 날 청중이라고는 그를 감시하기 위해 파견된 경찰관 여섯 명이 다였던 하이드 공원에서 한 시간 반 동안 최고의 연설을 펼친 적도 있다. 경찰관들의 망토 위로 빗물이 끊임없이 흘러내렸다. 그는 '돈을 받고 듣는 사람이 가장 안 듣는다'는 것은 알고 있었지만, 그 경찰관들의 생각을 전환시키기 위해 노력했다.

쇼는 두 차례나 감옥 신세를 질 뻔했다. 만일 어느 보행자나 차량이 거리집회가 열리고 있는 곳을 지나가야겠다며 그 권리를 행사하려고 하면, 경찰은 집회가 통행에 방해된다고 판단하고 그 집회의 연사를 '공공질서 방해' 혐의로 기소할 수도 있다. 윌리엄 모리스는 자신이 이끄는 사회주의동맹Socialist League이 그 법의 희생양이 되자, 그런 방해죄는 모든 사람이 평생 저지르는 죄가 아니냐면서 항의했다. 실제로 경험 많고 현명한 경찰관은 집회가 관례적인 장소에서 열리고 큰 피해를 주지 않는다면 자신이 굳이 간섭해서 일을 크게 만들지는 않는다. 하지만 경찰이 광신도라서 세속주의자의 거리선전을 참을 수 없는 신성모독으로 받아들인다거나, 열성적 보수당원이라서 사회주의자가 자본주의를 비판하는 것을 계급 폭동으로 간주한다면, 간혹 방해죄를 적용하기도 하며 그 경우에는 문제가 커진다. 법은 그 경찰 편이다. 다시 말해, 경찰이 무모하게 움직이기 시작하면 막을 방법이 없다. 경찰의 열의가 지나친 것을 윗선에서 싫어한대도 소용없다. 이제 집회를 주최했던 단체는 '언론의 자유' 현수막을 들고 법에 저항하며 시위를 이어간다. 매주 연사들이 체포되고, 그 상황을 구경하겠다고 사람들이 모여들면서 정말로 공공질서를 저해하기 시작한다. 치안판사는 연사들에게 벌금형이든 구금형이든 선고해야 한다. 시위가 계속되려면 언론의 자유를 위해 기꺼이 감옥에 가겠다는 연사가 있어야 한다. 시위가 무시할 수 없는 수준으로 번지면, 야외 선교와 복음회로 명맥을 유지하던 종교단체들이 위협을 느끼기 시작한다. 정부는 무신론자 내지는 사회주의자들을 억압하려다가 갑자기 비국교파 교회the Free Churches 및 처치아미the Church Army[2] 세력과 대적하게 되었다는 것을 깨닫는다. 내무 장관은 서둘러 경찰에게 그만두라는 명령을 내린다. 결국 시위대는 승리하고 이후 몇 년간은 모든 것이 다시 예전처럼 돌아간다. 그러다가 뭘 모르는 신임 경찰관이 나타나 또다시 불을 붙이면 똑같은 과정이 되풀이된다. 쇼는 잡혀갈 위험을 무릅쓰고 언론의 자유를 위한 시위에 두 차례나 연사를 자원했다. "첫 번째는 운이 좋았다. 내가 집회에서 연설하고 벌금을 거부하기 바로 전날 밤에 경찰이 진압을 중단했다. 두 번째는 경쟁단체가 다른 순교자 후보를 내세우는 바람에 누가 연설할지 표결에 부쳐졌고 내가 탈락했다. 십년감수했다."

쇼는 처음 연사로 나섰을 때 자신을 괴롭혔던 긴장감을 극복하고 효율적인 웅변가로 거듭났다. 모든 반론을 예상하고, 미리 준비해 둔 답에 대해 질문하도록 유도했으며, 상황에 따라 상대를 달래기도 하고 깔아뭉개기도 했다. 뻔한 대답은 하지 않았다. 그리고 로버트 오웬에게서 다음과 같은 가르침을 얻었다. "논증하지 말라. 주장을 되풀이하라." 하지만 쇼는 주장을 되풀이하되 좋은 논증처럼 들리도록 신경썼다.

야유꾼들은 그의 밥이었다. 그들은 항상 비슷한 논리로 비슷한 질문

---

[2] 1882년 칼라일 신부가 창설한 영국국교회의 사회봉사 단체. 구세군과 비슷한 역할을 한다.

을 해대서 그로서는 준비해 둔 대로 대답하면 그만이었다. 그는 이미 골 백번 써먹었던 이야기도 마치 즉석에서 생각난 것처럼 말했다. 상대의 주장을 반박하는 대신 그걸 이용하는 데 선수이기도 했다. 사회주의는 자본을 해외로 쫓아버릴 거라면서 자본주의자들이 불안감을 조성하자, 그는 자본주의자의 막대한 해외 투자 사례를 거론함으로써 불안감을 극대화한 다음, 사회주의자의 정책 가운데 자본을 국내에 묶어두지 않을 정책이 하나라도 있으면 말해보라고 반문해서 그러한 불안감을 일소해버렸다. 상대가 유창한 웅변으로 효과적인 일격을 가하면, 쇼는 곧바로 그 일격에 자신의 쐐기를 박았다. 그가 자유사상가 모임의 대표 푸트[3]와 공개 토론을 하며 보여준 화술이 대표적인 예다. "진실과 거짓이 싸우게 내버려둡시다. 무엇이 진실이고, 무엇이 거짓이든 간에 말입니다." 푸트는 열변을 토했다. "대원로이신 존 밀턴께서도 말씀하시지 않았습니까. '자유롭고 열린 경쟁에서 진실이 패하는 것을 본 사람이 있습니까?'[4]" 박수가 그치자 쇼가 자리에서 일어섰다. "여러분, 자유롭고 열린 경쟁이 무엇을 가져다줄지 저는 잘 모릅니다. 그러나 만일 존 밀턴이 저한테 묻는다면, 그러니까 자유롭고 열린 경쟁이 가능해진 지금 사회에서, 진실이 거짓과 싸우다 무색해지는 걸 본 사람이 있냐고 묻는다면, 저는 존 밀턴에게 이렇게 답하겠습니다. 조지 버나드 쇼는 그런 광경을

---

3 푸트G.W.Foote(1850-1915): 영국의 세속주의자. 영국의 사회개혁가 찰스 브래들로의 뒤를 이어 영국세속주의협회의 회장을 지냈다. 1881년 그가 세속적 인본주의를 표방하며 창간한 『자유사상가the Freethinker』는 무신론에 관한 세계에서 가장 오래된 잡지로 여전히 발행되고 있다.

4 존 밀턴의 『아레오파지티카Areopagitica』(1644) 중 한 대목. '허가받지 않고 인쇄할 자유를 위해 존 밀턴이 영국 의회에 고함'이라는 부제가 붙은 『아레오파지티카』는 밀턴이 당시 출판허가 및 사전검열제의 불합리성을 비판하며 쓴 소책자로, 자유언론사상의 고전이 되었다.

수도 없이 목격했다고 말입니다."

언젠가 쇼는 페이비언 여름학교에서 강의하다가 한 여성의 질문을 받고 당황한 적이 있다. "사회주의 체제에서 만일 나에게 50파운드가 있으면 그건 어떻게 되는 거죠?" 누가 봐도 단순하고 현실적인 그 질문에 쇼는 말문이 막혀버렸는데, 마침 다른 질문이 들어왔다. 쇼는 뒤의 질문에 천천히 길게 대답함으로써 사람들이 먼저 질문한 여성을 잊어버리게끔 유도했다. 그런 다음 개인적으로 그 여성에게 다가가서 사과했다. 그는 그녀의 질문을 그 어떤 '이즘'에 관한 질문만큼이나 중요하게 여겼다.

이 모든 것이 그에게는 사명이었다. 그는 살면서 돈을 받고 연설한 적이 단 한 번도 없다(물론 단체를 위해 모자를 돌리는 경우는 종종 있었다). 그는 주제와 상관없이 모든 질문에 기꺼이 응했다. 도버에서 선거집회가 열렸을 때는 어느 지방신문 기자가 그에게 도전했다. "얼마 받고 이 일을 하는 겁니까?" 기자가 소리쳤다. 그러자 쇼는 얼마가 됐든 자신이 받는 연설 수당을 5파운드에 사지 않겠냐고 즉석에서 제안했다. 기자는 머뭇거렸다. 쇼는 가격을 4파운드로 낮췄다. 기자는 여전히 말이 없었다. 매도호가를 점점 낮추는 역경매가 계속됐다. 1파운드에 사실 분 계십니까? 아무도 없군요. 5실링은요? 없습니까? 2.5실링은요? 1실링은요? 6펜스는요? 결국 그 기자는 연설자에게 단돈 1페니도 내지 않으려 했고, 쇼는 계속해서 상황을 지배할 수 있었다.

일요회 Sunday Lecture Society[5] 지부에서는 정치와 종교를 배제하고 강연하는 조건으로 그에게 10기니의 강연료를 제안했다. 그는 먼저 감사의 뜻을 표

---

5   영국의 생물학자 T.H.헉슬리가 노동자 계급의 정신적 고양을 위해 1869년에 설립한 단체. 존 틴들, 허버트 스펜서, 찰스 다윈이 부회장으로 활동했다.

한 다음, 유감스럽게도 자신은 정치와 종교 외의 다른 주제로 강연한 적이 없으며 언제나 가장 논쟁적인 방식으로 그런 주제를 다뤄왔다고 전했다. 자신의 강연료는 삼등석 왕복 차비 정도면 충분하다고도 덧붙였다. 그의 대답은 항상 같았다. 일요회가 그의 제안을 받아들였다면, 아마도 그는 그해 내내 일요 강연을 다녔을 것이다. 그리고 일요회는 그의 고상한 취향이 어떤 주제든 무해하게 만든다는 사실을 확인했을 것이다. 쇼가 사심이 없어서 그러는 게 아니었다. 오히려 정반대였다. 그는 사명을 따른 것이었다. 피리 부는 사람이 어떤 곡을 연주할지는 돈을 낸 사람이 결정한다는 것을 쇼는 알고 있었다. 그는 곡을 자신이 결정하겠다고 마음먹었기 때문에 스스로 돈을 내는 사람이자 피리 부는 사람이 되려고 했다.

쇼는 반대자가 있어서라기보다 반대자가 너무 없어서 애를 먹었다. 소란스럽고 적대적인 청중에 맞서 쉴 새 없이 기지를 발휘해야 할 정도로 집회가 격렬해지는 경우는 거의 없었다. 자리를 가득 메운 사람들이 따뜻한 박수갈채를 보내며 공감하는 분위기의 집회가 대부분이었다. 별일은 일어나지 않았다. 쇼는 "무슨 종교 집회 같다"고 했다. "사람들은 경건한 마음으로 경청하고, 동의하고, 같은 이야기를 또 듣겠다며 나를 여기저기 쫓아다닌다. 그리고 그게 다다." 쇼는 그런 박수갈채에 고무되지 않았다. 사실 거의 의식도 못 하고 있었다. 한번은 배터시에서 성공적으로 강연을 마치고 돌아가는 길에, 점잖은 중년 부부의 대화를 우연히 엿듣고 수치심을 느끼게 됐다. 그 부부는 마침 쇼의 강연에 관해 얘기하고 있었다. 남자가 말했다. "그런 식으로 말할 수 있는 사람을 보면, 내가 벌레가 된 것 같아." 순간, 쇼는 가장 비열한 사기꾼이 된 기분이었다.

사실 그 날 강연 중에는 이런 일이 있었다. 청중 가운데 누군가 일어나서 "저는 (이런 이런 점에서) 버나드 쇼의 의견에 동의하지 않습니다. 물론, 잘 압니다. 그가 말로는 저를 얼마든지 누르고 박살낼 수 있겠죠. 하지만 그게 뭔 상관이랍니까? 저에게는 제 나름의 원칙이 있습니다." 쇼는 그를 칭찬했다. 그리고는 똑똑한 연설에 무조건 넘어가서는 안 된다고 청중에게 경고했다. 사실 자신은 사회주의는 물론 가장 반동적인 왕당주의로도 얼마든지 사람들을 설득할 수 있다고 고백하면서 말이다.

쇼는 선동가로서 몇 가지 유용한 교훈을 얻었다. 그가 연설을 시작했을 당시의 시대 상황과 분위기는 지금으로써는 상상하기 어려운 것이었다. 1880년대 초에는 경쟁적인 과잉생산이 야기한 주기적 불황이 수많은 노동자를 실직 상태로 내몰았다. 그때는 실업수당도 고용보험도 존재하지 않았기 때문에 실직은 곧 기아를 의미했다. 일반등록청(영국 통계청의 전신) 보고서에는 언제나 기아로 인한 사망자 수를 적어넣는 칸이 있었고, 그 수가 가감 없이 기록됐다. 배고프고 성난 사람들을 모아서 집회나 행진을 하는 것은 쉬운 일이었다. 그 어떤 혁명적인 복음도 그들에게는 과격하게 들리지 않았다. 심지어 런던 지역 다섯 군데에 불을 지르자는(그중 하나는 꼭 런던타워다) 아장 프로보카퇴르agents provocateur[6]의 상투적 제안조차 타당하게 들릴 정도였다. 윌리엄 모리스가 노동자들에게 유일한 희망은 혁명뿐이라고 했을 때 그게 불가능하다고 생각하는 사람은 아무도 없었다. 하인드먼의 민주연맹이 조직한 실업자들의 '예배행렬'은 교회에까지 난입했다. 쇼는 성 요한 성당의 예배행렬에 참가했다가, 런던 주교가 설교 도중 떠들썩한 선거집회에서나 나올 법한 질문

---

6 불법행위를 선동하여 체포를 유도하는 정치 공작원 혹은 첩자

과 항의를 받고 충격에 휩싸여 "여기는 성당입니다!"라고 외치는 모습을 봤다. 젊은 사회주의자에게는 짜릿할 만도 한 경험이었다. 쇼는 변화의 기운이 가득한 가운데 맹렬하게 일어나는 민중운동에 자기도 모르게 휩쓸리고 있음을 느꼈다. 런던 웨스트엔드 지역에서는 신사 클럽들의 창문이 깨져나갔다. 폭발 일보 직전이었다. 그런데 갑자기 거래가 살아나고 일자리를 원하는 모든 사람에게 주당 30실링이 지급됐다.

그 결과 마법 같은 일이 벌어졌다. 혁명의 조짐은 하룻밤 사이 온데간데없이 사라졌다. 열혈 선동가들은 얼마 전까지만 해도 그들의 연설을 듣겠다고 모인 사람들이 수백 명에 달했는데, 이제는 열 명 남짓하다는 것(그것도 대부분 '동무들'뿐이란 것)을 깨달았다. 겁먹은 혁명단체 민주연맹은 툴리 가의 세 재단사[7]만큼이나 하찮은 존재가 됐다. 대신 점잖고 법을 존중하며 뒤에서 조용히 활동하던 페이비언협회가 무대 전면을 장악하기 시작했다. 여기서의 교훈을 쇼는 그냥 지나치지 않았다. 그는 "주급 30실링이면 어떤 혁명도 살 수 있다"고 결론 내렸다. 자본주의자들은 힌트를 얻었다. 그리하여 실업수당이 생겼다.

그사이 또 다른 변화가 있어서, 쇼는 매주 정기적으로 해오던 활동 즉, 연단에 서거나 거리의 연사로 나서는 일을 그만두게 되었다. 당시 '연합'이니 '연맹'이니 하는 이름을 달고 지부를 거느리며 소규모로 운영되던 사회단체들은 대체로 빚에 허덕이면서, 들쑥날쑥한 후원금과 집회 때 모자를 돌려 모금한 동전들과 『저스티스Justice』(하인드먼의 신문)나

---

[7] 19세기 초 런던 툴리가의 세 재단사가 의회에 청원서를 내면서 첫 문장을 "우리 잉글랜드 국민은…"이라고 시작한 데서 유래한 말. 실제로는 소수이면서 마치 다수를 대변하는 척하는 사람들을 가리킬 때 사용하는 말이다.

『더 커먼윌The Commonweal』(모리스의 신문) 혹은 잡다한 소책자들을 판매해서 얻은 이익으로 근근이 연명하고 있었다. 이런 단체들은 한동안 쇼가 원하는 청중을 동원해주었다. 주급 노동자들이 야외공간이나 작고 허름한 강당에 모여 무료로 그의 연설을 들었다. 그런데 쇼가 인기를 끌면서 연설을 주최한 단체들이 새로운 사실에 눈을 떴다. 첫 번째 사실은 쇼를 보러온 청중을 감당하기에 강당은 너무 작다는 것이었고, 두 번째 사실은 몰려든 청중의 대부분이 "굳은살 박인 손과 질긴 코트의 영웅들"(예전에 차티스트들 사이에서 유행하던 표현이다)이 아니라 자릿값으로 2.5실링에서 5실링까지 기꺼이 쓸 용의가 있는 여유로운 계층이라는 것이었다. 쇼는 언제부터인가 화려한 콘서트 홀에서 연설하는 자신의 상황이 역겹게 느껴졌다. 좌석 대부분은 챙 넓은 모자를 쓴 여인들과 젊은 도시 남자들과 전문직 종사자들로 채워졌고, 그 뒤에 싼 좌석은 자영업자들 차지였으며, 맨 뒤 무료석에서는(무료석이란 게 있다면) 노동자들이 기가 눌린 듯 불편해하면서 연설을 들었다. 지방의 몇몇 사회단체들은 쇼의 강연을 단 한 차례만 유치해도 몇 년을 버틸 수 있었다. 쇼는 빈곤층 노동자를 대상으로 연설하는 것을 그만둘 수밖에 없었다. 대신 중산층을 상대로 사회주의에 관한 새로운 논의를 제시해야 했다. 하지만 돈벌이에 이용당할 생각은 없었다. 그는 강연 계획안을 전부 쓰레기통에 던져버렸다. 그리고 그때부터, 즉 1898년 무렵부터는 매주 해오던 연설을 그만두고 여느 정치인들처럼 특별한 경우에만 연단에 섰다.

필생의 귀인
나에게 일어난 최고의 행운은 시드니 웹을 만난 것이다

쇼는 새로운 신념을 위해 함께 일할 조직을 찾느라 한동안 골머리를 썩였다. 처음에는 '잉글랜드토지회복연대'라는 헨리 조지 추종 단체에 가입했다가, 그들이 자본을 신성시하고 마르크스에게 완전히 적대적인 것을 보고 바로 그만두었다. 기독교 사회주의 단체 성마태동업조합The Guild of St. Matthew은 설교를 금지당한 영국국교회 사제인 스튜어트 헤들럼Stewart Headlam이 이끌고 있었는데, 그는 쇼를 강연자로는 중요하게 여기면서도 자기 단체의 일원으로 받아들이려고 하지는 않았다. 쇼가 영국국교회의 39개 신조를 인정하지 않은 데다가 기독교 사회주의 목사들을 해적선에 소속된 사제들에 빗대었기 때문이다. 이제 남은 단체는 빅토리안이자 범세계주의적 신사(이런 유형은 수가 많았던 적이 없었고 이제는 멸종했다) 헨리 메이어 하인드먼이 조직하고 대표로 있던 민주주의연맹뿐인 것 같았다. 하인드먼은 마르크스를 직접 만나 전향한 경우였으나, 『모두를 위한 영국England For All』이라는 마르크스주의 책을 발행하면서 마르크스의 이름은 전혀 언급하지 않은 탓에 마르크스에게 의절당했다. 당시 마르크스는 매우 사악한 사람으로 알려져 있었다. 1861년 그는 '인터내셔널'이라는 전복적이고 무시무시한 공모단체를 조직했고 1871년에는 실제로 파리 코뮌을 옹호했다. 영국의 모든 정치인과 마찬가지로 마르크스 역시 파리 코뮌을 '페트롤뢰즈'(여성방화범 조직)로 알고 있었으면서도 말이다. 1881년 하인드먼은 민주주의연맹과 함께 하려는 마르크스주의자들을 받아들였다. 민주주의연맹은 후에 사회민주연맹으로 이름을 바꿔서 세를 최대한 확장했고 인터내셔널의 부활을 선언했다. 하인드먼의 교양과 눈길을 끄는 외모(『인간과 초인』에서 태너에 대한 묘사는 하인드먼의 외모를 대략적으로 묘사한 것이다.), 능변, 문학적인 수사, 진정성은 성난 실직자들의 지지를 등에 업으면서 사람들에게 강렬하게 각인되어, 민주연맹의 실제 회원은 40명에 불과했지만 자본주의 언론에서는 4,000명 정도로 추정했다. 1861년 적색 인터내셔널의 연간 수입이 실제로는 18실링뿐이었지만 엄청나게 부풀려져서 보도된 것과 비슷했다.

쇼는 달리 뾰족한 수가 없어서 민주연맹에 가입하려는 찰나, '왜 이렇게 가난한 사람들이 많은가?'라는 제목의 글을 보게 되었다. 그 글은 페이비언협회에서 나온 것으로, 페이비언협회는 벌써 이름에서부터 교육받은 집단의 분위기를 풍겼고 그의 관심을 끌었다. 그는 그 글에서 협회의 주소를 얻어 다음 모임에 나갔다.

인간 복지에 매진하는 다른 수많은 조직과 마찬가지로, 페이비언협회 역시 현실에 대한 정확한 인식보다는 인간에 대한 높은 기대에서 출발했다. 스코틀랜드 출신의 로스미니언[Rosminian][1] 철학자 토머스 데이비드슨

[1] 1828년에 안토니오 로스미니가 창설한 로마가톨릭 종교협회로 공식적으로는 자선단체이다.

은 수년 동안 유럽과 미국 등지를 여행하고(아마도 눈은 감고 다니지 않았나 싶다) 런던에 돌아와 '뉴라이프'라는 단체를 창설했다. 해블록 엘리스[2]와 미래의 영국 수상 램지 맥도날드가 원년 멤버였다는 사실을 고려한다면, 그 단체의 목표가 "최고 수준의 도덕적 가능성에 맞춰" 사회를 재건하는 것이었다는 사실을 굳이 들먹이지 않아도 될 것이다. 그들이 내세운 방식은 남아메리카 모처에 우월한 사람들의 식민지를 세워서 그러한 도덕적 가능성을 실현하고 나머지 인류에게 본보기로 제시하자는 것이었다. 그러나 몇몇 다른 멤버들, 그중에서도 특히 휴버트 블랜드Hubert Bland는 최고의 도덕적 가능성을 실현할 장소로 영국보다 브라질이 더 낫다고 확신할 수 없었다. 또, 다른 멤버들은 미국에 그런 식민지들이 수십 개나 세워졌지만, 결과적으로는 모르몬교도나 오네이다 완전주의자들[3]처럼 자본주의에 흡수되거나 그렇지 않으면 실패했다는 사실을 알고 있었다. 이런 멤버들은 인간 본성에 대한 기대치를 낮추고 데이비드슨 계에서 분파하여 페이비언협회라는 새로운 단체를 만들었다. 페이비언협회가 처음 발행한 소책자의 속표지를 보면 단체명에 대한 설명이 나온다. "파비우스[4]가 한니발에 대항해서 싸울 때, 숱한 비난에도 흔들리지 않고 참을성 있게 때를 기다렸던 것처럼 적절한 때가 오기만을 기다려야만 한다. 그리고 그때가 되면 파비우스가 그랬듯 세게 밀어

---

2 해블록 엘리스Havelock Ellis(1859-1939): 영국의 의학자이자 문명비평가. 성 심리연구로 유명하다.

3 오네이다 완전주의자Oneida Perfectionists: 존 험프리 노이스에 의해 1848년 창설된 오네이다 공동체로 정신의 완전함에 도달하는 것을 목표로 한다.

4 파비우스Quintus Maximus Rullianus Fabius(~203 B.C.): 2차 포에니 전쟁 때 로마군 사령관으로서 한니발이 이끄는 카르타고군을 무찔렀다.

붙여야 한다. 그렇지 않으면, 기다림은 결실 없이 허망하게 끝나고 말 것이다." 이는 역사에서 인용한 문장이 아니다. 심령학연구협회SPR의 저명한 일원이었던 프랭크 포드모어[5]가 즉석에서 생각해낸 문장으로, "페이비언협회는 사회주의자들로 구성된다"는 단호한 진술로 이어진다.

1884년 페이비언들은 심령학연구협회의 또 다른 일원이었던 피즈E. R. Pease의 집에서 모임을 했다. 나중에 역사가이자 페이비언협회의 사무총장이 된 피즈는 오스나버그 가 17번지에 살았다. 당시 쇼는 바로 그 맞은 편인 오스나버그 가 36번지에 살고 있었고, 그해 5월 16일 페이비언협회에 처음으로 모습을 드러냈다(훗날 쇼는 페이비언 회의록에 "버나드 쇼의 첫 출현으로 이날의 모임은 중대한 의미를 갖게 되었다"고 썼다). 9월 5일, 그는 설립된 지 이제 막 8개월이 지난 페이비언협회에 가입했고, 다음 해 1월에는 집행위원으로 선출되었다. 페이비언들은 사려 깊고, 똑똑하고, 사회적 책임감이 넘쳤으며, 박식하고, 비판적이고, 무척이나 진지했지만, 때로는 자기 자신을 비웃을 줄도 알고, 사회주의자임을 공언한 사람들로서, 쇼가 함께 일하고 이끌어 나가길 원하던 바로 그런 사람들이었다. 쇼가 작성한 것이 분명한 페이비언협회의 두 번째 소책자는 다른 사회주의 단체에서는 나올 수 없는 것이었다. 그 책의 언어와 유머는 "수많은 가난한 사람들"의 것이 아니었다. 페이비언들은 철저하게 "교육받은" 사람들이었고 부르주아였다. 다음은 그 책의 일부를 발췌한 것이다.

"부를 누리면 수치스러워지고 부를 포기하면 불행해지는 것이 현 상

---

5 프랭크 포드모어Frank Podmore(1856-1910): 영국의 심리학자로 페이비언협회 창립 멤버였다.

황이다."

"토지와 자본을 개인에게 맡기는 현 체제로 인해 가장 크게 불거진 결과는 서로 적대적인 계급들로 사회가 분열됐다는 것이다. 한쪽 끝에서는 식욕이 왕성한데 먹을 것이 전혀 없고, 다른 쪽 끝에서는 먹을 것이 천지인데 식욕이 전혀 없다."

"토지를 개인에게 맡기는 사유화 정책은 개인이 토지를 가장 잘 활용할 것이라는 믿음에 기초하고 있지만, 실제로는 언제나 그 반대였기 때문에 설득력을 잃고 있다."

"런던의 안개를 날씨라고 할 수 없듯, 현 정부를 국가라고 할 수 없다."

그러나 쇼는 페이비언협회가 마르크스를 따르고자 한다면 말로 폭죽 터뜨리는 것은 그만두고 사실과 숫자 싸움에 관여해야만 한다는 것을 알았고, 그와 관련해 이미 점찍어 둔 사람이 있었다.

1879년 그가 회의론자 모임에서 알게 된 이들 중에는 키가 작고 손도 발도 다 작은데 이마가 넓어서 나폴레옹 3세를 연상시키는 스물한 살의 젊은이가 있었다. 정치적으로 존 스튜어트 밀을 추종했던 그 상급 공무원의 이름은 바로 시드니 웹이었다. "나에게 일어난 최고의 행운은 토론 모임에서 시드니 웹을 발견하고 그와 친분을 맺은 것이지." 최근에 쇼가 나에게 말했다. "우리는 서로를 보완하는 존재였어. 그는 내가 모르는 모든 것을 알았고, 나는 그가 모르는 모든 것-사실상 거의 없었지만-을 알았지. 그는 유능했고 나는 무능했어. 그는 잉글랜드 출신이었고 나는 아일랜드 출신이었지. 그는 정치와 행정 분야의 경력자였고 나는 풋내기였지. 그는 뛰어난 능력을 갖춘 신망 받는 인물이었고 나는 시시한 보헤미안이었지. 그는 포기를 모르는 탐구자였고 나는 직관적으로 통찰하는 예술가이자 형이상학자였지. 웹은 내가 예술과 형이상학에만 밝은 별종이지만 명석하고 재미있고 개선 가능한 사람이라고 생각했어. 그는 단순하고 한결같고 믿음직스럽고 항상 자신에게 진실했지. 반면, 나는 성격이 극적이어서 셰익스피어나 몰리에르, 뒤마나 디킨스처럼 나를 잊고 500개의 다른 성격을 선택할 수 있었어. 아무튼, 웹은 모든 면에서 딱 내가 필요로 하던 협력자였어. 그래서 나는 즉시 그를 붙들었지."

이렇게 매콜리 식으로 둘의 차이를 계속 늘어놓다 보면, 한쪽만 득을 보는 관계는 아니었음을 알게 될 것이다. 쇼의 연극적인 성향은 대중의 관심을 끌었다. 연극적 성향은 광고 효과를 가져오게 마련이라 쇼는 고질적인 자기선전가로 묘사될 때가 많았다. 웹은 성향상 사람들의 이목을 전혀 끌지 못했다. 언론에 편승하지 못했고 그럴 의향도 없었다. 반대로, 쇼는 언론을 피하는 것이 불가능했다. 웹은 자신을 극화하여 연기하는 성격이 아니었지만 쇼는 시키지 않아도 자신을 극화하고 연기하는 성격이었다. 쇼와 가까워지면 사람들의 주목을 받지 않을 수 없었다. 쇼는 출판업자들이 거들떠보지도 않을 소설을 써 재끼던 시절 자기 자신에게 했던 말대로, 그의 명성은 실패와 더불어 커졌다. 하지만 웹은 전혀 그런 경우가 아니었다. 훗날 쇼는 자신이 열다섯 가지 명성을 얻었다고 뽐냈지만, 웹은 엄청나게 대단한 업적을 바탕으로 유일무이한 명성을 얻을 때까지 무명이었다. (물론 쇼는 무명의 시드니 웹을 위대한 시드니 웹으로 만든 장본인으로서, 웹이 그런 업적을 이룰 줄 이미 알고 있었다.) 웹은 결코 허세를 부릴 줄 몰랐고, 허세부리는 것이 그의 본성에 맞지도 않았다. 쇼는 2인분의 허세를 부릴 수 있었다. 쇼의 본성에서 익살이 한 부분을 차지하듯 허세 역시 한 부분을 차지했다. 웹은 나름의 유머감각이 있었지만 어릿광대 기질은 전혀 없었다. 그래서 분위기를 편안하게 만들 유머가 필요할 때 쇼가 큰 도움이 됐다.

대체로 그들은 이상적인 한 쌍이었다. 그리고 모든 페이비언을 하나로 묶는 연결고리가 그들을 이어주고 있었다. 그중 하나는 사회적 양심이었고, 다른 하나는 톨스토이의 자녀들이 '세계 개혁가의 망상'이라고 한 열망, 즉 자본주의 사회보다 더 나은 사회를 만들고자 하는 바람이었다.

쇼는 웹에게 페이비언협회를 발견한 일에 관해 얘기했다. 그들은 며칠을 연달아 만났고 화이트홀을 몇 시간씩 함께 거닐며 자신들이 토론할 수 있는 모든 문제를 토론했다. 웹은 쇼에게 금세 설득당해서 그 새로운 모임에 참석했다. 그리고 쇼처럼 거기서 편안함을 느껴 페이비언협회에 가입하게 됐다.

이 신입회원은 인간 백과사전이었다. 웹의 청년 시절 이력은 상패와 장학금과 학위로 점철되어 있었다. 그는 책의 어느 페이지든 전체 내용을 한눈에 흡수하고 사진처럼 영원히 기억하는 능력과 자신에게 흥미로운 것은 모조리 기억하는 능력, 이미 방대한 그의 지식에 어떤 새로운 지식이 더해져도 전혀 혼란스러워하지 않는 질서정연한 정신세계를 지니고 있었다. 그가 시험 볼 때마다 일등을 하는 것이 하나도 놀랍지 않을 정도였다. 그는 지루해하는 법이 없었고 지식과 봉사에 대한 열정이 대단했기 때문에 페이비언협회에 가입하는 것은 그에게도 좋았고 협회에도 좋았다. 그가 손으로 하는 일에 서툴다는 것, 이를테면 타이어 펑

페이비언 4인방

사진 위부터 시드니 올리비에, 그레엄 월러스, 시드니 웹, 버나드 쇼. 웹과 올리비에, 월러스는 페이비언 삼총사로, 쇼는 닭타냥으로 불렸다.

크를 해결하지 못한다거나 못을 잘 못 박는다는 것은 전혀 문제가 되지 않았다. 머리를 잘 쓴다는 것, 즉 논쟁과 사실을 잘 다룬다는 것이 중요했다.

웹과 함께 식민성 공무원으로 일했던 잘생기고 혁명적인 귀족 시드니 올리비에도 페이비언협회에 합류했다. 그 전까지 페이비언협회는 휴버트 블랜드와 유능하고 매력적인 그의 부인 이디스 네스빗이 주도했으나, 쇼와 웹, 올리비에 그리고 올리비에의 동창 그레엄 월러스, 이 네 사람에게 금세 장악당했다. 이 네 젊은이는 "젊은 러시아 여성이 읽어주는 프랑스어판 『자본론』을 듣다가 서로 논쟁에 돌입하곤 했던" 마르크스 독서 모임에서 만났고 이후 햄프스테드 역사 모임도 함께 했다. 쇼와 웹, 올리비에는 항상 햄프스테드까지 같이 걸어가서 2주에 한 번씩 열리는 그 역사 모임에 참석했다. 초반에는 일반 가정집에서 열리다가 나중에는 햄프스테드 공공도서관에서 열린 그 모임에서, 그들은 유럽의 경제 발전을 주제로 토론했고, 무어에서 마르크스, 프루동에 이르기까지 사회 개혁에 관한 복음서를 모조리 섭렵했다. 페이비언 사회주의도 바로 거기서 만들어졌다. 토론에서는 누구도 "인정사정을 봐주지 않았다." 다만 멤버들이 쇼에게 익숙해지는 데는 시간이 좀 걸렸다. 멤버 간에 마찰이 일어나면 쇼는 모임 내 모든 당파의 비밀을 아주 과장되게 폭로함으로써 그러한 마찰을 진정시켰다. 쇼가 비밀을 폭로하면 멤버들이 그 내용을 부인하거나 쇼의 행동을 비난하느라 원래 자신들이 불평하던 것을 잊어버리는 식이었다. 쇼의 독특한 외모가 그가 유머 넘치는 사람처럼 보이는 데 도움이 됐던 것 같다. 죽은 사람처럼 창백한 안색에 뺨과 턱을 덮은 오렌지색 수염 때문에 누군가는 그의 얼굴을 보고 "망친 수란"같다고 하기도 했다.

원래 페이비언 중에는 별의별 사람이 다 있었다. 철학적 무정부주의자, 바리케이드 선동가, 무신론자, 화폐만능론자, 기독교 사회주의자, 토지단일세론자는 물론 다양한 책(괴테의 『파우스트』 2부 등)을 읽고 개종한 사람들과 유토피아 사상가들도 있었다. 그러다가 전형적인 변두리 토리 민주주의자 휴버트 블랜드가 의회파 페이비언의 분리 독립을 추진했다. 이어 쇼-웹 함대가 보강되면서 입헌주의의 조류가 막강해졌고 이 의회파 페이비언들은 무정부주의자와 더는 타협하지 않았다. 쇼는 사회주의를 제대로 작동시키는 데 시간이 얼마나 걸리겠느냐는 질문에 "2주면 충분하다"고 답하지 않았다. 월요일에 자본주의가 한창이더라도 화요일에 바스티유를 기습하면 수요일에는 사회주의가 무르익게 할 수 있다는 선동가들의 생각은 환상이자 함정이라고, 쇼는 계속해서 경고했다. 비극적이고 종말론적이며 열렬한 복음주의자들과는 대조적으로, 쇼는 페이비언의 유머 감각에 호소함으로써 페이비언들이 너무 심각해지는 것을 효과적으로 막았다. 사실 쇼의 가벼움과 불경스러움, 이따금 내뱉는 터무니없는 농담은 많은 열성적인 개혁가들을 페이비언협회에서 멀어지게 만들었다. 열성 개혁가들은 그와 같은 '응접실 사회주의자들'을 냉담하고 냉소적이라고 생각했다. 그러나 페이비언의 새로운 지도자들은 그러한 열성 개혁가들이 떨어져 나가는 것을 오히려 반기면서 자신들이 가던 길을 계속 갔다.

쇼의 첫 번째 대중 연설은 1885년 1월 산업보상회의에서 이루어졌다. 무명의 응접실 모임이었던 페이비언협회가 두 명의 대표를 통해 그 실체를 드러냈다. 쇼는 다음과 같이 연설을 시작했다. "의장님은 이 자리에서 특정 계층이 불편해할 말은 안 나왔으면 하고 바랄 겁니다. 저는 강도에 대해 언급하려고 하는데, 만약 여기 강도가 한 분이라도 계신다면 저에게 그분의 직업을 비난하려는 의도는 전혀 없다는 것을 믿어주셨으면 합니다. 저는 그분들의 기술이나 수완이 대단하다는 것을 모르지 않습니다. 그분들은 가장 투기적인 자본가보다도 훨씬 더 큰 위험을 감수합니다. 자유와 생명, 심지어 절제력까지 담보로 걸 정도니까요. 또한, 저는 그분들이 대규모 고용을 창출함으로써 사회에 기여하는 가치도 모르지 않습니다. 형사 전문 변호사, 경찰, 교도관, 교도소 설계자 그리고 때로는 사형집행인들의 생계가 그분들의 대담한 사업에 달렸지요. … 혹시 이 자리에 주주나 지주가 계신다면, 제가 강도들의 기분을 상하게 할 의도가 없었던 만큼 여러분의 기분을 상하게 할 의도도 전혀 없다는 것을 반드시 알아주셨으면 합니다. 저는 그저 강도와 지주와 주주, 이 셋이 공동체에 입히는 해가 본질적으로는 똑같다는 것을 지적하고 싶을 뿐이랍니다."

피의 일요일
신이시여, 저들을 저들 자신으로부터 구원하소서!

1886년과 1887년에는 불황이 극에 달해서 실업자들을 통제할 수 없는 상황까지 갔다. 그러자 민주연맹은 기회를 놓치지 않고 1886년 2월 어느 날 실업자들과 함께 트라팔가 광장에서 팰맬 가를 지나 하이드 공원까지 거리행진을 벌였다. 그동안 경찰은 실수로 엉뚱한 곳에서 대기하고 있었다(결국 경찰서장이 옷을 벗어야 했다). 부자들은 이 재미난 구경거리를 보기 위해 클럽 창가로 모여들었다. 실직자들은 자신들이 조롱당하고 있다는 생각에 클럽 창문을 깨부수고 하이드 공원을 향해 행진을 계속했다. 거기서 집회가 열릴 예정이었다. 몇몇 낙오자들은 상점 한두 곳을 약탈하고 하이드 공원의 아킬레스 동상 옆에 서 있던 어느 여인의 마차를 강탈하기도 했다. 결국 하인드먼과 존 번스 외 두 명이 주모자로 체포되어 재판을 받았다. 그런데 운 좋게도 배심원 대표(배심장)가 대단한 기독교 사회주의자였고 나머지 배심원들이 그의 말을 순한 양떼처럼 따르는 바람에 그 네 명은 곧 풀려날 수 있었다. 그리하여 시위는 점점 더 거세졌고 트라팔가 광장에서 집회할 자유를 외치는 것으로 구호가 모아졌다. 언론의 자유를 외치며 모든 노동자와 사회주의자들이 하나로 뭉쳤다. 1887년 11월 13일은 트라팔가르 광장에서 대규모 집회가 예정됐던 날로서, 후에 '피의 일요일'로 불리게 됐다. 경찰은 행진을 '규제할 수 있다'는 법조항을 근거로 그날의 집회를 금지했다. 쇼는 (아무도 신경 쓰지 않는) 그 법조항을 읽어보고, 규제할 권한이라는 것은 금지할 권한과 같지 않으며, 행진할 권리를 이미 법적으로 전제하고 있는 것이라고 주장했다. 또한, 그렇기 때문에 경찰의 금지를 무시하고 행진할 권리를 행사할 수 있어야 한다고 했다. 그에게는 이런 식으로 엄밀하게 따져서 합법적으로 행동하려는 성향이 있었다. 어쨌든 그는 그날 시위에 참여했고 클러큰웰 그린에서 연사 중 한 명으로 나서기도 했다. 그곳에는 북부 지역 대표자들이 행진을 위해 모여 있었다.

쇼는 물론 윌리엄 모리스도 있었고, 쇼에게 설득당해 페이비언에 가입한 애니 베산트도 있었다. 애니 베산트는 대중 연설에 있어 런던 최고, 아니 가히 유럽 최고라 할 만했다. 그녀의 유창한 연설에 반기를 들 수 있는 청중은 없었다. 클러큰웰 그린에서 쇼는 사람들에게 단호하면서도 질서 있게 행진할 것을 촉구했다. 트라팔가르 광장으로 향하는 사람들이 막을 수 없을 정도로 많았기 때문이다. 그때까지만 해도 쇼는 "너희는 다수고, 그들은 소수다"라는 셸리의 시구를 믿었다.

하지만 쇼가 그 시구에 현혹된 건 그때가 마지막이었다. 그날 가두행렬의 맨 앞줄에는 윌리엄 모리스가 있었고, 쇼는 원래 서 있던 곳에서 자연스럽게 무리에 섞여 걸어갔다. 당시 쇼를 깊이 사모하고 있었던 베산트 부인은 쇼에게 나란히 걷자고 제안했다. 쇼는 경찰과 충돌할 위험이 다분했던 그녀에게 강한 거절 의사를 밝히고, 그럼에도 굳이 같이 가겠다고 한다면 신변은 각자 알아서 보호해야 한다고 단단히 일렀다. 하지만 그런 말로는 저돌적이고 당돌한 그녀를 막기에 역부족이었다. 결국 둘은 함께 행진하게 되었다.

그들이 블룸스베리에 당도했을 때까지만 해도 모든 것이 순조로워 보였다. 그러나 하이 홀본의 서쪽 끝에 이르렀을 때, 선두를 지키던 사람들이 한 무리의 경찰관이 휘두르는 방망이에 쫓겨 혼비백산 도망치는 걸 보고 경악을 금할 수 없었다.

베산트 부인은 쇼의 영웅적 면모를 기대했을 수도 있다. 그러나 영웅적 행위 따위는 없었다. 그나마 도망가지 않은 게 다행이었다. 그가 그녀에게 한 말이라고는 "어서 여기서 벗어나시오"가 전부였다. 그녀는 즉시 몸을 피했고 알아서 광장으로 갔다. 그날 쇼는 그녀를 다시 보지 못했다. 어떤 남자가 쇼에게 달려와 울부짖었다. "선생님, 우리를 이끌어 주십시오. 우리가 뭘 해야 합니까?" 쇼는 말했다. "각자 최선을 다해 광장까지 갑시다."

그렇게 아수라장이 되고 구경꾼들이 모여들었다. 쇼는 그 구경꾼들 틈에 껴서 시위에 종지부를 찍은 사건을 지켜보았다. 중산층으로 보이는 나이 지긋한 유대인 한 명이 젊은 경찰관에게 주먹을 휘두르며 달려들다가 경찰봉을 맞고 쓰러진 것이다. 북부 지역의 싸움은 그렇게 끝이 났다. 그리고 쇼는 아무런 제재도 받지 않고 광장까지 갔다.

남쪽에서는 더욱 격렬한 싸움이 벌어졌다. 남부 지역 시위대는 웨스트민스터 다리를 건너 화이트홀까지 가는 데 성공했으나, 화이트홀의 나이든 군인들이 나팔소리를 듣고 출동하고 말았다. 쇼가 트라팔가르 광장에 도착했을 때는 막 도착한 기마병들이 셋씩 한 조를 이뤄 광장을 돌고 있었다. 맨 앞 세 사람 중 가운데 한 사람은 회색 정장 차림의 민간인이었다. 그는 치안판사였고, 기병대에게 소요단속법을 읽어주기 위해 거기 있었다.

치안판사는 그 법을 읽지 않았다. 경찰이 이미 상황을 정리했기 때문이다. 그날 오후, 기마병들은 천천히 광장을 돌았고 시민들은 4열 종대로 걷는 경찰관들의 인도를 받으며 광장을 돌았다. 쇼 역시 스튜어트 글레니라는 스코틀랜드 출신 철학사학자와 함께 걷고 있었다. 불손한 젊은 페이비언들 사이에서 '위풍당당한 폐인'으로 알려진 글레니는 세상이 기원전 6000년경의 기독교를 향해 완전히 거꾸로 가고 있다며 정치 개혁이 필요해지기 전에 얼른 이성을 찾아야 한다고 설파하고 그런 메시지를 널리 전하는 것을 본인의 업으로 여겼다. 쇼는 누군가에게 등 떠밀려서 앞에 있던 경찰관 네 명과 부딪히게 되었다. 쇼는 사과했고 경찰관들은 점잖았다. 그때 소요의 조짐이 보이면서 몇몇이 뛰기 시작했다. 그러자 스튜어트 글레니는 갑자기 전투적인 하이랜더로 돌변해 "가만! 가만히 있으시오!"라고 소리쳤는데, 다들 그 소리에 어찌나 놀랐는지 금세 아무 일 없었던 듯 이전으로 돌아갔다.

쇼가 광장에 도착하기 전에는 또 다른 스코틀랜드인이 그날의 영웅으로 부상했다. 커닝엄 그레엄과 '붉은 깃발을 든 남자' 존 번스가 그 주인공으로, 둘은 단독으로 광장까지 행진했을 뿐만 아니라 그 과정에서 수많은 군인이 가로막는 걸 용케 잘 싸우며 헤쳐나갔다. 키가 크고 시선을 끌 정도로 잘 생긴 그레엄은 흠씬 두들겨 맞아서 6주 동안 교도소 양호실에서 비교적 호사스런 수감생활을 하게 됐다. 반면, 키가 작은 번스는 전혀 다치지 않았다. 나중에 쇼는 번스에게 어떻게 그럴 수 있었는지를 물었다. 그랬더니 번스는 "주먹을 머리 위로 올려서 항복하는 척했더니 몽둥이를 피해갈 수 있었어요."라고 대답했다. 아마도 경찰이 사람을 차별했던 것 같다. 번스는 대단한 웅변가였고 인기도 많았다.

경찰에 대한 사람들의 분노는 극에 달했다. 한동안은 아침에 경찰과 마주치는 것조차 싫어하는 분위기였다. 신중한 중산층이자 「민주주의를 향하여Towards Democracy」를 쓴 시인 에드워드 카펜터Edward Carpenter도 너무 화가 난 나머지 "저 징그러운 경찰놈"이라고 썼다. 소동이 일어났을 때 경찰이 그를 거칠게 대했던 것이다. 런던의 노동자들은 복수를 갈망했다. 불굴의 베산트 부인은 패배를 인정하지 않으려 했다. 그들은 다음 주 일요일에 다시 광장으로 가서 자기들도 몽둥이를 쓸 수 있다는 것을 보여주고 싶어했다. 그런 와중에 베산트 부인은 남자들을 부끄럽게 만드는 놀라운 일들을 해냈다. 경찰에 연행된 사람들을 위해 변호인단을 조직하고, 기금을 모으고, W.T.스테드가 편집장으로 있는 『팰맬 가제트』의 지지를 얻어내고, 경찰재판소(즉결재판소)를 급습해 증언대로 뛰어올라가서 놀란 치안판사에게 일장 연설을 하며 경찰을 위협하고, 수익과 홍보를 목적으로 『링크The Link』라는 신문을 발행했다.

그녀에게 쇼는 전혀 도움이 안 됐다. 쇼가 가장 먼저 한 일은, 더는 가망 없는 가두 싸움을 벌이지 않도록 모든 힘을 동원해달라고 윌리엄 모리스에게 편지를 쓴 것이다. 모리스는 모리스 대로 이미 교훈을 얻은 상태였다. 그는 경찰이 맹공격을 퍼붓고 뒤이어 시민이 완패하는 상황을 맨 앞에서 지켜봤다. 무장하지 않고 조직되지 않고 훈련되지 않은 수백만을 절대 무적이라고 한 셸리의 환상에 더 이상 현혹될 수가 없었다. 광장으로 돌아가느냐 마느냐의 문제를 놓고 회의가 열렸고, 첫 연사로 베산트 부인이 나섰다. 그녀는 광장으로 돌아가 끝까지 싸우자는 결론을 이끌어냈는데, 언변이 어찌나 대단했는지 박수 소리로 건물이 흔들릴 지경이었다. 누구든 그녀에게 맞섰다가는 다수에게 손가락질당하고 박살날 분위기였다.

그때, 베산트 부인과 사이가 좋지 않은 푸트가 일어나 이론을 제기했다. "뭘 하자는 말입니까? 여러분이 광장으로 돌아간다고 칩시다. 그러면 경찰이나 실컷 구경하게 되겠죠. 경찰은 여러분을 실컷 구경할 테고요." 그의 말에 분위기가 싸해졌다. 청중은 그에게 적대적이었다. 쇼가 일어나서 푸트의 말에 동의했다. 파리 코뮌의 역사를 공부한 보람이 있었다. 그는 권력에 맞서 싸우는 게 무엇을 뜻하는지 청중에게 자세하게 설명했다. 그것은, 이미 한바탕 혼이 난 그들도 알아차렸겠지만, 바리케이드를 의미했다. 바리케이드는 저절로 생기는 게 아니었다. 전복된 버스나 마차, 주변의 주택이나 상점에서 가져온 가구 더미를 필요로 했다. 그들이 그런 바리케이드에 맞설 준비가 되어 있었을까? 더구나 그들이 마주하게 될 것은 구식 소총이 아니었다. 분당 250발을 발사하는 신식 기관총이었다. 쇼가 말을 마치자 역시나 불편한 침묵이 흘렀다. 청중은 쇼 역시 미워했다. 하지만 그들은 이 두 겁쟁이 패배주의자의 말이 옳다는 것도 알고 있었다. 막상 표결에 부쳤더니 베산트 부인 쪽이 소수였다. 그녀의 지지자들마저 고개를 돌린 셈이다.

쇼는 정부에 법적으로 항의하고 나서 어느 정도 만족스러워했다. 정부가 그레엄과 번스를 기소하는 과정에서 행진을 금지할 때 내세웠던 법조항을 포기하고 다른 법조항을 적용했기 때문이다. 그러다 트라팔가르 광장에서는 집회할 권리가 없다는 것으로 결론을 내렸는데, 법적으로 트라팔가르 광장이 삼림부장관 소관인 탓이었다. 이런 판결이 내려질 무렵에는 다들 그 문제에 넌더리가 나 있던 터라 거기서 해방될 수 있다는 것만으로도 즐거워했다.

트라팔가르 광장 집회와 관련된 마지막 사건은 쇼를 즐겁게 했다. 지금은 '뉴갤러리'가 된 강당에서 페이비언 모임(쇼는 강연했다)을 마치고 나온 쇼는 우연히 커닝엄 그레엄의 바로 뒤에서 가게 됐다. 누군가 그레엄에게 물었다. "그나저나 버나드 쇼인가 하는 그 사람은 누굽니까? 대체 뭐 하는 사람이죠?" "피의 일요일에 트라팔가르 광장에서 제일 먼저 도망친 사람이지요." 그레엄이 그야말로 엄숙하게 답했다.

쇼는 커닝엄 그레엄을 제외한 모두에게 그 이야기를 했다. 그리고 이렇게 덧붙였다. "나를 너무 추켜세워줬어. 나는 그렇게까지 영리하진 않았는데 말이야."

때때로 싸우기 좋아하는 동지들이 그에게 따졌다. 그들은 프랑스 혁명을 예로 들면서 군중이 언제나 도망치는 것은 아니며 역사가 그들의 승리를 기록하고 있다고 주장했다. 그러면 쇼는 프랑스 왕실이 마리 앙투아네트의 도박빚을 갚는 대신 군인들에게 봉급만 제대로 줬어도 그 혁명을 단박에 끝장냈을 거라고 답하곤 했다. 봉급이 4년치나 밀리고 나서야 프랑스 군대가 군중과 손잡은 것이라면서 말이다. 1887년 런던 순경의 봉급은 주당 24실링밖에 되지 않았지만, 한 번도 밀린 적이 없었고 연금도 확실히 보장됐다. 그 결과, 순경들은 자기들도 모두 프롤레타리아였지만 군중과 손을 잡으려 하거나 진압하기를 주저하는 사람이 아무도 없었고, 치안법정(예심법정)에서는 예외 없이 최악으로 굴었다. 사실 봉기한 군중은 처음에는 언제나 도망치지만 좌절과 굴욕감으로 내면에 음울한 분노를 키우다가 계속해서 화나는 상황에 몰리게 되면 결국 흉악하고 파괴적이고 두려움을 모르는 상태에 이르게 된다는 것을, 쇼는 인정했다. 그 자신이 그런 감정의 변화를 경험한 장본인이었다. 그렇지만 파괴한다고 군중에게 득 될 게 무엇인가? 그들이 경찰을 살해한다면 그들 자신의 치안을 파괴하는 것이 될 테고, 그들이 방화를 저지른다면 그들이 사는 끔찍한 슬럼이 아니라 궁이나 저택만 불타 없어질 텐데 말이다. 버킹엄 궁전과 의사당 건물을 때려 부수고 왕족과 의원들을 전부 죽여봤자, 결국 가장 유능하고 야심찬 모험가에게 휘둘리게 될 것이 뻔하다. 그 모험가는 사회의 구세주가 되어 군대를 고용하고, 훈련하고, 무장하고, 봉급을 제때 지급할 수 있을 만큼의 돈을 모을 것이다. 크롬웰과 나폴레옹이 그랬다. 맙소사! 신이시여, 저들을 저들 자신으로부터 구원하소서!

이제는 대수롭지 않은 사건처럼 보이지만 그 일을 겪으며 쇼는 중요한 교훈을 하나 얻었다. 피의 일요일이 지나고 한 이틀 뒤쯤, 클러큰웰 그린에서 쇼의 연설을 들었던 한 남자가 길 가던 쇼를 멈춰 세우더니, 왜 구해주지도 못할 거면서 지는 싸움에 불쌍한 사람들을 끌어들였느냐고 호되게 나무랐던 것이다. 쇼는 그 비난에 뭐라 대꾸할 수가 없었다. 그는 자기가 지도자라고 생각한 적이 한번도 없었고 지도자로서 책임감을 느껴본 적도 없었다. 다른 모든 19세기 민주주의자들과 마찬가지로, 쇼 역시 '민중'에게 리더십은 물론 자주성과 정치적 지혜가 있다고 여겼다. 자신은 사회주의의 대변인일 뿐 중요한 인물이라고는 생각해 본 적이 없었다. 그는 그제야 시위 중간에 한 남자가 자신에게 다가와 "쇼 선생님, 우리를 이끌어 주십시오. 뭘 해야 할지 알려달란 말입니다"라고 했던 게 떠올랐다. 그의 언동의 무익함과 군중의 무력함이 뼈아프게 드러난 순간이었다. 유쾌한 깨달음은 아니었지만, 유익한 깨달음이었다. 그 순간 그는 링컨이 말한 '국민의, 국민에 의한, 국민을 위한 정부'라는 문구에서 벗어났다. 무엇에 의해서든, 국민의, 국민을 위한 정부, 그것이 바로 민주주의였다. 그리고 그는 여전히 민주주의자였다. 그렇지만, 국민에 의한 정부? 그건 민주주의가 아니었다. "사람들더러 자기 자신을 위한 각본이나 먼저 써보라고 해." 그가 말했다. "정치는 아무나 할 수 있는 일이 아니야. 고도로 전문적인 직업이라고." 그는 스스로를 토리 민주주의자로 칭할 수도 있었지만, 그 타이틀은 사회주의자가 아니었던 랜돌프 처칠 경이 먼저 가져가버렸다. 쇼는 사회주의가 빠진 민주주의는 말이 안 된다고 확신했다. 심지어 일반 국민이 지도자를 선택하는 것도 용납하지 않으려 했다. "사람들이 항상 차선을 선택"하기 때문이다. 나중에는 국민이 지도자를 선택하는 것을 허용하되, 자격이 검증된 후보 중에서만 선택할 수 있도록 하는 방안을 제시하려고 했다.

쇼의 현실주의는 트라팔가르 광장의 경찰 곤봉과 더불어 그렇게 단단해졌다.

⑫

페이비언 스타일
나는 사상가이지 투사가 아니다

거리 투쟁은 페이비언의 활동 영역이 아니었다. 거리로 나가는 것은 그들의 적성에 맞지 않아서 페이비언들은 대부분 거리 연설을 피했다. 하지만 쇼는 야외를 좋아했다. 일단 통풍이 잘되어서 좋고, "억지로 연설을 듣는 사람이 없어서" 좋았다. 그에 의하면, 페이비언들은 실직자들의 시위 열기 속에 묻혀 존재감이 미미했다. 더구나 시위는 "사람이 능력 없이도 유명해질 수 있는 유일한 방법"인 "순교"를 요구했는데, "유산자들은 총을 쏘는 데 주저하지 않으며, 실패한 혁명가에게는 언제나 그렇듯 중상과 위증, 잔학행위, 무자비한 사법적·군사적 대학살이 기다리고 있다는 것"을 페이비언들은 알고 있었다. 그래서 그들은 만일 총격이 시작되면 다 끝난 후에야 나타날 작정이었다. 그들의 철학은 그들의 개인적 정서를 반영하고 있었다. 쇼는 "나는 사상가이지 투사가 아니다"라고 했다. "총격이 시작되면 나는 침대 밑으로 들어가 진짜 건설적인 일을 할 수 있을 때까지 나오지 않을 것이다." 이러한 발언은 그 역시도 낙관주의자였음을 시사한다. 그의 혁명 동지들은 총을 꺼내 들고 영국의 모든 침대를 뒤져서라도 그를 색출하는 것으로 건설적인 사업을 시작했을 테니까.

어쨌든, 1887년까지 페이비언은 무정부주의자와 그밖에 타협이 불가능한 자들-그런 사람들이 실제로 존재하기는 하는지 의문이지만-을 협회에서 제거했다. 그 후 페이비언의 방식이란 당연히 합법적인 것을 의미하게 되었다. 그들의 목표는 사회주의를 품위 있게 만드는 것이었다. 그래서 쇼는 영국에서 공산주의 원리는 이미 용인되어 왔다고 조심스레 설명하곤 했다. "사람들 대부분은 공산주의가 다른 나라에서는 몰라도 영국에서만큼은 몇 안 되는 괴짜들이 지지하는 공상적인 계획에 불과하다고 알고 있다. 그러면서 공공 다리를 건너고, 누구에게나 똑같이 빛나는 공공 가로등이 늘어선 공공 제방을 따라 걷다가, 공공 도로를 지나 트라팔가르 공공 광장으로 간다. 만일 거기서 누군가가 '문명화된 나라라면 공산주의를 어느 정도 받아들일 수밖에 없다'는 생각을 조금이라도 내비치면, 즉시 공공 경찰이 나타나 그를 공공 감옥으로 끌고 간다. 그런데도 사람들은 식량 공급에 공산주의를 적용하는 것이 전혀 새로운 정책이 아니라 공공 가로등의 원리를 확대 적용하는 것뿐이라는 설명을 들으면 몹시 당혹스러워한다."

모든 종류의 조직에 사회주의 원리가 스며들게 하는 페이비언의 방식은 민주연맹의 고집스러운 정책보다는 확실히 더 성공적이었다. 민주연맹은 자신들의 기치 아래 프롤레타리아를 모집하고 반란을 일으켜서 사태를 장악하고자 했다. 하인드먼은 "다음 월요일 아침 10시에 혁명이 일어날 거라고 기대하지 않는다면 나는 이 일을 계속할 수가 없다"고 말했다. 쇼는 영국에 혁명의 분위기가 무르익지 않았다는 것을 깨닫고 페이비언의 방식을 수용했지만, 그 방식이 충분히 만족스러운 결과를 낼 수 있을지에 대해 회의적이었고, 느리고 소심한 대안이라는 점에서 다소 경멸하기도 했다. 1888년 9월 바스에서 열린 영국학술협회에서 경제부문 연사로 나선 그는 자신이 느끼는 바를 말했다. "감히 말씀드리건대, 여러분은 열성분자들을 존중해야 합니다. 수백만의 동료 피조물들이 절망적인 노역과 수모 속에서 땀 흘리고 고통받는 동안 의회와 교구위원회는 시답지 않은 문제를 해결한답시고 우물쭈물하며 시간만 축내고 있는 현실을 여전히 거부하는 사람들을 말입니다. 그들이 보기에, 옳은 것이 무엇인지는 너무도 분명하고, 그른 것은 도저히 용납할 수 없으며, 진실은 너무도 명백합니다. 그래서 그들은 군인과 경찰을 포함해 모든 노동자를 형제애와 평등의 기치 아래 끌어모을 수 있다고 확신합니다. 또, 다 같이 크게 한 번 일어난다면, 정의가 즉시 제자리를 찾을 것으로 생각합니다. 그러나 안타깝게도, 19세기 문명사회에서 그러한 '광명의 군대'를 조직하는 것은 불가능합니다. 엉겅퀴에서 포도를 수확할 수 없는 것과 마찬가지랄까요. 하지만 만일 우리가 그러한 불가능을 은근히 반기고, 개인이 위험을 감수하지 않아도 될 정도로 변화가 느리게 일어나는 것에 안도감을 느낀다면, 또한 우리와 약속의 땅 사이에 많은 사람이 결핍과 절망으로 비참하게 죽어가는 척박한 공간이 놓여 있다는 것을 알면서도 극심한 실망과 격렬한 치욕감에 시달리지 않는다면, 그렇다면 저는 여러분에게 묻고 싶습니다. 우리의 체제가 우리를 극도로 악랄하고 이기적인 존재로 타락시키고 있는 것은 아닌지 말입니다."

페이비언협회는 이렇다 할 성공을 거둔 유일무이한 사회주의 단체였지만, 언제나 소규모였다. 약 40명으로 시작했고 2,000명을 크게 넘겨 본

적이 없었다. 나중에는 영국국교회만큼 존경받게 되었지만, 초창기에는 떠돌이 신세였다. 사회주의동맹의 무정부공산주의자들과 떠들썩한 논쟁 끝에 플릿 가의 앤더튼 호텔에서 쫓겨났고, 기독교 사회주의 목사인 회원 하나가 영국국교회의 39개 신조 중 첫 번째 신조는 사실상 무신론을 선언한 것이라고 주장하고 빅토리아 여왕을 "천박한 독일 할망구"라고 했다는 이유로 고든 광장에 있는 윌리엄스 박사 도서관에서도 쫓겨났다.

냉소적인 유머 감각을 타고난 올리비에가 윌리스 클럽을 생각해내기 전까지, 페이비언협회는 모임 장소를 정하지 못하고 우왕좌왕했다. 당시 윌리스 클럽은 내각 각료나 학계 거물 같은 상류층 인사들의 회의 장소로서, 진홍색 천으로 덮인 탁자와 은촛대 장식에 스페인풍의 화려한 제복을 갖춰 입은 두 명의 하인이 시중을 드는 곳이었다. 그리고 이 모두를 단돈 1기니에 이용할 수 있었다! 윌리스 클럽은 올리비에¹의 귀족적인 외모와 페이비언협회라는 고매한 타이틀을 보고 추호의 의심 없이 그들에게 문을 열어주었다. 그리하여 페이비언들은 윌리스 클럽에서 모이게 되었다. 18세기는 오래전에 끝났고 클럽이 살아남으려면 비싼 레스토랑으로 변신해야 한다는 사실을 윌리스 클럽이 깨닫기 전까지, 페이비언 회의는 그곳에서 열렸다.

윌리스 클럽에서 있었던 어느 회의 기록을 살펴보면, "페이비언의 축제를 위한 제물"이라는 제목이 붙어 있다. 그리고 그 축제를 장식해줄

---

1 시드니 올리비에Sydney Olivier(1859-1943): 식민성 동료였던 시드니 웹의 소개로 버나드 쇼를 만나 페이비언협회에 가입했으며, 자메이카 총독과 인도부 장관을 지내고 1924년 남작 작위를 받았다. '배우 중의 배우'라는 로렌스 올리비에가 그의 조카였다는 사실만 봐도, 그가 인물 좋은 청년이었다는 것을 충분히 짐작할 만하다.

자유당 소속 정치인 후보 명단에, '자유주의-제국주의자'로 불리는 세 명, 애스퀴스[2]와 그레이[3], 홀데인[4]이 들어 있다. 홀데인은 이상한 종교들과 공상적 이상주의의 결합을 꿈꿨기 때문에 약간은 철학자적인 기질이 있었고, 성품이 매우 관대하고 온화했다. 그는 진홍색 테이블보와 은촛대 너머로 약간의 상식을 주입해달라는 괴짜 페이비언들의 초대를 순순히 받아들였다. 그리고 놀랍게도 자신이, 변덕쟁이 이상론자들이 아니라 자유주의 신조를 속속들이 꿰뚫고 있고 수년 동안 낱낱이 분석해 온 숙련된 토론자와 경제학자들의 수중에 놓이게 됐다는 것을 깨달았다. 쇼는 그를 공격했다. 웹도 그에게 달려들었다. 마침내 그레엄 월러스가 그날 최고의 연설로 홀데인을 끝장냈다. 홀데인은 쾌활하게 잘 견뎌냈다. 그는 어느 페이비언보다도 체구가 좋고 건장했는데, "웹 선생이 공격하면 저는 버나드 쇼 선생의 건장한 몸 뒤로 피하겠습니다"라고 말해서 그날 저녁을 웃음으로써 넘겼다. 이후 홀데인은 상원의장 겸 대법관이 되었을 뿐만 아니라 노동당에 가입한 첫 번째 귀족이 되었다.

만일 애스퀴스도 월러스 클럽에 왔다면 영국의 역사가 바뀌었을지도 모른다. 그러나 그가 몸을 낮출 수 있는 곳은 근로자 대학까지였다. 그는 자유방임주의 경제학에 관한 최고의 명강의를 펼침으로써 근로자

---

2 허버트 애스퀴스Herbert H. Asquith(1852-1928): 영국 자유당 소속 정치인. 1908년부터 1916년까지 영국 총리를 지냈다.

3 에드워드 그레이Edward Grey(1862-1933): 영국 자유당 소속 정치인. 1905년부터 1차세계대전 초까지 외무장관을 지냈다.

4 리처드 홀데인Richard Haldane(1856-1928): 1885 영국 자유당 하원의원으로 당선되어 1905년부터 1912년까지 육군장관으로, 1912년부터1915까지 대법관으로, 1924년에 상원의장 겸 대법관으로 재임했다.

대학을 후원했다. 페이비언들은 청중 속에서 입술을 달싹이며 그를 기다렸다. 강의가 끝나고 그가 강단을 떠나려고 할 때 쇼가 일어나 "질문은 안 받습니까?"하고 물었다. 애스퀴스는 그게 무례한 행동이라고 생각했는지 짜증 섞인 말투로 "절대 그럴 일은 없습니다"라고 하고는 나가버렸다. 애스퀴스에게는 일생일대의 실수였다. 페이비언들은 홀데인을 눈뜨게 했듯 애스퀴스를 눈뜨게 할 수 있는 유일한 사회주의자들이었기 때문이다. 적어도 페이비언들의 생각은 그랬다. 애스퀴스가 완벽할 정도로 명석했지만 결국 시대에 뒤처진 인물로 사라져버렸다는 사실은 그러한 관점에 무게를 더해준다.

당시 지배 계층은 노동자들의 대변인과 공화주의적 도시사회주의자는 물론 능력과 인기가 충분히 위협적인 사람들을 끌어들여서 완전히 온순하게 길들이는 데 선수였고, 막 페이비언에게로 눈을 돌리고 있었다. 그래서 음식은 훌륭했지만 와인이 없어서 맥주와 위스키밖에 선택권이 없었던 웹 부인의 만찬회에는 귀족 부인들의 후원을 받는 정부 각료들이 나타났다. 대단한 인물들의 만찬 자리에서 쇼의 이름이 오르내렸다. 쇼는 그런 만찬에 참석하면 귀족 부인들을 안내하면서, 그들을 서열에서 "제일 먼저 입장하는 사람처럼" 기분 좋게 해준 다음 같이 들어가자고 말하기를 좋아했다.

그렇지만 결국 정치인들은 자신들이 웹 부부를 이용하려다 도리어 웹 부부에게 이용당해서, 그토록 전력을 다해 혐오하고 거부해온 사회주의를 현실화하는 일에 본인들 스스로 발을 담그게 되었다는 사실을 깨달았다. 그리하여 페이비언들은 확실하고도 단호하게 사교계와 단절되었다.

극작가로서 문화예술계에서도 유명인사로 등극한 쇼는 또 다른 인기를 누렸고 작품이 흥행에 성공할 때마다 명사 사냥에 나선 귀족 부인들의 초대가 빗발쳤다. 하지만 그는 사교계를 정치계보다 더 싫어해서, 사교 만찬에 참석하거나 어릿광대 노릇을 하는 경우가 드물었다. 그의 친구들 가운데 귀족 부인이 여럿 생긴 건 어쩌다 친해진 덕분이었다. 그가 그런 부인들을 직접 찾아다니거나 하지 않았다는 것만큼은 확실하다. "나는 거만한 게 아니야. 볼일이 있는 사람이 오라는 거지." 그가 항상 하는 말이었다. 이런 조건으로 아델피 테라스까지 몸소 행차한 대사나 왕자들은 쇼에게 평민과 다름없는 대접을 받았다. 자작부인들은 거기서 별 대접을 받지 못하거나 그의 친한 벗이 되었다.

나는 페이비언협회의 성과를 요약하거나 그 안에서 쇼의 역할이 얼마나 가치있었는지를 평가할 생각이 없다. 금권정치가들이 페이비언들에게 고마워했다는 사실만으로도 충분한 설명이 될 것이다. 국가 조직이 할 수 있는 일에 대해 웹과 쇼가 설명한 것에서 힌트를 얻은 금권정치가들은 생산수단에 대한 자신들의 소유권은 그대로 유지하면서 페이비언 사회주의를 국가자본주의로 바꿔버렸다. 그러니까 서구 사회에서 페이비언의 업적은 자본가들의 사업과 재정을 효과적으로 강화하는 데 쓰이고 말았다. 하지만 러시아에서는 이른바 사회주의가 국가 정책이자 종교가 되었다. 그래서 그 무렵 패스필드 남작이 된 웹은 자기 동포들이 소련의 지도자들을 욕하기보다는 소련으로부터 배우기를 바랐다.

결과야 어찌 됐든, 쇼가 페이비언협회의 선전활동에 참여한 것은 확실히 의미가 있었다. 그의 동료들에 비해 쇼는 미학적인 측면에서 독보적인 존재였다. 쇼가 없었다면 1889년 12월에 출판된 『페이비언 에세이』

는 정부 간행물처럼 재미없어 보였을 것이며, "피도 눈물도 없는 사회주의"로 불렸을지도 모른다. 페이비언 사회주의에는 분명 마르크스가 빠져 있었다. 『페이비언 에세이』는 마르크스의 가치이론이나 마르크스 변증법에 대해 단 한마디도 언급하지 않았다. 쇼는 그 책의 편집은 물론이고 예술적인 표지를 위해 수고를 아끼지 않았다. 그래서 월터 크레인에게 직접 표지 디자인을 맡겼는데, 출판업자가 일을 그르치자 뉴캐슬 온타인 출판사 고문에게 다음과 같이 썼다.

"개인적으로 나는 당신에 대한 모든 신뢰를 잃었습니다. 나는 예술 감각이 도덕적 올바름의 진짜 본질이라고 믿기 때문입니다. 크레인이 디자인한 『페이비언 에세이』 표지에 당신이 한 짓보다 예술을 더 끔찍하게 공격한 경우는 뉴캐슬 출판사에서도 유례가 없을 정도입니다. 나는 경멸과 분노와 온갖 욕설과 함께 당신의 그 광고전단을 거부합니다. '가격 1실링'과 똑같은 글씨체로 저자의 이름을 다시 쓰세요. 저자 이름의 서체를 절대로 다르게 해서는 안됩니다. 한 지면에 가능한 많은 서체를 넣는 것은 마권업자의 광고전단을 만들 때는 유용하겠지요. 하지만 카멜롯 서체의 표지를 그렇게 잘 만들어온 당신이 그런 만행을 저지르는 건 인간에 대한 나의 신뢰를 무너뜨릴 뿐입니다. … '언론에서 말하기를'로 시작하는 그 소름끼치게 못생긴 문단에 대해서는 과격한 언어를 쓰지 않으면 얘기할 자신이 없을 정도입니다. … 얼마 전에 당신이 『캐셜 바이런』의 표지를 권투 관련 디자인으로 바꾸는 것에 관해 얘기했었죠. 정중히 경고하건대, 나에게 먼저 보이지 않고 그 책의 표지를 바꿨다가는 그날로 당신을 가만두지 않을 겁니다."

⟨13⟩

로맨스
"매우 쇼답지만, 멍청한"

무슨 마가 끼었는지, 개혁가들은 늘 서로 미워하고 싸운다. 공격적이고 자기주장이 강한 사람들이 주로 세상일에 관여해서 그런 건지, 자기가 남보다 낫다고 생각하는 사람들이 개혁가가 되어서 그런 건지, 아니면 똑같은 사람들끼리 모인 탓에 서로의 단점이 더 잘 보여서 그런 건지, 알 수 없는 노릇이다. 이유야 뭐가 됐든, 약자를 위해 싸우는 이상주의자들은 항상 강자의 자리를 놓고 서로 싸우다 끝난다. 하인드먼은 하인드먼처럼 되려는 민주연맹의 모든 이들과 싸우다 결국 변변찮은 추종자 무리만 곁에 남게 됐다. 물론 하인드먼은 한 명뿐이었다.

민주연맹의 초창기 회원 중에는 그 유명한 윌리엄 모리스가 있었다. 사회주의자가 되기 전에 그는 「지상의 낙원」을 쓴 시인으로 대중에 알려졌고, 전문가들 사이에서는 가구와 패턴, 벽지를 고안해서 실내디자인의 새 지평을 연 장인이자 예술가로 통했다. 해머스미스의 켈름스콧 하우스Kelmscott House와 글로스터셔에 있는 중세 영주의 저택, 그리고 그 유명한 머튼Merton 공장은 영국 전역은 물론 프랑스와 미국에서 온 예술가들의 메카로 자리잡았다. 해머스미스와 글로스터셔의 저택에 "흥미로운" 것은 없었다. 모든 것은 아름답거나, 실용적이거나, 아름다우면서 실용적이었다. 거울도 없었다. 그래서 저택 주인이 그렇게 바이킹 같은 모습을 하고 있었을 것이다. 모리스의 머리모양이나 수염은 그와 잘 어울리기는 했지만, 빗이나 솔, 면도기 등과는 친하지 않은 듯했다. 게다가 그는 셔츠와 재킷도 푸른색으로 입었기 때문에 앤드루 랭[1]은 평소 흠모하던 시인 모리스를 보고 처음에 선박 사무장인 줄 알았다가 나중에 충격을 받았다고 고백하기도 했다. 모리스는 자신이 쓴 시를 읽을 때면, 마치 코끼리처럼 왼발 오른발 무게중심을 옮겨가며 리듬감 있게 몸을 움직였다. 그는 통풍과 간질을 앓아서 급작스레 성질이 폭발했고 그러다 지쳐서 힘이 빠지면 미안해했다. 공개석상에서 누군가 신경 거슬리는 이야기를 할 때면, 그는 자신의 콧수염 몇 가닥을 잡아당기면서 다 들리게 "멍청이! 멍청이!" 하고 으르렁거렸다.

처음에 모리스는 하인드먼이 됐든 누가 됐든 다른 사람의 리더십을 겸허히 따를 생각이었다. 자신이 지도자가 될 그릇은 아니라고 여겼기 때문이다. 하인드먼은 머리가 매우 좋고 자기확신이 강한 인물로, 자신이 리더가 되기 적합한지에 대해 조금도 의심하지 않고 리더의 지위를 당연하게 받아들였다. 모리스는 자기확신이 전혀 없는 사람이었고, 누구도 그를 두고 굉장히 머리 좋은 사람이라고는 하지 않았다. 그는 알려진 대로 그냥 위대한 사람이었다. 하지만 순전히 심미적인 사람이어서 교양 있는 지인들만이 그의 위대함을 이해했다. 그는 쇼의 다섯 번째 소설이

---

1 앤드루 랭Andrew Lang(1844-1912): 영국 스코틀랜드 출신의 시인, 소설가, 민속학자. 당대 최고의 지식인으로 『스코틀랜드 사』, 『앤드류 랭 동화집』, 『신화, 의식, 종교』와 같은 저작을 남겼다.

자 마지막 소설이 된 『사회적이지 않은 사회주의자』의 앞부분을 매우 재미있게 읽었던 터라, 쇼와 친해지고 싶어했다. 『사회적이지 않은 사회주의자』는 모든 출판사로부터 거절당하고 『투데이』라는 월간지에 간신히 실렸는데, 마침 그게 하인드먼의 왼팔이었던 헨리 하이드 챔피언이 인수한 잡지였다. 타고난 심미가인 쇼는 하인드먼이 분에 넘치게도 모리스를 가르치고 있다는 것을 한눈에 알아봤다. 그리고 모리스와 금세 친해져서 켈름스콧 하우스에 초대받았고, 그 집의 차고를 개조해서 만든—1940년인 지금까지도 변함없는—작은 강당에서 종종 강연하는 인기 페이비언이 됐다. 얼마 후 모리스와 하인드먼 사이에 싸움이 일어났을 때 쇼는 전혀 놀라지 않았다. 원래 영국인은 항상 싸운다는 생각이 있기도 했고, 하인드먼이나 모리스나 부유한 집안 출신들로 가난에 기가 꺾여본 적이 없어서 예상치 못 한 상황에서는 언제든 성질 부릴 준비가 된 개성 강한 인물이라는 것을 알고 있었기 때문이다.

다툼의 원인은 별 게 아니었다. 하지만 민주연맹 임원들의 갈등이 폭발하는 계기가 됐다. 모리스는 자기편이 다수였는데도 사람들을 데리고 민주연맹을 나가 사회주의동맹을 결성했다. 사회주의동맹은 수년간 모리스의 돈을 축낸 데다, 끊이지 않는 다툼, 가망 없는 무지와 무능, 민주주의랍시고 모리스와 맞먹으려는 분위기로 이어지면서 모리스의 인내심까지 바닥냈다. 모리스가 손을 떼자 사회주의동맹은 곧바로 무너졌다. 모리스는 사회주의가 시드니 웹이 말한 방식으로 도입되어야 한다는 것을 인정하고, 자기 곁에 얼마 남지 않은 합리적인 추종자들을 교화하여 해머스미스 사회주의협회 Hammersmith Socialist Society라는 조용한 소모임을 결성했다. 해머스미스 사회주의협회는 의회정치와는 거리를 두면서

1896년 모리스가 세상을 떠날 때까지 일요일마다 순수 공산주의 복음을 전파했다. 러시아 문제와 아일랜드 문제가 의회에서 몇 년 동안 논의되다가 결국 무력으로 해결되면서 시드니 웹은 있으나마나한 사람이 되어버린 상황을, 모리스는 보지 못했다.

한편, 하인드먼은 민주연맹의 명칭을 사회민주연맹으로 바꿨다. 실제로 그는 아무와도 연맹하지 않았지만, 소수의 마르크스주의자-알고 보면 하인드먼주의자-를 데리고 사회민주연맹을 유지해나갔다. 그러나 마르크스주의 러시아가 독일과 브레스트-리토프스크Brest-Litovsk조약을 맺으며 1차세계대전에서 빠지기로 하자, 애국심에 불탄 하인드먼은 레닌을 천하에 둘도 없는 악당이라고 맹렬하게 비난했다. 반면, 쇼와 웹은 조금도 흔들리지 않고 "레닌 편이 우리 편이다"라고 했다. 어쨌든 하인드먼에 관한 쇼의 예언은 틀렸다. "하인드먼은 죽지 않을 거야. 우리보다 오래 살걸." 쇼는 이렇게 말했지만 하인드먼은 죽었다. 물론 여든까지 살면서 말년에는 젊은 여자와 결혼도 했지만. 하인드먼이 죽은 뒤 그의 젊은 아내는 하인드먼이 없는 삶은 견딜 수 없다며 스스로 목숨을 끊었다.

요컨대, 19세기 막바지 이른바 자의식 강한 영국 사회주의는 네 개의 단체-하인드먼의 연맹, 모리스의 동맹, 스튜어트 헤들럼의 성마태동업조합, 페이비언협회-가 대변하고 있었다. 앞의 세 단체는 설립자보다 수명이 길지 못했고 다우닝 가(런던의 관청가, 영국 정부의 대명사)에도 아무런 영향을 미치지 못했다. 반면 페이비언협회는 초창기 지도자들이 일선에서 물러났을 무렵 이미 노동당을 장악해 새로운 생명력을 발휘하고 있었다. 시드니 웹이 런던정치경제대학교와 『뉴스테이츠먼The New

Statesman』을 설립하면서 본래의 활동 영역을 벗어나 살짝 곁길로 새긴 했지만, 페이비언협회는 해마다 공개강연을 시리즈로 진행하면서 대표적인 사회주의 선전센터로서의 위상을 유지했다. 쇼는 "나이가 들어" 1933년 연단에서 은퇴할 때까지 스타 연사로 활약했다. 쇼가 은퇴하자 협회는 재정적 어려움을 겪게 됐고, 전적으로 자발적 기부에 의존했던 제도("낼 수 있을 만큼 내라"는 것 외에 다른 원칙은 없었고, 장기간 기부실적이 없는 회원은 명부에서 삭제하는 정도였다)를 처음으로 손봐야 하는 상황에 이르렀으나, 젊은 페이비언들이 주축이 되면서 다시 살아날 조짐이 보이기 시작했다. 그 무렵 협회의 부흥에 어떤 역할을 하기에 쇼는 나이가 너무 많았다.

페이비언협회에서 강연하며 쇼는 또 하나의 교훈을 얻었다. 거기서 그는 할 수 있는 최선의 강연을 했다. 함께 연단에 선 그의 동료들 역시 고도로 엄선된 각 분야의 대가들이었다. 그들은 당면한 모든 문제를 다루려고 했고, 관련 사실을 전부 동원했으며, 가능한 모든 해법을 제시하고자 했다. 워낙 유명한 인물들이라서 어떤 의견을 피력할 때마다 대중의 관심을 끌었고, 덕분에 이 나라는 이른바 자유언론의 혜택을 누리게 됐다. 하지만 그들의 강연은 신문에 단 한 줄도 보도되지 않았다. 게다가 그들은 간단한 메모만 앞에 놓고 즉흥적으로 강연하는 식이어서, 저녁이 되면 메모지는 쓰레기통으로 들어갔고 강연은 강연장 밖으로 퍼져나가지 못했다. 반면, 출세제일주의 정치인들의 진부한 견해나 구태의연한 선전 문구 따위는 마치 현자의 예언처럼 다음 날 신문에 인용되곤 했다. 쇼의 강연은 현대 종교에서 심리학과 철학에 이르는 전 분야를 아울렀지만, 그가 그 핵심적인 내용을 자신의 희곡 서문에 기록해두지 않았더라면 강연 내용이 한 마디도 남지 않을 뻔했다. 강연 개요가 강연 안내서에 적혀 있었던 것은 사실이다. 하지만 그는 안내서에 적힌 것을 강연에서 되풀이하는 법이 없었다. (누가 불평이라도 하면 쇼는 "왜 같은 말을 두 번씩 해?"라고 답했다.) 마찬가지로, 작품 속 이야기를 서문에서 언급하는 법도 없었으며 작품과 작품의 서문을 완전히 별개로 다루었다. 출판의 자유는 출판하지 않을 자유이기도 하다고 쇼는 말했다. 페이비언협회는 결국 지면 강의를 시작하고 그것들을 책으로 출간하기도 했지만, 그때는 이미 쇼가 은퇴하고 난 다음이었다.

쇼의 공적 생활과 관련된 사회주의 단체 이야기는 이쯤 해두어야겠다. 이제 그와 모리스의 사적인 관계는 어땠는지로 돌아가 보자. 쇼는 자신의 소설 중 하나를 모리스가 재미있게 읽었다는 사실에-당연히 기분 좋게-놀랐다. (사실 모리스는 워즈워드만 아니면 뭐든 다 읽는 사람이었다.) 둘은 만나자마자 친해졌다. 민주연맹이 분열되기 전이기도 했고, 페이비언협회가 사회주의동맹과 충돌하는 정책을 아직 내놓기 전이기도 했다. 경제에 밝고 설명에 능했던 쇼는 모리스가 필요해 마지않던 인물이었다. 쇼는 모리스의 예술 철학을 보완해주었고, 특이해 보이지 않거나 평이 좋지 않은 예술은 의미없다고 깎아내리는 교양 없는 속물들을 속 시원히 처리해주었다. 둘의 사적인 대화에 사회주의 같은 주제는 끼어들 틈이 없었다. 샤르트르 대성당의 스테인드글라스와 12세기 조각상들, 베로나의 산 제노 성당과 밀라노의 산 암브로지오 성당에 대해 논하는 사람들이라면, 마르크스의 가치론을 놓고 시시한 말다툼을 벌이지는 않는 법이다. 쇼는 12세기 조각은 물론 윌리엄 모리스의 가치도 알아봤다. 모리스의 중세 사람 같고 초서 같은 면모가 속물들 눈에는 허세나 엉터리로 보였겠지만, 쇼는 그런 그를 십분 이해했다.

쇼는 노르다우[2] 사건을 계기로 모리스를 완전히 사로잡았다. 노르다우는 모리스를 비롯한 현대 미술의 대표 주자들을 전부 싸잡아서 병든 타락자로 몰아세운 덕에 당시 미국과 유럽 언론에서 미술 비평계의 최고 권위자로 인정받고 있었다. 그러나 "노르다우는 자기가 예술에 대해 쥐뿔도 모른다는 걸 알지 못할 정도로 예술을 잘 모른다"는 것을 쇼와 모리스는 알고 있었다. 쇼는 노르다우의 『타락Entartung』에 대한 서평(이제는 「예술의 건전함The Sanity of Art」이라는 제목으로 출판되었다)에서 노르다우를 완전히 토막내버렸다. 모리스는 뛸 듯이 기뻐했다. 『타락』은 모리스를 분노의 도가니로 빠트렸을 법한 책이다. '자기가 무슨 말을 하는지 모르는 사람과 말을 섞는 건 시간 낭비'라는 원칙을 갖고 있었던 모리스는 쇼 덕분에 그 원칙을 완벽하게 지킬 수 있었다. 그때부터 쇼는 선수 대접을 받으며 모리스가 혼자만 알고 있던 방대한 지식에 마음껏 접근하게 되었다(초서와 반 에이크 이후로 자기 친구 번 존스 말고는 아무도 인정하지 않던 모리스는 딱 봐도 심통 사납고 편파적인 전문가였다).

의회에 진출한 페이비언협회가 사회주의동맹 소속의 반정부 공산주의자들과 총력전을 벌여야 했을 때조차, 쇼와 모리스는 사이가 좋았다. 그로부터 50년이 지나서 나는 쇼에게 그때 모리스와 싸우지 않고 잘 지낸 비결이 뭐였냐고 물었다. 쇼는 둘 사이에 충돌 같은 건 전혀 없었다고 했다. "사실 모리스는 노동당이 의회에 진출해서 제1야당이 되고 마

---

2 노르다우Nordau Max Simon(1849-1923): 헝가리의 유대인 작가이자 평론가, 의사. 드레퓌스 사건을 계기로 시오니즘으로 기울면서 T.헤르츨과 함께 세계시온주의총회를 설립했다. 소설 『크레믈린에서 알함브라까지』(1873)로 데뷔해 평론집 『타락』(1895) 등을 남겼다.

침내 사회주의자를 수상으로 앉혀 정권을 잡은 다음 페이비언 정책을 시도했다가 때려치우는 일이 벌어지기 벌써 한참 전에 고인이 됐지. 하지만 그는 본능적으로 알고 있었어. 웨스트민스터 의회가 사회주의자들을 고자로 만들고 부패하거나 타락하게 만들어서 완고한 혁명론자였던 사람들도 각료 자리에 목숨 거는 모략꾼이 될 거라는 걸. 말로는 언제나 프롤레타리아의 이익을 대변한다고 하지만 실제로는 지배계급을 위해 일하는 예스맨이나 허풍 상인이 될 거라는 걸 말이지. 당시 나는 모리스보다 스물두 살이나 어려서 웨스트민스터 정당제도의 본질이나 역사에 대해 잘 몰랐어. 더구나 그때는 민주주의의 이상이 의회에 막강한 영향력을 발휘하고 있을 때였지. 성인참정권을 통해 민주주의가 현실화되기 30년도 더 전이었으니까. 아일랜드 문제만 해도, 파넬[3] 주도하에 아직 의회에서 법적인 해결책을 모색 중일 때였고, 러시아에 공산주의 문제가 아직 나타나기 전이었고, 독재정치가 지금처럼 유럽을 휩쓸 줄 상상도 못 할 때였지. 당시 램지 맥도널드는 의회에 입성할 가능성이 전혀 없는 비타협적인 사회주의자에 불과했다고. 하지만 나도 모리스와 느끼는 게 비슷했어. 나는 마르크스의 계급전쟁이 실제로는 계급전쟁이 아니라는 걸 알고 있었고 사람들에게도 그렇게 얘기했지. 프롤레타리아 계급의 절반은 자산에 기생해 살면서 잉글랜드 남부 전역을 본드 가나 옥스퍼드 대학만큼이나 보수화하고 있었으니까. 그래도 어찌 됐든 전쟁은 전쟁이었지. 자본주의가 피를 보지 않고 순순히 항복할 리는 없을 것

---

3 파넬(Charles Stewart Parnell)(1841-1891): 아일랜드 정치인이자 독립운동가. 아일랜드의 토지개혁을 성공적으로 이끌어서 아일랜드의 영웅으로 부상하고 웨스트민스터 의회의 하원의원으로 활동하며 아일랜드의 자치법안을 통과시킬 뻔했으나 협력관계를 유지했던 글래드스턴이 실각하고 파넬 자신의 불륜 문제가 불거지면서 정치적으로 급 몰락했다.

으로 생각했어. 그렇지만 한편으로는 의회의 한계가 어디까지인지 한 번 끝까지 가봐야 할 것 같더군. 사람들이 더 혁명적인 제안에 혹하기 전에 말이야. 아무튼 민주동맹과는 의회에서 겨룰 수 없는 상황이었기 때문에 그들이 우리 페이비언을 공격했을 때 나는 전력을 다해 싸우긴 했지. 하지만 나는 항상 민주동맹의 그 누구보다 더 모리스 사람이었어. 그러니 나와 모리스의 관계가 틀어질 일은 없었지. 그리고 자네도 알다시피 나는 만만한 논쟁 상대가 아니지 않은가. 상대가 나한테 죽자고 달려들 때조차 말이야. 물론 모리스는 그러지도 않았지만. 아, 생각해 보니 나는 모리스 부인에게도 좋은 인상을 심어주려고 했다네. 그 아름다운 집에 수시로 쳐들어가서 죽치고 있던 다른 동무들과 달리 나는 사회주의자 불청객이 되지 않으려고 노력했지."

모리스 가족은 쇼의 재치와 상식을 좋아해서 쇼라면 일요일 저녁 모임은 물론 어느 때고 환영했다. 심지어 모리스는 쇼의 특이한 성격에 이름을 붙여주기도 했다. "모리스는 쇼라는 사람이 쓴 어느 중세 필사본에서 'Sic Shavius, sed inept.'[4]라는 주석을 발견하고 나에게 섀비언Shavian이라는 수식어를 붙여줬어. 찾고 있던 형용사가 마침 거기 있었던 거지. '쇼이언Shawian'이라고 하면 아무리 봐도 이상하고 입에 안 붙잖아." 쇼가 들려준 이야기다.

켈름스콧 하우스 토론 모임에서 둘은 묘한 한 쌍을 이루었다. 당시 웬만한 젊은 사상가들은 전부 켈름스콧 하우스 토론 모임에 참석했다. 그중에서도 특히 생각이 깊은 젊은이였던 H.G.웰스는 쇼를 "눈부시게 하

---

4 라틴어 'Sic Shavius, sed inept.'는 영어로 번역하면 'So Shaw, but silly'. 즉, '매우 쇼답지만, 명청한'의 뜻이다.

얀 얼굴에 불꽃 수염을 가진, 직선적이고 공격적인 더블린 출신 키다리"로 묘사했다. 모리스가 등 뒤로 손을 기이하게 뻗는 모습을 지켜본 누군가는 모리스가 쇼를 때리고 싶어질까 봐 그러는 거라고 말하기도 했다. 또 다른 누군가는 쇼에 대해 메피스토펠레스와 예수를 섞어놓은 것 같다고 했다. 모리스가 사납게 으르렁거릴 때 쇼는 다정하게 미소 짓곤 했다는데, 그런 걸 보면 쇼의 기독교적인 관대함에는 확실히 악마 같은 구석이 있었다.

모리스 부인은 모리스의 사회 활동에 일절 관여하지 않았고 일요일 저녁 모임 후 식사 자리에도 나타나지 않았다. 모리스의 두 딸 중 장녀인 제니 모리스도 좀처럼 볼 수 없었다. 쇼가 제니 모리스를 처음 만났을 때는 그녀가 유전적 요인 때문에 이미 고질적인 간질 환자가 된 이후였다(윌리엄 모리스의 경우에는 성질이 폭발하는 것 말고 간질로 인한 다른 나쁜 증상은 없었다). 모리스의 차녀인 메이 모리스는 아버지의 사회주의 사상을 받아들여서 저녁식사 때 안주인 역할을 했다. 아름다운 외모에 로제티[5] 스타일로 멋지게 차려입은 메이 모리스는 쇼에게 기품 있고 신비로운 인상을 남겼다. 그녀는 그때까지 쇼가 관계를 맺었던 다른 여자들과 많이 달라 보였다. 두 사람 모두 상당히 나이를 먹었을 무렵, 메이 모리스는 아버지의 작품을 책으로 편찬하면서 쇼에게 글을 청탁했다. 쇼는 그러기로 하고, 그 글에 메이 모리스만 읽으라고 자신들의 옛 연애담을 추가했다. 그걸 본 그녀의 첫마디는 "못 말려, 정말!"이었으나, 그녀는 심사숙고 끝에 그 내용 역시 책에 신기로 결정했다. 언젠가

---

5 단테 가브리엘 로제티Dante Gabriel Rossetti (1828-1882): 영국의 화가이자 시인. 라파엘 전파 예술운동에 깊숙이 가담했으며, 낭만적, 신비적, 유미주의적 작품을 주로 그렸다.

알려질 바에야, 하이에나처럼 남의 추문을 찾아다니는 글쟁이들에게 털리기보다는 당사자인 대작가가 직접 쓴 글을 공개하는 것이 더 나을 것 같다는 판단에서였다. 여기, 쇼가 기술한 그 특별한 연애담을 옮겨 본다.

"어느 일요일 저녁 강의와 식사를 마치고 해머스미스 하우스의 현관에서 작별인사를 하려는데, 마침 식당에 있던 그녀가 거실로 나왔다. 나는 예쁜 드레스를 입은 그녀의 사랑스러운 모습에 감탄하며 눈을 떼지 못하고 있었다. 그러자 그녀는 아주 조심스럽게 나를 바라보면서 호감의 눈길을 보냈다. 순간, 나는 하늘이 정한 신비로운 약혼식이 나를 기다리고 있으며, 모든 물질적 장애물이 사라지는 그 날, 그러니까 가난과 실패로 점철된 나의 누추한 상황에서 벗어나게 될 그 날, 마침내 그 약혼식이 성사되리라고 생각했다. 마음속 깊은 곳에서는 내가 천재라는 것을 추호도 의심하지 않았으니까. 확신의 정도가 좀 덜하긴 했지만, 나는 그녀 역시 본인의 가치를 알고 있을 거라 믿었다(자신의 가치를 안다는 것은 다른 사람의 가치도 안다는 뜻이다). 나는 말이 필요없다고 생각했다. 어떤 식으로든 그녀와 관계를 맺는 것, 즉 모리스에게 가서 '나는 당신의 아름다운 딸에게 무모할 정도로 가망 없는 결혼을 약속하기 위해 공산주의자 동무라는 내 지위를 이용하고 있습니다'라고 말하는 것은 엄두도 못 냈다. 심지어 그 신비로운 약혼식을 위해 다른 여자들과 관계를 정리해야겠다는 생각도 하지 못했다. 나는 어떤 표현도 하지 않았다. 나는 우리 둘 다 같은 생각을 하고 있다고 철석같이 믿고 있었다. 따라서 아무 일도 일어나지 않았다. 전과 마찬가지로 이따금 사회주의 운동을 함께 한 것 말고는."

메이 모리스(좌), 윌리엄 모리스(우)

쇼의 가난에 대한 언급은 오해의 소지가 있다. 당시 그는 그렇게 궁색하고 초라하지 않았다. 저널리스트이자 평론가로 활동하며 일 년에 400파운드 이상을 벌 때였다. 그가 새로운 예거 옷에 투자한 돈만 해도 상당했다. 그러나 모리스 가 사람들에게는 연봉 400파운드에 기댄 삶이 아름답기보다는 궁상맞아 보이리란 것을 그는 잘 알고 있었다. 그래서 이런 생각에 이르렀다. "지금 당장 아름다운 그녀와 결혼할 수 없다면, 차라리 가벼운 마음으로 그녀의 아름다움을 탐하리라." 그의 가벼운 마음은 곧 그 대가를 치르게 되었다.

"갑자기, 너무나도 어이없게(아마 모리스도 나와 같은 심정일 거다) 그의 아름다운 딸이 동무 중 하나와 결혼해버렸다."

그 행운의 주인공은 헨리 할리데이 스팔링Henry Halliday Sparling이라는 사회주의 작가로, 윌리엄 모리스는 켈름스콧 출판사에 그의 자리를 마련해주기도 했었다.

"그건 지극히 당연한 결과였다. 신비로운 약혼식을 기정사실로 받아들인 건 전적으로 내 잘못이었다. 하지만 그때나 지금이나 그 일은 내 연애 역사상 가장 끔찍하게 뒤통수를 친 사건이다. 그 운 좋은 동무는 나보다도 능력이 없었다. 다시 말해, 경제적으로 나보다 나을 게 없었다. 게다가 본인은 잘 몰랐겠지만, 앞으로 더 잘 될 가능성도 별로 없었다. 그러나 그는 확신에 찬 사회주의자로서 사명감을 갖고 연단에 섰고, 나무랄 데 없는 성격의 소유자였다. 따라서 나는 그 상황을 그저 받아들이는 수밖에 없었다. 신비로운 약혼식에 관한 한, 나의 무한한 상상력이 나를 속였던 게 분명했다.

하지만 알고 보니 전혀 속인 게 아니었다. 그 후에 바로 어떤 일이 벌어졌느냐. 나는 사회운동가와 예술가로서의 활동을 불규칙적으로 병행하며 과로를 일삼다가-모리스도 그렇게 하다가 수명이 10년은 줄었건만- 결국 휴식과 변화가 필요한 상황에 부닥치게 되었다. 그러자 그 젊은 부부는 나더러 당분간 자기들과 같이 지내자고 제안했다. 나는 제안을 받아들였고 그들의 집에서 아주 편안하고 만족스러운 시간을 보냈다. 그 집에는 모리스의 매력이 살아 있었다. 메이 모리스는 아버지의 미적 감각은 물론 밀턴풍과 모리스풍이 교묘하게 조화된 형태로 아버지의 문학적 재능까지 물려받았다. 우리 셋이 동거를 시작하고 한동안은 만사가 순조로웠다. 그녀는 내가 그 집에 머무는 것을 반겼다. 내가 그녀를 기분 좋게 해주면서 보통의 남편은 이끌어낼 수 없는 요리가 식탁에 올라왔기 때문에 그녀의 남편 또한 나와의 동거를 반기지 않을 수 없었다. 그때가 아마 우리 셋의 인생에서 가장 행복한 시기였는지도 모른다.

하지만 깨진 약혼식의 복수가 시작됐다. 내가 그들 가정의 구심점이 된 것부터가 화근이었다. 몸이 어느 정도 회복되어 (거기 살겠다고 우기지 않는 한) 그 집에 더는 머무를 이유가 없어지자, 그녀의 정식 결혼 생활은 모든 환상이 그러하듯 무너져내리고 말았다. 그리고 우리의 신비로운 결혼을 향한 유혹이 참을 수 없이 강하게 다가왔다. 나는 그 결혼을 감행하거나 사라져버리거나 해야 했다."

스팔링의 증언은 그 삼각관계에 관한 쇼의 이야기가 사실이었음을 뒷받침한다. 스팔링은 신비로운 약혼식에 대해서는 전혀 알지 못했지만, 쇼가 자기를 배신했다고 생각했다. 그는 홀브룩 잭슨에게, 쇼가 자기 부인을 완전히 사로잡은 후 돌연 자취를 감췄다고 털어놓았다. 뒤에 남겨진 처량한 여인은 이후 부부관계에서 얼음장처럼 차갑게 변했는지도 모른다. 당시 상황에 대한 쇼의 설명은 계속됐다.

"신비로운 약혼식이 결백하려면, 이런 일이 있어서는 안 된다는 생각이 들면서 머리가 복잡해졌다. 일단, 그녀의 법적인 남편은 나를 흠잡을 데 없이 잘 대해준 친구였다. 환대받은 손님으로서 남의 아내를 훔친다는 건 양심상 도저히 할 수 없는 짓이었고 사회적으로도 용서받지 못할 행위였다. 나는 성 문제와 종교 문제에 관한 한 멀쩡한 사람치고는 극단적이라는 소리를 들을 만큼 자유사상가였지만, 사회주의자와 문인들의 세계에서 흔해 빠진 유형인 보헤미안 무정부주의에 현혹된 얼간이는 아니었다. 이 스캔들은 우리 모두를 다치게 할 뿐만 아니라 우리의 활동에도 타격을 입힐 것이 분명했다. 지나고 나서 보니, 셋이 친구처럼 지내다가 둘이 이혼하게 하는 게 나을 뻔했다는 생각도 든다. 하지만 그때 나는 결혼하기 힘든 형편이었고, 그도 이혼할 수 있는 형편이 아니었다. 게다가 나는 결혼이라는 돈이 중심이 되는 따분한 그 개념 자체가 싫었다. 결혼은 신비로운 약혼과는 차원이 달랐다. 고민하면 할수록 상황만 더 악화될 듯했다. 그래서 나는 아무 말도 하지 않았다. 그냥 사라졌다.

그러자 깨진 약혼식의 복수가 거행되면서 한편의 희비극이 펼쳐졌다. 그녀의 남편 또한 사라져버린 것이다! 셋이었을 때는 그렇게 좋았던 관계가 둘이 되자 참을 수 없는 것이 되어버린 걸까. 시작부터 알 수 없는 힘에 방해를 받아왔던 그 결혼은 내가 그 불행한 부부 사이에서 빠지자마자 곧바로 산산조각나버렸다. 불화의 구체적인 원인에 대해서는 나도 아는 게 없다. 어쨌거나 그 남편은 대륙으로 도망쳤고, 나중에는 남자답게도 가해자 입장에서 이혼하는 것에 합의했다. 엄밀히 말하자면 정반대의 처지였지만 말이다. 내 기억이 맞는다면, 그는 재혼했다. 그가 더 잘 맞는 사람과 재혼해서 죽을 때까지 행복하게 살았길 바란다. 그에게 죽음은 보험계리인이 예상한 것보다 훨씬 빨리 찾아왔지만.

남겨진 아름다운 여인은 남편의 흔적을 철저히 지웠다. 그 유명한 처녀적 성을 다시 쓰기 시작했고, 모르긴 해도 나에 관한 흔적 역시 지웠을 것이다. 하지만 나는 알고 있었다.

40여 년이 지나 차를 타고 글로스터를 지나는데 갑자기 켈름스콧 하우스의 매력적인 모습이 눈에 아른거렸다. 어느새 나는 고속도로를 벗어나 아무도 훔쳐가지 않은 멋진 촛대가 있는 교회로 가고 있었다. 그리고 처음으로 윌리엄 모리스와 제인 모리스의 무덤 앞에 섰다. 나는 정원을 가로질러 오래된 현관 앞으로 갔다. 문을 열어준 젊은 여인을 보니 덜컥 겁이 났다. 그 여인은 내 목덜미를 붙잡고 나를 통째로 들어 올려 마당으로 던져버릴 수 있을 만큼 건장했다. 그리고 여차하면 정말 던져버리겠다는 무서운 얼굴로 나더러 누구냐고 물었다. 나는 사죄하듯 이름을 밝혔다. 순간, 신비로운 약혼식이 그 어느 때보다 강한 효력을 발휘했다. 운동선수 같은 그 여인이 신비로운 약혼식에 대해 알 리가 없을 텐데 말이다. 그녀는 문을 활짝 열더니, 한 10분 외출했다 집에 돌아온 사람을 맞이하듯 나를 맞았다. 그리고 마침내 모습을 드러낸 아름다운 여인과 이제는 무해한 늙은이가 된 내가 마치 아무 일도 없었던 듯

다시 만났다."

 그리하여 그들의 로맨스는 논쟁적인 쇼의 작품보다 배리의 작품에 더 어울릴 법한 에피소드로 막을 내렸다. 하지만 현실은 언제나 그렇듯 셰익스피어의 세계다.
 스팔링은 스코틀랜드 여인과 재혼해서 행복하게 잘 살았다. 그러나 인간 본성이 원래 그런 건지, 그는 재혼의 계기를 제공한 쇼를 끝까지 용서하지 않았다. 이후의 상황을 보고도 쇼가 자신을 고의로 배신했다고 믿었다. 낭만적인 독자들은 지나치게 의리를 지킨 쇼의 행동을 용서하고 싶지 않을 것이다. 메이 모리스 역시 그랬을 것이다.
 메이 모리스는 1938년 10월 16일 켈름스콧에서 생을 마감했다. 쇼의 글을 읽고 나서 나는 쇼에게 혹시 마지막 만남 때 그녀가 신비로운 약혼식에 대해 언급하지는 않았느냐고 물었다. "전혀." 쇼가 대답했다. "더구나 그 자리에는 내 아내도 있었는걸." 그 무렵 메이 모리스에게서는 번 존스의 「황금계단」에 예쁜 소녀로 등장했을 때와 같은 예전의 미모를 찾아볼 수 없었다. 그녀의 행복과 함께 미모도 사라져버린 듯했다. 40세 무렵의 그녀는 키가 크고 남자 같았으며 수염까지 있었다고, 그녀를 잘 아는 누군가가 내게 말해줬다. 내가 그 이야기를 꺼냈더니 쇼도 그녀의 수염이 기억난다고 했다. 하지만 두 줄로 가지런히 난 그녀의 수염은 마오리족 최고의 문신 전문가도 반하게 할 만큼 예뻤다고 주장했다. 그는 말했다. "아니, 자네 설마 무딘 면도날로도 밀 수 있을 만큼 수북한 수염을 상상한 겐가? 이 친구야! 그건 빅토르 엠마누엘스러운 수염도, 채플린이나 히틀러스러운 수염도 아니었다고!"

⑭

영국박물관 독서실[1]
참으로 멋진 공산주의적 시설

쇼가 런던에 오고 약 4년 동안 쇼의 가족은 빅토리아 그로브 13번지에 살았다. 그러다 더는 단독주택에 살 형편이 못되자 피츠로이 가로 이사하여 피츠로이 광장에 도달하기 직전 왼편 마지막 집 1층에 세 들어 살았다. 그다음에는 오스나버그 가 36번지 집 3층으로 이사했다. 이제 그 집은 '성 캐서린의 집'이 되었지만 아주 잠깐은 쇼의 말대로 '성 버나드의 집'이었다. 마침내 쇼 모자는 피츠로이 가 29번지 집 꼭대기 두 층에 정착했다. 쇼의 누이는 당시 희가극(musical comedy)에 앞서 유행했던 경가극(light opera) 무대에 섰고 자주 지방 공연을 다녔다. 쇼는 1890년대 초반 피츠로이 광장의 풍경에 대해 상당히 과장된 묘사를 남겼다.

"우리 집은 런던의 어느 광장에 자리하고 있습니다. 이 광장은, 갖가

---

[1] 영국국립도서관의 전신. 로마 판테온에서 영감을 받아 설계한 돔 천장과 원형 공간으로 유명하다. 1857년 새롭게 문을 연 이래, 마르크스, 오스카 와일드, 코난 도일, 조지 오웰, 간디 등 수많은 유명인사가 거쳐갔다. 1973년 영국도서관으로 개명, 법적으로 독립했으며 1997년 세인트 팬크라스의 현 국립도서관 건물로 이전했다.

지 목적에 부합하기 위해, 러셀 광장의 사저 같은 분위기에서 소호나 골든 광장 같은 분위기로 변모하는 중이지요. 이곳에는 술도 마시고 음악 공연도 볼 수 있는 클럽이 있어서 (항상은 아니지만) 나막신 춤 소리가 400미터 밖까지 울려 퍼지곤 합니다. 대형 상점의 직원들을 위한 숙소도 하나 있고, 그 상점의 계산대 직원 몇몇은 성량이 테너 뺨칩니다. 자원봉사자 본부 2층에서는 군악대가 연습하고, 그 근처에서는 전투부대가 모리스 총으로 1,000미터 사격 훈련을 합니다. 그런데도 저는 여름날 저녁 일을 하러 책상 앞에 앉을 때면, 광장으로 나 있는 창문을 전부 열고 그 모든 소리가 전면 가동되게 한답니다. 바깥의 소리가 아무리 시끄러워도, 어느 숙녀의 피아노 소리보다는 덜 거슬리기 때문이지요. 영국인들은 그런 연주를 훌륭하다고 생각할지 모르겠지만, 그 숙녀의 연주에는 음악은 없고 '실행'만 있답니다. 그녀는 자신의 허영심을 만족시키기 위해서 혹은 자식에 대해 잘못된 판단을 내린 어머니의 지시를 따르기 위해서 피아노를 치는 것이지요. 이제 그런 여자들이 피아노 대신 스피넷(오각형으로 된 작은 하프시코드)을 연주한다고 해도, 저는 여전히 참을 수 없을 것 같습니다. 바이올린도 마찬가지입니다. 바이올린이 예전보다 보편화되었다는 것은 분명 좋은 현상입니다. 그렇지만 집들이 다닥다닥 붙어있는 동네에서 바이올린은 정말 무시무시한 악기가 아닐 수 없습니다."

쇼는 런던 생활 초반 9년 동안 상당 시간을 영국박물관 독서실에서 보냈다. 페이비언 집행위원회가 그의 대학이었다면, 영국박물관 독서실은 그의 공부방이자 서재였다. 쇼가 매일 그곳에서 시간을 보낸 덕분에 "적어도 백만 명의 사람들"-그가 조심스럽게 추정하기로, 그의 작품을 보거나 그의 글을 읽었을 사람들-이 도덕적이고 지적인 혜택을 누리게 되었다.

영국박물관 독서실처럼 그렇게 별의별 사람이 다 모여드는 장소는 세상에 또 없을 것이다. 다이너마이트로 세상을 개혁하려는 혁명가가 문법이 조금만 틀려도 소심해지는 학자 옆에 앉아 있고, 사랑을 위해서라면 살인도 서슴지 않을 사람이 돈 때문에 절대로 바람은 못 피우는 사람 옆에 앉아 있으며, 성인의 일대기에 대한 자료를 수집하는 성직자가 음란물에 대한 논문을 즐겨 읽는 사람과 책더미를 사이에 두고 나란히 앉아 있다. 그곳은 이제 막 세상에 눈뜬 레닌들과 낙담한 새뮤얼 버틀러들이 주를 이루긴 하지만, 성실한 구도자부터 잠귀 어두운 사람까지 온갖 종류의 흥미로운 사람들이 모여드는 범상치 않은 공간이다. 그곳에서 사업가가 돈을 벌기는 어렵겠지만, 협잡꾼은 많은 것을 배워서 나갈 수 있다. 쇼의 경험이 그것을 뒷받침한다.

"참으로 멋진 공산주의적 시설인 영국박물관 독서실을 매일 드나들던 시절, 한번은 어느 가난한 사람에게 2파운드(20실링)를 주고 복사 일을 맡긴 적이 있다. 그가 가난해진 사정은 부끄러운 것이 아니었고 오히려 냉정한 사람의 마음도 움직일 만한 것이었다. 퇴직한 교장이었던 그는 사회에서 제 역할을 마치자, 딱히 잘못한 게 없어도, 배우지 못한 사람들이 구세군 보호소로 흘러들어 가듯 자연스레 독서실로 흘러들어 온 사람이었다. 숨기운 없이 정상적으로 말하고 행동하는 나무랄 데 없는 사람이었으며, 독서를 정말로 좋아해서 나의 호의를 받기에 가장 적합한 사람이었다. 그는 약속된 2파운드 중 착수금으로 먼저 5실링을 받아 갔다. 그런 다음 나머지 1파운드 15실링을 지급하는 조건으로 그 일을 다른 사람에게 맡겨서 책임을 완전히 털어버리고는 자신이 가장 좋아하는 책으로 돌아갔다. 그런데 그 두 번째 아니 세 번째 복사 담당은 내 지인에게 1실링 6펜스를 착수금으로 요구했고(종이를 산다는 명목이었지만 사실은 한잔하러 가려는 것이었다) 착수금을 타낸 다음에는 네 번째 담당자에게 그 계약을 넘겼다. 1파운드 13실링 6펜스에 기꺼이 그 일을 하겠다고 나선 사람이었다. 그 일이 다른 사람에게로 넘어가는 그 하루 이틀 동안 투기가 맹위를 떨쳤다. 그리고 마침내 바닥을 쳐서 그 방에서 가장 상태가 좋지 않은 사람이 내 복사 일을 담당하게 되었다. 그 일을 하고 그녀가 실제로 받은 돈은 5실링이었다. 그렇지만 그녀는 죽는 날까지 계속 나에게서 6펜스씩 빌려 갔는데, 아마도 그 6펜스 중 4펜스는 그녀의 죽음을 앞당기는 데 사용되고 나머지 2펜스는 죽음을 늦추는 데 사용됐을 것이다."

쇼는 인간 본성에 관해 책에서는 물론 독서실에서도 많이 배웠다. 그의 작품에 등장하는 기상천외한 인물들이 억지스럽다고 생각하는 사람들은 영국박물관 독서실에서 몇 달을 보내고 나면 생각이 바뀔 것이다. 당시 그곳을 자주 드나들던 흥미로운 인물들 가운데 그의 관심을 끈 세 명은 이 전기에서 한 자리를 차지해도 될 것이다. 첫 번째 주인공은 토머스 타일러Thomas Tyler이다.

"적어도 1880년대 내내, 아니 어쩌면 그 훨씬 이전부터 영국박물관 독서실을 매일 드나들던 신사가 있었다. 한 번 보면 절대로 잊을 수 없을 만큼 충격적이고 치명적인 추남이었다. 그는 갈색보다는 금색에 가까운 빨강 머리였고, 나이는 45세에서 60세 사이였으며, 프록코트 차림에, 어디 내놔도 손색은 없지만 절대로 새것처럼 보이지는 않는 키 높은 모자를 쓰고 있었다. 그는 네모난 체형이었다. 허리도 목도 발목도 없었고, 눈에 띄게 통통하진 않아도 가느다란 구석이 하나도 없어서 키가 실제보다 작아 보였다. 그의 추한 부분은 영 못 봐줄 정도는 아니었다. 그것은 외부로 돌출된 이상 생성물이었다. 왼쪽 귀에서 턱으로 이어진 그 괴물 같은 갑상샘종은 쇄골까지 늘어져 있었고, 오른쪽 눈꺼풀 위에 그보다 작은 것이 하나 더 있었는데 좌우 균형을 맞추기에는 불충분했다. 그의 경우, 자연의 횡포가 지나쳤던 나머지(왜 그런지는 모르겠지만) 오히려 그것이 목표로 했던 역겨움을 불러일으키는 데는 실패했다. 토머스 타일러를 처음 보면 '외과수술로 어떻게 안 되나?' 하는 생각밖에 안 날 것이다. 하지만 그를 아주 조금이라도 더 알게 되면, 그의 외모가 흉하다는 생각은 전혀 하지 못한 채 로미오 혹은 난봉꾼과 대화하듯 그와 대화하게 될 것이다. 대부분의 사람, 특히 여자들은 초반의 불쾌함을 감수하려 하지 않기 때문에 토머스 타일러는 평생 독신으로 지냈다. 나는 상대가 종양이 있다고 겁을 먹거나 편견을 갖지는 않는다. 그래서 그와 친하게 지내기 시작했고 당시에는 그나 나나 도서관에서 매일 살았으므로 그가 도서관에서 뭘 하는지 꽤 가까이에서 볼 수 있었다."[2]

토머스 타일러는 비관주의를 전공했고 구약 전도서를 번역했다. 셰익

---

2 토머스 타일러의 『소네트』에 쇼가 쓴 서문의 일부.

스피어의 소네트에 관한 책도 써서, 쇼는 서평을 통해 타일러의 이론을 세상에 알렸다.

쇼가 독서실에서 만나 친해진 게 분명한 또 다른 기이한 인물은 새뮤얼 버틀러Samuel Butler다. 진화에 관한 버틀러의 견해는 쇼가 자신만의 종교를 향해 나아가도록 이끌었지만, 둘은 아주 나중에서야 친해지게 되었다. 쇼는 나에게 버틀러에 관한 일화를 들려주었다.

"초년에 나는 페이비언협회 서부중앙지부 소속이었어. 서부중앙지부에는 나와 총무, 회계담당자, 금은복본위제라는 주제에 미쳐있던 신사, 이렇게 네 명이 있었지. 총무는 시간이 날 때마다 유명인에게 우리 지부에 와서 강연해달라는 편지를 썼어. 그 유명인 중 한 명이었던 글래드스턴은 공손하게 그 제안을 거절했고, 나머지는 아예 답장도 하지 않았지. 우리 지부의 모임에 나오는 사람은 아무도 없었어. 나조차도 간 적이 없었으니까. 금은복본위제 옹호자만 열심이었지.

그러던 어느 날 나는 새뮤얼 버틀러가 우리 지부에서 『오디세이』에 대해 강연한다는 공고를 보게 되었어. 『오디세이』의 저자는 여성이라는 것을 증명하려고 그가 한창 애쓰고 다닐 때였지. 그는 자신이 어떤 상황에 부닥치게 될지 전혀 모르고 있는 게 분명했어. 그의 강연에 모일 청중은 기껏해야 여섯 명 남짓일 테고, 그중 한 명은 금은복본위제로 그를 괴롭힐 게 뻔했는데 말이야. 그래서 나는 생각나는 사람 모두에게 편지를 띄웠어. 제발 모임에 참석해서 그 금은복본위제 옹호자의 입에 재갈을 물려달라고 부탁했지. 약 40명에게서 참석하겠다는 답장이 왔고, 그중 정확히 20명이 그 모임에 나타났어. 그러니까 버틀러는 페이비언협회 서부중앙지부 역사상 가장 많은 청중 앞에서 연설한 셈이었지.

버틀러는 강연 중간에 노트를 찾느라 잠시 말을 중단했어. 복본위제 옹호자가 기회를 놓치지 않고 얼른 일어나더군. 하지만 그럴 줄 알고 내가 이미 손을 써놨지. 복본위제 옹호자는 그의 양옆에서 지키고 있던 건장한 두 남자의 만류에 도로 앉을 수밖에 없었어. 버틀러의 강연은 매우 흥미로웠고 그의 태도 또한 매력적이었기 때문에 복본위제 옹호자도 헛시도를 한 번 더 하고 나더니 통화 문제는 싹 잊고 나에게서 『오디세이』 책을 빌려 가더군. 훗날 그 책을 돌려받았는데 여백에 금은복본위제에 대한 메모가 잔뜩 적혀 있더라고. 버틀러 강연 때 나는 난파한 오디세이를 구한 공주 나우시카가 『오디세이』를 썼다는 주장에 적극적으로 동의하며 토론을 개시했지. 아무도 이의를 제기하지 않았고, 버틀러는 매우 만족스러워하며 집으로 돌아갔어."

세 번째 인물은 쇼의 정신세계뿐만 아니라 경력에도 지대한 영향을 미쳤다. 그는 나중에 극비평가이자 입센 희곡의 영어 번역가로 이름을 날리는 윌리엄 아처다. 아처는 키가 크고 잘생긴 스코틀랜드인으로서 표정이나 말투가 진지하고 신중해서 감정이 겉으로 잘 드러나지 않았다. 사람들은 그를 감정도 유머도 없는 인물로 생각했지만, 쇼는 그에게 감정과 유머가 풍부하다는 것을 재빨리 알아차렸고, 그래서 둘은 친구 사이로 발전할 수 있었다. 그들이 독서실에서 우정을 쌓은 지 몇십 년이 지나 쇼는 아처에 대해 이렇게 썼다. "그는 융통성 없고 중립적이고 차갑지만 고지식할 정도로 공정하고 극도로 청렴하다고 정평이 나 있었다. 내가 보기에 그의 강직한 인상은 높은 광대뼈와 금욕적인 턱선, 잼 단지에 머리가 고정된 것처럼 보이도록 옷깃을 세우는 습관에서 비롯된 것 같다." 극비평가에서 은퇴할 무렵 아처는 소포클레스에서 쇼에 이르는 위대한 희곡 작품들을 두루 감상했지만 대체로는 졸았다고 자랑할 수 있었다. 그래서인지 그는 극장에서 항상 행복해했고 쇼와는 기질적으로 정반대였음에도 좋은 친구로 지냈다.

둘 중 먼저 움직인 쪽은 아처였다. 언제부터인가 취향만큼이나 외양이 독특해 보이는 동년배가 그의 옆자리에서 자주 눈에 띄었다. 바그너의 「트리스탄과 이졸데」 오케스트라 악보를 공부하다가 간간이 마르크스의 『자본론』을 읽는 그 동년배는 창백한 피부와 빛나는 붉은 머리카락과 턱수염의 소유자로서 아처보다 호기심이 약한 사람의 흥미도 끌 수 있을 만큼 충분히 이상했다. 어쨌든 쇼에게는 취향도 외모도 자산이었다. 아처가 그를 알아보고 당시 스테드[3]가 편집장으로 있던 『팰맬 가제트』[4]에 1,000자짜리 서평을 쓰게 한 덕분에 그가 비평가로서 첫발을 내디딜 수 있었으니까. 『세인트 제임스 가제트』의 서평가 자리를 막 거절당한 그에게는 뜻밖의 선물이나 다름없었다. 하인드먼은 『세인트 제임스 가제트』의 편집장 프레데릭 그린우드에게 쇼를 '제2의 하이네'라며 추천했지만, 그린우드는 쇼의 소설에 나오는 등장인물이 부인의 죽음에 무심한 태도를 보인 것에 충격을 받아서 쇼를 거부했다.

얼마 후 『월드』의 미술비평가가 사망하자, 당시 『월드』의 편집장이었

---

3   W.T.스테드 William Thomas Stead(1849–1912): 영국의 신문 편집자이자 탐사저널리즘의 선구자. 타이타닉호 사건으로 사망했다.

4   1865년 죠지 머레이 스미스가 수많은 신사 클럽이 자리한 런던 팰맬 가의 이름을 따서 창간한 석간지. 처음에는 2펜스였으나 이후 부수 증가에 힘입어 1펜스로 인하되면서 염가 석간지로 1923년까지 발행되었다.

던 에드먼드 예이츠는 극비평가 아처에게 일을 하나 더 맡지 않겠냐고 물어봤다. 아처는 회화에 대해 아무것도 모른다는 바보 같은 이유를 대며 그 자리를 거절하려던 참에, 쇼가 그림을 보는 것만으로도 그림에 관한 중요한 것들은 전부 알 수 있다고 말하는 것을 듣게 되었다. 아처는 쇼에게 함께 미술관을 다니며 자신이 잠들지 않게 해줘야 한다고 확실히 못박고는 그 미술비평가 자리를 수락했다. 쇼의 동반으로 아처는 미술 전시에 "정통한" 비평을 쓸 수 있었다. 그리고 첫 회분으로 받은 보수의 반을 쇼에게 보냈다. 쇼는 즉각 그 수표를 돌려보냈고 아처는 그것을 되돌려보냈다. 쇼는 다음과 같은 말로써 재차 거절했다. "누군가 생각을 크게 말했다고 해서 그것에 대한 재산권이 생기는 것은 아닐세. 내가 자네에게 제공한 것에 대해 돈을 받아야 한다면 화가들 역시 나에게 돈을 받아야 마땅해. … 악마가 자네에게 양심의 탈을 쓴 타락한 생각을 심어줬구먼." 이 말에 아처는 다툼을 포기하고 편집장 예이츠에게 그 글은 사실 쇼가 쓴 것이나 다름없다고 말했다. 예이츠는 마침 그런 글을 원했던 터라, 한 문장당 5펜스를 지급하는 조건으로 쇼를 『월드』의 미술비평가로 기용했다. 이 일로 쇼는 일 년에 40파운드 가까이 되는 돈을 벌었다. 같은 시기, 애니 베산트의 잡지 『아우어 코너Our Corner』에서도 미술비평가로 활동해서 언론계에서 일한 첫해(1885년)에 112파운드를 벌 수 있었다. 다행스러운 일이었다. 그해 그의 아버지가 사망하면서 더블린에서 주당 1파운드씩 오던 것이 중단되었기 때문이다.

이 모든 점으로 미루어 볼 때 쇼의 야망은 보통 수준도 안 되었던 것이 분명하다. 그가 초창기에 했던 일들은 전부 그의 친구들, 그중에서도 특히 윌리엄 아처가 마련해 준 것들이었다. 쇼는 일을 손에서 놓아본 적이 없었지만 일에 대한 보상에는 거의 신경을 쓰지 않아서, 다른 사람이라면 잡고도 남았을 기회를 수없이 놓쳤다. 게다가 비평가로 활동하기 시작하면서부터는 타협을 거부했다. "나는 일류를 자처하는 런던 언론사의 매우 괜찮은 비평가 자리에서 두 번이나 물러나야 했다. 첫 번째 경우는 편집자가 개인적으로 친분이 있는 사람들에 대해 호의적인 평을 써달라고 요구했기 때문이었다. 그런 일은 나의 당연한 임무로 간주되었으며, 그 대가로 나에게는 내 친구들을 마음대로 띄울 수 있는 권한이 주어졌다. 두 번째 경우는 언론사 사주의 부인이 나도 잘 모르는 어느 무명 예술가들의 접대를 받고 마음이 혹한 나머지 그들에게 열광하는 문구를 내 글 중간에 삽입하려고 했고, 그것을 내 미적 감각이 용납하지 않아서 벌어졌다."

문학과 미술비평가로 활동할 당시 쇼는 나중에 음악과 연극비평가로 활동할 때만큼 좋은 평가를 받지는 못했다. 그러나 그는 어디든 활기를 불어넣는 성격이어서 삼각법 같은 주제를 가지고도 재미있는 글을 썼다. 한번은 이렇게 주장했다. "어떤 이야기든 거슬리게 하지 않을 거면, 아예 안 하는 게 낫다. 귀에 거슬리지 않는 이야기는 누구도 신경 쓰지 않는다." 쇼가 말하는 방식은 "적합한 말을 찾아내어 최대한 가볍게 애기하는 것"으로, 그는 항상 진심이라는 게 함정이다. 그의 어떤 비평은 다음과 같은 구절로 시작한다. "지난달 영국왕립미술원이 벌링턴 하우스에서 개최한 연례 전시회는 예술에 이례적으로 큰 타격을 입었다." 또 다른 비평은 다음과 같은 문장으로 끝난다. "밀레이[5]가 그리지 못하는

---

5   밀레이 Sir John Everett Millais(1829-1896): 영국의 화가. 라파엘전파에 가담했으나 러스킨과의 불화로 라파엘전파에서 탈퇴하고, 회화 예술에 있어 자연주의와 정신적 내용의 부활을 주장했다.

것을 본 사람은 없다. 밀레이가 보지 못하는 것을 그린 사람은 많지만." 아무튼 미술비평가 쇼에 대해서는 다음과 같은 사실 정도만 알아두면 될 것 같다. 그는 이른바 인상주의 운동을 고무했고, 휘슬러를 옹호했고, 번 존스와 매독스 브라운을 칭찬했고, 영국왕립미술원 회원인 프레데릭 구달의 한계를 규정했으며, 다들 영화라는 매체는 상상도 못 하던 시절에 이미 붓과 연필로 하던 거의 모든 것을 언젠가는 카메라로 훨씬 더 잘하게 될 것이라고 예언했다.

쇼가 같이 일했던 편집자들과 항상 관계가 좋았던 것만은 아니다. W.T.스테드 편집장과는 출발은 좋았다. 스테드가 일명 '화이트 슬레이버리'라는 성매매 실상을 폭로했을 때 노점상들이 『팰맬 가제트』의 판매를 거부하자, 쇼는 그걸 거리로 가지고 나가서 팔자고 제안할 정도로 열정적이었다. 하지만 스테드는 청교도로서 성에 대한 생각을 너무 많이 한 탓에 섹스와 죄를 동의어로 여길 정도로 머리가 이상해졌다. 얼마 지나지 않아 쇼는 스테드가 경험으로부터 아무것도 배울 줄 모르는 상스럽고 멍청한 언론인임을 깨달았다. 언젠가 스테드는 쇼에게 퀸스 홀의 대중집회에서 자신을 지지해달라고 부탁했다. 쇼는 "그곳에 갔다가 스테드가 대중집회나 공적인 절차나 의장에 대해 아무것도 모른다는 사실만 확인했다. 스테드는 대중집회를 기도모임과 동일시했다. 거기 모인 사람들을 자신의 신도 취급하며 자리에서 일어서더니 대뜸 '유일신에 관해 얘기합시다!'라고 했다. 그런 다음 발작적으로 기도를 시작하길래 나는 그 자리를 떴다. 스테드는 지지를 호소하는 집회에 가톨릭교도와 유대교도, 불가지론자, 힌두교도 등을 초대해 놓고, 그들을 전부 종교부흥회에 온 신도들처럼 대하는 것이 얼마나 무례하고 부적절한 짓인지 전혀 모르는 눈치였다."

사람이든 사물이든 무언가를 갱생하지 않고서는 행복할 수 없었던 스테드는 뜬금없이 연극계를 갱생하겠다고 나섰다. 여배우들은 예쁘니까 틀림없이 부도덕할 것으로 생각하면서, 진상을 파악하기 위해 극장에 드나들기 시작했다. 쇼는 스테드가 자진해서 벌인 그 일에 대해 듣고는 화가 폭발했다.

"윌리엄 스테드, 이 어리석은 양반아, 부도덕한 여배우라니 그게 대체 무슨 말이오? 내가 당신이 좋아하는 교회에 당신을 데려가서, 거친 목소리로 보나 비대한 몸집으로 보나 뭐든 닥치는 대로 먹어치운 게 분명한 역겨운 여인을 보여주겠소. 그런 여자에게 돈은 주체할 수 없는 폭식이고, 결혼은 거리낌 없는 육욕을 의미할 뿐이오. 하지만 그런 사람들에 대해 당신이나 목사들은 감히 비난의 화살을 겨누지 못하고 그들더러 '순결하다'고 나불댈 테지. 그렇다면 이제 당신을 극장으로 데려가 여배우들이 어떤 사람들인지 보여주겠소. 그들은 지속적인 신체단련과 섬세한 감각과 세련된 교양과 자기절제를 요하는 일, 즉 보통의 부자들처럼 기름진 음식을 먹으며 일주일만 방종하게 살아도 절대로 할 수 없는 일을 열정적으로 수행하고 있소. 그렇지만 그들이 부자연스럽고 사악한 혼인법 따위에 얽매이려 하지 않는다는 걸 알면 당신은 그들더러 '부도덕하다'고 주저 없이 떠들겠지. …… 무대 앞 일등석에 앉게 되면 이 점에 대해 잘 생각해 보시오. 막이 오르고 당신의 시선이 아무것도 걸치지 않은 살찐 어깨들로 가득한 주변의 숨막히는 풍경에서 무대 위의 근사하고 세련된 숙녀들을 향하게 되면, 당신의 오만한 태도를 버리고 당신처럼 몰인정한 속물들의 문제 제기가 얼마나 괴팍하고 사악한지 새롭게 깨닫길 바라오. 당신의 임무가 당신 자신의 신속하고 즐거운 개심으로 마무리되기를 바라며, 당신의 인내심 많은 멘토 G.B.S.가."

스테드는 한 무리의 천재를 이끌고 유럽의 군주들을 순방함으로써 세계 화합을 이루겠다는 독창적인 계획도 갖고 있었다. 스테드로부터 그 천재 무리에 합류해달라는 요청을 받은 쇼는 순서가 거꾸로 됐다고 지적했다. 공식 방문 말고는 아무 할 일도 없는 왕들이 이미 과로 상태인 천재들을 방문해야 한다는 것이었다. 그는 일이 그렇게만 된다면 스테드가 데려오는 어떤 군주도 기쁘게 맞이할 것이고 그 일에 관해 조언을 아끼지 않을 것이라고 했다.

쇼는 『스코츠 옵저버The Scots Observer』에도 기고했으며, 그곳의 편집장 윌리엄 어니스트 헨리W.E.Henley에 대해서는 "표현할 거리는 없는데 표현력은 뛰어난 비극적인 사례"라고 평했다. 헨리는 문학에 대해 맹목적인 열정을 가지고 있었다. 그가 쓴 책 하나를 비평하면서 쇼는 이렇게 썼다. "헨리는 『캐설 바이런의 직업』처럼 프로 권투를 소재로 한 바보 같은 소설에 열광한다." 쇼와 헨리는 둘 다 모차르트와 베를리오즈를 좋아한다는 공통점이 있어서, 헨리는 쇼에게 『스코츠 옵저버』의 음악 비평을 맡겼다. 쇼는 바그너를 흠모했다. 그러나 헨리는 바그너를 싫어해서 바그너를 욕하는 구절을 쇼의 글에 슬쩍 끼워 넣었다. 그렇지 않아도 사회주의자들을 끊임없이 공격하는 헨리의 태도에 짜증이 나 있던 쇼는 그 사건을 계기로 『스코츠 옵저버』의 비평일을 관뒀다. 헨리가 쇼에게 항의하는 편지를 보내자, 쇼는 헨리에게 벼락같이 욕을 퍼부으며, 당신은 당신 "운명의 주인"이자 당신 "영혼의 선장"으로서 "피투성이가 될지언정 절대로 숙이지 않는 머리를 가졌다"면서[6] 경찰과 귀족 앞에서는 항상 모자를 벗고 굽실거리지 않느냐고 비난했다. 그 후로 헨리는 쇼에게 더는 음악에 관한 글을 청탁하지 않았다. 그러다가 왕립미술원의 언론 간담회에서 쇼와 마주쳤는데, 쇼가 그에게 얼굴을 찌푸리고 냉담하게 굴기는커녕 매우 다정하게 대해줘서 놀랐다.

쇼가 편집자와 경미한 마찰을 빚었던 적은 한 번 더 있었다. 『데일리 크로니클The Daily Chronicle』의 문학 지면을 담당하고 있던 네빈슨H.W.Nevinson은 쇼에게 음악에 관한 책 다섯 권을 읽고 한 단 반짜리 서평을 써달라고 요청했다. 그 일에 대한 보수는 인쇄에서 활자가 들어가는 '스틱(식자틀) 하나당 몇 페니' 하는 식으로 지급될 예정이었다. 무명의 지역 신문으로서 구세계 기자들을 상대하던 『크로니클』에는 여전히 그와 같은 미신적인 관례가 남아 있었다. 하지만 쇼는 극히 양심적인 노동조합주의자였다. 경쟁자보다 가격을 낮게 부르는 일이 절대로 없었고, 원고료를 올릴 기회 역시 절대로 놓치지 않았다. 편집자나 사주에게 잘못 보일까 봐 눈치 보는 궁핍한 사람들과는 달리, 돈에 관심이 없어서 오히려 장난삼아 탐욕을 부릴 수도 있었다. 그는 스틱은 조판공에게라면 모를까 자신에게는 아무 의미없다면서 '한 단에 3기니, 최소 5파운드의 원고료'를 계약 조건으로 제시했다. 그러면서 『데일리 크로니클』을 '이슬링턴 이글the Islington Eagle', '시티 로드 서펀트the City Road Serpent', '혹스턴 하빈저the Hoxton Harbinger' 등 자기 마음대로 불렀다(『데일리 크로니클』은 원래 『클러큰웰 타임스』였다). 『데일리 크로니클』에서는 다음과 같은 답장을 보내왔다.

"편집장의 지시로 알려드립니다. 편집장은 선생이 지옥에 가는 것을

---

6 W.E.헨리(1849-1903)가 1888년에 발표한 시 「불굴Invictus」의 일부를 인용한 것이다.

보기 전에는 해당 글에 대해 5파운드 이상을 드릴 수가 없다고 합니다."
쇼는 같은 논조로 응수했다.

"편집장에게 전해주십시오. 나는 편집장과 당신과 『크로니클』 직원 모두가 지옥불에서 허덕이는 것을 보기 전에는 그 돈을 받고 일할 의사가 없습니다."

쇼는 언제나처럼 승리했다. 그를 기고자에서 제명하고 지면에서 언급하지 말라는 지시가 계속해서 내려왔지만, 매싱엄과 헨리 노먼, 네빈슨과 같은 편집장들은 더 이상 쇼가 오만하다고 욕하지 않고 계속해서 그를 찾았다.

겉으로는 무모해 보여도 실제로는 신중하고도 기지 넘치는 섀비언 스타일을 드러냈다는 점에서, 앞서 인용된 서신은 반드시 짚고 넘어가야 한다. 쇼의 좌우명은 다음과 같았다. "화를 잘 내는 사람들의 감정을 배려하지 마라. 그들에게 제대로 일격을 가하고, 그들이 반격하게 내버려 둬라. 그러면 그들은 당신과 더는 싸우려 들지 않을 것이다." 이러한 방식은 매우 효과적이어서 똑똑한 그의 친구들은 곧바로 그것을 익혔다. 쇼는 가장 무책임해 보일 때조차도 이미 생각해 둔 대로 하는 경우가 대부분이었다. 그게 아니라면, 쇼처럼 겁 많은 사람이 그렇게 대담하게 행동한 것이 설명되지 않는다.

1885년 수입이 생긴 이래 쇼가 했던 첫 번째 소비는 남 앞에 보일 만한 수준을 넘어서 특이하다고까지 할 만한 정장을 산 것이다. 그 옷은 재킷과 조끼와 바지가 하나로 이어진 갈색 울 정장으로서, 울로 만든 옷이 보편화되면 세상이 더 좋아지고 사람들도 더 건강해지리라 믿었던 독일인 의사 '예거'의 작품이었다. 쇼는 그 독일인 의사의 믿음에 일리가 있다고 보고 시험 삼아 예거 옷을 구매했다. 그리고 아직 그 새로운 믿음을 위한 순교자가 나오지 않았다는 판단하에 그 놀라운 의복을 입은 채 과감하게 토트넘 코트 가를 활보했고, 옥스퍼드 가를 따라 마블 아치까지 갔다가 되돌아옴으로써 웨스트엔드의 따가운 시선을 견뎌냈다. 사람들은 그보다 사소한 이유로도 린치를 당하곤 했지만, 그는 그 산책에서 무사히 살아남았다. 일부러 해머스미스까지 가서 메이 모리스에게 그 모습을 보여주기도 했다. 하지만 실험이 아닌 생활을 위해 말쑥한 옷들도 장만했으며 이후 다시는 허름한 옷을 걸치지 않았다.

⑮ 여자들

내 호주머니는 언제나 사랑의 잔돈으로 가득하여라

"사회주의자가 되려면, 더 나아가 정말로 유능한 사회주의 선전가가 되려면, 일주일에 이삼일 저녁은 연극을 보거나 춤을 추거나 술을 마시거나 연애를 하는 대신, 대화와 토론을 하거나 우중충하고 허접스런 방법을 써서라도 기꺼이 사회의 정보를 수집해야 한다."

쇼의 여자관계가 어땠을지 어느 정도 짐작이 가는 대목이다. 여자는 그의 인생에서 최우선 순위가 아니었지만 그의 작품에서는 가장 중요한 인물로 등장하곤 했다. 여자들이 언제나 그의 육체적 욕구보다는 상상력을 더 자극했기 때문이리라. 소년 시절부터 그는 아름다운 여인과 사귀기를 꿈꿔왔으나, 어딘지 모르게 여성스럽고 까다로운 그의 성격은 그가 정신적으로는 완벽하다고 느끼는 관계를 육체적으로 실행에 옮기는 것을 방해했다. 성욕의 영역에서도, 그는 육체적 경험을 보다 높은 차원으로 끌어올리고 싶어해서 개인적이고 구체적인 관계를 배제했다. 언젠가 세실 체스터턴에게서 사실상 금욕주의자가 아니냐는 질문을 받앉을 때, 자신은 성행위가 괴상하고 꼴사납게 느껴져서 남자고 여자고 자존감 있는 사람들이라면 밤을 함께 보내고 환한 대낮에 어떻게 얼굴을 마주할 수 있는지 이해가 되질 않는다고 대답했다. 극작가 세인트 존 어빈이 『메투셀라로 돌아가라』를 읽고, 뱀이 이브에게 생식의 비밀을 속삭이자 이브의 표정이 일그러졌다는 대목에 반감을 표하자, 쇼는 에덴동산의 하느님이 대단한 이유는 그(하느님)가 의도적으로 생식기관을 배설기관과 결부시켜서 결과적으로 사랑을 수치심과 결부시킨 것이라고 대답했다. 쇼는 아이들이 부모의 정체를 알아야 한다거나, 부모인 남녀가 서로를 알아야 한다는 주장에 대해 회의적이었다. 그가 생각하기에 가장 괜찮은 방법은 건강한 남녀가 어둠 속에서 만나 짝짓기한 다음 상대의 얼굴을 보지 않고 헤어지는 것이었다. 그런데 정작 현실에서는 여자들을 철저히 두 부류―일처다부를 지향하는 평판이 좋지 않은 여자들과 일부일처를 지향하는 평판이 좋은 여자들―로 나눈다고 지적했다. 남자들은 첫 번째 부류가 성가시게 굴면 언제든 경찰에 넘겨버릴 수 있다는 확신을 가지고 그런 여자들과 일부다처적인 생활을 만끽하다가 결국에는 일부일처주의 여자 중 한 명과 결혼하여 행복하게 잘 산다.

사랑이 성적 욕구에 기반한 친밀한 관계를 의미한다면, 쇼의 인생에서 사랑은 아무런 역할도 하지 않았다. 그는 말했다. "사람들이 사랑이라고 하는 건, 여관이나 숲길에서 우연히 만난 두 사람의 농담이라면 모를까(그 와중에도 둘 중 하나는 심각해지지만), 있을 수 없는 얘기야." 하지만 그도 연애의 그림 같은 측면에는 매료되었다. 어린 시절 그는 연애소설에 단골로 등장하는 여관과 숲길을 배경으로 창의력을 쉴 틈 없이 가동하며 여자들에 관해 상상하고 또 상상했다. 그 결과, 현실의 사랑보다 상상 속 사랑이 인생에서 더 큰 힘을 발휘한다는, 경험에서 우러나온 믿음을 갖게 됐다. 상상은 현실을 초라하게 만들었고, 현실에서의 만남이란 여자들이 흔히 떠올리는 꿈같은 장면에 비하면 형편없는 대안일 뿐이었다. "이상적인 연애는 편지로 하는 연애야." 그는 나에게 힘주어 말했다. "나와 엘렌 테리의 서신 교환이야말로 만족스러운 연애란 무엇인지를 보여주지. 나는 마음만 먹으면 언제고 그녀를 만날 수 있었어. 하지만 유쾌하기 그지없는 관계를 괜히 복잡하게 만들고 싶지는 않았지. 그녀의 남편 다섯 명은 하나같이 그녀를 질리게 했지만, 나는 한 번도 그녀를 질리게 한 적이 없었다고. 나와 패트릭 캠벨 부인과의 관계 역시 『사과 수레The Apple Cart』에 나오는 매그너스 왕과 오린시아의 관계만큼이나 순결했지. 그녀는 두 명의 남편을 소진했어. 하지만 그녀가 죽기 직전 나에게 보낸 마지막 편지는 '친애하는 나의 조이Joey'로 시작한다네."

상상력이 풍부했던 그는 여성의 아름다움과 매력에 극도로 취약했고, 그 매력이 예술의 형태로 전해지면 더욱 그랬다. 그는 여자 엘렌 테리가 아닌 배우 엘렌 테리와 사랑에 빠졌다. 메이 모리스가 처음 그의 눈에 들어왔던 것도 효과적인 배경 덕분이었다. 이런 사실을 정작 본인은 깨닫지 못했던 것 같다. 아우렐리아 페르톨디Aurelia Pertoldi라는 무용수에 관해서 이렇게 얘기한 것을 보면 말이다. "나는 무대 위 그녀를 보고 완전 넋이 나가고 말았다네. 그런데 무대 밖에서 보니 영 아닌 거야. 평소 나는 여배우들의 유혹에는 강하고 화장 안 한 여자들에게는 약한데, 그와 정반대로 반응한 셈이었어." 그가 평론가로 활동하면서 흔히 보이는 예쁜 여배우들의 유혹에 별 흥미를 못 느끼다 보니 그런 착각을 하게 된 것 같다. 이 점은 그가 『인간과 초인』에 출연한 배우 알마 머레이

(알프레드 포맨 부인)에게 보낸 편지에서도 확인된다. "이제 나는 배역에 대해 상의하자는 당신의 청을 받아들이지 않을 작정입니다. 오늘 밤 당신의 연기를 보고 느꼈던 희열을 다시 느끼게 해줄 여인이라면 미칠 듯이 사랑하지 않고는 못 배길 테니까요. 이제 저는 더 이상 포맨 가정의 행복을 바랄 수 없을 것 같습니다." 마지막 문장은 순전히 듣기 좋으라고 한 말이었다. 이런 감언이설을 쇼는 만나는 거의 모든 여자에게 서슴지 않고 던졌다. 자신의 낭만주의적 성향을 지키는 동시에 드러내는 방식이었다. 하지만 성격이 남다르고 쉽게 만족하지 못하는 여자들에게는 그런 그의 행동이 치명적인 영향을 미쳤다.

그에게 넘어간 여인이 한둘이 아니다. 그 유명한 애니 베산트도 피해자 중 한 사람이었다. 베산트는 당대 최고의 연설가였지만, 유머 감각이 전혀 없고 열정적이기만 한 성격이 쇼와는 정반대였다. 그녀는 열정이 넘치는 만큼 많은 신을 섬겼고 새로운 신이 등장할 때마다 전에 열광했던 신은 즉각 폐기됐다. 브래들로의 영향으로 무신론을 신봉하고 에드워드 에이블링[1]의 영향으로 진화론을 외치고 다니던 그녀가 얼마 후에는 쇼의 영향으로 사회주의를 부르짖고 그다음에는 블라바츠키 여사에게 빠져 신지학theosophy을 전파하고 다니는 걸 보며 사람들은 아연실색했다. 새로운 신앙과 믿음이 생기면 기존의 신과 신념은 완전히 잊어버리는 식이었다.

애니 베산트는 쇼를 가벼운 사람으로 보고 처음에는 몹시 싫어했다.

---

[1] 에드워드 에이블링Edward Aveling(1849-1898) : 생물학 교사로 다윈의 진화론과 무신론을 전파하는 데 앞장 섰으며 사회주의연맹과 독립노동당 창설 멤버였다. 마르크스의 막내 딸 엘레노어 마르크스와 동반자 관계였던 것으로 유명하다.

쇼가 베산트의 숭배 대상으로 등극하게 된 것은 1885년 봄이다. 쇼는 변증법협회Dialectical Society에서 사회주의에 대해 강의하기로 했고, 베산트는 그런 그를 잘근잘근 씹어주겠다고 선포했다. "그게 바로 연설가로서 그녀의 강점이었지." 쇼는 말했다. "그녀가 '제비꽃은 장미가 아니다'라고 주장하면서, 어디 반박할 테면 해보라고 특유의 콘트랄토 음성으로 사람들을 무시무시하게 몰아붙이면, 사람들은 자기들이 원래는 반대로 생각했었는데 그녀 말을 듣고 생각이 완전히 바뀌었다고 믿었어." 마음의 준비를 단단히 했던 쇼는 변증법협회에서 최선을 다해 연설했다. 하지만 어찌 된 일인지 그가 자리에 앉고 난 다음에도 그녀는 일어나지 않았다. 정작 반론은 다른 사람이 제기했고, 그 사람은 곧 애니 베산트에게 발리고 말았다. 모두가 숨을 죽였다. 쇼도 숨을 죽였다. 회의가 끝나자 베산트는 쇼에게 다가와 자신을 페이비언협회 회원으로 추천해달라고 부탁했다. 쇼는 또다시 헉하고 놀랐다.

베산트는 애비뉴 거리에 있던 (지금은 없어진) 자기 집에 쇼를 초대했고 그날 저녁 둘은 피아노 이중주를 연주했다. 베산트는 쇼를 기쁘게 해주려고 사춘기 여학생처럼 그 곡을 연습해두었다. 그녀는 박자와 음정을 정확하게 지키면서 냉정하게 연주했는데 그가 폭풍처럼 연주하다가 자꾸 틀려서 그녀의 노력에 찬물을 끼얹었다. 베산트는 본인 소유의 잡지 『아우어 코너』에 쇼의 소설을 연재하고, 그를 미술평론가로 위임했으며, 사회주의를 포용하는 바람에 『아우어 코너』의 주 구독자인 세속주의자들(브래들로의 옛 지지자들)을 화나게 했다. 잡지사의 사정이 어려워졌을 때는 사비를 털어서 쇼에게 원고료를 지급했다. 나중에 그 사실을 알게 된 쇼는 급여 대상자 명단에서 자신의 이름을 빼버렸으며,

『투데이』에 했던 것처럼 『아우어 코너』에도 자신의 미발표 소설을 제공했다. 쇼와 베산트는 같은 연단에 설 일이 계속 생겼다. 그는 그녀와 함께 집으로 걸어가며 그녀에게 한몸처럼 붙어있는 가방을 대신 들어주고 번번이 무겁다고 투덜대면서도 그녀가 그 가방을 사납게 낚아채려고 하면 단호히 저지했다. 결국 그녀는 보통 남자 같지 않은 그의 행동이 그녀로서는 절대로 이해할 수 없는 그의 일면이라는 것을 깨닫고 그런가보다 하게 되었다.

쇼에게는 그렇게 못 말리게 웃기는 구석이 있었다. 베산트에게서는 전혀 찾아볼 수 없는 성격이었다. 쇼의 그런 성격은 베산트를 곤혹스럽게 하기도 하고 열받게 하기도 했다. 그녀는 청중 앞에서 농담할 줄 몰랐고 (청중이 없었던들 할 줄 알았을까 싶지만), 가벼운 대화를 나눌 줄도 몰랐다는 점에서 자유당 의원 필A.W.Peel과 비슷했다. 연단에서는 대단해도 사석에서는 존재감이 없다는 점은 브래들로와 비슷했다. 브래들로의 긴 독백은 참신한 맛이 떨어지기가 무섭게 금세 지루해졌다(쇼는 자신이 만나본 사람 중 대화 자체가 불가능했던 사람은 찰스 브래들로와 찰스 딜크뿐이었다고 말한 적이 있다). 사실 베산트 부인은 더 했다. 그녀는 위대한 여사제이거나 아무도 아니었다.

결국 그 피아노 듀엣 사이에는 아무 일도 일어나지 않았는데 그게 화근이었다. 베산트는 저녁때마다 쇼를 기다리기 시작했고 기다림이 수포로 돌아갈 때가 많아졌다. 하지만 베산트는 그냥 무시해버리거나 만만하게 볼 수 있는 여자가 아니어서, 쇼는 둘의 관계를 진지하게 고려해보자고 제안했다. 그녀는 남편이 살아 있어서 결혼할 수는 없는 처지였기 때문에 쇼와 자신이 부부처럼 함께 사는 조건을 계약서에 적은 다음 그에게 사인하라고 내밀었다. 그는 계약서를 읽어봤다. "맙소사!" 그가 소리쳤다. "이건 지구상 그 어떤 교회의 그 어떤 서약보다도 끔찍하군요. 이런 계약을 맺느니 차라리 합법적인 결혼을 열 번 하고 말겠어요."

그녀는 아무런 악의 없이 계약서를 제시했고 그가 적극적으로 사인해주길 바랐다. 그렇지만 그는 그 계약서를 비웃은 것은 물론이고 거기에 얽매이고 싶지 않다는 뜻을 분명하게 내비쳤다. 그녀는 그동안 자신이 보낸 편지들을 돌려달라고 했다. 그는 그녀의 편지를 있는 대로 모아서 작별 인사 때 건네주었다. 그녀는 눈물을 참느라 몸을 부들부들 떨면서 그동안 그에게서 받은 편지를 전부 모아둔 상자를 내밀었다. "이게 뭡니까! 당신은 내 편지조차 간직하지 않을 참인가요?" 그가 말했다. "됐습니다." 그의 편지는 불 속에 던져졌다. 그들의 사적인 관계는 그렇게 끝이 났다.

쇼와의 이별이 베산트 부인에게는 '잠깐의 괴로움'으로 끝나지 않았던 게 분명하다. 베산트 부인의 머리가 하얗게 세버렸다. 그녀는 심지어 자살까지 생각했다. 하지만 개인적인 일에 오래 얽매여 있을 인물이 아니었다. 브래들로 쪽 사람들과 관계를 단절하면서 입은 경제적 타격이 점점 심각한 상태로 치닫자, 그녀는 쇼를 찾아가서 『팰맬 가제트』에 평론가 자리 좀 알아봐 달라고 부탁했다. 아처가 그를 도와줬듯, 쇼는 그녀를 도와줬다. 때마침 헬레나 페트로바 블라바츠키[2]가 쓴 두꺼운 책 『비밀 교리The Secret Doctrine』에 대한 서평을 써야 했는데, 그 일을 그녀에게 넘

---

[2] 블라바츠키 여사Madame Blavatsky (1831-1891): '종교 간 대립을 초월한 근원적인 신적 예지로의 복귀'를 주장하며 뉴욕에서 신지학협회를 창설했다. 신지학협회는 불교 근대화와 힌두교 개혁 운동 등에 많은 영향을 미쳤다.

긴 것이다. 『펠맬 가제트』와는 그가 알아서 해결을 봤다.

   그 일은 베산트를 완전히 치유했다. 신지학이야말로 그녀가 딱 필요로하던 것이었다. 신지학의 세계에서는 그녀가 대사제가 될 수 있었다. 그녀는 페이비언협회를 떠났다. 페이비언이라는 마차는 고참들만으로도 충분히 효율적으로 굴러갔기 때문에 연단에 설 때를 제외하면 그녀는 기껏해야 예비 바퀴 신세였다. 베산트가 페이비언협회에 남긴 족적이라고는 페이비언 책에 에세이 한 편을 실은 것뿐이었고, 그마저도 다른 페이비언의 글과 비교하면 유치한 수준이었지만, 그녀는 편집자인 쇼가 자기 글의 글자 하나, 문장 부호 한 개도 건드리지 못하게 했다.

   어느 날 쇼는 『스타』 편집장 실에서 "나는 왜 신지론자가 되었는가"라는 제목의 교정지를 발견했다. 얼른 누구 글인지 살펴보니, 애니 베산트였다. 그는 즉시 플리트 가에 있는 그녀의 사무실을 찾아가 그녀에게 물었다. 블라바츠키가 인도 아디야르에 있는 자기 사원에서 기적을 행한 것이, 쇼 자신도 참석했던 심령연구협회 모임에서 일종의 속임수로 밝혀졌다는 사실을 알고는 있느냐고. 베산트는 다 알고 있었다. 그러나 자신이 그 사실을 인정하든 인정하지 않든(실제로는 인정하지 않았다) 신지학은 그것과 아무 상관이 없다는 태도를 보였다. 쇼는 마지막 카드를 꺼내 들었다. "마하트마(성자)를 찾아 티벳까지 갈 필요가 뭐 있습니까? 지금 당신의 마하트마가 여기 있잖아요. 내가 바로 당신의 마하트마라고요." 그러나 주문은 걸리지 않았다. 둘은 좋은 친구로 남았지만 이후 그녀의 인생에 쇼는 없었다.

   세월이 한참 흐른 뒤 쇼는 인도 봄베이에서 베산트의 양아들 크리슈나무르티Krishnamurti를 만나게 됐다. 크리슈나무르티는 쇼가 그때까지 만나

본 사람 중에서 가장 아름다운 사람이었다. 쇼는 그를 높이 샀다. 그는 '동방의 별'이자 '새로운 메시아'로 불리는 걸 스스로 거부할 정도로 고매한 인격과 상식을 가진 사람이었다. 쇼가 크리슈나무르티에게 물었다.

"최근 베산트 부인을 만난 적이 있습니까?"

"매일 봅니다."

"잘 지냅니까?"

"그럼요. 아주 잘 지내고 계십니다. 그런데 연세 때문인지, 생각을 쭉 이어가질 못하세요."

"뭐, 언제는 안 그랬나요?"

쇼가 속삭이자 크리슈나무르티는 빙그레 미소 지었다.

어느 페이비언 간부의 부인은 쇼를 향한 마음을 대놓고 드러냈다. 휴버트 블랜드는 데이비드슨이 설립한 '뉴라이프'의 원년 멤버로서, 거기서 분파를 이끌고 나와 페이비언협회를 세운 장본인이었다. 휴버트 블랜드와 동화작가로 유명해진 그의 부인 이디스 네스빗[3]은 아직 걸음마 단계였던 페이비언협회를 실질적으로 주무르다가, '빅4(쇼, 웹, 올리비에, 월러스)'에게 습격당하면서 주도권을 내주게 되었다. 블랜드는 회계담당자라는 요직을 맡는 조건으로 새로운 상황에 적응하는 현명함을 보여줬다. 하지만 빅4와 잘 섞이지는 못했다. 빅4 네 사람은 자유주의자이자 런더너이자 실증주의자였다. 블랜드는 태생적으로건 기질적으로건,

---

3 이디스 네스빗Edith Nesbit(1858-1924): 시인이자 동화작가. 이디스 네스빗이라는 결혼 전 이름으로 활동한 블랜드 부인은 어린이들의 모험을 그린 판타지 동화로 유명해졌다. 일본 만화 「모래요정 바람돌이」의 원작자이기도 하다.

군인이자 보수주의자이자 촌사람이었으며, 콜리지언 철학[4]자였다가 로마가톨릭교도가 된 사람이었다. 페이비언 집행위원회에서 블랜드는 그야말로 혼자였지만, 협회가 웹이 이끄는 방향으로만 치우치는 것을 막기 위해 실력을 행사했다. 그와 웹은 도저히 어울릴 수 없는 관계였다. 번번이 쇼가 나서서 중재하지 않았더라면 언쟁이 끊이지 않았을 것이다. 쇼는 블랜드를 이해했고, 그와 가끔 권투 시합을 뛰기도 했으며, 그가 저널리스트로 일할 수 있도록 신문사에 자리를 알아봐 주기도 했다.

쇼는 블랜드에게 다음과 같은 편지를 보낸 적이 있다. "사람들이 가장 신성시하는 원칙에 따르면, 당신과 나는 경제적으로 성공해야 합니다. 나는 가여운 내 어머니(2층에 사는 바람에 그 연세에도 계단을 오르내려야 하고 학생들에게 성악을 가르치며 빠듯한 살림을 꾸려가고 계시지요)를 위해서, 당신은 똑똑하고 재치있는 당신의 아내와 어여쁜 아이들을 위해서 말입니다. 지난날, 그러니까 거절당한 원고 말고는 아무것도 없던 시절, 게으르고 냉정하고 이기적인 나쁜 놈이라고 비난받던 시절, 너무 어려서 아직 뭘 몰랐던 시절, 이따금 나는 진짜로 잡을 마음도 없는 기회를 찾아다니곤 했습니다. 그런 기회를 잡지 말아야 할 이유도 찾을 필요가 있다고 생각했기 때문입니다. 분명 당신도 나와 비슷한 경험이 있겠지요. 이제 나는 조금도 미련이 없습니다. 내가 증권중개인이 '되어야 한다'고 말하는 세간의 원칙이 이제 나에게는 전혀 중요하지 않습니다. 이야기와 평론과 기사를 쓰다가 내가 정말 쓰고 싶은 글을 쓰는 일이 조금씩 늘어나는 것도 저로서는 진일보하는 것입니다. 내 이기심의 피해자가 된 내 어머니는 다행히도 다정하고 독립적이며 쾌활한

---

4 영국의 시인이자 철학자 새뮤얼 테일러 콜리지(1772-1834)의 철학이다.

분이랍니다. 자식 된 도리를 다한답시고 어머니의 안위를 위해 자신을 희생하는 불행한 아들이 모는 마차를 타고 질질 끌려다니는 불행한 노부인이 아니시지요. 블랜드 부인이 저택과 마차를 소유하고 일 년에 몇천 파운드씩 버는 끔찍한 도시 속물의 아내 같다고 상상해보세요. 세간의 원칙에 따르면 그녀를 그렇게 만들어줘야 하는 것이 당신의 의무 아니었습니까. 당신과 나, 우리는 본연의 욕구를 따르며 살았습니다. 그래서 우리가 얻은 소득은, 우리에게 본연의 욕구가 있다는 걸 깨달은 것이고, 거기서 큰 즐거움을 얻는다는 것입니다. 그러한 의식이 점차 뚜렷해지는 것은 나에게는 위기가 아니었습니다. 조금씩 전진하는 과정이었습니다. 나는 위기에 떠밀려 전진하는 사람이 아닙니다. 나는 정말 아니다 싶은 결과가 나타나서 급선회하기 전까지는, 내 안의 변화를 못 본 척하며 확고한 가정을 바탕으로 전진하는 사람입니다."

한때 블랜드 부인은 그녀의 충동적인 남편을 저택과 마차 내지는 수천 파운드의 수입과 바꾸고 싶어한 적도 있었다. 블랜드가 넘치는 정력과 에너지로 부인에게 부담을 준 것도 모자라 다른 두 여자와 살림까지 차리며 블랜드 부인의 속을 썩였기 때문이다. 한마디로, 자기 부인에게 정조를 지키라고 요구할 수 없는 처지였다. 그래서 블랜드 부인은 전혀 망설임 없이 쇼에게 빠져들었다. 그녀는 쇼를 "만나본 중 가장 매력적인 남자"로 묘사했다. 그의 늠름한 체구와 깊이 있는 목소리와 아일랜드 억양에 보자마자 매료되어 자신의 시에 그러한 감정을 고스란히 담아냈다. 블랜드 부인은 쇼의 결점이 전부 눈에 보였다. 그녀는 그가 어디서 들은 이야기를 반복하고 진실을 과장하는 모습을 보며 신뢰할 수 없는 사람이라고 생각했고, 그가 여자한테 듣기 좋은 말을 남발한다는 것과 남자들이 "아, 그래 봤자 쇼잖아!"라며 무시하는 말투로 그를 과소평가하려 든다는 것도 알게 됐지만, 그럼에도 불구하고 쇼를 동경하지 않을 수 없었다. 그의 안 좋은 면들을 떠올리며 마음을 다잡으려 해 봐도 다 소용없었다. 그녀의 열정은 시에 스며들어, 그녀의 어떤 시는 "사람을 미치게 하는 그의 하얀 얼굴"을 노래한다. 쇼는 "하얀"을 "가무잡잡한"으로 고치고, 블랜드 부인의 열정을 다른 방향으로 돌리고자 최대한 노력함으로써 막장으로 치닫는 상황을 겨우 바로잡을 수 있었다. 쇼는 나에게 말했다. "친구 부인이랑은 당연히 사이좋게 지내야지. 하지만 현명한 남자라면 섹스 따위는 생각도 안 할 걸세." (메이 모리스의 남편이었던) 스팔링과 달리, 블랜드는 쇼를 오해하지 않았다. 쇼를 이해했고 성실한 우정에 고마워했다. 블랜드와 쇼는 1911년 페이비언 원로들의 은퇴식 이후로 한번도 만난 적이 없었지만, 심지어 블랜드가 문화부 기자로 잘나가던 시절 그의 저택 웰 홀Well Hall 에서 열린 파티에서도 쇼의 모습은 볼 수가 없었지만, 세상을 뜨기 직전 총애하는 아들의 케임브리지 학비가 걱정됐던 블랜드는 딸에게 "돈이 모자라거든, 쇼에게 부탁하라"는 유언을 남겼다. 쇼와 블랜드 부인은 평생 친구로 지냈다. 블랜드 부인은 알고 지내는 다른 여인들에게서 자신의 예전 증상이 나타나는 걸 흥미롭게 지켜보고 이렇게 썼다. "OO양은 그를 싫어하는 척한다. 하지만 내가 보기에 그녀는 그에게 푹 빠져 있다."

실제로 페이비언협회의 여성 회원 여럿은 서로에 대해 그 비슷한 생각을 하고 있었다. 웹 부인의 경우, 자기 외에 다른 여자들은 쇼의 매력을 감당할 수 없을 것이라고 확신했고, 쇼가 연극의 소재를 얻기 위해 주위 여자들과 단지 노닥거리는 것일 뿐이라고 생각했다. 그건 그도 어느 정도 인정했다. "여자들이 나에게서 얻지 못하는 건 작은 것들이 아니야. 큰 것들이지. 내 호주머니는 언제나 사랑의 잔돈으로 가득해. 물론 마법의 돈일세. 진짜 돈이 아니라. … 나는 여자들-천 명 중 한 명꼴이라고 해두자고-을 좋아해. 하지만 나에게는 다른 중요한 것들도 많지. 대부분의 여자에게는 한 남자와 그 남자의 일생이 세상 전부야. 나는 모든 사람과 모든 시대가 나의 관심을 끌길 바라고, 글쓰는 기계로 태어난 G.B.S.가 최대 속력과 최대 강도로 작동하길 바라지. 그러니까 나에게 사랑은 머리를 식히는 활동이자 놀이인 셈이라네." 그와 사랑에 빠졌던 여자들은 그를 걱정시키고 괴롭혔을 뿐만 아니라 본인들 스스로도 마음의 평화를 깨뜨리고 괴로워하면서 감당할 수도 없는 배역을 맡으려 했다고, 쇼는 불평했다. 반면 쇼는 자신이 감당할 수 있는 역할을 맡았고 실제로도 감당해냈다. 웹 부인은 쇼의 연기에 놀랐다. 그리고 그 배역으로 "살지" 않는 이상 그렇게 연기를 잘하기란 불가능하다는 것을 깨달았다. "요정과 사랑에 빠질 수는 없어요." 그녀는 딱 잘라 말했다. "사랑 문제에 있어서 쇼는 사람이 아니에요. 요정이랍니다."

그는 육체적 반응에 있어서도 확실히 일반적인 남자들과 달랐다. "내가 성욕 때문에 정신을 못 차린 적은 평생 딱 두 번뿐이었어." 그가 말했다. "청년 시절에 한 번, 중년에 한 번 있었지." 스물아홉이 될 때까지 그는 "본의 아니게 몽정할 때를 제외하고는 완벽하게 금욕적인 삶을 살았다. 그나마 몽정도 드물었다." 그의 동정은 도덕적인 이유와 전혀 상관없었다. 거리의 여자를 꺼린 그의 까다로운 성격과 초라했던 행색 탓이었다. 그가 괜찮은 옷 한 벌쯤은 사 입을 수 있는 형편이 되었을 때, 어머니의 제자였던 제니 패터슨Jenny Patterson이라는 과부가 차 한잔 하자며 그를 초대해 말 그대로 덮친 사건이 일어났다. 쇼는 당시 상황을 설명해주었다. "그녀를 허락했지. 사실 그 세계가 굉장히 궁금하긴 했거든. 나는 내가 매력적인 남자라고 생각해본 적이 한번도 없었던 터라 조금 놀랐어. 아무튼 외모에는 계속 신경을 썼지. 그랬더니 쉽게 흔들리는 여자와 단둘이 있게 되면, 여자들은 예외 없이 내 목에 팔을 두르며 좋아한다고 고백하더라고." 쇼는 성 경험을 "인간이 성장을 위해 반드시 이수해야 할 과정"으로 생각해서, 성에 대해 잘 아는 누군가로부터 지식을 전수받고 싶어했다. 그래서 여자들의 유혹을 허락했고 패터슨 부인을 만난 지 2년이 됐을 즈음에는 그러한 경험을 바탕으로 짧은 이야기를 썼다. 그 이야기 속 화자는 돈 조반니지만, 몇몇 대목은 쇼의 자전적인 이야기라고 해도 무방하다.

"내가 가끔 찾아갔던 그 댁의 혼자된 부인은—나를 향한 그녀의 마음은 의심의 여지가 없었는데—내가 어리석은 행동을 저지르기를 간절히 바라더니 어느 날 저녁 마침내 나에게 육탄공세를 해왔다. 놀랍기도 하고 우쭐하기도 한 서툰 감정이 나를 뒤덮었다. 나는 그녀를 거부할 정도로 야멸찬 성격이 못됐다. 사실은 거의 한 달 동안 그녀가 내게 선사한 기쁨을 만끽했고, 딱히 할 일이 없을 때마다 그녀를 찾았다. 생애 첫 번째 연애였다. 그 후 거의 2년 동안은 그녀의 불평을 살만큼 충실하지 않은 적이 없지만, 나는 (그녀는 전혀 싫증 내지 않는) 우리 관계가 지루하고 비이성적일 뿐만 아니라 억지스럽고 가식적이기까지 하다는 걸 깨달았다. 사랑의 힘이 그녀의 몸과 마음을 아름답게 변화시켰던 몇몇 순간들을 제외하면 말이다. 어찌 된 일인지, 나는 여자에 대한 환상과 수줍음과 소년 같은 호기심을 잃어버리기가 무섭게 여자들을 매혹하기 시작했다. 그러나 그로 인한 즐거움도 얼마 안 가 실망으로 바뀌었다. 내가 극심한 질투의 대상이 되면서부터였다. 최대한 요령을 부렸건만, 나의 유부남 친구 중 나와 무고한 결투에 휘말리지 않은 친구는 하나도 안 남게 되었다."[5]

제니 패터슨은 "만족을 모르는 성욕의 소유자"로서 질투가 말도 못하게 심했다. 쇼가 다른 여자들을 만나고 다니자, 그녀는 쇼가 '감정 장면'에 능한 작가로 우뚝 서는 데 밑거름이 된 소재들을 십분 제공했다. 그녀가 실질적으로 제공한 것은 쇼의 비인기 작품에 등장하는 어느 캐릭터뿐이었지만 말이다. "패터슨 부인이 줄리아의 실제 모델이야." 쇼가 나에게 보낸 편지에는 이렇게 적혀 있었다. "『바람둥이』 1막은 패터슨 부인과 플로렌스 파[6] 사이에서 벌어졌던 끔찍한 소동을 근거로 한 것이지.[7] 그때 난 평정심을 잃지 않았어. 몇 시간이나 잘 버텼지. 하지만 그때 받았던 스트레스는 도저히 잊을 수가 없더군. 그래서 다시는 패터슨 부

---

[5] 모차르트 오페라에 착안해서 쓴 쇼의 단편 「돈 지오반니의 변Don Giovanni Explains」 중에서.

[6] 플로렌스 파Florence Farr(1860-1917): 영국 웨스트엔드에서 가장 잘 나가던 배우이자 연출가. 시인 예이츠의 뮤즈. 한때 쇼와 연인관계로 지내며 쇼의 작품을 연출하고 직접 출연하기도 했다.

[7] (저자 주) 쇼는 플로렌스 파에게 1891년 5월 1일자로 보낸 편지에서, 직전에 있었던 제니 패터슨과의 "소동"을 언급했다: "그런 식의 관계를 4천 번 맺느니, 우리 관계의 4천분의 1을 택하겠소. 그녀가 관계를 흔들면서 공중에 날려버린 시멘트 가루들은 바윗덩어리가 되어, 나의 상상력이 빚어낸 사상누각같은 그녀의 성에 떨어지고 있다오. 나의 애간장을 녹이는 것으로 마치 정복자가 된듯 그녀가 느꼈던 어리석은 환희는 이제 번갯불이 되어 그녀를 내려치고 있소. 무슨 소리가 들릴지 상상해 보시오. 하지만 그것에 대해 차마 쓸 수는 없을 것 같소. 빌어먹을! 곱빼기로 빌어먹을! 내 평화를 돌려주시오."

인을 만나지 않았고 그 후 몇 달 동안 편지와 전보가 빗발쳐도 일절 답장을 하지 않았지. 패터슨 부인은 끝까지 나를 용서하지 않았다네. 내가 그녀에게 100파운드의 유산을 남긴 건, 그러니까 이미 오래전에 세상을 뜬 그녀로서는 받을 수도 없는 돈을 남기라고 유언장에 쓴 이유는 말이지, 절대 복수하려고 그런 게 아니야. 우리가 사귈 때 그녀가 나에게 친절하게 대해줬던 게 기억나서야. 하지만 분명한 건, 내가 다른 여자와 얘기할 때마다 난리 치는 통제불능의 질투녀에게 쫓겨 다니며 살 수는 없었다는 거지. 그녀는 놀라우리만치 질투가 강했어. 연인관계뿐 아니라 섹스와 무관한 다른 모든 인간관계에서도 말이야. 내가 웬만한 일에는 화를 내지 않는데, 제니 패터슨 같은 사람들이 몰고 오는 재앙에는 나 같은 사람도 극단적이 될 수밖에 없더라고."

앞으로 어느 정도 세월이 흐르고 나면 평론가와 전기작가들이 다른 아무런 증거 없이 쇼의 작품만을 가지고 이렇게 저렇게 추정할 것 같아서, 나는 그의 작품 중에 자전적인 내용이라든지 실제 사실에 근거한 장면이 또 있는지 물었다. 그는 이렇게 답했다. "『바람둥이』의 1막이 유일해. 거기서 나는 실제 있었던 일을 너무 불쾌하지 않을 정도로 살렸지. (현실에서는 정말 참기 힘들었지만) 참을만한 장면으로 만들기 위해 역사가 아닌 예술 작품으로 재탄생시켜야 했다네. 예컨대, 등장인물은 실제 인물의 초상이 아니야. 내 몇몇 작품에서는 등장인물이 실제 인물을 그대로 반영한 경우도 있지만 그럴 때는 사건이 허구이지. 그러니까 『바람둥이』가 내 작품 중에서 가장 사실적이라거나 다른 작품만큼 사실적이라고 규정지을 수는 없어. 질투에 관한 사실적인 탐구이자 당시 유행하던 입센 스타일의 촌극이라고 해두지." 『바람둥이』에서 아일랜드인스럽게 여자한테 수작 거는 주인공의 모습은 누가 봐도 쇼였는데, 그는 그걸 잊은 듯했다.

몇년간 지속되던 "폭풍 같은 관계"가 끝나고 제니 패터슨은 쇼의 인생에서 사라졌다. 패터슨은 쇼를 용서하지 않았지만 1924년 세상을 뜨면서 자기 조카가 아닌 쇼의 친척에게 유산을 남겼다. 그러한 관계 중단의 원인이 된 플로렌스 파는 쇼의 초창기 연극 두 편에서 주연을 맡았고 쇼와 연인 사이로 지냈다. 쇼가 묘사한 바에 의하면, 그녀는 "런던 예술계에서 이례적으로 사교의 자유를 마음껏 누린 젊고 독립적인 전문 여성"이었다. "그녀는 똑똑하고 성격이 좋은 데다 외모까지 빼어나서 주위 남자들은 전부 그녀에게 빠져들었어. 그런 일이 너무 잦았기 때문에 그녀는 연애 경험이 별로 없는 숭배자들이 우물쭈물 주저하는 걸 보면 참지를 못했지. 상대가 키스를 원하는 게 분명하다 싶으면, 또한 지나치게 성격 좋은 그녀조차 거부감을 느낄 만큼 혐오스러운 상대가 아니라면, 그녀는 말 더듬는 구혼자의 손목을 잡아채 자기 쪽으로 살짝 당기고 팔짱을 낀 다음 '얼른 해치우자고요'라고 속삭였어. 그렇게 놀라서 눈이 휘둥그레진 남자가 키스하게 하고, 그런 다음 그 남자와 좀 더 일반적인 관심사에 대해 편하게 대화를 이어가는 식이었지."

쇼가 제니 패터슨에서 이 "반원형 눈썹의 사랑스러운 여인"으로 연애 상대를 바꾼 것은 기분 좋은 변화였다. 섹스에 대한 그녀의 태도는 사랑하지 않는 여자에게 남자라면 누구나 바라 마지않는 태도였다. 그녀는 질투라는 걸 할 줄 몰랐고 쇼를 불편하게 한 적도 없었다. 쇼가 그녀에게 편지를 많이 보냈다는 소문을 듣고 내가 어렵게 그 이야기를 꺼냈더니 쇼는 나에게 이런 답장을 보내왔다.

"나는 플로렌스 파에게 편지를 쓴 적이 없네.[8] 그녀를 너무 자주 봤거든. 그녀는 카사노바나 프랭크 해리스처럼, 사람들이 연애라고 부르는 것에 큰 의미를 두지 않았어. 또, 자기가 진짜 좋아하는 사람에게는 아무 거절도 하지 못할 정도로 성격이 착했지. 나는 그녀가 자신의 레포렐로 명단[9]을 자랑스러워한다는 느낌을 받았어. 1894년에는 그 명단에 14명의 이름이 있었지. 내가 그녀를 처음 만난 건 해머스미스 사회주의 협회 연례 만찬에서였고, 그때 그녀는 메이 모리스와 함께 자수를 놓고 있었어. 『무기와 인간』 공연 전부터 나는 그녀를 잘 알고 있었지. 예이츠의 『욕망의 땅Land of Heart's Desire』이 『무기와 인간』보다 먼저 상연됐거든. 그녀는 목소리가 아주 좋아서 어떤 모임에 들어가 돌메치Dolmetsch의 수금 연주에 맞춰 예이츠의 시 구절을 낭독했어. 나는 그 모임에는 가입하지 않았지. 말년에 그녀는 음유시인이 되어 동부지방으로 갔고 거기서 세상을 떴어."

쇼와 플로렌스의 관계는 그에게나 그녀에게나 별 영향을 미치지 않았다. 그는 고백했다. "내 경우 육체적인 관계에서 진지함이나 영속성은 경험할 수 없었어. 육체적이지 않은 관계나 포기해버린 관계에서라면 몰라도." 그는 관계를 지속해 나가는 데 있어 섹스는 아무 쓸모없다는 것

---

[8] 〔저자 주〕 이 부분은 쇼의 기억이 정확하지 않다. 그가 플로렌스 파에게 보낸 편지 몇 장이 최근 출간되었기 때문이다. 그 편지들은 새로울 게 없었다. 엘렌 테리나 패트릭 캠벨 부인에게 복사해서 보냈어도 무리없을 내용이었다: "맹세컨대, 당신은 나에게 최고의 사랑이자 가장 소중한 사랑이며, 내 심장을 뛰게 하는 사람이고, 내 영혼의 가장 고귀한 기쁨이고, 나의 보물이고, 구세주이고, 휴식이고, 보답이며, 사랑하는 어린아이이고, 비밀리에 엿본 천국이며, 수태고지의 천사입니다……."

[9] 오페라 「돈 지오반니」에서 돈 지오반니의 하인인 레포렐로는 도나 엘비라에게 「카탈로그의 노래」를 통해 자신의 주인이 그 동안 사귀었던 여자들의 명단을 폭로한다.

을 깨달았으며 결혼을 섹스와 결부시켜 생각해본 적도 없었다. 언젠가 프랭크 해리스에게 보낸 편지에 그는 이렇게 썼다. "내가 더 이상 욕망하지 않게 된 여자는 다섯 명이 채 되지 않아. 나는 그런 관계를 별로 중요하게 생각하지 않는다네. 그런 관계와 지속적인 관계는 다르다고."

그렇지만 그는 별로 중요하게 생각하지 않는다는 관계까지도 충분히 즐겼다. "내가 육체관계를 좋아한 이유는 절정의 순간으로 끌어올리는 그 놀라운 힘 때문이다. 또한 아주 잠깐일지라도 하늘을 나는 듯한 기분이 드는 것이, 언젠가 인류가 지적인 황홀경에 도달하면 그런 기분을 평소에도 느낄 수 있지 않을까 하는 상상의 단초를 제공했기 때문이다. 나는 항상 그 느낌을 표현하려고 격한 말들을 쏟아냈다. 나를 품어준 여자에게 마땅히 그래야 할 것 같기도 했고, 그런 느낌을 상대와 나누고 싶기도 했다. 하지만 상대가 나를 끌고 간 것의 반 만큼이라도 내가 상대를 끌고 갔다는 확신이 든 적은 딱 한 번밖에 없었다." 쇼가 말을 좀 덜 했더라면, 상대와 함께 끝까지 갈 수 있었을지도 모른다. 나중에 그가 셸리의 「에피사이키디온Epipsychidion」[10]을 최악의 연애시라고 비난하면서, 여자들이 명백히 허구인 그 시 속 인물과 자기들을 조금도 동일시할 리가 없다고 한 것만 봐도 알 수 있다. "나 또한 사랑의 열병에 사로잡혀 말도 안 되는 소리를 쏟아내고 그걸 믿었던 순간들이 있었지. 때로는 아름다운 말로 상대를 기쁘게 해주겠다는 욕구가 지나쳐서 생각 없이 지껄이기도 했고, 때로는 악마 같은 냉정함으로 나 자신을 부정해서

---

10 1821년 출간된 퍼시 B. 셸리의 대표작. 셸리가 가족에 의해 수녀원에 감금된 이탈리아 피사 총독의 딸 테레사 비비아니를 위해서 쓴 시로, 이상적인 사랑과 자유연애를 노래했다. 에피사이키디온은 그리스어로서 '작은 영혼에 관하여'라는 뜻이다.

상대를 울리기도 했어. 하지만 내가 착하게 굴든 못되게 굴든 그 상황에서 벗어나는 건 참으로 어렵다는 걸 깨달았다네. 여자의 본능이 나를 향하면, 평생 예속되거나 도망치는 것 말고 다른 방법은 없었어."

다시 한 번 말하지만, 쇼에게는 사회주의자로서의 일이 먼저였고, 바람둥이로서의 일은 그다음이었다. 쇼는 그렇게 사는 것이 별로 어렵지 않았다. 언젠가 그는 사람들이 섹스에 너무 사로잡힌 나머지 독신주의자(금욕주의자)가 무슨 괴물이라도 되는 줄 안다고 말했다. "폴 사제부터 칼라일과 러스킨에 이르기까지 공식적이거나 비공식적인 사제들은 전부 섹스에 지배당하기를 거부했다. 뿐만 아니라, 남녀 불문하고 엄청나게 많은 사람이 원초적인 것 이상의 활동을 하기 위해서 자발적으로든 비자발적으로든 에너지를 아낀다. 그런데 사람들은 그런 사실들을 잊어버리고 있다." 쇼는 여자 때문에 공적인 활동을 등한시한 적이 없었다. 어떤 여자도 그의 관심과 에너지를 빨아들이지 못했기 때문이다. "내가 살아있다고 느끼고 사는 게 즐거울 때는 내가 어딘가에 쓰이고 있을 때뿐이다. 나의 모든 연애는 비극으로 끝났다. 여자들이 나를 써먹지 못했기 때문이다. 여자들은 얌전히 있으면서 내가 자기들에 대해 이것저것 상상하도록 내버려둔다. 그러다 결국에는 끔찍한 불행, 즉 참을 수 없는 권태가 찾아온다. 모름지기 방황하는 유대인[11]은 자신의 능력을 남김없이 쓰게 해줄 누군가를 찾아다녀야 하는 법이다. 인생에서 모든 '진짜'는 '필요'에 기반한다."

---

11 예수가 십자가를 지고 형장으로 향할 때, 물 좀 달라는 예수의 청탁을 거절하는 바람에 최후의 심판 날까지 지상을 떠돌아다녀야 하는 운명을 지게 된 유대인에 관한 전설. 괴테와 워즈워드를 비롯해 많은 문학작품의 소재가 되었다.

그래서인지 그의 가장 가까운 친구들조차 그의 연애사에 대해서는 잘 모르고 있었다. 패스필드 경(시드니 웹)이랑 그의 부인 베아트리스 웹과 이야기를 나누어봤더니, 패스필드 경은 쇼가 옆길로 샌 적은 단 한 번뿐이었다고 했고, 그 말이 끝나기가 무섭게 웹 부인은 "그건 쇼도 어쩔 수 없었던 일"이라고 거들었다. 물론 그들은 쇼의 결혼 이후에 대해서만 언급한 것이었다. 오래전 쇼에게 "양손을 다 불에 쬐려 하는군요"라고 했던 적도 있고, 패터슨 부인이나 플로렌스 파에 관한 일도 알고 있었기 때문이다. 쇼 자신은 결혼해서 좋은 점으로, 유부남은 여자들이 더는 만만하게 좋아할 수 있는 상대가 아니라는 점을 꼽았다. 하지만 남녀관계에서 그런 게임의 규칙이 지켜질 때는 거의 없다고 덧붙이는 것은 깜빡했다.

그의 모험담은 더 있지만, 모두 세세하게 기록하는 것은 불필요하고 무의미한 일 같다. 그래도 한 가지 사건은 기록해둘 필요가 있다. 쇼가 그 많은 여자를 사로잡고도, 자신의 매력에 대해서 한번도 우쭐하지 않았던 이유를 설명해주기 때문이다. 아직 20대였을 때 쇼는 칼 마르크스의 막내딸 엘레노어 마르크스에게 끌렸던 적이 있다. 그녀는 쇼의 '다크 레이디'[12] 중 한 명으로서, 눈에 띄는 외모였고 매우 총명했다. 쇼는 대영박물관 독서실에서 계속 그녀와 마주쳤다. 거기서 그녀는 시급 18펜스를 받고 필경사로 일하고 있었다. 쇼가 마르크스주의자가 되어 연단에 서면서, 둘은 사회주의자 동무로 안면을 텄고 다정한 친구 사이로 발전

---

12 흑부인으로 번역되기도 한다. 셰익스피어의 소네트에 등장하는 정체불명 여인으로 흑발에 갈색피부를 지녔다. 셰익스피어 소네트에서 금발의 청년이 정신적인 사랑을 상징한다면 다크 레이디는 육체적인 사랑을 상징한다.

했다. 그러나 그녀가 마음의 문을 열 정도로 관계가 무르익기 전에 경쟁자가 나타나서 그녀를 가로챘다. 엘레노어는 앞으로 다른 생각은 하지 않고 어느 동무와 함께 살겠다고 친구들에게 선언했다. 그 동무는 에드워드 에이블링 박사였다.

에이블링은 한 마디로 설명하기 어려운 사람이었다. 쇼에 의하면, 에이블링은 전투적인 무신론자이자 셸리언이자 다윈주의자이자 마르크스주의자로, 신념이 확고했으며 자신의 신념을 지키기 위해서라면 그 어떤 위험도 감수할 인물이었다. 그렇지만 돈을 빌리거나 여자를 유혹하고 사기치는 데도 그를 따를 자가 없었다. 그는 지갑을 깜빡했다면서 자기가 아는 최고의 가난뱅이에게서 6펜스를 빌리고, 같은 날 최고의 부자에게서는 300파운드를 빌려 또 다른 누군가에게 졌던 빚을 갚는 사람이었다. 그래도 과학시험을 준비하는 학생들 사이에서는 잘 가르친다고 소문이 나서, 어떤 여학생들은 어렵사리 돈을 마련해 그에게 12회분 수업료를 선불로 지불했다. 에이블링이 수업 약속을 지키지 않았을 때, 그에게서 (환불은 못 받아도) 사과 편지라도 받은 여학생들은 개중 운이 좋은 편이었다. 운이 나쁜 여학생들은 그의 꾐에 넘어가 갖고 있던 현미경까지 내주었다. 에이블링이 엘레노어와 같이 살기로 합의했을 때 (그는 이미 유부남이었지만 아내를 버린 상태였다), 브래들로와 베산트 부인은 그를 내쳤지만 하인드먼과 페이비언들은 상관하지 않았다. 에이블링과 엘레노어는 사회주의동맹에 가입했다. 그러나 모리스가 에이블링을 바로 퇴출시켜서 에이블링은 키어 하디가 막 창설한 독립노동당에 가입을 시도했다. 하지만 키어 하디 역시 중간계급 망나니를 좋아할 리 없었다. 엘레노어 마르크스는 (당시 일선에서 완전히 은퇴한) 프리드

리히 엥겔스와 친하다는 점을 이용해서, 자기 집이 여전히 영국 사회주의의 구심점이고 런던에서 정통 사회주의자는 자기와 에이블링뿐이라며 수년 동안 독일 사회민주당원들을 설득했다. 그리고 국제사회주의자 회의(제2인터내셔널)가 있을 때마다 앞쪽에 서서, 자신이 동의하지 않는 연설은 가차 없이 조롱하고 찬성하는 연설에는 열렬히 환호했다. 집에 있을 때는 윌 손Mr. Will Thorne이 이끄는 가스공장 노조를 위해 트로이 사람처럼 열심히 일했다.

에이블링의 부인이 사망하자, 독일인들은 이상적인 마르크스-에이블링 커플이 드디어 합법적인 부부가 될 것으로 기대했다. 에이블링이 어떤 위인인지 잘 몰랐던 것이다. 에이블링은 법적으로 자유의 몸이 되자마자 몰래 다른 사람과 결혼했고, 이 사실을 알게 된 엘레노어는 자살하겠다고 말했다. 에이블링은 둘의 문제가 그렇게 간단하게 끝나지 않도록 어떤 조치를 취하는 대신 그녀가 뜻대로 하도록 놔두었다. 그리하여 그녀는 스스로 목숨을 끊었다. 그녀의 언니는 단지 늙는 게 싫다는 이유로 그녀보다 먼저 자살했다.

그 결과, 에이블링은 위선으로부터 완전히 자유로운 신세가 됐다. 그때부터 그는 뭘 하든 숨기지 않았고, 부끄러워하지 않았고, 도덕적으로 망설이지도 않았다. 마르크스의 딸이 불행하게 죽은 것은 비극이었지만, 에이블링이 그녀의 죽음을 애도하거나 자신을 변명하기 위해 애쓰는 모습은 한 편의 희극이었다. 엥겔스가 독일 사민당에 고발하는 바람에 에이블링은 유럽 사회주의자들이 가장 저주하는 악당이 되었지만 꿋꿋이 자기 길을 갔다. 심각한 내과 질환을 앓고 있다는 진단을 받은 후로는 두려워하거나 후회하는 기색 없이 죽음을 기다렸다. 마지막에 그는 일몰의 장관 속에서 지켜보는 사람들이 입을 다물 수 없을 정도로 장엄하게 셸리의 시를 읊어대면서, 무신론계의 성자처럼 죽음을 맞이했다.

쇼는 이 사건의 어떤 부분에 주목했을까? 어떤 여자도 에이블링을 거부하지 못했다는 점이었다. 에이블링은 결코 잘생긴 사람이 아니었다. 키도 작았고 눈은 바실리스크(쳐다보거나 입김을 부는 것만으로도 사람을 죽일 수 있다는 뱀처럼 생긴 전설의 괴물) 같았으며, 파충류로서 동물학 박물관의 관심을 끌 수는 있어도 인간으로서 관심 끌기는 어렵게 생겼다는 소리를 들을 정도였다. 완전한 추남에 가까웠던 그는 미학적 불리함을 다 갖추고 있었으나, 목소리 하나만큼은 남다른 울림과 아름다운 톤을 지닌 금관악기 같았다. 사팔눈의 윌크스John Wilkes가 자기한테 15분만 주어지면 유럽에서 가장 잘생긴 남자와 대등해질 수 있다고 자랑했던 것이나, 미라보Mirabeau가 얼금뱅이 호랑이라는 소리를 들었음에도 여자들에게 인기가 많았다는 사실을 쇼는 알고 있었다. 그리고 에이블링의 사례를 눈으로 직접 확인했다. 그런 사례들을 알고 나니, 여자에게 인기 많은 게 별로 으쓱할만한 일은 아니라는 생각이 들었다. 그래서 그는 자신이 대화로 기분 좋게 해준 줄 알았던 어느 총명한 여류소설가가 다른 방으로 가서 (그가 뒤따라 온 줄도 모르고) "그 쇼라는 남자 정말 지루한 사람이야"라고 말하는 걸 들었을 때 안도감을 느꼈다. 그는 살면서 본능적인 호감뿐 아니라 본능적인 반감도 상대해야 하며, 자신에게 반감을 가진 사람들을 무장해제시킬 줄도 알아야 한다는 것을 깨달았다.

그건 그렇고, 쇼는 에이블링과 사이가 좋았다. 에이블링은 쾌활한 사람이었고 자신의 나이든 개를 무척이나 사랑했다. 천성이 잔인한 사람은 아니라는 뜻이다. 『의사의 딜레마』에 등장하는 루이스 뒤비다라는 인물은, 에이블링의 업적과 바그너가 쓴 『파리의 어느 음악가의 말로End of a Musician in Paris』와 죽은 남편을 신격화했던 어느 부인과의 서신을 바탕으로 탄생했다. 나는 쇼에게 살면서 에이블링 같은 사람을 또 보진 못 했냐고 물었다. 쇼는 아니라면서, 자기가 아는 목사 두 명과 퇴역 대령 한 명도 성격이 점잖고 좋은 사람들이었지만, 돈과 여자관계에 있어서는 완전히 비양심적이었다고 했다.

여자 문제에 관한 한, 쇼 역시 양심적인 부류로 간주하기는 어렵다. 영국의 혼인법은 지금도 그렇지만 예전에도 불합리했다. 빅토리아 시대의 이상이 입센에게 크게 한 방 먹고, 근본주의적 종교가 믿을 수 없을 정도로 노골적이 되어가자, 그러한 구시대적 이상과 종교에 반발하는 사회 분위기가 형성되면서 지식인들은 관습이나 종교를 더 이상 행위 기준으로 받아들이지 않게 됐다. 쇼는 입센주의를 주창했다. 오스카 와일드는 위대함이 살아 숨쉬는 매혹적이고도 재미있는 작품을 통해 인습적인 도덕을 조롱하며 깎아내렸다. 문명은 사람들이 자신에게 요구되는 행위를 하는 것-즉, 법과 관습을 준수하는 것-에 달려있다는 사실이 기존의 법, 관습, 신념에 대한 비판과 시대적 요구에 밀려 점점 잊혀 갔다. 사실 쇼는 『입센주의의 정수』를 쓸 때조차 그러한 부분을 염두에 두고 있었기 때문에 갈수록 더 큰 목소리로 그 부분을 지적했다. 친구들이 엘레노어-에이블링 커플처럼 불륜 관계를 맺는 것에 대해 상의할 때마다, 쇼가 여자들에게 하는 조언은 한결같았다. 여자는 합법적 결혼이라는 안전장치가 없으면 어떠한 경우에도 관계에 몰방해서는 안 된다는 것이었다.

쇼는 교회의 승인 없는 결혼은 무효로 간주하는 영국국교회의 '비밀혼인장애'를 혐오하긴 했지만, 현실에서 그러한 비밀 결혼이 이루어지는 경우는 아주 미미했다. 여자가 경제적으로 자립한 경우도 수적으로는 많지 않았다. 그러나 이런 사실과 관계없이, 쇼는 관습을 경시한다면 개인 생활에 너무 많은 충돌이 생겨서 사회주의자가 되거나 (자유연애와는 아무 상관없는) 불가지론자가 되는 데 방해가 될 것이라고 젊은 혁명 사도들에게 경고했다. "깨끗한 물을 얻기 전에는 더러운 물을 쏟아버리지 마라"는 속담을 쇼 버전으로 바꾸면, "새로운 관습을 확립하기 전에는 오래된 관습을 버리지 마라"였다. 쇼는 죽은 아내의 여동생과 결혼한 남자들이나, 범죄자 혹은 미치광이 배우자를 만난 탓에 부부의 연을 끊어야만 불행의 고리에서 벗어날 수 있는 사람들을 주변에서 많이 보아온 터라, 자신이 내세운 원칙이 언제나 실행가능하다고 생각하지는 않았다. 그러나 사람들에게 그러한 원칙을 상기시키기 위해 최선을 다했다.

한 가지 눈길을 끄는 사실은, 쇼가 플로렌스 파에게 이혼하라고 설득했음에도 불구하고(그녀를 버리고 떠난 남편이 언제 다시 나타나 법적 권리를 주장할지 몰랐기 때문이다), 또한 제니 패터슨이 혼자된 부인이었음에도 불구하고, 즉 얼마든지 결혼으로 이어질 수 있는 상황이었음에도 불구하고, 그들이나 쇼나 전혀 결혼할 생각을 하지 않았다는 것이다. 쇼는 그 여인들과 동거하지 않았고 그녀들의 체면은 계속해서 유지되었다. 쇼는 자유분방한 연애관의 소유자였지만, 아내라는 법적인 지위를 보장하지 않고 여자의 체면을 깎아내리는 행위만큼은 용납하지 않았다.

그는 동시대인들이 인생에서 섹스의 역할을 너무 과대평가하고 있다고도 지적했다. 『인간과 초인』의 마지막 장을 읽거나 공연을 직접 본 사람이라면 누구나 쇼가 가장으로 사는 삶은 한번도 생각해본 적이 없고, 칸트나 쇼펜하우어처럼 확고부동한 독신남으로 사는 것 말고 다르게 사는 것은 꿈도 꿔본 적이 없는 사람이라는 것을 짐작할 수 있다. 그는 본인이나 웹 부부의 경우처럼 자녀 없는 부부관계와 블랜드나 올리비에의 경우처럼 배우자이자 부모가 되는 부부관계가 법적으로는 동일시되더라도 항상 그 둘을 명확하게 구분해왔다. 그는 모든 연인관계가 제각각이라고 말하기를 좋아했으며, 부부관계도 마찬가지라는 것을 잊지 않았다. 자식의 유무에서만 차이가 나는 것이 아니다. 그레엄 월러스처럼 자식이 한 명인지, 아니면 올리버 로지처럼 자식이 여러 명인지에 따라서도 차이가 난다. 쇼의 친구 올리버 로지 경은 버밍엄에서 강연한 쇼를 위해 파티를 열었는데 젊은 청년들이 득시글거렸다. 파티가 계속되자 피곤해서 그만 자고 싶어진 쇼는 로지 경에게 속삭였다. "이 녀석들은 언제쯤 움직이려고 이러는 거야?" 말인즉슨, "이 청년들이 언제 집에 가려나?"였다. 그러자 올리버 경이 말했다. "애네들, 내 아들 녀석들인데?" 쇼는 좌절했다.

⟨16⟩
음악비평가
예술을 개인적인 문제로 만드는 능력이 그 사람을 비평가로 만든다

쇼는 아직 20대였을 때 채식 레스토랑에서 어느 문맹 골상학자[1]와 우연히 대화를 나누다 회의론자라는 비난을 듣게 되었다. "왜죠? 내 머리에서 존경심을 나타내는 부위는 튀어나오질 않았습니까?" 쇼가 물었다. 그러자 그 골상학자는 "튀어나오기는커녕 푹 들어가 있소!"라고 소리쳤다. 그 움푹 들어간 곳에서 쇼의 명성이 나왔다. 존경심 부족은 작가로서 그를 돋보이게 만든 특징이었고, 그를 비평가로 우뚝 서게 한 자질이었다.

T.P.오코너T.P.O'Connor는 아일랜드 출신 언론인이자 하원의원으로서 돈을 벌 만큼 벌자 1888년 런던에서 『스타』라는 석간신문을 창간했다. 『스타』의 기조는 1860년의 글래드스턴 자유주의에 아일랜드 자치주의를 가미한 것이었다. 아일랜드 자치주의를 제외하면 테이 페이(오코너의 애칭)는 그야말로 구시대인이었다. 부편집장 매싱엄은 좀 달랐다. 그는 테이

---

1 골상학Phrenology: 두개골의 형상에서 사람의 성격과 심적 특성, 운명 등을 추정하는 학문. 19세기 독일인 의사 프란츠 요제프 갈이 제안했다.

페이를 설득해 쇼에게 논설위원 자리를 맡겼다. 하지만 쇼의 짧은 사설들은 테이 페이를 당혹스럽게 했고(테이 페이는 앞으로 500년 동안은 그런 사설을 실을 수 없다고 못박았다) 그에게는 세상의 전부나 다름없던 자유주의 지도자 존 몰리와 관계가 불편해지게 했다. 몰리와 매싱엄 사이에 서게 된 테이 페이는 사람이 워낙 좋아서 쇼를 쉽게 해고하지도 못했다. 이도 저도 못하고 있는 그를 혼란 속에서 건진 사람은 바로 쇼였다. "정치적이지 않은 주제인 음악에 대해 일주일에 두 편씩 칼럼을 써보겠다"고 제안한 것이다. 테이 페이는 그 제안을 덥석 받아들이고 쇼에게 음악에 관한 한 마음대로 떠들어도 좋다는 백지위임장을 써주었다. 다만, "바흐 미사곡 B단조에 대해서는 절대로 언급하지 말 것!"을 조건으로 내걸었다. 쇼는 그러기로 약속했다. 하지만 그의 첫 평론 첫 문장은 "바흐 미사곡 B단조 공연에서 빈 좌석의 수는…"으로 시작했다.

쇼는 1888년 5월부터 1890년 5월까지 매주 2기니씩 받으며 코르노 디 바세토Corno di Bassetto라는 필명으로 음악을 포함한 많은 문제를 논했다. 코르노 디 바세토(바셋 호른)는 장례식에나 어울릴 법한 우울한 소리를 낸다. 그는 음악 비평이랍시고 쓰는 전문 용어들을 없애버릴 작정이었기 때문에 그보다 더 적당한 이름을 찾을 수 없었다. "심각함은 대단해 보이고 싶은 소인배의 허세"라고 그는 썼다. 보통 사람들이 음악에 관한 해설이나 책, 칼럼을 읽으면서 느끼는 숨막히는 지루함이 쇼가 기분전환 삼아 쓴 평론에는 전혀 없었다. 그는 4분음표나 8분음표를 모르는 사람들도 읽을 수 있는 글을 써서 영국 비평 역사상 최초이자 유일하게 일반인들도 음악 평론을 즐길 수 있게 했다. 엄숙함이 심오함으로, 불경스러움이 천박함으로 통하는 나라이니, 쇼가 자기 분야에 대해 잘 모르는 사람 취급을 받은 건 어찌 보면 당연한 결과였다. 그러나 그는 일반인들도 재미있어하는 글을 쓴다는 이유로 그에게 격분했던 학계의 그 누구보다 음악에 대해 더 잘 알았다. 그래서 패리나 스탠퍼드, 매켄지 추종자들과 음악계의 주요 거물들은 충격과 놀람 속에서 쇼에게 두 손을 들었다. 그런가 하면, 영국 최고의 작곡가 에드워드 엘가는 젊고 호기로운 음악 교사였던 시절 쇼의 재담을 무척이나 재미있게 읽어서 만년에 쇼를 만났을 때 쇼 본인도 오랫동안 잊고 있던 그의 평론에서 여러 구절을 인용할 정도였다.

쇼는 『스타』에서 2년을 보낸 후 『월드』에서 주급 5파운드를 받으며 4년을 보냈다. 『월드』의 편집장 에드먼드 예이츠는 윌리엄 아처의 추천을 받아 쇼에게 미술비평가에 이어 음악비평가 자리를 제안했다. 쇼는 기꺼이 응했고 그럼으로써 수많은 공격에 노출되었다. 사회에 첫발을 디디고 고군분투하며 쓴 서평과 미술 비평을 제쳐놓는다면, 비평가로서 쇼의 경력은 대략 세 단계로 정리할 수 있다. 그는 『스타』에서 천천히 걸으며 몸을 풀었고, 『월드』에서 본격적으로 달음박질에 돌입했으며, 『새터데이 리뷰』에서 힘찬 전력 질주로 마무리했다. 그는 좋은 비평가가 되기 위한 네 가지 핵심 덕목—읽기 쉽게 쓰는 능력, 불경스러움, 개성, 용기—을 갖추고 있었다. 예언자나 현자인 척하지도 않았다. "평생 나는 공정한 비평을 쓴 적이 없고 앞으로도 그런 비평은 쓰고 싶지 않다. 내가 바라는 것이 있는 한, 나는 바라는 것을 얻기 위해서 편파적일 수밖에 없으며, 내 모든 기지를 동원해서 사람들에게 내 생각을 전파해야만 한다." "어떤 예술가에 관해 사실을 완벽하고 정확하게 전달하는 것은 비평이 할 수 있는 일이 아니다. 비평은 기껏해야 비평가의 관점을 설명하고 그 관점에서 예술가를 묘사할 수 있을 뿐이다." 비평가로서 그의 자유롭고 솔직한 태도는 그가 고립을 자처한 데서 비롯된 면이 없지 않았다. 비평가 클럽을 만들자는 제안이 있었을 때, 그는 그 제안을 거절하면서 자신의 원칙을 설명했다. "확실히, 비평가는 어떤 클럽에도 속해서는 안 된다. 비평가는 누구도 알아서는 안 된다. 다시 말해, 비평가는 누구든 비판할 수 있어야 하고, 누구나 비평가를 비판할 수 있어야 한다. … 사람들은 내 비평에서 개인적인 감정이 드러난 부분을 지적하면서 마치 내가 경범죄라도 저지른 것처럼 말하는데, 그건 그들이 잘 몰라서 하는 소리다. 개인적인 감정 없이 쓴 비평은 읽을 만한 가치가 없다. 좋은 예술이건 나쁜 예술이건 예술을 개인적인 문제로 만드는 능력이 그 사람을 비평가로 만든다. 내가 개인적인 반감 때문에 악평했다고 주장하는 예술가가 있다면 그는 제대로 본 것이다. 사람들이 최선을 다하지 않고 어설픈 데다 자만하기까지 하면, 나는 그들이 싫어지고 밉고 혐오스럽고 그들의 사지를 갈가리 찢어서 그 조각들을 무대나 그 언저리에 뿌려버리고 싶어진다. … 그와 마찬가지로, 진짜 훌륭한 예술가들을 보면 마음 깊은 곳에서 존경심이 우러나오고, 그러한 존경심은 공정함이나 공평함 같이 되지도 않는 이상적인 개념들을 굳이 들먹이지 않고서도 충분히 표현해낼 수 있다. 나의 비평감이 최고조일 때 개인적인 감정이란 표현은 어울리지 않는다. 그것은 차라리 열정이라고 해야 한다. 예술적인 완벽함에 대한 열정, 다시 말해 소리와 풍경과 행위의 가장 숭고한 아름다움을 향해 타오르는 내 안의 열정이다. 모든 젊은 예술가는 비평가에게 그런 것을 기대해야 한다. 그리고 비평은 개인적인 감정과 무관해야 한다고 말하는 바보들을 무시해야 한다. 다시 말하지만,

진정한 비평가는 당신이 공연을 한 번만 망쳐도 당신의 적이 되고 당신이 좋은 공연을 보여줘야만 마음을 돌리는 사람이다. 그러니까 비평가들은 예술과 대중을 위해서는 이로울지 몰라도 사교계의 관점에서 보면 악마 같은 존재다. 비평가들이 사교 모임에서 다른 사람과 어울리는 건, 예술의 목적과 무관한 친분 때문에 부패할 수 있는 여지를 스스로에게 허용하지 않고는 불가능하다."

음악 비평에 매달린 6년 동안 쇼는 자신의 견해를 권위자들에게 맞추려고 애쓴 적이 한 번도 없었다. 그는 당시 비평가와 교수들이 미쳤다고 여기던 바그너를 옹호했다. 오페라 공연의 어리석은 전통을 비웃어서 코벤트 가든의 무료 좌석이 날아가기도 했다. 또, 당시 음악 비평가들이 글쓰는 방식을 그대로 적용해 햄릿의 독백을 '분석'함으로써 음악계 글쟁이들의 허세를 폭로했다. "셰익스피어는 관례적인 서두를 생략하고 그의 주제를 바로 동사원형으로 선언한다. 짧은 연결 문단 다음에는 동사원형의 형식이 반복된다. 연결 문단은 짧을지라도 선택문과 부정문들이 눈에 띄며, 반복의 의미는 상당 부분 그 문형들에 의해 결정된다. 이제 우리는 콜론에 당도한다. 그리고 관계대명사에 강세가 쏠리는 특수한 긍정 구절은 우리를 첫 마침표로 이끈다." 쇼는 문학비평가가 그런 식으로 글을 쓰면 의사 두 명과 치안판사에게 취조당한 다음 곧바로 정신병원에 끌려갈 각오를 해야 하는데, 음악비평가는 그런 식으로 글을 쓸수록 더 많은 존경을 받게 되는 것이 불공평하지 않냐고 물었다.

런던을 방문한 왕족을 위해 개최되는 음악회들은 그의 비웃음을 샀다. 페르시아 왕을 위해 열린 코벤트 가든의 음악회를 그는 다음과 같이 묘사했다. "공식 연주회 역사상 가장 사치스럽고 정신없고 엉망진창인 공연이었다. 보아하니, 상충하는 이견들을 조율하지 못한 것이 분명했다. 이를테면, 이런 의견들이 있었을 것이다. 1번 의견, 페르시아 왕은 평범하거나 다소 저속한 유럽인과 음악 취향이 비슷한 신사이다. 그러므로 그에게 「윌리엄 텔」 서곡을 들려주자. 2번 의견, 페르시아 왕은 바보다. 그러므로 도니제티의 오페라 「루치아」의 광란 장면을 들이밀자. 3번 의견, 페르시아 왕은 예술적으로 조예가 깊고 엄격하며 진지하고 독일적이다. 그러므로 베토벤의 「레오노라」 서곡을 연주하자. 4번 의견, 페르시아 왕이 어떤 사람인지는 중요하지 않다. 그에게 코벤트 가든이 할 수 있는 것을 보여주자. 다시 말해, 우리의 주특기 중 하나인 「파우스트」 4막을 상연하자. 5번 의견, 그 왕은 야만적이고 방탕하다. 그러므로 그런 자리에 몹시 부적절하면서도 우리가 아주 잘하는 작품인 보이토의 「메피스토펠레」 중에서 브로켄의 잔치 장면을 보여주자."

공연이 끝날 때 인기 가수들에게 화환과 꽃바구니를 선물하는 것은 당시의 일반적인 관습이었다. 쇼는 이렇게 기록했다. "호주의 프리마돈나 멜바 부인[2]은 무대에서 커다란 꽃바구니를 받았다. 영국의 신사 숙녀는 공연장에 올 때마다 항상 그런 꽃바구니를 갖고 와서 감동을 주체할 수 없는 순간이 오면 가수들에게 선물한다." 하지만 그 선물을 받는 사람들은 눈앞에 선물이 나타날 때마다 깜짝깜짝 놀란다면서, "어떤 사람이 감동했다고 즉시 마차 바퀴만큼 거대한 화환을 선물하는 것이 얼마나 말이 안 되는 일인지 잠깐이라도 생각해 보라"고 간청했다.

---

2 프랑스식 고급 디저트이자 베스킨라빈스의 아이스크림 이름으로도 유명한 '피치 멜바'는 멜바 부인의 열렬한 팬이었으나 공연장에서 미처 꽃다발을 전해주지 못한 프랑스의 요리사 에스코피에가 그녀를 위해 특별히 만든 디저트에서 유래됐다.

지휘자에서 가수, 연주자, 무대 감독, 동료 비평가에 이르기까지 누구도 쇼를 피해가지 못했다. 쇼는 자신이 "정확한 관찰력을 지니고 있다(그러한 능력이 결여된 사람들은 그걸 '냉소주의'라고 한다)"고 주장했다. 심지어는 독자들도 그에게 지적당했다. "머리에 일만 있고 놀이가 전혀 없으면 극도로 멍청한 사람이 된다." 영국인은 머릿속이 너무 빽빽해서 큰맘 먹고 필사적으로 노력해야만 겨우 지성을 가동할 수 있다는 것이었다. 보통의 런던 사람은 몸에 이상이 있는 게 아닌가 의심될 정도로 좋은 예술을 보고도 아무 감흥을 느끼지 못한다고도 했다.

쇼는 필하모닉 소사이어티[3]의 프로그램을 비판하면서 "지휘자들은 95세가 되면 전부 강제 은퇴시켜야 하고 가능하면 가스실로 보내야 한다"고 했다. 또, 주요 음악대학 교수들 — 프레데릭 코웬, 알렉산더 매켄지, 휴버트 패리, 빌리어스 스탠퍼드 — 이 어떻게 기사 작위를 받을 수 있었는지 설명하는 글을 쓰기도 했다. "나는 작문이 작곡보다 훨씬 더 어렵다고 확신한다. 하지만 작문을 교수에게서 배워야겠다고 생각해 본 적은 한 번도 없었다." 그러면서 그는 스탠퍼드의 오라토리오 「에덴」을 거론했다. "유명 음악가들을 비난하려면 대체 내가 누구여야 할까? 「에덴」이 걸작인지 의심스럽다면 패리 박사와 매켄지 박사에게 물어야 한다. 그러면 그들은 그 작품을 한껏 칭송할 것이다. 특히 매켄지 박사의 의견은 확고하다. 매켄지 박사가 스탠퍼드 교수와 패리 박사가 훌륭하다고 보증한 「오소서 성신이여 창조주시여」의 작곡자라서 그런 걸까? 패리 박사는 또 누구인지 알고 싶은가? 왜, 그 「축복받은 두 사이렌」의 작

---

[3] 1813년 런던의 프로 연주자들이 기악 공연 활성화를 위해 결성한 단체로, 1921년 100회 공연을 맞아 로열 필하모닉 소사이어티로 명칭을 변경했다. 1894년부터 퀸즈홀에서 공연했다.

곡자이다. 이 작품의 가치를 알고 싶다면 이번에도 매켄지 박사와 스탠
퍼드 교수에게 물어봐야만 한다." 그건 그렇고, 패리는 이미 완성한 두
작품을 태워버리라는 쇼의 충고를 들은 이후 더는 오라토리오를 쓰지
않았다.

쇼는 국제적인 명성을 지닌 음악가들의 묵직한 작품도 그냥 넘어가
지 않았다. "버밍엄 사람들은 드보르자크의 「레퀴엠」이 지독히도 지루
했던 나머지 그 작품을 가장 깊이 있고 인상적인 작품으로 - 그것도 만
장일치로 - 뽑았다. 나는 공허한 웃음과 함께 버밍엄의 결정을 기록하고
그 작품이 자신의 거창한 무게에 짓눌려 알아서 추락하도록 놔둘 작정
이다. 더구나 목요일 아침 공연장에서 내가 좌석을 찾고 있을 때 어느
남자 직원이 자신의 동료에게 나를 '무료 초대손님'으로 소개하며 우대
해줬는데, 그의 기대를 저버리고 싶지 않다." 구노의 오라토리오 「속죄
Redemption」에 대해서는 "곡이 시작하고 한참 후에 들어갔다가 끝나기 한참
전에 나오는 예방책을 마련한다면 별로 지루하지 않을 것이라는 말 외
에 달리 할 말이 없다"고 했다. 브람스의 「레퀴엠」은 진저리가 날 정도로
따분해서 아무리 지루한 장례식 음악도 그 곡 다음에만 나오면 발레곡
처럼 들릴 것이라고 했다. "누구에게든 두 번은 요구하면 안 되는 희생
이 있다. 그중 하나는 브람스의 「레퀴엠」을 들으라는 것이다." 쇼는 나중
에 브람스에게 사과했지만, 「레퀴엠」을 제대로 알고 나니 매우 재미있더
라고 말한 것이 다였다.

위대한 평론가들이 전부 그러하듯 쇼 역시 비평을 통해 자신을 드러
냈다. 그의 비평은 개인적인 여담이 가장 큰 매력이었고, 그가 의도적으
로 자신을 드러낸다는 것이 가장 큰 특징이었다. 그는 지체 없이 의견을

말했다. "나는 이 비유가 복잡하다는 것을 알고 있다. 하지만 상관없다. 이 또한 금세 이해될 것이다." 겉으로는 무책임해 보이는 그의 유쾌하고 즐거운 정신 상태는 그의 책 어느 페이지를 펼치더라도 분명하게 감지된다. 그의 책을 집어 든 사람은 그게 어떤 책이든 묘하게 솔직한 쇼의 목소리를 접할 수 있다.

"나는 기분이 좋아지는 착각 외에 다른 착각은 하지 않는다. 나는 나이로 치면 중년이지만 지혜로 따지면 원로이다."

"나의 지식이 여러분이 내 글을 읽고 짐작하는 것의 절반 수준도 안 된다는 것을 고백해야 한다고 해도 나는 전혀 개의치 않습니다. 귀머거리 왕국에서는 귀가 하나만 있어도 왕이기 때문입니다."

"언젠가는 슈만의 「젊은 음악가를 위한 충고 Advice to Young Musicians」에 덧붙일 부록을 써야겠다. 제목은 「나이 든 음악가를 위한 충고」가 될 것이며, 그 첫 번째 교훈은 다음과 같다. G.B.S.에게 성급히 반박하지 마라. 그는 음악에 관해 당신보다 적어도 여섯 배 이상 알기 전에는 절대 나서지 않는 사람이다."

"나는 담배도 안 피우고 술도 안 마시는 탓에 라운지를 어슬렁거려야 하는 상황에서는 마치 소매치기가 된 기분이 든다."

"불행히도 나는 몹시 원칙적인 사람이라서 내가 만약 천국에 있다면 한 2주 동안 열심히 일하고 1시간 동안 천상의 기분을 만끽하는 식으로 지내며 즐거움을 찾을 것이다. 아마도 불행을 제외하면 행복만큼 견디기 힘든 것도 없을 것이다. 이것이 오라토리오 작곡가로서 구노와 멘델스존이 헨델보다 열등한 이유이다."

"나는 영국 대중에게 진지한 사람으로 인정받을 만큼 따분해지기 위해서-물론 자연스레 감이 떨어지기도 했지만-세심한 자제력을 발휘하며 근 20년을 보내야 했다. 그렇다면 이제 나는 수상쩍은 인물이라는 의심에서 벗어났을까. 그건 장담 못 하겠다."

"나는 독창성과 끈기만큼은 그 누구에게도 뒤지지 않는다. 그러한 자질 덕분에 나와 내 관심사를 떠벌릴 기회도 잡을 수 있었다. 하지만 굳이 내가 칭찬받는 상황을 만들어서 대중을 역겹게 하지는 않는다. … 어떤 종류의 악평이든 나에게는 도움이 될 것이다."

"나의 추측이 옳다는 것을 개인적으로 확인하기 전에는 예술가에 대한 발언을 삼가는 편이다."

"사람을 미치게 만드는 피아노 연주를 장시간 감상한 후에는 가만히 앉아서 솜씨 좋은 전문가가 드릴로 나의 이에 구멍을 뚫게 하는 것만큼 위안이 되는 것도 없다."

"한 열두 명만 암살하면 런던에서 일류 관악기 연주자를 전부 사라지게 할 수 있다."

"초보 작가는 문학적 표현을 위해 안달하지만, 노련한 작가는 문학적 표현을 없애려고 애쓴다."

(술집 밖에 있던 코넷 연주자에 대해) "그 사람의 연주는 취향도 훌륭했고 연민을 자아내는 힘도 있었다. 하지만 놀랍게도 그는 음악인의 에티켓을 전혀 알지 못했다. 그가 돈을 요구하며 나에게 모자를 내밀었을 때 내가 언론인이라고 밝혔는데도 그는 여전히 나에게 돈을 바라는 눈치였다."

"어느 날 저녁 두통이 잠잠해진 것을 느끼면서 내가 한동안 연주회에 가지 않았다는 사실을 깨달았다."

"우리는 나이팅게일을 보면서도 그 새의 머리에서는 절대로 나오지 않을 시적 상상력을 부여해야만 직성이 풀린다."

(『스타』의 편집자 T.P.오코너에 대해) "우리 관계가 너무 껄끄러워진 나머지 다른 어떤 피조물보다 상대를 더 존경한다는 확신을 주고받아야만 하는 심각한 지경에 이르렀다."

1891년 6월 독감이 유행하면서 쇼에게는 또다시 음악보다 흥미로운 주제를 논할 구실이 생겼다. "내 생각에, 지난번 나의 기사 이후로 음악계에 일어난 가장 중요한 사건은 내가 독감에 걸린 것이다. 혹은 내 친구들의 말도 안 되는 주장대로, 독감이 나에게 걸린 것이다. 다행히 나는 그 몇 주 전부터 많은 비평가와 가수들이 감기로 무력해지는 것을 보아온 터였다. 그래서 아주 용의주도하게, 치료 과정에서 그들이 했던 것과 정확히 반대로 했고 그렇게 해서 단 하나의 업무도 거르지 않고 용케 회복할 수 있었다. 나는 의사의 조언과 암모니아 퀴닌을 멀리했다. 옷을 완전히 벗은 상태에서 창문을 열고 충분히 아침 공기를 즐긴 후 차가운 물로 목욕함으로써 열을 다스렸고, 북적이는 사람들의 열기로 가득한 세인트 제임스 홀과 으스스하게 추운 한밤의 리젠트 가를 왔다갔다하면서 내 몸을 자극했으며, 옷은 최대한 얇게 입었고, 가능한 한 침대에서 벗어나 있으려고 했으며, 거리에 대자로 뻗어서 쉬고 싶은 유혹을 뿌리칠 수 없는 상태가 되면(하루에 한 두 번 열이 최고로 치솟을 때 그랬다) 철책과 가로등 기둥을 부여잡았다. 남의 손을 빌리지 않고 나 스스로 결연하게 끼니를 챙겼고(물론 동물의 사체는 먹지 않았다) 술은 입에 대지도 않았다. 그 결과, 나는 헛소리를 하고, 열에 들떠 맥을 못 추고, 몸 여기저기(특히 안구)에 극심한 통증을 느끼고, 나중에는 야비하게도 머리로까지 침입한 감기에 48시간 내내 쫓겨 다니는 등 연이은 수차례의 대접전을 치른 끝에 적을 무찌를 수 있었다. 만일 내가 그 악마에게 약을 먹이고 술을 먹여 달래고 병원 치료비를 아낌없이 쏟아부었다면, 적어도 3주 동안은 『월드』에 음악이 없었을 것이라고 확신한다. 나는 전투를 치르기 전 5일 동안보다 전투 중 5일 동안 더 많은 일을 했다. 가수들은 이제 그들의 적을 어떻게 다루어야 할지 알 것이다. 의학을 자칭하지만 알고 보면 쓸데없는 주술에 불과한 행위에는 언제나 도전할 만하다. 그런 상황을 당당하게 극복하는 것은 명예로운 일이다."

1894년 5월 에드먼드 예이츠가 세상을 떠나자 쇼는 『월드』의 음악 비평가직을 사임했다. 예이츠의 후임자는 쇼에게 그 시즌이 끝날 때까지만 일을 계속해달라고 부탁했고, 그는 그렇게 했다. 그 후 그의 자리는 음악가로 활동했던 로버트 히친스가 맡았다. 음대 교수들과 공연 제작자들은 다시 숨을 쉴 수 있게 되었다.

⑰

여가
여가의 결핍이나 과잉은 머리를 굳게 만든다

"불행의 비결은 내가 행복한지 행복하지 않은지 고민할 시간을 갖는 것"이라고 쇼는 적었다. "치유책은 일. 일을 한다는 건 뭔가에 몰두하고 있다는 걸 의미하니까. 뭔가에 몰두해 있는 사람은 행복하지도 불행하지도 않다. 움직이며 살아있을 뿐. 그건 행복보다 기분 좋은 상태다. 그 일로 몸이 지치기 전까지는. 그래서 행복하려면 일단 피곤해져야 하는 것이다. 저녁식사 후의 음악회는 즐겁다. 하지만 아침식사 전의 음악회는 전혀 내키지 않고 그야말로 부자연스럽다. 과로하지 않은 사람은 휴가가 달갑지 않다. 과로한 사람이나 놀만한 여력이 있는 사람에게는 다소 성가셔도 휴가가 필요하다. 영구 휴가? 그것은 지옥의 또 다른 이름이다."

셰익스피어는 『헨리 4세』에서 휴일에 대해 이렇게 말했다.

매일매일이 노는 날이라면,
노는 것이 일하는 것만큼 지루해지겠지.

하지만 노는 날이 드문드문 온다면,
노는 날이 기다려지겠지.
드물게 일어나는 일만큼 즐거운 건 없으니.

그러나 셰익스피어도 쇼의 휴일 개념에는 동의하지 않았을 것이다. 쇼에게 휴일은 단지 '업무의 전환'을 의미했다. 쇼는 사회주의 운동을 하다가 지치면 희곡을 쓰는 식이었다. 비평가로 활동하던 시절 휴일에는 남아도는 에너지로 운동을 하거나, 정보를 수집하거나, 비평력을 발휘하며 시간을 보냈다. 그러니까 그가 글을 쓸 때는 그와 그의 독자들에게는 휴일이나 다름없었다. 예전에 그의 친구 하나가 그와 긴 여행은 같이 가고 싶지 않다고 한 적이 있다. 그 말을 전해 들은 쇼는 자신은 "항상 재치있게 얘기하려고 노력하지만, 그것도 어느 정도 시간이 지나면 피곤하게 들리기 마련"이라고 인정했다. 하지만 그의 재치있는 이야기도 그의 지칠 줄 모르는 호기심만큼 상대를 피곤하게 하지는 않았다. 그는 가만히 있을 때가 별로 없었고, 정신과 육체가 똑같이 활동적이었다. 일찍이 "그의 감각을 망각에 빠뜨린" 상대는 단 한 명뿐이었던 것으로 보인다. 쇼는 어느 일 없는 오후 산보를 나섰다가 무심코 들른 해군 전시회장에서 우연히 오스카 와일드를 만나 유쾌한 시간을 보냈다. 그들은 넬슨 제독의 '빅토리호' 모형과 "상상하기만 해도 멀미를 일으키는 P.&O. 선실"을 둘러보았다. "나나 와일드나 그 전시회에 왜 갔는지 모르겠다. 어쨌든 가긴 갔다. 우리는 대체 우리가 여기서 뭘 하는 거냐고 물으면서 낄낄댔다. 나로서는 와일드가 얼마나 대단한 이야기꾼인지 단독으로 경험할 기회였다. 그가 기막히게 잘 짜인 이야기를 했던 게 기억난다. 하나

일 때 효과적인 것이 여럿으로 늘어나면 어떻게 되는지를 보여주는 사례였다. 마크 트웨인의 이야기 중에도 그런 게 있었다. 피뢰침을 알게 된 한 남자가 자기 집 지붕에 피뢰침을 있는 대로 설치했다가, 뇌우가 퍼부으면서 하늘의 번개란 번개는 전부 그 지붕으로 몰려 집이 완전히 초토화됐다는 이야기였다.

와일드의 이야기는 그보다 훨씬 정교하고 고상했다. 어떤 젊은이가 공간을 획기적으로 절약할 수 있는 극장 의자를 발명했다(와일드는 그 기발한 발명품에 대해 자세히 묘사했다). 그의 친구 하나가 그 발명품에 관심을 보일 만한 백만장자 20명을 저녁식사에 초대했고, 그 젊은이는 자신의 발명품만 있으면 극장의 수용인원을 600명에서 1,000명으로 늘릴 수 있다고 거기 모인 이들에게 설명했다. 백만장자들은 돈을 더 벌 수 있다는 생각에 귀를 쫑긋 세우고 들었다. 그런데 안타깝게도 그 젊은이가 전 세계 모든 극장과 콘서트홀의 연간 수입을 계산하기 시작했다. 그다음에는 교회의 헌금 수입을 계산하고, 자신의 발명이 가져올 금전적, 도덕적, 종교적 효과에 대해 한 시간 동안이나 떠들다가 마침내 몇 천억의 효과가 있을 것이라는 결론에 도달했다. 요는, 그가 한창 떠드는 동안 백만장자들이 자리에서 일어나 조용히 나가버렸다는 것이다. 그리고 그 실패한 발명가는 백만장자들에게 평생 요주의 인물로 찍혔다.

와일드와 나는 그날 유난히 죽이 잘 맞았다. 나보다 더 입담이 좋은 사람을 만난 터라, 나는 말하지 않고 듣기만 했다. 그날 와일드는 나처럼 트위드 정장을 입고 키 작은 모자를 쓰고 있었다. 나는 그를 알아봤고, 프록코트를 입고 거들먹거리는 대신 로셰빌 가든에서 남몰래 행복한 시간을 보내고 있던 그 역시 나를 알아봤다. 그러니까 그는 자신이

하는 말의 미묘한 의미 하나도 놓치지 않고 경청해 줄 상대를 만난 것이다. 그날만큼은 그와의 만남이 성공적이었다. 모리스는 세상을 뜨기 전에 다른 누구보다도 와일드가 찾아오는 것을 더 반겼는데, 그 이유를 알 것 같았다."

쇼가 상대의 이야기를 가만히 경청할 수밖에 없었던 건 그때가 처음이자 마지막이었다. 쇼와 와일드, 그 둘의 차이는 로버트 로스가 들려준 이야기에서 잘 드러난다. "언젠가 샤르트르 대성당에서 쇼를 만난 적이 있습니다. 쇼는 제게 구경을 시켜달라면서 아는 걸 전부 끄집어내게 했어요. 제가 스테인드글라스 창에 대해 좀 알긴 합니다만, 질문을 어찌나 끝도 없이 해대던지 머릿속을 탈탈 털린 기분이었다니까요. 그렇게 한 시간을 보내고 나니까, 터키탕에 몸을 담그고 술 한잔 하고 싶다는 생각밖에 안 들더군요. 오스카 와일드라면 아마 그 창에 얽힌 멋진 이야기를 들려줬을 거예요. 물론 즉석에서 지어낸 이야기이겠지요. 아마도 저는 한 시간을 듣고 나서도 그에게 계속 얘기해달라고 졸랐을 겁니다."

쇼의 지식에 대한 허기는 채워질 줄을 몰랐다. 그가 떠난 해외여행은 평온한 사람들이 보기에는 일이나 다름없었다. 1891년 9월, 쇼는 예술노동자조합Art-Workers Guild 사람들과 함께 베네치아에 가게 됐다. 이 여행을 조직한 토머스 오키 케임브리지대학 교수는 채식주의자인 쇼의 식단 때문에 애를 먹었다. 정작 쇼 본인은 전혀 개의치 않았는데도 말이다. 오키 교수가 꾀를 내어 일행 중 한 명이 종교적 이유로 고기를 멀리한다고 수석 웨이터에게 귀띔하기 전까지, 쇼는 굶으면서도 즐거워했다. 오키 교수의 배려가 있고 난 뒤에는, 경건한 사람으로 대접받으며 편안하게 여행했고 입맛에 맞는 식단도 제공받았다. 하지만 쇼의 건축 취향은 경건한 사람들이 들으면 충격에 빠질 만했다. 쇼는 밀라노 대성당을 매우 비싼 웨딩케이크에 비교했다. "밀라노 대성당은 정떨어지더군요. 가장 큰 성당을 만들어보라고 백지위임장을 써준 결과가 이거다, 라고 말하는 것 같더라고요. 저는 산 암브로지오 성당이 더 마음에 들었습니다." 산 마르코 성당에 대해서는 기차역에나 어울리는 외관이라고 평했다. 요컨대 "건축학적인 면에서 베네치아는 내가 수년 전 런던 타워의 성 요한 예배당을 보고 느꼈던 것 같은 감동을 주지 못했습니다. … 그러니까 제 눈에는 이탈리아가 왠지 사기 같았습니다. … 여기 도착한 첫날에는 날씨가 어찌나 좋던지, 여기서 뭘 그려야 하는지 전혀 감을 못 잡은 화가는 터너밖에 없을 겁니다." 이렇게 쇼는 모리스에게 장문의 편지를 썼다. "왜냐하면 늘어만 가는 짜증을 조금이라도 해소하고, 이 스물일곱 명의 사람들이 만들어내는 끔찍한 고독에서 잠깐이라도 벗어나야만 했기 때문입니다. 이 중 한 스무 명은 아름다운 것만 아니면 세상 그 무엇에도 감탄할 수 있는 사람들처럼 보인답니다." 다행히 베네치아에는 교회나 관광객 말고도 시선을 끄는 것들이 있었다. "워커[1]와 카커렐[2] 얼굴을 보셔야 하는데. 얼굴이 완전 모기 사육장이 됐어요. 온통 붉은 흔적투성이지요. 저는 향을 태워서 모기를 막아냈는데, 그 연기가 어찌나 지독한지 저조차도 쓰러질 지경이었습니다. 저는 운이 좋게 벼룩도 막아낼

---

1 에머리 워커 Sir Emery Walker(1851-1933): 영국의 조판공, 인쇄업자, 사진가. 윌리엄 모리스와 함께 미술공예운동의 대표주자 중 한 사람. 카커렐과 함께 『신곡』, 『구약성서』, 『전도서』와 같은 에쉰덴 프레스의 걸작을 만들어냈다.

2 시드니 카커렐 Sir Sydney Cockerell(1867-1962): 도서관 사서로서 윌리엄 모리스와 존 러스킨의 영향을 받아 중세 예술에 관심을 갖게 됐으며, 모리스 사후에 켈름스콧 출판사를 운영했다. 쇼에게 T.E.로렌스(아라비아의 로렌스)를 소개해준 장본인이며, 토머스 하디의 유언집행인이기도 했다. 1908년부터 1937년까지 피츠윌리엄 박물관 관장을 지냈다.

수 있었습니다. 제가 땀을 마구 흘렸더니 벼룩이 제 몸에 자리잡는 것을 포기하더라고요. 피부가 축축하면 벼룩이 류머티즘에 걸리는 것 같습니다. 몇 초마다 점프해야 하는 곤충으로서는 아주 힘들고 불쾌한 질환이겠죠. 그래서 그런지 벼룩들은 금세 저를 떠나더군요." 곤돌라 사공들 역시 그의 기대에는 미치지 못했다. 그는 사공들이 대체로 타소Tasso의 시를 노래한다고 알고 있었다. "그런데 왜 그런지 제가 베네치아에 머무는 동안에는 그런 광경을 볼 수가 없었습니다. 적어도 제가 본 곤돌라 사공들은 그랬답니다." 1894년 그는 다시 한 번 예술노동자조합과 이탈리아를 방문했다. 제노바에서는 르네상스 시대의 고층 건물 3층에서 극장을 발견하고 기뻐했고, 궁전의 어마어마한 계단을 보고 감탄했다. 그러나 제너가 아이의 팔에 백신 접종하는 모습을 재현한 유명 조각가의 대리석 작품은 깨부수고 싶어했다.

쇼는 어릴 때부터 교회에는 거의 가지 않았다. 하지만 어쩐 일인지 이탈리아에서는 교회 나가는 사람이 되었다. 다만, "진짜 종교적인 사람에게는 거슬리기 짝이 없는, 하루에도 몇 번씩 열리는 매일 미사에는 가지 않았다. 만일 진짜 영적인 사람들-즉, 미사를 단순한 의식이나 기적 행위가 아닌 진정한 영적 교감으로 여기는 사람들-이 점잖고도 지적인 미사를 집전한다면, 사제들이 교회에서 자신들의 자리를 요구하는 것도 인간의 보편적 권리를 누리려는 행위로서 당연하게 받아들여질 것이다. 하지만 이탈리아의 사제들은 대개 청결하지 못한 데다가 환기가 잘 안 되는 퀴퀴한 방에서 지내다 보니 만성적인 코감기와 목감기에 시달려서, 라틴어로 빠르게 지껄이다가도 가래 섞인 기침을 하느라 몇 번이나 말을 중단하며, 제단의 대리석 계단 너머로 침과 콧물을 무섭게 튀

겨대는 통에 품위 있는 신도들을 불편하게 하고 두려움에 떨게 한다. 그런 꼴사나운 인간들은 제대로 행동하는 법을 배울 때까지 붙잡아서 내쫓거나, 목에 방울을 달거나, 잡아 가두거나, 격리하거나 아니면 그 모든 조치를 다 취해야 한다. 영국인 관광객은 이탈리아 교회에서 생각 없이 행동한다는 비난을 듣곤 한다. 설교 중에 돌아다니거나, 큰 소리로 떠들거나, 그림을 보겠다고 신도와 제단 사이에 불쑥 끼어들기도 하고, 심한 경우 돌 부스러기를 훔치거나 조각상에 자기 이름을 써놓기도 한다는 것이다. 하지만 미사 몰입을 방해하는 걸로 따지자면, 사제와 신도들이야말로 가장 큰 골칫거리라고 관광객들(특히 경험 많은 관광객들)은 입을 모은다. 편견 없는 사람이라면 이탈리아에 일주일만 머물러도 그 말에 고개를 끄덕이게 될 것이다. 나는 교회나 교회 밖에서 영국인들이 경솔하게 행동하는 것을 심심찮게 봐왔다. 성체성사 줄을 가로막고 그 앞을 지나는 종지기를 보며 눈썹을 멋대로 찡그린 채, '이 자는 대체 어디로 가는 거지?'란 말을 얼굴에 써붙이고 있는 눈치 없는 영국인들이 한둘이 아니다. 하지만 아무리 그래도, 교회관계자들만큼 습관적으로 거슬리게 행동하는 이방인은 본적이 없다. 성구관리인에게 팁을 쥐여주면, 그는 무릎 꿇은 신도들-매일 같이 되풀이되는 고된 노역과 궁핍한 일상에서 간신히 짬을 내어 성모마리아나 다른 성인들의 위안을 얻으려 그곳을 찾은 신도들-앞에서 당신이 굳이 예의 바르게 행동할 필요가 없다는 것을 알려준다. 미사를 집전하는 사제를 보면 그 신도들의 추잡함은 상상을 초월하는 수준임을 알 수 있다. 신도들은 외국인이나 이교도에게 험악한 표정을 지으면서, 그들도 같은 인간으로서 그 교회에 드나들 권리가 있다는 것을 부정한다. 어떤 상황에서도 그런 곳에 드나들 권리를 내주면 안 된다. 나는 그 반대의 권리, 즉 위대한 교회 건축가들이 세운 세계를 특정 종파가 독점해서 다른 사람들이 드나드는 걸 막을 권리가 있다는 소리는 들어본 적이 없다."

종교적으로 심오한 분위기는 바이로이트 페스티벌 플레이하우스가 가톨릭 성당보다 더했다. 쇼는 "불안스러운 북해를 건너야 한다는 생각만으로도 오장육부가 떨려왔지만" 바이로이트를 자주 찾았고 그곳 언덕의 향기로운 소나무 숲에서 즐거운 한때를 보내곤 했다. 바이로이트 여행은 불편했지만 그러한 불편함을 보상해주는 순간들이 있었다. "이번 주 나는 시련 속에서 글을 쓰고 있다. 나는 배 체질이 아니다. 밤새 요동치는 바다에서 이리저리 흔들렸는데 이제는 네덜란드의 덜컹거리는 객차 안에서 이리저리 흔들리고 있다. 벌써 다섯 시간째다. 만일 이 선로의 반대편에서 급행열차가 돌진해 와서 내가 탄 기차와 정면으로 충돌한다고 해도, 그래서 나를 포함한 모든 것이 박살나버린다 해도, 남자답게 죽을 수 있을 것 같다. 어쨌거나 웃으면서 죽음을 맞이할 수 있다는 것은 대단한 일이다. 그렇지만 삶을 너무 비참하지 않은 얼굴로 맞이할 자신이 있다면, 삶을 좀 더 즐겨야 한다.

이제 하루가 저물고 있다. 그리고 나는 아마도 인생은 살만한 것이겠거니 생각한다. 본에서 코블렌츠까지 라인 강을 따라 올라가는 길은, 오후에 출발해 밤이 되도록 몇 시간을 가야 했지만, 책에서 여러 유파의 풍경화로 봤을 때보다 훨씬 더 좋았다. 쾰른 성당도 한몫했다. 나는 스테인드글라스라면 사족을 못 쓴다. 쾰른 성당의 옛 스테인드글라스를 보면 기분이 좋아진다. 요즘 스테인드글라스를 보면 벽돌을 집어 들고 싶어지지만 그렇다. 고백하건대, 나는 저녁을 만끽하는 중이다. 물론, 옷을 벗고 침대에 누워 앞으로 열두 시간쯤 자고 싶기도 하다. 쾰른에서 비가 엄청나게 쏟아졌을 때 우비가 우스꽝스럽게 찢어지는 바람에 쾰른 어린이들에게 놀림 받았던 일이 사실이 아니었으면 싶기도 하다. 또, 시장의 상냥한 여인이 나의 아름다운 눈동자에 반해서 정말로 물건을 싸게 준 건지—포도 반 파운드와 배 여섯 개에 1파운드 11펜스 줬는데—아니면 사기친 건지 알고 싶기도 하고, 돌아갈 때 영불해협터널[3]을 통해 가고 싶기도 하다. 하지만 그럼에도 불구하고 지금 나는 태어난 것을 후회하지 않는다."

당시에는 「파르시팔」을 듣기 위해 전부들 바이로이트로 갔다. 다른 곳에서는 「파르시팔」을 들을 수 없었기 때문이다. 순례자들 대부분은 너무 독실해서 쇼가 주변 풍경에서 감지한 것을 보지 못했다. "바이로이트로 차를 타고 가면서 베데커Baedeker 여행안내서를 훑어보니 바그너 지역의 주요 볼거리는 대형 정신병원이라는 것을 알겠다. 신시장에서 만난 종교서적상이 '경고Warnung!'(독일어는 철자법조차 재미없다)라고 적힌 큼지막한 전단을 대뜸 손에 쥐여줘서 자세히 봤더니 바이로이트의 소매치기를 주의하라는 내용이었다. 파르시팔로 인한 좋은 현상이다. 중심가에 들어서자 의욕 넘치는 상인 한 명이 '초특급 신상품'이라며 '파르시팔 슬리퍼'를 켤레당 2마르크 50페니히에 팔고 있었다. 이 바이로이트라는 곳은 지독히도 어처구니없는 동네다. … 하지만 언덕에는 산책하기 좋은 숲이 있고 검은딸기와 산딸기를 비롯해 두 사람만 모여도 이름을 다르게 부를 것 같은, 바로 따서 먹을 수 있는 열매들이 많다." 첫 방문 이

---

3 영불해협터널Channel Tunnel이 현실화되기 훨씬 전이다. 이 터널은 1987년에 착공되어 1994년에 완공되었다.

후 20년쯤 지나서 바이로이트를 다시 찾은 쇼는 윌리엄 아처에게 다음과 같이 썼다. "이곳에서 적어도 극장만큼은 전혀 변하질 않았더군. 자네와 나와 딥딘Dibdin(그나저나 딥딘은 하늘나라로 갔다지?)이 함께 왔을 때랑 똑같아. … 정신병원은 여전히 극장의 빛에 가려져서 버려진 것 같은 분위기를 풍긴다네."

쇼는 「파르시팔」과 「트리스탄」에 감동했지만 구시대적인 무대연출에 대해서는 비판하지 않을 수 없었다. "바그너 숭배자 동지 여러분, 이 감동적인 축제를 감히 어떻게 비웃을 수 있냐고 물으신다면, 저는 이렇게 대답하겠습니다. '바그너는 죽었다. 그리고 바이로이트 페스티발 플레이하우스를 살아 숨쉬는 공간이 아닌 죽은 전통을 위한 사원으로 만들려는 사악한 계획이 이미 시작되었다!' 저 역시 열렬한 바그너 숭배자입니다. 그러니까 바이로이트 페스티발 주최측이 아무리 죽은 사자의 가죽을 뒤집어쓰고 있어도 제 눈을 속일 수는 없습니다." 성악가들은 열심히 노래했지만 밴덜러 리와 완전히 대치되는 창법을 구사했다. "바이로이트의 음악가들이 기대했던 것보다 별로라고 느낀 건 그들이 실수를 전혀 하지 않았기 때문인지도 모른다. 런던에서는 익숙한 자극이 바이로이트에서는 없어서 그렇게 느꼈는지도." 쇼는 구르네만츠의 노래를 늘 대처럼 울부짖듯 부르는 베이스를 보고 「파르시팔」의 지휘자 레비Levi에게 불만을 표하기도 했다. "화들짝 놀란 레비는 매끈한 벨칸토 창법을 경멸하면서 그 베이스는 독일 최고의 성악가라고 강조했다. 그리고 나한테 그자보다 구르네만츠 파트를 더 잘 부르는 성악가가 있으면 데려와 보라고 했다. 그래서 나는 그 파트라면 내가 더 잘 부를 수 있다고 똑똑히 말했다. 그러자 레비는 나를 미치광이로 여기고 포기했다."

쇼가 바이로이트에 대해 비판한 것을 독실한 바그너주의자들은 교회에서 소란을 피운 행위처럼 받아들였다. 한스 리히터Hans Richter가 지휘한 「뉘른베르크의 명가수」에 대해서는 쇼도 호평했다. 그렇지만 쇼가 비평가로서 활동을 접은 후 바이로이트 페스티발은 지크프리트 바그너[4]에 의해 좌우되기 시작했다. 지크프리트가 1890년대에 런던을 방문했을 때 쇼는 아버지 바그너를 추억하며 지휘자로서 지크프리트의 앞날을 축복해줬지만, 나중에 경험한 것은 실망뿐이었다. "지크프리트의 지휘는 화도 안 날 정도로 몹시 우울했다. 그래도 가톨릭 마을의 가든파티에 갔다가 높은 집안 출신의 보좌 신부한테 환대받는 기분이었다. 물론 그 보좌신부가 우리에게 차를 대접하지는 않았지만"

쇼가 바이로이트에서 "일을 쉬었다"고 하는 건 적절하지 않다. 그는 이렇게 적었다. "매일 오후 4시부터 밤 10시가 넘어서까지 정교한 연주를 꼼꼼하게 감상하는 것도 정말 못할 짓이다. 하지만 모르는 사람들은 내가 쉬는 줄 안다." 어쨌거나 그는 이름뿐인 휴가를 좋아했다. 1889년 9월의 어느 토요일 저녁에는 기분전환도 하고 시골 공기도 쐴 겸 윌리엄 아처와 함께 배를 타고 그리니치를 찾았다. 둘은 몰튼 극장에 가까스로 자리를 잡았고, 순회극단의 787번째 『도로시Dorothy』 공연을 관람했다. 『도로시』는 런던에서 길버트와 설리번의 오페라보다 훨씬 큰 성공을 거둔 뮤지컬 코미디로서, 『스타』의 독자들은 『도로시』에 대한 쇼의 비평을 읽고 즐거워했다. 프리마돈나가 비평가의 누이이고 테너가 매형이었다는 사실을 알았다면 더욱 즐거워했을 것이다.

---

[4] 지크프리트 바그너Siegfried Wagner(1869-1930): 리처드 바그너의 아들로 작곡가 겸 지휘자로 활동했다. 1908년부터 1930년까지 바이로이트 페스티발의 예술감독을 맡았다.

"테너는 예전에는 분명 인물 좋은 젊은이였겠으나, 이제는 포동포동한 지방덩어리가 되어 죽음이 그를 와일더 역과 갈라놓을 날만 기다리고 있는 것 같았다. 그의 말할 때 목소리는 듣기 좋았다. 제반 여건을 고려할 때, 그의 상냥함과 인내심은 높이 살만했다. 하지만 그의 본능은 700번이나 되풀이해온 자신의 배역에 저항하고 있었다. 그는 1막에서 노래하는 것을 잊어버렸고, 사그라드는 에너지와 쪼그라든 의지를 부여잡으며 「좋은 집안에서 태어났지만 Though born a man of high degree」을 불렀다. 마지막 '솔' 음을 부를 때는 지진이 난 줄 알았다. 그래도 그는 그리니치 주민들이 도살장에 제 발로 걸어들어와 앙코르를 외쳐주는 게 싫지 않은 모양이었다. ……

서커스 광대를 오페라 무대에 그대로 옮겨놓은 듯했던 코믹 파트는 무한 반복해도 될 것 같다. 그때 등장했던 신사는, 프리마돈나와 테너가 고등학생 수준의 연기를 펼치는 동안, 무대 뒤에서 프리실라라는 희극여배우를 사르사파릴라(청량음료)로 부르면서 큰 웃음을 이끌어냈는데, 그의 그런 장난기 어린 유쾌함은 절대 질리지 않을 것 같았다. 하지만 그가 아무리 지루함을 없애 놔도, 그의 익살을 적대적인 얼굴로 지켜보는 불행한 동료들에게로만 넘어가면 뭐든지 열 배는 더 지루해졌다. 나는 그 신사가 마지막 순간은 자신의 침대에서 맞이할 것으로 믿지만, 그가 그 점에 대해 너무 확신해서는 안 될 것 같다. 지루함은 어느 순간 사람을 죽일 수도 있기 때문이다.

여배우들이 가장 잘하긴 했다. 그러나 여자 인간은 양심이 아직 완전히 발달하지 않은 종족이다. 여자들은 칭찬과 보수가 주기적으로 주어지기만 하면, 평생 도로시 역만 하고 예술적인 자살 행위를 하려 하면서도 아무런 가책을 느끼지 않는다. 도로시 역을 맡은 배우는 자태가 뛰어난 젊고 아름다운 여인으로, (고상한 코미디를 위한) 턴브리지 웰스의 상류층 말씨부터 (재담과 저급한 코미디를 위한) 아일랜드 일반인의 말씨까지 다양한 억양을 자유자재로 구사할 줄 알았고 거슬리는 부분 하나 없이 노래했지만, 오히려 생기 없고 따분하다는 인상을 주었다. 그녀가 자기만족이라는 교착상태에 빠져 예술적 재능을 낭비하고 있었기 때문이다.

 2막이 끝날 무렵 갑자기 들이닥친 사냥개 무리는 뭔가 새로운 일이 벌어지기를 기대했던 게 분명하다. 개들은 이번에도 역시나 도로시라는 걸 알아보고는 의기소침해졌고, 그 모습이 측은했다. 동물학대방지협회가 나서야 한다. 법이 인간을 도로시로부터 보호할 수 없다면, 하다못해 개라도 도로시로부터 보호해야 한다.

 나는 3막까지 자리를 지킬 수 없었다. 내 친구는 졸음과 무거운 분위기 때문에 여러 차례 정신을 잃었다. 나는 조프리 와일더 역을 내가 백만 번째 연기하고 있는 느낌이었다."

 바람 쐬러 간다면서 『도로시』를 보고 온 걸 보면, 런던에서 9년이나 살았어도 쇼가 신선한 공기를 그리워하거나 하지는 않았다는 것을 알 수 있다. 문명화의 산물이었던 쇼는 친구이자 동료 채식주의자인 헨리 솔트가 소박한 기쁨이라고 찬양한 시골의 원시적인 공포 같은 것은 좋아하지 않았다. 솔트는 서리 힐즈 틸포드의 자기 집에서 며칠 같이 지내자며 쇼를 초대했다. 쇼는 이렇게 썼다. "솔트는 (템즈 강둑을 벗어나서 더 멀리 가자고 하지만 않으면) 같이 산책하고 대화하기 좋은 친구였기 때문에 결국 나는 그 실험에 참여하기로 했다. 뿐만 아니라, 힌드헤드라는 경치 좋은 동네의 정상까지 걸어가자는 제안에도 동의했다. 거기서는 남쪽 해안가로 이어지는 포츠머스 도로는 물론이고 세 명의 남자-단지 함께 시골길을 걷자고 한 사람을 살해한 남자들-를 교수형에 처한 장소까지 내려다볼 수 있었다.

일요일 아침 7시라는 비정상적인 시간에 일어나 워털루 역으로 이동하면서 보니 런던 날씨는 청명하고 건조했다. … 파넘에서 틸포드로 가는 길에는 언덕이 무려 6개나 있었지만 구름다리는 한 개도 없었다. 나는 그 언덕들을 넘으면서 올라갈 때는 발끝으로 내려올 때는 발 뒤꿈치로 디뎠다. 한 걸음 한 걸음 내디딜 때마다 진흙탕 속에서 발이 철퍼덕거렸다. 풍경이 점점 덜 인간적으로 바뀌면서 비가 거세지기 시작했다. 책이 눅진해지면서 표지의 붉은 색이 비에 젖은 내 회색 재킷으로 스며들었다. 자체 방수 능력을 지닌 여러 종의 새들이 숲에서 날아오르며 나에게 비웃음 섞인 소리를 질러댔다. 새들이 왜 걸핏하면 총에 맞는지 어느 때보다 잘 이해할 수 있었다. … 그때 손목에 느껴지던 소매의 감촉은 너무나도 차가웠다. 그 불쾌한 느낌을 최소화하기 위해 나는 양팔을 우울하게 쳐들었고, 바지가 무릎에 딱 달라붙어 있는 걸 보고는 곧바로 물을 한 바가지 짜냈다. 모자챙에서 빠진 염료 때문에 시커먼 물이 나왔다."

마침내 그는 솔트의 집에 도착했다. 옷은 벗어서 말렸고 갑작스럽게 재채기가 나와서 솔트 부인이 준 장뇌정〔강심제〕을 복용했다. 그는 죽은 사람처럼 잤고, 잠에서 깨자마자 시골을 둘러보겠다고 나섰다.

"프렌섬 연못은 기계장치를 제거한 급수시설처럼 생겨서는 우리 쪽에서 바람이 부는 쪽으로 쭉 뻗어 있었고 강풍이 불 때마다 연못이 머리부터 발끝까지 몸서리를 쳤다. 나도 마찬가지였다. 나는 솔트의 얼굴을 힐끗 봤다. 말로 표현할 수 없을 정도로 황량한 그 풍경에 낙담한 건 아닌지 살피기 위해서였다. 그런데 웬걸, 그는 그런 풍경에 익숙해져 있었고, 집으로 돌아가자마자 다음 날 힌드헤드에 갈 계획을 세우기 시작했다. 나는 그의 제안을 듣기만 했는데도 재채기가 재발했다.

다음 날 아침, 해 뜬 것도 보고 새가 지저귀는 소리도 들으려고 8시에 일어났다. 그런데 가만 보니 내가 그 집에서 제일 먼저 일어난 것이 아닌가. 산책 나갔다 돌아올 때까지도 아무도 일어난 사람이 없었다. 솔트는 바람이 북동쪽에서 부는 걸 보니 비가 올 일은 없겠다며 뛸 듯이 기뻐했다. 그리하여 우리는 아침을 먹고 힌드헤드를 향해 언덕을 넘기 시작했다. 엷은 안개가 껴서 그런지 소들이 매머드처럼 보이고 산등성이는 무슨 알프스 산맥처럼 보였다. 대피소가 안 보일 정도로 멀리 갔을 무렵 갑자기 비가 오기 시작했다. 솔트는 별거 아니라고 단언했다. 비는 북동풍을 절대로 이길 수 없다면서 말이다. 하지만 이겼다. … 솔트는 신이 나서 방방 뛰었다. 북동풍이 부는데 비 오는 날을 발견한 것이 그에게는 천문학자가 혜성을 발견한 것만큼 기쁜 일이었다. 솔트 부인은 나더러 다음에 꼭 다시 오라고 했다. 그 모든 상황을 보고도 말이다. 비에 대해서는 오리만큼도 걱정하지 않는 모습이었다. 그쯤 되자 그녀의 일상복이 실은 정교하게 고안된 수영복이 아닌가 하는 의심이 들기 시작했다. 솔트 부인은 정말로 행복해 보였다. 양 떼가 하늘을 향해 호소하듯 울어대고, 지나가던 암소가 친한 척하려고 다가간 나에게 마구 물을 흩뿌려서 내가 겨드랑이까지 흠뻑 젖게 된 상황이었는데도. …
집에 도착했을 무렵 내 옷에서는 요전날보다 물이 세 배는 더 많이 나왔다. 그 옷을 말렸다가 다시 입었을 때는 막내아우한테 임시로 빌린 옷처럼 되어 있었다.

저녁식사 후 걸어서 파넘까지 갔던 이야기는 굳이 할 필요가 없을 것 같다. 가는 내내 비가 왔지만 적어도 런던에 가까워지고는 있었다. 나는 기분전환도 해봤고 휴가도 보내 봤다. 그 결과 알게 된 사실은 그런 것들의 여파가 확실히 2주는 간다는 것이다."

이상하게도 쇼는 그런 일이 있은 후에도 솔트 부부와 이따금 휴일을 함께 보냈다. 헨리 솔트와는 인도주의나 채식주의에 대해 논했고 솔트 부인과는 피아노 듀엣을 연주했다. 솔트 부부는 쇼가 집안일을 잘한다는 것을 알게 됐다. 쇼는 자기 침대를 흐트러짐 없이 꼼꼼하게 정돈했고 식사가 끝나면 설거지를 돕는 등 성실하고 모범적인 태도를 보였다. 반면, 쇼 특유의 회의적인 태도는 솔트 부부를 불안하게 만들었는데, 그곳을 지나는 여행자들이 고생담을 늘어놓을 때면 특히 그랬다. 한번은 어떤 방문객이 자신의 끔찍한 상처에 관해 얘기하면서 그 상처가 죽을 때까지 갈 것 같다고 했다. 그러자 쇼는 그의 말에 동의할 수 없다며 한두 가지 날카로운 질문을 던졌다. 그 방문객은 자신의 진실성을 의심하는 반응에 몹시 불쾌해 하며 상처를 보여주겠다고 옷을 벗어젖히기 시작했다. 그냥 놔두면 피곤해지겠다고 판단한 쇼는 그 남자의 말을 무조건 믿겠다고 즉각 항복했다.

쇼를 손님으로 맞았던 몇몇 사람들은 쇼가 집안일에 지나치게 빠삭해서 헤어질 때 오히려 안도의 한숨을 내쉬었다고 했다. "모두들 쇼를 초대할 때는 그가 빛나는 재치로 분위기를 띄워주길 기대해요." 그를 초대했던 어느 안주인이 증언했다. "그런데 당신이 당신 동네에 대해 잘 알기도 전에 쇼는 당신 아들을 위한 학교를 골라주고, 당신의 유언장을 대신 작성해주고, 식습관을 바로잡아주고, 집안의 자문 변호사부터 가정부, 목사, 의사, 디자이너, 헤어디자이너, 부동산 중개업자 노릇까지 다 하죠. 모든 사람과 볼일이 끝나면, 아이들더러 반항하라고 부추기고요. 그러다가 자기가 할 일이 더 없다 싶으면 짐을 싸서 가버리고 당신에 관한 모든 것을 잊는답니다."

실제로 쇼는 구제불능의 참견쟁이였다. 몸이 아파서 자리보전을 해야 했을 때를 제외하면 20분 이상 처져 있는 적도 없었다. 사실 그는 일을 쉬엄쉬엄하려고 무던히도 애를 썼다. 1889년 크리스마스 때, 그는 잠을 못 자서 미치기 일보 직전까지 갔다. 캐럴 합창단이 화근이었다. "이번 주에 내가 들은 음악이라곤 '웨이츠'[5]의 연주뿐이다. 새벽 두세 시까지 일하다가 막 첫잠이 들었는데,「주 앞에 경배하세Ow, cam let Haz adore Im」가 코넷, 색스혼, 트롬본 소리로 울려 퍼지는 걸 듣게 되면, 마음의 평화가 깨지고 인간을 향한 선한 의지가 산산이 부서진다. 몹시 고된 한 달을 보내고 마지막 토요일을 맞았지만 내 머릿속은 온통 뒤죽박죽되어 있었다. 머리를 완전히 비우고 휴식을 취하지 않으면, 잔뜩 굳어 있는 머리가 다시 부드럽게 돌아갈 때까지 보름은 기다려야 할 게 뻔했다.

내가 할 일은 분명했다. 런던의 자석 같은 공기를 벗어나 지루하기 짝이 없는 곳으로 가서 머리를 비우고 느긋해지는 것이었다. 누군가 브로

---

[5] 웨이츠Waits 또는 Waites: 영국의 지역 연주자 단체. 주로 관악기 연주자들로 구성된다. 중세시대부터 19세기까지 영국에는 지역마다 공인된 웨이츠가 있었으나 1835년 지방자치단체법과 함께 웨이츠 제도가 없어지고, 크리스마스 기간 동안 지역 주민 누구나 참여할 수 있는 '크리스마스 웨이츠'의 형태로 남게 되었다.

드스테어스[6]를 추천했다. 나는 브로드스테어스가 와핑 지방의 명소인 줄 알고 있었다. 그런데 알고 보니 내가 한 번도 가본 적이 없는 유명 휴양지인 마게이트와 람스게이트의 중간쯤에 있었다."

그리하여 그는 브로드스테어스로 갔다. "앞으로는 누구든 운명을 탓하며 지루함을 찾아 나서지 말지어다. 이곳에 온 지 10분도 채 안 되어 나는 말로 표현할 수 없을 만큼 지루해졌다. 여기 공기는 최악이다. 나는 산소에 숨이 막혀 생쥐처럼 헐떡이고 있다. 여기 사람들은 그걸 '오존'이라고 부르며 대단하게 여긴다. 하지만 사람들에게서 칙칙한 테라코타 같은 껍질을 발견했다. 그들은 그걸 팔팔한 체력의 상징인 양 얘기한다. 오존을 들이마셨더니 그 끔찍한 석회가마 같은 껍질이 나에게도 막 생겨나려고 하는데, 사람들은 '확 달라 보인다'며 벌써부터 축하를 건넨다. 솔직히 먹는 것 말고는 아무것도 할 수 없을 것 같다. 내 머리는 평소처럼 작동하기를 거부하고 있다. 이곳에서는 누군가 요오드 병을 쏟은 것 같은 냄새가 진동한다. 바다는 탬즈 강의 블랙프라이어스 다리 밑보다도 더럽다. 춥기는 또 얼마나 추운지. 아직 묘지 근처에는 가지도 않았는데 말이다. 사실 이곳에 묘지 따위는 필요없을 것 같다. 집들이 냉장실이나 다름없어 시체를 몇 세대에 걸쳐 보관한대도 문제가 없을 거다.

나는 너켈스 플레이스Nuckell's Place에 묵고 있는데, 사람들 말로는 너켈 양이 『데이비드 코퍼필드』에 나오는 벳시 트로트우드의 실제 모델이었단다. 밖에 보이는 저 잔디밭은 그녀가 당나귀들을 쫓던 곳이라고도 했다.

---

6 찰스 디킨스가 1837년부터 1859년까지 주기적으로 방문했던 곳으로 유명하다. 디킨스는 브로드스테어스의 블리크 하우스에 머물면서 『데이비드 코퍼필드』를 집필했다.

길 아래 왼편에 있는 집은 디킨스의 '황폐한 집Bleak House'으로 불리던데, 다른 건 몰라도 만일 그 집이 내가 묵고 있는 방보다 으스스하다면bleaker 그만한 냉동고도 없을 것이라고 확신한다. 아무튼 이 모든 디킨스 열기는 오존이 만들어낸 환상에 불과하다. 오늘 아침 주민 한 명이 내게 말했다. '저기 오는, 풍랑에 얼굴이 그을린 나이 든 뱃사람이 보이십니까?' 나는 '네' 하고 대답한 다음 바로 말을 이었다. '실례지만 부인께서 무슨 말씀을 하실지 제가 맞춰보도록 하지요. 저 뱃사람이 커틀 선장(디킨스의 『돔비와 아들』 등장인물)의 실제 모델이라고 말씀하시려던 참이겠지요. 하지만 부인, 저는 코르노 디 바세토입니다. 그러니까 앞으로 브로드스테어스에 관한 일화에서 주인공은 제가 될 겁니다.' 나는 그렇게 말하고 지긋지긋한 오존 때문인지 쉴 새 없이 움직여야겠다는 기분이 들어서 느닷없이 왼쪽으로 돌진했다. 절벽을 쏜살같이 달려서 바닷바람에 소금기둥으로 변한 것 같은 등대를 지나쳤고, 돌밭에서 한번 넘어졌다 일어나 진흙밭을 거쳐 마침내 요오드와 오존과 숙박업소의 냄새가 뒤섞인 음울하기 짝이 없는 곳, 마게이트에 도달했다.

나는 곧장 기차역으로 가서 다음 기차가 언제냐고 물었다. '어디로 가십니까.' 역무원이 말했다. '아무 데나요.' 나는 대답했다. '아무 데나 내륙 깊숙이 들어갈 수 있으면 됩니다.' '2시 15분에 람스게이트행 열차가 있습니다. 6시까지 그 외에 다른 기차는 없습니다.' 나는 그래도 크리스마스인데 마게이트만큼 우울한 곳이 또 있겠냐 싶었다. 그래서 람스게이트행 열차에 올라탔다. 그랬더니, 하, 두 번째 정거장이 브로드스테어스가 아닌가. 무슨 운명의 장난인지, 나는 오존 때문에 배가 고파서 미칠 것 같았고, 결국 기차에서 뛰어내려 숙소인 너켈스 플레이스로 달려

가고 말았다. 그곳에 도착하니, 공포스럽고 경악스럽게도, 사람들이 소시지를 곁들인 칠면조를 의기양양하게 내왔다. '아이고, 선생님.' 그들은 나에게 타락한 모습을 조금 보이는 것도 괜찮다며 충고하듯 말했다. '크리스마스인데 고기를 드셔야지요.' 나는 소리쳤다. '분명히 말하지만, 나는 고기를 안 먹습니다.' '육수도 전혀 안 드십니까? 육수는 선생님 건강에도 좋을 텐데요.' 나는 겨우 화를 억누르며, 정중하게 사양했다. 그런데 그들이 또 나타났다. 기운이 넘쳐 흐르는 얼굴로, 이번에는 불붙인 브랜디에 그슬려 누리끼리해진 수이트〔소나 양의 지방〕를 들고 왔다. 나는 배려심을 총동원하여, 수이트와 고기, 불붙인 브랜디와 증류주는 그 차이가 너무 미미해서 차이가 있다고 말하기도 어려운 것들이라고 했다. 그랬더니 그들은 내가 제정신이 아니라고 생각하는 것 같았다. 여기 사람들이 정신적으로 나약하다는 것은 의심할 필요가 없다. 살을 에는 듯한 바람이 사람들의 세포를 너무 빠르게 파괴해서 사람들은 생각을 통해 세포를 단련시킬 엄두조차 내지 못하고 있다. 그들은 항상 회복하려고만 한다. 다시 말해, 먹으려고만 한다(그것도 주로 쇠고기를).

그래도 정말 오랜만에 바닷가를 걸었더니 감회가 새로웠다. 나는 어릴 적 아일랜드의 어느 아름다운 해안가에서 바다를 보고 듣는 법을 깨우쳤다. 아일랜드에는 망할 오존 같은 건 없다. 그저 건강한 바닷공기가 있을 뿐이다. 아일랜드에서는 산소를 들이마시겠다고 가슴을 있는 대로 펴고 코를 쿵쿵대며 꼴사납게 걸어 다니고 그것도 모자라 자기가 마치 새로 태어난 느낌이라는 걸 만나는 사람마다 각인시키려는 딱한 인간을 발견하기 어려울 것이다.

그건 그렇고, 나는 이곳에 내려와서도 웨이츠를 피하지 못했다. 역에서 50미터도 채 못 벗어나, 웨이츠의 노래가 한껏 울려 퍼지고 있는 현장을 목격했다. 하지만 이 해안가 마을의 보컬 주자들은 런던의 관악기 연주자들보다 훨씬 훌륭했다. 웨이츠가 노래를 매우 잘해서, 솔직히 체증이 좀 풀렸다. 화음 부분에서 남자아이 한둘과 저음부가 두드러지게 잘했는데, 아무래도 양심 있는 교회 성가대원들이 아닌가 싶다."

한 주가 가는 동안, 『스타』의 독자들은 곧 음악평론가의 부고를 접하게 되리라고 기대했다. 그러나 1890년 1월 3일, 쇼는 그들을 안심시켰다.

"어느 날 나는 뭐든 해야겠다는 마음에 사로잡혀, 벼랑 끝에서 마지막으로 하늘과 바다를 한 번 바라본 뒤 저 아래 바위들 사이로 곤두박질치려고 했다. 그 전 주가 아주 죽음이었다. 『에드윈 드루드』[7]에 나오는 소년이 '킨프리더럴Kinfreederal'이라고 부른 건물을 보려고 캔터베리에 갔었는데, 그 건물을 샅샅이 살피다가 성가대석과 신도석 사이에 새로 설치된 칸막이를 보고 좌절하고 말았다. 그 칸막이에 비하면, 코스타Costa가 모차르트 작품에 반주를 넣은 건 용서하고도 남을 일이었다. 불행한 킨프리더럴을 가만 내버려둘 수는 없는 걸까? 나는 화가 치밀어 올라 들판을 향해 냅다 뛰었다. 그렇게 18마일(29킬로미터) 정도를 방황하다가 정신을 차려보니 어느덧 브로드스테어스에 와 있었다. 나는 통속극을 보러 람스게이트에도 갔다. 하지만 열한 번째 살인 장면에서 극장을 나올 수밖에 없었다. 범죄 장면에 익숙해지면서 내 도덕관념이 무뎌지는 듯한 느낌을 받았기 때문이다. 최후의 수단으로, 나는 일자리를 찾아 노스 포어랜드 등대로 갔다. 하지만 거기 상주하는 조명 기술자와 얘기해보니(그와의 지적이고 사교적인 대화가 얼마나 위안이 됐는지!) 등

---

7 원제는 『에드윈 드루드의 비밀The Mystery of Edwin Drood』로, 찰스 디킨스의 마지막 미완성 소설이다.

대를 관리하는 회사인 트리니티 하우스는 등대지기로 젊은 사람을 원한다고 한다. 인생을 알 만큼 아는 사람이라면 그렇게 단조로운 일을 자진해서 할 리가 없기 때문이라나. 그 조명 기술자는 말했다. '등대에서 살다 보니, 이 안에 있는 우리 둘이 세상 사람 전부라고 믿는 그런 정신 상태에 이르게 되었습니다.'

앞서 밝혔다시피, 킨프리더럴과 등대와 통속극을 섭렵하고 나자, 이제 할 수 있는 일은 자살밖에 남지 않은 것 같았다. 그렇지만 절벽에서 몸을 던지고 싶지는 않았다. 『잉글리시 일러스트레이티드 매거진English Illustrated Magazine』에 월터 베산트[8]가 쓴 입센의 『인형의 집』 속편을 막 읽고 난 후였기 때문이다. 내가 자살하면, 사람들이 월터 베산트보다 입센을 훨씬 좋아한 타락자의 말로라고 수군댈 것 같았다. 더구나 자살은 내가 아니라 그런 일을 벌인 월터 쪽에서 해야 할 터였다. 그렇지만 나는 여전히 따분해 죽기 직전이었기 때문에 그 순간 그럭저럭 시간을 보낼 방도를 쥐어짜지 않았다면 살아남지 못했을 것이다. 문득 이런 생각이 떠올랐다. 비평할 음악을 달라고 런던에 전보를 치면 어떨까? 비평이 자살보다 나은 점이 하나 있다. 자살은 자기 자신을 괴롭히지만, 비평은 다른 사람을 괴롭힌다. 바닷가여서 그랬는지 그런 생각이 들었다. 나는 즉시 런던에 전보를 쳤다. 그리고 적절한 때에 소포가 도착했다.

나는 모든 음악을 세심하게 들어봤다. 그런데 일주일 만에 해고 통지를 받았다."

---

8 월터 베산트Walter Beasant(1836-1901): 영국의 소설가이자 역사학자. 소설 외에도 런던의 지형과 역사를 소재로 광범위한 저술활동을 펼쳤다. 프리메이슨으로도 활동했으며, 동생 프랭크 베산트는 애니 베산트의 남편이다.

쇼는 지정된 축제 기간을 좋아해 본 적이 없다. 특히 크리스마스를 싫어해서 그 기간에는 런던에 있느니 차라리 시골에 가는 것을 선호했다. 어느 해인가에는 와이$_{wye}$ 계곡에 갔다가 이렇게 적었다. "조용하고 아름다운 언덕과 매혹적인 계곡, 형용할 수 없을 정도로 맑고 풍요로운 겨울 색채의 땅이었다. 그런 곳인데, 원주민들이 역병에서 도망치듯 이곳에서 도망치고 있다는 이야기를 해야 하다니. 이곳의 인적 드문 거리에서는, 일과를 마치고 밤하늘의 별빛을 받으며 영혼과 그림자 사이를 방황하다가도 잠깐씩 걸음을 멈추고 삼라만상의 고요하고도 경이로운 음악에 귀를 기울일 수 있었는데, 이제는 거무튀튀한 도로와 가스등과 우스꽝스러운 곡을 연주하는 기계 피아노 소리가 미친 듯이 몰려오고 있다." 크리스마스를 오래된 장원 영주의 저택(켈름스콧에 있는 모리스의 집)에서 보낸 적도 있다. "그곳에서 축제 기간임을 잊고 지내자는 데 다들 동의했다." 하지만 그들은 성공하지 못했다. 어느 날 저녁에 지역 무언극단이 방문해 재미와는 거리가 먼 가극을 선보였기 때문이다. "관객이었던 우리는 명절의 전통을 지키는 영국의 선한 신사숙녀인 척해야 했다. 우리와 배우들 중 누가 더 당황했는지는 알 수 없다. 살면서 그렇게 무안했던 적이 없었던 것 같다. 집주인은 놀라울 정도로 그 상황을 잘 수습했지만, 실은 나와 같은 심정이었다고 고백했다. 아무튼 공연을 마친 배우들이 우리에게서 한시바삐 벗어나려는 것을 보고 그들을 편안하게 해주려고 했던 우리의 노력이 하나 소용없었다는 것을 알 수 있었다. 우리는 순전히 따뜻한 마음으로 그들을 맞았고 불가에 둘러앉아 오손도손 대화를 나누고 싶어했다. 하지만 우리는 영주인 척하고 그들은 노예인 척해야 하는 전통이 그걸 가로막았다. 결과적으로 우리는 크리스마스의 엉터리 같은 전통 때문에 손님을 불편하게 만든 셈이었다. 아무튼 서로 너그럽게 용서하고 용서받는다는 것 말고 크리스마스가 우리를 기쁘게 한 건 하나도 없었다."

쇼는 정신 혹은 육체노동을 어마어마하게 해야만 휴가가 견딜만해졌다. 그에게 가장 행복했던 휴가는 총선 때문에 여기저기 연설하러 다녔을 때다. "걱정 많고 분망한 런던의 사교 시즌이 끝난 후, 타자기에서 손을 떼고 밀려드는 우편물에서 해방될 수 있는 탁 트인 야외로 가서 사람들의 얼굴을 바라보며 내 뜻을 전달하는 것은 건강에 좋은 일이다."

아마도 쇼가 가장 조용하게 보낸 휴가는 시드니 웹과 함께 한 휴가였을 것이다. 한번은 네덜란드와 벨기에에서 보냈고(쇼에게는 최초의 외국 여행이었다), 한번은 독일 오벨암메르가우에 그리스도 수난극을 보러 갔다. 세상 모든 것에 관심이 있었던 웹은 쇼가 온갖 미술관과 교회와 종탑으로 자기를 끌고 다니게 놔두었다. 둘은 사회주의만 빼고 지구상의 모든 것에 관해 얘기했다. 오벨암메르가우에서 쇼는 웹과 등산을 함께하려고 갖은 노력을 다했으나, 웹은 히스꽃이 무성한 산밑에 남아 쇼의 하산을 기다리겠다고 했다. 웹은 지루하지 않았다. 장차 아내가 될 베아트리스 포터에게 끝나지 않을 것 같은 연애편지를 쓰고 있었기 때문이다. 그 편지에는 어떠한 사실도 수치도 없고, 하나 더하기 하나를 둘이 아닌 열하나로 만드는 그의 설명만 있을 뿐이었다. 플랑드르에서 쇼는 웹의 놀라운 기억력을 눈으로 직접 확인할 수 있었다. 베개 크기만 한 서류 꾸러미를 영국 식민성(현 외무연방부)에 보낼 일이 있어서 우체국에 갔을 때였다. 나폴레옹 같은 외모로 프랑스인 뺨치게 생긴 웹은 영어와 프랑스어를 유창하게 구사하면서 소포의 무게를 재는 우체국 직원에게 소포 비용은 딱 한 푼(5쌍띰)이라고 알려줬다. 그러자 우체국 직원은 어이없어하며 웹을 가르치려고 들었다. 웹은 요금의 근거가 되는 규정은 물론이고 그 규정이 어느 책 몇 페이지 몇째 줄에 나오는지를 상세하게 밝혔다. 우체국 직원은 눈빛이 흔들리더니 상사에게 가서 규정에 대해 문의했고 웹의 말이 맞는다는 걸 확인했다. "그 사건 이후로" 쇼는 말했다. "웹은 반 푼도 안 되는 돈만 내고 빨래를 전부 집으로 부쳤지." 그렇게 걸어 다니는 백과사전이자 계산기였던 시드니 웹에게는 또 다른 면이 있었다. 하를럼Haarlem에서 울름Ulm을 향해 가던 어느 날, 그들이 타고 있던 전차에 경찰이 탔다. 경찰은 어린 죄수 한 명을 데리고 있었는데, 어린 나이에 손목이 긴 쇠사슬에 묶인 채 엄한 감시를 받는 모습이 무척이나 안쓰러워 보였다. 쇼와 웹은 마침 그 지역 명물인 마지팬을 잔뜩 사놓고 먹을 기회를 기다리던 중이었다. 기차가 다음 역에 도착하자, 경찰관은 자리에서 일어나 어린 죄수에게 따라오라고 손짓했다. 고개 숙인 어린 죄수가 지나가자 웹은 깜짝 놀랄 만큼 능란한 솜씨로 자기 주머니에 있던 마지팬을 소년의 주머니로 슬쩍 옮겨 넣었다. 그러자 믿을 수 없는 일이 일어났다. 질책일 줄 알았던 것이 실은 연민임을 알게 된 소년이 고개를 들고 자신감을 되찾은 것이다. 그 후 소년은, 바라건대, 아마도 당당하게 잘 살지 않았을까.

계획과 실행에 있어 바로 그런 태도가 시드니 웹의 진짜 모습이라고, 쇼는 말했다.

1890년대에 쇼는 수영과 자전거 타기를 즐겼다. 그는 서른아홉이 되던 1895년 봄 비치헤드Beachy Head의 목조 호텔에서 웹 부부와 함께 지내면서 자전거 타는 법을 배웠다. "내가 낑낑대는 걸 보고 해안경비대가 빵

터졌다. 내 작품을 공연할 때도 그렇게까지 웃는 관객은 본 적이 없었다. 내 몸을 던져 남을 웃기는 데 성공했으니, 이제 내가 다른 사람을 보고 웃어줄 차례라고 생각했다." 그래서 그는 막스 노르다우 박사를 비웃는 긴 에세이를 썼다. 춤 역시 쇼의 체육활동 중 하나였다. 춤을 추다 비롯된 웃기는 일화도 있다. 1890년 2월의 어느 저녁, 쇼는 알함브라 극장[9]과 엠파이어 극장[10]에 발레 공연을 보러 갔다가 빈센티Vincenti라는 무용수를 보고 충격을 받았다.

"그렇게 한껏 기분전환을 하고 집에 도착하니, 눈앞에 아무도 없는 피츠로이 광장이 펼쳐져 있었다. 춥고 건조하고 상쾌한 밤이었다. 피츠로이 광장은 둥근 울타리로 둘러싸여 있고 그 주위는 차도가 감싸고 있어서 마치 거대한 공연장 같았고, 나는 빈센티처럼 한 바퀴 돌아보고 싶은 충동을 억누를 수가 없었다. 그렇게 도는 건 정말 어려웠다. 한 열네 번쯤 넘어졌을 때 경찰관 한 명이 다가와서 나를 일으켜줬다. '여기서 뭐 하시는 겁니까? 5분 동안 계속 지켜보고 있었습니다.' 경찰관이 나를 붙잡은 채로 물었다. 나는 열정적이면서도 알아듣기 쉽게 술술 설명해줬다. 경찰관은 잠깐 망설이더니 이렇게 말했다. '그럼 제가 한번 해볼 테니까 이 헬멧 좀 들고 계시겠습니까? 별로 어려울 것 같진 않은데요.' 잠시 후 그의 코는 곧장 자갈도로에 처박혔고, 바지가 찢어져 오른쪽 무릎이 나오고 말았다. 그는 멍이 들고 피가 났지만 단호해 보였다. '조금만 하면 될 것 같은데, 이번에는 해내고 말겠어요. 코트가 거치적거리는

---

9   영화의 광장으로 유명한 런던의 레스터 스퀘어에 자리했던 공연장. 1936년 철거되면서 지금의 오데온Odeon 극장에 자리를 내주었다.

10 역시 레스터 스퀘어에 자리한 극장. 1884년 문을 연 이래 지금까지 운영되고 있다.

것 같네요.' 우리는 둘 다 코트를 벗어서 울타리에 걸어놓고 다시 돌기 시작했다. 프로 권투시합을 뛰었어도 그렇게까지 다치고 깨지지는 않았을 것이다. 그래도 우리는 굴하지 않았다. 새벽 4시쯤 되었을까, 마침내 그 경찰관이 멈추거나 넘어지지 않고 두 바퀴를 도는 데 성공했다. 그때 어떤 경위 한 명이 오더니 그에게 그게 경찰 업무냐고 따지듯이 물었다. '경찰 업무가 아니라는 것은 인정합니다.' 그 경찰관은 대답했다. 새로운 성공을 거두더니 태도가 좀 더 대담해진 듯했다. '그렇지만 경위님은 이걸 하지 못한다는 데 반 파운드를 걸겠습니다.' 그 경위는 시도하지 않고는 못 배길 것처럼 보였다. (내가 바로 그의 눈앞에서 무척이나 매력적인 자태로 뱅글뱅글 돌고 있었기 때문이다.) 그는 한 삼십 분 만에 실력이 확 늘었다. 나중에는 새벽에 일하는 집배원과 우유배달부까지 가세했는데, 우유배달부가 그만 다리가 부러지는 바람에 다른 세 사람이 그를 병원으로 데려갔다. 그즈음 나는 완전히 녹초가 됐다. 침대까지는 어떻게 갔는지도 모르겠다. 참 어이없는 사건이었다. 하지만 빈센티의 공연을 본 사람이라면 그런 일이 있었다는 게 전혀 놀랍지 않을 것이다."

이 거짓말 보따리 같은 이야기는 쇼가 진실을 어떤 식으로 전달하는지를 보여주는 하나의 예다. 이 이야기를 들은 사람들은 빈센티의 공연이 어떤 효과를 가져왔는지 생생히 기억하게 될 것이다. 나는 쇼의 그런 화법을 비난했다. 그러자 그는 아무 꾸밈 없는 설명이란 진실도 거짓도 아니며 아무것도 말하지 않은 것이나 다름없다고 주장했다. "『애뉴얼 레지스터』(연감)를 처음부터 끝까지 읽어 봤자 전혀 현명해지지 않아. 하지만 『천로역정』이나 『걸리버 여행기』를 읽으면 인간사에 대해 알아야 할 것들을 웬만큼 다 알게 되지."

⟨18⟩

더 노토리어스
예술 문제에 관한 한 나는 인정사정없다

음대 교수들이 한숨을 돌리는 동안, 극작가와 배우와 극장 운영자들은 숨을 죽이고 있었다. 1895년 1월 첫째 주 쇼가 『새터데이 리뷰』에서 연극 비평을 시작한 것이다. 보수는 주당 6파운드로 3년 반 동안 그대로였다.

새로운 편집장 프랭크 해리스는 성격은 만만찮았지만 언론과 사상의 절대적이고 무한한 자유를 믿었다. 언젠가 쇼는 그에게 "자네는 에스파냐 대해안에서 가장 시커먼 해적기를 올리고 가장 붉은 머리띠를 두르고 있지만 가장 예민한 피부를 지닌 해적일세"라고 썼다. 쇼가 연락을 받고 직접 해리스를 찾아간 날 그들의 첫 만남에 대해서는 이런 기록을 남겼다.

"그는 완벽하고 유창한 독일어로 방문객을 상대하고 있었는데, 그 모습이 나에게는 무척 인상적이었다. 나의 외국어 실력은 언어를 다루는 사람치고는 형편없었기 때문이다. 나는 그의 세련된 웅변술도 알아봤

---

1 카리브해 연안. 16C-19C 식민지 시대 스페인 무역선의 주요 무역 통로로 해적이 들끓었다.

다. 그렇지만 나 역시 연극제작자이자 대중연설가로서 연극적 속임수를 쓰는 말 따위에는 넘어가지 않는 전문가였다. 아무튼 그는 나에게 딱 맞는 편집자로 보였다. 그러나 내가 먼저 그를 괴롭히지 않으면 그가 나를 괴롭힐 것 같았다. 나에게 쓸모있는 편집자들은 전부 그런 유형이었다. 나는 아주 부드럽게 그를 괴롭혔다. 그가 수상운동을 하다가 자기 몸이 얼마나 망가졌는지 얘기하길래, 나는 즉시 왕립의과대학 학장 같은 태도로 '술을 하십니까?'라고 심각하게 물었다. 그는 화들짝 놀라더니 이내 그 상황을 받아들이고는 나에게 자신의 증상과 식습관 등에 대해 한참 설명했다. 그 후로 우리는 조금도 거리낌 없고 친밀한 사이가 되었다."

둘은 거리낌 없는 사이였는지는 몰라도 친밀한 사이는 아니었다. 쇼는 그와 별로 가깝게 지내지 않았다. 누군가와 친해지려면 취향을 공유하고 일 외적으로도 꾸준히 만나야 한다. 해리스는 대식가이자 술꾼이자 카페와 도박장의 단골손님이었으며 공갈범이었고 자기 말로는 종종 간통도 한다고 했다. 쇼는 그 어느 것에도 해당하지 않았다. 해리스가 쇼를 카페 로열 점심 회식에 초대했고, 쇼는 순전히 그곳의 경제원리를 알아보기 위해서 한두 번 그 초대에 응했다. 하지만 해리스와 그의 손님들이 와인과 고기 잔치를 벌이는 것을 마뜩잖아했고, 자기 혼자만 주문한 그곳의 마카로니 가격을 수긍할 수가 없었다. 쇼는 해리스와 거의 사무실에서만 만났는데, 그마저도 해리스에게 어떤 소송이 걸려 있을 때 이길 가능성이 없다는 것을 알려주기 위해 몇 번 방문한 것이었다. 요컨대, 쇼는 해리스에 대해 대략적으로만 알고 있어서 해리스에 대한 그의

견해는 믿을 만한 게 못되었다.[2]

예이츠처럼 프랭크 해리스는 일류 편집자로서의 주요 덕목을 갖추고 있었다. 글을 보는 안목이 있었고, 기고자의 자유재량권을 전적으로 존중했다. 그리하여 쇼는 연극계를 바로잡는 일에 나설 수 있었다.

당시 연극 무대에서 독보적인 인물은 헨리 어빙 경이었다. 그가 운영하던 라이시엄 극장은 영국 연극 예술의 중심지로 통했다. 앞서 나왔다시피, 쇼는 더블린에서 어빙을 보고 그가 현대극의 선두주자가 될 것으로 예상했다. 그렇지만 어빙은 저 나름대로 추구하는 바가 있었다. 구식 멜로드라마에서 이상한 인물을 만들어내지 않으면 셰익스피어 작품에 난도질해서 자신의 특이한 성격을 더욱 부각시키려고 했다. 쇼가 보기에 어빙은 그것만으로도 이미 충분히 잘못하고 있었다. 그런데 마치 주인공이 되기 위해서 태어난 것 같은 역대 최고의 여배우까지 어빙의 사단이 되자 쇼는 더 이상 수수방관할 수가 없었다. "예술 문제에 관한 한 나는 인정사정없다." 그는 이렇게 썼다. "예술이 퇴보하거나 재능이 쓸데없이 낭비되는 것을 보면, 아무런 거리낌 없이 무언가를 증오하는 것이 가능하다는 사실을 깨닫게 된다." 연극이건 오페라건 심포니건 예술 작품이 살해당하는 걸 보면 몹시 포악해진다고, 쇼가 전에 나에게 말했다.

쇼는 런던에 오고 나서 얼마 안 됐을 때 T.W.로버트슨의 『우리Ours』란 작품에서 엘렌 테리를 처음 봤는데 비중 있는 역할이 아니어서 그랬는

---

2 〔저자 주〕 쇼는 이런 견해를 당연히 인정하지 않았다. "해리스는 심하게 비호감이었어. 그는 흉폭한 불한당처럼 생긴 데다 자신보다 괜찮은 사람들을 위협했으니까." 쇼가 나에게 편지로 말했다. "그의 멋진 목소리며 신중하게 계산된 태도는 사람들을 압도했지. 하지만 줄리아 프랭코(필명 프랭크 댄비)나 나를 압도할 수는 없었어. 우리는 다른 사람들이 모르는 프랭크의 딱한 면을 알았거든."

지 특별한 인상은 받지 못했다. 그 후, 어빙의 『두 장미』처럼, 엘렌 테리에게 기념비적인 작품이 된 『새로운 사람들과 오래된 땅New Men and Old Acres』에서 쇼는 그녀를 다시 봤다. "나는 완전히 압도되었다. 입센을 만나 수태하기를 기다리며 아직 자궁 속에 머물러 있던 '뉴드라마'를 위한 여배우가 거기에 있었다. 낡은 과거와 깨끗이 결별하고 새로운 무대를 건설하기 위해 자연이 점지해 준 것이 분명한 두 명의 예술가가 있다면, 그들은 바로 엘렌 테리와 헨리 어빙이다."

1880년대 내내 쇼는 어빙의 라이시움 극장을 주기적으로 드나들면서 난도질당한 셰익스피어와 한물간 멜로드라마를 보며 이를 악물었고 두 배우의 뛰어난 재능이 끔찍하게 낭비되고 있는 것을 보며 입에 거품을 물었다. (그렇지만 쇼를 제외한 거의 모든 사람이 셰익스피어 발췌극을 좋아했고, 조지 콜맨의 3막극 『아이언 체스트』와 뒤마의 소설을 각색한 『코르시카의 형제들』에 감동받았으며, 아무나 흉내 낼 수 없는 두 천재의 물오른 연기를 보고 황홀해 했다.) 쇼는 엘렌 테리의 독특한 개성에 높은 점수를 주고, 헨리 어빙이 처음으로 시도한 초인 연기는 측은하리만치 바보 같다고 생각했지만(오페라에서는 샬리아핀, 연극에서는 배리 설리번으로 끝난 초인 연기학파를 물리도록 봐왔던 탓이다), 엘렌을 비판하거나 헨리를 칭찬하기도 했다. 예컨대, 1889년 4월 라이시움에서 『맥베스』를 보고는 이렇게 썼다. "어빙은 정말 멋진 연기를 펼쳤고 전문가의 관점에서도 나무랄 데가 없었다. 전문 음성학자가 아니면서 이중모음과 모음을 구분할 수 있는 사람은 영국 내에서 그와 내가 유일할 것이다. 맥베스 부인 역의 엘렌 테리는 또 어떤가! 그녀의 손에 내 운명을 맡겨도 될 것 같다. '올빼미, 가장 엄숙하게 잘 자라는 인사를 건네는 죽음의 종지기」³라는 대사를 그녀의 목소리로 듣는 것은 사치였다. '잘 자'라는 대사를 그렇게 정확한 톤으로 말하는 걸 들은 것은 『로미오와 줄리엣』의 발코니 장면에서 그녀를 본 이후로 처음이었다." 연극애호협회 연례 만찬에서는 어빙을 면전에서 칭찬했다. 어빙은 프랑스처럼 영국에도 발성법을 가르치는 예술학교가 있어야 한다고 연설했다. 언론인 대표로 나선 쇼는 어빙의 주장에 동의하지 않았다. 이미 런던에는 발성법을 가르치는 훌륭한 학교가 두 군데나 있다면서 말이다. 그러면서 그중 한 군데는 단연 라이시움 극장이라고 했다. 불미스런 상황을 예상했던 어빙은 쇼의 말에 어깨를 폈고 입이 귀에 걸렸다. 그러나 쇼가 나머지 한 군데는 하이드 공원에 있는 자신의 학교라고 하자, 어빙은 뒤통수를 맞은 듯 몹시 불쾌해 보였다. 『맥베스』를 본 지 40년이 지나서 쇼는 "어빙이 콧소리의 공명을 독특한 방법으로 유지해서 영어의 이중모음을 그냥 모음으로 발음했다"며 지난날과는 상반된 주장을 했다.

사실 어빙이 입센 작품을 제작하기만 했어도, 쇼가 어빙의 발음에는 신경도 안 썼을 것이다. 쇼는 어빙에게 시대 의식을 일깨우고 어빙이 해야 할 극의 종류를 알려주려는 목적에서, 라이시움의 작품과 어빙의 연기, 엘렌 테리의 아름다운 개성을 잡아먹는 배역 등을 툭하면 비웃었다. 쇼는 어빙에게 어떤 태도를 취했고 어빙은 쇼에게 어떤 감정을 느꼈을지 헤아리기 위해, 1895년 5월 코난 도일의 『워털루 이야기』에서 브루스터 하사 역을 맡은 어빙에 대해 쇼가 뭐라고 평했는지 보자. 당시 거의 모든 언론은 어빙이 다른 배우는 절대로 할 수 없는 미묘하고도 감동적인 연기를 펼쳤다고 극찬했다.

3 「맥베스」 2막 2장 맥베스 부인의 대사

쇼는 그 작품에는 연기가 전혀 없었다고 썼다. "거기에는 분장과 다소 조잡하고 그저 그런 흉내내기가 있었을 뿐이다. 어빙은 움직임이 자유롭지 못한 늙은이를 잘 흉내낼 만큼 흉내에 소질이 있는 사람도 아니고 관찰력이 뛰어난 사람도 아니다. 그는 등장하자마자 의자로 가서 앉는데, 그의 노쇠한 팔다리는 너무 뻣뻣해서 천천히 삐걱거리며 앉을 수밖에 없다. 그가 그렇게 앉는 것은 연기가 아니다. (배우에게 출연 순서를 알려주는) 호출 담당자도 그 정도는 할 수 있을 것이다. 하지만 우리는 열광하며 속삭인다. '훌륭한 연기야! 어쩜 저렇게 연기를 잘하지!' 브루스터 하사의 조카가 차를 내오고, 어빙은 홀짝거리는 소리를 내며 아이처럼 서투르게 차를 마신다. 사람들이 또 소곤댄다. '노쇠한 연기를 어떻게 저렇게 완벽하게 한담!' 그는 기관지에 통증을 느끼고 진통제를 찾는다. 그의 조카가 숟가락으로 그에게 약을 먹인다. 관객들의 얼굴에는 눈물을 머금은 미소가 반짝거린다. '현존하는 배우 중에 진통제를 복용하는 연기를 저렇게 잘하는 배우가 또 있을까?' … 그는 비틀거리며 무대를 가로질러 또 다른 의자에 가서 앉는데, 그의 관절에서 아까보다 더 큰 소리가 나는 게, 젊음이라는 윤활유가 그 어느 때보다 절실해 보인다. 그는 언제까지나 그 자리에 앉아 있을 것만 같다. … 그때 거만한 신사 한 명이 등장한다. 브루스터 하사가 복무했던 스코틀랜드 근위대의 대령이다. 이 대령은 연금수급자인 브루스터 하사에게 관례에 따라 5파운드를 내놓으라고 요구한다. 늙은 하사는 전기 충격을 받은 것처럼 비틀거리며 일어나더니 차렷 자세를 취하려고 필사적으로 노력하며 그의 상관에게 경례한다. 그리고는 다시 의자에 주저앉아 '대령님 저는 그때 죽을 뻔했습니다'라고 애절하게 중얼거린다. 사람들은 열광한다. '대박이다! 화룡점정일세! 위대한 배우가 아니고서야 어떻게 저렇게 깊이 있는 연기를 하겠어?' 그 늙은 참전용사는 난롯가로 돌아온다. 그리고 노인의 관절 상태를 다시 한 번 설득력 있게 보여준다."

쇼는 그런 평범한 연기를 칭찬하는 비평가들에게도 한 방 먹였다. "나는 궁금하다. 어빙은 자기가 무대에서 한심하고 진부한 요령을 부린 것이 고난도의 정제된 연기를 보여준 사례로 받아들여지는 것을 보고 기분이 어땠을까?"

이 말에 어빙은 껄껄 웃는 척도 해보고, 쇼와 자신은 다른 비평가들이 모르는 뭔가를 알고 있다는 뜻의 은근한 칭찬으로 받아들이려고도 해봤지만 소용없었다. 『새터데이 리뷰』에는 늘 그런 글이 실렸고, 어빙은 왕립학교에서 강의 한 번을 해도 쇼의 거북할 정도로 솔직한 평을 피해 갈 수 없었다. 1895년 초 어빙은 왕립학교 강연에서 "연기를 순수 예술의 한 분야로 인정하자"고 정식으로 제안했다. "가치있는 어떤 것을 공식적으로 인정한다는 건 좋은 일이며 적어도 유익한 일이다. 그것은 국가 경제에서 중요한 역할을 한다. 그게 아니라면, 직위와 등급, 명칭, 휘장, 부서 등 분류를 위한 그 모든 칭호 및 윤리규제법은 왜 존재하겠는가?" 이러한 어빙의 주장을 쇼는 즉각 꼼꼼하게 마무리했다. "어빙의 주장을 한마디로 요약하면, 작곡자와 시인, 화가는 기사 작위를 받는데 배우는 왜 못 받느냐, 이 얘기다." 그러면서 그는 어빙을 용기 있고 훌륭한 동료라고 칭찬했다. 그 강연의 나머지 부분에 대해서는 "삼류 작가의 번드르르한 말"이라며, "어빙이 강연 내용을 직접 썼다면 시간 낭비한 것"이라고 잘라 말했다. 쇼는 실상을 잘 알고 있었기에 이런 말도 덧붙였다. "혹시 누구를 시켜서 쓴 글이라면, 그 작가에게 시간당 1파운드 6펜스 이상은 줄 필요가 없었다."

쇼는 라이시움 극장을 전방위적으로 공격했다. 시대에 뒤떨어진 농담과 우스운 동작, 무운시, 난도질한 셰익스피어를 문제 삼았고, 엘렌 테리에 대해서도 "진짜 여자 역할을 해야 할 배우가 시대극에서 화가의 모델 역이나 하고 있다"며 "천재 여배우가 이런 극장에 속해 있다니!"라는 탄식으로 자신의 소감을 정리했다. 그러니 어빙이 쇼에게서 단막극 대본을 받았다고 기뻐할 리가 없었다.

그 단막극은 엘렌 테리를 통해 어빙에게 전달됐다. 제목은 『운명을 지배하는 남자』로, 어빙(나폴레옹)과 엘렌(이상한 여인)을 위한 무게 있는 배역을 포함하고 있었고 그들의 외모는 지문에 묘사되어 있었다.

당시 쇼와 엘렌은 이미 연인처럼 편지를 주고받는 사이였다. 그들의 서신은 1931년에 출판되어 엘렌 테리의 아들을 제외한 모든 이에게 충격과 재미를 선사했다. 둘의 시작은 좋지 않았다. 엘렌 테리가 자신이 관심있는 어떤 젊은 가수가 성공할 가능성이 있는지를 예이츠에게 편지로 물었는데, 예이츠가 그 편지를 동료였던 음악평론가 쇼에게 넘기는 바람에 둘의 서신 교환이 시작된 것이었다. 엘렌은 쇼의 첫 편지가 "매우 딱딱하고 고지식한 답장이었다"고 했다. 하지만 그 후 쇼는 엘렌이 시를 낭독하고 그녀의 친구가 노래하는 콘서트를 찾았고, 엘렌이 '수도사' 루이스[4]의 바보 같은 시 「포로The Captive」를 낭독한 것은 감동적이었지만 그녀의 친구가 노래한 것은 그렇지 않았다는 내용의 길고도 유익한 편지를 썼다. "당신은 제 눈에서 눈물이 터져 나오게 했습니다. 당신도 이해하

---

[4] 매튜 루이스Matthew Lewis(1775-1818): 영국의 소설가이자 극작가. 1796년에 발표한 공포소설 『수도사The Monk』가 크게 인기를 얻으면서 '수도사 루이스'로 불리게 되었다.

겠지만, 그건 그 미치광이 작가의 상상 속 슬픔 때문이 아니라(슬픔은 그것이 진짜일 때조차 저를 울리지 못합니다) 당신의 아름다운 낭독 때문이었습니다. 예술비평가란 바로 그런 부분에서 감동하는 사람입니다. 그러나 당신의 친구는 나를 조금도 감동시키지 못했습니다."

이 편지 이후로 그는 은근히 대담해졌고 그녀는 여지를 주듯 관대해졌다. 남자 천재의 취미는 연애하는 척하는 것이었고 여자 천재의 취미는 다정한 척하는 것이었다. 둘은 그럴 만하다 싶으면 어느 때건 자신들의 역할을 연기했다. 그들은 수년 동안 만나지 않았지만, 쇼의 말에 따르면, 그녀는 그가 누군지 모른 채 그에게 말을 건 적이 있었다.

편지로 추파를 던지는 것은 쇼의 성정에 딱 맞았다. 편지를 통해 그는 상상력을 가동하고 마음을 진정시키고 상대와 직접 접촉하는 번거로움 없이도 활기 넘치는 친분을 유지할 수 있었다. 그는 무대 위 엘렌과 편지 속 엘렌을 사랑했고, 그 사랑스러운 꿈을 변덕스러운 현실과 맞바꿀 생각이 전혀 없었다. 멀리서 보는 엘렌은 황홀했다. 가까이서 보는 엘렌은 거슬렸을지도 모른다. 어쨌거나 그는 입센 작품이나 자기 작품에 그녀가 출연하기를 원했고 그녀를 어빙에게서 떼어놓기 위해 무던히도 애를 썼다. 어빙이 극작가들을 전혀 아쉬워하지 않고 급히 필요할 때만 찾았기 때문이다.

"『운명을 지배하는 남자』는 나의 걸작이 아닙니다. … 무대기술에 대한 나의 지식을 보여주는 작품이죠. 말하자면, 외판원이 내놓는 샘플이랄까요." 쇼는 엘렌에게 이렇게 일렀지만, 엘렌은 그 작품을 매우 재미있게 봐서 라이시움 무대에 올리자고 어빙을 졸랐다. 어빙은 신중하고 교활했다. 그는 섣불리 제작에 뛰어들려고 하지 않았다. 그렇지만 쇼에게 적대감을 불러일으키지 않기 위해 딱 잘라 거절하지도 않았다. 그는 "문학계의 중개인을 고상하게 매수하는 방법"을 알고 있었다. 이를테면 제작할 의도가 전혀 없는데도 비평가들이 쓴 희곡의 우선제작권을 사 들여서 결과적으로는 자기 공연에 대한 호평을 사는 식이었다. 쇼는 그런 방식에 넘어갈 사람이 아니었다. 어빙은 그걸 눈치채지 못했지만 그럴 만도 했다. 비평가 대부분은 어빙의 수완에 넘어가서 그의 연기 실력을 점점 더 좋게 평가했기 때문이다.

어빙은 별난 사람이었다. 그는 오로지 자기 자신과 자기 일에만 관심이 있었다. 그래서 다른 사람과 사물에 대해 이상하리만치 무지했고 심지어는 자기 자신에 대해서도 무지했다. 자아도취가 심한 나머지 자신을 객관화하지 못한 탓이다. 그에게 셰익스피어 작품은 개성을 표출하기 위한 무대장치에 지나지 않았다. 그는 마음에 안 드는 단어가 있으면 배경막이나 조도를 바꾸듯 바꿔버렸다. 셰익스피어의 캐릭터를 자신에게 맞추면서 수없이 왜곡했고, 그런 캐릭터를 연기하는 자신과 어울리지 않는 대사는 과감히 없애버렸다. 그가 동료 연기자에게 신경을 쓴 적은 거의 없었다. 그는 오로지 자기 연기에만 관심이 있었다. 벤 웹스터가 "윗사람"의 마음에 들고 싶어한 나머지, 어빙에게 아들 해리 어빙이 곧 햄릿 역을 맡는다는 기사를 신문에서 봤냐고 묻자, 어빙은 "해리? … 흠… 햄릿?… 흠… 실리〔멍청이〕…" 하고 중얼거렸다. 그러므로 어빙은 쇼의 작품에 전혀 흥미가 없었다고 해도 무방할 것이다. 그가 『운명을 지배하는 남자』를 제작할 가능성은 거의 없었다. 하지만 교활하게도 엘렌 앞에서는 그 작품에 몹시 관심있는 것처럼 행동했고 "이듬해에" 상연할 것처럼 말했다.

쇼는 그런 어빙의 속을 꿰뚫고 있었다. 그래서 그 작품을 어빙 손에 맡기라는 엘렌의 청을 받아들이는 한편, "내가 연극비평가로 있는 한 작품을 팔거나 선인세를 받을 수 없습니다"라고 못박았다. 그 후 몇 달 동안 쇼는 아무 소식도 듣지 못해서 1896년 7월에는 그녀에게 편지로 그 이유를 묻고 추가적인 제안을 했다. "자, 당신이 맡을 역할에 대해 가르쳐드리겠습니다. 당신은 책 한 번 펼치지 않아도 됩니다. 2인용 자전거를 타고 하늘을 달립시다. 그러는 동안 귀로 음조를 익히듯 당신이 그 역에 익숙해지도록 내가 당신의 대사를 반복해서 읽어드리겠습니다. 모든 역할은 그런 식으로 배우고 익혀야 합니다. 내가 꿈꾸는 극단에서는 글을 읽을 줄 아는 여배우가 없답니다." 엘렌은 즉시 어빙을 재촉했다. 그러자 어빙은 이듬해에 시간을 내서 쇼의 작품을 제작하고 그 이듬해에는 그 작품과 다른 작품을 동시 상연하겠다고 했다. "어빙은 그 작품을 무척 하고 싶어해요." 엘렌은 이렇게 쇼를 안심시키고 며칠 내로 어빙을 만나거나 편지를 쓰라고 조언했다. 쇼가 편지를 보내자 어빙은 라이시움에서 적절한 때에 『운명을 지배하는 남자』를 제작하는 조건으로 쇼에게 일 년에 50파운드씩 주겠다고 제안했다. 쇼는 정직한 비평가로서 거절할 수밖에 없었다. 그러나 만일 라이시움에서 입센 작품을 몇 편 제작한다면 어빙이나 엘렌 테리에게 자기 작품을 아무 조건 없이 그냥 주겠다고 덧붙였다. 어빙은 저자나 비평가에게서 그런 관대한 제안은 받아본 적이 없었기 때문에 어떤 대답도 하지 않았다.

그 사이 어빙은 셰익스피어의 『심벨린』을 1896년 가을에 선보이겠다고 발표했다. 쇼는 그 작품을 다시 읽으며 셰익스피어는 "빌어먹을 멍청이"라는 결론을 내렸고, 이모젠 역을 어떻게 소화해야 하는지 엘렌에게 상세하게 설명했다. 쇼의 '반反셰익스피어' 운동은 '친입센 반어빙' 운동과 궤를 같이했다. 입센이 쇼의 생각만큼 대단한 존재라면 셰익스피어는 사람들 생각만큼 대단한 존재가 아니었고, 입센을 무시하고 셰익스피어 작품을 발췌해서 극으로 만든 어빙은 근대화의 적이자 가짜 셰익스피어 숭배자였다. 쇼는 누군가의 영향을 받아서가 아니라 순전히 작품 자체의 시적인 면에 반해서 셰익스피어의 희곡을 좋아했다. 하지만 사람들은 그가 셰익스피어를 예찬한 것은 기억 못 하고, 그의 다음과 같은 말들만 기억하려고 했다. "나는 내 생일도 축하하지 않은 지 오래다. 그런데 내가 왜 셰익스피어의 생일을 축하해야 하는지 모르겠다. … 4월 23일에 내가 10월 23일과는 다르게 행동할 것으로 기대하는 사람은 예외 없이 실망하게 될 것이다." 쇼가 셰익스피어의 유머를 비판한 내용에는 최고의 지성인들도 동의했을 것이다. "셰익스피어 말고 다른 사람이 그런 유머를 구사했다면 누가 참았겠는가? 요즘 작가가 그런 작품을 내놓으면 에스키모도 환불을 요구할 것이다." 사람들이 또 기억하는 것은 쇼가 짜증내며 뱉은 말이다. "내가 셰익스피어에 대한 반감이 얼마나 심하냐면, 저명한 작가 중에 호머를 제외하고는 셰익스피어만큼 경멸하는 작가가 없을 정도다. 월터 스콧 경에 대한 반감도 그 정도까지는 아니다. 가끔 셰익스피어에 대한 짜증이 극에 달할 때가 있는데, 그럴 때는 셰익스피어를 무덤에서 파내서 그에게 돌을 던지면 속이 좀 후련해질 것 같다. 그만큼 노골적으로 모욕하지 않으면 그나 그의 숭배자들이 이해하지 못하리란 걸 잘 알고 있기 때문이다."

위의 이야기는 쇼가 어빙의 『심벨린』에 격분했던 이유를 어느 정도 설명해준다. 그렇지만 쇼는 『심벨린』이란 작품 자체에 대한 반감과 셰익스피어도 이해하지 못했을 것 같은 어빙의 공연에 사람들이 가식적인 열광을 보인 것, 뭘 모르는 평론가들이 입센을 비난한 것 때문에도 열받았다.

어빙은 비평가가 배우 앞에서 난처해질 만한 내용이 쇼의 비평에는 반드시 한두 구절 포함되어 있을 것이라고 확신하고, 『심벨린』에 대한 쇼의 비평이 공개되는 당일 아침 라이시움에서 『운명을 지배하는 남자』에 대해 의논할 것을 쇼에게 제안했다. 어빙에게는 그런 비뚤어진 유머 감각이 있었다. 쇼는 엘렌 테리에게 썼다. "나는 (어빙이 새벽 다섯 시에 일어나서 읽을) 『새터데이 리뷰』를 들고 가서 그의 눈앞에 보란 듯이 꺼내 놓으려고 합니다." 그렇지만 어빙은 그의 방문자보다는 확실히 유리한 입장이었다. 칼을 휘두른 사람은 아무래도 상대에게 약간은 미안해지기 마련이니까. 어빙과 대화하는 도중 쇼의 머릿속에는 자기가 평론에 쓴 구절들이 몇 번이고 떠올랐을 것이다. "진정한 예술 공화국이라면 헨리 어빙 경은 이런 비평이 나오기도 전에 사형대에서 속죄하고 있을 것이다. 그는 셰익스피어의 작품을 단순히 토막낸 정도가 아니라 아예 내장을 들어내버렸다. … 그가 자기 자신이 아닌 다른 작가의 인물을 이해하거나 해석하는 것은 평생 불가능할 것이다." 쇼는 어빙의 이아키모가 셰익스피어의 이아키모보다 모든 면에서 낫다고 쓴 부분을 떠올리며 위안으로 삼았고 그 문장으로 자신의 불리함을 상쇄해보려 했다. 쇼와 어빙의 대화는 마찰 없이 지나갔지만 엘렌 테리는 쇼가 어빙에게 기가 조금 눌렸다고 생각했다. 그녀는 사무실 문앞까지 갔다가 안에서 흘러나오는 쇼의 목소리를 듣고 "집으로 황급히 도망쳤다." "나는 웃음이 터져 나와서 사무실에는 들어갈 수가 없었어요. 그런 웃긴 상황에서는 내가 나를 제어하지 못할 것 같아 정신이 번쩍 들더군요. 당신을 보았다면 내 두 팔로 당신의 목을 끌어안았을지도 몰라요! 그리고 곧바로 창피해했겠죠. 신은 내가 무슨 짓을 했을지 알아요. 뭘 해도 어빙은 눈치채지 못했겠지만요!" 일 년이 지난 후 그녀는 그 일을 회상했다. "당신 목소리를 어떻게 생각했냐고요? 내가 라이시움 사무실 문앞에서 엿듣던 그 날 당신은 너무 작게 노래했어요." 쇼는 엘렌 테리에게 말하길 그는 어빙을 좋아하지만 어빙이 그가 만나본 사람 중에서 가장 어리석은 사람인 것은 틀림없다고 했다. "간단히 뇌가 없었습니다. 성격과 기질 말고는 아무것도 없었어요. 흥미롭더군요. 그냥 뇌라는 건 어찌나 쓸모없는지! 나는 아주 훌륭한 뇌를 가지고 있지요. 그렇지만 머리로 배운 것보다 처음 사랑에 빠졌던 어리석은 여성에게서 배운 게 더 많답니다."

그로부터 오래지 않아 엘렌은 라이시움 극장 커튼에 난 구멍을 통해 쇼를 처음 보았다. "마침내 당신을 보았어요. 당신은 소년이군요! 사랑스러운 사람! … 어떻게 그렇게 치명적으로 우아할 수 있나요." 그녀는 쇼의 외모를 보고 어빙이 쇼의 작품을 제작했으면 하는 바람이 더 커졌다. 결국 어빙을 부추겨서 쇼의 작품 제작을 논의하는 단계까지 갔다. 어빙의 매니저 브램 스토커[5]는 쇼에게 아직 공연 날짜가 정해지지는 않았지만 원한다면 언제든 인세를 지급하겠다는 내용의 편지를 보냈다. 쇼는 인세를 받는 것보다 자유롭게 쓰는 것이 더 중요했기 때문에 자신을 매수하려는 어빙의 시도를 무시했고, 1896년 말엽에는 쓰는 자유를 만끽

---

5 브램 스토커 Bram Stoker(1847-1912): 『드라큘라 Dracula』(1897)로 유명한 아일랜드 출신 작가. 헨리 어빙의 매니저이자 오른팔이었으며, 드라큘라는 어빙에게 영감을 받아서 쓴 캐릭터로 알려져 있다.

하다가 어빙의 기분을 상하게 했다. 어빙의 『리처드 3세』 연기에 대해 다음과 같이 평한 것이다. "내가 봤을 때, 어빙은 자신의 상황이 통제가 잘 안 되자 혼자 과민해진 나머지 이따금 정상이 아닌 듯했다. 그는 이상한 실수들을 했는데, 그중에서도 눈에 띄었던 실수는 '너'를 자꾸 '나'로 바꿔 말한 것이다. … 한번은 무운시를 읊던 중 갑자기 리처드 왕의 그 날카로운 어조로 밀턴 양에게 무대 위로 올라오라고 명령해서 의도치 않게 관객을 열광시켰다." 또, 앤과의 애정 장면에서 리처드 왕은 "중고 스타킹을 팔아보겠다고 여공에게 허풍 떠는 하운즈디치(19세기 런던의 의류시장)의 옷장사" 같았다며 비난했다.

쇼가 어빙을 사실적으로 묘사한 것은 술에 취한 사람을 묘사한 것처럼 들려서, 어빙은 쇼가 자신에게 음주 의혹을 제기했다고 받아들이며 기분 나빠 했다. 하지만 어빙이 더욱 기분 나빴던 건 그가 실제로 술에 취해 있었다는 점이다. 물론 쇼는 그 사실을 몰랐다. 어빙은 화가 치미는 것을 일단은 꾹 참았다. 그러나 1897년 초 쇼는 『올리비아』를 보러 라이시움을 다시 찾았고, 그 작품 속 목사 연기는 헨리 어빙보다 허만 베진이 훨씬 뛰어났다고 평하고는 이런 말까지 덧붙였다. "헨리 어빙 경을 향한 나의 존경심도 진실을 향한 내 눈을 멀게 할 수는 없었다. 25년 전에 우리는 어빙을 셰익스피어의 모든 책과 함께 자루에 넣고 꽁꽁 묶어서 가장 가까운 화산의 분화구 속으로 던져버렸어야 했다." 이 말에 뚜껑이 열린 어빙은 자기 친구에게 쇼가 버르장머리가 없다고 말했고, 엘렌 테리와 대화할 때는 쇼를 "당신 친구 어럽쇼"로 칭하기 시작했다. 또, 매니저 브램 스토커더러 『운명을 지배하는 남자』를 저자에게 돌려보내라고 지시했다. 그건 그가 마음이 바뀌어서 그 작품을 제작하지 않겠다는 뜻이었다. 쇼는 기뻐하며 엘렌에게 편지했다. "기분이 째지는데요. 나는 싸우고 싶었거든요." 엘렌은 매우 속상해하며 쇼에게 어빙과 싸우지 말라고 애원했다. 쇼는 싸우지 않겠다고 약속했고 그 약속을 지켰다. 그리고 그녀에게 어빙 편을 들라고 조언했다. "사람이 상처를 너무 많이 받아 포용력을 잃었을 때 가장 필요한 것은 바로 편을 들어주는 것이랍니다." 또, 이런 조언도 했다. "당신이 나를 위해 어떤 말을 하건 그를 설득하는 데에는 전혀 도움이 안 되고 오히려 그를 배신한다는 인상만 줄 거예요." 그녀는 시간이 좀 지나면 어빙이 쇼의 작품을 제작할 것으로 여전히 기대했다. 하지만 쇼는 어빙이 그 작품을 건드리지도 않을 거라고 확신했기에, 엘렌에게 "당신의 경력이 바보의 자만심에 희생됐다"고 말했다. 그가 그 당시 일들을 어떻게 기억하는지는 1939년 7월 12일 나에게 보내온 편지에 잘 드러나 있다.

1890년대에 비평가들에게 뇌물을 주는 것은 흔쾌히 이루어지는 관행이어서 배우 매니저들은 의례적으로 뇌물을 썼고 그게 부적절하다는 생각을 전혀 하지 않았다네.

나 역시 그런 일을 겪었지. 조지 알렉산더는 주더만의 『소돔의 최후 Sodoms Ende』 영어 판권을 샀다면서 나에게 그 작품에 대해 충고해달라더군. 조지 알렉산더나 그가 운영하던 세인트 제임스 극장의 분위기에 주더만은 전혀 어울리지 않는 극작가였어. 그렇지만 나는 그 책을 정중하게 받아들고 (독일어라고는 '바그너'밖에 몰랐지만) 처음부터 끝까지 진지하게 훑어보면서 필요한 정보를 습득했지. 그리고 알렉산더에게 결과를 보고했어. 주더만은 선도적인 작가이고, 세인트 제임스는 선도적인 극장이며, 알렉산더는 선도적인 배우이지만, 그게 다라고 했지. 그러자 알렉산더는 나더러 그 작품의 번역과 각색을 맡아주면 6개월에 50파운드의 인세를 지급하겠다더군. 나는 매우 정중하고 친근하고 기분 좋게 대답했지만, 한마디로 하면 '어림없는 소리 하지 말라'는 것이었지.

그다음에는 찰스 윈덤[6]이 스크리브의 옛날 작품을 들고 찾아왔어. 이번에는 프랑스어라서 전혀 문제 될 게 없었지. 나는 윈덤에게 '당신이 드 리용 역을 맡는다면 틀림없이 성공할 겁니다'라고 했어. 그러자 그가 번역에 관해 묻더군. 나는 '그건 시드니 그런디가 할 수 있을 겁니다'라고 했지. 그는 활짝 웃었는데, 그 극을 하지 않고는 못 배길 것처럼 보였어. '돈키호테!' 그가 나를 그렇게 부르더군. 그래서 우리는 좋은 친구로 헤어졌지.

어빙의 경우는 달랐어. 제작자가 제작할 생각도 없으면서 아직 번역되지 않은 작품의 판권을 사려고 할 때가 있는데, 알렉산더나 윈덤은 비평가에게 뇌물을 주고 친하게 지내려는 것이 유일한 목적이었지만, 어빙은 그의 라이벌들이 판권을 갖지 못하게 하려는 게 목적이었어. 그가 직접적이고 노골적이고 거만했게 쓰는 뇌물은 '치킨과 샴페인'으로 알려졌었지. 그는 공연 첫날 저녁에 무대에서 만찬을 열었고 사람들을 선별해서 초대했어. 그럴 때마다 그의 매니저 브램 스토커는 이름난 다른 비평가들에게 그랬듯이 나에게도 공연 시작 전에 다가와 만찬에 초대했지. 나는 항상 호쾌한 태도로 초대를 수락했지만 실제로 거기 간 적

---

6 찰스 윈덤Charles Wyndham(1837-1919): 영국의 배우이자 극장운영자. 의대를 졸업하고 미국 시민전쟁 때 북부군 군의관으로 자원하기도 했으나 연기에 대한 열정 때문에 의사를 관두고 배우가 되었으며 1899년에는 웨스트엔드에 윈덤 극장을 열었다.

은 한 번도 없었어.

어빙은 『운명을 지배하는 남자』가 자신에게는 배우로서의 기회라는 것을 알아보고 선뜻 제작에 뛰어들 만큼 명민하지 못했어. 하지만 자기가 못하는 것은 (우스꽝스럽게도 그가 두려워한) 윌슨 버렛같은 경쟁자들도 절대 손댈 수 없게 막을 정도로 결단성은 있었지. 그는 내 작품을 희곡의 무덤이나 다름없던 자신의 서가에 얌전히 올려두고, 엘렌 테리와 대화할 때 '당신의 어럽쇼씨'로 부르는 다소 위험한 비평가를 자기 수하에 두려고 했어. 나는 우리가 라이시움에서 처음이자 마지막으로 만났던 날 아침에 그의 그런 의도를 대번에 간파했지.

그래서 나는 내 손바닥 안에서 노는 아기를 대하듯 그에게 아주 친절하기도 하고 엄하기도 했지. 그는 자기 세계에서는 자기가 가장 위대한 사람인지라 나의 그런 태도를 살짝 불편해하는 듯했어. 환대에 익숙한 사람이라서 그런지 나에게 존경을 기대하더군. 그는 자기를 어린애 보듯 하면서 겉으로만 친절한 그런 대접에 익숙하지 않아서 그 상황의 끔찍함을 제대로 이해하지 못하고 혼란스러워하기만 했지. 하지만 그 와중에도 처신을 매우 잘했어. 그날 우리의 대화는 이런 식이었네.

쇼: 문제는 선생께서 언제쯤 그 작품을 제작할 수 있냐는 겁니다.

어빙: 일정을 잡기가 곤란하군요. 예정된 업무가 많아서요. 아마 내가 미국에서 돌아오면 어쩌고저쩌고. 하지만 쇼 선생이 선금이 필요하다면······.

쇼: (선금 50파운드 제안에 감동해서) 감사합니다. 하지만 문제는 그게 아닙니다. 제가 지금 막 써낸 작품이 20년 후 저의 최근작이

되게 나둘 수는 없습니다.

어빙: (여우처럼 교활하게) 그건 잘 포장할 수 있습니다. 내가 언론에 줄이 좀 있어요. 벤달이라는 사람이 있는데…….

쇼: 맙소사, 저는 벤달을 잘 압니다. 제가 바로 언론계에 있는 사람이니까요. 질문 하나 드리죠. 추측건대, 선생께서는 스물세 살에 매우 흥미로운 햄릿 연기를 선보일 수 있었을 겁니다. 실제로 그러셨겠죠. 하지만 전성기인 지금도 그런 연기를 최선이라고 내놓고 싶으신가요? 저는 앞으로 「운명을 지배하는 남자」보다는 나은 작품을 쓰고 싶답니다. 그러니까 그 작품의 제작을 두 시즌 이상 기다릴 수는 없습니다.

이로써 대화는 사실상 끝이 났지. 어빙도 참 대단한 사람인 게, '이런 젠장, 이봐, 나는 지금 아무도 제작해주지 않을 네 끔찍한 작품에 50파운드를 지급하겠다는 거야'라는 말까지는 하지 않더군. 내가 『성녀 잔다르크』를 은근슬쩍 내비쳤지만 아무 반응도 없었고. 그래서 우리는 신사답게 헤어졌어. 비록 그 어떤 합의에도 도달하지 못했지만, 보아하니, 그가 제작하고 싶다는 말은 그냥 자기 서가 선반에 모셔두고 싶다는 얘기더라고.

그 후 별일은 없었어. 그에게는 처음이자 마지막이 된 「리처드 3세」 공연이 있기 전까지는 말이지. 그 날 무대에서 그는 두어 번 이상하게 행동하더니 무대 아래로 떨어져서 무릎을 다치고 말았어. 나는 그 공연에 대한 평을 썼는데, 충실하지만 극도로 멍청한 평이었지. 어빙의 이상 행동을 지적하면서, 그가 평소와 달리 '배의 키를 잘 조정하지 못했다'

고 썼는데, 그가 술에 취해 있었던 게 진짜 문제라는 걸 알아봤어야 했지. 나는 그 생각은 전혀 못 했어. 그래서 멍청한 평론을 썼다고 한 걸세.

안타깝게도 어빙은 내가 그렇게 순진했을 거란 생각은 못 하고, 내가 그의 음주 사실을 알아채고 음흉하고도 악의적으로 비난했다고 믿었어. 곧바로 나나 내 작품과는 관계를 끊더군. 나는 그런 내용을 편지로 통보받기 전에 프레데릭 해리슨(실증주의자 철학자와 이름이 같은 헤이마켓 극장운영자)을 만났는데, 놀랍게도 그는 내가 끔찍한 잘못을 저지르는 바람에 라이시움에 한바탕 소동이 있었다고 말하는 거야. 처음에 나는 이게 무슨 말인가 싶어서 대체 누구한테 그런 소리를 들었냐고 해리슨에게 물었지. 그는 어빙의 장남 해리 어빙에게 들었다더군. 해리 어빙이 어빙가 특유의 화법으로 '그 노친네는 그런 일을 당해도 싸고 이번 일을 계기로 음주 연기는 더 안 할 것 같다'고 했다나.

어빙은 내가 『리처드 3세』 비평을 무기로 흥정을 하려 한다고 믿었나 봐. 나를 사악하고 정직하지 못한 사람으로 생각한 것 같아. 하지만 나는 오히려 그가 내 작품을 제작한다는 소문을 없애고 싶었지. 어쨌든 그 소문은 이미 언론에 퍼졌기 때문에 나는 그에게 그럴듯한 변명을 대고 없었던 일로 만들라고 압박을 가했어. 그러자 그는 그의 문학계 심복인 L.F. 오스틴과 브램 스토커가 공들여 쓴 빈정대는 편지를 그의 이름으로 나에게 보내오기 시작했어. 나는 곧바로 그에게 엄청난 공격을 가했지. 그 편지들을 누가 썼는지 잘 안다고 말하면서 이 어리석은 게임에 그들을 끌어들이면 그들에게 무슨 일이 일어날지 한 번 생각해보라고 했지. 그러자 어빙은 빅토리아 여왕 때의 맞춤법을 따랐지만 악의 없는 문장으로 시작하는, 그 자신이 직접 쓴 진실한 편지를 보내서 나를 완전히 무장해제시켰어. 그 편지는 매우 진실하고 꾸밈이 없었는데, 내용을 한 문장으로 요약하면 '제발 나를 내버려두시오'였지. 결국 그 일은 그렇게 끝이 났고, 의도하진 않았지만 내가 아기를 마치 스모 선수처럼 다룬 건 아닌가 싶어서 좀 부끄러워지긴 하더군.

그가 세상을 떠날 때 있었던 일들에 대해서는 아마 자네에게 얘기했을 거야. 지금은 더 할 말이 없네.

G.B.S.로부터.

쇼는 어빙을 살짝 밟기만 하고 그가 품위 있게 물러설 수 있도록 도와주긴 했지만, 그를 완전히 내버려두지는 않았다. 1897년 10월 포브스 로버트슨의 『햄릿』을 비평하면서 쇼는 "어빙은 셰익스피어의 작품을 '명언 채석장' 정도로 여겨서 걸작의 제목과 구절을 전부 자기 것처럼 잘라내고 부풀렸다"고 했다. 1898년 1월에는 자신이 헨리 어빙 경의 『표트르 1세』 공연에 초청받지 못했다는 것을 독자들에게 알렸다. "정황상 저를 실수로 빠뜨린 것 같지는 않습니다. 저에게 꺼지라고 하는 것 같습니다." 1905년 10월 어빙이 세상을 뜨자 쇼는 오스트리아 신문에 쓴 글로 곤욕을 치렀다. 그 글은 어빙이 "기사 작위를 받으려고 궁에 압력을 넣었고", "본인 말고는 어떤 것에도 흥미가 없었"으며, "가상 공간의 가상 인물로서 본인에게만 관심이 있어서 꿈속에서 살았다"는 내용을 포함하고 있었다. 그러나 독일어로 된 그 마지막 세 문장이 영국 잡지에는 다음과 같이 재번역 되었다. "그는 편협한 이기주의자였고, 교양이 없었으며, 자신이 위대하다는 착각 속에서 살았다." 그러자 영국인들은 즉각 들고 일어나서 쇼에게는 교수형과 능지처참도 과분하다고 목소리를 높였다. 어빙의 손자 로렌스 어빙은 어빙가의 모든 사람이 쇼를 최악의 야만인이라고 생각한다며, 자기 아버지(해리 어빙)는 아주 관대하고 인정이 많으므로 언제든 쇼의 장례식 비용은 기꺼이 부담하겠다는 글을 썼다. 쇼는 오스트리아 신문 기사의 원본을 영국의 주요 신문사에 보냈다. 하지만 그들은 그 내용을 싣기를 거부함으로써 진실은 물론 그 안의 진짜 진실도 싫어한다는 것을 드러냈다.

쇼와 어빙의 관계는 아직 완전히 끝난 게 아니었다. 쇼가 어빙과 관련해 마지막으로 한 일이 30년 넘게 비밀에 부쳐지긴 했지만 말이다. 저명한 두 종교 지도자 부스 장군과 클리포드 박사는 어빙을 웨스트민스터 사원에 안장하자고 정부 관계자들을 설득했다. 그러나 불행히도 어빙의 가정사는 교회에서 승인할 만한 내용이 아니었다. 더구나 어빙은 말년에 그를 친절하게 돌봐준 어느 여인과 두 아들에게만 그의 재산을 삼등분해서 남겼다. 유산 상속에서 배제된 어빙 여사는 쇼에게 어빙의 사원 안장에 함께 반대하자고 요청했다. 쇼는 어빙의 사원 안장에 찬성했다. 배우라는 직업의 위상을 드높인 어빙의 노고를 인정했기 때문이다. 하지만 남편이 아내를 좌절시킨 만큼 아내가 남편의 공로에 감동할 리 없다는 생각에, 쇼는 어빙 여사에게 일단 긴 글로써 공감을 표시한 후, 만일 자신이 그녀의 친구 혹은 변호인이라면 웨스트민스터 사원에 묻힐 정도로 위대한 배우의 미망인은 손가락 하나 까딱하지 않고도 연금을 받게 되지만 간통한 배우의 미망인은 아무것도 받지 못하게 된다는 것을 알려줘야 할 도의적 책임을 느낄 것이라고 했다. 결국 어빙 부인은 죽은 남편의 허물을 덮고 연금을 챙겼다.

쇼는 영향력 있는 극작가였던지라 조지 알렉산더는 그에게 어빙의 장례식 초대장을 보내지 않을 수 없었는데, 쇼에게서 다음과 같은 쪽지를 받고 크게 안도했다. "어빙의 장례식 초대장을 돌려보내네. 아아, 그의 삶에 문학이 없었던 것처럼 그의 죽음에도 문학이 자리할 곳은 없으이. 어빙이 그곳에 가면 셰익스피어가 관 속에서 돌아누울 것과 마찬가지로, 내가 그곳에 가면 어빙이 관 속에서 돌아누울 걸세."

⑲

연극비평가
극작가의 일이란 경험을 이해할 만한 것으로 만드는 것이다

쇼가 셰익스피어를 공격한 데에는 두 가지 그럴만한 이유가 있었다. 첫째, 관심을 끌고 싶어서였다.[1] 둘째, 입센의 천재성이 제대로 인정받았으면 하는 바람에서였다. 그는 입센에 압도되어 『입센주의의 정수』라는 책을 쓰기도 했다. 입센의 철학과 자신의 철학을 완전히 조화시키기 위한 작업이었다. 요컨대, 쇼는 순전히 개인적인 이유에서 셰익스피어라는 우상을 박살내려 했고, 그렇게 보자면 영 이해 못 할 것도 없었다. 어느 시대에나 열정적이고 지적인 젊은이들은 자기들만의 신을 발견하고 싶어 하고 아버지들의 신은 걷어차려 하는 법이니까. 발견하려는 것이나 걷어차려는 것 모두 건강하고 유쾌한 일이다. 쇼는 입센을 위해 싸웠지만, 이후 세대는 쇼를 발견하고 입센을 걷어차거나, 체호프를 발견하고 쇼를

---

[1] 〔저자 주〕 이것은 쇼의 견해가 아니다. 내가 이 이야기를 꺼내자 쇼는 즉시 반박했다. "말도 안 되는 모욕이야! 나는 관심을 끌어야겠다는 생각 같은 건 해본 적이 없어. 글을 썼다 하면 저절로 관심을 끄는데 내가 왜? 더구나 그때는 셰익스피어 같은 작품을 아직 쓰지도 않았을 때였어. 관심을 끌어야 할 무언가가 나에게는 없었다고." 나는 대답했다. "왜 없어요. 선생님 본인이 있잖아요."

걷어차거나, 다른 누군가를 발견하고 또 다른 누군가를 걷어찼다. 길게 보면 문제 될 게 없는 현상이다. 받아들이거나 거부하는 지적 훈련은 정신 건강에 좋다. 젊은이는 그러한 훈련을 통해 성장하고 보다 균형 잡힌 시각을 갖는다. 불멸의 작가들도 욕을 먹는 것이 좋다. 욕은 그들이 시간에 부식되는 것을 막아준다. 오늘날 셰익스피어만큼 현대적인 작가도 없는데, 그의 신선한 이미지는 상당 부분 쇼에게 빚지고 있다. 쇼가 셰익스피어에게 흙탕물을 뒤집어씌운 탓에 다음 세대는 그 흙탕물을 씻어내면서 셰익스피어의 진면목을 제대로 들여다보게 되었다.

하지만 쇼의 경우 셰익스피어를 공격한 동기가 확실했던 것에 비해 그 내용은 부실했다. 쇼가 톨스토이처럼 바보 같지는 않았다. 톨스토이는 셰익스피어가 "우리는 왜 사는가?"라는 질문에 대답하지 못했다고 마음에 안 들어 했다. 바보가 아닌 이상 누구든 그 질문에는 "살기 위해서" 혹은 "신만이 안다!"고 대답할 수밖에 없을 텐데 말이다. 그렇지만 쇼 역시 유치한 실수를 했다. 다른 사람도 아니고 극작가라면 반드시 피했어야 할 실수로, 셰익스피어와 셰익스피어의 창조물을 혼동했다. 쇼는 셰익스피어를 공격하면서 예술가이자 인간으로서 자신의 주된 약점을 드러냈기 때문에 우리는 이쯤에서 그 내용을 살펴볼 필요가 있다.

셰익스피어 작품에서 가장 유명한 캐릭터 중 하나는 마녀에게 휘둘리고 양심에 찔리고 아내에게 들볶이는 살인자로서, 살육 끝에 왕위를 차지한 뒤 친구들과 그 가족들에게 무자비하게 굴다가, 지옥의 망령과 끔찍한 경고가 등장하고 음모와 반역과 증오에 휩싸이면서, 삶에 염증을 느끼기 시작하고 자기 연민에 빠져들다가 결국에는 사는 게 구차하고 무의미하다는 생각에 이르게 된다. 그는 말한다. "꺼져라, 꺼져, 덧없는 촛불이여." 그 상황에서는 충분히 할 수 있는 말이었다. 그런데 쇼는 그 말을 맥베스가 순간적으로 울컥해서 내뱉은 말로 보지 않고, 삶에 대한 셰익스피어의 태도가 반영된 말로 받아들였다. 쇼는 이렇게 썼다. "나는 죽기 전에 나를 완전히 소진하고 싶다. 일을 더 열심히 할수록 삶을 더 만끽하는 셈이니까. 나는 삶 자체를 위해 삶을 즐긴다. 나에게 삶은 '덧없는 촛불'이 아니다. 나에게 삶은 찬란한 횃불과도 같으며, 나는 그것을 잠시 들고 있을 뿐이다. 나는 그 횃불을 다음 세대에 넘겨주기 전까지 최대한 밝게 타오르게 하고 싶다." 감동적이고 아름다운 이야기이다. 그렇지만 만일 셰익스피어가 맥베스-미신에 사로잡혀 삶에 환멸을 느끼는 독재자-의 관점에서 삶을 묘사하면서 "덧없는 촛불"보다 "찬란한 횃불"이 더 적합하다고 생각했다면, 셰익스피어도 그렇게 썼을 것이다. 달리 무슨 설명이 더 필요하랴.

쇼는 셰익스피어의 작중인물들이 하는 말을 근거로 셰익스피어를 비난하는 실수를 빈번하게 저질렀다. 심지어 자신은 자신의 작중인물들과 별개라고 선을 그을 때조차 그런 적이 있었다. 어느 인터뷰에서 그는 이렇게 불평했다. "어떤 평론가들은 내 작중인물들이 서로 모순된다면서 내가 자기모순에 빠져있다고 한다. 그런 순진한 사람들 말에 의하면 『존 불의 다른 섬』에 등장하는 인물은 전부 쇼의 대변인에 불과하다. … 그러니까, 세상에나, 등장인물들 간의 차이는 곧 나의 모순이고 위선이며 경박함이라는 것이다!" 그는 평론가들이 얼간이처럼 군다고 잔뜩 꾸짖어 놓고는 다음과 같이 말을 이었다. "극작가의 일이란 경험을 이해할 만한 것으로 만드는 것이다. 세상에 거울을 들이대는 것이 극작가의 임무라고 한 셰익스피어의 견해는 순전히 관찰자였을 뿐 사상가는 아니었던 한 극작가의 횡설수설에 불과하다." 하지만 '세상에 거울을 들이대는 것'을 운운한 사람은 햄릿이었지 그의 창조주가 아니었다. 결국 쇼는 셰익스피어의 경우에는 작중인물을 근거로 비판해도 되고, 본인의 경우에는 그러면 안 된다고 말한 셈이었다.

쇼는 셰익스피어의 작중인물들이 셰익스피어의 견해를 대변하고 있다고 생각함으로써(그러면서 본인의 작중인물은 자기 견해를 대변하는 게 아니라고 생각했다) 완전히 객관적인 경지에 도달할 수 있었던 극작가를 제대로 이해하지 못하고 있음을 드러냈다. 자신이 공감하지 못하는 인물 유형은 잘 그려내지 못한다는 게 극작가로서 쇼의 최대 약점이라면, 인간으로서 쇼의 최대 약점은 자신이 동의하지 않는 사람은 잘 이해하지 못한다는 것이었다.

쇼가 셰익스피어를 비판한 이유 중 하나는 셰익스피어가 버니언처럼 쓰지 않았다는 것이다. 말하자면, 셰익스피어는 삶을 있는 그대로 그렸지, 버니언이나 쇼처럼 작가가 원하는 방향으로 그리지 않았다. 앞으로 셰익스피어 작품 속 위인을 쇼 작품 속 위인과 비교할 기회가 있을 텐데, 그때는 실제 인물의 사례를 들어 설명하도록 하겠다. 일단은 '영웅'이라는 주제에 대해 쇼가 터무니없는 견해를 드러낸 전형적 사례부터 짚어보도록 하자.

쇼는 말했다. "세상은 셰익스피어보다 버니언에게 더 끔찍한 곳이었다. 그러나 버니언은 좌절하지 않고 길을 찾아 나섰으며 마침내 '하늘나라'가 눈앞에 보이자 자신의 삶을 돌아보며 이렇게 말한다. '천신만고 끝에 여기까지 왔지만 그간의 고생에 대해서는 후회하지 않으련다. 나의 여정을 성공으로 이끌 그분께 나의 칼을 바치리라. 나의 용기와 기량도 나의 여정을 이해해주시는 그분께 바치리라.' 이와 같은 표현은 마음에 울림을 준다. 그러다가, '꺼져라, 꺼져, 덧없는 촛불이여', '남는 것은 침묵뿐이니'[2], '우리의 존재는 한낱 꿈이나 다름없으며, 우리의 짧은 삶은 잠으로 둘러싸여 있다'[3]와 같은 문구를 보게 되면, 삶과 용기, 결단력, 아침 공기, 영원한 젊음이 술 취한 자의 끔찍한 악몽으로 바뀌는 것 같다."

위의 발언은 한 마디 한 마디가 다 잘못됐다. 세상은 『천로역정』의 작가보다 『리어 왕』의 작가에게 더 끔찍한 곳이었을 수도 있다. 『천로역정』의 등장인물 '용기'가 한 말은, 버니언이 잘난 척하는 도덕가의 우쭐한 감정을 희석할 의도로 쓴 것이라면 모를까, 마음에 울림을 주지는 않는다. 맥베스가 죽어가는 장면이나 햄릿이 죽어가는 장면이나 프로스페로가 세상을 등지고 명상적인 삶을 살려고 하는 장면에서 셰익스피어가 전달하려고 했던 바는 삶, 용기, 결단력, 아침 공기, 영원한 젊음 같은 것이 아니었다. 솔직히 맥베스와 햄릿, 프로스페로의 마지막 대사를 보면서, 술 취한 자의 끔찍한 악몽을 보는 것 같다고 반응하는 사람이 쇼 말고 또 누가 있을까 싶다. 더구나 그 마지막 대사들이 셰익스피어 작품에 등장하는 다른 어떤 인물의 대사보다 셰익스피어의 감정을 더 잘 표현하고 있다고 주장할 만한 증거도 없다. 나라면, 『천로역정』에서 '용기'가 스스로를 높게 평가한다는 이유만으로(그런 이름을 가진 사람은 으레 그럴 것 같다) 버니언을 잘난 척하는 도덕군자로 깎아내리는 우를 범하지는 않을 것이다. 영웅적인 분위기를 내고 싶을 때, 셰익스피어는 버니언처럼 도덕적 설교나 경건한 잔소리에 기대지 않았다. 그는 보

2 『햄릿』 중 햄릿의 대사

3 『템페스트』 중 프로스페로의 대사

통 사람의 입을 빌려 간단한 말로써, 무엇을 해야 하고 그렇게 하는 것이 왜 가치가 있는지를 알려줬다.

사람은 기다려야 한다.
세상에 나올 때도 그렇지만 세상을 떠날 때야말로
때가 무르익는 것이 중요하다.[4]

쇼는 틈만 나면 칭찬을 아끼지 않았던 입센을 제외하고는 동시대 극작가들을 그다지 높게 평가하지 않았다. 다만 헨리 존스[5]는 옹호했는데, 그건 존스가 쇼의 친구이자 당대의 도덕적 현실을 비판하는 데 주력한 극작가였기 때문이다. 쇼는 자기 작품에는 없는 특징들로 비평가들의 찬사를 받았던 아서 피네로를 공격했다. 자신은 피네로 파 극작가들에게 격렬한 반감이 있다면서 "나의 비평에 극도의 편파성이라는 불가피한 결함 외에 다른 결함은 없기를 바란다"는 말을 조심스럽게 덧붙이기도 했다. 그래서 『새터데이 리뷰』는 로열코트 극장운영자로부터 피네로의 『웰즈 극장의 트렐로니Trelawny of the Wells』 개막공연 초대장을 받지 못했고, 쇼는 독자들에게 그러한 상황을 사실대로 전달했다. "잡지사가 그런 식으로 무시를 당하면 매표소에 전화를 걸어 어떻게든 개막공연 표를 얻어내는 수밖에 없습니다. … 내가 공손하게 부탁하자 수화기 너머로 경

---

4 『리어 왕』 5막 2장 중 에드가의 대사

5 헨리 존스Henry Arthur Jones(1851-1929): 아서 피네로, 버나드 쇼와 함께 영국 현대 연극의 전위로 활약했다. 당대 최고의 인기작가로 『성인들과 죄인들Saints and Sinners』(1884)를 비롯해 60여편의 작품을 남겼다.

멸하는 투의 답이 돌아왔습니다. '어디 한 번 혹평해보시죠. 세 줄짜리 혹평으로는 어림도 없을 걸요.' 당연히 나의 호기심은 걷잡을 수 없이 커졌습니다. 피네로의 희극이라면 속속들이 알고 있는 로열코트 극장 직원이 내가 이번 작품에 전례 없는 혹평을 가하리라고 확신할 정도로 피네로의 작품을 얕잡아 보는 건가, 하는 생각이 들어서 말입니다. 나는 곧바로 4회 공연을 예매했습니다. … 그리고 이제는 전화를 받았던 그 극장 직원에게 확실하게 말해줄 수 있을 것 같습니다. 그렇게까지 불안해할 필요는 없었다고요. 또, 이런 말 해서 미안하지만, 좋은 희극 작품을 알아보는 눈은 없는 것 같다고 말입니다."

예민한 극작가들은 쇼의 비평을 좋아하지 않았다. 쇼가 "나는 편파적이기 위해 최선을 다한다"고 대놓고 밝혔지만 말이다. 그 시절에는 배우들도 남녀 불문하고 다들 예민해서, "특별석에 앉은 상류층이 여는 파티에 초대받을 수 있을 정도로" 연기하라는 쇼의 조언을 혐오했다. 그가 전형적인 현대극 배우들의 외모를 보고, "인테리어 광고 중간에 양복 광고 모델이 나와서 여성용 모자 광고 모델에게 감상적인 말을 늘어놓는다"고 묘사한 것도 다들 싫어했다. 배우들은 쇼의 비난뿐 아니라 칭찬도 두려워했다. 미국의 한 여배우는 인터뷰에 응해주면 입센 공연에 설 수 있게 도와주겠다는 쇼의 제안을 받고, 자신에 대해 한 줄이라도 썼다가는 총으로 쏴버리겠다고 했다. 배우들은 버나드 쇼가 신사가 아니라고 생각하며 스스로를 위로했다. 쇼는 그러한 생각에 진심으로 동의했다. "동료들이 가장 민감해 하는 부분을 공개적으로 날카롭게 지적하는 것이 비평가의 소임인데, 이를 신사의 매너와 조화시키는 방법은 결국 알아내지 못했다."

쇼는 드루리레인 극장의 크리스마스 팬터마임 공연에 대한 평을 시작으로 기독교도들의 최대 축제를 재차 공격했다. "이번 호에 크리스마스라는 주제를 다뤄야 해서 유감이다. 크리스마스는 바람직하지 않은 주제다. 잔인하고 탐욕스런 주제이자, 술에 찌든 난잡한 주제이며, 쓸데없고 끔찍한 주제이고, 사악하고 추잡하고 부패하고 타락한 주제이며, 불경스럽고 풍기를 문란케 하는 주제이다. 상점주인들과 언론이 사람들에게 크리스마스를 억지로 강요하고 있다. 내가 볼 때 전 세계적으로 혐오의 불바람이 불면서 크리스마스의 인기는 시들해지고 사그라질 것이며, 뒤돌아보는 사람은 누구나 느끼한 소시지 기둥으로 변할 것이다. 이제 앞으로 일 년 동안은 크리스마스를 겪지 않아도 되고 바글거리는 군중을 헤치고 다니지 않아도 되지만, 그 팬터마임 공연이 다시 크리스마스를 상기시키는 바람에 내 안에 증오가 들끓고 있다." 쇼는 자신의 그와 같은 단평이 "최대 광고주인 극장운영자를 위해 신문사에서 마련한 크리스마스 선물"이자 무료 광고라고 했다. 드루리레인 극장운영자는 물론 그런 선물이 달갑지 않았겠지만 쇼의 비평이 모두에게 알려졌을 때는 분명 흡족해했을 것이다. "유감스럽게도, 평소 티켓 가격의 절반만 내고 입장한 관객들이 남은 돈을 비평가에게 던질 소시지를 사는 데 쓰고 있다. 소시지로 나를 맞히는 데 성공한 사람이 다음에는 양배추를 던졌으면 한다. 채식주의자인 나에게 소시지를 던지는 건 낭비일 뿐이다."

『새터데이 리뷰』의 점잖은 독자들은 쇼가 걸핏하면 레딩 교도소[6]에

---

[6] 런던에서 약 50km 떨어진 버크셔 주 레딩에 위치한 교도소로, 1844년에 세워졌으며 2013년에 문을 닫았다. 1895년 오스카 와일드는 군중의 야유와 조롱을 받으며 런던 원즈워스 교도소에서 이곳으로 이감되었고, 1897년 출소 후에는 「레딩 교도소 발라드」라는 시를 썼다.

갇힌 오스카 와일드를 언급하는 통에 충격에 휩싸이곤 했다. 당시 언론은 오스카 와일드를 언급하기조차 꺼렸고, 일반 대중도 마찬가지였다. 오스카 와일드를 거론하려면 어느 정도 용기가 필요한 상황이었다. 그러한 용기는 비평가뿐 아니라 편집자에게도 요구되었다. 비평가의 글을 검토하고 경솔한 부분이 없는지 살피는 것이 편집자의 역할로 인식되었기 때문이다.

쇼의 작품을 제외하고, 19세기에 쓰인 영어 희곡 중 아직까지 읽히는 작품은 오스카 와일드의 작품이 유일하다. 쇼가 와일드에 대해 좋게 말할 수 있는 부분은 그게 다였다. 쇼와 와일드 모두 아일랜드 출신인 데다가 별로 친한 사이가 아니어서 더 그럴 수밖에 없었다. 와일드는 쇼에 대해 이렇게 말했다. "대단한 사람이다. 세상에 적수가 없는 사람이라서 그를 좋아하는 친구도 없다." 쇼는 와일드에 대해 이렇게 말했다. "나와 같은 동네 출신으로서 내가 몹시 혐오하는 류의 고향 사람들 중 가장 우월한 표본이며, 더 정확히 말하면 더블린 속물이다. 그에게는 영국인들과 같이 있으면 더욱 빛나는 아일랜드인의 매력이 있었지만 나에게는 그런 게 없었다. 아무튼, 그는 내가 모든 면에서 인정하는 사람이다. 그에게 처음 호감을 갖게 된 계기는, 매우 뜬금없지만, 시카고 아나키스트 사건[7]이었다. … 나는 그 불운한 사람들의 사형집행을 취소해달라는 탄원서에 서명을 받으려고 용감무쌍한 저항자와 회의론자로 잘 알려진 런

---

[7] 헤이마켓 사건Haymarket affair 혹은 헤이마켓 학살Haymarket massacre이라고도 한다. 1886년 5월 4일 시카고 헤이마켓에서 열린 노동자들의 시위 도중 누군가 경찰을 향해 폭탄을 던진 것이 원인이 되어 경찰이 시위대를 향해 발포하고 경찰 7명과 시민 4명 이상이 사망한 사건이다. 폭동의 주모자로 무정부주의자 8명이 지목되어 7명이 사형선고를 받고 나머지 1명은 15년 형을 받았으나, 회사 경영자들이 노동조합을 감시하기 위해 고용한 사립탐정회사 핑커튼 에이전시가 폭동을 유도했다는 설이 나돌았다. 메이 데이(노동절)의 기원이 된 사건이기도 하다.

던의 온갖 작가들과 접촉을 시도했다. 그런데 결국 내가 받아낸 서명은 오스카 와일드의 것뿐이었다. 그는 정말 사심 없이 서명해주었고 덕분에 내 머릿속에 특별한 사람으로 각인되었다."

쇼가 『새터데이 리뷰』에 두 번째로 쓴 평론의 후반부는 1895년 첫째 주에 상연된 와일드의 『이상적인 남편An Ideal Husband』에 할애됐다. "웨스트엔드 헤이마켓 극장에서 선보인 오스카 와일드의 신작은 위험하다." 쇼는 이렇게 운을 뗐다. "왜냐하면 와일드는 비평가들을 우둔하게 만드는 능력이 있기 때문이다. 비평가들은 와일드의 경구를 화가 난 듯 비웃는데, 그 모습은 꼭 분노와 괴로움으로 고래고래 소리 지르는 행위에서 쾌감을 느끼도록 길러진 아이들 같다. 그들의 주장은 이렇다. 오스카 와일드의 작품은 수가 빤히 보이며, 경솔한 언행을 몸소 실천할 정도로 경박한 사람이라면 그 정도 경구쯤은 쉽게 쓸 수 있다고. 그렇다면 내가 아는 한, 오스카 와일드 같은 희곡을 쓰려고 해도 쓸 수 없는 사람은 런던에서 나밖에 없다. 그런데도 그의 희곡이 (수익성이 좋은 것은 물론이고) 여전히 독보적인 것을 보면, 다른 작가들은 섣불리 나서지 않는 게 좋을 것 같다. 어떤 의미에서 보면, 와일드는 우리가 아는 극작가 중 유일하게 뼛속까지 극작가인 사람이다. 그는 모든 것을 갖고 놀 줄 안다. 위트는 물론이고 철학, 드라마, 배우, 관중, 극장 전체에 이르기까지 말이다."

약 6주 후 와일드의 『진지함의 중요성The Importance of Being Earnest』이 세인트 제임스 극장에서 상연됐고, 쇼는 자신이 참석한 "둘째 날 밤 공연이 대체로 실패한 분위기였다"는 사실에 영향을 받았다. 그는 그 작품이 미숙하고, 인간미 없고, 기계적이고, 촌스럽고, 웃기지만 혐오스럽다고 생각했다. "물론 재미는 있었다. 하지만 재미만 있고 감동이 없는 코미디를 보면, 저녁 시간을 낭비했다는 생각이 든다. 내가 극장에 가는 건 감동이 있는 웃음을 위해서지, 가벼운 웃음이나 부산스런 웃음을 위해서가 아니다. 그래서 나는 익살극을 볼 때면, 남들만큼 웃다가도 2막이 끝날 때쯤에는 기운이 빠지고 3막이 끝날 때쯤에는 화가 나며 그 후로는 그 증상이 더욱 심해져 객석에서 빵 터질 때마다 그저 기계적으로 따라 웃게 된다. … 아무튼 나로서는 『진지함의 중요성』을 10년은커녕 하루도 못 봐주겠다." 『진지함의 중요성』은 이제 나온 지 반세기 가까이 지났지만 세월이 무색할 정도로 인기가 여전하다. 그러나 쇼는 자신이 했던 말을 한마디도 철회하지 않을 것이다. 그에게 『진지함의 중요성』은 '웃기는 기계'처럼 용납할 수 없는 것이었다. 하지만 설령 그렇다 쳐도, 그러한 메커니즘에 정통한 사람은 오직 와일드뿐이었다.

그 후로 얼마 지나지 않아 쇼는 프랭크 해리스가 주선한 카페 로열 오찬 자리에서 와일드와 마주쳤다. 쇼는 와일드에게, 혹시 『진지함의 중요성』이 길버트[8]의 영향을 받기 전에 썼다가 조지 알렉산더[9]에게 맞춰 돈벌이용으로 다시 쓴 작품이냐고 조용히 물었다. 당시 와일드는 퀸즈베리 후작[10]을 고소한 일에 온정신이 팔려 있었지만, 쇼의 질문을 받고

---

8 길버트W.S. Gilbert(1836-1911): 그 유명한 "길버트와 설리번"의 길버트. 빅토리아 시대 영국 오페레타(희가극)의 발전을 주도한 리브레토(오페라 대본) 작가. 작곡가인 아서 설리번과 함께 환상의 호흡을 자랑하며 14편의 희가극을 탄생시켰다.

9 조지 알렉산더Sir George Alexanger(1858-1918): 영국의 배우 겸 연출가 겸 극장운영자. 1895년 『진지함의 중요성』이 초연됐던 당시 세인트 제임스 극장운영자였다.

10 오스카 와일드의 연인으로 유명했던 알프레드 더글라스의 아버지. 자기 아들과 와일드의 관계를 못마땅해하던 그는 와일드가 속해 있던 클럽에 "오스카 와일드, 으스대는 남색자"라고 쓴 명함을 남겨서 명예훼손죄로 고소당했으나 승소하여 와일드를 파산시켰다.

는 발끈해서 거만한 어조로 쇼에게 실망했다고 말했다.

와일드가 재판에서 지고 형을 선고받으면서 말초적인 기사들이 쏟아져나오자, 쇼는 와일드를 도와야 한다는 강한 충동에 휩싸여 북부지방으로 가는 기차 안에서 와일드의 석방을 요구하는 탄원서를 작성했다. 하지만 조용한 기독교 사회주의자 스튜어트 헤들럼을 제외하고 그 누구의 서명도 받을 수 없었다. 지난 번 시카고 무정부주의자들을 위한 탄원서에 서명해준 사람도 단 한 명뿐이었는데, 이제 그 사람은 교도소에 있었다. 그래서 쇼는 차선책을 가동했다. 그건 바로 기회가 생길 때마다 평론에서 와일드의 작품을 언급하는 것이었다. 1895년 10월, 와일드가 유죄판결을 받고 4개월쯤 지났을 무렵 쇼는 와일드의 『이상적인 남편』에서 인상적이었던 한 장면을 언급하면서 비슷한 주제를 보다 얄팍하게 다룬 제롬 K. 제롬의 신작과 비교했다. 이듬해에는 찰스 브룩필드가 주연한 찰스 호트리의 희극을 다뤘다. 호트리나 브룩필드나 와일드에게 불리한 허위 증거들을 제공함으로써 와일드의 몰락에 일조했기 때문에 쇼가 그들에 대해 호의적인 비평을 할 리가 없었다. "오스카 와일드의 희극에는 감히 견줄 수도 없는 작품이다. 와일드에게는 창조적 상상력과 철학적 유머와 독창적인 위트가 있었다. 더구나 그는 언어의 달인이었다. 반면, 호트리는—" 여기서 호트리를 더 언급할 필요는 없을 것 같다. 1898년 3월 와일드가 출소는 했으나 여전히 입에 올리기는 부담스러운 존재였을 때, 쇼는 '1897년 연극계'라는 제목의 평론에서 와일드를 네 번이나 언급했다. 같은 해 4월에는 희곡 작품을 발표한 윌리엄 하이네만에 대해 이렇게 썼다. "그가 펜과 연극으로 막스 비어봄이나 오스카 와일드처럼 생각을 풀어낼 수 있을까? 그건 불가능해 보인다. 우리가 그를 압지로 싸서 잉크에 넣고 일주일 동안 푹 삶아도, 그의 문학적 재능을 그렇게 유연하고 말랑말랑하게 만들 수는 없을 것이다." 와일드는 출소 후 쇼에게서 저자 서명이 새겨진 책을 받았고, 같은 식으로 쇼에게 답례했다.

쇼가 다뤘던 연극과 배우 대부분은 쇼의 수준 높은 이해력을 요구하지 않았다. 하지만 쇼의 비평이 아깝지 않은 대상도 어쩌다 한 번씩 나타나곤 했는데, 이를테면 1895년 6월의 어느 한 주 동안 사라 베르나르[11]와 엘레오노라 두제[12]가 출연한 두 작품이 그랬다. 쇼는 사라 베르나르가 출연한 뒤마의 『춘희La Dame aux Camélias』와 엘레오노라 두제가 출연한 주더만의 『고향Heimat』(영어 제목은 『마그다Magda』)을 보고 영어로 된 가장 위대한 비평을 남겼다. 그 비평을 읽고 나면, 그를 보고 비평가가 된 사람들이 있다는 사실이 하나도 놀랍지 않다. 제임스 에이게트[13]는 "『새터데이 리뷰』에서 G.B.S.의 서명이 붙은 비평을 보고 연극비평가가 되기로 결심했다." 막스 비어봄은 연극비평가로서의 쇼를 "세상 그 누구보다" 존경했다. 비어봄은 말했다. "그 두 편의 글은 아무리 읽어도 질리지 않는다. 그 글을 썼을 때 쇼의 천재성은 절정에 달했다." 특히 엘레오노라 두제에

---

11 사라 베르나르Sarah Bernhardt(1844-1923): 프랑스의 여배우. 벨에포크 시대 유럽 대륙과 미국에서 '사라 여신'으로 불릴 정도로 인기가 대단했으며, 세계 역사상 가장 유명한 여배우'로 일컬어진다. 우리에게는 알폰스 무하의 그림들로 잘 알려져 있다.

12 엘레오노라 두제Eleonora Duse(1858-1924): 이탈리아의 여배우. 사라 베르나르의 유일한 적수로 평가되었으며, 외향적이고 화려한 성격의 사라 베르나르와 대조적으로 내향적이고 조용한 성격이었다. 당시 쇼는 두 배우의 연기를 비교하면서, 두제의 손을 들어주었다.

13 제임스 에이게트James Agate(1877-1947): 영국의 연극비평가. 1910년대부터 1930년대 사이 영국에서 가장 영향력 있는 연극비평가였다. 20대 후반까지 약 17년 동안 아버지의 회사에서 일하다가 쇼의 영향으로 비평가의 길을 걷게 됐다.

대한 비평은 배우 본인에게서도 존경의 반응을 이끌어냈다. 이해하지도 못하는 것을 비평하겠다고 극장에 바글바글 모여드는 하찮은 인간들에게 두제는 눈길조차 주지 않았지만, 진짜 지성이 나타났다 싶으면 친히 알은 체를 하며 응원해주었다. 그녀는 관객의 즉각적인 호응을 이끌어 내기까지 수년간의 고된 노력이 있었다는 것을 쇼가 알아봐 준 것에 대해 특히 감동했다. 한마디로, 그녀는 흐뭇해하고 또 고마워했다. 하지만 공정한 판단을 위해서는, 쇼가 사라 베르나르에 대해 쓴 자신의 비평은 무가치하다고 고백했다는 사실도 밝혀야 할 것 같다. "나는 그녀를 공정하게 평가한 적도 없고, 그녀가 연기한다고 믿은 적도 없다. 왜냐하면 그녀는 나의 고모 조지나와 너무도 닮았기 때문이다." 그의 가장 재미있는 농담들이 그러하듯, 이 역시 사실을 얘기한 것뿐이었다.

그간 연극을 너무 많이 봤는지, 쇼는 1897년이 저물어 갈 무렵 머리가 이상해지는 것을 느끼고 극장 공연과는 거리가 먼 것들을 갈구하기 시작했다. "뭐가 됐든 진짜 경험을 해야겠다는 생각이 들었다. 가능하면 극장 앞좌석이 아닌 신선한 공기를 마실 수 있는 야외로 나가서 말이다. 그러다 문득, 시골의 위험한 언덕을 하나 골라 한밤중에 자전거를 타고 전속력으로 달리다 보면 새롭고도 확실한 현실 감각이 생기지 않을까 하는 생각이 들었다. 그래서 실제로 그렇게 해봤다." 그 결과, 쇼는 돌에 부딪혀 얼굴이 찢어졌고 에지웨어의 한 병원에서 상처를 꿰매야 했다. "그 의사가 나에 대해 생각한 것처럼 누군가가 다른 누군가를 그렇게 완전히 잘못 이해하기도 힘들 것이다. 그는 모험으로 심하게 손상된 내 얼굴 부위를 바늘로 꿰매면서 아프게 하는 것을 미안해했다. 그러나 뾰족한 배우들을 3년이나 견딘 사람에게 외과의사의 바늘은 차라리 달콤

한 위로였다. 나는 순전히 나 좋자고 의사한테 몇 바늘 더 꿰매달라고 할 수가 없었다. 이미 내 멋대로 하다가 남의 일요일 휴식을 방해했으니 말이다. 의사가 친절해서 더 미안했다. 앞으로 연극을 볼 때마다 그때가 그리워지면 어쩌지? 멀리서 들려오는 노랫소리와 구세군의 북소리 말고는 고요하기 그지없는 조용한 시골 병원에서 상대적으로 호사를 누렸던 그때가, 자신이 하는 일에 대해 잘 아는 기술자가 한 땀 한 땀 진중하게 바느질을 할 때마다 나의 감성을 건드리며 현실을 예리하게 일깨우던 그때가 말이다." 그 의사는 치료비를 받지 않으려고 했다. 쇼의 더블린 말투가 같은 아일랜드 출신이었던 그의 연민을 자극했기 때문이다. "이곳 웨스트엔드의 극장운영자가 어쩌면 비난하듯 구시렁거릴지도 모른다. '뭐, 나는 당신더러 공연을 돈 내고 보라고 한 적 있소?'라고. 그러면 나는 이렇게 대답할 수밖에 없다. '내 말투가 토요일마다 당신의 연민을 자극해서 그런 건 아니잖소?' … 더구나 그 의사는 내가 죽지 않은 게 다행이라고 했는데, 극장운영자 중에도 과연 그렇게 생각하는 사람이 있을까? … 결과적으로, 나의 실험은 성공적이었고 욕구불만도 사라졌다. 따라서 나처럼 한 번 해볼 것을 자신 있게 권한다. 나는 정신적인 안정을 찾았고 원래의 다정한 성격으로 돌아왔다. 그 일 이후로는 주변 사람들이 놀랄 정도로 내 마음이 평화롭고 행복하고 따뜻해졌다. 외모상으로는 다소 아쉬운 부분이 생긴 게 사실이다. 그러나 나의 한쪽 눈이 회복되고 나면 눈빛이 한결 부드러워져서 주위의 상처를 상쇄하고도 남을 것이라 믿는다." 이어서 그는 "인간이 오믈렛보다는 비평할 게 많다"며 비평을 재개했다.

1898년 4월에는 좀 더 심각한 일이 발생했다. "40년 동안 불평 한마디

없이 잘 버티던 나의 한쪽 발이 파업에 들어갔다. 비평가가 한 발로 껑충껑충 뛰어다니는 광경은 냉혹한 사람의 마음도 녹일 법 하건만, 극장 운영자들은 나에게 개막공연을 몰아줌으로써 유감스럽게도 나를 무력화시킬 수 있는 기회를 포착했다. 라이시엄 극장에서 『약장수 The Medicine man』를 보고 나왔더니 발이 제대로 된 검사를 받아야 하는 상태가 되었다. 그 문제에 대해 신경쓰지 않고 있다가 마취제를 투여받고 나의 의견 따위는 상관없는 처지가 된 것이다. … 나를 진찰한 의사는 내가 음식을 통해 얻은 에너지를 모조리 재능을 발휘하는 데 쓴 것 같다고 진단했다 (의사가 내 식단을 폄하한 것은 유감이었다)." 그 동안 과로 행진을 해온 쇼로서는 몸이 고장나는 것도 당연했다. 애초에 신발을 너무 꽉 조여서 신는 바람에 발에 종기가 생겼고 그게 뼈의 괴사를 불러와서 결국 수술을 두 번이나 하게 됐다. 이 이야기는 조만간 다시 하겠다. 쇼는 프랭크 해리스가 『새터데이 리뷰』를 팔아버리기도 했고, 극장에 신물이 난데다 극작가로서 막 돈도 벌기 시작해서 비평 일을 그만두기로 결심했다. 그의 후임은 막스 비어봄으로 결정됐고, 5월 21일자 『새터데이 리뷰』에는 쇼의 고별사가 실렸다.

"여러 해에 걸쳐 적절한 말로 세심하고 끈질기게 지도하지 않으면, 영국인들은 무엇에 대해 생각해야 하는지 잘 모릅니다. 지난 10년 동안 저는 불굴의 의지와 끈기로, 제가 보기 드물게 위트 있고 영리하고 똑똑한 사람이라는 것을 주야장천 떠들어댔습니다. 그랬더니 이제 영국인들 사이에서는 그게 일반적인 견해가 되었습니다. 세상의 어떤 권력도 이 상황을 바꿀 수는 없을 겁니다. 제가 늙어서 노망이 나거나 비틀비틀하게 될 수는 있습니다. 제 작품이 진부해지거나 저속해질 수도 있습니다. 차세대의 모든 영특한 인물들 사이에서 제가 가장 못난 사람이 될 수도 있습니다. 하지만 그런 것들이 저의 명성에는 전혀 지장을 주지 않을 것입니다. 저의 명성은 교조적 진술의 반복이라는 난공불락의 기반을 토대로 셰익스피어의 명성처럼 빠르고 단단하게 구축되고 있으니까요. ……

평범한 습성을 가진 사람이 아프면 사람들은 하나같이 곧 회복될 거라고 얘기합니다. 채식주의자가 아프면(다행히 그런 일은 별로 일어나지 않지만), 사람들은 그에게 곧 죽을 것이라고 하거나 그런 이야기를 들었다고 하거나 그럴 줄 알았다고들 합니다. 그들은 그 아픈 사람에게 하룻밤 더 버틸 기회를 준답시고 제발 고깃국물이라도 좀 마셔보라고 간청합니다. 그들은 말도 못 할 정도의 고통을 겪다가 비참하게 죽은 사람의 이야기를 마치 자기 이야기인 것처럼 그에게 들려주기도 합니다. 그가 겁에 질려서 죽은 사람이 혹시 고기를 자주 먹는 사람이 아니었냐고 물으면, 그들은 그에게 아픈데 말하지 말라고, 말하는 것은 좋지 않다고 얘기합니다. 사람들 말에 의하면 저에게는 약 3주 정도의 시간밖에 남지 않아서, 저는 물에 빠진 사람의 심정이 되어 저의 과거와 제한된 미래에 대해 하루에도 열 번씩 생각해 봅니다. 그랬더니 연극 비평에 4년이나 쏟는다는 것을 저 스스로 도저히 용납할 수가 없더군요. 저는 더는 참지 않기로 했습니다. 앞으로 다시는 극장 문턱을 넘나들지 않을 겁니다. 연극이란 주제는 팔 만큼 팠거든요. 저도 할 만큼 했고요."

베아트리스 웹(좌), 시드니 웹(우)

⑳ 정치가
버틸 수 있는 마지막까지 혹사되어서 좋다

1892년은 페이비언협회의 역사와 쇼의 인생에서 중요한 해이다. 그해 7월 시드니 웹과 베아트리스 포터가 결혼하면서 사회 개혁 역사상 유례없는 조합이 탄생했기 때문이다.

베아트리스 포터는 9남매 중 막내였다. 그녀의 아버지는 많은 재산을 물려받았다가 다 날리고 또다시 큰 부를 축적했다. 그는 그레이트웨스턴 철도회사GWR의 이사와 캐나다 그랜드트렁크 철도회사의 대표, 허드슨베이 회사의 이사를 포함해 보수가 높은 여러 직책을 역임했으며, 억 단위로 얘기하고 나라 단위로 거래하는 세계에서 살았다. 포터 일가는 런던은 물론이고 코츠월즈와 몬머스셔, 웨스트몰랜드 등 휴가 보내기 좋은 곳곳에 집을 가지고 있었다. 그들은 잘 나가는 정치인에서 과학자, 경제학자, 철학자, 신학자에 이르기까지-조지프 체임벌린, 허버트 스펜서, 헉슬리, 틴들, 매닝 대주교에서 은행가, 남작, 여타의 강도들에 이르기까지-모르는 사람이 없었다. 베아트리스는 그렇게 다채로운 환경에서 성장했고 열여덟 살부터 스물네 살이 될 때까지는 자신에게 주어진 어지간한 일들을 전부 해치웠다. 즉, 지루하기 짝이 없는 '사교계'의 유희를 견뎠고 유럽 대륙의 고급 리조트를 돌아다녔다. 어머니를 여읜 후에는 아버지를 도와 사업체를 운영하면서 매일 아침식사 전에 논리학과 철학, 경제학을 공부했다. 그녀는 허버트 스펜서에게서 많은 것을 배웠고, 프랜시스 골턴에게서 깊은 영향을 받았으며, (전해진 바에 따르면) 조지프 체임벌린과는 논쟁하다가 거의 결혼까지 갈 뻔했다. 하지만 남자보다는 통계학에 더 끌렸고, 협업의 의미를 협동조합운동에서 찾으려고 해서 그것에 관한 책을 쓰기에 이르렀다. 공장에 노동자로 위장 취업하는 영웅적인 방법으로 노동착취제도를 조사했는데, 그러한 그녀의 실험은 (바느질 실력보다는 영특함이 훨씬 돋보였던) 그녀가 매번 고용주의 아들 내지 상속인의 신붓감으로 간택되면서 끝났다.

그녀는 그 책을 쓰는 과정에서 역사적인 배경지식이 필요하던 차에 1890년 한 친구의 소개로 시드니 웹을 만났다. 웹은 즉석에서 필요한 자료의 목록을 적어 그녀에게 건네주었고 며칠 후에는 이자율에 관한 페이비언협회의 소논문도 보내주었다. 그들의 서신 교환은 그렇게 시작되었다. 그가 그녀에게 두 번째로 보낸 소책자 중에는 로제티 시집도 있었다. 그 후 둘은 저녁식사를 함께 하며 찰스 부스[1]와 사회 문제에 관해 토론할 것을 대비했고, 글래스고의 협동조합회의에도 함께 갔다. 그들은 서로 점점 더 가까워졌고 편지를 더 길게 더 자주 썼으며 노동조합주의에 대한 의견도 주고받았다. 그는 그녀와 결혼하기를 원했다. 그녀는 자

---

[1] 찰스 부스Charles Booth(1840-1916): 영국의 상선회사 대표이자 사회운동가. 빈곤 및 노인 문제 연구에 관한 선구적 업적을 남겼으며, 노인연금 지급을 주장하여 1907년 양로연금법 제정에 크게 기여했다.

신이 원하는 바에 대한 확신이 없었다. 사회주의자와 결혼한다고 하면 반대할 게 분명한 그녀의 아버지가 병석에 눕는 바람에 혼란은 가중되었다. 그러나 1891년 봄 베아트리스는 시드니 웹에게 협동조합운동에 관한 초고를 보냈고 5월이 되자 그들은 비밀리에 약혼했다. 두 달 후 베아트리스는 일기에 썼다. "우리는 둘 다 평범한 사람이지만 우리 둘의 조합은 흥미롭다. 나는 조사하는 사람이고 그는 실행하는 사람으로, 우리 사이에는 사람과 일에 관한 다양하고도 폭넓은 경험이 존재한다. 우리에게는 불로소득도 있다. 독특한 환경이다. 우리가 신중하고도 지속적인 목적의식을 가지고 우리의 재능을 사용한다면 꽤 많은 일을 해낼 것이다." 그녀의 아버지는 1892년 1월에 세상을 떴고 그들은 7월에 결혼했다. 아일랜드로 떠난 신혼여행은 노동자 단체에 대한 조사를 병행함으로써 더 즐거워졌다. 시드니는 식민성을 나왔고 그들은 집세가 일 년에 1,000파운드인 그로브너 대로 41에 정착했다.

그 집은 곧 영국 사회주의자들의 사교 중심지로 떠올랐다. 그곳에서는 젊은 대학생들이 한창 주가가 오르고 있는 정치인들과 만났고, 야심만만한 가난뱅이가 의로운 부자와 어울렸으며, 훌륭한 무명인사가 멍청한 유명인사와 대화를 나누었다. 계층과 직업, 신념이 다른 사람들이 한자리에서 만나 미래의 노동당 지도자들에게 정신적인 토양을 제공했다. 집과 연회는 집주인과 안주인의 개성을 드러냈다. 응접실은 가능한 한 많은 사람을 들이기 위해 극도로 간소하게 꾸며졌고, 음식은 심하게 소박해서 고르고 말고 할 것도 없었다. 수프와 생선, 양고기, 우유 푸딩이 전부여서 먹고 싶으면 먹고 먹기 싫으면 안 먹어도 그만이었다. 마실 것으로는 맥주와 위스키가 있었고 와인은 없었다.

머리는 좋아도 평범한 대화를 원하는 사람들은 그곳에서 오가는 대화를 다소 버거워했다. 그곳의 대화는 격렬하면서도 유익했다. 잡담은 안 통했고 날씨 이야기는 무시됐다. 작은 키에 청색 서지 정장을 입은 시드니 웹은 살아있는 백과사전으로 다른 사람들은 왜 자기만큼 알지 못하는지 이해하지 못했다. 큰 키에 검은 머리, 당당하고 매력적인 얼굴과 빛나는 눈매에 날씬한 몸매로 눈에 띄는 드레스를 입은 베아트리스 웹은 내각 장관들에게 계획을 받아 적게 하고 나머지 사람들에게도 이런저런 지시를 내렸다. 웹 부부는 사람과 일에 대한 모든 정보를 공유했고 누구라도 말로 꺾을 수 있었다. 제아무리 예리하고 명석한 적이라도 그녀의 단단하고 냉철한 정신과 그의 유연하고 민첩한 두뇌에는 당해낼 수가 없었다. 더욱이 그들은 자신들이 맞고 상대가 틀렸다는 것을 확신하면서도 상대에게 관용적인 태도를 보임으로써 상대를 더욱 불편하고 불리하게 만들었다.

박학다식만큼 거슬리는 것도 없고 도덕적 우월함만큼 짜증나는 것도 없다. 웹 부인은 논쟁적인 태도로 사회의식이 결여된 사람들을 경멸하고 성적 일탈을 비난함으로써 종종 사람들의 반감을 샀다. 특히 여자들이 그녀를 두려워하고 싫어했다. 그녀는 매사에 확신에 찬 태도로 행동규칙을 정하고 일상적인 대화를 정리해 버릇해서 짜증을 유발했다. 심지어 잡담할 때조차, 사람이나 사업, 보수를 분류하듯 추문들도 분류하는 듯했다. 인간을 개인이 아닌 유형으로 바라보고 차갑게 거리를 두면서 머릿속으로 꼬리표를 붙이는 식이었다. "그녀는 사람들을 움직이는 표본으로 봤다"고 웰스는 말했다. 사람들이 그녀를 못마땅하게 여기고 헐뜯으려 했던 건 그녀의 갑옷에 어떠한 틈도 보이지 않았기 때문이다. 그녀는 약점이 전혀 없었다. 그녀와 그녀의 남편은 쉬지 않고 일했고, 목적을 가지고 말했으며, 도덕적으로 살았고, 순수하고 건강한 것에서 즐거움을 찾았다.

시드니 웹과 함께 식민성 서기를 지냈던 시드니 올리비에가 자메이카 총독으로 부임하면서, 웹 부인은 올리비에를 대신해 페이비언의 핵심 4인방 중 한 명이 되었다. 쇼와 월러스는 그로브너 대로 집에 꾸준히 출석했고, 웹 부부가 서리, 서퍽, 몬머스 등에 휴가차 집을 얻으면 그곳에서 휴가를 함께 보냈다. 이들 4인방에게 휴일은 쉬는 날이 아니었다. 그들은 아침에는 일하고 저녁에는 공부하거나 책을 읽었으며 오후에는 열심히 산책하거나 자전거를 타러 나갔다. 쇼는 고장난 것을 고치는 데 도사가 되었다. 시드니 웹이 기계를 다루는 데 미숙해서 뭐가 고장 났다 하면 쇼의 차지였기 때문이다. 어느 날 쇼는 그들이 머물던 집 헛간에서 안장이 겁나게 높고 앞바퀴가 커다란 구식 자전거를 꺼내 탔다가 그게 내리막길에서만 움직인다는 것을 알게 됐다. 그 자전거가 집 앞으로 길게 뻗어 있는 비탈길에서는 잘 굴러 내려가다가 평평한 땅에 도달하니 덜컥 멈춰 서며 쇼를 땅바닥으로 내팽개쳤던 것이다. 쇼는 그 과정을 재차 반복했고 그가 내팽개쳐질 때마다 웹 부인은 박장대소했다. 웃음소리에 이끌려 창가로 나온 시드니 웹은 무슨 일이 벌어졌는지 보고는 자기도 한판 겨루겠다며 달려나왔다. 그러자 웹 부인은 그를 끌어안고서는 비통한 어조로 죽어도 안 된다면서 그 실험을 못 하게 가로막았다. 쇼는 본인이 재미있으면 목이 부러져도 괜찮을 사람이었다. 다시 말해, 쇼가 그렇게 노는 것은 자연스러워 보였다. 하지만 시드니의 경우는 그렇지 않았다.

쇼와 웹의 조합, 이른바 '웹섀비언 콤비'가 기이해 보였던 이유는 쇼가 웹 부부가 싫어하는 특징을 거의 다 갖고 있었다는 것이다. 쇼를 색인에 넣는 것은 불가능했다. 그는 웹 부부가 정한 범주 어디에도 속하지 않아서 결국 베아트리스에 의해 도깨비로 분류되었다. 쇼는 예술 교육만 받았을 뿐 시험 한 번 쳐 본 적이 없었다. 반면 시드니 웹은 속독 능력과 뛰어난 기억력으로 학제를 따라 쑥쑥 성장했고 쉽게 고위 공무원 자리에 올랐다. 웹 부부는 사회주의자였고 교회에 다니지도 않았지만 뼛속까지 영국인이었고 점잖은 사람들이었다. 쇼는 아일랜드인이었고 방랑자이자 보헤미안이었으며 결혼을 안 했지만 그렇다고 독신주의도 아니었다. 쇼가 그들의 공통 관심사에 접근하는 방식은 언제나 예상 밖이었고 예측할 수 없었다. 쇼는 어느 모임에서 웹이 말하는 것을 10분 정도 듣고 곧바로 그와 안면을 트고 그를 지도자로 점찍었다. 수년 후에는 베아트리스가 쇼와 같은 통찰력으로 웹이 가장 유능한 페이비언이라는 것을 알아보고 결혼했다. 그러니까 그녀는 결혼과 동시에 쇼라는 악마와도 엮인 셈이었다. 처음에는 쇼를 바람직하지 않은 존재로 보고 확실하게 없애버리려고 했다. 그러나 쇼에게는 그를 '없어서는 안 되는 존재'로 만드는 그만의 독특한 능력이 있었으니, 그건 바로 시드니 웹의 가치를 완벽하게 알고 있다는 것이었다. 그래서 그녀는 쇼를 피할 수 없는 채무처럼 받아들였고, 이내 그가 쓸모있고 충실한 친구이며 글 잘 쓰고 같이 지내기 좋은 동료라는 것을 알게 되었다. 더구나 그는 포터가에 흐르는 집시 기질을 자극할 줄도 알았다. 베아트리스에게 그런 기질이 있으리라고는 아무도 예상하지 못했지만 그녀의 예술가 여동생을 보면 확실히 그런 기질이 있었다. 쇼는 곧 그의 천재성을 발휘할 특권을 얻었고 웹 부부의 "충실한 벗"으로서 확고부동한 위치를 점령했다. 나중에 쇼가 돈을 엄청나게 벌고 신분이 높은 재력가 부인을 만나 정착하게 되었을 때도 그들의 관계는 거의 달라지지 않았다. 달라진 게 있다한들, 쇼가 웹 부부와 나란히 서기가 더 좋아졌다는 것 정도였다.

세 명의 대표 페이비언들은 서로의 정신을 끊임없이 훈련시켰다. 그들의 논쟁이 종종 어찌나 격렬했던지 그 현장을 목격한 방문객들은 그들이 화를 내며 타협이 불가능한 싸움을 하고 있다고 생각했다. 그러나 논쟁은 그들의 일상이었다. 그들은 시끄러울 때 시끄러운 만큼이나 고요할 때는 완벽하게 고요했다. "우리는 사실 의견이 달랐던 적이 없었어." 쇼는 말했다. "그런데 아일랜드인은 자기가 무슨 일을 하고 있는 건지 알고 싶어하는 반면 영국인은 그것만큼 싫어하는 게 또 없거든. 나는 영국인들과 달리 도덕적으로 치장하지 않고 사실적이고도 명쾌하게 설명하는 재주가 있어서 웹 부부가 어떤 정책을 고안할 때마다 그것을 한 문장으로 명확하게 정의해주었는데, 그러면 그들은 깜짝 놀라면서 그런 생각은 해 본 적도 없다고 즉시 항의했어. 그러나 놀란 마음을 가라앉히고 차분히 생각해 본 다음에는 결국 내가 옳다고들 결론 내렸지. 원래 자기들도 옳았다는 생각은 조금도 하지 않았어. 물론 그렇게 주장하면 자기들이 정직하지 못하다고 생각했겠지."

쇼는 비밀스러운 소모임이든 대규모 광장이든 가리지 않고 연설했다. 페이비언 사도로 나서고 처음 12년 동안 그는 천 번의 대중집회에서 열변을 토했다. 웹 부부는 거실, 사교클럽, 노동회관과 같이 두 명 이상이 모이는 곳이면 어디에서든 인류의 진보에 관해 얘기했다. 페이비언협회의 주요 멤버들에 의해 한 해 동안 무려 700회의 강연이 이루어졌다. 쇼가 했던 온갖 이상한 일들을 잠시 살펴보자. 쇼는 자유당 전국위원회에서 활동하면서 웹이 초안을 작성한 (한때 유명했던) 「뉴캐슬 프로그램」[2]을 밀어붙였고, 독립노동당의 첫 모임에 나가서는 당의 핵심 강령(불로소득에 대한 과세)이 될 내용을 당수인 키어 하디에게 주입했다. 화이트채플에서 연설하면서 그는 자기 눈에 비친 가난한 사람들은 크롬웰의 눈에 비친 상원의원들처럼 "쓸모없고 위험하며 없어져야 하는 존재"이기 때문에 가난한 사람들이 싫다고 말함으로써 가난에 시달리던 청중에게서 열렬한 호응을 이끌어냈다. 구 세인트 제임스 홀에서는 반대 여론을 자극해서 연단을 장악하고 모임의 성격을 바꿔버렸으며 직접 연설에 나서서 청중을 감화시켰다. 그리고 페이비언협회에서는 회원들에게 회비를 독촉하는 편지를 썼다. 예컨대, 다음은 그가 그랜트 앨런[3]에게 보낸 편지이다.

"우리가 선생을 제명하기를 바라는 겁니까? 저는 선생과 그런 불행한 상황까지 가지 않게 막으려고 노력했습니다만, 이제 민망해서 안 되겠습니다. 빌어먹을! 매년 선생에게 보낼 책자를 인쇄하고 발송하는 데 얼마가 드는지 압니까? 선생에게 보낸 소책자들을 본 적이 있습니까? 혹은 선생보다 더 가난한 작가들이 그걸 쓰느라 얼마나 많은 시간을 보냈을지 헤아려 본 적이 있습니까? 협회 업무를 처리하는 데 일주일에 몇 시간이 소요되는지 압니까? 고작 몇 실링이 없어서 우리에게 자신을 제명

---

2 「뉴캐슬 프로그램New Castle Programme」: 1891년 자유당의 전당대회격인 N.L.F 회의에서 채택한 정책 공약. 아일랜드 자치, 토지 개혁, 공장법 개정, 선거권 확대, 상원 개혁, 복수투표제 폐지 등 급진적 내용이 주를 이뤘으며, 정책 선거의 기원을 열었다.

3 그랜트 앨런Grant Allen(1848-1899): 캐나다에서 태어나 영국에 정착한 과학작가이자 소설가. 다원주의자이자 페이비언협회 회원이었다. 대표작 『기담Strange Stories』(1884)

해달라고 요청하고 그럼으로써 협회의 우푯값을 아껴달라는 가난한 노동자들이 얼마나 많은지 알고 있습니까? 오늘 체납자로 선생의 이름이 또다시 거론되자 집행위원들의 분노가 폭발했습니다. 총무는 선생에게 더는 편지를 쓰지 않겠다고 하더군요. 이건 뭐, 새로운 쾌락주의입니까? 선생에게는 명예나 양심, 수치심 같은 게 남아있질 않습니까? 내가 위원회를 설득해서 다음 주 수요일까지는 총무가 별다른 조처를 하지 않기로 했습니다. 그사이 나는 선생에게 편지를 쓰기로 했습니다. 적어도 물러날 시간은 드리기 위해서지요. 정신 차리십시오."

그랜트 앨런은 회비를 보냈고 쇼는 "페이비언의 손에 돈이 쥐여졌으니 (돈을 받아낼 목적으로 촉발된) 분노는 가라앉을 것입니다"라고 답신했다.

몇 년 후 쇼는 조지프 버지스라는 노동당 후보가 총선 기간 중 어떤 의제에 대해 타협하기를 거부하는 바람에 낙선한 것에 불만을 터뜨렸다. 그의 불만을 들어보면, 그가 사회주의라는 대의를 위해 1880년대와 1890년대에 어떻게 살았는지를 어렴풋이나마 짐작할 수 있다. "타협으로 더럽혀지고, 기회주의로 얼룩지고, 편의주의로 곰팡이가 피고, 토리와 자유당 언론에 기고한 글로 욕먹고, 여러 자치구 선거의 진흙탕에 질질 끌려다니고, 막후 조종 때문에 형체 없이 늘어지고, 부지불식간에 부패되고, 여기서 밀고 저기서 막으며 25년 동안 너덜너덜해진, 나 자신의 불행한 인격을 돌아보고 든 생각인데, 조(조지프 버지스)는 인격이란 걸 가질 여유조차 없는 수백만의 가난한 사람들을 봐서라도 자신의 하얀 옷에 오점 한두 개 남는 것쯤은 참았어야 했다. 가난한 사람들이 왜 그런 괴물이 되었겠나. 의회에 그들을 대변해줄 친구가 하나도 없기 때문이다. 아! 이 인습에 찌든 샌님들이라니! 이 고매한 양반들아! 잘났다 정말! 어쨌거나 이따금 영혼을 다치는 우리와는 달리 자기 영혼은 티끌만큼도 다치지 않으려는 이 조란 작자는 대체 뭔가?"

쇼는 하원의원 선거에 입후보하라는 제안을 여러 번 받았지만 자신은 의회 밖에서 일을 더 잘하리란 것을 알고 있었다. "의회의 합창단원이 되느니 페이비언의 지도자가 되는 게 더 낫지"라고 전에 그는 나에게 말했다. 그것도 그렇지만, 쇼는 너무 거침없이 말해서 표를 얻기 어려운 스타일이었다. 홀브룩 잭슨[4]이 그에게 특정 선거구에 출마할 것인지 묻고는 그 선거구는 보살필 것이 많다고 주의를 시키자, 쇼는 자신이 선거구를 보살피려고 하면 유권자들이 악을 쓰며 들고일어날 것이라고 답했다. 그래서 페이비언협회 활동을 제외하고 쇼가 사회복지를 위해 맡았던 유일한 공직은 교구위원과 자치구의원이었다.

런던의 교구가 자치구 의회로 변경되기 전 교구위원들은 자기들끼리 모여서 서로를 선출했다. 그들은 자기들의 회계를 자기들이 감사하고 가족을 사무실 직원으로 채용했다. 구 세인트팬크라스 교구에서 진보적인 교구위원이었던 쇼의 친구 두 명은 반대파 의원들을 설득해서 교구위원 후보 중 몇몇은 표결에 부치지 않고 선출하기로 합의했다. 쇼는 그 후보들 중 한 명이었는데, 그게 아니었다면 그는 결코 그 선발과정을 통과할 수 없었을 것이라는 게 이후의 사건을 통해서도 입증되었다. 1897년 5월부터 그는 교구위원으로 일했고, 세인트팬그라스가 자치구로 거듭난 1900년 11월에는 자치구의원이 되어 의회가 있는 날마다 의회에

---

[4] 홀브룩 잭슨Holbrook Jackson(1874-1948): 영국의 언론인이자 작가이자 출판업자. 당대의 애서가로 유명했다.

서 서너 시간씩 일하기를 6년 넘게 계속했다.

쇼는 탁월한 업무 능력과 뛰어난 식견을 보여주었을 뿐만 아니라 매우 적극적이고 성실하게 활동해서 동료 교구위원들을 놀라게 했다. 그는 업무를 공평하게 나눠 맡으려고 했음에도 불구하고, 보건, 의회, 전등, 주택, 배수설비 위원회에 배치되었다. 해야 할 일을 실제로 하는 소수의 위원은 그런 운명을 피할 수 없었다. 당시 세인트팬크라스 자치구는 인구가 250,000명에 달했지만 서점이 단 한 개도 없었다. 철도 중심지 세 곳은 사실상 매음굴이나 다름없는 호텔들로 둘러싸여 있었다. 철도 조차장과 터미널이 들어서면서 무자비한 철거가 이루어졌고 주민들은 위생조사관이 절망하며 포기할 정도로 상태가 끔찍한 방 한 칸짜리 공동주택으로 내몰렸다. 대부분의 다른 자치구와 마찬가지로 세인트팬그라스도 정치적으로 부패했다. 적당한 사람에게 1,000파운드짜리 수표를 슬쩍 찔러주기만 해도 교구 혹은 자치구에서 한 자리를 차지할 수 있었다. 교구위원들은 지방세를 낮게 유지하려고만 했다. 따라서 발전과 개선을 위한 어떠한 제안이나 시도도 곧바로 거부당할 수밖에 없었다. 쇼와 엔서 워터스라는 젊은 감리교 목사는 한편이 되어서 지방세를 올리고 사망률을 낮추는 것을 주된 목표로 삼았다. 다른 교구위원들은 신과 악마(그들은 쇼가 사회주의자이므로 당연히 무신론자일 것이라고 생각했다)가 동맹을 맺은 것에 너무 놀란 나머지 자기들 바로 눈앞에서 많은 일이 처리되는데도 거의 알아채지 못했다.

쇼는 대체로 즐겁게 의원 활동을 했다. "내가 버틸 수 있는 마지막까지 혹사되어서 좋다. 어리석은 환상과 유행이 지배하는 연극계에 있던 나로서는 교구위원회와 그곳의 쓰레기차들과 H 발음을 빼먹는 못 배운 웅변가들이 있는 현실이 좋기만 하다." 그렇지만 그것은 지루하고 힘든 싸움이었고, 굳이 하고 싶지 않은 일을 해야 할 때도 있었다. 예를 들어, 보건 위원회에서 일할 때 쇼는 결핵에 걸린 가축을 조사하면서 채식주의자로서 교구의 축산업을 살피는 일은 정말 못할 짓이라고 느꼈다. 대체로 불만을 제기하는 사람들은 사회적 관심을 쏟아야 할 필요성이 가장 적은 계몽된 사람들이다. 누군가가 사심 없이 나서서 정부 당국에 문제제기를 하지 않는 이상, 가장 가난한 계층을 위해 뭔가가 이루어질 일은 없다는 뜻이다. 실제로 쇼는 필요한 공공 서비스에 대해 논의하다가 심심찮게 고립무원이 됐다. 여자들도 남자들이 누리는 특권을 누려야 하고 공중 화장실을 무료로 사용할 수 있게 해야 한다고 말했다가 상스럽다고 비난받은 적도 있다. "저명한 교구위원 한 명이 벌떡 일어나더니 그렇게 구역질 나는 주제를 공개적으로 거론하는 나의 대담함에 공포를 느낀다고 했다." 당시 유일한 여성 교구위원이 쇼를 지지했다가 역시나 점잖지 못하다는 비난을 받았다. 그 둘은 박살났다. 그래서 여자들은 "도시의 통행 예절을 지키기" 위해 여전히 돈을 내고 있다.

당대 최고의 극작가가 고용, 하수, 오염, 전기, 질병, 주거 상태와 같은 문제들을 해결하는 데 온 정신과 힘을 쏟았다. 지방의원으로 활동하는 동안 쇼는 이런저런 부분에서 가난한 사람들의 짐을 조금이라도 덜어주기 위해 최선을 다했다. 그리고 셰익스피어에 대해 이런 글을 쓰기도 했다. "셰익스피어는 계급적 한계와 직업 때문에 국가의 대업에 실질적으로 참여할 수 없었고, 지적 훈련 혹은 정치적 훈련의 기회를 사적인 대화와 머메이드 태번[5]에서만 찾아야 했다. 그런 제약이 없었다면, 그는

---

5 옛날 런던의 중심부에 있던 술집으로 엘리자베스 왕조 시대의 극작가와 시인들이 모임을 갖

아마도 당대 최고의 극작가가 아니라 당대 최고의 능력자가 되었을 것이다." 이는 셰익스피어가 셰익스피어가 되지 않았다면 셰익스피어가 세실[6]이 될 수 있었다는 얘긴데, 그렇다면 즉각 이렇게 반문하지 않을 수 없다. 셰익스피어 한 명을 위해 우리가 얼마나 많은 세실을 포기할 수 있는데! 그러나 사람은 누구나 실수하기 마련이다. 호머도 가끔 졸았다는데, 쇼가 허튼소리 몇 번 한 것쯤은 봐줘야 한다.

1903년 10월에 의원 임기가 끝나면서 쇼는 런던 세인트팬크라스 자치 구의원 선거에 진보 정당 후보로 출마했다. "영원히 사심 없는 능력자는 매우 드뭅니다." 그는 페이비언들이 모인 자리에서 이와 같이 연설했다. "인생에서 소중한 기회를 한 번쯤 희생하겠다는 사람은 천 명도 더 찾을 수 있지만, 두 번 희생하겠다는 사람은 한 명도 찾기 어렵습니다. … 그래서 제가 틈만 나면 노동자들에게 프록코트와 높은 모자를 쓴 사람들을 믿지 말고 자기 자신을 믿으라고 얘기하는 겁니다." 이어서 그는 기꺼이 고백했다. "제 능력이 더 많이 알려질수록, 페이비언 집행위원회 일을 하거나 페이비언 책자에 글을 쓰는 대신 돈 되는 일을 하라는 압박을 더 심하게 받습니다." 그러나 쇼의 공적 활동은 그가 역사상 능력자들 대다수보다 더 사심 없는 인물이란 것을 입증했다. 고되지만 생색도 나지 않는 일을 하며 6년 반을 보내고 나자 그는 또다시 노예 생활이 시작될 것이라는 생각에 선거가 덧없고도 짜증나게 느껴졌다. 마침,

---

거나 쉬던 클럽이다.

6 윌리엄 세실William Cecil(1520-1598): 셰익스피어와 동시대를 살았던 영국의 정치가이자 프랜시스 베이컨의 고모부. 엘리자베스 1세의 수석고문으로 영국의 내정 정비와 국제적 지위 향상에 큰 공헌을 했다.

작가로서 명성이 높아지고 극작가로서 미래도 확실해 보이던 시기였다.

우선 쇼는 '교회 학교 개선안'을 지지함으로써 원래 그의 지지자였던 비국교도들을 적으로 만들었다. 영국국교회에 힘을 실어주는 일은 그 내용이 무엇이든 비국교도들의 신랄한 공격을 받던 때였다. 어느 비국교도는 쇼에게 자기는 영국국교회 학교를 위해서는 한 푼도 내지 않을 것이라고 말했다. 쇼는 물었다. "현재 당신의 세금이 말타 섬에서는 로마가톨릭교회를 지원하고 영국령 인도와 북아프리카에서는 성경을 판매하는 서적상들을 기소하는 데 쓰이고 있다는 사실을 모르십니까?" 그 비국교도는 알지도 못했고 알고 싶어하지도 않았다. 그는 그저 영국국교회가 싫을 뿐이었다. 쇼는 국가의 어린이 절반이 교회 학교에 다니거나 학교에 전혀 못 다니는 상황 중 하나를 선택해야 한다면서, 자신은 선생들이 교구 주임사제의 부츠를 닦아야 하는 교회 학교보다는 보조금을 지원하고 교회 학교를 정부의 감시하에 두는 것을 선호할 뿐이라고 주장했다. 이어서 쇼는 '주류 판매 시영화'를 지지함으로써 그를 지지하던 또 다른 진보 집단인 금주운동 단체와 멀어졌다. 그들은 주류 판매를 금지하기를 원했다. 쇼는 술을 입에 대지도 않았지만 주류 판매를 국유화하고 그 이익과 손실을 하나의 장부에 기록하길 원했다. 그다음으로, 쇼는 힘 있는 사람들의 도움을 받으려면 1,000파운드를 내라는 요구를 단칼에 거절했다. 마지막으로, 쇼는 모든 비국교파 신도들에게, 자신과 그들의 종교적 견해는 한 세기 전 볼테르의 주장과 동일하다고 선언함으로써 선거운동에 종지부를 찍었다. 당시 막 출간된 쇼의 신앙고백서는 비국교파 교회들을 화나게 할 만큼 논리적이어서, 비국교파 교회의 신자들은 전부 그에게 반대투표를 했다.

"나의 신앙은 분명하다. 나는 확고한 개신교도이다. 나는 거룩한 가톨릭교회를, 성부와 성자(혹은 성모, 성녀)와 성령의 삼위일체를, 모든 성인의 통공을, 내세를, 무원죄잉태를, 하느님의 왕국을 믿는다. 또한, 구원은 기적에 대한 믿음에서 해방되는 것에 달려있다고 믿는다. 그리고 나는 성 아타나시우스를 비종교적인 멍청이라고 생각한다. 말 그대로, 빌어먹을 바보이다.[7] 나는 '사람이란 여인에게서 난 몸, 수명은 짧고 혼란만 가득합니다'[8]라고 말하는 불쌍한 신경증 환자를 걸핏하면 우는 술주정뱅이와 마찬가지로 동정한다. 오늘날 진정한 종교는 유물론자인 물리학자와 무신론자인 비평가들에 의해서만 가능해질 수 있다는 것을 나는 알고 있다. 그들은 무력했던 어린 시절 우리가 억지로 삼켜야 했던 무지하고 사악한 미신을 우리에게서 철저히 제거하는 기본적이고 필수적인 수술을 실시한다."

이렇게 쓰고 말할 수 있는 사람이라면 당시 시민들이 어떤 반응을 보일지도 분명 알고 있었을 것이다. 온갖 종파의 기독교인, 온갖 유형의 불가지론자, 온갖 양상의 반동주의자, 온갖 색깔의 진보주의자, 정직한 바보와 부정직한 악당, 이 모두가 1904년 3월 5일 쇼를 쫓아내고 유대인을 뽑기 위해 투표소로 모여들었다. 쇼는 큰 표차로 지고 나서 자신의 경험을 바탕으로 『시영 사업의 상식』을 썼다. 그 책은 "당대 최고의 극작가"가 먼저 되지 않았다면 "당대 최고의 능력자"가 되었을 사람이 했을 법한 일들을 보여주었다.

---

[7] 〔저자 주〕 후에 쇼는 아타나시우스 신조를 옹호했는데, 어리석음을 지옥에 떨어져 마땅한 죄악으로 만들었다는 것이 그 이유였다.

[8] 욥기 14:1

㉑

극작가
단지 반응하지 않고 행동하기로 마음먹으면
할 수 있는 일은 여러 가지다

쇼가 타고난 극작가임을 알아본 평론가나 배우가 한 명도 없었다는 것은 그 시대의 미스터리 중 하나다. "내가 희곡을 쓰는 건 이 일이 재미있기도 하지만, 내 머릿속에 인물이나 장면이 끊임없이 떠오르는 것을 막을 수 없기 때문이기도 하다. 내가 타고난 이야기꾼은 아니다. 나에게는 장면이 제일 먼저 떠오른다. 즉, 대사와 행동이 있는 어떤 순간들이 떠오르며, 그 순간들은 고유의 생명력을 갖고 저절로 이야기로 발전한다." 그런 면에서 쇼는 셰익스피어를 닮았다. 셰익스피어 역시 이야기를 만들어내는 것에는 흥미가 없어서, 플롯은 전부 타고난 이야기꾼들에게서 빌려왔다.

19세기 영국의 비평가는 거의 예외 없이 그 시절의 이른바 '웰메이드 플레이|well-made play'를 신봉했다. '웰메이드 플레이'는 특정 형식에 따라 줄거리를 전개하는데, 2막이 끝날 때까지는 관객을 '어떤 상황'으로 몰아가다가 마지막 3막에 가서는 엉망이 된 상황을 정리하는 식이었다. 그러

한 기교극의 대가로 프랑스에는 사르두Sardou와 그의 뒤를 이은 스크리브Scribe가 있었고 영국에는 피네로가 있었다. 쇼는 고전적인 극작가를 표방하며 셰익스피어의 자연주의적 희곡으로 되돌아갔다. 즉, "인물과 상황이 고유의 생명력을 갖고 저절로 이야기로 발전"하게 했다. 그러나 정치, 경제, 종교 제도가 등장인물에게 가하는 무게에 관심이 많았고 그러한 부분을 극적인 상황과 갈등을 통해 잘 살려냈다는 점에서, 쇼는 셰익스피어와 달랐고 입센과 비슷했다. 비평가들은 그의 첫 번째 희곡에 대해 "극작가로서 재능이 전혀 없는 괴짜 페이비언의 정치 소논문"이라고 혹평했다. 심지어 그런 평가가 무색해졌을 무렵에도, 쇼의 희곡은 희곡이 아니라는 주장을 계속해서 제기했다. 쇼는 자기 작품을 일부러 '논고', '대화' 등으로 부르면서 빈정거리듯 그런 주장을 부추겼다. 겉으로는 그렇게 참신하고 대담하며 모든 통례를 뒤엎는다는 인상을 심어주는 한편, 기법 면에서는 의도적으로 초기 드라마투르기(극작술)를 지향함으로써 '웰메이드 플레이'와는 반대방향으로 나아갔다. 그는 말했다. "몰리에르와 나의 기법은 서커스 기법이야. 단장과 광대가 그날의 모든 주제를 논의하는 식이지." 당시 대부분의 비평가는 등장인물이 (경찰이나 이혼 법정의 직원도 아니면서) 정치나 종교, 직업과 같은 주제에 관심이 있는 경우를 본 적이 없었다. 그런 그들에게 쇼의 작품이 얼마나 충격적이었을지 지금으로써는 어렴풋이 짐작만 할 수 있을 뿐이다.

쇼와 윌리엄 아처가 영국박물관에서 살다시피 하던 시절, 둘은 자주 희곡에 대해 얘기했다. 그러다 1885년의 어느 날, 쇼는 아처에게 자기가 플롯에는 자신이 없지만 대화는 기가 막히게 쓸 수 있다고 털어놓았다. 그러자 아처는 자기가 대화에는 꽝이지만 플롯에 대해서는 모르는 게 거의 없는 것 같다고 고백했다. 협업을 위한 최적의 조건이 갖춰진 셈이었다. 아처의 완벽한 플롯을 쇼가 훌륭한 대화로 받쳐준다면 성공은 따 놓은 당상이었다. 아처는 좋은 플롯이 이미 널려 있는데 굳이 새로 짜겠다고 용쓰는 바보는 아니어서, 에밀 오지에[1]의 초창기 희곡에서 필요한 부분을 차용해 파리 스타일로 고쳐 썼으며, 희극적 여주인공과 심각한 여주인공, 고상한 남주인공을 등장시켜서 1막의 배경을 라인 강변에 있는 호텔 정원으로 설정한 다음 쇼에게 시나리오를 넘겼다.

몇 주가 지났다. 아처는 쇼가 그 시나리오를 까맣게 잊어버렸을 것으로 생각하고 애써 그에게 상기시키려고 하지도 않았다. 더구나 아처가 보기에 쇼는 어떤 복잡한 논문을 쓰는 데 몰두하고 있는 것 같았다. 매일 박물관에서 "한 장 한 장 무언가를 공들여 적는데, 가만 보니 일 분에 세 단어의 속도로 아주 우아하고 깔끔하게 약기하고 있었다." 시나리오를 건네준 지 6주 정도 됐을 무렵 아처는 쇼의 말을 듣고 휘청했다. "이봐, 내가 우리 희곡의 1막을 완성했어. 그런데 아직 플롯은 건드리지도 못했지 뭔가. 실은 플롯을 까먹었어. 자네가 나한테 다시 얘기해 줄 수 있지?" 아처는 조금 짜증이 났지만 플롯을 다시 한 번 찬찬히 설명했다. 쇼는 진심으로 고마워하고 사라졌다가 사흘 만에 다시 나타났다. "2막의 세 페이지 정도 쓰니까 자네의 플롯이 바닥나버렸지 뭔가. 플롯을 좀 더 만들어주면 안 될까?" 아처는 플롯이란 하나의 유기체와 같아서 거기에 무언가를 덧붙인다는 것은 이미 팔다리가 다 있는 조각상

---

[1] 에밀 오지에Emile Augier(1820-1889): 프랑스 극작가. 낭만주의에 반발하여 당대의 풍속을 반영하고 도덕주의적인 작품을 썼다. 대표작으로 『독약』La Ciguë, 『프와리에씨의 사위』Le Gendre de Monsieur Poirier 등이 있다.

에 또 다른 팔다리를 덧붙이는 것이나 다름없다며 정색했다. 쇼는 아처를 안심시키려고 애쓰면서 자신이 2막을 다 쓰면 2막까지만이라도 한번 읽어보면 어떻겠냐고 했다. 아처는 그러자고 했다. 그리고 마침내 쇼의 낭독을 듣게 되었는데, 1막에서는 얼굴을 잔뜩 찌푸리다가 2막에서는 잠이 들고 말았다. 잠에서 깬 아처는 쇼에게 자신의 의견을 가감 없이 전했고 더 이상의 협업은 없다고 선언했다. 쇼는 동료 극작가인 헨리 아서 존스에게도 그 미완성 희곡을 읽어줬는데, "잠이 온다"는 반응이 돌아왔다. 그래도 존스는 나중에 뭐가 나오겠지 하는 기대로 깨어 있었으며 다 듣고 나서 이렇게 물었다. "살인은 언제 나오나?" 쇼는 극작가는 적성에 맞지 않는다는 결론을 내리고 그 미완성 작품을 다른 원고 더미 속에 내던진 다음 신경을 꺼버렸다.

7년이 흐른 뒤, 그레인J.T.Grein이라는 네덜란드인이 인디펜던트 씨어터 소사이어티Independent Theatre Society를 설립하고 입센의 『유령』을 제작해서 센세이션을 일으키자, 영국의 평론가 대부분은 외설적인 작품이라며 맹렬히 비난했다. 인디펜던트는 (쇼가 조만간 봇물 터지듯 나올 것이라고 예언했던) '뉴드라마'를 장려할 목적으로 설립된 극단이었다. 그렇지만 그레인은 아무리 찾아도 영국에서는 그러한 최신 스타일의 작품을 찾을 수가 없었다. "가만히 있을 수 없는 상황이었다." 쇼는 이렇게 적었다. "나는 앞뒤 재지 않고 달려들었다. 기회가 날아가는 걸 보고 있느니, 내가 직접 나서기로 한 것이다." 그래서 그는 1885년 2막까지 쓰다가 관둔 그 원고를 다시 찾아내서 3막을 추가하고 『홀아비의 집』이라는 제목을 붙여서 그레인에게 보냈다. 그레인은 1892년 12월 9일 로열 극장에서 『홀아비의 집』을 상연하겠다고 발표했다. 아처가 만든 감상적인 인물들과 틀에 박힌 플롯은 사라졌다. 아처의 시나리오에서 살아남은 것은 첫 장면의 배경이 라인 강이라는 점뿐이었다. 희극적인 여주인공과 심각한 여주인공은 아처는 상상해 본 적도 없는 하나의 캐릭터로 통합되었고, 작품 전체가 빈민가의 지주제도를 다룬 희비극으로 탈바꿈했다. 여주인공 '블랑쉬'의 밝은 면은 '플로렌스 파'를 모델로 했고, 좀 더 어두운 면은 쇼가 언젠가 길에서 봤던 여자를 모델로 했다. "한번은 자정 무렵 위그모어 가를 지나 집으로 가고 있었다. 나는 혼자서 조용히 사색할 수 있는 그 시간을 칸트처럼 즐기고 있었고, 하늘에는 별이 총총 빛나고 있었다. 그런데 내 뒤로 한 200야드쯤 떨어진 길 건너편의 맨더빌 플레이스에서 어떤 젊은 여자 둘이 시끄럽게 굴면서 나의 고독을 무참히 깨뜨렸다. 둘 중 더 강해 보이는 여자는 미친 듯이 화를 내고 있었고 다른 여자는 그녀를 진정시키려고 힘없이 애쓰고 있었다. 고래고래 악을 쓰는 목소리와 울먹이며 타이르는 듯한 목소리가 한동안 이어졌다. 그러다 결국 일이 터졌는데, 성난 쪽이 다른 한쪽에게 달려들어 마구 때리고 머리를 쥐어뜯고 목을 조른 것이다. 당하는 쪽은 그런 일을 한두 번 겪는 게 아닌 것 같았다. 상대가 퍼붓는 폭언에 몸을 움츠리고 최대한 자신을 방어하면서 낮은 목소리로 간청하듯 타일렀다. 상대의 구타보다 경찰의 등장을 더 두려워하는 모습이었다. 잠시 후 험악했던 분위기가 가시고 그 둘은 다시 가던 길을 갔는데, 암사자 쪽은 입을 다물고 있는 반면 순한 양 쪽은 자신이 당했다는 생각에 억울했는지 갑자기 암사자를 대담하게 마구 나무랐다. 그 장면이 나의 뇌리에 남아서 적절하게 쓰일 때를 기다리고 있었다."

『홀아비의 집』리허설은 메이든 레인에 위치한 베드퍼드 헤드라는 곳에서 진행됐는데, 어느 날 리허설 중 짧게 자른 빨간 머리에 키 작고 나이 들어 보이는 한 청년이 리허설장 문 틈으로 고개를 쑥 내밀었다. 그는 즉시 연출가의 눈에 띄었고 집세 징수원 '릭치즈'의 대사를 읽게 됐다. 작가나 연출가나 아직 릭치즈 역에 적합한 배우를 찾지 못하고 있던 차였다. 그 청년은 제법 잘 해내서 그 자리에서 캐스팅됐고 그의 연기는 장안의 화제로 떠올라 제임스 웰치James Welch라는 그의 이름도 세상에 알려졌다. 배우들은(심지어 그레인까지도) 공연에 온 신경을 곤두세웠고 다들 작가를 어려워했다. 쇼가 한창 예거 옷을 입고 다니던 시기였다. 리허설에는 은색 옷을 입고 나타났는데, 소매가 몸을 스칠 때마다 스르륵 스르륵 소리가 나서 그 옷을 발명한 사람조차 결국에는 포기한 복장이었다. 쇼는 시드니 올리비에와 시골길을 산책하고 나서야 그 옷을 포기했다. 귀뚜라미 같은 소리 때문에 방해가 된다며 시드니 올리비에가 대화를 거부했던 탓이다.

『홀아비의 집』에 대한 반응은 엇갈렸다. 사회주의자 관객들은 환호하며 박수쳤고 반대 성향의 관객들은 야유를 퍼부었다. 막이 내리자 '작가'를 향한 환호성과 비난의 함성이 뒤엉켰다. 무대에 오른 쇼는 개막공연 단골 관객들의 성난 함성에 "가만히 귀를 기울이며" 한참 서 있었다. 폭풍 같은 반응이 잦아들자 그는 객석의 반응에 기분이 좋아졌다고 말했다. 반응이 미적지근했다면 실망했을 것이라면서 말이다. 그런 다음 관객에게 자신있게 말하길, 방금 그들이 본 것은 중산층의 삶을 충실하게 재현한 초상이자 실제 현실에 대한 거짓 없는 묘사라고 했다. 비평가들을 향해서는 '작가'와 '작가의 의도를 구현하기 위해 열정을 다한 배우들'을 구별해달라고 요구했으며, 특유의 아일랜드 억양으로 모든 사람을 사로잡은 다음 결국에는 박수갈채를 받으며 퇴장했다. 비평가들은 쇼의 말을 들어줬다. 다음 날 아침 쇼는 악명 높은 작가가 되어 있었고 『홀아비의 집』은 거센 공격을 받으며 엄청난 논란과 반발을 불러일으켰다. 그리하여 쇼는 (특히 그의 계획대로 제임스 웰치의 역할이 성공하자) 자신이 타고난 극작가임을 확신하게 되었다. "재능 없는 일에 더는 시간과 노력을 안 들였으면 좋겠다"는 윌리엄 아처의 평을 듣고 그러한 확신은 더욱 굳어졌다. 아처는 『월드』에 『홀아비의 집』에 대한 평론을 쓰고 다음과 같은 쇼의 엽서를 받았다. "나는 말일세, 빈민가의 집세를 매주 내 손으로 걷으러 다니고 중간계급의 지주들을 4년 반 동안 뒤에서 지켜본 사람일세. 그들이 온갖 여자들의 꽁무니나 쫓아다니는 꼴을 말이야. 그런 나에게 천성 운운하며 그런 문제에 관해서는 섣불리 추론하지 말라고 진지하게 충고하는 겐가. 이 감상적인 라벤더 같은 은둔자 친구야."

쇼의 후속작 『바람둥이』(1893)는 부분적으로 보면 입센 스타일의 풍자극이었는데, 아처는 이 작품을 거의 인신공격처럼 받아들여서 "예술과 예절을 모욕한" 죄로 작가를 거리에서 "토막내고" 싶어했다. 3년 뒤 쇼는 몇몇 친구들에게 그 작품을 소리내어 읽어주면서, 자신이 "역겹다고 생각하는 현실의 추악함을 상투적인 소극으로 풀어냈다"고 밝힘으로써 아처의 견해에 공감했다. 『바람둥이』는 인디펜던트 극단이 세운 배역진보다 더 연기 잘하는 배우들을 써야 했다. 주인공 역을 소화할 유일한 배우인 찰스 윈덤이 출연을 고사하는 바람에 작품 상연이 일시적으로 미뤄진 것도 아쉬운 점이었다.

쇼의 세 번째 작품 『워렌 부인의 직업』(1893)은 아처의 생각을 완전히 뒤집는 데에는 성공했으나 그 외의 사람들 대부분을 충격에 빠뜨렸다. 쇼의 첫 번째 희곡과 마찬가지로,『워렌 부인의 직업』도 원래는 로맨틱한 아이디어에서 시작됐다. 하지만 쇼가 작품을 끝냈을 무렵에는 로맨틱한 요소가 거의 사라지고 없었다. 영국에서 최초로『인형의 집』의 '노라'를 연기한 재닛 어처치Janet Achurch는 좋은 연극이 되겠다 싶은 프랑스 소설 하나를 쇼에게 추천한 적이 있었다. 쇼가 (프랑스 소설은 말할 것도 없고) 소설은 웬만하면 읽지 않는다고 딱 잘라 말하자, 그녀는 그 소설의 초특급 로맨틱 스토리를 그에게 직접 들려주었다. 쇼의 반응은 이랬다. "오, 내가 언젠가 그 엄마에 관한 진실이 무엇인지 밝혀야겠군." 그로부터 얼마 지나지 않아, 쇼는 웹 부인으로부터 전통에 얽매이지 않는 진짜 현대 여성이 등장하는 작품을 쓰는 게 어떻겠냐는 제안을 받았다. 그리하여 로맨틱한 여주인공은 워렌 부인이 되었고, 전통에 얽매이지 않는 현대 여성은 워렌 부인의 딸이 되었다.『워렌 부인의 직업』은 여성의 매춘이 자본주의 사회의 필연적 결과라는 것을 보여주었기 때문에 자본가들에게 의존해서 객석을 채워야 하는 극장운영자들은 그 작품을 영 무대에 올리고 싶지 않았다. 하지만 공공심 투철한 극장운영자라면 위험을 무릅쓰고 그 작품을 제작할 수도 있었다. 그래서 검열기관은 아예 허가 내주기를 거부함으로써 문제의 싹을 잘라버렸다. 1897년 5월 작품을 쓴 지 4년쯤 지났을 무렵 쇼는『워렌 부인의 직업』이 그때까지 자신의 최고작이라고 생각하면서도 다음과 같이 고백했다. "그 작품을 떠올리면 등골이 오싹해진다." "그 작품에서 가장 충격적인 부분은 나도 참기 힘들다. 아, 그 작품을 썼을 때는 나도 참 강심장이었다." 1924년 마침내『워렌 부인의 직업』에 대한 금지가 풀렸지만, 기다리다 지친 쇼는

"늦게 하느니 안 하는 게 낫다"는 말을 남겼다. 그때 그 작품에 왜 그렇게들 야단이었는지 현재 우리로서는 의아할 수 있다. 그러나 지금 우리가 그렇게 의아해할 수 있는 건, 심각한 사회문제를 영국 연극무대에서 자유롭게 논의하기 위해 싸웠던 최초의 1인 쇼가 있었기 때문이다. 그러니까 쇼의 작품은 영국 연극사에 한 획을 그었다.

『워렌 부인의 직업』은 1902년 1월 스테이지 소사이어티에 의해 최초로 무대에 올려졌다. 작품이 나온 지 8년 만이었다. 검열기관도 스테이지 소사이어티처럼 회원들만을 대상으로 하는 사적인 공연까지는 막을 수 없었다. 하지만 허가를 내주지 않아서 운영진을 불안하게 했고 일요일 밤으로 예정됐던 공연이 여러 번 취소됐다. "날짜와 장소가 계속 다시 정해지고 티켓도 새로 찍어야 했다. 결국 스테이지 소사이어티 운영자가 절박함과 피로에 전 나머지 허탈하게 웃는 상황까지 갔다. 예전에 수레에 다리가 찢기는 형벌을 받은 죄인들이 두 번째 고통을 당할 때는 웃음을 터뜨렸던 것처럼 말이다." 스테이지 소사이어티는 리허설 할 무대를 찾는 것조차 어려워 복도든 술집이든 기회만 되면 밤낮을 가리지 않고 리허설을 감행했다. 본 공연은 일요일 저녁 뉴리릭클럽New Lyric Club에서 이루어졌다. 평론가들은 즉각 분노했고, 쇼는 즐거워했다. 그의 설교가 적중했기 때문이다. "언론을 병적인 흥분상태로 몰아넣고 의기양양해 본 적이 있는 작가라면, 다시 말해, 언론이 무대 위 예술작품을 관객의 실제 삶과 구분하는 능력을 상실하고 감정에 휩싸여 반감을 드러내고 도덕적으로 혼란스러워하고 무의식중에 자신의 잘못과 공포와 양심에 대해 미친 듯이 털어놓는 걸 보며 즐거워해 본 적이 있는 작가라면, 인기 희극이나 멜로드라마에 예외 없이 따라붙는 신문의 틀에 박힌 칭찬을 별로 좋아하지 않을 것이다."

검열기관의 처분으로 쇼는 "부도덕하고 파렴치한 작가"로 낙인찍혔다. 그러나 혁명적인 비평가로 활동하던 시절부터 "워낙 뜨거운 물 속에 있었기 때문에 궁내장관(검열관)이 끓는 물 한 바가지를 더 보탠 것쯤은 아무렇지도 않았다." 쇼는 "그 공연 덕에 진지한 독자들 사이에서 나의 명성이 매우 높아졌다"고 했다. 그 끓는 물에 다른 사람들까지 덴 건 그의 잘못이 아니었다. 1905년 가을 아놀드 데일리Arnold Daly는 쇼의 충고를 무시하고 미국에서 『워렌 부인의 직업』을 제작했다. 결국 쇼는 1909년 의회 위원회에 출석해 검열에 관해 다음과 같이 증언했다.

"『워렌 부인의 직업』은 뉴욕에서 고발을 당했고 즉결재판에 넘겨졌습니다. 이 나라 궁내장관이 상연 허가를 안 내준 바람에, 미국에서는 이 작품이 소름끼치게 외설적이고 끔찍한 연극일 거라는 인식이 퍼져 있더군요. 미국인들은 이곳에서 상연 허가를 받은 연극이라도 지나치게 외설적인 경우가 많다는 것을 알고 있습니다. 따라서 검열기관이 불허할 정도면 보나마나 목불인견일 것이라는 결론에 도달한 거죠. 결국 뉴욕 최악의 부류들이 떼로 몰려와 극장 밖에서 폭동 비스무레한 일들을 벌였고, 좌석 가격이 어마어마하게 뛰었습니다. 그러자 경찰이 난입해 극단 전체를 체포해서 즉결재판소로 끌고 갔고요. 남자 배우며 여자 배우며 극단운영자며 할 것 없이 전부 다 끌고 갔습니다. 치안판사는 작품을 읽어볼 시간이 필요하다며 휴정을 선언했습니다. 대놓고 하기 싫은 티를 내면서 말입니다. 사실을 가감 없이 얘기하자면 그렇습니다. 판사는 휴정하는 동안 그 작품을 읽겠다고 했습니다. 다음 재판 때, 판사는 몹시 실망한 얼굴로 화를 냈습니다. 작품을 읽어봤는데 소장에 적힌 내용은 나오지 않았다면서 말이죠."

피고는 전부 무죄를 선고받았고, 『워렌 부인의 직업』은 경찰의 눈을 교묘히 피해간 다른 많은 작품에 비해 악덕을 덜 미화했다는 칭찬까지 받았다.

의회 위원회에서 증언하는 도중 쇼는 유일하게 쓸 만한 가치가 있는 극은 비도덕적인 극이고 자신은 양심을 따르는 비도덕적인 작가라고 말했다. 그는 "비도덕적인"이라는 단어를 성경과 무관한 의미로 사용했다. "나는 성경의 맨 앞장부터 마지막 장에 이르기까지 '도덕적인' 혹은 '비도덕적인'이라는 단어가 한 번도 나오지 않는다는 사실을 위원회에 상기시켰다. 그 단어들은 셰익스피어의 작품에도 나온 적이 없다. 생각건대, 1843년 극장법이 통과되었을 때, 도덕성/비도덕성이라는 단어를 정의/죄와 동의어로 쓴 사람들은 분명 이성주의자나 무신론자로 의심받았을 것이다." 쇼가 '비도덕적'이라고 한 것은 '관습적이지 않다'는 뜻이었다.

쇼는 뉴욕에서 있었던 일을 설명하며 검열제도를 폐지하자고 했고, 낡은 뮤직홀을 성공적으로 탈바꿈시킨 사례를 근거로 들며 검열제 대신 일 년 단위의 극장허가제를 도입하자고 주장했다. 그러자 의회 위원장이 쇼에게 영국 법원에서 『워렌 부인의 직업』의 상연을 금지할 것 같냐고 물었다. "금지할 수 있다고 봅니다." 그가 대답했다. "『워렌 부인의 직업』은 대단히 비도덕적인 작품입니다. 심하게 비도덕적이지요. 실제로 대다수 사람들이 상상했던 것보다 더 비도덕적이랍니다."

"이번에도 '비도덕적'이라는 단어를 선생 본인만의 특별한 의미로 사용하신 겁니까?"

"저만의 특별한 의미가 아니지요. 영어 단어를 전통적인 의미에 따라 올바르게 사용한 것입니다."

"그러니까…?"

"이미 설명해 드렸다시피, 그 작품은 양심적으로 비도덕적인 작품입니다."

이제 우리는 『워렌 부인의 직업』을 극도로 도덕적인 작품으로 평가한다. 쇼는 바로 그런 뜻에서 그 작품을 비도덕적이라고 한 것이었다. 하지만 평론가들이 비도덕적이라고 했을 때는 그런 뜻에서 한 말이 아니었다. 그들은 자기들이 무슨 말을 하는지도 몰랐다.

그때까지만 해도 쇼는 아처와 그레인, 인디펜던트 극단과 스테이지 소사이어티, 재닛 어처치와 베아트리스 웹 같은 주변 사람들의 요구에 못 이겨 작품을 써왔고, 그 작품들은 전부 비영리적이었다. 쇼는 그 작품들로 한 푼도 벌지 못했다. 악명 높은 신인 극작가가 되었을 뿐이다. 일반 대중과 평론가들은 그의 작품을 불쾌하게 여겼다. 그는 그런 반응을 예상하고 충분히 이해했기 때문에 그때까지 자신의 작품을 모아 "유쾌하지 않은" 희곡들이라는 꼬리표를 붙였다. 그런데 그 후로 사람들의 요구가 달라졌다. 상업 극장에서 무난하게 상연할 만한 작품을 써달라고 요청한 것이다. 그러니까 이제 그는 유명 배우들을 염두에 둔 파트도 써야 했고, 사회를 개혁하기보다 사회를 사로잡는 데 더 관심이 있는 극장운영자들도 만족시켜야 했다. 그래서 그는 코미디를 이용하기 시작했다. 반(反)낭만적인 코미디로 현실에서 웃음을 이끌어냈다. "오직 웃음을 통해서만, 악의 없이 악을 물리치고 오글거림 없이 의리를 말할 수 있기 때문"이다.

쇼의 첫 번째 "유쾌한" 희곡은 『무기와 인간』(1894)으로 급하게 쓴 작품이었다. 훗날 맨체스터의 게이어티 극장에서 이름을 날리게 될 애니 호니먼Annie E.F. Horniman은 런던 애비뉴 극장을 한 시즌 동안 책임지게 되었는데, 그때 표면상으로 내세운 극장운영자가 바로 쇼의 친구이자 연인이었던 플로렌스 파였다. 호니먼이 제작한 첫 작품이 망하면서 차기작을 물색해야 하는 처지가 되자 플로렌스는 『홀아비의 집』을 리바이벌 하자고 제안했다. 그러나 쇼는 그녀를 위해 이미 새 작품을 쓰던 중이어서 상황이 급하다는 말을 듣고 작품을 전속력으로 마무리했다. 서둘러 리허설을 치르고 1894년 4월 21일 개막공연을 하게 된 배우들은 일이 제대로 되고 있는 건지 전혀 알지 못하는 상태에서 근심 어린 마음으로 진지하게 연기했고 열광적인 반응으로 보답받았다. 관객들은 거의 모든 장면에서 웃음을 터뜨렸다. 그런데 사람들이 웃는 것을 보고 그제야 이 이상한 작품이 희극이라는 걸 확신하게 된 배우들이 딱하게도 기존 희극의 문법에 따라 연기하기 시작했다. 결국, 첫날의 성공이 다시는 반복되지 않았다. 쇼는 모든 웃음을 한 치의 오차도 없이 치밀하게 설계해 놓았지만, 그러한 웃음은 배우들이 열성적이고 진지하게 연기할 때만 터질 수 있었다. 배우들이 기존 희극에서 하던 대로 연기하자 작품에 맥이 빠졌다. 그래도 개막공연은 한 가지 실수만 빼면 흠잡을 데 없었다. 그 실수는 이제는 『펀치』로 너무나도 유명해진 버나드 파트리지 경[2]이 불가리아 군Bulgarian Army을 영국 군British Army으로 잘못 발음한 것이었다.

---

2 버나드 파트리지Bernard Partridge(1861-1945): 영국의 삽화가. 이런저런 사건으로 당시 유명했던 외과의사 리차드 파트리지의 아들로서, 한동안 버나드 굴드Bernard Gould라는 이름으로 배우 활동을 했으며, 1910년 『펀치』의 대표 삽화가가 되었고, 1925년 기사 작위를 받았다.

그것은 객석에 있던 골딩 브라이트라는 청년에게는 그냥 넘어갈 수 없는 문제였다. 그는 휘파람을 불며 야유했다. 공연이 끝나고 쇼가 관중의 우레와 같은 박수갈채를 받으며 무대에 올라갔을 때도 브라이트는 혼자 용감하게 "우-"하고 야유를 보냈다. 한창 물오른 대중연설가였던 쇼는 그러한 반감도 연설에 이용했다. "이보게 친구, 나도 자네와 같은 생각일세." 그는 말했다. "하지만 반대파가 이렇게 많은데 우리 둘이 뭘 어쩌겠나?"

이는 그가 재치있는 응답-뻔히 눈에 보이는 거짓말-을 보여준 전형적인 사례였고, 결과적으로는 선견지명이 되었다. 개막공연은 난리가 났지만 그 인기가 계속 가지는 않았던 것이다. 『무기와 인간』 공연은 11주나 계속됐지만 크게 적자를 냈다. 베를린에서 상연할 작품을 물색 중이던 어느 독일인에게 쇼는 이렇게 말할 수밖에 없었다. "딱 두 번 공연비용의 절반 정도를 벌었고, 더 안 좋았을 때, 그러니까 성령강림절과 택시 파업 때는 수입이 14파운드까지 떨어졌지요." 사실 평상시 수입도 회당 평균 17파운드 정도였다. 윌리엄 아처는 『무기와 인간』이 『찰리의 이모』[3]만큼 재미있다고 생각했다. 반면, 에드워드 7세(당시 웨일스 왕자)는 작가가 누구냐고 물었다가 이름을 듣고는(그에게는 아무 의미없는 이름이었지만) 사뭇 진지한 어조로 "역시 이상한 사람이었어"라고 했다. 작가 본인은 작품을 좀 손봐야겠다고 판단했다. 1904년이 저물어갈 무렵 쇼는 『무기와 인간』을 다시 읽어보고 "너무나 엉성하고 괴이하고 위험해서" 깜짝 놀랐다. 그리고 "이 작품이 그렇게 매력적이지만 않았어도

---

[3] 1892년 브랜든 토머스가 쓴 3막짜리 희극. 그때까지 연극에 관한 모든 기록을 갈아치우며 런던에서 1466회 롱런하는 대성공을 거두었다.

내 나중 작품들과 비교조차 힘들 뻔했다"고 생각했다. 하지만 1927년 그는 알프레도 수트로[4]에게 보낸 편지에서, 『무기와 인간』이 "전쟁 이전에는 진정한 성공을 거둔 적이 없다"면서, "전쟁 이후 런던의 연극 애호가들이 군대 이야기를 피부로 실감하고, 『무기와 인간』을 음악이 빠진 희가극이 아니라 고전적인 희극으로 인식하면서 비로소 제대로 성공하게 됐다"고 덧붙였다.

쇼는 금전적 실패나 작가의 의도를 알아보지 못하는 비평가와 관객의 무능함에 전혀 흔들리지 않고 곧바로 다음 작품 『칸디다』 집필에 착수했으며, 1894년 12월 초에는 『칸디다』를 끝내고 포크스톤에 있는 웨스트 클리프 호텔로 갔다. 거기서 그는 형제 같은 극작가 헨리 아서 존스에게 속내를 털어놓았다.

"표를 사는 일반 대중을 확보하려면 긴 싸움을 해야 합니다. 그때까지 제 작품은 그 어떤 경제적 여건 속에서도 반드시 제작되어야만 하죠. 이유가 뭐가 됐든—제 작품의 일부분이 거부할 수 없을 만큼 재미있어서든, 피네로가 대본을 펑크내서든, 제가 계약금 없이 하겠다고 해서든, 세상이 박스오피스에 완전히 굴복당하지는 않으려 해서든—제 작품은 계속 무대에 올려져야 합니다.

이제 제가 '나는 천재다'라는 가정하에 얘기하고 있다는 걸 감지하셨을 겁니다. 하지만 제가 달리 뭘 할 수 있겠습니까? 그런 가정도 없이 제가 어떻게 희곡을 계속 써 나갈 수 있겠습니까? 또 다른 가정이 있다는 것도 감지하셨을 겁니다. 대중은 앞으로 20년이 흘러도 여전히 대중

---

4 알프레드 수트로 Alfred Sutro(1863-1933): 영국의 극작가이자 번역가. 벨기에 작가 마테를링크의 작품을 최초로 영어로 번역했다.

이겠지만, 그들이 당장은 제 작품에서 지적인 말재간이나 풍자 말고는 아무것도 알아보지 못하더라도 언젠가는 감정을 느끼고 현실을 인식하게 될 것이라는 가정입니다. … 따라서 확신컨대, 만일 제 작품이 좋으면 (이 일을 계속하기 위해 필요한 유일한 가정이지요) 온갖 기적들이 일어날 것이고, 한동안은 편당 150파운드만 받거나 심지어는 한 푼도 못 벌고 굶으면서 지낸다고 해도 괜찮을 겁니다. ……

저는 다른 모든 예술가와 마찬가지로 효율성에 대한 욕심, 다시 말해 밀도 높은 삶을 살고 폭넓고 다양한 경험을 하고 싶은 열망이 있습니다. 극작가로서 이미 저는 타고난 문인이 지루한 인간으로 격하되는 문제의 핵심을 단번에 파악했습니다.

헨리 아서 존스 형님, 이제 아시겠습니까? 형님께서 상대해야 하는 사람은 자기가 시대를 초월한 천재라고 습관적으로 믿는 사람입니다. 형님께서도 어쩔 수 없이 그래야 하는 것과 마찬가지죠. 우리는 어쩌면 자신을 속이고 있는 건지도 모릅니다. 하지만 내가 천재일 거라고 믿는 것이나 나는 약간의 재능을 가진 일반인이라고 생각하는 것이나 별로 다를 게 없는데, 굳이 구분할 필요가 있겠습니까."

쇼에게 "약간의 재능"이 있다는 것을 알게 된 많은 사람이 좋은 의도에서 그 재능을 수입으로 바꿀 방법을 알려주려고 했다. 그중 하나였던 어느 작가 에이전트에게 쇼는 이렇게 썼다. "흥행작을 쓰는 방법을 알려준다는 게 무슨 말씀이신지요? 저는 앞으로 10년간 지금처럼 쓸 생각입니다. 그러다 보면 극적으로 달라진 대중 덕분에 황금밭에서 뒹굴 날이 오겠지요."

문제는 작품을 대중이 볼 수 있게 하는 것이었다. 잘 나가는 배우들은 존스나 피네로 연극의 표를 사는 기존 관객에게 별로 불만을 품지 않았다. 쇼가 찰스 윈덤에게 『칸디다』를 읽어주었더니, 그는 마지막 장면에서 슬피 울고는 시대를 25년 정도 앞서간 작품이라고 평했다. 조지 알렉산더는 시인 역할을 맡고 싶어했으나 시각장애인으로 설정해서 동정표를 끌어모아야 한다는 조건을 달았다. 배우 중에서도 유난히 지적인 사회주의자였던 에드워드 카펜터마저 『칸디다』를 다 듣고 나서는 "안 돼요, 쇼, 이건 안 돼요"라고 한 것을 보면, 배우들에게 뭔가를 기대하는 건 무리였다. 어쩌면 배우들은 쇼의 초창기 글쓰기 방식과 독특한 출연 제의 방식에 실망해서 그랬는지도 모른다. 쇼는 특이한 옷차림에 바이킹 같은 외모로 어느 날 아침 찰스 윈덤의 사무실을 찾아갔다. 『칸디다』를 읽어주기 위해서였다. 그는 자리에 앉더니 한 손으로 바지 주머니에서 작은 공책을 꺼내고, 다른 손으로 코트 주머니에서 두 번째 공책을 꺼냈으며, 또 다른 주머니를 더듬어 세 번째 공책을, 또 다른 주머니에서 네 번째 공책을, 이런 식으로 끝도 없이 공책을 꺼내놓았다. 윈덤은 자신이 지금 무슨 마술쇼를 보고 있는 건지 어리둥절했다. 그때 쇼가 말했다. "이 작은 공책들을 보고 놀라셨군요. 저는 주로 버스 지붕에서 글을 쓰거든요."

버스에서 쓰지 않았다면 지하철에서 썼을 것이다. 그의 초기작에 등장하는 인물들이 전부 목청 높여 말하는 것처럼 느껴지는 건 그 때문인지도 모른다.

쇼가 연극계에 기여한 가치는 『칸디다』에서 처음 눈에 띈다. 쇼는 과거에도 그랬고 지금까지도 종교적 기질을 성공적으로 극화한 유일한 작가다. 종교적 기질은 그가 완전히 공감할 수 있고 그래서 이해도 할 수 있는 유일한 기질로서[5], 그가 무대에서 표현할 수 있는 모든 감정의 원천이기도 하다. 혹자는 셰익스피어가 종교적인 캐릭터만 빼고 다른 모든 종류의 캐릭터를 섭렵한 작가라고 덧붙일지도 모르겠는데, 그게 바로 극작가로서 그 두 사람의 진짜 차이다. 쇼는 자신에게 내재된 천재성의 혈맥을 마침내 찾았다고 느꼈던 것 같다. 『칸디다』를 손에서 놓지 않으려고 한 것을 보면 말이다. 그는 엘렌 테리에게 말했다. "나는 다른 사람들이 『칸디다』를 읽지 못하게 했습니다. 항상 내가 읽어줬지요. 사람들이 흐느껴 우는 소리는 거리 세 개를 지나서도 들릴 정도였어요." 이어서 속마음도 털어놓았다. "칸디다, 당신과 나 사이에는 성모 마리아 말고 아무도 없습니다." 쇼는 엘렌이 칸디다 역을 맡아주길 원했다. 칸디다의 비밀을 뼛속 깊이 알고 있는 유일한 여배우였기 때문이다. 그러나 엘렌은 어빙에게서 벗어날 수 없었고, 쇼는 재닛 어처치에게 이미 그 역할을 약속했다. 그래도 엘렌에게 대본을 보내긴 했는데, 엘렌은 그 신성한 작품을 읽고 눈이 붓도록 울었다면서 자신을 위해 "성모"에 관한 작품을 써줄 수는 없겠냐고 간청하는 편지를 보내왔다. "성모에 관한 작품 『칸디다』는 이미 썼습니다. 걸작을 재탕할 수는 없지요." 그는 이렇게 답했다. 『칸디다』에 대해 그의 친구들이 모두 같은 의견이었던 것은 아니

---

5 〔저자 주〕이 점에 대해 쇼가 나와 의견이 같을 것이라고는 기대하지 않았다. 내가 그 이야기를 어렵게 꺼내자, 쇼는 독특한 대답을 내놓았다. "종교적인 캐릭터를 그런 식으로 극화하는 게 나한테는 식은 죽 먹기였지. 당시 선도적인 기독교 사회주의자들과 매우 친하게 지냈거든. 가장 우측에 있던 스탑포드 브룩부터 가장 좌측에 있던 스튜어트 해들럼까지 말야. 반면 당시 잘나가던 극작가들은 그런 이상한 부류의 존재 자체를 몰랐고, 설사 알았다고 해도 이해할 수는 없었겠지. 나는 종교인 기질부터 시인 기질, 예술가 기질, 과학자 기질에 이르는 모든 기질을 꿰뚫고 있었고, 연극의 소재로 그런 사람들을 장모님이나 청과물 장수만큼 효율적으로 활용할 수 있었어. 요컨대, 나는 당시 배우, 극작가, 연극애호가들이 알지 못하는 세계에 살고 있었고, 나만의 연극은 물론 나만의 관객도 창출해내야 했지."

다. 예컨대, 웹 부인은 칸디다를 "감상적 매춘부"로 봤다. 하지만 대부분의 친구들은 『칸디다』가 그의 전작들보다는 낫다고 호평했다. 사실 그는 친구들이 『칸디다』에 대해 계속 왈가왈부하는 것을 보고 짜증이 나서 그들을 '칸디다광'이라고 불렀고 그 작품이 과대평가되고 있다고 생각하기 시작했다. 특히 그가 막 시작한 작품 『악마의 제자』와 비교해서 말이다. 『악마의 제자』는 그의 작품 중 가장 정통 멜로드라마에 가까운 작품이 되었다. 아무튼 작가들의 본성이 다 그렇다. 늘 가장 나중에 쓴 작품이 최고라고 생각한다.

재닛 어처치 주연의 『칸디다』는 인디펜던트 극단이 1897년 봄 지방순회공연을 하며 처음으로 무대에 올렸고, 1898년 다시 지방순회공연 무대에 올렸으며, 런던에서는 스테이지 소사이어티가 제작을 맡아 1900년 7월 1일 일요일 스트랜드 극장에서 공연했다. 두 번의 런던 공연에서 쇼의 작품에는 처음으로 그랑빌 바커가 출연했다. "마치뱅크스 역을 소화해 낼 배우를 찾지 못해 난감할 때였어." 쇼가 말했다. "어느 날, 하우프트만의 『평화제Friedenfest』 마티네(낮 공연)에 갔다가 나의 시인 마치뱅크스 역에 딱 맞는 친구를 발견했지. 나는 재닛 어처치 부부에게 나의 놀라운 발견을 편지로 알렸어. 그랬더니 마치뱅크스 역에는 그랑빌 바커가 적격이라고 자기들끼리는 이미 여러 번 얘기했다는 거야." 런던 관객이 『칸디다』에 대단한 호응을 보이자, 쇼는 관객에게 시대를 19년 앞서간 것을 축하한다고 전했다. 6년 전 찰스 윈덤이 『칸디다』에 대해서 시대를 25년 앞서간 작품이라고 했던 걸 염두에 둔 발언이었다.

1895년 가을에는 『운명을 지배하는 남자』를 썼다. 당시 뉴욕에는 리처드 맨스필드라는 스타 배우가 활동 중이었는데, 쇼는 그가 리처드 3

세로 분한 것을 보고 그와 한 시간 정도 대화를 나눈 적이 있었고, 그를 모델로 『운명을 지배하는 남자』의 나폴레옹을 만들었다. 그리고 주지하다시피, '이상한 여자'는 엘렌 테리를 모델로 썼다. 맨스필드는 자신이 '전설의 나폴레옹'이라면 모를까 '쇼의 나폴레옹'과는 어울리지 않는다고 생각해서 간단한 답변과 함께 대본을 돌려보냈다. 쇼는 그에게 다음과 같은 답장을 썼다. "당신이 『운명을 지배하는 남자』를 모욕적으로 거절한 것에 큰 상처를 받았습니다. 그 작품이 나의 걸작이라서가 아니라, 나폴레옹이 다른 누구도 아닌 리처드 맨스필드 그 자체이기 때문입니다. 나는 당신을 보고 캐릭터를 구상했습니다. 그런 다음 나폴레옹에 대해 공부해 보니 역시 제가 사람을 정확하게 봤더군요." 그러나 맨스필드는 쇼가 자신을 제대로 봤다고 생각하지 않았기 때문에 아무런 대답도 하지 않았다. 어빙에게 제작하게 하려는 엘렌 테리의 노력도 수포로 돌아가서, 『운명을 지배하는 남자』는 1897년 7월 1일 머레이 카슨에 의해 크로이든 시의 그랜드 극장에서 상연되었다. 개막공연에 참석한 쇼는 "작가로서는 고통스러운 시간이었고 비평가로서는 극도로 흥미로운 시간이었다"고 했다. 배우들의 연기는 형편없었고 마지막 박수 소리는 박수라기보다 괴로운 신음에 더 가까웠다. 작가는 딱 두 번 미소 지었는데, "첫 번째는 털이 포실포실하지만 초라해 보이는 사나운 새끼 고양이 한 마리가 극장에 나타나 관리인에게 쫓겨났을 때고, 두 번째는 나폴레옹의 마렝고 시기가 절정에 달했을 무렵 갑자기 그 고양이가 복수하듯 걸어들어와 나폴레옹을 조용히 응시하며 인간은 어떻게 이러고들 사는지 정상적인 고양이로서는 이해하지 못하겠다는 표정을 지었을 때다."

쇼는 후속작 『아무도 몰라』로 다른 어려움에 부딪혔다. 1895년에 시작한 『아무도 몰라』는 이듬해 4월에도 여전히 집필 중에 있었다. 트링 지역의 올드베리에서 그가 엘렌 테리에게 보낸 편지에는 이렇게 적혀 있다. "현재 집필 중인 작품에서는 삶과 예술이 한데 만나 칼과 숫돌이 만난 것처럼 마구 불꽃을 일으킵니다." 『아무도 몰라』는 그로부터 얼마 지나지 않아 완성된 듯하다. 6월에 조지 알렉산더가 다음과 같은 편지를 보내왔기 때문이다. "다 읽고 나서 이게 대체 무슨 이야기인지 고양이만큼도 모르겠더군요." 시릴 모드Cyril Maude가 헤이마켓 극장을 운영하기로 하면서 『칸디다』의 제작을 고려 중이라는 소식을 들은 쇼는 헤이마켓에 어울리는 더 좋은 작품을 주겠다고 답한 다음, 그해 여름의 몇 주 동안을 리젠트 파크와 서퍽에서 보내며 『아무도 몰라』를 퇴고하고 작품의 의도를 보다 분명히 전달하기 위해 최선을 다했다. 그러한 노력은 어느 정도 효과가 있었다. 9월 8일, 쇼는 헤이마켓의 새 운영진이 "『아무도 몰라』로 자멸하기로 마음먹은 것 같다"고 썼다. 그리고 시릴 모드의 아내, 즉 위니프레드 에머리가 주연인 글로리아 역을 사양하고 돌리 역을 택하자, "대외적으로는 관대해 보이려고 그랬겠지만, 실제로는 그녀가 그 역할을 전혀 이해하지 못해서 하고 싶지 않았던 것"이라고 생각했다. 그럼에도 쇼는 그녀의 마음을 바꾸기로 결심했고, 1897년 4월 9일 배우들에게 대본을 읽어주던 날 원래 글로리아가 침묵하는 부분에 아주 매력적인 첫 대사를 집어넣는 데 성공했다. 결국 위니프레드는 1막이 끝나기도 전에 남편에게 "내가 글로리아 역을 맡을게"라는 쪽지를 건넸다. 쇼의 대본 리딩에 영향을 받은 배우는 두 명이 더 있었다. 잭 반스는 "피곤함과 역겨움에 못 이겨" 2막이 끝날 무렵 일어나서 가버렸고 그날로 바로 관뒀다. 패니 콜맨은 "재미도 없고 끝나지도 않는다"며 자기 배역을 포기했다. 시드니 발렌타인과 케이트 비숍은 그날 당장 관두지는 않았지만 오래 버티지 못했다.

대본 리딩이 2시간 40분 동안 이어지자 쇼는 "사교계의 저녁식사 시간에 맞게 작품을 손봐야겠다"고 결심했다. 그는 모드에게 대본을 넘기면서 마음대로 자르라고 했다. 모드는 한 음절도 들어내기가 어렵다는 것을 깨달았다. 그래서 쇼는 모드의 항의에도 아랑곳하지 않고 마지막 막을 과감하게 없애버렸다. 사실 진짜 문제는 출연진 과반이 자신의 배역이나 극 자체를 이해하지 못한 것이었다. 쇼는 첫 번째 리허설이 끝나기도 전에 배우들에 대한 기대를 접었다. "아, 배우들이 연기만 안 하면 좋을 텐데. 연기하기 전까지는 참고 지낼 만한 사람들이다. 하지만 연기를 시작하면! … 어쨌든 그들의 비극은 이제부터 시작이다. 불쌍한 사람들 같으니! 아직은 내가 아주 착한 작가인 줄 알고 있다. 기다리라고들. 내가 티 안나게 슬슬 신경을 거스르기 시작할 테니까." 나흘이 지나자 티 안 나게 행동하려던 것이 티가 나기 시작했다. "헤이마켓에서 문제는 표면에 드러나 있지 않고 불만족스러운 사람들의 마음 한구석에 잠재해 있다. 나는 그곳에 앉아서 그 사람들을 지켜본다. 자리에서 일어나 어슬렁거리며 돌아다니기도 한다. 다른 곳에도 앉아 본다. 하지만 언제나 이를 악물고 참으며 지켜본다. 하루에 한 명, 대사 하나씩만 교정해야지 그 이상은 해봤자 소용이 없다. 내가 끼어들면, 즉 대사를 어떻게 해야 하는지 알려주면(그들에게 내 말이 어떻게 들릴지 하느님은 아시겠지!), 배우들은 예외 없이 한 5분간 멍한 상태가 된다. 대사를 잊어버리는 것은 물론이고 그야말로 어떤 의미도 전달하지 못하는 지경이 된다. 지금까지 우리는 재미있는 장면들만 반복해서 연습했다. 즉, 글로리아의 주요 장면을 비롯해 다른 장면이 아직 많이 남았다는 얘기다. 모드와 브랜든 토머스는 어떤 배역을 맡아도 잘해낼 것이다. 그게 지금 내가 기대할 수 있는 전부이다."

리허설 기간 중 어느 날 쇼는 무대에 큰 탁자를 놓자고 제안했다. 모드는 이유를 알고 싶어했다. 코믹한 노래가 시작되는 시점에 배우들이 진짜 방에 들어가는 것처럼 연기하지 않고 급하게 뛰어들어가면 걸려 넘어지게 하려고 그런다는 게 쇼의 설명이었다. 모드는 나이든 역할을 고집하다가는 진짜 나이 들고나서 후회한다는 쇼의 충고를 무시하고 웨이터 역을 자진했다. 하지만 나중에는 쇼의 충고를 받아들여서 배리의 『젊은 목사Little Minister』에서는 젊은 주인공 역을 맡았고 눈부신 성공을 거두었다.

어느 날 쇼는 새 양복을 입고 리허설에 나타나 배우들의 사기 저하에 종지부를 찍었다. 이전에는 "외모에 신경 안 쓰는 목수가 벌써 몇 달 전에 버린 듯한 옷을 입고" 리허설에 참가했었다. 하지만 "『아무도 몰라』의 인세를 위해서" 갑자기 정장을 차려입고는 탈마[6] 뺨치는 근사한 모습으로 나타났다. 쇼는 극단의 몰락과 불명예를 막기 위해 자신이 영웅적 결단을 내리는 수밖에 없었다고 극단 운영진에게 통보하고 리허설 4일 만에 공연 계약을 철회했다.

『아무도 몰라』의 계약은 깨졌지만 쇼와 모드의 관계는 여전했다. 1907년 모드가 플레이하우스를 열었을 때 쇼는 모드와 모드의 아내를 위해 촌극을 써주기도 했다. 쇼가 대본을 읽어줄 때 그 자리에 같이 있었던 모드의 어린 아들은 "아버지 작품은 전부 저분한테 맡기는 게 어

---

6 19세기 남성용 망토인 '탈마 외투'의 유래가 된 프랑스 배우 프랑수아 조셉 탈마를 의미한다.

때요?"라고 함으로써 쇼의 작품을 더 잘 알아본 신세대의 목소리를 드러냈다.

쇼는 『아무도 몰라』로 금세 지쳐버렸다. 그의 불만은 1897년 9월 초에 이미 나타났다. "이걸 읽을 수 있는 사람이 대체 있기나 할까? 돌아버리겠다. 우리 시대 연극을 위해 노력한 결과가 이렇게 끔찍할 수 있다는 걸 서문에 써서 복수할 테다." 『아무도 몰라』는 스테이지 소사이어티에 의해 1899년 11월 24일 로열티 극장에서 초연되었다. 웨이터 역은 『홀아비의 집』에 출연했던 제임스 웰치가 맡았다. 1900년 5월에는 스트랜드 극장에서 2주 동안 마티네 공연을 했고 관객의 반응도 좋았다. 윌리엄 아처는 "모호하고 공허한 소극"이라고 평했고, 쇼는 이렇게 적었다. "나는 그 작품의 농담이나 웃긴 장면, 인기가 부끄러웠다. 헨리 어빙이 웨이터 역을 맡고 라이시움 극장에서 공연하면 대박일 텐데." 5년 후, 『아무도 몰라』는 베드렌-바커[7] 경영진에게 효자 노릇을 톡톡히 했고 지방에서는 맥도나 플레이어스 극단의 주요 돈벌이가 되었다.

『아무도 몰라』를 끝내고 한두 주 후 쇼는 매우 새롭고 색다른 작품을 집필하고 있었다. 1896년 초 영국 최고의 멜로드라마 배우였던 윌리엄 테리스William Terriss가 아델피 극장을 위해 보다 대중적인 취향의 작품을 써달라고 의뢰했던 것이다. 아델피 극장의 관객은 매일 밤 자신들이 총애하는 남자주인공 테리스와 여자주인공 제시 밀워드 그리고 코미디언 해리 니콜스에게 환호했다. "테리스는 나에게 잘 보이겠다고 쓸데없이 시간 낭비하지 않았다." 쇼는 이렇게 적었다. "대신, 그는 당시 인기 멜

---

[7] J.E. 베드렌과 헨리 그랑빌 바커는 1907년까지 콤비를 이루어 웨스트엔드의 사보이 극장과 로열 코트 극장을 공동 경영하면서 버나드 쇼의 여러 작품을 제작해 큰 성공을 거두었다.

로드라마 작가에게 아델피가 얼마를 지급했는지 그간의 내역이 기록된 통장을 보여주었다. 그는 자신과 같은 배우를 나 같은 극작가가 얼마나 탐내는지, 그런 배우를 위한 작품을 얼마나 쓰고 싶어하는지 전혀 모르고 있는 듯했다. 오히려 내가 아주 많이 배운 사람이라서 나를 아델피 같은 곳으로 끌어들이려면 내 주머니에 호소하는 수밖에 없다는, 앞뒤가 안 맞는 생각을 했던 것 같다. 가장 우월한 사람에게도 주머니 사정은 중요할 것이라는 게 그의 기본적인 생각이었다."

테리스는 사회주의자로서는 꿈도 꾸지 못할 부를 약속함으로써 자신의 바람대로 쇼를 매수한 다음, 그 바로 전에 아처에게 그랬듯, 쇼에게 자신이 쓴 시나리오를 제시했다. 쇼가 나에게 해준 이야기는 대략 이렇다. "테리스는 세계순회공연을 하는 스타가 되기를 원했지. 나더러 같이 작업하자면서 자기가 플롯을 쓰겠다고 하더라고. 그래서 그가 쓴 플롯을 봤는데 이게 뭔가 싶더군. 한마디로, 자기가 출연했던 멜로드라마의 플롯을 전부 섞어놓았더라고. 한 막이 끝날 때마다 그는 아름다운 악녀의 배반 때문에 징역살이에 끌려갔다가, 그다음 막에서 기운이 넘쳐 흐르는 모습으로 다시 등장하는데, 어떻게 그렇게 행복한 변화가 일어나는지에 대해서는 아무런 설명이 없었어. 나는 그게 아델피에는 제격일지 몰라도 외국의 도시에는 그들만의 테리스가 따로 있기 때문에 그의 멜로드라마를 견디지 못할 게 분명하며 오히려 햄릿 같은 드라마를 기대할 것이라고 했어. 그는 자신의 플롯을 휴지통에 던져 버리고는 ─ 책상에는 타자로 친 복사본이 몇 부 더 있었지만 ─ 이렇게 말하더군. '선생님 말씀이 맞습니다.'"

3월 말쯤에 쇼는 테리스를 위한 작품을 쓰는 것을 심각하게 고민했다. 당시를 회상하며 그가 말했다. "좋은 멜로드라마를 쓰는 것은 아이디어가 반짝반짝 빛나는 코미디를 쓰는 것보다 어려워. 인간성의 핵심을 바로 파고들어야 하거든. 게다가 적당히 잘 쓸 거면 안 쓰는 게 낫지. 이미 『리어왕』이나 『맥베스』가 있으니까." 1896년 9월 쇼는 집필에 착수했다. 넬리 히스Nellie Heath라는 젊은 예술가는 쇼의 붉은 귀와 사탄의 뿔처럼 이마에서 양 갈래로 곱슬거리며 자라나는 붉은 머리카락에 완전히 매료되어서, 쇼를 설득해 초상화 모델로 앉히고 왕립초상화가협회에 그 작품을 전시하기를 희망했다. 『악마의 제자』는 쇼가 그 초상화의 모델을 서는 동안 완성한 작품이다. 그는 1896년 10월 15일 이렇게 기록했다. "이 작품은 전개가 … 완전 멜로드라마다! 나는 유스턴 거리 근처 작고 둥근 방 안의 탁자 모퉁이에 앉아 있고 내 앞에는 이젤이 놓여 있다. 글을 쓰는 동시에 초상화 모델 노릇도 하고 있어서 그렇다. 모델을 서는 동안은 어쩔 수 없이 일하게 된다. 나는 그림값으로 이 화가의 최고 가격인 5파운드를 지급하겠지만, 이 초상화가 전시만 잘 된다면 화가에게 돈을 벌어다 줄 것이다. 평소 나는 이런 식으로 설득당하는 사람이 아닌데, 이 소녀에게는 그냥 넘어가고 말았다. 정말 바보가 된 기분이다. 모델서는 시간을 집필 시간으로 활용해야지. 재미있고 유명한 중년 남자를 모델로 삼았다고 화가는 신이 나 있다." 쇼는 처음에는 『악마의 제자』가 어둡고 우울하고 끔찍하고 칙칙하다고 생각했다가, 나중에는 극적인 효과를 위해 열심히 노력했는데도 귀청이 떨어지도록 웃게 만드는 역대 최악의 부조리 희극이 될까 봐 두려워했다. 11월 30일 그는 다음과 같이 선언할 수 있었다. "나는 오늘 작품을 끝냈다. … 3막 6장으로 된 걸작.

몇 주 만에 다 썼다. 그 사이 파리 출장을 다녀오고[8] 입센에 관한 평론도 쓰면서 말이다." 쇼는 『악마의 제자』를 계속 손봐야 했고 배우들의 연기에도 신경을 써야 했으며 날짜나 내용의 사실 여부를 점검하기 위해 미국독립전쟁의 역사도 섭렵해야 했다. 그러나 그는 즉시 테리스에게 편지를 보내서, 자신이 약속을 지켰으며 아델피 관객이 좋아할만한 내용을 상당 부분 포함시킨 "강력한 드라마"를 완성했다고 밝혔다. 그 다음에 어떤 일이 있었는지는 쇼가 나에게 보낸 편지에 잘 묘사되어 있다.

"제시 밀워드의 집에서 테리스에게 『악마의 제자』를 읽어줬지. 그는 몹시 혼란스러운 표정으로 듣다가 내가 1막을 거의 다 읽었을 때쯤 묻더군. '끼어들어서 죄송합니다만, 지금 배경이 실내인가요?' (멜로드라마는 대개 시골의 들판에서 시작했거든.) 나는 '그렇습니다'라고 했지. 그러자 그가 그러더군. '아 이제 이해가 가네요. 계속하세요. 제가 중간에 끼어들어도 괜찮으시죠?' 나는 계속 읽었지. 2막을 한두 페이지쯤 읽었을 때였나, 그가 말을 꺼냈어. 절망한 얼굴로 말이지. '또다시 방해해서 죄송합니다만, 지금 배경이 실내입니까?' 나는 그렇다고 대답했어. 그러자 그는 이제 완전히 마음이 놓인다는 것을 나에게 강조하더니 끼어들어서 죄송하다며 계속 읽으라고 하더군. 나는 다시 읽기 시작했지. 한 2분쯤 읽었나, 그를 보니 거의 혼수상태로 자고 있더라고. 제시와 나는 그를 옆방으로 옮기고 향이 강한 차를 내줬지. 그제야 잠에서 깬 그는 수준 높은 작품에 부응하려던 자신의 노력이 실패한 것을 부끄러워하더군.

이후 테리스와 나 사이에는 아무 일도 없었어. 그러다 리처드 맨스필

---

8 〔저자 주〕 뤼네 포Lugne Poe가 연출한 「페르귄트」를 보고 그에 대한 비평을 쓰기 위해서 갔다.

드가 엄청난 멜로드라마로 마침내 뉴욕을 정복했다는 소식이 테리스 귀에 들어갔고, 그 멜로드라마가 다름 아닌 『악마의 제자』라는 게 밝혀졌어. 테리스는 나에게 연락해서 얼른 일을 진행하자고 하더군. 하지만 약속일이 되기 전 테리스는 아델피 극장 뒷문에서 어떤 미치광이의 칼에 찔리고 말았다네. 과거 멜로드라마의 성전이었던 아델피 극장은 테리스와 운명을 같이하게 됐지. ……

『악마의 제자』는 딕 더전의 체포 장면을 중심으로 썼다네. 그 장면은 언제나 연극의 한 상황처럼 내 머릿속을 떠다녔지. 더전 부인은 디킨스의 『작은 도릿』에 나오는 클레넘 부인의 또 다른 모습이라네."

넬리 히스가 그린 쇼의 초상화는 왕립초상화가협회 심사에서 탈락했다. 그리고 쇼의 작품은 언제나 그렇듯, 대부분의 배우가 잘못 이해했다. 『악마의 제자』 영국 초연은 케닝턴에 위치한 프린세스 오브 웨일스 극장에서 1899년 9월 26일에 이루어졌다. 주연은 머레이 카슨이 맡았는데, 그는 『악마의 제자』를 말도 안 되게 왜곡해서 소개한 어느 평론가의 영향을 받았다. 쇼는 당시 상황에 대해 이렇게 적었다. "나는 그때 그 모든 상황에 대해 아무것도 모른 채 콘스탄티노플(이스탄불) 거리를 배회하고 있었다. 돌아왔을 때는 이미 손 쓸 수 없는 상황이었다. 나는 그 평론가나 배우 모두와 친했던 터라 그들에게 저주를 퍼붓지는 못했다. 그들을 공개적으로 용서할 기회도 얻지 못했다. 그들은 선의에서 그렇게 한 것이었다. 하지만 둘 중 누구든 작품을 쓰기만 해 봐. 내가 뭐라고 소개할지 두고 보라지."

존스턴 포브스-로버트슨은 딕 더전 역에 끌렸으나 쇼가 3막을 좀 더 잘 써주길 바랐다. 2년쯤 지나 그는 마지막에 영국이 승리하는 쪽으로 내용을 수정한다면 『악마의 제자』를 제작하겠다고 밝혔다. "나는 잔말 말고 꺼지라고 했지." 쇼가 말했다. 이에 자극받은 포브스-로버트슨[9]은 즉시 제작을 결심했고, 쇼에게 리허설을 봐 달라고 요청함으로써 쇼를 최대한 이용했다. "포브스-로버트슨의 교활함 때문에 죽을 지경이다. 평소 나는 나쁜 성격을 발휘해서 리허설은 어떻게든 피하고 보는데, 포브스가 나더러 대본 리딩과 첫 번째 리허설만 좀 '봐 달라고' 정중히 부탁한 것이다. 물론 그 결과 모든 것이 잘 굴러가고 있다. 리허설 당 한 막을 두 번 반복하는 식으로 하고 있다. 리허설은 순탄하게 진행되고 우리는 점심을 두 시간 동안 먹으며 쉰다. 그러면서 '세상에, 연극 참 쉽네'라고들 한다. 그들은 내가 한 번에 한 막만 준비하면 되니까 놀면서 일하는 줄 안다. 하지만 나는 교구위원회와 페이비언협회, (미국과 영국의) 출판사 관련 업무를 비롯해 수천 가지 업무로 하루에 16시간씩 미친 듯이 일한다. 삶이, 내 삶이 그렇다. 지금 한 가지 두려운 것은, 내가 아는 한 이 극단에서 연기할 줄 아는 배우가 딱 두 명뿐이라는 점이다. 물론 나는 그들에게 조연(경사 역과 멍청한 형제 역)을 맡겨야 했다. 코믹한 배역과 성격이 강한 배역이라서 그럴 수밖에 없었다. 반드시 연기가 받쳐줘야 할 수 있는 역할들이니까. 반면 진지하고 감정적인 배역은 약간의 조언만 해주면 알아서들 잘한다. 그러니 실력 있는 노배우가 어떤 심정일지 상상해 보라. 주연을 하고 싶고 할 능력도 되는데, 작가가 주연은 순하게 생긴 젊은 얼간이한테 줘버리고 자기한테는 한낱 광대 같은

---

[9] 존스턴 포브스-로버트슨Johnston Forbes-Robertson(1853-1937): 영국의 배우이자 극장운영자. 19세기 최고의 배우이자 역대 최고의 햄릿으로 일컬어진다.

역할만 맡긴다면 말이다. 나는 가든[E.W. Garden]과 눈이 마주칠 때마다 회한의 고통을 느낀다. 오직 그만을 위한 서막을 써서라도 속죄하고 싶은 심정이다." 이렇게 포브스-로버트슨이 제작한 『악마의 제자』는 1900년 9월 웨스트 런던 노팅힐에 있는 코로넷 극장에서 상연됐고, 지방순회공연으로 이어져 상당한 성공을 거두었다.

그러나 쇼의 재정적 자립은 영국에서 이루어진 게 아니었다. 쇼가 『새터데이 리뷰』 일자리를 던져버릴 수 있었던 것은 리처드 맨스필드가 미국에서 『악마의 제자』를 제작한 덕분이었다. 맨스필드는 1894년 9월 이미 『무기와 인간』으로 쇼의 작품을 최초로 미국 무대에 올렸다. 그러나 1898년 쇼가 대서양 양쪽으로부터 거둔 수익이 겨우 800파운드였다고 한 것으로 보면 『무기와 인간』이 미국에서 성공을 거둔 것은 아닌 듯하다. 그 후 맨스필드는 『바람둥이』와 『운명을 지배하는 남자』는 거절하고, 『칸디다』는 하고 싶어했다. 『칸디다』가 "무해한" 작품으로 판명되면 제작하겠다고 했다. 『칸디다』는 무해할 뿐만 아니라 사랑스럽기까지 한 작품으로 판명났고 맨스필드는 리허설에 착수했다. 그러나 곧 관두고 말았는데, '병약한 청년' 시인 역할이 자기에게 어울리지 않는다고 판단한 데다 칸디다 역으로 캐스팅한 재닛 어처치한테 연기에서 밀린다는 느낌을 받은 탓이었다. 『칸디다』에 "액션이 없다"는 것도 그가 관둔 이유 중 하나였다. 『칸디다』는 두 시간 반 동안 설교하는 작품이었다. 맨스필드의 입에서는 "하느님 맙소사!"가 터져나왔다. 『칸디다』의 임자는 아놀드 데일리였다. 아놀드 데일리는 『칸디다』를 1904년 뉴욕의 히트작으로 만들었다.

맨스필드는 1897년 10월 1일 올버니에서 『악마의 제자』를 무대에 올렸다가 며칠 뒤 뉴욕 피프스 애비뉴 극장으로 옮겨서 장기 흥행에 성공했으며 그 후 순회공연도 성공적으로 마쳤다. 그러나 (쇼는 물론이고) 쇼의 작품에는 그를 불편하게 하는 무언가가 있었다. 그래서 그는 어떤 상원의원으로부터 그런 작품을 하게 된 것에 대해 날마다 무릎 꿇고 감사 기도를 올려야 하는 것 아니냐는 말을 들었을 때, 그렇게 하고 있다고 대답은 했지만 이런 말을 덧붙이지 않을 수 없었다. "오, 주여, 그런데 왜 하필 쇼였습니까?" 맨스필드와 쇼는 대서양을 사이에 두고 서로 모욕적인 말을 퍼부었다. 쇼가 『시저와 클레오파트라』를 보냈을 때, 맨스필드는 멍청한 광대극이라고 했고, 쇼는 맨스필드를 한물간 지방순회 배우라고 맞받아치면서 이렇게 썼다. "당신 같은 배우를 천재라고 믿게 만든 것에 대해 두 대륙에게 미안할 따름이오. … 잘 가시오, 폼페이우스!"

그렇지만 맨스필드의 『악마의 제자』는 쇼에게 3,000파운드의 수입을 안겨 주었고 지겨운 비평 업무에서 벗어날 수도 있게 해주었다. 쇼의 말에 의하면, 비평은 희곡보다 쓰기도 어렵고, 주목도 못 받고, 보수도 적은 일이다.

그가 순수한 종교적 유형(전투적 성인)을 내세운 첫 작품이 그의 첫 번째 박스오피스 성공작이 되었다는 사실은 주목할만하다. 그는 그러한 유형을 그려내는 데 탁월한 재능을 보였으며, 나중에는 그 재능을 이용해 그의 최대 성공작을 탄생시켰다.

㉒
결혼
모든 결혼은 다 다르다

1896년 늦여름, 스트랫퍼드 세인트앤드류에 있는 교구사제관에서 페이비언 하우스파티가 열렸다. 웹 부부는 서퍽 주 삭스먼덤에서 입스위치 방면으로 약 3마일 떨어진 곳에 자리한 그 사제관을 몇 주 동안 빌려서 찰스 트리벨리언, 그레엄 월러스, 샬롯 퍼킨스[1], 버나드 쇼 그리고 샬롯 페인 타운센드를 손님으로 맞았다. 그곳은 개혁가들이 파티를 열기에 적합한 장소였다. 삭스먼덤에서 입스위치 방면으로 가다가 스트랫퍼드 세인트앤드류의 빨간 벽돌 마을을 통과해 오른쪽 언덕길로 접어들면 풍성한 들판을 왼쪽에 두고 거대한 나무들 사이를 150야드쯤 걷게 된다. 초목이 무성한 그 길은 무척이나 시골스럽고 평온하다. 그 길의 꼭대기에 도달하면 엘리자베스 시대의 멋없는 저택이나 조지 왕조풍의 우아한 건물이 나타날 것만 같다. 그러나 실제로는 후기 빅토리아 양식으로 지어진 실용적인 잿빛 벽돌집이 서 있어서 보는 사람을 오싹하게 한

---

[1] 샬롯 퍼킨스Charlotte Perkins Gilman(1860-1935): 미국의 여성운동가, 사회개혁가, 작가, 편집자. 대표작으로는 페미니즘 문학의 고전으로 일컬어지는 『누런 벽지The Yellow Wallpaper』, 『여자만의 나라Herland』 등이 있다.

다. 날씨까지 음울하다면 탄식이 절로 나올 것이다. 샬롯 퍼킨스는 그러한 분위기를 견디지 못하고 도망쳤다. 그래서 남자들을 돌보는 것은 웹 부인과 타운센드 양의 몫이 되었다. 매일 아침 적어도 네 시간씩 일하고, 매일 오후 정확히 네 시간씩 자전거를 타고, 매일 저녁 사회주의를 논하며 식사를 하고 책을 읽는 페이비언들에게는 사실 그만한 장소도 없었다. 게다가 한 페이비언에게는 로맨스의 서막을 열어주기도 했다. 쇼는 스트랫퍼드 세인트앤드류라는 곳이 셰익스피어 후계자이자 맥더프 후손의 운명에 얼마나 중대한 영향을 미칠지 전혀 눈치채지 못하고 있다가 샬롯 페인 타운센드와 사랑에 빠졌다.

아버지쪽이 아일랜드 혈통이었던 샬롯 페인 타운센드는 부유하게 자랐지만 사회적 양심을 타고나서 돈을 좇는 상류층 구혼자들을 물리치고 사회주의 운동에 겁없이 뛰어들었다. 그녀는 웹 부인을 만나서 런던 정치경제학교LSE를 건립하는 데 지체없이 1,000파운드를 보탰고 페이비언협회에 가입했다. 사교생활에 신물이 나 있던 그녀는 페이비언과 어울리고 싶어했다. 그래서 웹 부인에게 시골 저택을 함께 얻어 페이비언들을 선별적으로 초대하자고 제안했다. 웹 부인은 이미 매년 여름 시골에 집을 빌려서 두 명의 대표 페이비언-버나드 쇼와 그레엄 월러스-과 함께 휴가를 보내고 있다고 대답했다. 페인 타운센드 양이 그런 조합을 싫어했을까? 물론 아니었다. 그녀는 스트랫퍼드 세인트앤드류에 가서 버나드 쇼를 만났고, 그를 정복했으며, 그에게 정복당했다. 1896년 8월 28일 쇼는 엘렌 테리에게 그 소식을 전했다.

"정체된 삶-누군가에게 매력적인 결혼 상대가 되는 것-을 거부할 정도로 명석하고 기개 있는 백만장자 아일랜드 여인이 합류했습니다. 신께서도 우리가 그녀를 부른 것이 마음에 드셨는지, 그녀는 우리와 금세 가족처럼 잘 지내게 되었어요. 나는 그녀를 사랑함으로써 내 심장에 활력을 불어넣으려고 합니다. 나는 사랑에 빠지는 것을 사랑하거든요. 하지만 오해하지 마세요. 아무하고나가 아니라 오직 그녀와 사랑에 빠지고 싶은 겁니다. 만일 그녀가 나와 헤어지고 나서 다른 누군가를 견딜 수 있다면, 그가 그녀의 결혼상대가 될 겁니다."

쇼는 『아무도 몰라』를 마무리하고, "여성용 자전거 타이어를 손보고" 저녁마다 동료들에게 그의 희곡을 읽어주며 시간을 보냈다. 어쩌다 자전거를 타고 멀리 입스위치 등지로 나가거나 긴 산책을 하러 나갈 때면 타운센드 양과 개인적으로 대화할 시간을 가졌다. 페이비언들은 그러한 산책을 매우 좋아했고 산책 도중 대화가 심각해지면 덩달아 걸음도 빨라지곤 했다.

10월 초 런던으로 돌아온 쇼는 그 옅은 초록눈의 아일랜드 여인을 몹시 좋아하게 된 나머지 더 이상의 연애는 불필요하다고 느꼈다. 3주 후 그는 엘렌 테리에게 물었다. "이 백만장자 아일랜드 여인과 결혼해야 할까요? 그녀는 결혼이 아니라 자유를 믿습니다. 하지만 나는 그녀를 설득할 수 있다고 생각합니다. 물론 아무 소득 없이 수많은 날을 보내야 하겠지요. 내가 정말로 그녀를 좋아하고 그녀도 나를 좋아한다면, 당신의 비밀스런 영혼이 나를 용서해줄까요? 아니, 아마 그렇게는 못하겠지요." 다음 날 그는 엘렌에게 좀더 자세히 말해주었다. "그녀는 나를 사랑하지 않습니다. 사실 그녀는 똑똑한 여자거든요. 그녀의 어머니가 돌아가시고 그녀의 언니가 결혼하기 전까지는 가족의 구속과 인습에 얽매여 상당히 고통스러운 시간을 보냈기 때문에 방해 받지 않는 독립의 가치가 얼마나 큰지 알고 있답니다. 그녀가 뭔가를 깨닫기 전에, 즉 본인의 자유와 재력을 최대한 활용해 보기도 전에, 결혼으로 다시 자신을 구속한다는 것은 그녀의 지성이 견디기 힘든 어리석은 짓일 겁니다. 그녀의 지론은 결혼하지 않겠다는 것입니다. 그녀는 몇 년 전 어딘가에서 상처를 받았고 그 일이 그녀에게는 매우 크게 작용했습니다(그녀는 대단히 감상적입니다). 그러다가 우연히 『입센주의의 정수』를 읽고 거기서 자신이 생각하던 복음과 구원, 자유, 해방, 자존감 등을 찾았습니다. 이후 그녀는, 당신도 알다시피, 편지를 주고받기에는 꽤 괜찮은 그 책의 저자를 만났습니다. 그는 자전거를 같이 타기에도 괜찮은 친구였습니다. 특히 어울릴 사람 하나 없는 시골집에서는 말이죠. 그녀는 나를 좋아하게 되었고 좋아하지 않는 척 교태를 부리거나 내숭을 떨지 않았습니다. 나 역시 그런 그녀에게서 위안을 얻었고 그녀를 좋아하게 되었습니다. 당신이 내 마음을 따뜻하게 해준 덕분에 나는 누구든 좋아할 수 있게 되었지요. 그녀는 가장 가까운 곳에 있는 최고의 여인이었습니다. 지금 상황은 이렇습니다. 당신의 애정 어린 지혜로 이 상황에 대해 한마디 해주시겠습니까."

엘렌은 대답했다. "나는 현명하지 않아요. 그래 본 적도 없고요. 당신과 그녀를 보면 앞으로도 절대로 현명해지고 싶지 않아요!" 하지만 그녀도 한 가지는 조언해줄 수 있었다. "당신이 그녀를 사랑하는지 알지도 못하면서 그녀와 결혼한다면, 당신은 아주 나쁜 사람입니다. 절대로 좋은 사람이 아니지요. 하지만 여자는 결혼 전에는 사랑하지 않다가 결혼 후에 진정으로 사랑하게 되기도 한답니다(전에 사랑해 본 적이 없다면요)."

여전히 결정적인 사건은 일어나지 않았다. 쇼는 그 숙녀 때문이 아니라 결혼 때문에 움츠러들었다. 이 40대 독신남에게 결혼은 원래 계획에 없던 일이었다. 금전적인 고민도 있었다. 상황을 객관적으로 바라보자 『새터데이 리뷰』에서 나오는 주당 6파운드라는 불안정한 수입에 의지해 하루 벌어 하루 먹고 사는 모험가는 자기보다 적어도 12배 이상의 안정된 수입이 있는 숙녀에게 솔직히 청혼하기 어렵겠다고 판단했다. 『악마의 제자』가 성공해서 금전적인 고민이 사라졌을 때조차(그 작품의 성공으로 그 고민은 영원히 사라졌다), 그는 그녀의 입장에 서서 여전히 고민하고 주저했다. 그는 이렇게 기록했다. "그녀는 자유로운 여인이다. 그녀가 자유로워서 손해 본 건 하나도 없었다. 그녀는 사랑에 빠지기를 꿈꾸면서도 자신은 단지 처방전만 원한다는 것을 내심 알고 있었다. 그러다 마침내 그녀에게 웃어주고, 그녀의 생각을 읽고, 자기는 단지 한 병의 신경안정제일 뿐이라고 말하면서 명랑하게 달아나버리는 연인을 발견하고 안도하게 되었다." 그렇지만 11월이 가기 전에 엘렌이 쇼에게 보낸 편지를 보면 무슨 일이 있었는지 알 수 있다. "오, 나는 촉촉하고 감미로운 안개 속을 거니는 당신들 둘을 바라봅니다. 당신들의 발자국에서 새어나오는 빛을 봅니다. 부러움 때문인지는 모르겠지만 내 눈이 젖어들더군요. 내가 당신들 중 하나라면 얼마나 좋을까요. 어느쪽이든 상관없어요. 당신 말대로 평범하고 일상적인 것들이 아름답게 보이겠죠. 그래요, 나도 알아요. 아주 오래 전이었지만 축복받았던 그때를 나는 영원히 잊지 못할 거예요!"

엘렌은 쇼에게 『심벨린』을 보고 타운센드 양과 함께 자신의 분장실에 좀 들르라고 말했다. 쇼는 난색을 표했다. "어렵겠습니다. 타운센드

양이 스스로 당신 앞에 나서지 않는 이상 그녀를 만나기는 어려울 겁니다. 워낙 정숙한 여인이라서 그녀를 두 번 이상 본 사람도 거의 없거든요. 그녀는 자신의 위치에 아주 완벽하게 어울립니다. … 매우 차분하고 예의바르고 상냥하지요. 일부러 자신을 낮추지는 않아요. 하지만 누군가와 친해지기로 마음먹으면 가면 같은 것들은 모두 벗어버리죠. 그녀는 누구의 분장실로 데려가 선보일 정도로 시시한 사람이 아닙니다. 이 초록눈의 여인은 누군가의 부속물이 아니라 독립된 개인입니다." 그리고 재차 말했다. "최근 사귄 연인을 보여주겠다고 그녀를 내 부속물처럼 당신의 분장실로 데려가는 일은 결코 없을 겁니다. 내가 사람들의 개성을 사랑하는 만큼 그들의 인격을 존중한다고 하면 이해하시겠습니까."

1897년 봄 웹 부부는 서리 주 도킹의 타워힐에 있는 '로터스'라는 저택에 머물렀다. 페인 타운센드도 그들과 함께 지냈다. 쇼는 거기 머무르면서 수시로 런던을 왔다갔다했다. 때로는 밤새 흔들리는 기차에서 엘렌 테리에게 편지를 쓰기도 했다. "타운센드 양이 내가 어떤 사람인지 알게 됐어요." 어느 편지에서 그는 고백했다. "나더러 이제까지 만난 사람들 중 가장 자기 중심적인 사람이래요." 이어서 그는 로터스 저택에서의 일상을 묘사했다. "당신도 나와 함께 한다면 얼마나 좋을까요. 그 집에는 웹 부인, 타운센드 양, 베아트리스 크레이튼(런던 주교의 딸), 웹과 나 말고는 아무도 없습니다. 아! 네 명도 너무 많군요. 우리가 생활하는 모습을 보면 당신이 어떻게 생각할지 궁금합니다. 이곳은 끝없이 가동되는 정치 공장입니다. 우리는 아침마다 각자의 방에서 끈덕지게 글을 쓰고, 몹시 간소한 식사를 하고, 자전거를 탑니다. 웹 부부는 지치지도 않고 경제학과 정치학을 파고들고, 초록눈의 영리한 아일랜드인 타운센드 양은 모든 것을 '매우 흥미롭게' 받아들이며, 나는 항상 피곤해 하고 근심에 시달리면서 '엘렌에게 편지 쓸' 생각을 하지요. 유감스럽게도, 당신은 이 모든 것을 세 시간도 못 견딜 겁니다. 그래도 당신이 함께 한다면 얼마나 좋을까요."

1897년 가을 쇼와 타운센드는 웹 부부와 몬머스 페널트에 있는 '디 아르고드' 별장에 머물렀다. 쇼는 와이강보다 800피트(약 230미터) 높은 곳에서 해먹에 누워 오후를 보내며 『유쾌한 희곡과 유쾌하지 않은 희곡』 출간을 준비했다. 쇼와 타운센드는 이제 친한 사이가 되어 타운센드는 쇼에게 "정말 이상한 사람이야!", "이 짐승!" 같은 말도 서슴지 않고 던졌다. 1897년 말엽 쇼는 엘렌에게 다시 한 번 타운센드에 대해 묘사했다. "타운센드 양은 평화로운 사람입니다. 평범하면서도 초록 눈에 아주 숙녀다운 외모를 지녔고 나의 사상을 접하는 바람에 탈도덕적이 되었으며 독립적이고 자유롭지요. 하지만 알고 보면 그렇게 만만한 사람은 아니랍니다. 그래서 당신이 어딘가로 도망쳐 숨고 싶을 때 적발될 가능성이 가장 적은 곳은 아마도 런던정경대일 겁니다(샬롯 타운센드는 런던정경대 설립과 운영을 주도했다). 그녀는 당신에 대해 아주 궁금할 거예요. 당신이 유명인이기 때문이기도 하지만, 내가 '일' 혹은 '중요한 업무'가 있다면서 당신에게 종종 긴 편지를 쓴다는 걸 그녀가 알았기 때문입니다."

1898년 초 페인 타운센드는 쇼의 비서가 되었다. 그는 그녀에게 글을 받아적게 했고 그녀는 지친 그를 돌봐주었다. "내가 통나무처럼 누워 있는 동안 나의 충실한 비서는 나를 토닥여 주고 뺨에 난 상처에 바셀린을 발라주면서 내가 예전의 미모를 회복하길 바랐다." 그 상처는 전해 말에 자전거 사고로 생긴 것이었다. 그는 런던정경대 위층에 자리한 그녀의 집 아델피테라스² 10호에서 점점 더 많은 시간을 보내게 되었고 둘이 함께 산책하는 일도 잦아졌다. "타운센드 양은 예전에는 신경통이 심했는데 이제는 거의 없어졌다. 산책할 때 5분마다 걸음을 멈추고 가슴이 두근거리니까 고속열차처럼 걷지 말아달라고 나에게 호소하곤 했던 그녀가 이제는 내 팔짱을 낀 채 눈썹하나 까딱하지 않고 나와 장거리 경주를 한다." 그 해 3월 타운센드는 웹 부부와 세계 여행을 떠났다. 하지만 로마까지가 끝이었다. 로마에서 한창 도시행정을 연구하고 있을 때, 웹 부인이 그레엄 월러스에게서 전보 한 통을 받았다. 내용인즉슨, 쇼가 심각하게 아픈데 그런 환자에게는 별로 바람직하지 않은 환경인 피츠로이 광장 29번지 집에 방치된 채로 누워있다는 것이었다. 웹 부인은 자기 친구에게 집으로 돌아갈 것을 강하게 권유했는데, 사실 그럴 필요도 없었다. 타운센드는 쇼 소식을 듣기가 무섭게 런던으로 돌아가는 가장 빠른 열차를 탔다. 이제 그녀를 따라서 쇼가 "가장 역겨운 집"이라고 한 그의 피츠로이 집 이층으로 가보자.

쇼는 지저분하고 어수선한 상태가 가실 날 없는 아주 작은 방에서 일했다. 그는 여름이든 겨울이든 밤낮으로 창문을 활짝 열어 뒤서 책과 가구, 종이 위에 더러운 먼지가 쌓였고 그걸 털어내려고 해봤자 일만 더 커졌다. 탁자 위는 혼돈 그 자체였다. 편지 무더기, 원고, 책, 봉투, 인쇄

---

2 아델피 테라스Adelphi Terrace: 런던 웨스트민스터 지구에 자리한 집합주택. 총 11채의 테라스하우스로 구성되어 있었으나 1930년대 들어서 열 채가 철거되고 현재는 단 한 채만 남아 있다. 페인 타운센드(쇼 부인)은 1897년부터 1927년까지 아델피테라스 10호에 거주했으며, 그 중 두 층을 런던정경대에 내줬다. 런던정경대는 설립 3년째인 1897년부터 아델피테라스에 자리하다가 1902년 현 건물로 이전했다.

지, 펜, 잉크 스탠드, 잡지, 버터, 설탕, 사과, 칼, 포크, 순가락은 물론이고 코코아 컵이나 죽이 반쯤 남아있는 그릇, 냄비, 그밖의 열두 가지 다른 물건들이 무분별하게 혼재했으며 당연히 먼지도 쌓여 있었다. 그는 자신의 종이를 아무도 못 건드리게 했고, 그의 방은 탁자와 타자기, 그가 앉는 팔걸이 의자만으로도 꽉 차서 거기에 들어오는 사람은 게처럼 옆으로 움직여야 했다. 가끔 대청소를 하면 꼬박 이틀이 걸릴 정도로 힘들었다. 그러나 이틀 동안 정원 파는 일을 즐기는 사람이 있듯, 쇼는 대청소를 즐겼다. 대청소를 하면 등이 뻐근해지고 얼굴과 손이 더러워지면서 마음이 편안해졌다. 또, 매번 잊고 있던 수표들을 발견해서 청소를 한 보람도 있었다. 물건이 그렇게 끔찍하게 많이 쌓인 건 쇼의 독서 방식 때문이기도 했다. "나는 옷을 입거나 벗는 와중에도 항상 책을 읽는다. 탁자 위에는 언제나 책이 펼쳐져 있고 나는 그 책을 절대로 덮지 않는다. 그 책을 다 읽기도 전에 다음 책을 올려 놓는다. 몇 달이 지나면 책들이 산더미처럼 쌓이고 전부 펼쳐져 있어서, 내 책에는 먼지나 검댕 자국이 사분의 일 이상 차지하는 페이지가 꼭 있다." 수년 동안 그는 오직 다이너마이트로만 해결할 수 있는 그 상황에 사실상 익숙해져 있었다. "오랫동안 나는 먼지와 더러움을 어쩔 수 없는 상황으로 받아들였다. 내 서재는 가정부 일곱 명이 대걸레 일곱 개를 들고 오십 년 동안 치워도 별로 달라지지 않을 것이다."

그 집의 가정부는 그의 방에 주기적으로 들러 문에서 가장 가까운 종이더미 위에 미지근한 달걀 한 접시를 툭 내려놓고 가버렸다. 이미 오래 전에 가망없다고 포기한 '서재'였기 때문이다. 쇼의 어머니는 이 지저분한 서재에 절대로 들어가지 않았다. 쇼와 쇼의 어머니는 사이가 아주 좋았지만 각자 갈 길을 갔고, 함께 식사하지 않았으며, 상대가 말없이 집에 안 들어와도 전혀 상관하지 않았다. 그의 누이 루시는 시어머니에게 예속되어 다른 곳에 살았고 가족을 보러 오거나 하지 않았다. 의사였던 쇼의 외삼촌은 살던 동네가 부촌에서 갑자기 도시 근로자를 위한 값싼 교외거주지로 바뀌면서 파산했고, 혐오스럽고 추레한 옷을 입고 당뇨병으로 서서히 죽어가던 와중에, 전당포업자에게 갚아야 할 이자를 빌리기 위해 아주 가끔씩 쇼의 집을 찾았고 오직 쇼만이 웃어주는 농담을 하곤 했다. 쇼의 집은 모든 방이 상태가 좋지 않았고 수리와 도색이 절실했다.

그러한 환경에서 쇼는 몸에 이상이 생기지 않도록 안간힘을 쓰며 버티고 있었다. 그러나 우리가 이미 알고 있다시피, 그는 신발끈을 꽉 졸라매고 다니다가 발등에 종기가 생겼다. 만일 그가 장시간 과로하지 않았다면, 정치 모임과 콘서트홀과 극장과 위원회실에서 나쁜 공기를 장시간 들이마시지 않았다면, 종기가 생길 정도로 몸상태가 나빠지지는 않았을 것이다. 실제로, 병이 나기 직전 2주 동안 그는 연극비평가로서 개막공연 세 편을 봤고, 선거 집회에서 두 차례 연설했으며, 교구위원회에 네 차례, 페이비언 모임에 한 차례 참석했을 뿐만 아니라, 주간 문예란의 기사를 쓰고, 페이비언 책자를 수정하고, 매일 날아드는 서신을 처리했다. "당신에게 편지를 쓰지 않으면 죽을 것 같습니다." 이 무렵 그가 엘렌 테리에게 보낸 편지의 서두다. "다른 걸 더 썼다가는 미칠 것 같아요. 오, 엘렌, 나는 온 세상 짐을 다 짊어지고 있습니다. 나의 야윈 갈비뼈가 무자비하게 혹사되고 있어요."

발등의 종기를 쨌더니 뼈의 괴사가 발견되었다. 그래서 당시 유행하던 치료법(당시 의사들이 신봉했던 리스터의 소독치료법)에 따라 발등의 움푹 패인 부분에 요오드포름 거즈를 올려두었다. 당연히 그 상처는 아물지 않았다. 타운센드 양이 피츠로이 광장 29번지에 도착했을 때 환자는 목발을 짚고 조금씩 움직이고 있었다. 그는 한창 흥분한 상태였다. 『유쾌한 희곡과 유쾌하지 않은 희곡』의 "출간이 미국 전쟁(미국-스페인 전쟁)에 쏠렸던 대중의 관심을 상당 부분 돌려 놓았기" 때문이다. 그 작품집에 대한 사람들의 반응이 어땠는지는 쇼가 비평가로 활동하면서 줄곧 과찬했던 어느 극작가가 잘 대변했다. "거의 모든 작품이 극적이지가 않아서 어떤 상황의 어떤 관객에게도 절대로 흥미를 불러일으키지 못할 것이다." 헨리 아서 존스의 이러한 예언은 문학계의 역대 망언 중에서도 상위를 차지한다. 쇼는 다른 문제로 존스를 시험했다. "그건 그렇고, 형님은 저에게 결혼을 권하시겠습니까?"라고 질문한 것이다. 존스는 쇼에게 결혼을 권장하는 한편 라블레의 책에서 파뉘르주[3]가 결혼에 대해 들은 조언을 참고하라고 했다.

결혼만이 유일한 해결책 같았다. 피츠로이 광장 집의 살림살이를 보고 경악한 타운센드는 쇼를 그 집에 내버려두었다가는 돌봐주는 사람이 없어서 죽을 수도 있겠다고 생각했다. 그녀는 곧바로 해이즐미어 근처에 집을 얻었고 그를 그 집으로 옮겨서 건강해질 때까지 돌보겠다고 했다. 쇼의 어머니는 반대하지 않았다. 금전적으로 여유로운 다른 누군가가 그를 보살피는 것이 그에게도 훨씬 좋을 터였다. 그렇지만 쇼는 문제가 거기서 끝나지 않는다는 것을 알고 있었다. 빅토리아 여왕이 여전히 왕위에 있는데, 독신녀가 독신남과 한 집에서 같이 산다면(간호사들

---

[3] 『가르강튀아와 팡타그뤼엘』 등장인물. 팡타그뤼엘 왕의 측근으로 교활한 난봉꾼이다.

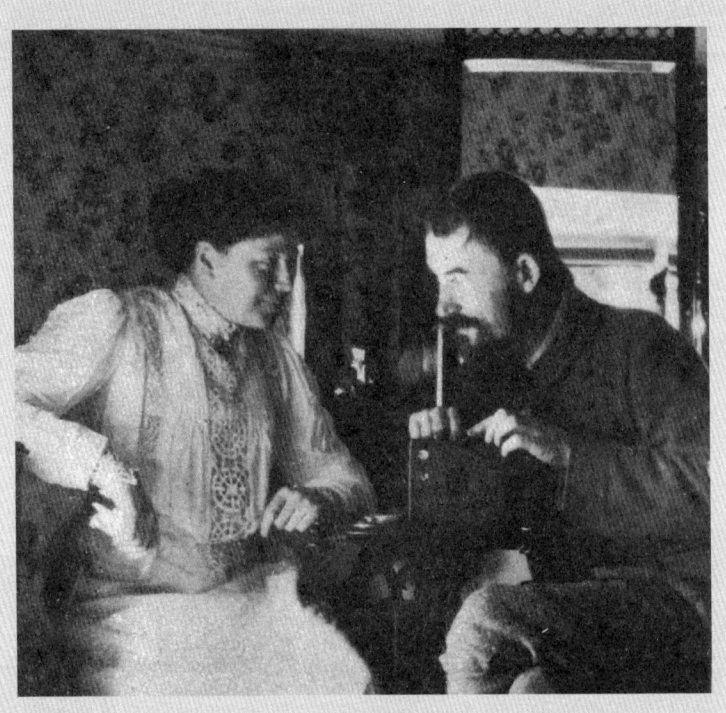

샬롯 쇼(좌), 버나드 쇼(우)

도 있어서 그가 환자라는 걸 아무리 강조한다고 해도) 평판이 심각하게 나빠질 수 있었다. 그는 사회적 통념을 벗어난 관계에 익숙하긴 했지만, 여성에게 그런 관계를 권한 적은 한 번도 없었다. 자기 때문에 여자 친구의 사회적 지위가 떨어지는 것은 더더욱 용납할 수 없었다. 그러므로 이런 생각을 가진 사람이 내릴 수 있는 결론은 결혼해서 해이즐미어에 살거나 샬롯 타운센드 없이 피츠로이 광장 집에서 골골거리거나 둘 중 하나였다. 그는 결혼하는 쪽으로 마음을 굳혔다. "내가 절대 가능하리라고 예상치 못했던 일, 즉, 내가 나 자신보다 다른 누군가를 더 생각하는 일이 벌어졌기 때문이다." 그들은 사실상 "서로에게 없어서는 안 될 존재가 되어 있었다." 그는 이렇게 표현했다. "나는 경험을 할 만큼 해보고 결혼했기 때문에 단순히 평생 정부를 얻으려고 결혼하는 그런 끔찍한 실수는 하지 않았다. 내 아내 역시 마찬가지였다. 사실 우리는 굳이 결혼이라는 대가를 치르지 않아도 성적 욕구를 만족시키는 데 아무 지장이 없었다. 그러니까 우리가 부부가 된 것은 다른 이유 때문이었다. … 모든 결혼은 다 다르다는 것을 잊지 말아야 한다. 젊은 사람 둘이 결혼해서 부모가 되는 관계와 아이 가질 나이가 지난 두 중년이 동반자가 되는 관계를 똑같이 볼 수는 없다."

예식에 대한 생각도 분명했다. "내가 결혼을 하게 된다면," 그는 페인 타운센드가 그의 집에 도착하기 몇 주 전에 이렇게 적었다. "나는 500년이나 뒤처진 혼인법에 의존하고 싶지 않다." 종교적 예식을 반대하는 주된 이유에 대해서는 1896년 이렇게 얘기했다. "예를 들어, 내가 미풍양속을 따라 우리 교구의 교회에서 내 아내 될 사람에게 사랑을 맹세하고 싶어도, 그녀가 성 베드로의 순진하고도 엉뚱한 말을 크게 읽음으로써 바보 같은 기분을 느껴야 하는 절차를 거부한다면 혼인신고가 받아들여지지 않는데, 이게 말이나 되는가? 여자 문제에 관한 한 성 베드로는 가톨릭교도도 기독교도도 아니고 상스러운 시리아 어부에 불과한데 말이다." 그리하여 타운센드가 반지와 결혼허가증을 샀고, 둘은 1898년 6월 1일 해이즐미어로 가는 도중 웨스트스트랜드 등기소에 들러서 결혼했다. 쇼는 목발을 짚고 절뚝거리며 돌아다닌 탓에 거의 넝마가 되다시피한 낡은 재킷을 입고 있었다. 그의 친구 그레엄 월러스와 헨리 솔트는 둘 다 말쑥한 차림으로 식에 나타났다. "호적 담당자는 내가 신랑일 줄 상상도 못했어." 쇼가 말했다. "그는 내가 결혼식의 감초나 다름없는 거지인 줄 알았던 것 같아. 키가 훤칠한 월러스가 진짜 주인공 같았지. 그래서 호적 담당자는 월러스와 내 약혼자를 결혼시키기 직전까지 갔어. 그런데 월러스가 그 호적 담당자가 읽는 문구를 듣고는 결혼식 증인에게 할 말은 아니다 싶었나 봐. 결정적인 순간 주저하더니 나에게 그 영광을 넘기더군."

부부가 된 그들은 해이즐미어의 피트폴드로 갔고 쇼 부인은 거기서 쇼의 건강을 회복시키는 어려운 일을 시작했다. 환자의 매력에 빠져서 귀찮은 일도 마다하지 않으려는 간호사들이 그녀를 능숙하게 보조했지만 에너지 넘치는 환자는 그녀의 애간장을 태웠다. 그는 6월 19일에 다음과 같이 기록했다. "나의 부인은 그야말로 즐거운 신혼 생활을 하고 있다. 일단 내 발을 보살펴야 한다. 그저께는 나의 발 상태가 꽤 좋아지는 것 같았는데, 내가 계단을 내려가다 넘어지는 바람에 왼쪽 손목이 부러졌다." 이로써 그는 옴짝달싹하지 못하게 되었고 신혼 기간 중에 쓰려고 마음 먹었던 바그너 책을 잠시 중단해야 했다. 하지만 3주가 지나기도 전에 일을 재개했고 8월 20일에 탈고한 다음 출판업자 그랜트 리처드에게 편지를 썼다. "이 책은 포켓용 기도서처럼 만들어져야 합니다. 논문처럼 두껍게 만들어서는 안됩니다." 그는 이 책의 외관에 신경을 많이 썼다. 여백과 활자, 종이 등에 대해 조언했으며, 금박단면에 잠금쇠를 달고 표지는 가죽으로 가름끈은 모직으로 하자고 제안했다. 심지어는 자개와 러시아 가죽을 재료로 호화판을 제작해서 2기니에 팔자고도 했다. 그가 『완벽한 바그너주의자』를 쓴 것은 바그너가 철저한 섀비언이었다는 것을 증명하기 위해서였기 때문에 그는 그 책이 최대한 기도서처럼 보이기를 바랐다.

발이 나아 가자 의사는 그에게 기분 전환을 위해 바닷가에 다녀올 것을 권유했다. 그리하여 9월 10일 쇼 부부는 와이트 섬의 프레시워터베이 호텔로 갔고 쇼는 거기서 그의 새로운 희곡 『시저와 클레오파트라』를 진척했다. 약 2주 후 해이즐미어로 돌아온 그는 차도가 있음을 축하하는 의미에서 한 발로 자전거 타기를 시도하다 넘어져서 발목을 접질렸고, "열 번의 수술이나 두 번의 팔 골절"보다 더한 고통을 느껴야 했다. 이런 저런 일들로 그는 아주 가망 없는 환자처럼 되어버렸다. 의사들은 그를 위해 딱히 할 수 있는 게 없다고 여기자 그의 식단을 문제 삼았다. "내 상황은 암담하다." 쇼는 적었다. "소고기 스테이크를 먹어야만 살 수 있다는 소릴 들었다. 가족들이 소고기 요리를 들고 내 주위에 모여 울고 있다. 하지만 육식을 하느니 죽는 게 낫다. 나의 유언장에는 장례식에 관한 지침이 포함되어 있다. 나의 장례식에는 동료 피조물을 먹느니 차라리 죽음을 택한 사람을 기리기 위해 영구차 대신에 소와 양, 돼지, 가금류, 그리고 작은 수족관에 담긴 살아있는 물고기들이 하얀 스카프를 매고 뒤를 따르도록 했다. 그러한 장례 행렬은 노아의 방주 이래로 한번도 보지 못한 놀라운 광경이 될 것이다."

11월 쇼는 힌드헤드에 블렌-카스라라는 (지금은 대학교가 된) 집을 빌려서 큰 효과를 봤다. "이곳은 해이즐미어 피트폴드보다 모든 면에서 훨씬 낫다"라고 그는 썼다. "나는 여기 온 이후 새 사람이 되었다. 이곳의 공기가 누군가를(누구겠나?) 극작가로 만들 것이다." 블렌-카스라의 대문은 런던-포츠머스 대로 쪽으로 나 있었고 약 100야드 떨어진 곳에는 런던발 40번째 마일표가 있었다. 12월 2일 그는 헨리 아서 존스에게 편지했다. "지금은 발을 쓰지 않는 것이 발에 가장 좋은 것 같습니다. 가뜩이나 운동도 못하고 있는데 휴식을 취하라니 아주 죽을 맛이에요. 참다 못해 지난 주에는 감염된 뼈와 발가락을 즉각 절단해달라고 전문의에게 요청했습니다. 그는 과학과 건전한 상식 사이에서 균형을 잘 잡는 아주 훌륭한 외과의사라서 자기 발가락이라면 그냥 놔두겠다고 하더군요. 또, 내 건강이 눈에 띄게 좋아졌으며 계속 회복되는 중이라고도 했습니다. 제가 인내심을 갖고 조금만 참는다면 수술 없이-말하자면, 크리스천 사이언스로-치유될 수 있다면서, 최악이래 봤자 발에 큰 지장을 주지도 않고 나중에 제거할 수도 있는 최소한의 상처만 남을 것이라고 했습니다. 그래서 저는 기다리는 중이랍니다. 하지만 안타깝게도 이번 주에는 『시저와 클레오파트라』 중 가장 웅장한 4막에 제 회복력을 다 써버렸네요." 1899년 1월 8일, 그는 '클레오파트라'가 "『아무도 몰라』의 '돌리'만큼이나 좋은" 배역이며, 그의 발에 다시 고름이 생겨서 조만간 뼈 하나를 제거할 것이라고 알렸다. 얼마 후 그는 아픈 발을 또 삐끗했고, 4월에는 "자전거를 가지고 놀다가" 세 번째로 삐끗했다. 그 고통은 무시무시했고 그의 발은 처참해 보였다. 그는 이 모든 행동 불능 상황-두 번의 발 수술, 한 번의 낙상(팔 골절상), 세 번의 발목 탈구, 수차례의 타박상-에도 불구하고 걸작을 탄생시켰는데, 이에 관해서는 1918년 나에게 편지로 얘기했다.

"왜 사람들은 전쟁이 나야 내 책을 읽는 거지? 군인들은 독일놈들에게 습관적으로 총을 쏘거나 나에게 편지로 책에 관해 질문하는 것 말고 다른 일은 하나도 안 하는 것 같아.

나는 포브스-로버트슨과 패트릭 캠벨 부인이 함께 연기하던 시절 그 둘을 위해서 『시저와 클레오파트라』를 썼어. 하지만 포브스-로버트슨이 시저를 맡은 건 그 둘이 각자의 길을 가고 난 후였지. 클레오파트라는 『악마의 제자』에서 이미 그와 호흡을 맞춘 적이 있는 거트루드 엘리어트에 의해 '탄생'됐어. 그리고는 포브스-로버트슨 부인에게로 넘어갔지만 『시저와 클레오파트라』는 셰익스피어가 말한 역사물, 즉 사극일세. 나는 로마를 연구한 독일의 역사가 몸젠Mommsen의 기록을 각색 없이 그대로 차용했지. 시저를 싫어했던 플루타르크Plutarch부터 워드 파울러Warde-Fowler까지 다른 사람들의 자료도 많이 읽었어. 그렇지만 시저를 내가 생각했던 대로 그려내고 시저가 이집트에 간 이야기를 진짜로 믿은 것 같은 역사가는 몸젠뿐이었어. 그는 그 이야기를 믿었지만 다른 많은 역사가들은 그렇지 않았다네. 셰익스피어가 플루타르크나 홀린셰드Holinshed에게 빠져 있었던 것처럼 나는 몸젠에 몰입했어. 괴테가 시저 암살은 역사상 최악의 범죄라고 한 걸 보면, 괴테 역시 시저를 몸젠과 버나드 쇼의 견지에서 보았다고 할 수 있지. 그 작품을 썼을 때 나는 마흔네 살이었는데, 지금 생각하면 그런 일을 하기에는 너무 어리지 않았나 싶어. 그래도 어린애의 결과물치고는 나쁘지 않았지.

자네는 지금 전쟁터의 불편함과 공포를 견디고 있으니, 내가 족골 괴사 때문에 목발을 짚고 비틀비틀 다닐 때 『시저』를 썼다는 사실을 알면 흥미로울 걸세. 다들 내가 암에 걸려 죽을 거라고 믿었어. 중년이 되어 몸이 갑자기 쇠약해지는 시기에 사고가 나서 그렇게 된 건데, 쉴러가 그렇게 죽었고 괴테도 거의 죽을 뻔했지. 그래서 바쁘게 사는 모든 사람은 40세가 되면 일년 내내 누워서 쉬어야 한다는 말이 있는 걸세. 나는 목발에 익숙해지기도 전에 목발에 의지해 아래층으로 내려가려다가 몸이 붕 떠버렸고 곧장 집 앞 포석도 위에 고꾸라졌어. 발도 못 쓰는 마당에 팔까지 부러졌으니, 엎친 데 덮친 격이었지. 그런 상황에서 내가 『시저와 클레오파트라』를 쓴 거야. 하지만 그 작품에서 그런 흔적은 전혀 찾을 수가 없다네. 와이트 섬 절벽 위 잔디밭에 누워서 목발을 옆에 두고 이런 구절을 썼던 게 기억나는군:

위에 있는 파랑 위의 하양은
아래 있는 초록 위의 보라네.

내가 절벽에서 본 풍경을 단순하게 메모한 것이었지. 스핑크스 장면은 「이집트로의 피신」[4]이라는 프랑스 그림에 착안했어. 그 화가의 이름은 기억나지 않지만, 어릴적 가게 유리창 너머로 보았던 그 판화―동정녀와 아기가 거대한 스핑크스의 무릎 위에 잠들어 있고, 스핑크스가 사막 위를 응시하는데 사막의 공기가 어찌나 고요한지 요셉이 피워둔 불

---

4 뤽 올리비에 메흐송(1846-1920)의 「Rest on the flight of Egypt」로 추정된다

에서 연기가 막대처럼 곧게 올라가는 모습을 담은 그림-를 30년 동안 내 기억의 잡동사니 상자에 보관해 두었다가 마침내 끄집어 내어 그 장면에 이용했지."

말할 필요도 없겠지만, 포브스-로버트슨 역시 처음에는 『시저와 클레오파트라』에 큰 관심을 보이지 않았다. 그는 그런 대작을 제작하는 위험은 감수할 수 없다고 둘러댔다. 하지만 점차 그 작품에 빠져들었고 결국 제작하기에 이르렀다.

윌리엄 아처는 『시저와 클레오파트라』에 대해 이렇게 말했다. "나는 쇼가 화려한 역사 오락물이라는 새 장르를 개척했다고 생각한다. 다행히 그 말고는 아무도 그런 장르를 시도하려고 하지 않을 것 같지만." 『시저와 클레오파트라』를 화려한 오락물로 묘사한 것은 부적절했다. 아무도 그것을 따라하지 않을 것이라는 예언은 터무니없었고, 쇼가 그 누구도 쓸 수 없는 작품을 썼다는 이야기를 쇼가 새 장르를 개척했다고 표현한 것은 다소 어리석었다. 그렇지만 이제 아처에게는 쇼의 신작이 죄다 실망스러울 뿐이었다. 아처가 좋아하는 『워렌 부인의 직업』 같은 작품이 더는 나오질 않았기 때문이다.

『시저와 클레오파트라』는 역사적인 인물들을 전에 없이 자연스럽고 유머러스하게 그려냄으로써 쇼의 작품 중 당대 문학계에 광범위하게 영향을 미친 유일한 작품이다. 그런 점에서 『시저와 클레오파트라』는 가장 눈에 띄는 작품이기도 하다. 전기작가가 보기에 그 작품은 문학적 의의와는 전혀 상관없는 흥미로운 요소를 갖고 있다. 그 작품 속의 시저는 몸젠의 시저가 새비언화된 것일 뿐이었다. 다시 말해, 우상화되었다. 그 시저가 실제와 상당히 다르다는 것은 이탈리아인 페라리의 글을 통해 밝혀졌다. 쇼의 시저는 매력적이고 매우 사랑스럽다. 이 세상 시저들이 쇼의 희극 속 인물을 어렴풋하게라도 닮았다면 인류는 보다 행복한 역사를 갖게 되었을 것이다. 하지만 쇼는 자기 안에 진짜 시저가 없었으므로 당연히 시저를 그릴 수도 없었다. 셰익스피어는 진짜 시저를 이해했고 그릴 수 있었다. 물론 쇼는 이 점을 인정하지 않으려고 했다. 자신이 생각하는 전임자의 허물을 꼬투리 잡으면서. "셰익스피어 작품에는 시저가 없었다. 그가 막을 열었고 이제는 급속히 저물어가고 있는 그 시대 내내 시저는 없었다." "셰익스피어는 인간의 나약함에 대해서는 잘 알았지만, 시저 같은 인간의 강인함에 대해서는 잘 몰랐다." "셰익스피어의 시저가 한 말 중에는 시저답기는커녕 태머니파[5] 보스다운 말조차 찾아볼 수 없다."

이런 언급들에 차례로 대응하자면 이렇다. (1)셰익스피어는 시저를 직접 경험했다. 그 시절의 시저는 엘리자베스 여왕이었다. (2)셰익스피어는 명성을 얻으려는 시저가 아니라 그 명성 위에서 살고 있는 시저를 그렸다. 따라서 시저의 강인함보다는 나약함이 두드러질 수밖에 없었다. 물론 셰익스피어는 "시저 같은 인간의 강인함"도 그릴 수 있었다. 『안토니우스와 클레오파트라』의 옥타비우스가 그 증거다. (3)우리는 유럽을 주름잡는 시저들을 여럿 보아 왔지만, 그 중 누구도 태머니파 보스처럼 말하지는 않았다. 요컨대, 셰익스피어는 독재자 유형을 속속들이 알고 있어서 독재자를 생생하게 그리기 위해 굳이 독재자와 비슷해질 필요가 없었다. 그의 시저는 히틀러나 무솔리니로 최근 세상에 다시 등장했으

---

5 18세기 말 사교 단체로 출발하여 1800년경부터 1930년대까지 뉴욕 시의 민주당을 지배한 파벌. 특권 계급에 이용되고 부정 사건을 일으키며 보스 정치와 독직의 대명사가 되었다.

며, 인류가 "왔노라, 보았노라, 이겼노라"와 같은 헤드라인이나 겉만 번드르한 호언장담에 비이성적으로 열광할 때마다 계속 나타날 것이다. 셰익스피어는 혁명이 배출하는 다른 온갖 유형에 대해서도 알고 있었다. "아, 브루투스!" 쇼는 감탄했다. "그는 셰익스피어 작품에 나오는 완벽한 지롱드 당원으로, 그후 실제로 그런 인물이 나타나기까지 200년이 걸렸다." 그러나 시대가 바뀌어도 인간은 좀처럼 달라지지 않는다. 브루투스처럼 뜻은 좋았던 지롱드 당원과 카시우스처럼 분개한 쟈코뱅 당원, 안토니우스처럼 영혼 없는 정치적 기회주의자들이 엘리자베스 여왕 시대 영국에서 번성했듯, 혁명기 프랑스에서는 브리소, 마라, 보나파르트가, 혁명기 러시아에서는 케렌스키, 레닌, 스탈린이 번성했으며, 앞으로 언제 어디서 어떤 이름으로 그런 인물들이 다시 나타날지 모른다. 셰익스피어는 그 모든 유형을 꿰뚫고 있었고(그들은 '에섹스 반란'에서 잠시나마 모습을 드러냈다) 영원히 남을 수 있게 기록해 두었다.

쇼는 인물을 세밀하게 관찰하고 생생하게 재탄생시킬 수는 있었지만, 본인이 공감하지 못하는 인물의 근원적 감정까지는 꿰뚫어 보지 못했다. 다시 말해, 그에게는 셰익스피어의 영매적인 능력이 부족했다. 쇼의 영매적 능력은 활동가 유형을 묘사할 때만 번뜩였다. 시저에 대한 긴 묘사에서도 드러나지 않았던 그 능력은 나폴레옹에 관한 짧은 묘사에서 드러났다. 나폴레옹은 이탈리아 여관 주인에게 이렇게 묻는다. "그러고 보니 자네 안에는 활동과 승리를 밤낮으로 게걸스럽게 먹어치워야 하는 악마가 없군. 그 악마는 자네가 십 분의 즐거움을 위해 몇 주 동안 고된 노역을 하게 만들지. 그 악마는 자네의 노예이자 주인이며 행운이자 비운이지. 그 악마는 자네에게 한편으로는 왕관을 가져다주고 다른 한편으로는 갤리선의 노를 쥐어주지. 그 악마는 이 세상의 모든 왕국을 보여주면서, 자네가 그것들의 하인이 된다면 자네를 그것들의 주인으로 만들어주겠다고 제안하지. 그런 악마가 자네 안에는 전혀 없는 겐가?" 이는 적어도 활동가가 자기 자신을 어떻게 이상화하는지를 보여준다.

아무튼 『시저와 클레오파트라』가 쇼의 생각처럼 "역사상 가장 위대한 사람을 제대로 극화한 첫 작품이자 유일한 작품"은 아닐지라도(이제 쇼는 "내가 그렇게 끔찍하게 어리석은 말을 했다니"라며 부인한다) 독특하고 매력적인 작품인 것만은 분명하다. 그 작품에는 쇼의 자화상 중 단연 최고라고 할 만한 부분과 여러 명장면, 뛰어난 인물 묘사, 수많은 명언이 포함되어 있다. 예컨대, 다음과 같은 시저의 대사들이 그렇다. "바라는 게 없는 자는 절망하지도 않는다." "로마에서의 한 해는 여느 해와 똑같다. 내가 나이 먹는다는 것만 빼고. 하지만 아피아 가도 군중의 나이는 항상 그대로다." 시저와 쇼가 결합된 이 인물은 셰익스피어 이래 영국 희곡이 탄생시킨 최고의 남성상이라 할 만하다. "클레오파트라는 어려운 역할이 아니지만 시저는 어려운 역할이다. 4막의 시저를 연기할 수 있는 사람은 어떤 역할도 할 수 있다. 그걸 하지 못하는 사람은 어떤 역할도 할 수 없다." 이와 같은 쇼의 주장은 옳았다. 쇼가 창조한 생생하고 깊이 있는 다른 인물들과 마찬가지로, 쇼의 시저 또한 시저보다는 오히려 예수 그리스도에 더 가까워 보인다. 그렇지만 역설적이게도 쇼는 나중에, 예수의 강점은 그가 사람들과 다르다는 데 있기보다는 다르지 않다는 데 있다고 주장했다.

1899년 봄 쇼의 발등에 난 상처는 소독제를 수돗물로 대체해서 치료하자 곧바로 아물기 시작했다. 5월 3일 그는 엘렌 테리를 위한 희곡을 쓰기 시작했다. 그녀에게서 받은 편지와 그녀의 공연을 보고 캐릭터를 잡아나갔다. '잔인성을 연민으로 길들이는' 이야기를 쓰고 있던 그에게 당시 힌드헤드의 풍경은 별로 도움이 되지 않았다. "나는 서리 주 호그스백 남쪽 기슭에 잠시 살았다. 일요일 아침마다 토끼 모는 소리가 들렸고, 흥분한 사냥개가 짖는 소리와 사냥꾼의 외침은 구분할 수 없다는 것을 알게 되었다. 사람 목소리는 나이팅게일 목소리와 다른 만큼 개 목소리와도 다른 법인데 말이다. 사냥을 통해 인간과 사냥개가 수성獸性이라는 공통분모로 수렴되는 듯했다. 그 소리는 나를 보다 인도적인 사람으로 만들어주지는 않았다. 오히려 그 반대였다. 만일 내가 무책임한 폭군이고 포병대 하나를 내 마음대로 휘두를 수 있었다면, 나는 사냥하러 돌아다니는 사냥꾼들을 가리키며 이렇게 말했을 것이다. '이 자들은 인간 이하이므로 죽는 편이 낫다. 나를 위해 이 자들을 살육해주면 고맙겠다.'" 그렇지만 쇼는 용케 그러한 감정에 휘둘리지 않았고, 수년 후 나에게 그 작품을 시작할 무렵 있었던 덜 끔찍했던 일들에 대해 알려주었다.

"『브래스바운드 선장의 개종』은 『블랑코 포스넷』처럼 종교에 관한 훌륭한 소논문이지. 엘렌 테리를 위해 쓴 작품이었어. 엘렌은 첫 손주를 보더니 이제 할머니가 되었다며 아무도 자기를 위한 작품을 써주지 않을 것이라고 하더군. 그래서 내가 써주겠다고 했지. 그 결과가 『브래스바운드』였어." 쇼의 말에 따르면, 나이든 여배우들이 대개 그렇듯 그녀 역시 오후만 되면 아무렇지도 않게 침대로 갔고, 그때마다 그녀의 간호사가 그 집에서 가장 지루한 책을 읽어줘서 그녀가 잠드는 것을 도왔다. 『브래스바운드』가 도착했을 때 엘렌은 그 책을 한 번 훑어보고는 자신의 배역이 마음에 들지 않자 잠잘 때 읽기 좋은 책이라고 판단하고 눈을 감으며 간호사에게 낭독을 시작하라고 지시했어. 간호사는 몇 장 읽다가 갑자기 멈추고 외쳤어. "와우. 여사님, 이 사람 정말 여사님이랑 똑같은데요!" 엘렌은 일어나서 경청하기 시작했어. 그리고 그 작품에 대한 생각이 완전히 바뀌어서 그 작품이 하고 싶어졌어. "그녀는 어빙을 설득해서 그 작품을 제작하게 하려 했지." 쇼는 말을 이었어. "어빙은 '브래스바운드'가 앞의 두 막에서는 내내 별난 선원이었다가 갑자기 프록코트와 높은 모자를 걸치고 등장하는 장면에 대해 이렇게 말했어. '내가 비웃음을 당하게 하려고 쇼가 이 장면을 집어넣었군.' 어빙은 정확히 맞췄어. 그 일격은 매우 성공적이었지. (헨리 어빙의 아들) 로렌스 어빙이 브래스바운드라는 인물로 무대에 섰을 때, 관객은 그 장면에서 그를 보며 2분 내내 웃었어. 몇 년 후 엘렌은 『브래스바운드』로 베드렌-바커가 운영하는 코트 극장에서 공연했고 그 후에는 미국 전역을 돌며 자신의 고별 공연을 했지.

나는 미국에서는 아다 르한Ada Rehan이 출연했으면 좋겠다고 생각했어. 그래서 에이전트를 통해 그녀에게 대본을 보냈지. 아다 르한은 전혀 연극 같지도 않고 (그녀가 보기에) 제일 좋은 역은 전부 남자들 차지인 작품을 제안했다며 화를 냈어. 몇 년 후, 내가 그녀에게 대본을 읽어주자 (전에 자신이 몰라봤던 작품이라는 것을 전혀 눈치채지 못한 채) 그녀는 유난히 흥분하면서 두서없이 외치더군. 그녀 세대의 여배우들은 아름다워야 하는 것 말고는 아무것도 할 게 없다고 배웠는데, 이 작품에는 아주 새롭고, 아주 색다른 무언가가 있다고 말이야. 그녀는 그 작품을 하겠다고 선언했어. 그러나 불치병이 그녀를 가로막아서 그녀의 무대 경력도 끝나버렸지. '나는 연기하고 싶어요.' 그녀가 말했어. '하지만 안 되겠어요. 언제 주저앉을지도 모르는데.' 나는 말했어. '주저앉아버려요. 당신이 다시 일어설 때까지 막을 내리고 있을 테니까.' 그녀는 '오, 내가 할 수 있으면 좋겠어요'라고 했지만, 결국 하지 못했지.

내 희곡을 희곡으로 받아들이기를 여전히 어려워하던 나이든 전문가들조차 『브래스바운드』의 인물 묘사는 훌륭하다고 인정했지. 하지만 믿기 어렵게도, 수많은 배우가 자신에게 최고의 기회나 다름없는 역할을 제안받았음에도 작품이 우스꽝스럽다거나 희곡 같지 않다는 이유를 대며 거절하더군. 그 중 여전히 살아있는 네다섯 명은 내가 자기들을 비난한다고 오해할지도 모르니 이름은 생략하겠네. 그렇지만 아다 르한, 어빙, 트리, 맨스필드, 윈덤, 테리스, 알렉산더, 패니 콜맨과 같은 배우가 전부 그런 식으로 내 작품을 거절한 적이 있었다네. 그들은 바그너를 맞닥뜨린 나이든 이탈리아 가수들 같았어."

엘렌과 그녀의 간호사 사이의 일에 관해서는 쇼의 기억이 정확하지 않다. 실제는 더 흥미로웠다. 쇼가 임시로 '아틀라스의 마녀'라는 제목을 붙인 『브래스바운드 선장의 개종』은 1899년 7월 7일에 완성되었다. "이제 나는 이 작품을 제대로 완성하기 위한 퇴고 작업에 돌입해야 한다. 다시 말해, 극심하게 머리를 쥐어짜며 수일을 보내야 한다. 그런 다음에는, 샬롯이 집안일을 하는 속도만큼이나 비전문적인 속도로 내 형편없는 글씨를 해독하고 타자를 치며 며칠을 더 보내야 한다." 그 작품이 엘렌의 손에 들어간 것은 그 달 말이었다. 8월 1일, 쇼는 그 작품에 "『브래스바운드 선장의 개종』이라는 거슬리지만 이목을 끄는 제목"을 붙였다고 선언했다. 그는 엘렌에게 『브래스바운드』는 그녀의 연극이고

결혼

이 세상에서 그가 그녀를 위해 할 수 있는 유일한 일이라고 말했다. 그리고 덧붙였다. "이제 희곡은 더 이상 없습니다. 적어도 실리적인 희곡은 더 없을 겁니다. 실제로 당분간은 희곡을 전혀 쓰지 않을 거예요. 이제 정치학과 사회학, 쇼 철학을 더 많이 보여줄 때이거든요. 친애하는 엘렌, 당신의 작가는 보통 이상의 극작가임에 틀림없습니다."

 8월 4일, 쇼는 그 시절 상업 극장에서 잔뼈가 굵은 예술가에게서 평생 다시 없을 고통스러운 일격을 당했다. 엘렌이 그 작품은 자신에게 전혀 맞지 않고 무대에 올려봤자 한 푼도 벌 수 없을 것이며 시슬리 부인 역은 패트릭 캠벨 부인이 해야 할 것 같다고 답한 것이다. 쇼는 정말로 화가 났다. "맙소사! 엘렌, 진짜 그렇게 생각해요? 그렇다면 내가 당신을 위해 할 수 있는 건 아무것도 없습니다. 나는 진심으로 시슬리 부인이 당신에게 꼭 맞는 역할이라고 생각합니다. … 내가 요즘 극장과 담을 쌓고 지내는 것은 맞습니다. 나는 펜으로 새로운 세대를 교육해서 그들이 어릴 때부터 관객으로 배우로 성장하게 해야 하고, 내가 화장되고 나면 그들이 내 작품을 살해할 수 있게 해야 합니다. … 그러므로 우리의 계획에 작별을 고합니다. 대부분의 계획이 그렇듯, 우리의 계획 역시 한낱 희망으로 끝나는군요. … 어리석은 엘렌!" 그녀의 다음 편지는 "당신이 시슬리 부인 역을 정말 나를 위해 쓴 것은 아니겠지만"이라는 구절을 포함하고 있었고, 이에 자극받은 쇼는 장문의 답장을 썼다. "아, 엘렌 당신은 거짓말을 하는군요. 거짓말을 하고 있다고요. 어떤 역할도 이토록 철저히 한 여자를 위해 쓰인 적은 없었습니다. 어리석고, 자신을 모르고, 예나 지금이나 도깨비불처럼 매혹적인 당신같은 여배우를 위해서 말입니다." 그는 그녀에게 두 권의 여행 서적-메리 킹슬리[6]와 H.M.스탠리[7]의 책-을 읽어보라고 했다. "상식과 선의를 가진 용감한 여성과 거대한 총을 가진 야수 같은 남자를 비교해 봐요. 살인과 공포의 기운을 가진 그 남자는 자신의 비겁함이 만들어낸 곤경에서 벗어나려고 광적이고 이기적인 살육을 자행했습니다. … 그 해적이 정말로 영웅적인 행위를 했다고 믿습니까? 그 판사의 처벌에 조금이라도 공감했습니까? 살다보니 혹은 이런 저런 경험을 하다 보니, 더 나은 길도 없고, 더 유익한 지혜도 없고, 사람들의 선한 면을 믿는 대신 악한 면을 억누르는 편이 더 나은 것 같아 보이던가요? … 여기 한 작품을 지배하는 역할이 있습니다. 그 역할이 상징하는 인물이 세상을 지배하니까요. … 이제까지 내가 쓴 모든 작품에서, 심지어 『칸디다』에서조차, 나는 여배우에 대한 관심을 어느 정도는 성적인 관심으로 돌림으로써 여배우를 팔았습니다. … 시슬리 부인에 대해서는 그러지 않았습니다. 그래서 더 큰 매력을 얻었지요. 그런데 당신은 실망했다고 하니 … 오, 엘렌, 엘렌, 엘렌, 엘렌. 이것으로 모든 것이 끝났습니다."

그의 편지는 그녀를 울렸고 그녀가 앞서 언급한 침대 치료를 다시 찾게 만들었다. 8월 20일 엘렌은 요크셔 일클리 웰스하우스에서 편지를 썼다. 감기로 누워 있는 나흘 동안, 그녀의 간호사가 『브레스바운드』를

---

[6] 메리 킹슬리Mary Kingsley(1862-1900): 영국의 탐험가. 서아프리카를 여행하고 낸 두 권의 저서 『서아프리카 여행』(1897)과 『서아프리카 연구』(1899)를 통해 제국주의 열풍에 휩싸여 있던 당시 서양인들의 아프리카에 대한 편견을 바로잡는 데 일조했다.

[7] 스탠리H.M. Stanley(1841-1904): 영국 웨일즈 출신의 탐험가. 선교사 데이비드 리빙스턴을 구출한 것으로도 유명하다. 아프리카 탐험 중 원주민들을 무차별적으로 잔인하게 살해했다는 비난을 받고 있다.

두세 차례 읽어주면서 처음에는 시슬리 부인이 전혀 그녀 같지 않다고 했다가 나중에 말을 바꿨다는 내용이었다. 어느 날인가 빈민가를 방문했을 때 엘렌은 가난한 사람들에게 둘러싸여 있다가 자신의 간호사가 특이한 표정을 짓는 걸 보며 "뭐가 엄청 웃긴가 보다"고 속으로 생각했다. 일주일 후에 그들은 볼턴 사원의 똑똑한 사람들 사이에 있게 되었고, 엘렌은 또 다시 간호사에게서 특이한 표정을 포착했다. 일클리로 돌아온 그녀는 자신의 간호사에게 뭐가 그렇게 재미있었냐고 물었다. "오, 너무 죄송해요." 그 간호사는 힘들게 웃음을 참으며 대답했다. "시슬리 부인이랑 여사님이랑 정말 닮았어요! 그녀는 모든 걸 자기 생각 대로 하잖아요. 여사님처럼요!" 엘렌은 곧바로 쇼에게 편지해서 그 작품을 어빙에게 읽혀도 되겠냐고 물었다.

쇼는 콘월의 루안 마이너에서 요양중이었다. 그는 하루에 수영을 두 번씩 했고, 그게 그의 근육에는 좋은 영향을 주었다. "수영은 내가 그 자체로 좋아하는 유일한 운동이다. 요새는 대체로 물 아래에서 수영한다. 아내가 수영을 배우며 나를 구명구로 사용하고 있다." 그는 어빙이 『브래스바운드』를 절대로 제작하지 않으리란 것을 뻔히 알고 있었다. 하지만 엘렌의 변덕을 받아주는 차원에서, 어빙이 미쳐서 그 작품을 하겠다고 할 경우 로열티와 수익 배분을 어떻게 할 것인지에 관한 긴 편지를 써서 엘렌에게 보냈다. 엘렌은 어빙을 설득하기 위해 최선을 다했다. 그 작품을 점점 더 좋아하게 된 엘렌은 이미 시슬리 부인이 되어 있었다. 하지만 어빙은 쇼의 작품이 "마치 희가극 같다"고 생각해서 그녀의 설득에도 꿈쩍하지 않았다. 결국 그녀는 자신이 직접 그 작품을 제작하기로 결심했다.

가을에 쇼는 부인과 지중해로 유람선 여행을 떠났다. "빌프랑슈와 시라쿠사 사이의 어디쯤"에서 편지를 쓰면서, 그곳을 "도덕적으로는 끔찍하고 외양만 요란스럽게 예쁜 야만적인 곳"으로 묘사했다. "스피츠베르겐(노르웨이의 섬)이었으면 좋으련만! 나는 북풍을 맞으려고 태어난 사람이지 이런 미지근한 푸른 물에 몸을 담그려고 태어난 사람이 아니다." 열흘 후 그는 그리스 군도에서 원하는 것을 얻었다. "추위, 돌풍, 회색 진눈깨비, 요동치는 배, 고통, 두통, 단체 트림에 대한 공포! … 그렇지만 적어도 아테네와 그곳의 빌어먹을 아크로폴리스와 부서진 기둥들로부터 벗어났다." 콘스탄티노플은 달빛 덕분에 그럭저럭 괜찮아 보였지만 악취가 심했다. 그는 거기서 하루 동안 지내면서 "우스꽝스러운 덧신을 신고 발을 질질 끌면서 모스크 주변을 돌았다." 그 유람선 여행은 그의 신경을 거슬렀다. 강제 휴식은 그에게 안 맞았다. 쇼 부인은 그런 그를 "배에 갇혀 짜증나 있다"고 묘사했다.

1900년 초 런던 아델피 테라스 10호(이후 28년 동안 그의 집이었다)로 돌아온 그는 미국을 순회 중이던 엘렌으로부터 어빙과의 계약에 발이 묶여 근 2년 동안 『브래스 바운드』와 관련해 아무것도 할 수 없었다는 편지를 받았다. 쇼는 이렇게 대답했다. "자, 이제 나의 유명인 변절자 명단에 오르셨군요. 나는 스타들이 나에게 반대 의견을 밝힐 때까지는 힘들어도 기다립니다. 그런 다음에는 언제나 신속하게 포기하고 다른 것을 시도하는데, 이런 내 태도가 자신들의 불운이 뭔지 잘 알아보지 못하고 이해가 느린 영국인들에게는 냉소적이고 무정해 보이나 봅니다. … 나는 창밖으로 수많은 꿈을 내던졌기 때문에 그런 게 하나 더 늘어나거나 줄어든다고 해도 별로 달라질 게 없습니다. 사실 이제껏 그런 일로 내가 상처받은 적이 거의 없다는 사실에 일종의 사악한 즐거움을 느끼기까지 합니다. 그러니 친애하는 엘렌, 이제 당신을 창밖으로 내보냅니다. 나의 작품 또한 나의 에이전트를 거쳐 시장에서 가장 높은 가격을 부르는 사람에게 갈 거랍니다."

그러나 1900년 가을 쇼가 엘렌 테리에게 스테이지 소사이어티 공연에서 시슬리 부인 역을 맡아달라고 부탁한 걸 보면 그 작품을 시장에 내놓지 않았던 것이 분명하다. 테리는 어빙과 지방 순회 공연 중이었고 일정을 조정할 수가 없었기 때문에, 1900년 12월 16일 스테이지 소사이어티가 주관한 스트랜드 극장 초연에는 재닛 어처치가 그녀를 대신해 무대에 섰다. 재닛은 그 역할을 잘 해내지 못했고, 쇼는 그녀에게 그 이유를 설명했다. "나는 몰리에르처럼 언제나 우리집 요리사에게 작품에 대한 조언을 구하지. 그녀는 훌륭한 비평가로서 내 강연과 공연에 참석하고, 자신이 모시는 위대한 작가에 비하면 배우들은 더러운 누더기 정도밖에 안 되는 존재라고 생각한다네. 시슬리 부인 역에 대해 물어보니, 그녀가 바로 이렇게 말하더군. '안 되겠어요. 그 여배우는 아닌 것 같아요. 그녀가 앉을 때 보니깐 드레스를 무릎 사이에 접어넣더라고요. 지체 높은 숙녀는 그런 짓을 하지 않지요.' 정말 훌륭한 비평이 아닌가. 그게 희극이었다면, 자네가 드레스를 무릎 사이에 넣은 걸 완벽한 연기로 평했을 거야."

공연이 일요일 저녁에 있었기 때문에 엘렌은 시간을 내서 극장을 찾았고, 그녀와 쇼는 오래된 스트랜드 극장의 무대 아래서 처음으로 대면했다. 그녀는 그의 편지와 비평을 보고 예상했던 것과는 전혀 다르게, 그를 "훌륭하고 친절하고 예의 바른 사람"으로 생각했다.

㉓

평판
심각함은 대단해 보이고 싶은 소인배의 허세다

엘렌은 쇼를 "착하고 상냥하고 예의바른 사람"이라고 했지만, 대개의 극작가와 작곡가, 배우, 가수, 공연기획자, 극장운영자는 그 의견에 동의하지 않았을 것이다. 그들은 쇼에 대해 더 격한 말들을 늘어놓았을 것이다. 하지만 쇼는 1900년 전후에 정신병동이나 아편굴, 세느 강, 가톨릭교회에서 숨을 거둔 동시대 유명 문인 대다수보다 사회구성원으로서는 훨씬 더 훌륭했다. 문제는 사람들이 그를 어떻게 이해해야 할지 몰랐다는 것이다. 그는 진지해 보이기도 하고 광대짓을 하는 것처럼 보이기도 했다. 그가 이렇게 혼란스러운 인상을 준 것은 쾌활한 기질을 타고났기 때문이며 연극은 그 넘치는 쾌활함을 안전하게 배출하는 통로였다. 예전에 그는 올림피아에서 서커스 공연을 관람하고 윔시컬 워커Whimsical Walker를 소개받은 적이 있었다. 워커가 "늙은 광대와 악수해주시다니 영광입니다"라고 하자, 쇼가 "같은 늙은 광대끼리 왜 그러십니까"라고 대답했다. 쇼는 넘치는 활력을 주체하지 못해서 광대처럼 굴기를 좋아했는데, 상상력이 부족한 사람들은 그가 빈정거린다고 생각했다. 또한, 타고

난 수줍음 때문에 말도 안 되게 침착해질 때가 있었는데, 그게 사람들의 신경을 거스르기도 했다. 어느 날 그가 웨스터민스터 브리지 지하철역 계단 꼭대기에서 발을 헛디딘 바람에 등으로 미끄럼을 타며 계단을 내려간 적이 있었다. 깜짝 놀란 사람들은 숨죽이며 그를 지켜봤다. 그는 당황한 기색 하나 없이 벌떡 일어나더니 자기는 원래 그런 식으로 계단을 내려간다는듯 아무렇지도 않게 걸어갔다. 지켜보던 사람들은 웃음 섞인 비명을 터뜨렸는데, 거기에는 안도감과 짜증과 흥미로움이 같은 비율로 섞여 있었다.

그는 바보들을 상대할 때 흑을 백이라고 부르는 단순한 책략을 이용하곤 해서 비뚤어진 사람이라는 인상을 주기도 했는데, 사실 알고 보면 그건 영국 문단이 시대에 뒤쳐져 있던 탓이었다. 마르크스의 『자본론』은 사회적 가치의 대역전을 불러일으켰다. 니체는 사람들이 현대 도덕의 가치를 재평가하게 했다. 런던에서는 세기말 최고의 재담가 오스카 와일드가 작품을 통해 그러한 가치 변화를 드러내고 있었다. 입센은 관습적인 가정생활과 우상숭배를 공격함으로써 테니슨 작품 속 남자주인공들을 허세부리는 양아치로 만들어버렸다. 하지만 당시 런던 문학계는 맥콜리와 안소니 트롤롭에서 더 이상 나아가지 못하고 오스카 와일드를 기언을 일삼는 만찬의 단골 손님 정도로 인식하고 있던 수준이라서, 쇼는 런던 문단에서 별나고 수치스러운 현상으로 간주됐다. 또한, 마르크스와 헨리 조지를 완벽하게 소화하고 입센과 니체를 예견하고 출신 지역이 같은 와일드를 진지하게 받아들였다는 이유만으로 도덕 혁명의 최전선에 선 인물로 여겨졌다. 독일과 이탈리아, 러시아, 터키에서는 아직 도덕 혁명이 정치 권력으로 이어지지 않았을 때였고, 엄청난 유혈전쟁과 무수한 실수와 역량 부족으로 도덕 혁명의 승리가 더럽혀지기 전이었다. 이제 레닌과 스탈린, 히틀러와 무솔리니, 아타튀르크와 레자 칸(레자 샤 팔레비)에 비하면, 쇼는 완전 무해한 노신사일 뿐이다. 하지만 그가 이름을 날릴 당시 유럽은 여전히 빅토리아 시대였다. 그래서 그는 악명 높은 전설적 인물이 되었다.

"셰익스피어의 '구 도덕'을 입센과 나의 '신 도덕'과 비교해 보면 재미있다네." 한번은 쇼가 나에게 이런 편지를 보냈다. "물론 겹치는 부분이 상당히 많지. 인간 본성은 대체로 변하지 않고 그 점에 관한 한 모든 극작가가 같은 의견이니까. 그럼에도 불구하고 큰 차이가 있어. 셰익스피어는 신념도, 계획도 없었지. 그의 플롯은 전부 기존에 있던 것들이었어. 그가 타고난 천재성을 발휘해 최고로 변모시켰을 뿐. 나는 셸리, 바그너, 입센과 마찬가지로 시종일관 사회개혁가이자 원칙주의자였지. 사회적, 정치적, 종교적 부당함과 어리석음에 민감하기로는 셰익스피어나 나나 비슷해. 하지만 셰익스피어는 그런 것들에 대해 답이 없다고 봤기 때문에 스위프트적인 비관주의로 흘러갔고, 권위를 지닌 인간을 화난 원숭이로 여기며 결국에는 냉소주의에 빠졌지만 천재의 타고난 유쾌함 덕에 그나마 견딜 만했지. 머큐시오[1]와 베네딕[2]은 죽지 않았지. 그들은 나이 들어 곤잘로[3]가 되었고, 곤잘로 덕에, 그리고 캘리번[4]과 오톨리쿠

---

1 『로미오와 줄리엣』에 나오는 로미오 친구.

2 『헛소동』에 나오는 인물. 독신주의자였으나 친구들의 책략으로 결혼하게 된다.

3 『템페스트』에 나오는 인자한 노대신. 프로스페로가 마술 서적을 갖고 밀라노를 떠날 수 있게 도와준다.

4 『템페스트』에 나오는 괴물로 프로스페로의 하인이 된다.

스[5] 덕에 우리는 나머지 인물들(물론 젊은 연인들은 빼고)이 마키아벨리적인 악당이라는 것을 거의 알아채지 못했지. 티몬[6]과 테르시테스[7]는 답을 듣지 못한 채로 끝났어. 하지만 그들은 이미 하고 싶은 말을 다 했고, 셰익스피어는 쓸데없이 투덜대는 사람은 아니었지. 셸리와 바그너, 입센과 나는 그런 셰익스피어와 달랐어. 우리는 음침한 골짜기(시편23장의 한 구절)를 헤쳐나갈 수 있는 길을 보았고, 인간이 자신의 곤경을 이해한다면 거기서 얼마든지 빠져나갈 수도 있고 또 빠져나가려 할 것이라고 믿었지."

최근 나는 쇼에게 그가 『셰익스피어보다 낫다?Better than Shakespeare?』를 쓴 지 40년이 지났다는 사실을 상기시키고, 그 에세이에 덧붙일 말은 없는지 물었다. "물론 있지." 그가 대답했다. "하지만 그 전에 자네 머릿속에 있는 고정관념부터 떨쳐버려야 할 거야. 나는 젊은 사람이고, 셰익스피어는 나이든 사람, 즉 글을 쓸 만큼 쓰고 스트랫퍼드로 귀향한 신사라는 생각 말일세. 사실 셰익스피어는 너무 일찍 죽었어. 술을 너무 많이 마셔서 그런 건지도 몰라. 입센처럼 말이야. 자네가 오랜 셰익스피어 숭배자[8]라는 건 잘 알고 있네. 그래서 셰익스피어와 나를 비교하는 것은 나에게 불공평한 처사라고 생각하겠지. 하지만 솔직히 말하면 셰익스피어

5　『겨울이야기』에 나오는 행상인.

6　『아테네의 티몬』 주인공으로, 지인들에게 아낌없이 베풀었다 보상받지 못하고 인간을 혐오하게 된다.

7　『트롤리우스와 크레시다』에 나오는 인물. 아약스Ajax 장군의 하인으로 불구이며 입이 험하다.

8　바돌레이터Bardolator: 버나드 쇼가 만든 신조어. 에이본의 시인the Bard of Avon 셰익스피어를 숭배하는 사람을 가리킨다.

에게 훨씬 더 불공평하다네. 자네, 내가 셰익스피어보다 이미 30년이나 더 산 거 알고 있나? 내가 셰익스피어는 도달하지도 못한 나이에 가장 굵직한 작품들을 썼다는 것도 말이야. 충분히 오래 살았던 위대한 예술가들은 하나같이 미숙기와 과도기, 제3기를 가졌지. 흔히 베토벤에 대해 그렇게 얘기하잖아. 베토벤은 9번 교향곡과 장엄미사곡을 셰익스피어가 무덤에 있을 나이에 썼다고.[9] 헨델이 엄청난 재능을 발휘해서 「메시아」-그 가사는 한 마디도 믿지 않는 나같은 사람들까지도 여전히 매료되는 곡-를 쓴 시기도 셰익스피어보다 6년이나 더 살고 나서였지. 입센은 셰익스피어보다 16년 더 살았을 무렵 『대건축가』를 썼고, 나는 셰익스피어보다 13년, 15년을 더 살았을 무렵 각각 『메투셀라로 돌아가라』와 『성녀 잔다르크』를 썼어. 이 모든 작품이 다 제3기 작품들이라네. 그렇지만 셰익스피어는 제3기를 못 가졌지. 셰익스피어가 60세까지 살았다면 『프로메테우스의 해방』(셸리의 시극)이나 『황제와 갈릴리인』(입센의 희곡), 『니벨룽의 반지』, 『메투셀라로 돌아가라』 같은 작품을 썼을 거라는 얘기가 아니야. 하지만 곤잘로가 몽테뉴의 말 몇 마디를 훔쳐다 쓰는 것보다는 나은 모습을 보이고, 프로스페로가 구름에 둘러싸인 타워를 때려부수는 것보다는 좋은 방법을 생각해냈을지도 몰라. 성 토머스 모어를 뛰어넘고 존 버니언을 앞지를 수도 있었겠지. 사실 오늘날 우리는 모두 셰익스피어의 어깨에 기대고 있지. 그는 누구 어깨에 의지해야 했을까? 그의 최대 경쟁자였던 말로우와 채프먼은 그에 비하면 허풍선이에 불과했고, 당시 영국 연극은 끔찍하게 몰락하기 직전이었는데 말

---

[9] 셰익스피어(1564-1616)는 52세에 사망했고, 베토벤(1770-1827)은 9번 교향곡과 장엄미사곡을 54세에 완성했다.

이야. 그가 죽고 영국 연극계는 내 시대가 오기 전까지 300년 간 내리막 길을 걸었지. 그래서 셰익스피어는 헨델이나 베토벤 같은 거물들과 비교해야 한다는 거야. 영국 연극계에서 그에게 필적할만한 거물은 아직 나타나지 않았지. 더구나 나보다 스무 살 어린 할리 그랑빌 바커가 나서기 전까지 그의 작품들은 끔찍하게 망가지고 훼손되기 일쑤였어. 그러니까, 아일랜드가 쓴 셰익스피어 위작[10]에 무릎 꿇고 입을 맞춘 성직자들이나 무분별한 우상숭배로 셰익스피어를 우습게 만든 평론가들은 그의 작품을 한 줄도 읽어본 적이 없고 그럴 생각도 없었다는 말씀이지."

셰익스피어는 도덕이 아니라 본질을 다뤘다고, 내가 굳이 대꾸할 필요는 없을 것 같다. 셰익스피어의 주제는 변하지 않는 인간 본성이었다. 입센, 셸리, 바그너, 쇼 등의 이른바 '신 도덕'은 근사해 보이기도 하고 매 시대마다 새로운 것 같지만, 실은 권력을 잡고 싶어하거나 전 시대 사람들이 싸놓은 똥을 치우겠다고 나선 사람들이 내세우는 질서일 뿐이다. 그들이 내세운 신 도덕은 이제 '모세와 언덕'은 말할 것도 없고 전투 교회와 마호메트, 아틸라, 다리우스만큼이나 구식이다. 하지만 슬픈 자연의 섭리 때문에 쇼는 자신과 자신이 좋아하는 작가들을 셰익스피어와 비교할 때마다 헛소리할 운명을 타고났다. 그리고 한 마디 덧붙이건대, 쇼는 셰익스피어를 염세주의자라고 비난할 처지가 못된다. 그가 우리에게 낙관론이라며 제시한 것은, 만일 인간이 구제불능의 실패작으로 폐

---

10 셰익스피어 위작 사건: 1790년대 윌리엄 아일랜드라는 10대 소년이 셰익스피어 숭배자인 아버지를 기쁘게 해주고 싶어서 셰익스피어 자필 원고를 위조하고 『보티건과 로위나』, 『헨리 2세』와 같은 위작을 발표해 사회에 파장을 일으켰다. 전문가들의 진단과 아일랜드 본인의 고백으로 그 작품들은 가짜로 밝혀졌음에도 불구하고, 많은 사람들이 오랫동안 그 사실을 받아들이지 않으려 했으며, 1876년 영국박물관은 위작들을 사들여 전시하기까지 했다.

기처분될 경우 '생명력'에 의해 더 나은 동물이 인간의 자리를 대신할 것이라는(그의 생각으로는 충분히 가능하단다) 그의 확신에서 크게 벗어나지 않는다. 쇼의 친구 헨리 솔트가 『야만인들 사이에서 보낸 7년』이라는 제목의 자서전을 썼을 때, 쇼는 십분 이해한다는듯 낄낄 웃었다. 그는 언제나 세상을 원숭이 집과 호랑이 우리로 가득한 동물원처럼 생각했고, 자기 자신을 야수들 사이에서 살아갈 운명을 타고난 천재로 여겼다. 그의 동시대인들은 당연히 기분 좋을 리가 없었다. 자기들 스스로를 그보다는 후하게 평가했기 때문이다.

제 3 부
런던–에이윳 세인트 로렌스
1900–1950

희극
정말로 지적인 작품은 전부 유머러스하다

1900년 봄과 여름 쇼는 『청교도를 위한 세 편의 희곡』 서문과 주석을 쓰고 이듬해 출판할 것을 준비하며 서리 주 해이즐미어 근방의 블랙다운 코티지에서 지냈다. 1901년 2월에는 길드포드에 있는 피카스 코티지에 머물렀다. 이렇게 거처를 옮긴 것은 400회 공연이라는 대기록을 코앞에 두고 약속이 생겨 런던에 갈 때마다 힌드헤드 집에서 런던까지 무려 세 시간이나 걸렸기 때문이다. 결국 그는 1904년 서리 주를 떠나 하트퍼드셔 웰윈의 하머그린 가에 있는 올드 하우스로 이사했고, 거기서 일 년 정도 살다가 다시 에이욧 세인트 로렌스Ayot St. Lawrence로 옮겨가서 영구 정착했다. 에이욧 교회 묘지의 어느 무덤에는 다음과 같은 비명이 새겨져 있었다. "제인 에버슬리. 1815년에 태어나 1895년에 사망. 짧은 생을 살았다." 쇼는 80세에 죽은 사람을 단명했다고 하는 동네라면 자기와 잘 맞을 것 같다는 느낌이 들었다.

쇼는 20세기의 처음 몇 년을 세인트팬크라스의 자치구의회 회의실에서 보내며, 공중보건, 도로포장, 가로등 설비, 배수시설, 지방세, 의원 봉급과 같은 문제들을 논의하고, 자유무역이나 남아프리카 전쟁 같은 정치적 사안에 관해 글을 썼다. 한편, 아침 시간은 『인간과 초인』 집필에 투자하고 있었는데, 그의 다른 모든 작품과 마찬가지로 『인간과 초인』 역시 "경제학적 지식이 미켈란젤로 작품에서 해부학적 지식만큼 중요한 역할을 하는 작품이었다." 쇼는 줄거리나 플롯을 미리 짜놓는 법이 없었다. 핵심적인 아이디어가 떠오르면, 책상 앞에 앉아 확신을 갖고 영감에 의지했으며, 쓰는 동안에는 장차 이야기가 어떻게 전개될 것인지는커녕 한 페이지 앞도 내다보지 못했다. "오늘 내가 얘기한 것은 내일이면 모두가 얘기할 것이다. 물론 그들은 자기들 머릿속에 누가 그런 생각을 주입했는지 기억하지 못하겠지. 사실 당연한 일이다. 나도 내 머릿속에 누가 그런 생각들을 주입하는지 기억하지 못하니까. 그런 게 바로 '시대정신'이다." 그래서 그는 작품을 그런 식으로 쓸 수밖에 없다고 느꼈다. 하지만 가장 부지런한 장인처럼 집필에 심혈을 기울였다. "나는 최선을 다했다는 생각이 들 때까지, 또 관객이 무리 없이 소화할 정도로 작품이 충분히 가벼워질 때까지 절대로 작품을 손에서 놓지 않는다. 그렇게 수개월의 고된 노력 끝에 지루하지 않은 작품을 내놓건만, 관객이 나에게 하는 인사라고는 그저 세 시간 동안 기쁘게 웃어주는 게 전부다. 그리고 그들은 돌아서서 말한다. 그건 연극도 아니었다고. 내가 얘기하는 방식이 진지하지 않았다며 비난하기도 한다." 쇼는 글을 쓰며 특별히 신경쓰는 부분이 있었다. "극을 쓰다가 내 고상한 글이 관객에게 엄숙한 마음을 불러일으키겠다 싶으면 나는 즉시 농담을 던져 한껏 심각해진 사람들을 높은 곳에서 떨어뜨린다." 하지만 그의 반전[anti-climax] 사랑이 그가 코미디를 쓰게 된 유일한 이유는 아니었다. "정말로 지적인 작품은 전부 유머러스하다." 그는 단언했다. "창의적인 사람이 현실 감각까지 갖추면 결국에는 예외 없이 코미디를 쓰게 되는 이유가 뭘까? 그의 상상 속 모험과 실제 상황(내지는 능력) 사이에 존재하는 엄청난 아이러니 때문이다." 쇼는 최선을 다해서 작품을 완성하고 나면, 당연한 일이겠지만, 그의 작품에 아무나 손대지 못 하게 했다. "문장 한 줄, 쉼표 하나도 건드리면 안 됩니다"라고 그는 1902년 그의 오스트리아 번역자에게 썼다. "콜보이부터 극장운영자까지 극장업에 종사하는 바보들은 흥행 비결에 관한 한 전부 자기가 작가보다는 잘 안다고 생각한답니다. 그들에게 전하세요. 나는 고집 세고, 거만하고, 집요하고, 남의 말 안 듣는 천재이자, 자기 작품은 무조건 자기 식대로 해야 직성이 풀리는 사람이라고 말입니다." 하지만 그의 작품을 그 자신 만큼 막 대한 사람도 없었다. 그가 작품을 자르고 고치면 막상 그러자고 제안했던 사람들조차 질겁하곤 했다. 흥행에 도움이 될만한 대사 몇 줄만 더 써 달라던 연출가나 클라이맥스가 너무 빠르다고 불평하던 배우들은 그에게서 금세 원하는 것을 얻었고, 때로는 원하는 것 이상을 얻기도 했다. 그런 일을 못 하거나 하지 않으려는 작가들에 대해 쇼는 무한한 경멸을 드러냈다. 그런 작가들은 "소매상이 아니"라면서 말이다. 하지만 대본 수정은 본인만 할 수 있다고 못박았고 아마추어는 얼씬도 못하게 했다.

『인간과 초인』은 쇼가 당대 연극 공식을 전혀 개의치 않고 쓴 최초의 작품으로, '지옥에 간 돈 후안'으로 알려진 긴 3막은 "진화론자의 성서에 새로운 창세기를 쓰려는 조심스러운 시도"를 포함하고 있다. 쇼 종교 철학의 핵심은 돈 후안이 전달한다. "정말이지, 내가 더 나은 존재가 될 수 있다고 생각되는 한, 그렇게 되려고 애쓰거나 그렇게 되는 데 방해가 되는 것들을 없애지 않고서는 편하게 있을 수가 없다. 그게 내 삶의 법칙이다. 보다 고상한 생물체, 보다 넓고 깊고 강한 자의식, 보다 분명한 자기 이해를 위한 생의 열망이 내 안에서 끊임없이 작동하는 것이다. 이러한 목적이 무엇보다 앞서기 때문에, 나에게 사랑은 순간의 즐거움에 지나지 않고 예술은 재능의 단련에 지나지 않으며 종교는 게으름에 대한 변명에 지나지 않는다. 종교는 신을 상정해 놓고 신의 눈으로 세상을 보면서 세상은 좋은 곳이라고 하는데, 나는 내 눈으로 세상을 보면서 세상은 개선되어야 할 곳임을 알았다."

요컨대, 쇼는 '시행착오를 통해 목적을 달성하는 신'을 믿었다. 영국국교회에서 말하는 것처럼, 신은 실체도 부분도 감정도 없다. 신은 창조적 목적이며, 모든 생명체는 창조적 목적이 도구를 생산하려는 시도, 즉 필요한 지식과 이해력을 갖추고 환경과 상황에 대한 지배력을 얻으려는 시도다. '창조적 목적' 혹은 '생명력' 혹은 '진화욕' 혹은 '신'은 끔찍한 실수를 저지를 수도 있으며, 생명체들은 그러한 실수를 바로잡아야 한다. 이는 전지전능한 신이 있다고 가정했을 때는 설명할 수 없었던 악의 문제를 해결해준다. 창조적 목적의 도구는 제대로 작동하지 않을 수 있고 암이나 간질로 자멸할 수도 있다. 창조적 목적은 수족관에만 가도 볼 수 있는 기괴하게 생긴 것들을 창조하고 흡족해하는 유머감각을 갖고 있다. 새장이나 그리스 조각에서 볼 수 있는 미적 감각도 갖고 있다. 창조는 쉬지 않고 일어난다. 따라서 과거의 불가피한 결과를 현재로, 현재의 불가피한 결과를 미래로 보는 지금의 인과론적 세계관은 치명적인 오류를 지니고 있다. 삶의 이유는 언제나 미래에 있다. 따라서 언제나 희망이 있고 언제나 기적이 있다.

쇼의 그러한 믿음, 요컨대 '창조적 진화'가 흥미로운 것은 쇼가 어떤 사람인지에 관한 실마리를 던져주기 때문이다. 생명력의 도구로서 그는 '더 나은 사회'를 위해 설교하고 싸우는 데 자신의 모든 에너지를 쏟아부었다. 그는 '인간을 매개로 완벽을 향해 나아가는 힘'을 믿었다. 이로써 그는 그의 작품에 영감을 준 신념을 설명하는 한편 그의 마음속 깊은 곳에 자리한 현 인류에 대한 불신을 고백한 셈이다.

그 새로운 사상을 출판업자인 존 머레이[1]는 도저히 받아들일 수 없었다. 그는 쇼와는 다른 계시를 받은 것이 분명했다. 그래서 쇼는 그때부터 자신의 작품을 위탁 출판하기 시작했다. 컨스터블 출판사가 1903년 『인간과 초인』을 출간하자, 비평가들은 처음으로 쇼를 사회비평가이자 철학자로서 진지하게 받아들였다. 쇼는 포브스-로버트슨에게 보낸 편지에서 그러한 변화와 여러 다른 문제를 언급했다. 당시 포브스-로버트슨은 미국 순회공연을 도는 틈틈이 『시저와 클레오파트라』 제작 여부를 놓고 고민 중이었다.

1903년 12월 21~22일

친애하는 포브스-로버트슨,

신시내티에서 보내주신 편지를 읽고 완전히 탈진한 상태입니다. 경솔하게도 그저께 밤에 허버트 비어봄 트리의 「리처드 2세」를 보고 말았지 뭡니까. 우리의 친구가 바닥에 앉아 왕의 죽음에 관한 슬픈 이야기

---

[1] 존 머레이John Murray: 1768년 존 머레이 1세가 설립한 영국의 출판사. 제인 오스틴, 바이런, 찰스 다윈 등의 책을 출판한 곳으로 유명하다. 2002년 헤드라인 그룹에 합병될 때까지 대를 이어 경영했다. 여기서는 존 머레이 4세(1851-1928)를 지칭한 것으로 추정된다.

를 들려주더니, 이어서 웨스트민스터 홀에서는 귀스타브 도레의 「재판소를 떠나는 그리스도」로 나타났는데, 그게 저한테는 좀 과했나 봅니다.

『시저와 클레오파트라』는 2월에 베를린의 노이에스 테아터에서 웅장하고 화려하게 제작될 예정입니다. 어쩌면 우리는 그 공연에서 스핑크스에 대한 힌트를 얻을 수 있을지도 모르겠습니다. 항상 빨래 건조대와 압착 롤러 탈수기로 그럴싸하게 만든 무언가를 떠올렸는데 말이죠. 독일에는 '쇼 붐'이 일고 있습니다. 제 작품 네 편이 빈과 라이프치히, 드레스덴, 프랑크푸르트에서 상연됐는데, 전부 흥행에 처참하게 실패하고 맹렬한 저주를 받으며 무대에서 쫓겨나자 진보적인 비평가들이 제가 이 시대 최고의 위인이라고 선언하고 나섰거든요. 제 작품으로 최소한 200마르크는 날려야 극장주로서 자긍심을 느끼는 모양입니다. 제 작품은 루이스 파커[2]의 작품처럼 됐어요. 한마디로 무대에서 내릴 수 없는 작품이 된 거죠. 극장운영자들은 엄청난 선인세를 제시합니다. 저와 번역가를 위해 작품당 12파운드 쓰는 걸 아무렇지도 않게 생각하지만, 그 돈을 전혀 회수하지 못해요. 이제껏 길어야 이틀 밤 공연하고 끝이었으니까요. 다행히 여기 사람들은 제 공연이 독일에서 엄청난 성공을 거둔 줄 알고 있습니다. 저는 선생이나 『시저』를 위해 입을 다물고 있지요.

그나저나 『시저』는 의상비가 엄청나게 들 것 같습니다. 두 주연배우한테 들어가는 비용은 그렇게 크지 않을 것 같습니다만, 3막을 없앤다 쳐도 총 6장이나 되는 데다 스핑크스까지 있잖아요. 안타깝게도, 3막은 시간이 부족해서 통째로 들어내야 할 것 같습니다. 스테이지 소사이어티 공연이나 자선 공연이 아닌 이상 1막만 따로 공연해서도 안 됩니다.

2 루이스 파커Louis Parker(1852-1944): 영국의 극작가, 작곡가, 번역가. 대표작 『디즈레일리』(1911).

내용이 물의를 일으킬 소지가 있거든요. 더구나 시저 캐릭터는 1막 이후에 만들어지니까요. 1막의 시저는 하룬 알 라시드[3] 같아요. 1막만으로는 작품의 진지함을 제대로 느낄 수 없을 겁니다. 저의 최근작은 저의 진지함을 인정하지 않으려는 사람들에게 제대로 한 방 먹였죠. 제가 진지할 때 그들은 웃어대곤 했어요. 하지만 분위기가 달라졌답니다. 이제 사람들은 제가 농담하면 모자를 벗어서 경의를 표하는데, 그게 더 죽을 맛이더군요.

저의 위치는 그 어느 때보다 이상해졌습니다. J.M.배리 때문에 제가 시대에 뒤떨어진 사람이 된 겁니다. 채식주의자의 소논문이자 교훈적인 농담 같은 작품으로 저의 가장 삐딱한 작품조차 평범하고 작위적이며 구식으로 만들어버린 배리의 『리틀 메리』는 『크라이턴』만큼 대성공을 거두고 있습니다. 존 헤어는 대사를 한 마디 읊을 때마다 객석에서 환호성이 터져 나오는 걸 보고 깜짝 놀라며, 대체 자기도 이해 못 하는 작품에서 관객은 뭘 보고 환호하는 건지 알 수 없어 하는 눈치더군요. 지금은 배리가 대세입니다. 인기 면에서 나머지는 게임이 안 될 정도죠. 사실 제가 그에게 너무 센 자극을 줬는지, 그 작품은 저를 깔끔하게 뛰어넘었더라고요. 선생께서 미국으로 떠나실 무렵, 저는 아직 뜨기 전이었습니다. 선생께서 돌아오실 무렵, 저는 한물간 사람이 되어 있을 겁니다. 그러니까 선생께서 제 작품을 하신다면 최신작이 아닌 고전을 하는 셈이 될 겁니다. 실제로 저는 배리의 작품을 보러 극장에 가기 시작했습니다. 배리의 작품은 저를 불편하게 하기는커녕 재미있기만 하더군요.

---

[3] 하룬 알 라시드Haroun al Raschid(763-809): 『아라비안 나이트』 등장인물. (이란) 아바스 왕조 제5대 칼리프로 왕조의 전성기를 구가했다.

『햄릿』에 이어 『리처드 3세』를 하실 생각은 없습니까? 현재 살아있는 사람 중에 제대로 된 리처드 연기를 본 사람은 아무도 없습니다. 이제는 지방 사람들도 배리 설리번을 잊어버렸을 겁니다. 어빙의 리처드 연기는 거론할 필요도 없고요. 만일 리처드가 정말로 멋있는 니체 같다면 신선하고 유쾌하지 않을까요. 제가 선생을 위해 굉장히 매력적인 작업을 할 수 있을 것 같습니다만. 마지막의 진부한 싸움 장면은 사실상 없애버리고 말입니다. 리처드가 전투의 흥분 속에서 신기하게도 예전의 쾌활함을 회복하는 모습은 이제까지 어떤 배우도 보여준 적이 없습니다. 전투의 흥분으로 리처드는 왕이 되려는 천박한 야심(극의 중반부를 지루하게 만든 요인이죠)에서 벗어나, '밝게 빛나라, 아름다운 태양, (멋진 내 모습을 비춰줄) 거울을 살 때까지'⁴라고 외치는 1막의 열에 들뜬 왕자로 돌아가죠. 다음 대사들 속에 니체가 다 있습니다.

양심은 겁쟁이들이 쓰는 말일 뿐
애초에 강자들을 위협하려고 만든 말이다.
강한 군대가 우리의 양심이요, 칼이 우리의 법이다!⁵

이렇게 리처드는 온갖 경건한 헛소리를 늘어놓은 다음 맛깔스러운 돌격명령을 내립니다.

돌격하라! 무조건 돌진하라,

4   셰익스피어의 희곡 『리처드 3세』의 1막 2장에 나오는 리처드의 대사.

5   『리처드 3세』 5막 3장

천국을 향해, 손에 손잡고 지옥으로 돌진하지 않으려면.[6]

한 필의 말만 가질 수 있다면 자신의 왕국을 내주겠다는 말도 같은 맥락입니다. 그러니까 전쟁의 희열을 유지할 수만 있다면 왕국을 열두 개라도 내줄 수 있다는 뜻입니다. 마지막 장면에서 그는 붉은색 물감을 얼굴에 한 바가지 뒤집어쓰고 휘청거려야 했습니다. 이미 예닐곱 번 넘게 칼에 찔려 몸은 너덜너덜해지고 칼은 부러지고 갑옷은 산산조각난 채로, 그는 자신의 불쌍한 머리를 고문하고 있는 부서진 왕관을 비틀어 벗어버립니다. 바로 그때, 그를 쫓던 리치먼드와 부하들이 나타나고, 리처드는 죽을 힘을 다해 왕관을 붙잡는 듯하다가 이내 웃으며 내던지고 신사답게 죽는 겁니다. 이것도 진짜 셰익스피어답지 않나요. 원래 셰익스피어의 악당들이 말이 안 되잖아요. 이아고며 에드먼드며 리처드며 맥베스며 진짜 악의를 가진 사람이 누가 있었습니까. 셰익스피어는 『헛소동』의 돈 존처럼 진짜 악한 인물을 그리는 것에는 진심으로 흥미를 못 느꼈던 사람입니다. 이제 선생께서는 매력적인 리처드가 될 수 있습니다. 이 작품이 런던에서는 흥행할 수도 있고 아닐 수도 있지만, 선생께는 좋은 투자가 될 겁니다. 남은 평생 지방 공연의 단골 레퍼토리가 될 테니까요. 로버트슨 부인께서는 에드워드 5세 역을 해야 합니다. 앤 부인 역을 할 정도로 어리석은 분이 아니잖아요. 아무튼 『켜진 불빛』[7] 공연으로 훈훈한 은행 잔고를 잘 유지하시기 바라지만, 그와 동시에 대작에 대

---

6 『리처드 3세』 5막 3장

7 [저자 주] 키플링의 『꺼진 불빛 The Light that failed』을 일부러 바꿔서 말한 것. 포브스-로버트슨의 대표작이었다.

한 구상도 하셨으면 합니다. 대작은 노후를 보장해 주고, 누구도 부인하지 못하는 최고의 자리에 오를 유일한 방법이니까요.

물론, 『시저』는 미래의 대작이 될 겁니다. 선생께서 새로운 시저를 만들어내셔야겠죠. 하지만 선생께서는 『시저』를 반만 믿으실 테고, 대중은 아마 전혀 믿지 않을 겁니다. 리처드 4세[8]는 선생의 연기를 만족할만한 수준으로 끌어올리지 못한 것 같습니다. 선생께서는 그 역을 맡긴 했지만 연기를 한 적은 없습니다. 시저는 선생께 더 좋은 기회가 될 겁니다. 시저 자체가 훨씬 무게가 있는 배역이기도 하고, 로버트슨 부인께서 클레오파트라를 맡아 인기를 끌 수도 있을 테니까요. 그런 그녀가 가엾고 딱한 주디스를 연기할 땐 머리를 비우고 연약한 얼굴을 해야 했겠죠. 아무튼, 『악마의 제자』의 경우 스타 배우 서너명이 필요하지만(앤더슨과 버고인 역은 딕 더전 역보다 캐스팅하기가 더 어렵습니다), 『시저』의 경우 작은 역할은 웬만한 배우에게 맡겨도 괜찮습니다. 『시저』가 돈이 적게 드는 모험은 아닙니다. 노이에스 테아터에서도 제작비가 1,000파운드나 들었다고 합니다(런던에서는 6,000파운드가 든다는 얘기죠). 제가 신중하고 깐깐한 구석이 있어서 선생 아이들의 빵을 볼모로 도박을 하기는 좀 망설여지는군요. 선생께서는 그 돈으로 『리처드 3세』를 하실 수도 있습니다. 리처드는 아주 망하지는 않을 겁니다. 시저가 어떻게 될지는 오직 하느님만 아실 테지만요. 제 생각에는, 선생이나 저나 일을 벌이기 전에 선생께서 먼저 스테이지 소사이어티를 통해 시험해 보는 것이 좋을 것 같습니다. 영국이든 미국이든 더 나은 시저가 있다면 주저 없이 그 역을 맡기겠습니다만, 찾을 수가 있어야 말이죠. 그런 사람이 어디 있

---

8 〔저자 주〕쇼의 『악마의 제자』에서 포브스-로버트슨이 맡은 딕 더전 역을 가리킨다.

습니까? 그 역을 태연하게 소화해낼 유일한 미국 배우는 맨스필드인데, 그는 오래전에 거절했답니다. 그래서 저는 '잘 가시오, 폼페이우스'라는 인사와 함께 연락을 끊어버렸죠. ……

그건 그렇고, 선생께서 그 자선단체가 정말 잘 되기를 바라신다면, 위원회를 회사 이사회처럼 운영하라고 주문하세요. 충분한 봉급도 요구하시고요. 그러면 봉급을 그 자선단체에 기부할 수 있잖아요. 그렇게 하지 않으면 그들은 돈을 필요하지도 않은 곳에 마구 써버릴 것이고, 사업이 크게 성공해도 적자가 나거나 병원 잔고가 15실링만 남는 사태가 벌어질 겁니다. 선생의 친구는 평생 원수가 될 거고요. 반면, 선생께서 일한 만큼의 대가를 요구하고 그걸 기부한다면, 위원회가 파산하든 말든 자선단체는 선생의 돈을 확보하는 셈이고, 선생의 친구는 매우 좋아하면서 잘 부탁한다는 말을 매년 되풀이할 것입니다. 선생께서 그 친구와 연을 끊는 상황이 오기 전까지는 말입니다.

아놀드 데일리라는 사람이 뉴욕에서 『칸디다』를 하고 있다고 들었습니다. 그가 공연하는 곳이 지금 계신 곳에서 멀지 않다면, 로버트슨 부인께서 한 번 가보시고 공연이 어떤지 저에게 말씀해주셨으면 좋겠습니다. 『칸디다』는 배우만 제대로 잘 만나면 소소하게나마 성공을 거둘 수 있는 작품이죠.

이 편지를 연재물처럼 읽어주세요. 재정 문제에 관한 글을 쓰고 있는데 너무 지겨워서, 친근하고 인간적인 주제에 대해 지껄이지 않고는 못 배기겠습니다.

당신의 벗,
G. 버나드 쇼

『인간과 초인』은 1905년 5월 21일 스테이지 소사이어티가 처음으로 제작했다. 그랑빌 바커는 작가의 젊었을 적 인상을 풍기며 잭 태너로 분했다. 이틀 후에는 슬론 스퀘어에 위치한 코트 극장에서 『인간과 초인』 개막 공연이 열렸고, 쇼는 마침내 꿈에 그리던 연극과 배우와 관객을 만나게 되었다.

1904년 J.H.라이 소유의 코트 극장은 이전의 셰익스피어 공연들을 리바이벌하고 있었다. 그해 초 라이는 극장운영자로 J.E.베드렌을 고용했고, 베드렌은 스테이지 소사이어티의 연출자였던 그랑빌 바커에게 『베로나의 두 신사』 리바이벌을 맡아달라고 제안했다. 그랑빌 바커는 코트 극장에서 『칸디다』를 마티네로 6회 상연할 것과 베드렌이 제작에 참여할 것을 전제 조건으로 내걸었다. 베드렌은 그 조건을 수락했고 결과는 성공적이었다. 1904년 4월 26일 『칸디다』 첫 마티네에서 관객들은 "작가"를 연호했다. 베드렌이 무대에 올라 소감을 전했다. "신사 숙녀 여러분, 저는 쇼가 아닙니다. 쇼는 아마도 요 앞 지하철역 승강장에―" 대부분의 관객은 말을 더 듣지도 않고 뛰쳐나가서 슬론 스퀘어 지하철역을 향해 달렸다. 그들은 쇼를 얼핏이나마 보고 싶어했으나 쇼는 그들을 기다려주지 않았다. 그랑빌 바커와 코트 극장은 6회의 마티네로 꽤 짭짤한 수익을 올렸고, 쇼도 30파운드를 받게 되었으며, 베드렌과 바커 사이에 파트너십이 결성되었다. 바커는 1904년 가을 몇몇 친구들의 보증으로 코트 극장에서 공연을 시작할 수 있었다. 그 친구들이 보증 때문에 곤란을 겪은 적은 없다. 쇼의 마티네가 성공적이었기 때문이다. 사실 코트 극장 자체가 정기 공연이 없는 저녁에는 아마추어나 다른 사람들에게 빌려주기에 적합했다. 코트 극장의 베드렌-바커 경영체제는 1904년 10월부터 1907년 6월 29일까지 지속됐으며, 이는 셰익스피어와 버비지가 뱅크사이드에서 글로브 극장을 경영한 이래 영국 극장사에서 가장 주목할 만한 사건이었다. 마티네로 출발한 그들은 곧 저녁 공연을 준비해야 했다. 1904년 11월 1일 처음 무대에 올린 쇼의 신작 『존 불의 다른 섬』으로 성공이 생각보다 일찍 찾아왔기 때문이다.

공동 경영자가 된 베드렌과 바커는 성격이 정반대였다. 베드렌은 카디프에서 영사를 지내다 경영자로 연극계에 입문했다. 그는 애 딸린 유부남이라 금전적인 면에서 필사적이었다. 그가 그러지 않았다면 바커 때문에 망했을지도 모른다. 바커는 오로지 공연에만 관심이 있어서 공연과 직접 관련이 없는 것은 사람이든 사물이든 전부 무시했다. 그는 배우들이 각자의 역할을 이해하고 절제된 연기를 펼치기를 원했다. 그래서 자신이나 골즈워디가 쓴 익숙한 유형의 드라마를 제작할 때에는 최고의 역량을 발휘했지만, 쇼에 대한 이해는 부족했다. 쇼의 작품은 신중하게 계획된 대사 처리와 대담한 연기를 요했다. 1902년 쇼는 "나는 그랑빌 바커를 회유하기 위해 마흔 살인 그에게 굽실굽실한다"고 했다. "그는 내가 젊었을 때 (이를테면 저처럼) 잘 나가는 사람이 되려고 용을 썼던 천박한 늙은이인 줄 안다. 복수하는 차원에서 나는 그를 '심각이'로 부르고 있다. 그래도 바커는 시적이고 세련된 손길이 필요할 때마다 유용한 존재다. 그는 자기 파트를 할 때도, 심지어는 자기 파트를 잘 못해서 작가한테 욕을 먹을 때도 전 출연진의 사기를 끌어올린다. 내가 등장인물들이 '희화화'되기를 바라면, 그는 열을 내며 비난한다." 쇼는 그를 천재로 여겼다. "냉정한 이탈리아 녀석이지만 동시에 고상한 영혼을 가진" 자기 자신과 작품만 생각하는 당찬 젊은이로 묘사했다.

코트 극장에서 쇼는 자기 작품을 직접 제작했고, 바커는 쇼 작품을 제외한 나머지 모든 작품을 제작했다. 유리피데스, 마테를링크, 슈니츨러, 하우프트만, 예이츠, 행킨, 메이스필드, 골즈워디의 작품들도 상연되었지만, 코트 극장이 차별화와 금전적 성공이라는 두 마리 토끼를 모두 잡을 수 있었던 것은 다름 아닌 쇼의 작품 덕이었다. 쇼는 딱 한 번 배우로서 무대에 서본 적이 있다. "블룸스베리 하숙집 1층에서 있었던 『인형의 집』 잉글랜드 초연에서 칼 마르크스의 막내딸은 '노라'를 연기했지. 그녀의 부탁으로 나는 연기에 대해 아는 것 하나 없이 '크로그스타' 역을 맡았다네." 하지만 그것도 벌써 오래전인 1880년대 초의 일이었다. 그 사이 쇼는 무대에 서는 그 어떤 배우보다 연기 공부를 많이 했다. 그가 공부해서 알게 된 것 중 하나는 세상에는 두 종류의 배우가 있다는 것이다. 자기 자신으로 무대에 서야 행복한 배우와 자신과 전혀 다른 캐릭터 뒤에 숨어야 편안함을 느끼는 배우다.

희곡 한 편을 완성하고 쇼가 제일 먼저 하는 일은 엄선된 소수의 친구에게 작품을 읽어주는 것이었다. 그다음에는 그 작품을 하게 될 배우들에게 읽어줬다. 그의 낭독은 유달리 생기가 넘쳤다. 그의 극적 감각은 한 치의 오차도 없었다. 각각의 등장인물을 세심하게 구별해서 낭독했고, 등장인물별로 다른 목소리를 힘들어하는 기색 없이 끝까지 유지했다. 그는 지루해하는 법이 없었다. 몸짓을 전혀 사용하지 않고 오로지 목소리의 억양과 속도만을 조절하여 원하는 효과를 얻었다. 틀린 음을 낸 적도 없었다. 그의 억양은 화자의 기분과 의도를 정확하게 전달했다. 그의 낭독은 안 좋은 작품도 좋아 보이게 만드는 효과가 있었다. 그러나 겸손한 배우들의 사기를 꺾기도 했다. 그들은 자기 배역을 쇼만큼도 소화해내기 힘들다는 것을 알고 있었다. 하지만 쇼는 배우들에게 최고의 인내심을 발휘했고, 배우들은 쇼처럼 재치있고 예의 바른 연출가는 또 없다고 생각했다. 언젠가 쇼는 "배우들을 귀하게 대해야지 못살게 굴면 안 됩니다"라고 맨스필드에게 충고했는데, 본인의 작품을 연출하며 그 말을 몸소 증명해 보였다. 그의 낭독이 끝나면 배우들은 대본을 받아 한 일주일 정도 편하게 자기 파트를 읽었고, 그동안 쇼는 미리 치밀하게 계획해 놓은 동작들을 무대 위에서 배우들에게 설명했다. 이 작업이 제대로 이루어지고 나면 그는 무대에서 내려와 객석에 앉아서 공책을 손에 들고 배우들이 대본 없이 연기하는 것을 관찰했다. 이 단계에서 그는 절대로 대사를 방해하지 않았고 누가 대사를 방해하는 걸 용납하지도 않았으며 배우들이 극을 완전히 익힐 때까지 기다렸다. 그렇지만 보통 드레스서클(2층 특별석)의 맨 앞줄에 앉아서 누구보다 세심하게 지켜봤고 끊임없이 메모했으며, 한 막이 끝나고 무대에 올라가면 그 메모를 훑어보며 배우들에게 대사 처리를 어떻게 할 것인지 보여주기도 하고, 억양을 지적하기도 하고, 적절한 몸짓이나 표현을 알려주기도 했다. 그때마다 그는 과장해서 표현하곤 했는데, 그건 배우들이 그의 뜻을 파악하지 않고 단순히 모방하는 것을 막기 위해서였다. 그는 상냥하고 자상했으며, 거칠거나 상처주는 말을 하는 적이 없었고, 자기가 쓴 대사를 읽으며(한번도 똑같이 읽는 법이 없었다) 박장대소했다. 그의 쾌활함은 그의 아일랜드 말투만큼이나 전염성이 있었다. 그는 광대와 마술사, 곡예사, 배우를 모두 합쳐놓은 듯한 인물이었다. 그는 모든 부분에서 자기 생각을 밀고 나가면서 일말의 마찰도 일으키지 않았다.

    그는 직접 무대장치를 설계하고, 배우를 뽑고, 무대감독을 감독하고,

배우들을 가르쳤으며, 배우마다 미숙했던 대사를 다시 써서 엽서로 보내주고, 배우들을 놀리거나 재미있게 혹사하고, 결국에는 그들의 사랑을 얻었다. 리허설에 참석하는 것은 물론이고 방해가 되지 않는 자리에는 어디든 참석했다. 존 골즈워디가 코트 극장 운영진에게 『은상자The Silver Box』라는 제목의 작품을 보냈을 때, 쇼는 그 작품을 그 자리에서 읽고는 바커에게 제작하라고 조언했다. "우연히 쇼를 만났는데, 그가 내 작품이 매우 좋다고 했다. 흠!" 골즈워디는 이렇게 적었는데, 쇼의 말을 괜히 기분 나쁘게 받아들였던 것 같다. 쇼는 나에게 이렇게 말했기 때문이다. "골즈워디와 나는 항상 서로에게 솔직했지만 불쾌한 적은 없었지. 나는 우아하고 경제적인 그의 스타일을 좋아했어. 이탈리아 오페라 같은 내 스타일과는 너무도 달랐거든." 쇼는 오랜 친구인 길버트 머레이가 영어로 번역한 유리피데스의 희곡들을 바커가 리바이벌하자 열렬히 환영했다. 길버트 머레이는 쇼의 『바바라 소령』에 '커진스'라는 인물로 생생하게 묘사되어 있다. 쇼는 머레이의 번역이 그 자체로 비길 데 없이 우수하며 20세기 들어 가장 수준 높은 드라마를 만들어냈다고 생각했다. 그가 보기에, 머레이의 번역작을 제작한 것은 베드렌-바커 콤비의 최고 업적이었다.

쇼는 연극계의 새로운 흐름에 소설가들을 동참시키기 위해 애썼다. 때로는 자기 작품을 주지 않겠다는 협박까지 동원하면서 극장운영자들에게 다른 작가의 작품을 제작할 것을 종용했다. "내가 지금 동봉하는, 스크리브너 출판사에서 나온 키플링의 소설을 읽어봤습니까?"라고 그는 엘렌 테리에게 물었다. "눈이 먼 여인 역을 해보는 게 어떨지요? 이 이야기는 정말 천재적입니다. 모든 생물체의 남학생스러운 잔인함과 상스러움이 용서됩니다. 이런 종류의 이야기 중에서는 가히 최고라고 할 수 있지요. 이 이야기의 전환점이라 할 수 있는 가슴 뛰는 장면-주인공이 손으로 아이의 입맞춤을 느끼지만 아이는 거기 없다는 걸 알고 깨달음을 얻는 장면-을 무대에서 표현할 수가 없다는 게 얼마나 유감인지 모릅니다! 키플링이 극장에서 그의 재능을 시험해 봤으면 좋겠는데요. 『꺼진 불빛』류의 작품 말고 다른 작품으로 말입니다." 쇼는 키플링을 꼬드기려다가 실패했다. G.K.체스터턴, 모리스 휴레트, H.G.웰스에게도 같은 식으로 접근했지만, 누구도 미끼를 물지 않았다.

쇼가 가장 힘들다고 느꼈던 업무 중 하나는 배우들을 훈련시키는 것이었다. 많은 배우가 반反셰익스피어적 전통에서 성장한 터라 대사가 열 단어 이상 넘어가면 흥행에 치명적이라고 믿고 있었다. 쇼는 긴 대사가 주특기이고 고전적 수사법을 현대적 어법으로 부활시킨 작가였기에, 그런 자신에게 배우들을 적응시켜야만 했다. 그는 '현대적인' 배우들을 원치 않았다. 그가 생각하는 현대적인 작품에는 '고전적인' 배우들이 필요했다. 쇼 작품에 출연하는 배우들에게 바커는 이렇게 말했다. "신사 숙녀 여러분, 이건 이탈리아 오페라라는 것을 반드시 기억해주세요." 셰익스피어 배우들은 쇼가 요구하는 기술을 갖추고 있었다. 하지만 그들은 그 기술을 현대적 사실주의로 연결하지 못했고, 입센이나 쇼의 작품에서는 물 밖으로 나온 물고기처럼 어색해했다. 대표적인 예가 루이스 캘버트Louis Calvert다. 쇼는 존경받는 셰익스피어 배우였던 캘버트가 『존 불의 다른 섬』 브로드벤트 역에 적격일 것이라고 확신했다. 1897년 맨체스터에서 캘버트는 재닛 어처치가 클레오파트라로 분한 『시저와 클레오파트라』에 안토니로 출연한 적이 있었다. 그때 쇼는 그를 가리켜 "용납할 수 없을 만큼 뚱뚱하다"고 평했고, "건장한 병사 네 명이 그를 바닥에서 들어 올릴 때 힘줄 터지는 소리가 들릴 정도였다"고 덧붙였다. 그러니까 캘버트는 영국인 사업가 브로드벤트 역을 할 만큼 충분히 투실투실했다. 물론 쇼가 그를 선택한 이유는 필요한 기술을 갖춘 배우였기 때문이다.

그런데 리허설이 시작되자 캘버트는 브로드벤트의 번지르르한 대사를 전혀 이해하지 못했고, 본인도 그걸 알아서 결국 쇼를 찾아갔다. "제가 완전히 잘못하고 있다는 걸 알고 있습니다. 선생께서 읽으실 때는 괜찮았거든요. 아, 저 혼자서는 도저히 못 하겠습니다. 하지만 선생께서 저에게 한 줄 한 줄 일러주시면 제가 똑같이 따라 해보겠습니다." 그의 바람대로 쇼는 그에게 한 줄 한 줄 "떠먹여줬다". 그러자 그의 대사가 완벽해져 갔다. 하지만 캘버트는 반발하기도 했다. "그러니까 제가 배우로서 쌓아온 모든 경험을 무시하라는 말씀이십니까? 제가 확실하게 아는 게 하나 있다면, 그건 브로드벤트의 대사 전체를 관통하는 핵심 단어를 선생께서 찾아내셔야 한다는 겁니다. 관객은 일단 그런 단어들이 머릿속에 들어와야 작가가 무슨 말을 하려는지 알거든요. 그리고 나면 선생께서는 전치사와 접속사, 감탄사같이 관객이 짐작하고 넘어가는 단어들을 제때 그들에게 전달할 수 있습니다. 그런데 지금 저더러 대체 뭘 하라는 겁니까? 이렇게 의미없는 말들을 마치 신의 지혜가 담긴 최후의 증언이라도 되는 것처럼 얘기하라는 말씀이십니까?"

"바로 그거야." 쇼가 답했다. "그게 바로 영국의 정치 연설에 숨겨진 비밀이거든. 브로드벤트는 같잖은 소리를 지껄여서 자기 자신을 웃음거리로 만들 때 가장 강한 인상을 심어줄 수 있는 인물이라고."

캘버트는 머리 나쁜 배우가 아니어서 말귀를 알아들었고, 더 이상 문제는 없었다. 즉, 그의 브로드벤트는 완벽해졌다. 그렇지만 『바바라 소령』에서 언더셰프트 역을 맡았을 때는 그렇게 운이 좋지 못했다. 아주 당당한 눈빛과 태도로 대사를 읊는 그의 모습에 쇼도 깜빡 속은 채 지나갔는데, 어느 날 2막의 한 장면인 무기왕과 유리피데스 번역자 사이의 대화를 무대 뒤에서 듣다 보니, 다시 말해 캘버트의 당당한 눈빛과 태도가 보이지 않는 상황에서 들어 보니, 캘버트가 (커진스로 분한 그랑빌 바커와는 대조적으로) 자기 대사를 단 한 마디도 이해하지 못하고 있었다.

몇 년이 지난 후, 미국에서 『바바라 소령』을 공연하고 온 캘버트는 헤이마켓에서 쇼와 우연히 마주쳤다. 쇼가 미국 공연은 어땠느냐고 묻자, 캘버트가 대답했다. "깜짝 놀라실 이야기 하나 해드릴까요." 쇼는 얼굴에 진지함과 기대감을 내비쳤다. "제가 런던에서 언더셰프트를 할 때는 사실 대사를 한 마디도 이해하지 못했거든요. 그런데 뉴욕에서는 이해한 거예요! 선생께서 보셨어야 하는 건데." 쇼는 최대한 놀란 척을 하며 믿지 못하겠다는 표정을 지었다. 그 후로 그는 배우가 대사를 제대로 이해하고 있는지 의심스러울 때면 눈을 감고 듣는 습관이 생겼다.

『존 불의 다른 섬』은 윌리엄 버틀러 예이츠의 부탁을 받고 아이리시 리터러리 씨어터[9]를 위해서 쓴 작품이다. 예이츠는 깊이 감사하며, "쇼의 작품 중 최초로 지리적 의미가 있는 희곡"임을 강조했다. 그러나 그는 더블린 애비 가에서 활동하는 배우들이 나름 훌륭하다고는 해도, 『존

---

9   W.B.예이츠와 그레고리 부인, 에드워드 마틴이 아일랜드 국립극장 건립을 목표로 1891년에 결성한 극단. '아일랜드 작가에 의한 아일랜드 연극'을 내세우며 1899년에 제작을 시작했으나 1901년에 재정문제로 해체했다.

불의 다른 섬』의 전문적인 무대 기교가 그 배우들의 능력치를 훌쩍 뛰어넘는다는 사실을 깨달았다. 게다가 쇼는 켈트주의 운동[10]과는 거리가 먼 작가였다. "내가 동네 언덕에 올라가 더블린을 내려다보며 나 자신에 대해 사색했다면, 나도 예이츠나 싱 같은 시인이 됐을지도 몰라. 하지만 나는 생각을 명료하게 하는 나 자신이 자랑스러웠고 그래서 계속 거기 머무를 수가 없었지. 어떤 문제나 처지에 직면해 동시대 아일랜드인들이 슬픈 노래를 부를 때마다 나는 논리적인 결론에 도달하려고 했는데, 그러면 언제나 코미디가 되더라고. 그래서 내가 아일랜드 시인이 되지 않은 걸세. … 나는 아일랜드 언덕에서 인생을 꿈꾸듯 보낼 수가 없었어. 영국은 이미 아일랜드를 정복했지. 그러니 영국으로 건너가 영국을 정복하는 수밖에." 코트 극장에서 『존 불의 다른 섬』이 흥행할 수 있었던 가장 큰 이유는, 이 작품에서 전형적인 영국인은 감상적이지만 성공한 사람으로(쇼가 생각하는 본인의 모습이었다), 전형적인 아일랜드인은 영리하지만 별 이유 없이 성공하지 못한 사람으로 그려졌다는 것이다. 또한 이 작품은 웃기면서도 살짝 신비주의적인 부분이 있어서 그런 걸 좋아하는 관객의 호감을 샀고, 키건이 베짱이와 함께 나온 것은 전혀 예상할 수 없었던 장면이어서 신선하다는 인상을 주었다.[11] 하지만 그런 관객은 어쩌면 다음과 같은 결정적인 대사는 놓쳤을 수도 있다. "아, 소용

---

10 19세기에서 20에 걸쳐 일어난 켈트문화부흥운동. 대표적인 예가 W.B. 예이츠, 그레고리 부인 등이 주도한 아일랜드문예부흥운동Irish Literary Revival으로, 아일랜드 민족의식을 바탕으로 아일랜드의 전통적인 시와 문학을 재평가하고 영국 문학으로부터의 자립을 추구했다.

11 『존 불의 다른 섬』에는 아일랜드인 래리 도일과 영국인 사업가 톰 브로드벤트, 원래는 도일의 연인이었다가 브로드벤트와 결혼하는 노라 라일리 그리고 성직을 박탈당한 아일랜드 사제 피터 키건이 등장한다.

없어, 이 딱한 친구야. 자네가 캥거루만큼 멀리 점프할 수 있으면, 그 벌로 자네의 심장에서는 멀리 벗어날 수가 없는 거야. 여기서는 하늘을 볼 수만 있어. 하늘에 닿을 수는 없다고."

『존 불의 다른 섬』에 이어 『바바라 소령』을 쓸 무렵, 쇼는 부인을 기쁘게 해주고자 근 30년 만에 처음으로 아일랜드 땅을 밟았다. 이번에는 남쪽에서 더블린을 향해 올라가는 길을 택했다. 더블린까지 지름길로 가는 것은 그에게 "되돌아가는 것"이나 마찬가지였고, 그의 철칙은 "절대로 되돌아가지 말자"였기 때문이다. "아일랜드를 관광객 입장으로 가 보고 나서야 나는 내가 거기서 태어났다는 사실과 완전히 별개로 내 고향의 매력을 깨달았다. 아일랜드가 아일랜드 사람보다는 스페인 사람이나 영국 사람에게 훨씬 매력적으로 보일 수 있다는 것도 알게 됐다. 아일랜드 사람은 아일랜드를 떠올릴 때면 언제나 알 수 없는 고통을 느끼게 된다. 아일랜드라는 나라는 쉬 우울해지고 상스러움에 익숙해지는 곳이기 때문이다." 그는 『존 불의 다른 섬』에 등장하는 키건의 입을 빌려, 고향을 등지고 떠났다가 다시 돌아온 사람의 감정을 보다 시적으로 표현했다. "대단하다는 도시들을 가보니 아일랜드에서는 볼 수 없었던 경이로운 것들을 볼 수 있었다. 그런데 다시 아일랜드로 돌아와 보니 이곳의 경이로운 것들이 나를 기다리고 있는 게 아닌가. 그것들은 항상 그 자리에 있었다. 내 눈이 그것들을 향해 열려 있지 않았을 뿐. 나는 내 집이 어떻게 생겼는지 몰랐는데, 그건 집 밖으로 나가본 적이 없어서 그런 거였다."

『존 불의 다른 섬』이 흥행하게 된 데는 아서 밸푸어[12] 수상의 역할이

---

[12] 아서 밸푸어 Arthur Balfour(1848-1930): 1902년부터 1905년까지 영국 수상을 지낸 보수당 정치인.

컸다. 밸푸어 수상은 『존 불의 다른 섬』을 네 번이나 보러 왔고, 그중 두 번은 야당 당수였던 캠벨 배너맨[13]과 애스퀴스[14]를 동반했다. 하지만 코트 극장을 대박 극장으로 만든 결정타는 1905년 3월 11일에 열린 에드워드 7세 어전공연으로, 유행에 민감한 사람들을 대거 끌어들이는 계기가 됐다. 왕이 온다는 소식을 듣고 쇼는 베드렌에게 이렇게 썼다. "혁명을 조직하는 것 말고 나에게 다른 해결책은 없네." 베드렌은 해결책을 찾으려 하지 않았다. 대신 손바닥을 비비며 환하게 웃었고, 쇼의 농담에 박장대소했으며, 로열 박스석을 위해 가구를 특별 주문했다. 전에 『무기와 인간』을 보면서 얼굴을 찌푸렸던 에드워드 왕은 『존 불의 다른 섬』을 보면서는 웃다가 쓰러지는 바람에 결국 의자가 부서지는 사태까지 갔다. 그 손해는 극장으로 떠넘겨졌지만, 베드렌은 기꺼이-적어도 아무런 저항 없이-비용을 부담했다. 실제로 『존 불의 다른 섬』은 매회 엄청난 웃음을 유발해서, 1913년 리바이벌 때는 쇼가 안내책자의 지면을 통해 관객에게 항의할 정도였다.

관객 여러분은 극의 자연스러운 흐름을 끊어서 재미가 좀 줄었으면 하는 겁니까? 그래서 박장대소하며 극에 자꾸 끼어들고, 그 소리가 잦아들 때까지 배우들이 연기를 중단하게끔 하는 겁니까?

모든 좋은 연극에는 웃음과 울음이 아주 가까이 있다는 것을 알고 계십니까? 어떤 여배우가 애처로운 감정에 한창 몰입하려는데, 본인의 의도와 관계없이 객석에서 웃음이 터져 나온다면 얼마나 스트레스를

13 캠벨 배너맨Campbell-Bannerman(1836-1908): 1905년에서 1908년까지 영국 수상을 지낸 자유당 정치인.

14 애스퀴스H.H. Asquith(1852-1928): 1908년에서 1916년까지 영국 수상을 지낸 자유당 정치인.

받을지 생각해 보셨습니까?

희극적이거나 비극적인 갈등이 없는 상황이더라도, 연기자들이 자기 대사는 물론 관객의 반응까지 신경써야 한다면 그 중압감이 얼마나 큰지 알고 계십니까?

관객 없이 리허설할 때에는 완벽했던 연극이, 조용히 즐기기를 거부하는 관객 때문에 내용이 틀어지거나 산만해지거나 지루하게 늘어날 수 있다는 걸 생각해 보셨습니까?

공연 두 시간 내내 큰 소리로 웃으면 다음 날 아침 피곤하고 짜증이 나서 그냥 집에 있을 걸 하고 후회하게 된다는 것을 알고 계십니까?

음악 공연을 보며 마음에 드는 마디마다 박수를 쳐서 공연을 중단하고 싶으십니까? 연극의 한 막도 마치 한 곡의 음악처럼 처음부터 끝까지 끊김 없이 이어져야 한다는 것을 모르십니까?

완벽한 침묵 속에서 공연이 진행되면 어떨지 이번 한 번만 두고 보면 안 되겠습니까? 막간 휴식시간이 있으니 여러분이 좋았는지 싫었는지 표현할 기회가 적어도 다섯 번은 있을 겁니다.

이러한 호소 덕분에 관객들이 1막에서는 웃는 걸 자제했지만, 2막부터는 1막에서 못 웃은 것을 만회하기라도 하려는 듯 내내 웃음을 터뜨렸다.

『존 불의 다른 섬』은 베드렌-바커가 코트 극장을 경영하는 동안 무려 121차례나 상연되었으며, 그 흥행기록은 이후 『아무도 몰라』(149회)와 『인간과 초인』(176회)에 추월당했다. 각각의 작품은 비교적 짧은 기간 동안 상연되었다가 다른 작품을 위해 무대를 내주고 여전히 수요가 있다

싶으면 리바이벌되는 식이었는데, 이는 영국에 레퍼토리 극장을 정착시킨 최초의 성공적인 시도였다. 쇼는 코트 극장을 찾는 관객들을 "신도들"로 묘사했다.

쇼는 『인간과 초인』으로 신세대 지식인들의 우상으로 떠올랐고 이후 10여 년간 그 자리를 지켰다. 그가 20세기 초부터 1차세계대전 이후에 이르기까지 진지한 젊은이들에게 미친 영향은 웰스나 체스터턴, 벨록, 골즈워디, 베넷 등 다른 작가의 경우와는 비교가 안 될 만큼 대단했다. 젊은 세대에게 특히 어필했던 그의 매력은, 전통과 권위에 대한 불경스러운 태도, 기득권과 부풀려진 명예에 대한 무관심, 인습에 대한 경멸, 핍박받는 사람들과 소외된 명분을 옹호하는 태도, 활기와 유머, 그리고 무엇보다도 근엄한 사람들을 진지하게 대할 줄 모른다는 점이었다. 그에게는 언제나 반항적인 남학생 같은 기질이 있었다. 『인간과 초인』에서 잭 태너가 바이올렛 화이트필드에게 다가가서 '아내가 되기 전에 먼저 엄마가 되기로 한 용기'를 축하했을 때, 쇼는 젊은 세대의 가슴에 곧장 파고들었다. 그건 그렇고, 『인간과 초인』에서 앤 역을 맡았던 배우는 이후 쇼의 여러 작품에서 여주인공으로 다시 등장하게 된다. 릴라 매카시라는 그 여배우가 1895년 『맥베스』 아마추어 공연에 출연했을 때 쇼는 다음과 같은 평을 한 적이 있다. "맥베스 부인 역시 그저 그랬다. 하지만 그녀는 연극을 반대하는 부유한 신사와 결혼하지 않는 한 스스로 무대에서 내려오지는 않을 것이다." 릴라 매카시는 쇼를 멋있다고 생각해서 그의 식습관까지 따라하려고 했다. 『인간과 초인』 리허설 기간 동안 그들이 퀸스 레스토랑에서 함께 한 점심 메뉴는 사과, 치즈, 마카로니, 샐러드, 우유와 청량음료였다. 그녀가 보기에 쇼는 모르는 게 없는 사람이었고 언제나 맞는 말만 했다. 남자들은 좀처럼 얘기하지 않는 주제에 대해서도 마찬가지였다. 쇼는 『인간과 초인』에서 그녀가 입었던 드레스에 대해 이렇게 조언했다. "하얀 모슬린 옷에 하늘색 리본은 피하고, 보라색이나 자주색 리본을 달아요. 그러니까 어딘가 모르게 석룻빛이 감돌아야 해요." 그녀는 쇼가 개막공연 이후에는 무슨 일이 있어도-출연진에 변화가 있지 않은 한-그 작품을 다시 보러오지 않는다는 것을 알고 깜짝 놀랐다.

『악마의 제자』와 마찬가지로 『인간과 초인』 역시 영국보다 미국에서 더 많은 수입을 올렸다. 또 한 명의 젊은 쇼 신봉자였던 로버트 로레인은 멋진 목소리를 가진 내공 있는 배우로 이미 인기를 얻고 있었는데, 『인간과 초인』이 출간되자마자 대본을 입수해 보고는 바로 쇼광이 됐다. 흥분이 북받친 그는 극장운영자 리 슈버트에게 작품을 읽어주었으나, 슈버트는 여자주인공이 남자주인공을 쫓아다니는 내용에 "상스럽다"는 반응을 보였다. 로레인은 전혀 흔들리지 않고 쇼와 미국 진출을 상의하기 위해 어느 일요일 오후 쇼의 집 근처 웰윈을 찾았다가, 어떤 촌놈 한 명이 신과 같은 작가님을 감히 "생강 구레나룻"으로 부르는 것을 보고 살짝 열받기도 했다. 로레인의 에너지와 열정은 결국 보답받았다. 그가 태너로 분한 『인간과 초인』은 1905년 9월 5일 마침내 뉴욕 허드슨 극장에서 개막되어 9개월간 이어졌다. 7개월의 순회공연을 마치자, 로레인에게는 40,000파운드의 순이익이 떨어졌다. 하지만 그는 아직 열정을 다 소진하지 않은 상태였다. 그리하여 1907년 6월 4일 로레인이 돈 후안으로 분한 『인간과 초인』의 긴 3막이 런던 코트 극장에서 최초로 상연되었다. 이날 쇼는 처형을 즐겁게 해주려고 열기구를 띄우는 행사를 마련했고, 쇼와 쇼의 처형, 바커, 로레인 이렇게 네 명이 열기구에 올라탔다. 그들은 완즈워스 가스공장에서 출발했다. 열기구 조종사가 가스탱크의 철책에 닿지 않으려고 갑자기 열기구의 고도를 휙 올리자 쇼는 속이 메스꺼워졌다. 그들은 9,000피트 위로 올라갔다가 원래는 햄 커먼에 착지하려고 했으나 지상풍에 실려가다 나무를 들이받으며 사설공원에 추락했고, 그걸 보려고 사람들이 몰려드는 바람에 아직 깎지 않은 공원 잔디가 망가져버렸다. 열기구 조종사는 원래 그런 사고가 나면 다과를 대접받기 마련이었지만, 이번에는 극도로 화가 난 공원 주인에게 시달릴 뻔하다가 쇼 덕에 잘 넘어갈 수 있었다. 쇼가 정확한 상황판단과 적절한 사과로 주인의 화를 누그러뜨려서 주인의 태도가 관대하고 친절하게 바뀌었고 사건이 잘 마무리됐다.

쇼의 차기작 『바바라 소령』은 구세군과 생계형 범죄를 다뤘다. 눈에 띄는 두 명의 등장인물은 쇼가 잘 아는 사람들을 모델로 했다. 한 명은 길버트 머레이였고, 다른 한 명은 머레이의 장모로서 거만한 성격의 칼라일 여사였다. 쇼는 이스트엔드의 길모퉁이에서 구세군 소녀단Salvation Lasses이 노래하는 것을 보다가 그 중 몇몇에게서 배우의 재능을 발견했다. 구세군 소녀단은 폭력 남편에게서 "구출된" 여자들에 관한 곡을 불렀다. 여자들이 남편의 사나운 발길질이 날아드는 동안 남편의 얼굴에서 어딘지 모르게 숭고한 폭군의 표정을 발견하고는 자기 남편이 구원을 찾았다고 여기면서 황홀한 행복감에 젖는다는 부분이 압권이었다. 어떤 평론가가 끔찍한 소음에 대해 "구세군의 연주보다 더 듣기 싫다"고 표현했을 때, 쇼는 무지에서 비롯된 모함이라고 비난하고, 자신이 유명 음악평론가로서 구세군 악단의 우수함을 보장한다는 내용의 편지를 신문사에 전달했다. 윌리엄 부스 대장[15]은 몹시 기뻐하며 쇼에게서 나온 뜻밖의 호평을 최대한 활용했다. 쇼는 클랩턴 홀에서 열린 구세군 악단 축제에 초대받았고 다른 악기들과 함께 울려 퍼지는 마흔세 대의 트롬본 소리를 마음껏 즐겼다. 감상하고 나서는 구세군 악단의 기술적인 면에 대해 비판했다. 그리고 가수로서 놀라운 재능을 보여준 구세군 소녀단이 연극을 한다면 훨씬 놀라운 결과를 만들어낼 것이라고 덧붙였다. 그는 구세군 소녀단을 위해 간단한 촌극 한 편을 써줄 테니 실제로 어떨지 알아보자고 제안했다. 구세군 간부들은 그의 제안에 동의하면서도, 대부분의 나이든 구세군은 극장을 지옥문으로 여기기 때문에 실화를 바탕으로 한 연극이라고 작가가 맹세하는 경우에만 공연을 허용할 것이라고 했다. 쇼는 존 버니언과 비슷한 도전에 직면하게 되자, 우화의 전례를 언급했다. "여러분은 돌아온 탕아가 실제로 존재했다고 믿습니까?" 구세군 간부들은 당연히 믿는다고 했다. 예수가 순전히 허구의 인물이었다고 했다가는 난리 날 분위기였다. 쇼는 브램웰 부스 부인[16]에게 촌극 한 편을 본보기로 써줄 테니 검토해보겠냐고 물었다. 그녀는 차라리 돈을 줬으면 한다고 대답했다.

여기서 끝이 아니었다. 촌극에 대한 아이디어는 쇼의 상상 속에서 점점 커지다가 마침내 『바바라 소령』이라는 대작으로 완성되었다. 그랑빌 바커는 『바바라 소령』 상연 허가가 나기도 전에 검열위원회에 불려가서, 구세군이 그들의 유니폼을 왜 코트 극장에 빌려줬는지, 『바바라 소

---

15 윌리엄 부스William Booth(1829-1912): 감리교 목사로 구세군을 창설하고 초대 대장으로 취임했다.

16 브램웰 부스 부인Mrs. Bramwell Booth: 윌리엄 부스 대장의 큰 며느리. 1882년 부스 대장의 장남인 브램웰 부스와 결혼해서 1884년부터 구세군의 여성사회복지부장을 맡았다.

령』을 무대에 올릴 경우 구세군이 분노할 것 같은지 등의 질문에 대답해야 했다. "저는 운이 좋게도, 우리가 구세군과 계속 소통해왔다는 것과 구세군 측이 분노하기는커녕 이번 공연을 최고의 '광고'로 여기고 있다는 것을 검열관에게 얘기할 수 있었습니다. 제가 레드포드 씨에게 그 부분을 확실히 말씀드리지 않았다면, 레드포드 씨는, 물론 제 생각입니다만, 『바바라 소령』을 허가하지 않으려고 했을 겁니다." 이러한 바커의 증언을 쇼에게 상기시켰더니, 쇼는 이렇게 말했다. "레드포드 검열관은 구세군의 감정 따윈 전혀 신경쓰지 않았어. '저의 하느님, 어찌하여 저를 버리셨습니까?'라는 문장 때문에 겁을 집어먹은 게지. 그는 그게 십자가에 못박힌 예수의 마지막 말은 아니냐고 물었어. 바커는 시편(22:1)에 나오는 말이라고 확실하게 말해줬지. 그랬더니 그제야 허가를 내주더군."

『바바라 소령』 개막 공연은 1905년 11월 28일 아서 밸푸어와 "런던의 모든 지식인" 그리고 그때까지 극장 문턱을 한번도 넘어본 적이 없는 유니폼 차림의 구세군 간부 한 무리가 지켜보는 가운데서 이루어졌다. 처음 두 막은 열광적인 박수갈채 속에서 끝났다. 그래서 2막이 끝나고 극장 로비에서 동료 극작가 알프레도 수트로와 마주쳤을 때, 쇼는 걸작을 썼다는 축하인사를 받았다. "마지막 3막도 앞의 두 막만 같다면-" 수트로가 말을 이으려는데 쇼가 끼어들었다. "3막은 1시간짜리라네. 그리고 온통 말뿐이야. 말밖에 없지." 수트로의 얼굴이 굳어졌다. "걱정 말게나." 쇼가 수트로의 어깨를 다정하게 두드리며 말했다. "두고 봐. 다들 소화할 거야!" 하지만 관객들은 꿀꺽 삼키기는 했는지 몰라도 소화하는 데는 실패해서, 2막의 멜로드라마가 혹시 3막의 엄청난 길이와 깊이에 대한 보상 차원이 아니었는지 의심하며 자리를 떴다. 쇼의 말에 의하면, 마지막 3막은 "관객을 거의 미치게 했다. 언더셰프트가 관객의 흥미를 끌 정도로 충분히 자기 역할을 소화해내지 못했기 때문이다." 하지만 찰스 프로먼[17]은 이렇게 말했다. "쇼는 정말 영리하다. 마지막 막에 가서는 늘 남자들에게 여자 꼬실 시간을 준다." 『바바라 소령』은 상연작 리스트에 6주나 머물면서 코트 극장 사상 최장기 상연작이 됐지만, 최고의 흥행작은 아니었다. 꾸준히 리바이벌된 코트 극장의 흥행작들은 따로 있었다. 『바바라 소령』은 4주만 상연하는 게 좋을 뻔했다. 총선 때문에 6주차 막바지에는 극장이 텅텅 비었다.

1906년 늦은 여름 그랑빌 바커가 새 작품을 종용하러 쇼를 찾았을 때, 쇼는 아내와 콘월의 메바기시에 머물고 있었다. 수영을 무척 좋아했던 쇼는 매일 아침을 바다에서 보냈고 차기작에 대해서는 아무 생각이 없었다. 쇼 부인이 다음과 같은 기억을 일깨우기 전까지는. 쇼가 저명한 외과의사 암로스 라이트 경과 세인트 메리 병원에서 대화를 나누고 있을 때였다. 암로스 라이트 경에게 조수 한 명이 다가오더니, 새로운 옵소닌 치료법을 적용할 환자 모집단에 결핵 환자 한 명만 더 받아주면 안 되겠냐고 물었다. 치료할 수 있는 환자의 수는 제한되어 있었기에, 암로스 라이트 경은 물었다. "그럴 만한 가치가 있는 사람입니까?" 순간, 쇼는 그 상황에 연극적인 무언가가 있음을 발견하고 부인에게 얘기했다. 하지만 그때 이후로는 완전히 까먹고 있다가 메바기시에서 부인

---

17 찰스 프로먼Charles Frohman(1856-1915): 미국의 연출가. 1896년 극장연합Theatrical Syndicate을 공동설립하면서, 근 20년간 미국 극장 산업에 독점적인 영향력을 행사했다. J.M. 배리의 『피터 팬』 등을 연출했다.

덕에 다시 생각난 것이다. 그 주제라면 윌리엄 아처가 제기한 도전에 응할 수 있었다. 아처는 무대에서 죽음을 얘기하기 전까지는 쇼를 최고의 극작가 반열에 올리기 어렵다고 평했다. 그래서 쇼는 의사와 죽음에 관한 비극을 쓰되, 자신이 쓸 수 있는 가장 재미있는 작품을 쓰기로 했다.

의료업과 치료법에 관한 그의 관심은 평생 지속되었고, 어느 정도는 그의 호기심 많은 천성에서 비롯됐다. 의학에 대한 그의 궁금증을 증폭시킨 것은 계속 재발하는 두통이었다. 그는 70세가 될 때까지 한 달에 한 번은 끔찍한 두통에 온종일 시달렸다. 앉아서 하는 일을 너무 많이 하는 바람에 운동으로 땀을 충분히 배출하지 못한 탓이라고 생각했다. "다른 많은 두뇌노동자와 마찬가지로 나 역시 주기적인 두통에 시달렸지. 이런저런 의사들이 전부 못하겠다고 손들었어. 그런데 한번은 어떤 쾌활한 아가씨가 두통을 고쳐주겠다면서 내 옆에 앉더니 아픈 사람 약 올리는 것도 아니고 그냥 차분하게 가만히 있는 거야. 그런데 그녀가 정말 두통을 없앴어. 그게 아니면 두통이 사라지게끔 유도했거나. 그녀를 의심하느라 그랬는지 아니면 그녀가 괜찮게 생겨서 그랬는지, 어떤 정신적인 자극이 두통을 잡아먹는 식세포를 움직이게 한 것 같았지. 나는 암로스 라이트 경에게 나의 그런 가설을 던져주고 좀 더 연구해 보라고 했다네." 하지만 그런 식의 치료법은 믿을 수가 없었기 때문에 쇼는 항상 두통을 연구하는 의사를 찾아다녔다. 어느 날 오후 두통을 막 벗어난 쇼는 저명한 북극 탐험가 난센[18]을 소개받은 자리에서 뜬금없이 두통 치료법을 발견한 적이 있냐고 물었다.

"아니요." 놀란 표정으로 난센이 말했다.

18   난센Fridtjof Nansen(1861-1930): 노르웨이의 북극 탐험가이자 정치가

"두통 치료법을 발견하려고 노력했던 적은 있습니까?"

"아니요."

"아, 이거야말로 가장 믿기 힘든 이야기입니다!" 쇼가 소리쳤다. "선생은 아무도 신경쓰지 않는 북극을 발견하는 데 평생을 바치지 않았습니까. 그런데 살아있는 사람은 누구나 호소하는 두통 치료법은 발견하려는 시도조차 하지 않았다는 거군요."

팔스타프처럼 쇼는 자신의 병을 쓸모있는 것으로 바꿨다. 두통을 계기로 의사에 대해 속속들이 공부한 것이다. "한때 나는 사이비 치료법 수집가였어. 새로운 치료법이 있다는 소리가 들리면, 시간 날 때 직접 찾아가서 확인해 보곤 했지. 의사 입장에서 볼 때 나는 유명인사라서 흥미로운 환자이기도 했지만 몹시 실망스러운 환자이기도 했어. 나에게는 때때로 찾아오는 두통 말고는 다른 문제가 없었거든. 두통은 일반적인 감기와 마찬가지로 할리 가의 의사들을 무력하게 만들지. 겉보기에 멀쩡한 사람은 아무리 치료해봤자 외과 의사가 승리한 것이라고 하지 않거든. 그 의사가 정통이든 사이비든 말일세. 하지만 의사한테 공을 돌릴 수 없다면 의사한테 과를 물을 수도 없는 법이지. 아무튼 나는 직접 부딪쳐야만 얻을 수 있는 정보를 상당히 많이 알게 됐어."

그리하여 『의사의 딜레마』를 쓸 때 그는 당대 최고 의사들의 면면을 극에 녹여낼 수 있었다. 그 결과물은 배꼽 빠지게 재미있었다. '두비다트'라는 예술가는 여러 사람이 투영된 인물로, 돈을 빌리는 성향은 (엘레노어 마르크스의 연인이었던) 에드워드 에이블링을 참조한 것이었다. 예술가의 아내 제니퍼 두비다트는 딱한 인물로 나오는데, 왜 그런지는 작가가 알려준다. "이런 말 하게 되어 유감이지만, 예술가의 아내는 내가 싫어하는 부류의 여성이지." 릴라 매카시에게 보낸 편지에 그는 이렇게 썼다. "하지만 자네는 예술가의 아내가 매력적으로 보이도록 그 역할을 잘해낼 거야." 바커가 두비다트로 분한 『의사의 딜레마』는 1906년 11월 20일에 초연되었다. 평론가들은 『의사의 딜레마』를 의료계에 대한 풍자극으로 봤지만, 예술가 두비다트가 (평론가들이 보기에는) 불경스런 신념을 내뱉고 죽는 부분에 대해서는 취향이 형편없다며 쇼를 비난했다. 두비다트의 신념은 이랬다. "나는 미켈란젤로와 벨라스케스와 렘브란트를 믿는다." 쇼는 평론가들에게 그 표현은 바그너의 『파리에서의 마지막An End in Paris』에서 따온 것임을 알려주었다. 바그너의 작품에서 죽어가는 음악가의 신념은 이렇게 시작한다. "나는 하느님과 모차르트와 베토벤을 믿는다." 평론가들은 당황했다. 바그너의 그 작품에 대해서는 들어본 적도 없었기·때문이다. 그러다 그들 중 한 명이 곤경에서 벗어날 요량으로, 바그너의 음악가는 적어도 '하느님'을 언급할 정도의 품위는 있지 않았냐고 따졌다. 쇼는 대답했다. "그렇습니다. 하지만 두비다트는 신을 믿지 않는다는 걸 아시잖습니까." 윌리엄 아처 역시 쇼가 죽음을 "정면으로" 다루는 데는 실패했다고 불평했다. 쇼는 동의했다. 『의사의 딜레마』는 수준 높은 관객들을 동원하며 6주 동안 상연되었다. 쇼는 이제 모두가 인정하는 흥행작가였기 때문에, 돈벌이에만 관심이 있는—하지만 돈이 아닌 다른 것들을 떠올리게 하는 작품은 절대로 제작하려 하지 않을 정도로 돈 버는 능력은 결여된—극장운영자들이 쇼에게 구애하기 시작했다. 그중 한 명이었던 시릴 모드에게 쇼는 코트 극장 일만으로도 벅차다고 설명했다. "『의사의 딜레마』는 놀라운 수완을 발휘해서 만든 작품입니다. 지난여름만 해도 종이에건 내 머릿속에건 이 작품에 대한 내용은 단 한 줄도 없었습니다. 차기작을 쓸 시간이 생기면 곧바로 코트 극장 측에서 빨리 다음 작품을 내놓으라고 울부짖습니다. 공연을 6주씩 상연하는 이 시스템은 금전적인 면만 보면 분명 성공입니다. 공연은 죽지 않고, 사업은 처지지 않으니까요. 하지만 리허설을 생각하면 그야말로 악마의 시스템입니다. 나는 해마다 수개월을 연출하는 데 보내고 있습니다. 그 시간에 글을 써야 하는데 말입니다."

1907년 말 베드렌과 바커는 그동안 모험을 감행하며 쉬지 않고 달려온 탓에 완전히 나가떨어졌다. 특히 바커의 경우 하는 일에 비해 수입이 변변찮고 불안정해서, 결국 그들은 코트 극장이 자신들에게 필요한 관객과 수입을 창출할 정도로 규모가 크지 않다는 사실을 인정하게 됐다. 그해 말 그들은 사보이 극장으로 자리를 옮겼고, 거기서 『악마의 제자』, 『시저와 클레오파트라』, 『무기와 인간』을 레퍼토리에 추가했다. 또한, 헤이마켓 극장에서 쇼의 신작 『결혼』도 제작하기로 했다. 로렌스 하우스먼의 신작을 제작하기 위해 또 다른 극장도 빌렸다. 웨스트엔드 극장 세 곳의 임대료는 이 두 동업자의 등골을 휘게 만들었고 결국에는 감당할 수 없는 지경이 됐다. "베드렌은 평판 말고는 아무것도 건지지 못했어." 쇼가 나에게 알려준 바로는 그렇다. "바커는 옷을 저당 잡히고 나는 로열티의 대부분을 토해냈지. 하지만 채권자들은 마지막 한 푼까지 다 챙겨갔다네."

명예는 남았다. 그렇게 연극사의 위대했던 한 시기가 막을 내렸다.

㉕

논객
오직 웃음을 통해서만
악의 없이 악을 물리치고 오글거림 없이 의리를 말할 수 있다

극작가 쇼가 대중의 갈채라는 순풍을 타고 성공을 향해 순항하는 동안, 논객 쇼는 거센 비난의 돌풍에 맞서야 했다. 1899년 가을 남아프리카 전쟁(보어 전쟁)이 터졌을 때, 거의 모든 영국인은 보어인이 영국 군대의 위력 앞에서 즉시 항복할 것으로 생각했다. 하지만 보어인에게는 대단한 조력자들이 있었고, 그중 최고는 단연 영국 육군성이었다. 결국, 금세 끝날 줄 알았던 남아프리카 전쟁은 무려 3년이나 지속되었다. 전쟁 초반에는 쇼도 대부분의 사람들과 낙관론을 공유했다. 그는 지중해 여행에서 돌아온 후 강의하러 갔다가 날씨가 마음에 들어서 크리스마스까지 지내게 된 웨일스 서쪽 바닷가 마을 애버리스웨스의 마린테라스 30호에서 1899년 12월 24일 이렇게 썼다. "전쟁에 대한 소논문을 쓰고 싶은데! 전쟁이 끝나야 시간이 날 것 같다." 그러나 예상과 달리 영국인은 무능하고 보어인은 강한 리더십을 발휘해서, 쇼에게는 글을 쓸 충분한 시간이 생겼다. 1900년 8월 31일 그는 청사진용 인화지에 급하게 휘갈겨 쓴 편

지로 동료 페이비언인 H.T.머거리지[1]에게 「페이비언주의와 제국」의 초안을 완성했다고 알릴 수 있었다.

"자네는 답을 달라고 아우성이군. 자네 편지를 받은 지 6주밖에 안 됐는데 이제는 피즈[2]라는 불독을 나한테 풀어놓았구먼. 내가 편지, 특히 강의 요청 편지에 답장하기까지 걸리는 시간은 평균 6년이라네.

나는 윌링턴이 어딘지 모르겠고 그 어리석은 문학토론협회도 싫지만, 자네 부탁이니 한번 생각해보겠네. 그 모임이 열리는 날짜와 시간은 언제인가? 아마도 자네가 편지로 언급했겠지만 나는 지금 시내에 나와 있다네. 서리 주 해이즐미어 블랙다운 코티지로 기별하게나. 그러면 즉시 답하도록 최선을 다하겠네. 가능한 날짜와 자네가 이미 생각해 놓은 주제가 있으면 얘기해주게.

페이비언 선거성명서 초안을 막 끝마쳤다네. 일반적인 책 한 권과 맞먹는 어마어마한 길이에 초, 초, 초 제국주의적인 걸작이라서, 이걸 다 읽으면 자네는 얼굴색이 바뀌고 경련을 일으키며 쓰러질 거야. 그럼에도 불구하고 자네가 이걸 지지해주면 좋겠군. 확신컨대, 이 성명서는 정부에 맞서라고 선동하는 자유당 덕을 보게 될 걸세. 전쟁이 한창일 때는 지금 자유당처럼 부정적이기만 한 급진론자들에게 표를 던지려는 사람이 아무도 없거든. 노동당 수장 키어 하디의 '우수 후보자 명단[3]'이 최후

---

1 머거리지H.T. Muggeridge(1864-1942): 페이비언협회 창립회원으로 하원의원과 지방의원으로 활약했다. 유명한 저널리스트 말콤 머거리지의 아버지이기도 하다.

2 피즈E. R. Pease(1857-1955): 페이비언협회 창립회원이자 저술가. 노동당의 전신인 노동자대표위원회 집행부에서 활동하며 노동당 창당에 크게 기여했다.

3 1900년 총선 기간 독립노동당 수장 키어 하디는 유권자들에게 전쟁에 반대하는 우수 후보자 명단인 '화이트 리스트'를 배포하며 그러한 반제국주의자 후보에게 투표하자고 했다.

의 일격이 될 거야. 영국이 전쟁에서 승리하는 순간 자유당은 백기를 내 걸게 될 걸세. 크루거 논란⁴ 역시 사라지겠지. 크루거 논란은 티크본 논란⁵과 판박이야. 요컨대, 사람들은 크루거를 부당하게 권리를 뺏긴 딱한 사람 정도로 여기고 있지. 우리는 크루거와 체임벌린(당시 영국 식민성장관) 양쪽 모두에게, 국가는 왕조건 인종이건 민족이건 간에 서로 차지하겠다고 다툴 수 있는 사유재산이 결코 아니라는 점을 가르쳐야 한다네. 자네는 그 호두같이 단단한 머릿속에 국제사회주의를 좀 주입할 필요가 있어. 그게 나의 제국주의이지."

두 달 후 자치구의회 선거 때 쇼는 그의 위원회실에서 발송하는 엽서에 영국 국기를 그리고 그 위에 '제국주의자 후보에게 투표하자'라고 썼다. 사실 그는 (고립주의를 옹호한) 이사야가 아닌 (제국주의를 옹호한) 키플링을 지지해서 이미 그의 숭배자들을 놀라게 하고 페이비언협회에

---

4 크루거Paul Kruger는 1883-1900년 남아프리카(트란스발) 공화국 초대 대통령으로서, 남아프리카 전쟁(1899-1902) 때 보어인을 대표해 영국에 저항했다. 당시 상대적 약자였던 보어인들에게 동정적인 여론이 쏠리면서, 크루거는 나라를 지키려 애쓰는 비극적인 영웅으로 부각된 반면, 영국은 금광 욕심에 약소국을 짓밟는 탐욕스러운 제국주의의 화신이라는 오명을 썼다. 하지만 보어인들 역시 원주민을 탄압하고 식민지를 개척해 나라를 세운 유럽 이주민의 후예라는 점에서, 영국인들과 본질적으로 크게 다르지 않았다.

5 1860-70년대 영국을 떠들썩하게 했던 소송 사건. 로저 티크본은 잉글랜드 준남작 가문의 상속자로서 1854년 여행 도중 난파로 실종됐다. 이에 그의 어머니 레이디 티크본은 대대적인 광고를 통해 아들의 행방을 찾았고, 1866년 자신이 티크본이라고 주장하는 오스트레일리아의 푸줏한 토머스 카스트로가 등장하면서 상속 재판이 시작되었다. 카스트로는 티크본과 공통점이 거의 없어서, 1871년 법원은 그를 로저 티크본이 아닌 또 다른 실종자 아서 오튼으로 판정하고 그에게 사기죄로 14년형을 선고했다. 그러나 카스트로는 그의 변호사의 활약에 힘입어 대중의 엄청난 지지를 얻었고, 순식간에 영웅이자 순교자로 부각됐다. 쇼는 『안드로클레스와 사자』 서문에서 티크본 사건에 투영된 대중의 모순을 지적했다. "자칭 티크본이라며 남작 행세하려는 사람을, 노동자들은 똘똘 뭉쳐 응원하면서 '티크본 가족이 한 노동자의 권리를 강탈하는 것을 두고볼 수 없어서'라는 앞뒤가 안맞는 이유를 댔다."

분열을 일으킨 상태였다. "나는 올리브 슈라이너[6]의 『아프리카 농장 이야기』를 읽고 받았던 충격에서 벗어나지를 못했다. 남아프리카 전쟁이 일어나기 몇 년 전 그녀의 남편 크론라이트 슈라이너가 런던에 왔길래, 나는 그나 쥬버트[7]나 나머지 사람들이 크루거의 꽉 막힌 신권정치를 왜 참고 견디는지 물었다. 크론라이트 슈라이너는 자기들도 다 알고 있고 유감스럽게 생각하지만, 그 늙은이는 곧 죽을 것이므로 크루거주의는 알아서 사라질 것이고 자유주의체제가 도입될 것이라고 했다. 나는 기다리는 것은 위험할지도 모른다고 충고했다. 하지만 그들에게 폴 크루거는 너무도 강한 상대임이 분명했다. 남아프리카 전쟁이 터지자 노르웨이에서는 흥미로운 일이 일어났다. 독일과 마찬가지로 노르웨이에서도, 영국에 반대하는 것이 옳다는 분위기였던 것이다. 입센은 즉각 심각한 어조로 '우리는 정말로 크루거와 그의 구약성경 편을 들 것인가?'라고 물었다. 그 효과는 무시무시했다. 노르웨이는 입을 다물었다. 나도 입센과 생각이 비슷했다. 『타임스』의 애국주의 선전에 현혹되어서 그런 건 물론 아니었다. 그보다 나는 크루거가 17세기, 그것도 스코틀랜드의 17세기를 지향한다는 것을 알게 되었다. 그래서 몹시 당황스럽게도 깡패들과 한편에 서게 된 것이다. … 진보적인 견해 때문에 나쁜 무리에 속할 수도 있다니, 놀라울 따름이다."

요컨대, 쇼는 돈 때문에 전쟁을 부추기는 제국주의 깡패들의 정체를

---

6 올리브 슈라이너Olive Schreiner(1855-1920): 남아프리카 공화국 소설가. 대표작으로 여성해방운동의 성서로 불렸던 『여성과 노동』(1911), 『아프리카 농장 이야기』(1883) 등이 있다.

7 쥬버트Piet Joubert(1834-1900): 1880-1900년 남아프리카 공화국의 방위사령관으로, 1883년부터 1898년까지 네 차례의 대통령 선거에서 크루거와 맞붙었으나 번번이 졌다.

모르지 않았음에도 불구하고, 어쩌다 보니 기독교도의 반대편인 사기꾼 편에 서게 되었다. 그의 말에 따르면, 자신은 자연사를 공부하는 사람으로서 여우를 쫓는 개에 대해 분개하지 않는 것과 마찬가지로 록펠러[8]나 로즈[9]에 대해서도 분개하지 않는다고 했다. 쇼는 하인드먼에게 이렇게 썼다. "(선생의 도덕 체계에 속하는 표현을 빌려) 록펠러를 교수형에 처할 만하다면, 기회만 됐으면 록펠러와 똑같이 했을 사람들-말하자면, 분개한 그의 동료 인간의 99퍼센트 정도-도 전부 교수형에 처할 만하겠지요. 선생이 선생 자신을 포함한 모든 사람을 교수형에 처할 수는 없습니다. 그렇지만 도덕주의를 따른다면 그렇게 될 수밖에 없을 겁니다." 이러한 쇼의 주장에 대해, 하인드먼은 다음 두 문장으로 간단하게 대답했던 듯하다. 첫째, 도덕 체계는 인간이 알고 있는 어느 사회이건 사회적 양심이 존재하지 않는 사회에서 압제와 무정부 상태를 막는 유일한 안전장치이다. 둘째, 대부분의 사람이 잠재적인 록펠러라면 록펠러는 존재하지 않을 것이다. 록펠러 같은 사람들이 번창하는 까닭은 그들을 예외적으로 만드는 어떤 특질이 있기 때문이다. 쇼는 강하고 무자비한 자들이 약하고 자비로운 자들을 잡아먹는다는 사실을 자연사에서 배우지 못한 것 같았다. 이 경우도 그렇고 이후 몇몇 경우에서도, "폭력적인 수단이 효과적일 때조차 폭력을 거부하는 태도가 바로 진보다"라는

---

8 록펠러J.D. Rockefeller(1839-1937): 미국의 석유사업가. 석유왕이라는 별명과 함께 미국 역사상 최고 부자로 손꼽힌다. 스탠더드 오일 설립자로서 미국 석유업계를 장악하고 석유사업에서 생긴 이익을 광산, 산림, 철도, 은행 등에 투자해 거대자본을 형성했다. 재계 은퇴 후에는 시카고 대학과 록펠러 의학연구소 등을 설립해서 교육, 의학 등의 분야에 기여했다.

9 세실 로즈Cecil J. Rhodes(1853-1902): 영국의 아프리카 종단정책에 가담한 전형적 제국주의자. 1870년 남아프리카로 건너가 다이아몬드광, 금광을 경영하며 자산가로 성장했고, 1890년에는 케이프주 식민지 총독이 되어 식민지 확대를 위해 노력했으며, 보어 전쟁 중 병사했다.

본인의 말을 상기했어야 했다. 그가 했던 또 다른 말, "위대한 공동체는 자기 이름도 쓸 줄 모르는 사람들에 의해 건설되고, 라틴어로 시를 쓰는 사람들에 의해 파괴된다"를 1900년 카키 선거[10] 때 누군가 그에게 상기시켰더라면, 그는 잠시나마 불편한 순간을 보냈을 것이다.

보어 전쟁에 대해 대부분의 사회민주주의자는 쇼와 견해가 달랐다. 사회민주주의자들은 자신들이 없애고 싶어하는 바로 그 체제가 지배력 확장을 위해 작은 독립국을 짓밟고 있다고 느꼈다. 그 독립국이 낙후된 나라인 것은 사실이었다. 그렇지만 근대 자본주의라고 진보였을까? 쇼가 자신의 소논문에서 밝힌 페이비언협회의 공식 입장은 문명을 위해서는 강대국이 나서야 한다는 것이었고, 금광은 국제적인 관리하에 두어야 하는데 현재 세계연맹을 대신할 만한 유일한 국가는 영국으로 영국이 나서지 않으면 작고 무책임한 공동체가 금을 지배하게 된다는 것이었다. 이제 금에 대한 맹신은 깨진 지 오래됐고, 그동안 문제는 주로 큰 공동체들이 무책임한 데서 비롯됐으므로 그와 같은 페이비언의 주장은 아주 구시대적이라는 인상을 준다. 하지만 당시에는 쇼의 변증법적 화술에 페이비언 대부분이 설득당했으며, 협회를 탈퇴한 사람은 겨우 스무 명에 그쳤다.

20세기 초 내내 그는 지치지 않고 연설하면서 화해를 붙이기도 하고 분란을 일으키기도 했다. 회유 능력을 발휘해야 할 때도 있었다. 그의 사회활동 초창기, 그러니까 카디널 매닝과 존 번스, 톰 맨의 노력으로 항

---

10 전쟁 중이나 직후에 실시해서 전쟁의 영향을 많이 받는 선거. 카키 선거라는 이름은 1900년 영국 총선의 주요 이슈였던 남아프리카 전쟁에서 영국군의 새 군복이 카키색이었던 데서 유래됐다. 영국에서는 이후 1918년, 1945년 총선 역시 카키 선거로 불렸다.

만노동자들이 시간당 1페니 이상의 임금 인상에 성공한 1889년 런던 항만노동자 대파업 직후, 쇼는 어느 연단에서 존 번스를 칭찬하고 있었다. 그런데 갑자기 한 남자가 벌떡 일어나 번스를 비난하더니 그다음에는 번스를 비난하지 않는다는 이유로 쇼까지 비난했다. 쇼는 그 남자에게 물었다. "선생이 존 번스였다면 뭘 했겠습니까?" "뭘 했겠냐고!" 자유사상가임이 틀림없는 그 남자가 소리쳤다. "나라면 그 망할 추기경의 망할 목덜미를 움켜잡고 망할 강에다 내동댕이쳤을 거요!" 사람들이 쇼에게 그렇게 하고 싶어한 순간들도 있었다. 그는 성마태동업조합 강의에서, 현대적인 인간이라면 구약성경의 특정 이야기에 근거한 종교를 존중하기는 어려울 것이라고 말해서 많은 독실한 기독교도들이 그에게는 익사도 과분하다고 여겼다. 그가 교회연극협회 모임에 연사로 참석했을 때는 예수를 좋게 말할 때마다 왕년에 뮤직홀 스타였던 다른 연사 한 명이 청중에게 습관적으로 윙크하는 것을 목격하기도 했다. 윤리협회 역시 그의 관심을 피해가지 못했다. 윤리협회의 어느 모임에 참석하러 가면서 쇼는 동료인 H.T.머거리지에게 물었다. "자, 말해보게. 윤리협회가 뭔가?" 머거리지는 윤리에 전념하는 협회라고 대답했다. 쇼는 더 자세히 말해보라고 했다. 그러자 머거리지가 대답하길, 윤리협회의 의식은 노래를 부르는 것으로 시작해서 스탠턴 코이트[11] 같은 사람의 책을 낭독하는 것으로 이어진다고 했다. "아, 알겠다." 쇼는 말했다. "찬송가로 완화한 무신론이군." 그는 질문을 받고 궁지에 몰리는 법이 없었다. 무슨 이유에서인지(아마도 반대되는 것에 끌리는 속성 때문인지) 성직자들은 항상 쇼

---

11 스탠턴 코이트Stanton Coit(1857-1944): 미국 태생으로 런던에 윤리협회(영국인도주의협회의 전신)와 윤리교회를 설립했다.

가 연설하는 것을 보기 위해 페이비언협회에 모여들었다. 언젠가 쇼가 "처벌로서의 태형"에 대해 강연할 때였다. 말을 마치고 자리에 앉자 평소처럼 질문이 날아들었고 마지막으로 어떤 교구 사제가 질문했다. "군대에서는 경범죄를 저지른 많은 사람이 태형을 받게 해달라고 합니다. 이 점에 대해서는 어떻게 생각하십니까?" 쇼는 이렇게 대답했다. "제 강의 주제는 '처벌로서의 태형'이지 '사치로서의 태형'이 아닌데요." 두통도 그가 연설하는 것을 가로막지 못했다. 연단에 서면 그는 두통을 잊었다. 일찍이 그가 아프다는 소문이 났을 때 언론사들은 그가 왜 아픈지 알고 싶어했다. 쇼는 그들의 궁금증을 풀어줬다. "대중에게 제가 죽었다고 해주시면 안 되겠습니까. 그러면 제가 좀 쉴 수 있을 것 같습니다."

다양한 시기에 여러 인물이 페이비언협회의 영향력을 넓히고자 노력했다. 리즈 출신의 열정적인 두 젊은이 홀브룩 잭슨과 A.R.오리지는 쇼와 올리비에의 격려에 힘입어 예술 모임을 만들었다. 쇼와 올리비에도 그 모임에 가담했다. 그러나 웹 부부는 예술에 흥미가 없었다. 그들은 막연하게나마 예술이 체제 전복적이고 반 경제적이라는 생각을 하고 있었다. 그래서 쇼는 홀브룩 잭슨에게 예술 모임을 페이비언협회에서 분리해 운영하라고 조언했다. 『뉴에이지 The New Age』가 시장에 매물로 나왔을 때, 오리지는 그걸 인수해서 사회주의 잡지로 만들고 싶어 안달이 났다. 그는 쇼를 별로 좋아하지 않았기 때문에(아마도 쇼가 그를 '오리지'로 부르는 대신 프랑스어처럼 '오하쥬'로 불렀기 때문일 것이다) 잭슨을 시켜서 쇼에게 재정적인 도움을 요청했다. 마침 쇼는 『시저와 클레오파트라』로 런던에서 500파운드를 벌어들인 터라, 자신과 같은 액수를 투자할 또 다른 사업가를 찾아낸다면 그들에게 그 돈을 기꺼이 내주겠다고 약속했다. 쇼는 말했다. "나는 자본가가 아닐세. 자네들은 런던의 금융가부터 덮쳤어야지." 오리지의 견해에 공감한 어느 신지론자가 필요한 돈을 지원해주겠다고 나섰다. 쇼는 약속을 이행했고, 오리지는 『뉴에이지』를 인수해 곧바로 페이비언을 비판하기 시작했다. 오리지의 표현에 따르면, 쇼에게는 웹이라는 발이 있었고 웹에게는 쇼라는 발만 빼고 다 있었다.

페이비언협회에서 가장 심각한 균열을 일으킨 사람은 쇼와 그레엄 월러스의 추천으로 1903년 2월 페이비언이 된 H.G. 웰스였다. 웰스는 입회 후 2년 반 동안 사실상 협회의 존재를 무시했다. 웹 부부는 그를 아끼고 높이 평가했다. 그들에게는 웰스가 과학을 전공했다는 사실이 그의 사회학적 열정이나 소설가로서의 명성만큼이나 매력적이었다. 쇼 역시 웰스에게 매우 다정했다. 둘은 1895년 1월 5일 세인트 제임스 극장의 『기 돔빌Guy Domvill』 초연 때 처음 만났다(그날 작가 헨리 제임스는 청중의 야유를 받았다). 웰스는 희곡에는 전혀 흥미가 없었지만 『팰맬 가제트』의 연극비평가로 활동하고 있었다. 그가 『팰맬 가제트』에 지원했을 때 마침 연극비평가 자리가 비어 있었던 까닭이다. 그곳의 편집자 커스트는 웰스에게 연극비평가로서 어떤 준비가 됐냐고 질문했다. 그는 헨리 어빙과 엘렌 테리가 나오는 『로미오와 줄리엣』과 펜리가 나오는 「개인 비서」를 봤다고 말했다. "그게 다입니까?" 커스트가 물었다. "네." 웰스가 대답했다. "그렇다면 선생은 연극계에 아주 신선한 생각을 불어넣을 수 있겠네요." 커스트는 이렇게 말하며 그 자리에서 웰스를 고용했다. 『기 돔빌』을 본 후 웰스는 쇼에게 동료로서 다가가 말을 걸었고 둘은 극장을 나와 집을 향해 함께 걸었다. 쇼는 시끄러웠던 극장 분위기를 언급하면서 객석에서나 무대에서나 그 누구도 헨리 제임스의 우아한 대사를 이해하지 못한 것 같다고 했다. 웰스는 그날 밤 쇼의 획기적인 의상-수수한 갈색 정장-에 주목했다. 쇼의 새하얀 얼굴과 새빨간 구레나룻도 인상적이었다. "그는 특유의 쾌활한 더블린 영어로 나에게 큰 형처럼 얘기했다. 나는 그가 좋았고 그 호감은 평생 지속됐다." 웰스는 피츠로이 광장에 있는 쇼의 집 앞에서 쇼와 작별하고 프림로즈 언덕 근처에 있는 자신의 집으로 걸어가면서 그들의 취향이나 성격이 얼마나 다른지를 곰곰이 생각해봤다. 실제로 그 둘은 엄청나게 달랐다.

페이비언들의 첫인상은 웰스에게 적대감을 불러일으켰다. 그는 친구와 클레멘츠 인에서 열린 페이비언 모임에 갔다가 "신탁을 주제로 한, 모래알처럼 산만하고 두서없는 발표와 끝이 안 보이는 최악의 토론을 듣게 됐다. 연설자의 사 분의 삼은 잘난 척하는 태도를 보이는 데 이상하게 집착하는 듯했다. 그들은 가족끼리 농담하는 투로 얘기했는데, 이방인인 우리 눈에는 하나도 좋아 보이지 않았다."

사실 웰스는 페이비언협회에 전혀 어울리지 않았다. 거기 어울리기에는 그의 나이가 너무-열 살 이상-어렸다. 페이비언협회를 지배하지는 않아도, 실질적으로 목소리를 내고 이끌어가는 사람들은 '원로들' 그러니까 웹, 쇼, 블랜드, 월러스, 올리비에였다. 그중 웹과 올리비에는 유능한 고위 공무원이었고, 교직에 종사했던 월러스는 타고난 일류 교육자로서 학식이 대단했다. 일단 발동이 걸리면 웰스만큼이나 거친 문학계의 모험가였던 블랜드와 쇼가 훌륭한 위원회형 인간으로 거듭날 수 있었던 것은 그러한 웹과 올리비에, 월러스 덕분이었다. 블랜드와 쇼가 협회에서 지속적으로 활동하려면 제 뜻대로만 할 수는 없고 공통의 큰 틀을 받아들여야 하며 그 틀 안에서 위원회를 꾸리면서 개인의 견해를 관철할 수 있어야 한다는 사실을, 그 셋은 알고 있었다. 원로들은 자기 자신은 물론 서로를 교육하는 데 열심이었다. 진지한 태도로 진실을 갈구했고, 서로에게 호의적이되 무지한 열정은 용납하지 않았으며, 실없는 불평과 근거 없는 두려움을 조장하는 혁명적인 웅변술을 경멸했다. 그래서 그들은 연설로 대중을 사로잡을 수 있는 쟁쟁한 논객들이었음에도, 문제의 진짜 원인을 알아낼 때까지 철저하게 고민했으며, 그 문제의 해결책을 어떤 바보도 이해할 수 있을 정도로 아주 단순하게 설명할 수 있는 단계에 도달하고 나면, 그것을 최대한 가볍게 전달하려고 노력했다. 웰스가 가족끼리 농담하는 것 같았다고 한 그러한 방식은 쇼에게서 나온 지침이었다. 쇼는 청중을 즐겁게 해줌으로써 의회 사기꾼들을 압도하라고 했다. 그에 의하면, 의회 사기꾼들의 기술은 참을 수 없이 길게 말하지만 실제로는 아무것도 말하지 않고 있다는 사실을 최대한 무겁고 엄숙한 태도로써 덮어버리는 것이다.

웰스에게는 낯설고 거슬렸던 페이비언만의 독특한 연설 방식이 페이비언협회의 평회원들에게서 나타났던 것은 쇼가 지침을 내리고 본보기를 보였기 때문이다. 그렇지만 페이비언 간부들은 쇼만큼이나 개성이 강해서 쇼를 단순히 따라하는 법이 없었다.

이런 집단에서 웰스가 뭘 할 수 있었겠는가? 그는 다른 사람들보다 열 살이나 어린 데다 위원회를 하기에는 최악의 성격이었다. 단 한마디 반박에도 버럭 화를 내며 무모한 분노에 휩싸였고, 반대편의 악행은 모조리 비난했으며, 자기가 전적으로 옳은데도 어쩔 줄 몰라하면서 잘못을 자기 탓으로 돌릴 때가 많았다. 그는 재담가로서는 재미있고 정감 가는 인물이었다. 하지만 논객으로서는 영 아니었다. 그의 불손한 태도가 공적인 자리에서는 보기 안 좋을 수 있다고 웹 부인이 지적할 정도였다. 그는 타고난 신체적 이점이 전혀 없었다. 반면, 올리비에와 월러스와 쇼는 키가 6피트(183센티미터)가 넘었고, 올리비에와 블랜드는 근육질의 거인이었다(올리비에는 월러스를 들어올려 던질 수 있었고, 블랜드는 순전히 재미로 집시와 시합을 뛴 적도 있는 숙련된 권투선수로서 의자가 세 개는 필요할 정도로 어깨가 넓었기 때문에 쇼는 블랜드 옆에 앉기를 꺼렸다). 이들 옆에 있으면 웰스는 난쟁이였다. 올리비에는 잘생기고 점잖았고, 월러스는 학구적인 영국인의 훌륭한 표본이자 런던과 미국을 통틀어 가장 인기있고 모범적인 대학 강사였다. 쇼는 1879년 대중연설가로 초라하게 시작했지만, 그 유명한 델사르트[12]의 제자였던 어느 나이든 오페라 가수에게서 '대중연설은 알파벳부터 완전히 새로 익혀야 하는 예술'이라는 것을 배우고 난 후부터는 길모퉁이에서 연습하고 음성학을 공부해서 세련된 연단예술가로 거듭났다. 그는 오페라 가수가 음계를 연습하듯 자음과 모음을 연습하는 것을 부끄러워하지 않았다. 조지프 체임벌린의 관세개혁운동에 대응하기 위해 글래스고에서 대규모 회의가 예정됐을 때는 그 2주 전부터 로치 파인 지역의 언덕에 올라 셰익스피어를 읊으며 연설 준비를 하기도 했다. 올리비에와 월러스, 블랜드, 웹, 쇼 이 다섯 명 중 자신의 연설 방식을 개선하려 하지 않은 사람은 웹이 유일했다. 웹은 만년에 내각장관이 되자 연설문을 가다듬는 수고

---

12 델사르트François Delsarte(1811-1871): 프랑스의 작곡가이자 성악과 웅변 분야의 교육자로 이름을 날렸다. 인간의 내적 세계를 동작으로 표현하는 델사르트 기법의 창시자. 미국과 독일의 현대무용에도 많은 영향을 주었다.

를 전혀 하지 않고도 의회에서 최고의 연설을 했다고, 쇼는 말했다. 그렇지만 웰스가 처음 페이비언협회에 들어왔을 무렵에도, 웹은 대단한 실력과 지식으로 좌중을 압도하는 효율적인 연사였다. 그래서 쇼의 연설 기술 같은 건 없었지만, 목소리나 자세, 스타일, 태도 등 모든 면에서 자신보다 나은 사람들도 무리 없이 이끌 수 있었다.

동료들이 이렇다 보니 웰스는 감히 끼지도 못 할 뻔했다. 그러나 그들은 모두 웰스의 글을 읽어봤기 때문에 그가 할 말이 많으며 말을 재치 있게 잘한다는 것을 알고 있었다. 웰스의 목소리는 사석에서는 매력적이었지만 공회당에서는 찍찍거리는 소리로밖에 안 들렸다. 그래도 웰스는 웰스였기 때문에 사람들은 그의 말에 귀 기울였고, 화내지만 않으면 그의 말은 언제나 들어줄 만했다. 웹처럼 평정심을 유지하고 사람들을 능숙하게 상대하기만 했어도 그는 위대한 페이비언이 됐을 것이다. 페이비언협회로서는 매우 애석하게도, 일이 그렇게 되지는 않았다. 그렇지만 웰스가 페이비언 전문가들보다 공적 활동에 재능이 없다는 걸 스스로도 알고 있었으리라 생각하면 오산이다.

그는 이스트엔드 출신의 매우 불손한 런던내기로서 겸손과는 거리가 멀었다. 자신의 정신력과 필력이면 연설 실력쯤은 아무래도 괜찮다는 것을 스스로 잘 알고 있었다. 그는 블랜드를 독수리 같은 목소리로 거만하게 구는 변두리 토리 사민주의자라고 놀리고, 교육자 월러스에게는 학자연한다고 빈정거렸으며, 격정적인 올리비에와 박식한 웹, 유능하지만 딱딱한 웹 부인도 비웃었다. 하지만 웰스가 그 누구보다 많이 빈정댄 상대는 딱히 뭐라고 규정하기 힘든 쇼였다. 웰스는 이렇게 썼다. "나는 사실을 알고 싶었다. 그리고 필요없는 것은 벗겨내고 싶었다. 만일 사실이 제멋대로 움직이면 그것을 잡아다 꼼짝 못 하게 하고 싶었다. 하지만 쇼는 사실 주위에서 춤을 추면서, 자신감 넘치는 확언으로 의도적인 장막을 만들고 그것을 사실의 참모습인 양 제시한다."

이 모든 것이 런던내기의 재미있는 농담에 불과하긴 했지만, 그 안에는 심각한 오해가 있었다. 실제로 쇼보다 사실을 좋아한 사람은 없었다. 페이비언의 원시적인 글들을 버리고, "사회주의자를 위한 사실들"만으로 새로운 시리즈를 전개하자고 주장한 사람이 바로 쇼였다(물론 그 일은 웹이 해야 했다). 계급투쟁이 실제로는 노동계급을 분열시키고 있는데 순수한 무산계급이 순수한 유산계급에 반대하는 것으로 이해하는 것은 위험한 착각이라며 계급투쟁운동에 대해 경고하고, 마르크스의 가치이론을 작살낸 사람도 쇼였다. 헤겔과 마르크스의 변증법을 영국에서는 쓸모없는 이론이라며 거부하고, 근대 사상으로서 『자본론』의 획기적인 가치는 그 철학적인 면에 있지 않고 공인된 사실들을 무기 삼아 자기합리화와 자기정당화에 빠진 자본가 계급(부르주아)에 치명적인 폭격을 가한 데 있다고 주장한 사람 역시 쇼였다. 그는 추상적인 구절이 아닌 구체적인 사례에 근거해서 끊임없이 주장했다.

더구나 쇼는 '무쇠 이론가'였다. 그는 눈앞에 보이는 사실도 생각의 지도 안에 배치하지 못한다면 아무 의미없다고 말했다. 그가 대학을 비난했던 이유 중 하나는 대학이 잡식성 기억력을 가진 배운 바보들로 넘쳐난다는 것이었다. 그런 바보들은 사실을 기억하는 능력은 뛰어나지만 그 사실들을 수집한 우표만큼도 써먹질 못한다면서 말이다. 쇼는 잊어서는 안 될 정도로 중요한 사실만 빼고 나머지는 전부 잊어버리는 본인의 나쁜 기억력을 자랑스러워했다. 역사란 하나부터 열까지 사실을 수집하는 것이라고 주장하는 독일 역사학파에 콧방귀를 뀌면서, 누구도 당대의 사실을 전부 알 수는 없으므로 그런 역사관이 실제 정치에는 하등 도움이 안 된다고 지적했다. 결론적으로, 정치인은 바람이 불 때마다 팔랑귀가 되지 않고 줏대없는 방랑자가 되지 않기 위해 반드시 정치 이론으로 무장해야 한다는 것이었다. 실제로 쇼는 이론 없이 생각하거나 가설과 귀납과 연역 없이 행동하는 것이 불가능한 사람이었다. 그가 자신은 정신적으로 유연하다며 그게 다 아일랜드의 기후 덕분이므로 영국인들도 그러한 정신적 유연함을 위해 아일랜드에서 적어도 2년씩은 살아봐야 한다고 주장했지만, 결과적으로는 길버트 체스터턴의 말이 옳았다. 사람들이 쇼가 자기모순적이고 변덕스럽다고 비판하자 체스터턴은 쇼를 변호하면서, 쇼는 아주 나이 들어도 그의 관점과 그 관점에 문제제기하는 사람을 무너뜨리려는 그의 태도만큼은 절대로 바뀌지 않을 것이라고 했다. 리카도의 지대이론, 제번스의 가치이론, (서양에서 말하는 이상적 교육인) 자유교육은 고전교육이 아닌 미학교육이라는 그의 교육론, 진화는 "창발적"이라는 그의 신생기론, 그러니까 다윈의 자연선택설이 참된 진화론은 아니라는 생각, "진화욕"이야말로 삶을 발전시키는 원동력이라는 그의 가설, 이런 것들이 그의 시나이 산이고 그의 산상수훈이었다.

그의 정신이 이런 단단한 이론들로 무장되었다는 것을 알면, 영국 사회에서 그가 총애와 찬사를 받기는 했어도 신뢰받지는 못했다는 사실이 놀랍지 않다. 그는 정치인은 항상 자기가 어디를 향하고 있는지 알아야 한다고 주장하고, 그 자신이나 동료들이 어디를 향해 가고 있는지 동료들에게 항상 설명했다. 하지만 영국인들은 그런 걸 못 견뎌 한다는 것을 알게 되었다. 그가 즐겨 인용한 구절 중 하나는 "자기가 어디로 가고 있는지 모르는 사람보다 더 멀리 갈 수 있는 사람은 없다"는 크롬웰의 말이었다. 쇼는 이렇게 덧붙였다. "만일 그 사람이 자기가 어디로 향하는지를 알았다면, 가서는 안 된다는 생각이 들었을 텐데, 그건 있을 수 없는 일이었겠지."

이런 것들이 웰스에게는 그렇게 낯설 수가 없었다. 웰스는 순수 영국인으로서 올리비에처럼 위그노계도 아니었고 쇼처럼 스코틀랜드나 프랑스 쪽 조상이 있는 것도 아니었다. 그는 경제학자도 아니었고 그 어떤 '주의자'도 아니었다. 그는 진화욕이 엄청나서 그가 갈구한 진화는 실제로는 혁명에 가까울 정도였다. 하지만 그의 진화욕은 단순하고 직접적인 열정일 뿐 삼단논법의 결론 같은 것은 아니었다. 그래서 그는 반론에 부딪히면 논쟁하는 대신 화내며 욕했다. 그는 분석하거나 비판하지 않았고(쇼는 항상 그 두 가지를 다 했다) 욕을 하거나 지지했다. 마르크스의 혁명적인 위대함을 인정하면서 마르크스를 토막낸 다음 그중에서 좋은 부분만을 취하려 하지도 않았다. 마르크스를 맹렬히 공격했고 마구 까댔으며 하찮은 능력과 비열한 성격의 소유자라고 비난했다. 계급전쟁에 관해서는—그의 책은 전부 계급전쟁에 관한 이야기였는데도 불구하고—그 존재 자체를 딱 잘라 부정했다. 스페인에서 계급전쟁이 총칼 싸움으로 번졌을 때조차도 그랬다. 그는 소설에서 가공의 인물을 창조할 때 발군의 감각을 선보였다. 하지만 자신이 싫어하는 현실의 인물을 묘사할 때는 혹독하게 풍자만 하다가 끝났다. 그가 비평적 분류를 할 수 있었다면, 그는 아마도 자신을 예술가이자 생물학자로 분류했을 것이다. 하지만 그의 생물학은 사우스켄싱턴에서 헉슬리[13]에게 배운 생물학이었다. 1906년 쇼가 페이비언들에게 다윈에 대해 강의하면서(그 강의는 후에 『메투셀라로 돌아가라』의 서문이 되었다) 신다윈주의를 내동댕이치고 바이스만의 이론을 비웃고 새뮤얼 버틀러를 따라서 (이제는 과학을 다시 형이상학으로 돌려놓고 있는) 신생기론적 견해를 밝혔을 때, 웰스는 그 새로운 견해를 검토해보려고 하지도 않았다. 쇼에게 '자연의 무자비함을 견디지 못하는 무지한 감상주의자'라며 비아냥거렸다.

헉슬리에게는 그 무자비함이 당시 과학계 공통의 적이었던 복음주의적 신을 처치할 강력한 무기였다. 그래서 생각 없이 과학과 동일시되기도 했다. 하지만 웰스는 그러한 현상에 대해 깊이 생각해 본 적이 없었고 거기서 미신적인 측면을 감지하지도 못했다. 웰스가 쇼를 과학에 무지한 감상적인 사람으로, 마르크스를 얄팍한 사기꾼 사회학자로, 나폴레옹을 사악한 삼류 건달로 일축한 것은, 재미있는 읽을거리이기도 하고 일말의 진실을 담고 있기도 하지만, 웰스는 워낙 말을 그런 식으로 하고 그게 이른바 'H.G.의 스타일'이라는 점을 감안해야 한다. 그 점은 웰스도 아주 잘 알고 있었다. 그래서 자신이 그런 식으로 불평을 늘어놓을 때는 신경쓰지 말라고 친구들에게 미리 주의를 시키기도 했다.

요컨대, 웰스는 페이비언으로서는 실패했지만, 그게 사람들과의 갈등 때문이었다고 보기는 힘들다. 그는 연단에서 원로들이 낙승을 거두는 것에 전혀 위축되지 않았다. 어느 정도 시간이 지난 후 조용히 협회를

---

[13] 헉슬리Thomas Henry Huxley(1825-1895): '다윈의 불독'으로 알려진 영국의 생물학자. 찰스 다윈의 진화론을 대중화하는 데 기여했다. 웰스는 사우스켄싱턴 왕립과학대학에 장학금을 받고 입학해서 헉슬리 교수 밑에서 생물학을 전공했다.

떠난 것은 나중에 원로들도 한 일을 그가 미리 한 것뿐이었다. 그는 그 나이에 당연히 할 법한 실수를 했다. 페이비언협회가 정부를 통제하고 혁명적 욕구를 수용하는 크고 강한 조직으로 성장하기 위해서는 오로지 젊은 피와 약간의 용기와 모험만 있으면 된다고 생각한 것이다. 원로들은 자신들의 시작이 어땠는지를 기억하고 있었기에 웰스보다는 현실을 더 잘 알았다. 그들은 페이비언협회가 임대료가 싼 사무실을 운영하고 협회 사무장에게 소정의 수고비를 제공하는 수준 이상으로 규모가 늘지는 않으리라는 것을 알고 있었다. 웰스가 기대한 웅대한 사무실, 엄청난 수익, 사회주의로 전향한 수백만 명의 회원은 한 젊은이의 꿈에 지나지 않았다. 원로들은 그걸 알고 있어서 신입회원을 모집하지도 않았다. 그들은 조용히 침투하는 사람들이었다. 웰스가 꿈꾼 페이비언협회의 미래상은 1861년 마르크스의 제1인터내셔널이었고, 원로들은 그 역사를 너무 잘 알았기에 그 가능성에 대해서는 어떠한 환상도 가질 수가 없었다. 그들은 협회가 실제로 할 수 있는 것을 했고 매우 잘했다. 그들은 웰스를 좋아했고 그의 명성을 협회의 자랑거리로 삼으려 했다. 그러나 사륜마차에 여섯 번째 바퀴는 필요없었다. 웰스 전후로 들어온 유명한 신입회원들─특히 애니 베산트와 해리어트 스탠턴 블래치 같은 여자들─은 전부 자신들이 불필요하다는 것을 알고 아직 완전히 개간되지 않은 새로운 땅을 찾아 떠났다.

페이비언 원로들도 결국에는 그 비슷한 이유로 흩어졌다. 그레엄 월러스가 제일 먼저 협회를 떠났다. 페이비언협회는 자유방임주의의 문제점을 제기하고 국영사업의 무한한 가능성을 제시하는 학문적 과업을 완수한 다음, 노동당의 의회 진출을 위한 기반 다지기에 착수했다. 그러는 동안 월러스는 자신이 어느샌가 과학적 사회주의자와는 거리가 먼 선동가들과 자꾸 엮이고 있다는 것을 깨달았다. 그래서 협회에서 나왔고, 노동당 선거운동원보다는 훨씬 자유롭게 활동할 수 있는 대학 강단을 선택했다. 1906년 이후 노동당이 의회에서 제1야당으로 자리잡게 되었을 무렵에는 화살이 이미 페이비언의 손을 떠난 후여서 페이비언들은 더 이상 할 일이 없었다. 웰스가 페이비언협회를 보며 꿈꾸었던 자금과 기회와 조직을 노동당은 전부 갖추었다. 하지만 그 돈과 조직은 노동조합의 것이지 사회주의자들의 것이 아니었다. 심지어 노동조합원 대부분은 반反사회주의자였다. 쇼는 페이비언을 대표해 예비 노동자대표위원회에 진출할 수 있었다. 하지만 초대 노동당 당수였던 키어 하디가 쇼는 중간계급이라며 즉시 위원회에서 배제했다. 페이비언 침투자들은 철저히 숙청당했다. 페이비언이 만든 국가주도산업계획은 노동당의 깜냥으로는 어림없는 일로 판명났으나, 자본가들이 그것을 정부조달 민간사업의 형태로 응용하면서 파시즘과 나치즘으로 발달하기 시작했다. 페이비언협회는 새로운 당에 흡수되었다가 그 당에 의해 질식사하고 말았지만, 이 믿기 힘든 재앙을 처음에는 실감하지 못했다. 페이비언 사무실은 여전히 문을 열었고 그 안에는 페이비언의 유령만이 떠다녔다.

페이비언 원로들은 1911년까지 협회를 지켰다. 그해 쇼는 페이비언협회에 가입한 지 27년 만에 집행위원회에서 사퇴했다. 표면상으로는 쇼가 젊은 피에게 길을 열어주는 것처럼 보였지만, 실제로는 그보다 더 어리지도 않으면서 훨씬 "안전한" 후임들에게 자리를 내준 것이었다. 그 무렵 원로들은 다른 할 일이 너무 많아져서 페이비언협회의 업무 일정을 소화할 수가 없었다. 블랜드는 유력 지역신문의 인기 있는 저널리스트였다. 올리비에는 자메이카 총독을 지내며 회계감사원장으로 가는 단계를 밟고 있었다(국가회계가 여전히 존 왕 시대에 머물러 있는 것을 보고 그는 놀랄만큼 참신한 복식부기를 도입했다). 웹은 런던주의회의 기술교육위원회 의장으로 있으면서, 런던정치경제학교를 세우고 『뉴스테이츠먼』을 창간했다. 웹과 웹 부인은 산업민주주의, 노동의 역사, 영국지방정부에 관한 기념비적인 연작으로 유럽 전역에 이름을 날렸다. 선도적인 극작가 쇼는 작품을 발표할 때마다 사회학적인 서문을 통해 페이비언 소논문에서는 다룰 수 없었던 내용을 다뤘다. 이들은 모두 웰스의 전철을 밟았다. 웰스와 다른 점이 있다면, 낡고 오래된 페이비언협회의 명목뿐인 회원직을 유지하고 꾸준히 회비를 냈다는 것뿐이었다.

쇼가 '2차 포에니 전쟁'으로 부른 2차세계대전과 함께 페이비언협회가 부활했을 때는(1차세계대전도 협회를 되살리지는 못했는데 말이다) 원로들이 정말로 연로했다. 블랜드와 월러스는 세상을 떠난 후였고, 쇼와 웹과 올리비에는 80대였다.

쇼가 한창이던 시절 페이비언협회의 역사 그리고 협회 쇠퇴와 몰락의 전조가 된 웰스 사건에 대해서는 이 정도면 충분히 다뤘다. 하지만 이 위대한 파비우스와 스키피오가 전쟁을 치르는 와중에 있었던 소규모 예비 접전들과 마지막 전투에 대해서는 좀 더 상세한 설명이 필요할 것 같다.

웰스는 페이비언협회에 가입하고 3년 뒤 벼락을 떨어뜨렸다. 1906년 2월 「페이비언의 잘못Faults of the Fabian」이라는 제목으로 원로들을 조롱하는 내용의 글을 발표한 것이다. 거기서 그는 원로회를 "응접실 모임"으로 부르며 허공에 떠 있는 사회주의를 현실에 발붙이게 해야 한다고 주장했다.

또한, 방대한 선전을 시작하고, 노동당을 지지하고, 수백 개의 센터를 설립하고, 수천 명의 회원을 유치하고, 거액을 모금하고, 전단과 소책자를 수백만 부씩 배포하고, 복음을 전파함으로써 전 세계적으로(최소한 웰스적으로라도) 페이비언협회를 알리자며 페이비언들에게 호소했다. 협회가 후퇴자 파비우스가 아니라 공격자 스키피오의 전략을 본받아야 한다는 것이었다. 그의 글은 젊은 회원들에게 열렬한 지지를 받아서, 페이비언의 정책을 전반적으로 재검토하기 위한 특별위원회가 꾸려지기에 이르렀다. 웰스는 위원회형 인물이 아니었고 논객도 아니어서 출발부터 불리했다. 하지만 그의 진취적인 방식 때문에 열성적인 회원들은 모두 그의 편이었다. 특별위원회가 보고서를 제출하고 원로들이 그 보고서에 답하면서 논쟁은 불이 붙었다. 그러는 동안 웰스는 미국을 방문했고 책도 한 권 썼다.

페이비언협회는 1906년 12월부터 1907년 3월 사이 클레멘츠 인에서 7차례 회의를 열고 특별위원회의 보고서와 원로들의 답변에 관해 논의했다. 회의장은 사람들로 가득 찼고 시끄러웠으며 먼지도 많고 혼란스러웠다. 원로들 모두가 이 논쟁에 참여했다. 웹은 고개를 숙인 채 약간 혀짤배기소리로 빠르게 말하면서 엄청난 양의 정보를 쏟아냈고, 블랜드는 프록코트를 입고 외알안경을 쓴 채 의회에서 하듯 강압적으로 말했다. 월러스는 교사가 다루기 힘든 학생들을 대하듯이 말했고, 빨간 머리의 헤이든 게스트[14]는 쾌활했으며, 키가 크고 건장한 체구에 갈색 턱수

---

14 헤이든 게스트Haden Guest(1877-1960): 헤이든 게스트 남작1세. 영국의 작가, 저널리스트, 외과의사, 노동당 정치인. 『뉴에이지』의 연극비평가로 활동했고 페이비언협회에서는 학교위생에 관한 소논문을 썼다.

염이 난 올리비에는 격식을 신경쓰지 않고 가끔 폭발했다. 웹 부인은 차갑고 위엄 있는 스타일인 데다가 바른말을 너무 자주해서 유쾌함과는 거리가 멀었다. 쇼는 기민하지만 짜증스럽고 매력적이지만 화를 유발했으며 장난기 넘치면서도 정중한 태도가 마키아벨리스러웠다. 이런 팀에 대항해 웰스가 이길 가능성은 전혀 없었다. 그의 인기가 관중의 갈채와 함성을 이끌어내긴 했지만 말이다. 그는 연설가로서는 엉망이었다. 말하면서 멈칫거렸고, 뭐라고 하는지 알아듣기 힘들 때가 많았으며, 알아들을 수 있을 때는 꽥꽥거리는 것 같았다. 앞에 있는 탁자를 주먹으로 누르고, 넥타이를 만지작거리고, 자세를 자꾸 고치고, 이야기의 흐름을 놓쳤다가 갑자기 요점을 기억해 내고, 긴 삽입구를 불쑥 집어넣었다가 원래 하려던 말로 돌아가는 데 실패하기도 하면서, 그는 웅얼웅얼했고 목소리를 높이더라도 전혀 감흥을 주지 못했다. 본인의 가망 없는 약점을 의식하면서, 웹 부부(웰스의 표현에 따르면, "돈키호테와 산초 판사")에게 짜증나고, 쇼(화난 웰스의 표현에 따르면, "섹스하지 않는 두 발 동물" 혹은 "고자 지식인")에게 질투가 난 웰스는 평정심을 잃고 감정적이 된 나머지, 거짓말쟁이, 사기꾼, 불한당, 음모자, 반동분자, 인간사회의 적 등등 한 사회개량주의자가 자신과 생각이 다른 사회개량주의자에게 갖다 붙일 수 있는 온갖 명칭을 원로들에게 무차별적으로 갖다 붙였다. 웰스의 소설『새로운 마키아벨리』를 보면 그가 원로들에게 불만을 품었던 또 다른 이유를 알 수 있다. "베일리〔웹〕가 딸 가진 아버지들에게 나를 난폭한 난봉꾼으로 얘기하고 다닌다." 그는 자서전에서 당시 자신의 상태가 별로 좋지 않았다는 것을 인정했다. "살면서 겪었던 갖가지 일들을 돌이켜 보면, 나라는 사람은 속으로 아무리 안 그러려고 해도 놀랄 만큼 어리석고 서툴 수 있다는 것을 깨닫는다. 하지만 내가 페이비언의 찻잔에 일으켰던 태풍만큼, 잘못된 판단과 거센 충동, 용납하기 힘든 허영으로 기억되어 내 마음을 괴롭히는 사건도 없을 것이다."

블랜드와 웹은 웰스로부터 거짓말쟁이니 사기꾼이니 하는 소리를 듣고 화가 났다. 하지만 쇼는 이유 있는 분노에는 상처받지 않았다. 실제로 자신은 웰스가 묘사한 것처럼 그렇게 나쁜 사람일 때가 (다른 모든 사람과 마찬가지로) 종종 있다고 고백했다. "특정 윤리 체계가 모든 인간을 거짓말쟁이, 겁쟁이, 도둑 등으로 분류하는 것에 나는 별로 신경쓰지 않는다. 그러한 윤리 체계에 따르면 나는 거짓말쟁이이고 겁쟁이이고 도둑이고 호색가이다. 나는 사람들을 속이고, 위험을 피하고, 추상적 정의가 아닌 수요공급의 원리에 따라 출판업자 및 극장운영자와 흥정하고, 상황이 허락할 때마다 나의 욕구를 마음껏 채우는 일을, 순전히 자존적인 목적에서 계획적이고도 유쾌하게 생이 끝날 때까지 계속할 것이다. 만일 어떤 신조나 체계가 그런 나의 모습을 근거로 내가 진실을 말하지도 못하고, 위험에 맞서지도 못하고, 상업적 이익을 포기하지도 못하고, 어떤 종류의 무절제한 충동도 억제하지 못하는 악한이라고 결론 내린다면, 그건 나보다도 그 신조나 체계에 훨씬 더 불리하게 작용할 것이다. 나는 여태껏 그래 왔고 앞으로도 그럴 것이기 때문이다."

확실히 쇼는 화내지 않고 협회를 분열시키지도 않으면서 웰스를 무너뜨릴 수 있는 유일한 원로였다. 하지만 그는 웰스와 너무 친하다는 의심을 받고 있었다. 그래서 웰스의 무조건적인 항복을 받아내겠다고 약속하고 나서야 그 반란자를 제거하는 일을 맡을 수 있었다. 마침내 그 날이 왔고, 파비우스와 스키피오가 싸우기 위해 마주 섰다. 파비우스가 먼저 훅 치고 들어갔다. 웰스가 투표에서 패하면 협회를 탈퇴하겠다고 협박했다는 혐의를 제기한 것이다. 웰스는 관대한 태도로 무슨 일이 있어도 탈퇴하지 않겠다고 맹세했다. "그렇다니 참으로 안심입니다." 쇼가 말했다. "이제 결과에 대한 걱정 없이 마음껏 공격할 수 있겠군요." 쇼는 본격적인 공격에 나서자 고도의 술책을 발휘했다. 웰스의 공격은 원로들의 덕성을 문제 삼는 인신공격에 지나지 않으므로, 만일 회원들이 웰스를 지지한다면 원로들더러 나가서 협회를 새로 만들라는 말이나 다름없다고 설명한 것이다. 그렇게 웰스의 총구는 막아버리고 자기 총은 장전하면서, 그는 총 한 번 쏘지 않고 협회를 제압했다. 마지막에는 희극이라는 윤활유로 긴장된 분위기를 완화했다. "아까 웰스 군은 원로들이 그의 보고서에 답변을 너무 늦게 했다고 불평했는데, 정확한 수치는 이렇습니다. 웰스 군은 10개월, 원로들은 6주가 걸렸지요. 웰스 군은 위원회와 보고서를 검토하는 동안 미국에서 책을 냈습니다. 그것도 아주 훌륭한 책이었지요. 하지만 저는 원로들의 답변서를 작성하는 동안 연극 한 편을 제작했답니다." 쇼는 잠시 말을 멈추었다. 몇 분 동안 그는 멍하니 천장 주위를 응시했다. 생각의 흐름을 놓친 것 같았다. 회원들은 꼼지락거리기 시작했다. 마침내 그가 다시 말을 이었다. "신사 숙녀 여러분, 저는 웰스 군이 '그것도 아주 훌륭한 연극이었습니다'라고 말할 수 있도록 잠시 기다렸습니다." 청중은 박장대소했다. 큰 웃음이 연이어 터졌고 웃음소리는 점점 더 커졌다. 웰스는 사람들을 의식하며 미소 지었다. 쇼는 자리에 앉았다. 파비우스가 승리했다.

페이비언협회에서 웰스는 여성참정권, 양육비 지원, 양육에 대한 사적 책임을 공적 책임으로 대체하는 것과 같은 문제들을 제기했지만 별로 주의를 끌지 못했고, 투표에서 패하고 2년 정도 지나자 협회를 탈퇴했다. 『새로운 마키아벨리』에서 그는 자신의 예전 동료들을 웃음거리로 만들었다. 전 동료들을 자신의 관점에 맞춰 살짝 비틀고 희화화해서 그렸다고, 그가 나에게 털어놓았다. 그래도 '웹이 만든 세상'은 어떤 모습일지 묘사한 부분은 상당히 설득력 있다. "만일 세상이 그들 손에 놓이게 된다면, 그들은 나무를 전부 없애고 압인한 금속으로 된 초록색 차양과 태양광 축전지를 설치할 것이다." 웰스가 나에게 말하길, "웹은 본질적으로 이류들의 근성인 지치지 않는 에너지를 갖고 있었고" 웨블렛들(웹과 비슷한 인간 유형)이 상상한 사회민주주의의 승리는 곧 공무원의 승리나 다름없었다. "우수한 웨블렛들은 신기하다 싶을 정도로 정직하고, 놀랄 만큼 능률적이며, 밝게 빛나는데, 강철처럼 번득인다기보다는 니스처럼 반짝인다. 그들은 노동자들의 국가를 위해서는 필요한 일꾼들―신뢰받는 일꾼이자 없어서는 안 될 일꾼이지만 사실상 권위적이고 지배하는 일꾼들―로서 각자의 임무를 신중하게 수행하기 위해 일사불란하게 움직이며, 때로는 깔끔하게 접힌 우산을 들어 올려서, 자신의 상상 속에서 미처 빠져나오지 못하거나 문명사회에 적응하는 법을 잊어버린 일부 튀는 시민들의 경솔한 행동을 단속한다."

논쟁

사람들은 진실을 두려워하고 비겁한 마음에서 미움이 싹튼다

페이비언협회가 쇼가 참전한 유일한 전장은 아니었다. 그는 생체해부를 옹호하는 의학자들, 예방접종 의무화 지지자들, 태양이 자가연소하고 있어서 인간은 곧 얼어 죽을 것이라고 가르치는 비관적인 물리학자들, 종합의료위원회를 전문가주의에 대한 안전장치가 아닌 그저 그런 전문가 집단으로 만들려는 부패한 의사들, 채찍마니아들(교도소, 군대, 학교에서 태형이나 매질을 허용하자고 주장하는 사람들에게 쇼가 붙인 별명)을 비롯해 그의 사정거리 안에 들어오는 모든 종류의 폐단과 싸웠다. 종교에 대한 논의는 페이비언 프로그램에서 철저히 배제되었기 때문에 쇼는 직접 종교계에 출전해 자신의 이설을 숨기지 않으면서 성당이나 비국교과 자유교회에 호의적인 설교를 하기도 했다. 그가 런던 시티템플에 초청 설교자로 나설 때마다 사원은 회중으로 가득 찼다. 세속주의자와 합리주의자들은 그의 설교를 듣고는 어떻게 자유사상가라는 사

람이 흡사 주교처럼 과학과 물질주의를 공격할 수 있는지 이해할 수 없다는 반응을 보였다. 언젠가 쇼는 이렇게 주장했다. "사기꾼에게는 사기꾼으로 대응해야 한다. 나는 과학자보다 신비주의자가 더 좋다. 자신도 잘 이해하지 못하는 것을 마치 확인하고 계량하고 측정하고 분석해서 나온 사실인 양 떠드는 사람보다는, 신비롭다고 말하는 예의라도 갖춘 사람이 더 낫다." 수년 후 그는 이렇게 썼다. "요즘 사람들은 과학이라고 하면 뭐든지 믿으려 들고 종교라고 하면 뭐든지 불신하려 든다. 나도 처음에는 그랬다. 그렇지만 결국에는 모든 과학적 진술을 철저히 의심해 보고 받아들이게 되었고, 예언자와 시인의 영감이나 계시는 경건한 자세로 헤아리게 되었다."[1]

그러니까 쇼가 보기에는 과학자들이 충분히 과학적이지 않다는 것이 문제였다. 그는 생체해부 옹호자들을 잔인한 괴물로 몰아세우기보다는 돌대가리라고 놀렸다. 그러면서 생체해부 옹호자들이 말하는 증거와 통계가 얼마나 유치한지를 밝혔다. 그들의 실험은 어떤 바보도 할 수 있는 조잡한 수준이며, 극도로 혐오스러운 실험을 하고서 그들이 발견했다는 것을 보면, 가까운 경찰관이나 치과의사나 개를 길러본 사람에게 물어보기만 해도 쉽게 알 수 있는 것들이라고 강조했다. 그렇지만 생체해부 반대자들에게는 생체해부가 쓸모없다는 증거에 너무 의존하지 말라고 경고했다. "주의하라. 그 얼간이들이 내일은 소 뒷걸음치다 쥐 잡을 수도 있다. 그러면 당신들 입장이 뭐가 되겠는가?" 그는 샌프란시스

---

1 〔저자 주〕 맨체스터 신문과의 인터뷰에서 "우리는 믿음을 잃어버렸는가?"라는 질문에 쇼는 이렇게 답했다. "전혀 아니다. 하지만 우리의 믿음은 신에게서 종합의료위원회로 옮겨갔다."

코에 대지진[2]이 발생한 것과 해군의 함대 훈련 중 판단 착오로 전함 두 척이 침몰한 사건[3]을 예로 들면서, 그 두 재난으로 철골구조의 신식 고층건물이 벽돌과 회반죽으로 된 구식 건물보다 훨씬 안정적이라는 사실과 전함이 다른 전함을 들이받으면 가라앉는다는 매우 중요한 사실이 입증됐다고 했다. 하지만 그렇다고 해서, 건축가와 건설업자가 다이너마이트로 인공 지진을 일으켜가며 재료 실험을 해도 되고, 함장이 자국 선원 수백 명을 수장시켜가며 적을 침몰시킬 방법을 시험해도 되는 그런 특권을 허용할 것이냐고 물었다. 중요한 것은, 생체해부학자들이 쓸모있는 뭔가를 발견했는지 안 했는지가 아니라, 전문 생리학자라고 해서 인간 사회의 근간을 이루는 도덕법에서 면책되어도 괜찮은지의 여부라고 주장했다. 이에 법률의 개정이나 검토를 논의하기 위한 정부자문기구인 왕립위원회가 꾸려졌다. 왕립위원회가 보고서를 내놓자 생체해부학자들은 그 보고서가 생체실험을 지지하고 있다고 주장했다. 하지만 위원회에서 잔뼈가 굵은 쇼를 속일 수는 없었다. 그는 보고서의 행간을 읽었고, 왕립위원회가 신중하게 구성된 단체인 만큼 잔인한 실험에 대한 찬성 의견은 끝내 이끌어내지 못했다는 것을 간파했다. 쇼는 외쳤다. "인간이나 동물 그 무엇을 대상으로 하건, 실험 자체를 반대하거나 반대했거나 반대할 사람이 누가 있습니까? 핵심은 그게 아닙니다. 왕립위원회는 보통사람이 하면 감옥에 갈 일을 생리학자들이 실험실에서

---

2 1906년 4월 18일 미국 샌프란시스코에서 리히터 규모 7.8로 추정되는 대지진이 발생하여 샌프란시스코의 80% 정도가 파괴되었다.

3 1893년 6월 22일 영국 해군 함대 훈련 중 HMS 빅토리아호와 캠퍼다운호가 충돌해서 타이론 제독과 358명의 선원이 사망한 사건이다.

는 감히 해도 된다고 말하지 않았습니다. 그 보고서는 생체해부학자들의 주장을 단순히 회피한 것이 아니라 완전히 박살내버린 것이라고 할 수 있습니다."

러시아 과학자 파블로프가 그 유명한 조건반사에 관한 논문을 출간하면서 그러한 싸움은 절정에 달했다. H.G.웰스는 파블로프의 논문에 열정적인 찬사를 보내면서, 만일 자기가 폭풍이 불어닥치는 부둣가에 서 있는데 마침 쇼와 파블로프가 파도 속에서 허우적거리고 있고 자신이 가진 구명튜브는 오직 한 개뿐이라면, 그는 그걸 쇼가 아니라 파블로프에게 던지겠다고 했다.

쇼는 너무나도 웰스다운 그 과언에 자극받아서 자신의 총을 있는 대로 꺼내 들고 파블로프를 공격하기 시작했다. 그는 자신과 파블로프가 사진으로는 구분이 안 될 정도로 비슷하게 생겼다는 걸 알고 파블로프가 그런 자유를 누리는 것을 도저히 두고 볼 수 없어서 나서게 되었다고 설명했다. 그러면서 웰스가 파블로프의 책을 완독했을 리가 없다고 주장했는데, 그 이유는 첫째, 그 책을 완독할 수 있는 사람은 아무도 없다는 것이었고, 둘째, 웰스 말에 의하면 파블로프의 개들은 파블로프를 좋아하고 파블로프는 개들을 절대로 해치지 않는다고 했는데, 실제로 그 책을 보면 파블로프가 개의 뇌를 반으로 가르고 타액 분비를 연구하기 위해 개의 뺨에 구멍을 뚫고 혀를 잡아당긴 과정뿐만 아니라, 개들을 "좀 더 편안하게" 해준답시고 개들이 불편함과 고통에 시달리다가 결국 "쓸모없어질" 때까지 개를 고문하고 괴롭힌 과정이 자세히 나와 있다는 것이었다. 더구나 파블로프가 그런 일을 25년이나 했는데 세상이 새로 알게 된 것이라고는, '뇌의 절반이 잘린 개는 어떻게 행동하는가'와 같이 아무도 알고 싶어하지 않는 것이라면서, 어쩌면 더 중요한 문제는 '뇌가 있는 생물학자라면 어떤 책을 써야 할 것인가'인지도 모르겠다고 했다. 저녁식사 종소리를 들으면 개가 침을 흘린다는 파블로프의 발견에 언론이 엄청난 찬사를 표하자, 쇼는 이렇게 말했다. "그 친구가 나를 찾아왔더라면, 나는 단 한 마리의 개도 고문하지 않고 25초도 안 걸려서 그 정보를 줄 수 있었을 것이다."

쇼는 언제나 그런 식이었다. 그가 논쟁에 처음 등장한 건 1880년대였다. 당시 의학계에서 유명했던 어느 생체해부 옹호론자는 생체해부 반대자인 프랜시스 파워 코브의 저서에서 몇 가지 오류를 지적했다. 쇼는 재빨리 코브 구하기에 나섰다. "문제는 그 책에 오류가 있는지 여부가 아닙니다. 당신이 과학을 조금이라도 안다면, 성경과 과학 논문은 물론 이제까지 출판된 그 어떤 책도 오류에서 자유롭지 않으며 앞으로도 그러리란 걸 잘 알 겁니다. 여기서 진짜 문제는 당신이 악당인지 아닌지의 여부입니다. 다시 말해, 당신이 도덕률을 무시하고 행동하는 사람은 아니냐는 것이지요." 상대는 몹시 분개했고 그 상태로는 토론을 계속하지 않겠다며 자신을 존중해달라고 요구했다. "거보세요!" 쇼가 말했다. "당신 말대로라면, 과학은 당신의 품위라든지 상처받은 감정 따위를 전혀 알지 못합니다. 그런데 당신이 하찮게 여기는 것들로 이의를 제기하니까, 당신은 바로 그 하찮은 것들을 늘어놓으면서 그 뒤로 숨어버리는군요." 그로부터 30년 후, 우리는 쇼가 매우 논리적이고도 침착하게 파블로프를 무자비한 악당으로 몰아붙여서 웰스가 심한 충격에 빠지는 것을 보게 된다.

쇼는 "미리 짜고 하는 짓"이라며 실험실 연구를 경멸하고, 자신이 이 문제에 관심을 기울이게 된 계기는 웰스의 초기작인 『연애와 루이셤 씨 Love and Mr.Lewisham』라고 선언해서 웰스의 심기를 불편하게 했다. 쇼는 자신이 진짜 과학적인 발견자라고 주장했다. 그의 실험실은 세상이라서 그는 사건을 통제할 수도 없고 사례를 조작할 수도 없지만, 실험실 연구자들은 결과를 요리하거나 (의도한 대로 나오지 않으면) 은폐한다는 것이었다. 실험 결과가 명백해도 그들이 받아들이지 않기는 마찬가지라고 했다. 내키지 않는데 억지로 설득된 사람의 생각은 바뀌지 않기 때문이다. 물리학자들의 실험은 방법이 잔인하지도 않고 순전히 지적이며 대개 돈벌이와도 거리가 멀었지만, 물리학자들이 그 유명한 마이클슨-몰리 실험에 대해 부정적인 반응을 보이는 바람에 쇼의 관심을 끌고 흥미를 돋웠다. 마이클슨과 몰리가 고안한 기발하고도 놀라운 장치는 빛이 지구 공전 궤도와 수직 방향으로 움직일 때와 빛이 지구와 같은 방향으로 움직일 때의 광속 차이를 입증하기 위한 것이었다. 그 장치를 통해 빛의 속도에는 차이가 없다는 것이 증명됐다. 그리하여 코페르니쿠스며 우주공간에 에테르가 퍼져 있다는 영의 가설이며 광속이며 그때까지 천체물리학의 본바탕을 이루던 것들이 펑하고 사라졌다고, 쇼는 말했다. 그러면서 자신은 "아프지도 가렵지도 않다"[4]고 했다. 실험으로 사람들이 믿고 싶지 않은 것을 믿게 되고 믿고 싶은 것을 믿지 않게 된다는 주장에 대해 그는 언제나 부정적이었다. 그의 말에 의하면 탁월한 직관이 우선이었다. 그렇게 직관한 것을 입증하기 위해 기계적인 실험을 하는 것은 직관력이 떨어지는 얼간이들의 둔한 머리를 이해시키기 위한 방책일 뿐

---

4 셰익스피어의 『햄릿』 3막 2장에 나오는 햄릿의 대사 '도둑이라면 제 발 저리겠지만, 결백한 우리는 아프지도 가렵지도 않아요'에서 인용한 것이다.

이라는 것이다. 아인슈타인은 얼마 후 마이클슨-몰리 실험을 인정하듯 얼버무렸다. 하지만 그사이 물리학자들은 명백한 결과조차 받아들이기를 거부해서 쇼의 비웃음을 샀다.

쇼는 웰스 덕분에 실험에 관해서 생각해보게 된 것처럼, 당대 최고의 세균학자이자 『의사의 딜레마』 실제 주인공이기도 했던 암로스 라이트 경 덕분에 위생에 관한 생각을 발전시킬 수 있었다. 쇼가 세인트 메리 병원에서 강연하면서 백신접종으로 질병을 극복했다는 게 사실은 위생의 효과라고 주장하자, 라이트 경은 아주 태연하게 위생의 효과는 순전히 심미적인 것이라면서 쇼의 주장을 반박했다. 쇼는 곧장 그게 탁월한 견해라는 것을 알아보고 라이트 경을 대단한 발견의 창시자로 선언하면서, 그 발견에 비하면 라이트 경의 세균 관련 업적은 아이들 장난에 불과하다고 했다. 기계론적 교육을 받고 자란 라이트 경은 당황스러워하며 자신은 그런 이설과 아무 상관없다고 항의했다. 하지만 쇼는 계속했다. "당연히 위생은 심미적입니다. 교육은 심미적입니다. 제가 왜 영국에서 가장 교육을 잘 받은 철학자일까요? 저는 교과서에서 배우려 하지도 않았고 배운 것도 없습니다. 하지만 현대음악의 명곡들은 전부 노래나 휘파람이나 콧노래로 부를 수 있고, 모든 대가의 그림은 십대에 이미 뗐거든요. 그사이 여러분은 학교 다니면서 마르티알리스의 경구 같은 따분한 쓰레기나 번역하고 엉터리 라틴어로 시를 쓰는 숙제를 하다가 베르길리우스(버질)와 호메로스(호머)의 재미도 놓치고 카이사르(시저)에 대한 흥미도 잃어버렸습니다. 그래서 여러분의 머리에 남은 건 율리시스의 정신과 (율리시스에게 모욕당해 발광하다 자살했다는) 아약스의 명예, 베토벤과 모차르트는 저녁식사 후 숙녀들이나 즐겨 듣는 지루하고 시시한 음악가라는 주위들은 이야기뿐이지 않습니까."

이 모든 것이 타협과는 거리가 멀었다. 쇼와 가장 잘 통했던 친구들-웰스, 라이트, J.B.S.홀데인 등-은 쇼가 가망 없을 정도로 비과학적이며 그와 생물학을 논하는 것은 가당찮다고 입을 모았다. 홀데인이 대놓고 그런 이야기를 하자 쇼가 곧바로 받아치기를, 자신은 심리학에 정당한 위상을 부여하려는 움직임을 주도하고 생리학을 진정한 심리생물학으로 격상시킨 스콧 홀데인(J.B.S.홀데인의 아버지)의 제자라고 했다. "나는 자네들에게 자네들의 발견이 얼마나 가치있는지를 보여주고 있는 것뿐이야." 쇼는 말했다. "그 모든 공을 왜 다 나한테 돌리려고 하나?"

"자네들"이 쇼의 친구가 아니고 쇼를 싫어하는 사람일 때조차 쇼는 그런 사람을 자기편 증인으로 부르는 노련함을 발휘함으로써 꼼짝 못하게 했다. 그 사람들은 쇼가 자기들의 업적을 활용하는 게 아무리 싫어도, 자기들이 과학계의 중요 인물로 평가받는 것에는 반대할 수가 없었다. 그리고 언제나 현실은 쇼가 말한 대로 흘러갔다. 쇼는 과학자가 아니라 극작가로 기억될 것이다. 하지만 1877년(그가 성년이 된 해)과 오늘날의 정통 과학을 비교해 보면, 주류 과학계는 항상 쇼보다 뒤처졌으며 쇼는 실제 과학자들보다 단지 더 먼저 더 멀리 내다봤을 뿐이라는 사실을 알게 된다.

그는 논쟁을 통해, 그의 가장 맹렬한 적은 그와 관점이 같은 사람들이고, 사람들로 하여금 (그들이 항상 갈망하는) 새로운 관점을 받아들이게 하기보다 낡은 관점을 깨끗이 털어버리게 하기가 더 어렵다는 사실을 깨달았다. '깨끗한 물을 붓기 전까지 더러운 물을 퍼내지 말라'는 조언은 '깨끗한 물을 붓기 전에 먼저 더러운 물을 비웠는지 확인해라'로 바뀌어야 한다고 했다. 그는 가장 새로운 신념들이 가장 오래된 미신들과 뒤죽박죽되는 것을 보곤 했다.

어떤 논쟁은 적대감을 불러일으키는 그의 특징들을 잘 보여준다는 점에서 주목할 만하다. 그가 활동하는 내내 구설에 올랐다는 것은, 모든 사람이 아무 생각 없이 목청 높여 소리치는 나라에서 그는 자기가 무슨 말을 하는지 알 때까지 쉽게 입을 열지 않았다는 뜻이다. 그에게는 비현실적인 초연함이 있었다. 인류의 대부분이 시달리는 감정에 그는 외계인처럼 초연해서 사실을 있는 그대로 진술할 때도 이상하게 거슬렸고 항상 빈정대거나 조소하는 것처럼 들렸다. 더구나 그는 스스로 사회주의자임을 공언했는데, 그게 정확히 무슨 의미인지는 아무도 몰랐지만 당시에는 사회주의자가 뭔가를 의미하긴 했다. 오스틴 해리슨이 자기가 쇼 작품에 대한 비평을 쓸 때마다 단축되거나 누락되어서 실리는 이유가 뭐냐고 『데일리 메일』측에 항의하자, 노스클리프[5] 경은 버럭 화를 냈다. "빌어먹을 사회주의자를 홍보하려고 내가 신문사를 운영하는 줄 아나!" 노스클리프 경이 진심으로 하고 싶었던 말은 "쇼, 그 악마 같은 자식"이었다. 쇼의 비평은 너무 자주 정곡을 찔렀기 때문에 어느 구제불능 희극인의 개그 정도로 무시하거나 일축해버릴 수가 없었다. 예전에 쇼는 하인드먼에게 이런 편지를 썼다. "사실 선생이 저를 알고 지낸 기간만큼 그렇게 오랫동안 누군가가 농담을 계속한다면, 그는 미친 사람이거나 농담에 일종의 진심을 담고 있는 사람입니다. 선생의 유머감각은 선생에게 전자가 맞을 거라고 속삭이겠지만, 저는 북북서풍이 불 때

---

[5] 노스클리프Northcliffe Viscount(1865-1922): 신문의 대중화에 크게 기여한 언론계 거물. 『데일리 메일』과 『데일리 미러』를 창간하고 이후 『타임스』, 『옵저버』, 『선데이 타임스』를 인수했다.

만 미친답니다."⁶ 그게 아니면, 제 의견이 그렇게 자주 거슬릴 리가 없죠."

그의 천재성은 사람들의 미움을 사기에 충분했다. 사람들은 진실을 두려워하고, 비겁한 마음에서 미움이 싹트기 때문이다. "천재는 다른 사람들보다 더 멀리 보고 더 깊이 파고들어서 도덕적 가치 기준이 남다르고, 그 특별한 비전과 가치를 자신이 가장 잘할 수 있는 방식으로 실현하는 사람이다." 천재에 대한 그의 정의는 이랬다. 이러한 정의가 그의 천재성을 전부 다 설명해주지는 못해도 75퍼센트 정도는 설명해준다고 본다. 그의 글에는 진실 말고도 사람들을 화나게 하는 요소가 있었는데, 그 점에 대해 그가 나에게 설명한 적이 있었다. "영국인들이 화를 낼만도 해. 하지만 영국인들은 내가 이방인이라서 그들이 애국심이라고 부르는 것에 선천적인 거부감이 있다는 것을 잘 모르는 것 같아. 나는 아일랜드인이라는 게 몹시 말도 안 되게 자랑스럽다고."

쇼의 그 두 가지 특징, 즉 탁월한 판단력과 외계인 같은 초연함은 1차 세계대전 이전까지 그가 썼던 어떤 글에서보다도 타이타닉호의 침몰을 놓고 코난 도일 경과 벌인 논쟁에서 더욱 분명하게 드러났다. 코난 도일이 보통사람을 대변했다면, 쇼는 달나라나 다른 행성 사람을 대변했다.

타이타닉은 영국 화이트스타 해운회사의 46,328톤 여객선으로 1912년 4월 14일 일요일 자정 직전 빙하에 부딪혔고 세 시간도 안 되어서 가라앉았다. 2,201명의 승객 중에서 생존자는 711명뿐이었다. 이내 신문은 영국인 선원과 승객의 영웅적 행위를 보도하는 낭만적인 기사들로 도배됐다. 쇼는 『데일리 뉴스 앤드 리더』에 보낸 편지에서, 타이타닉호의 선

---

6 『햄릿』 2막 2장에 나오는 햄릿의 대사. "나는 북북서풍이 불 때만 미친다네. 남풍이 불 때는 제정신일세."

424

장이 언론에서는 최고의 영웅으로 칭송받고 있지만, 사실 사고가 일어난 것은 그 선장이 의도적으로 빙원을 향해 전력 질주했기 때문이며, 선원들은 허둥대고 모두가 공황에 빠져서 처음부터 모든 면에서 대처를 잘못했으며, 여자보다 남자가 더 많이 타고 있는 구명보트들도 있었고, 물에서 허우적거리는 사람의 구조요청을 거절한 보트들도 있었다고 지적했다. 코난 도일 경은 즉각 영국 국민을 구하기 위해 달려들었다. 그는 쇼의 편지처럼 "한 지면에 그렇게 많은 거짓말이 있는 경우"는 본 적이 없는 것 같다고 했다. 그가 이처럼 쇼를 거짓말했다고 몰아붙이자 쇼는 아연실색하며 자신의 주장이 사실이라는 것을 조목조목 증명했다. 때마침 타이타닉호 침몰 사건 조사과정에서 인간의 부정적인 속성을 노골적으로 보여주는 이야기들이 새어나오자, 코난 도일은 그의 첫 번째 편지에서와 같은 고상한 언사를 유지할 수 없게 되었다. 그래서 그는 자기도 상처받았다는 식의 태도를 취하며 이렇게 썼다. "쇼는 내가 그를 거짓말쟁이로 몰아붙였다는데, 나에게 잘못이 있다면 토론 예절을 그런 식으로 무시하지 않은 것이다." 그러한 논쟁이 그들의 사적인 관계에는 어떤 영향을 미쳤는지 궁금했던 나는 도일이 쇼에게 거짓말쟁이라고 하지는 않았어도 거짓말했다고 비난한 이후 둘이 서로 만난 적이 있는지 쇼에게 편지로 물었고 그는 이런 답장을 보내왔다.

"1898년 힌드헤드에 잠시 살았을 때, 나는 걸어서 몇 분 거리에 있던 코난 도일과 그랜트 앨런의 집을 종종 방문했지. 우리는 아주 친했어. 도일이 아직 심령술에 마음을 붙이기 전이었거든. 타이타닉호 사건으로 폭발하고 나서는 개인적인 연락을 일절 하지 않더군. 내가 1898년 평화 모임에서 연설한 것이 그의 감상적 평화주의를 다소 과하게 치유했나 봐. 그가 강경 외교론자로 돌변해버렸더라고."

이쯤에서, 코난 도일에게 쇼는 이방인이 아니었다는 사실을 상기해야 할 것 같다. 둘은 모두 아일랜드인이었다. 하지만 도일은 마음씨 따뜻하고 낭만적인 가톨릭계 아일랜드인으로서 타이타닉호의 비극에 대해 상실감과 애석함, 공포 말고는 아무것도 느낄 수가 없었다. 쇼는 그런 류의 아일랜드인이 아니었다. 그에게 타이타닉호의 손실은 통계적 사실이었고 여타의 조난사고와 다름없는 조난사고였다. 쇼가 매몰찬 분노를 쏟아낸 것은 돈에 매수된 언론이 거짓말과 저속한 멜로드라마로 그가 『스타』시절 개척한 '새로운 저널리즘'의 도덕적 가치를 마구 떨어뜨리고 있었기 때문이다. 쇼를 행동하게 하는 것은 언제나 공적인 문제였지 개인적인 슬픔이 아니었다.

그 후 또 다른 대형 여객선이 침몰하면서 쇼는 또다시 논쟁에 휘말리게 된다. 1914년 끔찍한 살육과 함께 1차세계대전이 발발했다. 플랑드르에서 군 장교의 기대수명은 6주였다. 포탄을 더 달라고 요청한 우리 포대는 최대 제공 한도인 두 발이 이미 지급됐다는 대답만 들었다. 포탄을 공급하는 민간기업들이 포탄 가격을 지나치게 높게 부르는데도, 울리치 국영무기공장 노동자들은 한가하게 일손을 놓고 있었다. 민간기업에 간섭하는 것은 절대로 안 된다고 배운 사람이 당시 수상-자유당 출신 애스퀴스-이었기 때문이다. 전쟁에서 죽을 쑤고 있는 교조적 자유당원들을 물리치기 위해 노스클리프 경과 로이드 조지[7]가 나서기 전까지, 상황은 끔찍하게 흘러갔고 쇼는 그 진상을 알고 있었다. 그러나 타이타닉 사

---

7 로이드 조지David Lloyd George(1863-1945) : 영국의 정치인. 자유당 출신 수상(1916년-1922년)으로 1차세계대전 중 전시내각을 이끌었고 베르사유조약을 성사시켰다.

건을 왜곡했던 그 언론인들은 전과 마찬가지로 "참호 속에 있는 우리의 용맹스런 군인들"과 같은 기사를 계속해서 써댔다. 영국 보병대가 헛되이 부서지는 파도처럼 가시철조망에 매달리고 기관총에 대량 살육될 때마다 그들은 승리의 찬가를 드높였다. 영국 대중은 그러한 상황을 영화처럼 재미있어하며 승리의 찬가를 따라 불렀다.

갑자기 아일랜드 해안 근처에서 대형 여객선인 루시타니아호[8]가 어뢰 공격으로 침몰한 사건이 일어났다. 마침내 대중이 이해할 만한 규모의 사건이 터진 것이다. 모두가 전쟁에 열광했다. 쇼는 정반대로 향했고 이내 공공의 적 제1호로 등극했다. 이 이야기는 나중에 다시 하겠다.

---

8 1915년 5월 7일 영국 호화여객선 루시타니아호가 독일 잠수함에 격침된 사건이다.

㉗

위원회맨
영국인들이 서로 싸우고 모욕하는 것을 막느라
인생의 상당 부분을 보냈다

쇼는 아내와 최고의 오찬모임을 열어서 손님들을 즐겁게 해주곤 했지만 집을 벗어나면 사교활동이 불가능한 사람이었다. 언젠가 모리스 배링의 꾐에 넘어가 전형적인 '남자들만의 모임'에 참석한 쇼는 크로머 경에서 웰스까지 다들 나이를 불문하고 학생 때처럼 놀려고 애쓰는 걸 보며 일침을 가했다. "여러분, 여러분이 그렇게 놀려고 용쓰지만 않아도 훨씬 재미있을 겁니다." 마찬가지로, 쇼는 어느 유명 보헤미안 클럽의 초대를 거절하면서, "술이 있어야만 서로 견딜 수 있는 남자들과 저녁을 함께하는 일은 하늘이 두 쪽 나도 없을 것"이라고 했다.

"누군가의 세상에 대한 관심은 자기 자신에 대한 관심의 여분일 뿐"이라고, 『상심의 집』에서 샤토버 대위는 말한다. 쇼의 여분은 폭포수처럼 넘쳐흘렀다. 그는 웬만한 사람의 평생에 해당하는 시간을 이런저런 위원회 활동에 바쳤다. 집행위원회, 총괄위원회, 특별위원회, 분과위원회처럼 종류도 다양했지만, 정치, 연극, 행정, 음악, 문학, 역사, 고고학 등 분야도 다양했다. 그는 타고난 '위원회맨'이었고, 지속적인 훈련을 통해 완벽한 수완을 갖추게 됐다. "나는 위원회 체질이 됐어. 다시 말해, 정치인의 차분함과 냉정함을 갖게 됐고, 많은 면에서 나보다 박식하고 능력 있는 사람들을 언제나 거침없이 비판할 수 있게 됐지." 쇼는 예술사교계에 좀처럼 모습을 드러내지 않았고 동료 문인들과 어울리는 경우도 드물었다. 위원회실이 그의 클럽이자 술집이자 응접실이자 연구실이자 살롱이자 사무실이었다. 혹자는 위원회실이야말로 쇼의 진짜 집이었다고 말할지도 모른다. 팔스타프가 여인숙에서 편안함을 느꼈듯 쇼는 위원회실에서 편안함을 느꼈다. 위원회실에 있을 때 그는 잡지에서 보던 거슬리는 평론가 G.B.S.도, 극장과 연단에서 사람들을 자극하는 쇼도 아니었다. 재치있고, 겸손하고, 신중하고, 유연하고, 사려 깊은, 한마디로 안전한 사람이었다. 위원회실에서 그는 일이 되게 했다. 다수의 전문가가 충돌하면서 위험한 상황으로 치달을 것 같으면 그는 자신을 낮추거나 그의 주특기인 교묘한 훈계를 통해 피해 갔다. 갑자기 감정이 격해지는 상황이 되면 자기가 책임을 짊어짐으로써 논란을 진정시켰다. 잘못은 자신에게 있다는 것을 공통의 합의 기반으로 활용해 반대자들을 끌어안고 적대감을 누그러뜨렸다. 그러면 반대자들은 승리에 도취된 나머지 잊고 있었던 쇼의 주장이 어느새 관철됐다는 사실을 눈치채지 못했다.

27년 동안 쇼는 다른 사회주의 단체들을 모조리 궤멸시킨 논쟁들로부터 페이비언협회를 지켜냈다. 일에 대한 집중력과 철두철미함에서는 그를 따라올 자가 없었다. 홉슨은 이렇게 기록했다. "때때로 나는 쇼의 옆자리에 앉아 그의 펜이 바쁘게 움직이는 걸 지켜보곤 했다. 무언가를 적고 첨삭하고 지우는 모습이 아주 우아하고 깔끔했다. 언젠가 우리는 시정과 관련해 이도저도 할 수 없는 난감한 상황에 봉착한 적이 있는데

---

1 S.G. 홉슨 S.G. Hobson(1870-1940): 영국의 길드사회주의 이론가. 한때 페이비언협회에 가담했다가 독립노동당 창당 멤버가 됐다.

쇼는 '나한테 맡기게'라고 하더니 일주일 후 60명이 넘는 시청 서기들의 답변을 전부 분석하고 분류해서 가져왔다." 쇼는 시간 낭비를 싫어해서 무슨 일을 하든지 자신의 재치와 사람들의 지식을 최대한 동원했다. 어느 날 오후, 페이비언 집행위원회에서 쇼는 옆에 앉은 홉슨에게 상냥하게 말을 건넸다. "이보게 홉슨, 자네는 거칠고 위압적이고 말도 안 되게 불공평한 의장이야." 15분쯤 지나서는 이렇게 물었다. "그건 그렇고, 자네 스테이지 소사이어티 연례회의에 갈 건가?" 홉슨은 그럴 생각이라고 했다. 쇼는 얼마 있다가 또 물었다. "스테이지 소사이어티 의장직을 맡아보지 않겠나?" 홉슨은 그러겠다고 했다. 회의 속도를 높이기 위한 쇼의 계책이었다. 홉슨이 회의 중에는 발언자들에게 좀처럼 시간을 주지 않는다는 것을 쇼는 알고 있었다.

앞서 나왔다시피, 스테이지 소사이어티는 쇼의 작품을 여러 편 제작했고, 그는 수년 동안 스테이지 소사이어티 위원회에서 활동했다. 1905년 10월 2일 그가 리 매튜스에게 보낸 편지를 보면 그들 사이에 어떤 갈등과 어려움이 있었는지 엿볼 수 있다. 1939년 나는 쇼에게 두어 번 정도 설명을 요청했고, 그는 이런 답장을 보내왔다. "이게 뭐에 관한 편지였는지는 전혀 기억나질 않는다네. 이런 편지를 한 천 번은 썼을걸. 헥터 톰슨은 스테이지 소사이어티의 회계 담당이었고, 리 매튜스는 간부 중 한 명이었지. 피터는 리 매튜스의 똘똘한 고양이였고, 웰렌 역시 간부 중 한 명이었어. 리 매튜스는 죽었지. 그러니 아마 그의 고양이 피터도 죽었을 거야."

친애하는 리 매튜스,

나는 스테이지 소사이어티가 지옥불에 떨어지는 걸 먼저 보게 될 것 같군. 내가 왜 그래야 하지? 리 매튜스, 남자 대 남자로 묻겠네. 내가 왜 그 꼴을 봐야 하나? 대체 뭣 때문에?

한 가지는 분명하다네. 우리가 어떤 결정을 내리든 바로 그 순간부터, 웰렌의 사업 욕심과 톰슨의 불안정한 개인주의가 우리의 결정을 뒤집기 위해 가동될 걸세. 뭐, 상관없어. 정체는 곧 죽음이고, 혁신은 즐거운 것이니까. 하지만 이 게임에서 나는 그저 구경꾼이고 싶다네. 수습해야 할 상황이 있는 것도 아니고, 좋은 패가 필요한 상황도 아니질 않은가. 논의와 투표로 작품을 선정할 때를 제외하고 우리가 결정하는 일이 언제 실행에 옮겨진 적이 있었나. 나머지는 다 복불복이지 않았나. 우리가 캐스팅한 배우 중에 끝까지 간 사람이 있기를 하나, 우리가 고른 극장에서 공연된 적이 있기를 하나. 우리는 상황에 좌우될 뿐 실질적으로 할 수 있는 일이 거의 없다 보니, 조직을 바꿔보면 어떨까 하면서 조직의 뿌리를 흔드는 짓이나 반복하고 있어. 이번에는 고양이 피터한테 의장직을 맡겨보지 그러나. 남은 한 해 동안 녀석을 몰아낼 궁리를 하면서, 우리의 꿈을 실현하기에 얼룩고양이와 줄무늬고양이 중 누가 더 적합한지 얼마든지 논의해 줄 테니까.

쇼는 작가협회의 운영위원회와 희곡분과위원회에서도 활동했다. 1909년 그는 알프레드 수트로에게 긴 편지를 보내 협회의 문제점을 논의했다. "위원회를 잘 되게 할 유일한 방법은 모든 회의를 생사가 걸린 문제처럼 대하는 것일세." 그는 수트로의 위원회 활동을 말렸다. "자네는 충동적이고 거친 성격이라서 싸우기만 할 거야. 그런데 자네는 몹시 정감 가는 인상이라서 다들 잘못은 자네가 아닌 다른 사람한테 있다고 믿을 거라고." 쇼는 그 문제에 대한 가부를 일일이 따져본 다음, 수트로가 동료들과 화합하며 단체를 이끌어가려면 어떤 덕목들을 갖춰야 하는지 알려주었다. 키플링의 시 「만약에」를 응용한 것이었다.

"하지만 이 모든 것들로 미루어 볼 때, 자네는 선천적으로나 후천적으로나 위원회 스타일은 아닐세. 만약에 내가 틀렸다면, 그러니까 자네가 흔들리지 않는 인내심의 소유자라면, 이성을 잃는 법이 없다면, 사무총장 스링Thring이 무심코 자네의 감정을 상하게 하더라도 자네가 스링을 포용할 수 있다면, 귀중한 시간을 서류 작성하는 데 썼다가 그게 다 헛수고가 되는 걸 보고도 눈썹 하나 까딱하지 않을 수 있다면, 게으른 사람들이 옥신각신하지 못하도록 자네의 기지를 발휘하고 모든 악감정을 자네 탓으로 돌려서 그 상황을 잘 넘길 수 있다면, 이 모든 조언이 자네의 눈을 반짝이게 하고 자네의 입에 침이 고이게 한다면, 만약에 그렇다면, 무슨 일이 있어도 한 번 해보게. 내가 자네에게 가장 든든한 지원군이 되어주겠네. 하지만 그게 아니라면, 물러나거나 다른 사람을 설득했으면 하네."

쇼는 항상 젊은 세대와 공감했고, 젊은 세대에게 기회가 있을 때마다 자기 주장을 펼치라고 조언했으며, 신구세대 간 논쟁이 벌어지면 언제나 신세대 편을 들었다. "내 생각에, 무명작가는 유명작가보다 유리한 입장이거나 아무 입장도 아니거나 둘 중 하나라네." 그는 리 매튜스에게 이렇게 썼다. "자네가 극장운영자라고 생각해 보게. 무명작가의 작품은 당연히 하고 싶지 않겠지. 그래서 배리에게 연락해. 그런데 써 놓은 작품이 없다네? 그래서 피네로에게 연락해. 6개월을 기다리라네? 결국 카튼Carton과 몸Maugham, 심지어 쇼에게도 연락해. 그런데 아무도 준비된 작품이 없다네? 자네는 하는 수 없이 무명작가와 모험을 해보기로 해. 그러면 무명작가는 음침한 얼굴로 자네를 보면서(그가 사업 감각이 있는 작가라면 말야), 이렇게 얘기하겠지. '나한테까지 찾아온 걸 보니, 어지간히도 급하셨나 보네. 난 아무것도 아닌데. 배리랑 같은 조건으로 해주시죠.' 자네는 대답하겠지. '기가 막히는군. 이 듣도보도 못한 잡놈아. 배리가 한 편에 얼마 받는지 알아!' '뭐, 그럼 배리한테 가 보시든가요.' 한킨Hankin이 무명일 때 그런 식으로 행동했지. 그래서 베드렌과 바커가 치를 떨었어. 하지만 돈은 지급해야 했다네. 한킨은 아마 최고 대우에 가까운 200파운드의 선금을 받았을걸. 여기에서 교훈이 뭐겠나. 초보작가는 자기 작품보다 나은 작품이 시장에 있으면 자기 작품은 절대로 제작되지 않는다는 사실을 알 만큼만 겸손하면 된다는 걸세. 작가의 겸손함은 딱 거기서 멈춰야 한다는 거지."

극작가 클럽에서 기성 작가와 신진 작가 간에 시끄러운 말다툼이 있었는데, 쇼는 그에 관한 내용을 역시 1939년 나에게 상세히 알려주었다. "극작가 클럽은, 지금도 있는지는 모르겠는데, 아무튼 연륜 있는 극작가들이 모여서 만든 단체로 '이름 있는 극작가'가 아니면 받아들이지 않는 것을 원칙으로 했어. '이름 있는 극작가'는 그들 스스로 자신들에 대해 내린 정의였지. 그들은 내가 분명히 거절할 것이라는 희망을 안고 나를 클럽에 초대했어. 하지만 나야말로 극작가들을 조직화하겠다고 수년 동안 노력한 사람이었기 때문에(어떤 조직이든 아예 없는 것보다는 낫거든) 기꺼이 그 모임에 참여했고 점심모임에도 꽤 오랫동안 의무적으로 나갔지. 그들은 나를 싫어했어. 나와 입센을 불타는 용광로에 한 500번쯤 담갔는데, 그때만 좋아했을 거야. 그래도 그들은 내가 추천한 신입 후보마다 퇴짜를 놓는 것 말고는 달리 할 수 있는 일이 없었어. 나는 그들이 패거리화되는 걸 막으려 했지만 곧 포기하고 말았지. 그들은 내가 추천한 길버트 머레이에게 퇴짜를 놓으려고 했어. 그런데 그들이 극도로 두려워하는 피네로가 나타나서 가입을 허락하라고 명령한 거지. 피네로의 행동은 비난할 구석이 없었어. 하지만 그가 나에게 보낸 편지의 마지막 말은 '존경과 증오를 담아서'였다네. 그의 기분을 정확히 표현한 말이었지. 피네로는 항상 나를 좋게 생각했어. 내가 그의 기사 작위를 위해 힘썼다는 것을 조심하며 숨겼는데도 말이야. 카튼과 나는 그 패거리에서 미꾸라지 같은 존재나 다름없었지만 아주 잘 지냈고 피네로를 기쁘게 했지." 극작가 클럽 초창기에 일어난 비극적인 사건은 그들의 의사결정 방식에 문제가 있음을 드러냈다. 세인트 존 한킨은 에드워디언 스타일[2]의 촉망받는 젊은 극작가였는데, "아버지의 일생을 망친 병이 자신을 덮치고 있다는 이유로 자살"했다고 한다. 1909년 6월 23일 쇼는 수트로에게 신중함을 바라는 취지에서 다음과 같은 편지를 썼다.

"클럽에서 무슨 일이 있었는지 한킨은 전혀 몰랐을 것이라 확신하네. 그에게 얘기해줄 만한 사람이 없었거든. 아무튼 그에게 얘기했으면 기밀 누설은 물론이고 아주 고약한 짓이 될 뻔했어.

아까운 인재를 잃어서 몹시 유감스러워. 우리 중 누군가가 그와 삼십 분 만이라도 대화할 수 있었다면 그와 같은 일은 일어나지 않았을 거라고 생각하는 사람도 있을 거야. 한킨은 외모뿐 아니라 성격에도 어쩐지

---

2 에드워드 7세 시대(1901-1910)의 스타일로, 화려하고 자기만족적인 것이 특징이다.

일본인스러운 구석이 있었지. 그가 남긴 편지에 희극적 매력이 있다는 점만 빼면 그의 자살은 일본인스러운 점투성이라네. 평소의 나답지 않게 안타깝다는 생각이 자꾸 드는군. 나는 언제라도 죽을 준비가 되어 있어서 죽음에 대해 무덤덤한 편인데 말이야.

클럽에서의 그 사건으로 잠시 돌아가 보자고. 내가 입장 바꿔 생각해 보니까, 우리는 우리를 공격하는 모든 젊은이를 사면해야 해. 그렇지 않으면 쓸만한 신입을 뽑는 것이 불가능해지기 때문이지. 내가 기억하는 한, 젊은 세대가 문을 두드리는 방식은 언제나 자기들이 '극작가 패거리'라고 부르는 기득권 작가들을 맹렬히 비난하는 것이었다고. 그런디가 피네로, 존슨, 카튼과 역대 최고의 소수정예 극작가 패거리를 이루기 전에 기존 작가들을 맹비난했던 것을 나는 기억한다네. 그 패거리를 깬 사람은 다름 아닌 자네였지. 비록 내가 문서로 입증할 수는 없지만, 자네가 마테를링크 작품을 번역하던 시절, 그러니까 부유한 데다 빼어나게 잘생긴 청년이었던 시절, 자네는 한킨과 비교도 할 수 없을 정도로 가진 자들을 심하게 경멸하지 않았나. 가장 최근의 공격수는 아놀드 베넷[3]이지. 그의 『큐피드와 상식Cupid and Commonsense』 서문은 모든 면에서 가히 최고라 할 수 있지만, 끝에 가서 피네로를 비롯해 자기보다 나이 많은 작가들을 쓸데없이 모욕했다는 점이 아쉬웠어. 이제 베넷은 내가 끌어들이고 싶은 인재 중 하나라네. 그가 포터리즈(스태퍼드셔 도자기 제조업 중심지) 출신 하급 사무원의 태도를 꾸준히 견지하고는 있지만, 직장을 나왔을

---

3 아놀드 베넷Arnold Bennett(1867-1931): 영국의 문필가이자 저널리스트. 도자기 제조로 이름난 고향을 배경으로 여러 소설과 희곡을 발표했다. 대표작으로 『노처 이야기The Old Wives' Tale』(1908), 『라이시먼 계단Riceyman Steps』(1923)이 있다.

때 그는 이미 세상과 사업에 대한 지식을 갖추고 극장운영자를 두려워하지 않을 정도가 되었지. 그의 서문이 분명하게 보여주고 있질 않은가. 어쨌든, 한킨이나 베넷 같은 똑똑한 청년들을 거부하려는 원칙―과거에 적용해 보면, 그런디와 나, 베이커와 자네는 물론이고 이 클럽의 축복받은 구성원을 전부 거부하고도 남았을 원칙―은 실패할 게 뻔하다네. 그것도 그렇고, 나는 젊은 세대의 바보 같은 공격을 멈추게 하고 싶어. 그러기 위해서 가장 좋은 방법은 역량을 충분히 선보인 젊은 사자들을 클럽에 바로바로 영입하는 거라네. 버난드Burnand를 영입하기로 한 것은 잘한 일이야. 하지만 시작이 잘못됐지. 이제 한킨 덕분에 확실히 깨닫지 않았나. 우리가 버난드를 뽑아 놓고 그를 거부한 것이 얼마나 말도 안 되는 일인지. 우리가, 물론 절차적으로는 옳았네. 한킨은 베넷처럼 쓸데없는 짓을 했지. 하지만 똑똑한 젊은이들이 아웃사이더일 때는 하나같이 그렇게 행동한다는 사실을 인정해야 한다네. 우리가 그런 똑똑한 젊은이들을 받아들인다면, 그들은 피네로도 자기 동료라는 사실을 금세 깨닫게 될 거야. 따지고 보면, 사면이 일방적으로 이루어지는 것도 아니라네. 나이든 작가들은 평론가나 서문 작가 단계를 거칠 필요가 없었으니, 과거의 발언이 기록으로 남아 나중에 불리해질 일도 없었지. 하지만 나이든 작가들 역시 우리가 서로를 좀 더 잘 안다면 하지 않았을 말들을 한 번씩은 다 했을걸. 아무튼 영국인들은 그런 식이야. 나는 협회나 위원회 어디서든 영국인들이 서로 싸우고 모욕하는 것을 막느라 내 인생의 상당 부분을 보냈다네. 그래서 하는 말인데, 지난 일은 지나가게 놔둬야지, 그렇지 않으면 다툼은 전혀 해결되지 않아. 한킨이 위원회에서는 악마같이 굴었지만 실은 무척 상냥한 친구였지. 자네가 항상 기억해야 하는 게, 영국인은 논리도 기억력도 없고 다른 사람들도 으레 그럴 것이라고 기대하기 때문에, 사실상 논리와 기억력을 요하는 사회에서는 도저히 있을 수 없는 방종에 가까운 자유를 자기 자신에게 허용한다는 점일세. 자네에게 간청하건대, 클럽에서 그와 관련된 얘기는 꺼내지도 말아주게. 그러지 않는다면 자네가 클럽을 갈기갈기 찢어놓게 될 걸세."

10년이 지나 쇼는 그동안 극작가 클럽에서 형편없는 대우를 받았음에도 불구하고, 계속 동료 작가들을 위해 뼈 빠지게 봉사하기로 했다. 그러면서 수트로에게 이렇게 말했다. "극작가들은 사업 문제에 관한 한, 지상의 어리석은 양떼들 중에서도 가장 무능한 존재들이라서, 나는 최선을 다해 그 무리를 이끌 수밖에 없다네. 물론 10년 후에는 모든 공적인 일 중에서도 가장 생색 안 나는 이 일에 지칠 대로 지쳐 있겠지만."

28

정복
오늘 내가 얘기한 것은 내일이면 모두가 얘기할 것이다

1904년 봄 『칸디다』 마티네를 무사히 끝낸 베드렌과 바커가 코트 극장을 직접 경영하기로 하자, 쇼는 『브래스바운드 선장의 개종』에 엘렌 테리를 캐스팅해서 가을 공연을 시작하자고 제안했다. 베드렌과 바커는 동의했다. 쇼는 엘렌 테리에게 편지를 써서, 일단 마티네 6회 공연으로 시작할 예정이고 출연료는 의상비까지 포함해서 25파운드 이상 기대하기 어렵지만, 만일 그녀가 단 1회도 출연하지 않을 생각이라면 평생 '엄청난 거절'을 한 여자로 기억될 것이라고 했다. "누군가를 위해 그런 배역을 창조했다는 것은 전무후무한 일이 될 것이기 때문"이라며 그는 말을 이었다. "나는 당신의 체면을 위해 몸을 낮췄습니다. 로잘린드를 무대에 세우기 위해 셰익스피어가 그랬던 것처럼요. 셰익스피어는 '뜻대로 하세요'를 외치며 로잘린드를 군중 속에 내팽개쳤지만(빌라도가 손을

---

1 단테의 『신곡』 지옥편의 한 구절을 인용한 것. 지옥편 3곡 59-60행을 보면, "비겁하게도 '엄청난 거절'을 한 사람의 그림자를 나는 보고 말았다"라는 구절이 나오는데, 교황직을 최초로 거절한 첼레스티노 5세를 겨냥한 것으로 알려져 있다.

씻듯이 말이죠), 나는 진짜 여성으로서 엘렌이라는 배우의 놀라운 진면목을 진지하게 드러낼 것입니다. 다들 즐거워할 거예요. 혹시라도 대사 외우기가 너무 귀찮다면, 꿈속에서도 중얼거릴 수 있게끔 내가 한 줄 한 줄 지도해드리겠습니다."

엘렌 테리는 가을에 순회공연 일정이 잡혀 있어서 당장은 쇼의 제안을 받아들일 수 없었다. 하지만 이듬해에는 시슬리 부인 역을 맡아서 1906년 봄 공연을 준비하기 시작했다. "리허설을 기다리는데 괜히 신이 나네요. 이번에는 제가 복수할 차례입니다." 쇼가 테리에게 일렀다. "내 작품을 하지 않으려는 골치 아픈 엘렌 테리는 조금도 허용하지 않을 겁니다." 하지만 막상 리허설에서 주기적으로 마주치는 상황이 되자 쇼와 엘렌은 서로 쑥스러워했다. "글을 쓸 줄 아는 사람들끼리 글로 교제하는 완벽한 자유를 누리다가 물리적 제약 속에서 대화하게 되니 어색하고 성에 차질 않았다"고 쇼는 설명했다. 리허설은 원만하게 진행되어 그는 만족한 듯 그녀에게 말했다. "리허설에서 당신을 보니 제가 정말 잘 썼다는 것을 알겠더군요." 『브래스바운드 선장의 개종』은 1906년 3월 20일 막을 올린 이래 무려 84회나 상연되었지만 흥행 수익 면에서는 성공했다고 할 수 없었다. "코트 극장을 퍼트니 히스(런던 남서부)의 천막으로 이전해야 할 판이군." 4월에 쇼는 릴라 매카시에게 이렇게 썼다. 마침 릴라 매카시가 그랑빌 바커와 결혼하기로 하자, 그는 더 이상 가만히 있을 수 없었다. "주간 수익이 여간 수치스러운 게 아니야. 회당 수입이 겨우 67파운드 17실링 5펜스라고. 한마디로, 『브래스바운드』는 실패작이야. 자, 이제 그만 끝내지?"

엘렌 테리는 『브래스바운드』로 지방과 미국 순회공연을 다녔고 런던 공연 때보다는 훨씬 많은 수익을 올렸다. 런던 공연 후 쇼와 그녀는 거의 만나지 않았다. 그들은 스트랫퍼드온에이번에서 한 번 마주쳤고, 유명인사들에게 카메라 세례가 쏟아지던 콜리세움 극장 옥상에서 다시 한 번 마주쳤다. "내가 당신을 불편하게 하나요?" 그는 알고 싶어했다. "당신이 있으면 내가 불편해지는 이유는 알고 있습니다. 사람들이 지켜보는데, 나는 우스꽝스럽고 버릇없이 행동하고 싶어지니까요." 둘의 세 번째 만남은 엘렌이 영화 촬영 중이던 어느 여름날 엘스트리 근처에서 이루어졌다. 엘렌은 자기는 이제 주연은 기대하지 않는다고, 그가 자기에게 가정부 역을 맡겨도 기꺼이 할 거라고 했다. "가정부가 등장할 때마다 관객이 남자 주인공과 여자 주인공은 잊어버리고 가정부의 멋진 말과 행동만을 기대한다면, 내 작품이 뭐가 되겠습니까?" 그의 질문에 그녀는 말을 잇지 못했다. 둘은 거의 올 뻔했다고, 쇼는 회상했다.

그즈음 제작을 포기했던 작품 하나가 소생할 조짐이 보이기 시작했다. 1905년 6월 쇼는 포브스로버트슨에게서 편지 한 통을 받았다. 편지에서 로버트슨은 쇼가 특별히 로버트슨을 염두에 두고 쓴 『시저와 클레오파트라』보다 나은 작품을 찾을 수 없었다면서 어서 제작에 들어가자고 압박했다. 쇼는 그런 압박에 발끈했다.

존스턴 포브스로버트슨!

양보라고요! 장밋빛 입술의 아기 천사여![2] 저는 선생을 6년이나 기다렸습니다. 그런데 선생께서 저에게 양보를 요구하시다니요. 이건 아니죠. 완전히 잘못 짚으셨습니다. 참을성 없는 사람은 바로 선생이십니다. 6주

---

2 셰익스피어의 『오델로』 4막 2장에 나오는 대사를 인용한 것이다.

동안 쉬었다가 9월에 제작하자니요. 제가 휴가를 갖지 않으면 미쳐 날뛰다 죽을지도 모른다는 걸, 선생께서는 모르고 계시는군요. 석 달 동안 여행을 간다니까 그냥 노는 줄 아시나 본데, 아닙니다. 그 석 달 동안 저는 새 작품을 써야 하고, 프랑스어와 독일어로 번역된 저의 기존 작품을 여섯 편이나 검토해야 합니다. 미국에서 출판되는 옛 소설도 한 편 읽고 서문을 써야 하고요,『존 불의 다른 섬』출간도 준비해야 합니다. 얼른 써서 언론에 보내야 할 원고도 여섯 편이나 몇 달째 대기 중입니다. 빈과 베를린의 극장들이 압박하는 통에 번역가들이 울부짖고 있고, 쇼의 책을 내놓으라고 대중이 압박하는 통에 출판사들이 울부짖고 있습니다. 모두 하나같이 제가 이번 주 안으로 자기들의 부탁을 들어주느냐 마느냐에 자기들의 명예와 미래가 달려있다고 말합니다. 그러니 제가 얼마나 쉴 수 있겠습니까? 선생께서는 저더러 7월 말까지 쉬고 8월 초에 돌아오라고 하시는데, 그러면 저는 폭발하고 말 겁니다. 지렁이도 밟으면 꿈틀한다고요. 더구나『시저와 클레오파트라』는 제가 직접 리허설을 진행하지 않으면 안 됩니다. 이 모든 일에 이골이 난 선생께는 그 일을 믿고 맡길 수가 없으니까요. 선생께서는 돌아다니며 설교하고, 가엾은 이안(로버트슨의 동생이자 무대감독)을 쪼면서, 재능은 모자라도 어쨌든 캐스팅되는 바람에 주눅이 든 불운한 배우들에게는 신경도 안 쓰시잖아요.『햄릿』같은 독백극은 그래도 괜찮습니다. 하지만『시저와 클레오파트라』는 아니에요. 정 안 되면 저는 리허설 첫 주와 마지막 주에만 참석하겠습니다. 그러나 제가 없는 3개월 동안 리허설이 이루어져서는 안 됩니다. 현재로써는 리허설을 생각할 수조차 없어요. 아직 출연진도 결정하지 않았으니까요. 로지나 필리피는 가티[3]와 계약이 끝나는 즉시 무대에서 은퇴하라고 남편이 난리랍니다. 커Kerr는 놓쳤고요. 대본을 들여다보면 볼수록 루피오Rufio와 프타타티타Ftatateeta의 무게가 더 크게 느껴집니다. 뽑아서 가르쳐야 할 단역들은 말할 것도 없고 아직 스무 명은 더 캐스팅해야 하는데 말이죠. 그러니까 아무리 빨라도 12월 1일이나 돼야 시작할 수 있을 것 같습니다. 그때까지만 무위도식하고 계시면 안 되겠습니까? 스칼라 극장이 『시저와 클레오파트라』로 문을 열어야 한다는 의견에는 동의합니다. 하지만 스칼라 극장 측에서 기다리는 게 좋을걸요. 더 나은 대안은 없어 보이니까요.

잊지 마세요, 저야말로 『시저와 클레오파트라』를 하루빨리 해치워버리고 싶은 사람입니다. 코트 극장에서 줄줄이 대기 중인 작품들만 떠올려도 겁이 난다고요. 하지만 열두 달이 걸릴 것을 석 달 만에 끝내려다가 폭삭 망하기라도 하면 그게 다 무슨 소용이겠습니까.

아무튼, 이 문제는 선생 탓이 아니듯 제 탓도 아닙니다. 유쾌한 노인네 입센의 말을 빌리자면 우리는 필요한 초석도 갖추지 못한 상태입니다. 선생께서 다음 주 토요일에 리허설을 시작해 10월 10일에 본 공연을 할 수 있으면 좋겠습니다만, 우리에게는 배우가 없어요. 맥키널은 루피오 역에 전혀 어울리지 않습니다. 캘버트는 코트 극장에 몸이 묶여 있고요. 쓸만한 배우들이 다 그렇듯 말입니다.

아, 사람 끌어모으는 게 아주 지긋지긋합니다. 이번 기회에 공연장을 바꾸면 얼마나 좋을까요!

---

3   가티John Maria Gatti(1872-1929): 영국의 사업가이자 정치인. 웨스트엔드 극장경영인협회를 창설하고 초대 회장을 지냈으며, 웨스트민스터 시의원으로도 활동했다.

저는 너무 혼란스러워 뾰족한 수가 떠오르지 않습니다.

제가 이 빌어먹을 작품을 애초에 왜 썼겠습니까? 기회만 제대로 주어진다면, 저는 이 작품이 굉장한 공연이 되게 할 수 있습니다. 그러니 내년으로 연기합시다.

G.B.S.

그들은 그렇게 했다. 포브스-로버트슨은 뉴욕에서 제의가 들어와서 1906년 가을 『시저와 클레오파트라』를 뉴암스테르담 극장에서 상연할 수 있었다. 쇼는 런던에서 리허설을 지휘했다. 포브스-로버트슨은 『햄릿』을 제작할 당시 쇼에게서 더없이 유용한 조언을 많이 얻었기 때문에 『시저와 클레오파트라』의 연출 역시 기꺼이 그 거장의 손에 맡기고 싶어 했다. 하지만 쇼더러 대서양을 건너와 초연에 참석해달라고 하자 쇼는 선을 그었다. "제가 미국에 가서 선생과 함께 있으면 미국인들이 저에게 대통령을 시키려고 들 텐데, 생각만 해도 피곤합니다." 쇼는 자기 작품과 로버트슨의 연기에 만족해서 1906년 7월 13일 이렇게 썼다. "리허설을 보니 선생을 위해 제가 일을 아주 잘했다는 확신이 들었습니다. 선생께서 대사를 소화하는 만큼만 의상을 소화한다면, 시몬스는 무대 의상의 제왕이 되겠더군요. 선생께서는 『시저』로 영국 연극계에서 감히 그 누구도 넘볼 수 없는 위치에 오르실 겁니다. 햄릿 역이 6페니를 받을 정도로 흔해져도, 시저는 오로지 한 명뿐일 걸요. 추신. 클레오파트라 역시 굉장한 성공을 거둘 겁니다." 이틀 후 쇼는 조언을 담은 마지막 편지를 보냈다. "다정한 편지들을 보내주셔서 감사합니다. 리허설에서 제가 너무 성가시게 군 것 같아서 걱정했는데 다행이네요. … 지휘자가 됐든 음악감독이 됐든 음악관계자의 도움을 받아서 부치나buccina 파트는 조정을 좀 해야 할 것 같습니다. 또 한 가지 문제는 코넷입니다. 진부하고 흔해 빠진 코넷 소리는 감상적인 선율을 연주할 때가 아니면 언제나 혐오스럽습니다. (거세한 소 같은 소리를 내는) 오피클라이드를 구할 수 있다면 부치나만큼 효과적일 겁니다. 아니면 E플랫이나 B플랫 튜바를 쓰세요(선호도로 보면 B플랫이 낫겠네요). 하지만 아마도 최선의 선택은 어디서나 구하기 쉬운 테너 트롬본일 겁니다. 바흐 트럼펫처럼 몇 년 전에 나와서 이제는 대가들도 종종 연주하는 긴 트럼펫을 몇 개 구할 수만 있다면, 그거야말로 우렁찬 부치나 소리에 이어서 높게 울려 퍼지는 음을 내기에 딱이겠지만요. 아무튼, 코넷은 절대로 안 됩니다. …"

『시저와 클레오파트라』는 뉴욕 비평가들의 호평을 받았다. 하지만 쇼는 무언가 성에 차지 않았는지, 1907년 3월 21일 포브스-로버트슨에게 이렇게 썼다. "… 선생의 시저 연기에 대한 평이 저는 아직 만족스럽지가 않습니다. 몇몇 평은 매우 훌륭하더군요. 그렇지만 연기를 완전히 이해한 것 같지는 않았습니다. 무대에서 언제나 맨 앞에 서는 누군가가 있기 마련이라면, 그건 그 누군가가 선생이 시저를 연기한 것처럼 연기할 수 있기 때문입니다. 나는 사람들 귀에 못이 박이도록 이 이야기를 해주고 싶습니다.

코트 극장에서 일해 보니까, 6주 동안만 상연하고 나중에 두 번이고 세 번이고 리바이벌하는 시스템이 장기적인 측면에서 가장 경제적이라는 확신이 들었습니다. 가장 큰 장점은 흥행에 실패할 수가 없어서 작품을 억지로 접을 필요가 없다는 것이죠. 괜찮은 극장만 잡을 수 있다면 저는 여름 성수기에 웨스트엔드에서 『시저와 클레오파트라』 6주 상연을 제안하고 싶습니다. 선생께서는 그런 다음 지방으로 내려가서 금은보화를 쓸어담고 다시 런던으로 돌아와서 6주 동안 공연하시면 됩니다. 뒤이은 6주 동안은 『햄릿』이든 뭐든 선생의 레퍼토리 중 하나를 하시면 되고요. 아니면 마티네를 통해서 긴가민가했던 새로운 배역에 대중이 어떻게 반응하는지 살펴보시든가요. 미리 말씀드리는데, 이 시스템을 도입하고 나면 어마어마한 결단력을 발휘해야 할 겁니다. 매일 밤 극장이 만석이더라도 6주 후에는 반드시 공연을 내려야 하고, 매출이 떨어지든 말든 예전 작품이나 새 작품을 올려야 하니까요. 하지만 아무리 그래도, 좋은 작품을 나 때문에 접어야 하는 상황을 만드는 것보다는 낫지 않겠습니까. 그건 좋은 말을 지쳐 죽을 때까지 타는 것과 마찬가지죠.

하여튼 저는 『시저』 장기 공연을 원치 않습니다. 선생께서 앞으로 10년 동안 매년 2주씩만 공연하시면 좋겠습니다. 『시저』를 1년 내내 끌고 가다 끝장을 보는 것은 원치 않아요. 또, 처음에는 상업적인 대작으로 비춰지기보다 런던에서 최고의 연기를 감상할 절호의 기회처럼 보이는 것이 좋을 것 같습니다. 최고는 전부 이곳으로 오게 되어 있으니까요.

선생께서 배역에 질려버리거나 너무 몰두하지 않으셨으면 합니다. 로버트슨 부인께는 제가 클레오파트라 분장 사진을 보고 심하게 충격받았다고 전해주세요. 회가 거듭될수록 부인께서 살이 찌시는 것 같습니다. 이런 상황이 계속되면, 런던 공연 때는 무대 장치를 전부 바꿔야 할지도 몰라요. 문도 더 크게 만들고, 스핑크스 받침대도 더 튼튼하게 만들어야 한다고요."

그해 가을 영국으로 돌아온 포브스-로버트슨은 지방 대도시를 돌며 『시저와 클레오파트라』를 공연했고, 크리스마스 전에는 반드시 런던에

연극 『시저와 클레오파트라』의 존스턴 포브스 로버트슨(좌),

영화 『시저와 클레오파트라』의 비비안 리(우)

서 공연하겠다는 생각에, 당시 불안정한 시기를 보내고 있던 베드렌과 바커에게서 사보이 극장을 임차할지 말지 고민했다. 그런 그에게 11월 1일 쇼는 다음과 같이 조언했다.

"그러니까 『시저와 클레오파트라』를 예정대로 4주 동안 공연한 뒤 베드렌과 바커에게서 사보이 극장을 통째로 혹은 부분적으로 빌리는 것이 어떻겠냐는 말씀이시죠. 베드렌의 친구로서 말씀드리자면, 꼭 그렇게 하라고 권하고 싶고 웨스트엔드에서 성공의 전통이 깨진 적 없는 이 멋진 극장의 장점에 대해 알려드리겠습니다. 그렇지만 선생의 친구로서 말씀드리자면, 사보이 극장에는 손도 대지 말라고 조언하고 싶습니다. 요컨대, 저는 이 문제에 관해 양쪽 처지를 다 고려해야 해서 제 마음도 오락가락합니다. 하지만 사보이 극장이 진짜 은광 같으면, 베드렌이 그곳에 말뚝을 박지 극장을 팔겠다며 스트랜드 가를 헤매고 다니지는 않을 겁니다. 대본 리딩 후 미친 듯이 뛰쳐나갔다가 돌아와 제2트롬본 주자와 무대담당자를 해고하지도 않을 겁니다. 따라서 이 문제는 선생의 뛰어난 판단력에 맡기는 게 좋을 것 같습니다. 다행히 사보이 극장의 문제는 베드렌이 생각하는 것만큼 그렇게 심각한 것 같지는 않습니다. 베드렌은 홍채염으로 고생을 많이 한 데다 그동안 제대로 쉬지를 못해서 상태가 말이 아닙니다. 무대장치에 돈을 아끼지 않는 바커의 씀씀이에 겁을 먹고 광고조차 하지 않으려는 바람에 『악마의 제자』는 일종의 가족 비밀처럼 되어버렸을 정도죠. 그렇지만 이제 런던에는 매서슨 랭[4]이 교

---

[4] 매서슨 랭Matheson Lang(1879-1948): 캐나다 출신으로 영국에서 활약한 배우. 『햄릿』, 『맥베스』, 『로미오와 줄리엣』 등 셰익스피어 극을 통해 유명해졌다. 1920년대에는 『가이 포크스』(1923), 『방랑하는 유대인』(1923) 등의 무성영화에 출연해 인기를 끌었다.

수형 당하는 장면을 그린 고무적인 포스터가 내걸리고, 애덤 가 모퉁이에는 저를 광고하는 샌드위치맨이 서 있답니다. 영국 왕은 자기 가족은 물론 유럽 대륙의 방랑하는 왕족 출신들과 연예계를 후원하려 하고 있고요. 오케스트라석과 갤러리석, 3층석(어퍼서클), 발코니석의 절반도 고상하게 자리를 지키고 있지요. 문제는 일등석(스톨)입니다. 그래서 베드렌과 바커는 의회 회기 중에만 공연해야 한다는 교훈을 얻었습니다. 선생께서도 그때 공연하니까 괜찮을 겁니다. 그러나 선생의 등장으로 공연이 탄력을 받아 관객이 꽉 들어찬다고 할지라도, 제 생각에는 변함이 없습니다. 런던에서는 한 달 동안만 반짝 공연하고 지방 도시를 돌며 영광을 수확하는 편이, 런던에 줄곧 머물면서 새 작품으로 모험하거나 이미 할 만큼 한 옛 작품을 우려먹는 것보다는 훨씬 낫다는 말입니다. 솔직히 유랑생활에 따르는 피로와 우려만 아니라면, 선생께 가장 유익한 방안은 배리 설리번처럼 지방으로 가서 백만장자로 살다 죽는 것이라고 주저 없이 말하겠습니다.

샬롯이 더블린에서 선생의 『시저』를 보고 와서는 선생께 완전히 미쳐 있습니다.[5] 아내가 선생에 대해 얘기하는 것처럼 그렇게 말도 안 되게 멋있는 인간 배우는 존재할 리 없습니다. 그래서 저는 아내가 받은 감동을 개인적인 열병 정도로 폄하하고 있습니다. 하지만 선생의 시저가 런던의

---

5 (저자 주) 샬롯 쇼 부인은 『시저와 클레오파트라』를 보고 로버트슨에게 1908년 10월 13일 편지했다. "어젯밤 제가 시저를 보고 얼마나 깊이 감동받았는지 선생을 직접 뵙고 말씀드리지 못해서 정말 유감입니다. 선생의 연기는 제가 이제까지 본 연극무대를 통틀어 최고였습니다! 제가 아는 단어를 전부 동원해도 표현할 수 없을 만큼 감정이 북받치고 마음이 동요됐어요. 제 남편 작품의 등장인물 중에 제가 제일 좋아하는 인물을 연기해주셔서 진심으로 감사드립니다. 사람들은 완성된 작품을 보며 선생께는 연기가 쉬울 것이라고 생각하겠지만, 저는 그처럼 수준 높은 연기를 하기 위해 선생께서 얼마나 많이 고민하고 연구했을지 잘 알고 있습니다."

지금 세대는 한번도 본 적이 없는 종류의 파문을 일으키리라는 것을 전혀 의심하지 않습니다. 사실, 연극의 위대한 유파가 완전히 수면 아래로 가라앉으면서 대중이 그것을 감지하는 데 둔해졌다는 게 문제입니다. 시저가 처음에는 사람들을 혼란스럽게 할 겁니다. 하지만 조금만 시간이 지나면 그러한 혼란은 사라지고 작품의 가치가 꾸준히 높아질 겁니다. 제가 유일하게 걱정하는 것은 선생께서 그 작품에 완전히 사로잡힌 나머지 다른 일을 전혀 하지 못하는 것입니다. 최근 풀햄의 그랜드 극장에 갔다가 『브래스바운드 선장의 개종』에 출연한 엘렌 테리를 보고 그런 두려움이 생겼습니다. 엘렌 테리를 비롯한 연기자들은 매일 밤 자기 배역을 진저리가 나도록 반복하다가 눈에 뵈는 게 없어지고 정신이 나간 듯했습니다. 얼굴이 발그레한 젊은 남자주인공은 혈색 좋은 체로키 인디언 족장처럼 보이더군요. 사납게 소리 지르며 손에 닿는 사람마다 모조리 머릿가죽을 벗겨버리고 싶은 걸 간신히 참고 있는 눈치였습니다. 엘렌 테리는 참으로 대단했어요. 실제로 시슬리 부인이 되어 있더라고요. 코트 극장에서 공연할 때처럼 제가 쓴 대사를 기억해내느라 애쓰는 것 같아 보이지도 않았습니다. 그저 시슬리 부인의 삶을 살면서 자기 머릿속에 떠오른 대로 얘기하는데, 제가 쓴 대사보다 훨씬 낫더군요. 순간 이런 생각이 들었습니다. '세상에나! 포브스로버트슨에게도 이런 일이 일어나서 그가 햄릿을 더는 연기할 수 없게 되면 어쩐다!' 그러니 이미 너무 늦은 게 아니라면 정신 바싹 차리시기 바랍니다.

제가 버밍엄에 가지 못하는 이유는 설명해 드렸습니다. 하지만 어찌 됐든 제가 갔어야 한다는 생각이 들기도 합니다. 저는 선생의 『시저』를 런던에서 처음으로 보고 싶다는 나름의 꿈이 있습니다. 제가 바커와 선생을 보러 내려가 봐야, 베드렌과 바커와 쇼의 빛나는 후광과 일류 극장의 든든한 지원사격 없이도 선생이 충분히 훌륭한 배우라는 사실만 확인하게 될 것 같았습니다. 그래도 처음에는 그냥 가봐야겠다고 생각했어요. 속에서 뭔지 모를 반감이 일어나는 걸 의식하면서 말입니다. 결국 저는 바커에게, 내가 절대 가나 보라고 했지요. 그러자 바커처럼 그렇게 뛰어난 청년조차 저와 비슷한 심정인 것 같더군요. 그는 코트 극장에 소속된 수많은 일류 배우들이 상대적으로 실력이 달리는 선생 극단의 배우들로 대체된다면, 코트 소속 배우들이 놀면서 봉급을 따박따박 챙겨갈 것이고, 그게 본인이나 베드렌에게는 견디기 힘든 상황이 될 것이라고 했습니다. 그렇지만 저는 리허설 몇 번 하고 무대에 오르는 코트 극장 배우들보다 그간 계속 연습해 온 선생 극단의 배우들이 훨씬 잘할 것이라고 가정할 수밖에 없네요."

『시저와 클레오파트라』는 11월 25일 사보이 극장에서 상연됐고, 12월 12일 쇼는 로버트슨 앞으로 급하게 휘갈겨 쓴 쪽지에서 "어젯밤 서둘러 나가서『시저』를 거의 다 봤습니다"라고 한 뒤 그에게 무료출입자 명단을 없애버리라고 조언했다. 무료관객들은 좋은 작품과 연기를 좋아하지 않는다는 것이 그 이유였다. 한편으로 그는 다른 배우들이 너무 노래하듯이 연기한다고 지적했고, 흥행 성적이 기대에 못 미친다며 유감스러워했다. 또 이렇게 덧붙였다. "사람들이 한동안은 망설이겠지만『시저』에서 벗어나기는 힘들 겁니다. 지금 반경 200마일 이내에 이만한 공연은 찾아볼 수 없거든요." 그는『시저』가 6주 동안 잘 버텨준다면 그사이 "같은 악기를 위한 다른 솔로"를 써 보고 싶다고도 했다. 캐스팅이나 연출 면에서 다소 촌스러웠던『시저와 클레오파트라』는 대박을 터뜨리지 못했다. 쇼는 1908년 1월 31일 줄리어스 시저에게 조의를 표했다.

"『시저』로 선생보다 제가 득을 더 많이 본 것 같아서 부끄럽습니다. 하지만 낡은 스핑크스를 굴다리 안으로 밀어넣고 구름이 걷힐 때까지 기다리는 것 말고는 달리 할 수 있는 일이 없어 보이네요. 돈이 적당히 들어가는 공연 같으면 계속하라고 말씀드리겠습니다. 끈질기게 주입하면 관객은 꾸준히 늘 작품이니까요. 하지만 현실적으로 관객 교육에 쓸 수 있는 비용은 제한적이니, 이제 그만 잊어버리시고 작가를 용서하세요. 좋은 의도에서 한 일이랍니다.

짜증나는 건, 『시저』를 상연할 때 제대로 보지 않고 최악의 불평만 늘어놓던 사람들이 이제와서는 그게 정말 대단한 작품이었다고 태연하게 지껄인다는 겁니다. 마치 자기들이 그 작품의 진가를 처음 알아보기라도 한 것처럼 말입니다. 뭐, 한두 해 정도 『시저』 없이 지내보라고 하세요. 그동안 선생께서는 그런 사람들을 상대로 돈이나 버시고요. 엿이나 먹으라죠!

워클리가 이끄는 『프레스』가 1894년 『무기와 인간』 때처럼 『시저와 클레오파트라』에 대해 '오펜바흐, 메이약, 알레비의 오페라부프(희가극) 같다'고 했더군요. 이제 『무기와 인간』은 걸작이 되었습니다. 그러니 1920년에는 『시저와 클레오파트라』가 걸작이 될 겁니다. 우리 둘 다에게 좋은 일이죠?

아무튼, 하길 잘했습니다. 이 작품이 다른 배우들을 전부 선생 뒤로 보냈습니다. 즉, 무대에 대한 원래의 시각을 복구함으로써 성격 배우는 전경과 배경 사이에 자리하게 하고 고전 배우는 지평선 위의 태양처럼 보이게 했습니다.

물론 흥행 성적은 그리 대단하지 않았습니다. 하지만 은행금리가 7퍼센트인 마당에 다른 극장들 사정은 어땠는지 아십니까? 사람들이 선생을 제일 부러워했습니다.

시간만 있으면 선생과 부인을 위한 작품을 하나 쓰고 싶네요. 부인을 어떻게 써야 할지 아는 극작가에게는 부인이 스페이드 에이스나 다름없거든요."

쇼의 예언은 맞아떨어졌다. 『시저와 클레오파트라』는 상연을 거듭할수록 호응도 커져서 지방 도시를 방문할 때마다 관객이 늘었고, 1913년 포브스로버트슨이 드루리 레인 극장에서 고별공연하는 동안에는 날마다 극장이 꽉 찼다. 이 고별공연 기간 동안 1막과 4막의 1장은 빼고 3막은 되살렸으며 태양신 '라'의 프롤로그를 특별히 덧붙였는데, 이 프롤로그와 관련해 쇼는 1913년 8월 29일 로버트슨에게 다음과 같이 썼다.

"선생의 7월 30일 자 편지를 받은 이후로 정신이 산만하고 머리가 둔해져서 도저히 답장할 엄두가 안 났습니다. 그럼에도 답장해야 한다는 걱정은 했지요. 프롤로그는 배경이 되는 나라의 역사에 맞게 써야 합니다. 고백하건대, 저 역시 프롤로그는 선생께서 직접 해야 한다고 생각합니다. 시저 역을 콜보이에게 맡기는 한이 있더라도 말입니다. 월요일에 『안드로클레스』를 무대에 올리고 나면, 그 프롤로그를 어떻게 할지 한 번 더 들여다 보겠습니다. ……

저는 선생을 주인공으로 염두에 두고 마호메트에 관한 50분짜리 촌극을 쓰고 싶습니다. 선생께 밀려드는 신작의 수를 줄이고 싶다면 은퇴 선언만한 게 없긴 하죠. 선생께서 은퇴를 고집하실 경우 걱정되는 건, 거트루드가 선생의 자리에 상상도 못 했던 바보를 데려다 놓고 기존 레퍼토리를 계속 반복하며 다니는 겁니다. 그녀가 근신 비슷한 거라도 하도록 선생께서 무슨 조처를 할 수는 없는 겁니까?"

포브스로버트슨의 공연이 끝나자 가뜩이나 좋지 않았던 사보이 극장의 상황이 더욱 악화되었다. "바커는 점점 연기에 대한 의욕을 잃어가고 있고, 베드렌은 연기만 빼고 다른 모든 것에 대한 의욕을 잃어가고 있어서, 점점 힘들어지고 있다네." 쇼는 리 매튜스에게 불평했다. "베드렌을 무대에 세우고 바커를 무대에서 내려가게 할 수 있다면 내가 세상을 놀라게 할 걸세. 지금 상황은 이러네. 『무기와 인간』을 순전히 막무가내로 밀어붙여서 압류 집행인들이 들이닥치는 상황을 모면하고 났더니, 무리한 사용으로 얽히고 꼬인 내 신경줄이 호니먼 양에게 가서 매달리려는 걸 어찌할 수가 없더군. 미국이 바커를 버릴 경우를 대비해 그를 위한 무대라도 지켜내야 했거든." 애니 호니먼은 『칸디다』로 순회공연을 진행하려고 했다. 1908년 11월 바커가 병을 심하게 앓았을 때, 그의 동업자 베드렌이 어떤 상태였는지는 쇼가 리 매튜스에게 보낸 편지를 통해 엿볼 수 있다. "바커는 장티푸스를 어이없게도 유행성 감기로 진단받는 바람에 된통 고생했지만 이제는 거의 회복했을 거야. 그런데 『양심의 소리The Voice of Conscience』에서 자기가 좋아하는 배역으로 빙의한 베드렌이 새벽 2시에 릴라(바커의 아내)에게 전화해서 소식을 전하고는 잊을 만하면 다시 전화를 걸어 그녀를 깨우고 그녀가 있을 자리는 죽어가는 남편의 침대 옆이라고 고래고래 소리쳐대질 않았겠나. 그런 베드렌보다 더 끔찍한 바보는 어떤 풍자작가도 상상해내지 못할 걸세. 현재 일이 뒤죽박죽된 상황에서, 나는 급박한 편지들을 무력하게 날려 보내며 유럽과 미국을 좌절시키고 그들에 대해 잊어버리려 하고 있다네. 바커 소식은 실감도 안 났어. 설사 그가 죽었다고 해도 내가 보기 전까지는 믿지 못할 걸세. 나는 중국 황제를 위해서도 눈물 한 방울 흘리지 않았다고."⁶

아무리 지적인 관객이라도 무료입장객은 연극을 살릴 수 없다는 교훈을 남기고, 베드렌-바커의 공동경영 체제는 막을 내렸다. 쇼는 돌아다니며 연극 광고를 해주겠다는 사람들에게 좌석을 무료로 제공하는 관행을 늘 못마땅하게 여겼다. 『아무도 몰라』를 상연 중이던 코로넷 극장에 우연히 들렀다가 극장운영자에게 거세게 항의한 적도 있다. "제가 박스석에서 보니까 극장이 만석이었습니다. 그런데 수입을 따져보니 극장이 3분의 1밖에 차지 않은 것으로 나오더군요. 코로넷 극장은 말 그대로 '무료입장권으로 도배된' 극장이었습니다. 이제 입장료를 완불하지 않으면 누구도 제 작품을 볼 수 없다는 것을 사람들에게 알리세요. 만일 극장이 3분의 1만 차게 되면, 포스터에 이런 쪽지를 붙이셔도 됩니다. 표 한 장을 사면 자리 세 개를 차지할 수 있어서 지팡이나 우산, 코트를 올려놓을 수 있고 심지어는 발을 올려놓고 편안하게 감상할 수 있다고요."

작품이 잘 되든 안 되든, 쇼는 언제나 유쾌하고 활력이 넘쳤다. 몰스퍼드의 더 비틀 앤드 웨지The Beetle and Wedge에서 주말을 지낼 때면, 페더링⁷ 따위는 생략하고 빠르게 노를 저으며 템즈 강을 따라 내려가기도 했고, 물속에 풍덩 뛰어들어 왠지 모를 위안과 다른 세상에 있는 듯한 기분을 느끼기도 했다. 때로 그는 외유를 떠났다. 1908년 7월 포브스-로버트슨에게 보낸 편지의 발송지는 바이로이트였다. "유감스럽게도 오늘은 저

6   청나라의 마지막 황제 부의가 이 무렵(1908년 12월) 2세의 나이에 황제로 즉위했다.

7   조정에서 다음 스트로크를 위해 노의 블레이드를 수면과 평평하게 회전하는 동작.

의 쉰두 번째 생일입니다. 선생께서 이런 우울한 사실에 대해 축하하지 않는 신사다운 감정을 갖고 계셨으면 좋겠습니다. (너무 어려서 이해력이 떨어지는) 어느 미국인이 저에게 생일 선물로 진주 스카프 핀을 하나 보내왔더군요. 저는 스카프 핀을 하지 않습니다. 언제든 중고 진주 스카프 핀을 합리적인 가격에 사실 의향이 있으면 말씀하세요. 맥베스가 썼을 법한 물건이랍니다. … 여기 군중은 참으로 비위에 거슬립니다. 바그너리안의 관점에서 보면 커다란 아이러니죠. 제 아내가 선생께 안부 전한답니다. 사모님께는 제 안부를 전해주세요."

쇼 부부는 여름 휴가를 두 해 연속 메바기시에서 보냈다. 1907년에는 로버트 로레인이 합류했다. 그들은 쇼의 조그만 맥스웰 자동차를 타고 여기저기 돌아다녔고, 쇼는 근심 없는 남학생처럼 돌아다니며 수없이 사진을 찍어댔다. 이듬해 여름 로레인은 쇼 부부와 함께 약 두 주 정도를 웨일즈 지방의 란베더에서 보냈다. 그들이 언덕을 따라 오래 걸을 때면 쇼는 쉴 새 없이 떠들었다. 그는 아침식사 전에 산책하고 밤 10시 전에 자 버릇했다. 다들 일찍 일어났다. 7시에 저녁을 먹고 나면, 쇼 부인은 거실에서 철학책을 읽었고 쇼는 벽 귀퉁이에 앉아 책을 읽거나 글을 썼으며 로레인 역시 책을 읽었다. 아침 10시 30분이 되면 어김없이 수영했다. 쇼는 어느 예사롭지 않은 아침에 일어난 사건을 얘기해줬다. "란베더에서 로버트 로레인과 멱을 감고 있는데, 조류의 방향이 바뀌면서 바다로 휩쓸려 가게 됐어. 5분에서 10분 동안은 그렇게 휩쓸려 내려간 것 같아. 나는 헤엄치다가 완전히 지쳐버렸어. 그러다 마지막으로 힘껏 발을 찼는데 돌에 부딪히더군. 그래도 '하느님 감사합니다'보다는 '젠장!'이라는 말이 튀어나오더라고. 우리는 물이 무릎까지 오는 단단한 땅 위에

서게 됐어. 나는 거기가 모래언덕이라고 생각했는데, 나중에 원주민들 말로는 버려진 둑길이라고 하더군. 아마도 미국 쪽으로 낸 길이었을 거야. 나는 조류를 거슬러 수영하는 것이 아무 소용 없다는 걸 깨닫고 열린 마음으로 생각을 가다듬으려고 했지. 구조에 대한 기대를 버리고 나니(냉정한 판단이었지) 두 가지 생각이 들더군. 하나는 번역가들과의 계약에 관해 유언장에 전혀 언급해 놓지 않았다는 거였고, 다른 하나는 내가 왜 점심을 먹으러 오지 않는지 아내가 걱정할 텐데 하는 거였어." 쇼와 로레인은 무사히 육지에 도착했고, 쇼는 "큰일 날 뻔했네"라고 말하며 모래사장용 캔버스화를 신으러 갔다.

쇼가 1907년에서 1911년 사이에 쓴 작품들은 큰 시선을 끌지 못했다. 1908년 헤이마켓 극장에서 초연된 『결혼』과 1910년 듀크오브요크 극장에서 초연된 『어울리지 않는 결혼』은 모두 쇼가 '중요한 기초'라며 항상 강조했던 아리스토텔레스의 삼일치 법칙[8]을 과감하게 실험한 작품이다. 두 작품 모두 예외적으로 길었고(일반적인 3막극보다 한 시간 정도 더 길었다) 장소와 시간의 통일성이 유지되었다. 커튼을 두 번 내린 것은 순전히 관객의 편의를 위해서였다. 커튼이 올라가면 등장인물들이 커튼이 내려오기 전의 상태 그대로 있었고, 그들의 대화 역시 마치 중단된 적이 없었다는 듯 계속됐다. 두 작품 모두 플롯 비스름한 것은 찾아볼 수 없었다. 그저 주교 관저에서의 하루, 서리 빌라에서의 하루를 보여줄 뿐이었다. 무대장치와 의상에 들어가는 비용이 줄자 경영진은 기뻐했다. 하

---

8   아리스토텔레스가 『시학』에서 논한 고전극의 법칙. 1. 시간의 통일Unity of Time: 모든 사건이 24시간을 넘겨서는 안 된다. 2. 장소의 통일Unity of Place: 모든 사건은 한 장소에서 일어나야 한다. 3. 행동의 통일Unity of Action: 일정한 길이의 완결된 행동을 모방해야 한다.

지만 평론가들은 연극이 아닌 장광설이라며 비난했고, 쇼는 평론가들에게 장광설이 아닌 연극이 있으면 말해보라면서 설마 발레를 기대했냐고 응수했다. 그는 그러한 작품들을 인물의 대비와 갈등, 재치있는 대화를 기반으로 하는 고전적인 코미디로 소개하는 대신, '논의'나 '대화' 등으로 부르면서 이런저런 함정을 팠고 평론가들을 도발했다.

『결혼』은 시드니 그런디가 구식 연극을 몰아낸 헤이마켓 극장에서 지식인층을 상대로 어느 정도 성공을 거두었다. 평론가들이 대부분 쇼의 함정에 걸려들면서, 삼일치 법칙이 승리했다. 쇼가 삼일치 법칙으로 회귀하게 된 것은 길버트 머레이가 번역한 유리피데스 작품의 영향임을 부인할 수 없다. 유리피데스 작품을 상연함으로써 베드렌과 바커의 코트 극장은 차별성-쇼의 표현대로라면, 가장 고상한 차별성-을 지니게 되었다.

『어울리지 않는 결혼』은 운이 따라주질 않았다. 런던에서 듀크오브요크 극장을 운영하던 미국인 찰스 프로먼은 옆에서 배리와 바커가 바람을 넣자 그 극장을 대형 레퍼토리 극장으로 전환할까 고민했다. 그는 혹했지만, 바커의 『마드라스 하우스』와 골즈워디의 『정의』, 쇼의 『어울리지 않는 결혼』, 배리와 피네로와 쇼의 단막극 세 편 동시 상연을 지켜보면서 놀라움도 커졌다. 전에 본 적도 없고 상상해 본 적도 없는 그런 연극들을 하나하나 감상하며 잠시 넋이 나갔다가 흥행 수익을 따져보고는 정신이 번쩍 들었다. 프로먼은 고급 드라마로 평균 120파운드의 이익을 거둔다는 게 대단한 일이라는 확신은 들었지만, 자신은 바커가 절대로 따라올 수 없는 규모의 사업을 해야 한다고 믿었기 때문에 '레퍼토리'라는 말을 기억에서 지워버리려고 애썼다.

이후 쇼는 『블랑코 포스넷의 출현』과 함께 노골적인 멜로드라마로 되돌아갔다. 1909년 3월에 완성된 『블랑코 포스넷』은 어린이를 위한 자선공연으로 국왕 폐하 극장His Majesty's Theatre에서 상연될 예정이었으나, 『어울리지 않는 결혼』이 프로먼을 공포에 떨게 했던 것 이상으로 『블랑코 포스넷』은 당시 국왕 폐하 극장 운영자였던 비어봄 트리를 질겁하게 했다. 사실 블랑코 역은 비어봄 트리를 위해 탄생했고 그에게 안성맞춤인 배역이었는데 말이다. 비어봄 트리는 궁내장관이 신성모독적이라는 이유로 『블랑코 포스넷』 상연을 불허한 덕에 한숨 돌리게 되었다. 『블랑코 포스넷』은 쇼의 말대로 정말 종교적인 작품이었다. 공적인 항의가 있었음에도 그레고리 부인은 1909년 8월 더블린의 호스 쇼Horse Show 주간에 그 작품을 애비 극장 무대에 올렸다. 쇼는 톨스토이에게 『블랑코 포스넷』을 한 부 보내면서 다음과 같이 썼다. "제가 보기에 신은 아직 존재하지 않습니다. 하지만 신의 지식과 능력을 갖춘 실행기관으로 진화하기 위해-한마디로, 전지전능한 경지에 도달하기 위해-끊임없이 분투하는 창조적 힘은 존재합니다. 세상에 태어난 모든 남자와 여자는 그러한 목적을 달성하려는 새로운 시도나 다름없습니다. … 우리는 신을 돕기 위해, 신의 일을 하기 위해, 신의 예전 실수를 바로잡기 위해, 우리 스스로 신이 되고자 노력하기 위해 이곳에 왔습니다." 톨스토이는 『인간과 초인』을 보고 쇼에게 진지함이 부족하다고 불평했다. 쇼가 가장 중요한 순간에 사람들을 웃게 만든다는 것이었다. "그러면 왜 안 되죠?" 쇼는 천진난만하게 되물었다. "유머와 웃음이 파문당해야 하는 이유가 무엇입니까? 만일 이 세상이 단지 하느님의 농담에 지나지 않는다면, 후진 농담보다는 재미있는 농담을 하려고 노력해야 하지 않을까요?" 쇼의 이런 대답 때문에 톨스토이는 "괴로운 기분"이 들었다. 톨스토이는 재미있는 농담이든 후진 농담이든 본인이 농담의 일부라는 것을 도저히 받아들일 수가 없었다. 유감스런 일이다.

『블랑코 포스넷』을 끝내고 쇼는 부인과 자동차로 알제리를 여행했고, 그 와중에『오려낸 기사들』이라는 짧은 시사 풍자극을 썼다. 이 작품 역시 검열을 통과하지 못했다. 하지만 여성참정권론자들이 클럽을 결성하고 회원들을 대상으로 '사적인' 공연을 하는 편법을 동원하면서 제작될 수 있었다.

같은 해, 궁내장관은 여주인공이 무대에서 자꾸 옷을 벗으려고 한다는 이유로 마테를링크의『몬나 반나』공연을 금지했다. 나체주의자들은 즉각 시끄럽게 들고 일어났고 의회는 검열 문제를 재고하기 위한 위원회를 구성했다. 쇼는 엄청난 분량의 소책자를 제출해서 위원회를 마비시켰고 증인으로 출석해 위원회를 제압했다. 여기서 흥미로운 것은 증언을 통해 드러난 그의 법의식이다. 사례는 하나로 족할 것이다. 그가 "현재 영국의 검열제도하에서 이루어지는 공연 중 상당수가 성적 욕망의 자극을 목적으로 한다"고 주장하고, 의장이 말한 "성적 부도덕"이라는 용어를 "성범죄"로 바로잡자, 의장은 그에게 다음과 같이 질문했다.

"그러니까, 극장이 종교적·정치적 표현에 있어서는 검열에서 자유로워져야 하지만, 무대에서 성범죄를 조장하는 경우에는 기소 대상이 되어야 한다는 말입니까?"

"아닙니다." 쇼가 대답했다. "그건 인정할 수 없습니다. 성범죄를 조장한다는 이유로 기소할 수 있다면, 여주인공이 예쁜 모자를 썼다거나 그냥 예쁘다는 이유만으로도 극장운영자를 기소할 수 있게 됩니다. 저는 명확하게 규정되지 않은 법은 무조건 반대합니다. 성범죄를 조장하는 행위가 무엇인지 명확하게 규정될 수 있다면 그런 법을 만들어도 되겠죠. 하지만 성범죄를 조장하는 행위가 특정되지 않은 상황에서 그런 일반법을 정한다는 것은 도가 지나칩니다. 어떤 여인이 단지 세수를 하거나 멋진 옷을 차려입거나 그 비슷한 무언가를 하기만 해도, 그 여인을 사모하는 누군가가 '나는 성범죄를 저지르도록 조장당했다'고 주장할 수도 있지 않겠습니까. 이런 식의 일반화는 너무나도 위험합니다. 법조인이라면 그런 법을 절대로 용납해서는 안 된다고 생각합니다."

쇼는 자신의 개인적인 불만을 요약해서 진술했다. "검열관은 어떠한 법적 제재도 받지 않고 저의 생계와 명성에 멋대로 관여했습니다. 독재도 그런 독재가 없더군요." 그래도 다른 독재자들은 그에게 어느 정도 위안을 줬다. "독일과 오스트리아에서는 전혀 시달리지 않았습니다. 궁정극장이나 시립극장과 같이 그 나라의 공적 지원을 받는 극장들은 제 작품과 같은 류의 작품들을 오히려 살려냈습니다. 그러니까 제가 오스트리아 황제 덕에 제 작품들을 멋지게 무대에 올리는 동안, 영국 궁정에서 저에게 보인 유일한 관심은 저의 몇몇 작품이 대중 공연에 부적합하다고 영어권 세계에 공표한 것뿐이었습니다. 그러면서 정작 자기들은 비공개로 공연을 관람하고 자기들 참모가 저에게 뒤집어씌운 오명에는 신경조차 쓰지 않더군요."

쇼는 앞서 언급한 작품들 외에도 단막극을 여러 편 썼다. 대부분 특별한 경우나 특정 배우를 위해 쓴 것들로, 그의 재능보다는 아량을 드러냈기에 굳이 언급할 필요가 없을 것 같다. 『캐서린 대제』과 『소네트의 흑부인』 정도가 개중에서 눈에 띄는 작품이다. 『소네트의 흑부인』의 경우, 셰익스피어 300주기를 맞아 부유하고 저명한 사람들로 구성된 단체가 국립극장 설립 운동을 벌이자 쇼도 거기에 동참하는 차원에서 썼다. 그는 이렇게 기록했다. "몇 년 동안이나 노력했건만, 독일의 한 신사만이 후한 기부금을 보내왔다. 어느 이야기 속 유명한 욕쟁이가 세간을 가득 실은 짐마차를 끌고 언덕 꼭대기에 올라갔다가 후미판이 열리는 바람에 그 안에 있던 것들이 굴러떨어지는 광경을 목격했을 때처럼, 나는 이렇게 말할 수 있을 뿐이다. '대체 이게 뭔 상황인지 모르겠네.' 그리고 조용히 지나가는 수밖에."

『패니의 첫 번째 연극』(1911)에서 그는 그의 작품을 '희곡'으로 인정하기를 끈질기게 거부해온 연극비평가들을 조롱했다. 비평가들은 자신들의 언어감각에 비추어 쇼의 작품을 희곡으로 인정하길 꺼렸는데, 사실 쇼는 그런 비평가들의 태도를 칭찬으로 받아들였어야 했다. "작가 이름은 일부러 안 썼어." 쇼는 릴라 매카시에게 『패니의 첫 번째 연극』 대본을 전달하며 말했다. "어떻게든 배리의 작품처럼 보이게 해 봐. … 양심에 거리낄 것 없이, 작가 이름은 'B'로 시작한다고 해." 『패니의 첫 번째 연극』은 소위 돈벌이용 작품으로 실제로도 돈을 벌어다줬고 쇼에게 600회 연속 공연이라는 대기록을 안겨주었다. 하지만 큰 돈벌이는 아니었다. 장기공연이 가능했던 것은 배우들의 출연료와 극장 임차료가 비교적 낮았기 때문이다. 쇼는 그게 쇼답지 않은 작품이라는 평을 듣는 걸 싫어했다. 쇼가 나에게 보낸 최초의 편지는 내가 던진 질문에 대한 답장이었는데, 그때 내 질문 중 하나는 『패니의 첫 번째 연극』이 다소 저속하지 않냐는 것이었다.

"자네가 내 작품을 차근차근 읽어나갈 생각이 없더라도, 작품에 대한 질문은 차근차근 해주길 바라네. 내 수많은 작품 중 고작 한 작품에서 그다음 작품으로 넘어가는 단계에 있는 자네에게 내가 어떻게 인생 전체를 해명할 수 있겠나? 자네는 (인간의 생전 행위를 기록하는) 기록담당 천사만도 못하군.

성급하게도, 그동안 나는 글을 쓰면서 판사와 형법에 대해 말을 너무 많이 했어. 더 얘기할 거리나 있는지 모르겠군. 법조인이 됐으면 좋았을걸. 법이 나한테는 아주 흥미로운 주제거든. 하지만 이제는 너무 늦었잖아. 그래서 법의 보편적이고도 인간적인 면에 대해 할 말을 한 걸세.

나는 돈벌이용 작품을 쓰느라 내 시간을 낭비하지는 않네. 물론 돈은 벌어야 하지. 그런데 내 작품들은 돈을 꽤 잘 벌어다 주는 편이야. 『황금시집Golden Treasury』[9]은 당연히 필요하네. 그렇지만 나는 그때그때 해야 할 일을 해야 해. 다른 사람들도 마찬가지로 그래야 하지. 섀비어니즘에 왕도는 없어. 내 아내가 '선문집'을 만들어봤는데 그건 소용없더군. 희곡과 서문, 소논문, 기사에서 나의 철학을 발췌해 뒤죽박죽 섞어 놓는 것은, 독자에게 상황의 제약을 가하는 형식이기도 하지만 그 모든 것을 적당히 소화하게 할 유일한 형식이기도 하지. 그런데 나는 나를 졸여 낼 시간도 없을뿐더러 필요한 맛과 영양분을 다 담으면서 소화까지 잘되게 하는 건 도저히 못 하겠더라고."

머지않아 쇼는 『안드로클레스와 사자』라는 걸작을 들고나와 그 동안 논쟁과 돈벌이용·행사용 작품으로 본 손해를 전부 만회했다. 『안드로클레스와 사자』는 그랑빌 바커가 연출을 맡고 하워드 드 월든 남작의 경

---

9 영국의 시인이자 비평가 프랜시스 터너 폴그레이브가 1861년 편찬한 영국의 시 선집. 이후 개정을 거듭해 오늘날까지도 널리 읽히고 있다.

제적 지원을 받아 1913년 9월 1일 세인트 제임스 극장에서 초연됐다. 막스 비어봄은 『피터 팬』이라는 부자연스러운 괴물이 목표대상을 완전히 잘못 잡았으며 어른들에 의해 아이들에게 강요되고 있다고 했는데, 쇼는 그런 비어봄의 시각에 동의하면서 이렇게 고백했다. "내가 『안드로클레스와 사자』를 쓴 이유 중 하나는 아이들을 위한 희곡은 이렇게 써야 한다는 것을 배리[10]에게 보여주기 위해서였어." 분명 아이들은 『안드로클레스와 사자』를 봤으면 대단히 즐거워했을 것이다. 하지만 불행하게도 기독교에 대해 한번도 제대로 생각해 본 적이 없는 어른들은 그 작품을 불경스럽다고 생각해서 자녀에게 강요하기는커녕 관람 자체를 금지했다.

쇼가 극에 대해 논하는 것을 수없이 지켜보며, 나는 그가 누구의 입을 통해 말할지 고민하지 않고 대사부터 쓴 다음 등장인물에 맞춰 다듬는다는 인상을 받아서, 그에게 정말 그런지 물어봤다. "전혀 아냐." 그가 대답했다. "내 작품 속 대화와 인물은 그야말로 불가분의 관계야. 대화는 인물의 본질을 드러내고 인물은 대화의 본질을 드러내지. 나는 대화를 먼저 쓰고 무대장치와 관련된 부분은 개선의 여지를 남겨둬. 하지만 대개 연극에 대한 전체적인 그림을 머릿속에 그려놓은 상태에서 시작하긴 하지." 『안드로클레스와 사자』의 경우 모호한 부분은 있을 수 없었다. 주인공이 종교적 유형의 캐릭터라서 그 작품은 그의 어떤 전작과도 뚜렷하게 구분되었고 분명하게 이해되었다. 자의식 강한 인물로서

---

10 J.M. 배리James Matthew Barrie(1860-1937): 『피터 팬』으로 유명한 영국의 극작가이자 소설가. 원래 『피터 팬』은 1902년 배리가 어른들을 위해 쓴 소설 『작고 하얀 새The Little White Bird』의 일부로, 1904년 연극으로 상연되면서 큰 성공을 거두었다.

황제에 대한 묘사도 완벽했다. 앞에서도 얘기했듯이, 쇼 작품 속 최고의 캐릭터는 전부 이런저런 형태로 종교적 감정을 표출한다. 나머지 캐릭터는 자의식이 강하지 않으면 쇼Shaw의식이라도 강한 유형이다. 다시 말해, 자신들에게 기대되는 대로 말하고 행동한다. 그런 말이나 행동이 재미있다거나 심오하다거나 어리석다는 것을 스스로 의식하면서 말이다. 그러니까, 종교적 유형 외에 쇼가 설득력 있게 그려낼 수 있는 유일한 캐릭터는 순수하게 자의식이 강한 유형으로서 점잖고 세련되고 위트 있고 지적이며 스스로의 주인으로 사는 '일류 섀비언'이다. 『안드로클레스』의 황제나 『악마의 사도』의 버고인 장군이나 『찰스 왕의 전성시대』의 찰스 2세가 그 대표적 인물로서, 종교적 캐릭터들이 그의 영혼의 산물이라면 자의식 강한 캐릭터들은 그의 지성의 산물이다.

나는 『안드로클레스와 사자』 리허설에서 쇼를 처음 만났다. 1911년 연극계에 입문하여 비어봄 트리와 국왕 폐하 극장에서 1년 정도 일한 다음 계약한 사람이 바로 그랑빌 바커였고, 그는 나에게 『안드로클레스와 사자』의 메텔루스 역을 맡겼다. 메텔루스는 쇼의 작품 전체를 통틀어 유일하게 (작가의 표현대로) "말하지 않는 캐릭터"다. 바커는 8월 내내 우리 배우들을 연습시켰고, 쇼가 눈사태처럼 들이닥친 건 우리 모두 각자의 복장을 갖춰 입고 메이크업을 한 상태로 최종 드레스 리허설의 막이 올라가기만을 기다리고 있을 때였다. 리허설이 끝나고 다시 등장한 쇼는 메모해 둔 내용을 하나하나 짚어나가기 시작했는데, 그러면서 어이없을 만큼 경쾌하게 바커의 지시를 뒤엎었다. 내 역할을 예로 들자면, 마지막 막에서 황제에게 주제넘게 건의하는 라비니아를 저지하는 장면이 있었는데, 바커는 나에게 괘씸하다는 듯이 연기하라고 했다.

그러나 쇼는 이렇게 말했다. "맙소사! 자네는 기분 상한 귀족처럼 굴면 안 돼. 자네 눈에 라비니아는 신성모독을 한 것이나 다름없다고. 그녀에게 달려들어! 황제와 그녀 사이에 몸을 던지라고! 그 여자의 입을 닥치게 해! 그 여자를 공격하란 말이야!" 4시간 동안 쇼는 그 작품을 희극에서 광상적인 음악극으로 바꾸어 놓았다. 그는 무대를 춤추듯 휘젓고 다니면서 팔짱을 낀 채 하고 싶은 말들을 뿜어냈고, 우리의 심각한 대사는 유쾌한 재담으로, 농담은 비극으로 바꾸었으며, 그때마다 몹시 과장되게 행동해서 우리가 자기를 따라하지 못하게 하고 우리 모두 일종의 제스처 게임을 하고 있다는 기분이 들게 했다. 그러는 동안, 바커는 한 발짝 뒤로 물러나서 한 달 내내 쏟아부은 자신의 노력이 물거품 되는 광경을 흥미와 짜증이 뒤섞인 얼굴로 지켜보고 있었다. 쇼는 연기에서 끌어낼 수 있는 모든 재미를 끄집어냈는데, 한 줌의 감정까지도 연극에 담아내겠다는 셰익스피어적인 목적이 바탕에 확실히 깔려 있던 까닭이었다. 그 결과, 비극적인 부분은 희극적인 부분과 대비되면서 훨씬 더 우울해졌다. "사람들에게 내가 장난삼아 썼다는 생각을 불러일으키지 않도록 극도로 조심하게. 『안드로클레스』는 (사자 보는 재미가 있는) 위대한 종교극으로 선보이지 않는 한 실패할 걸세." 쇼는 『안드로클레스와 사자』 미국 공연을 준비 중이던 퍼시 버튼에게 경고했다. 말이 나와서 말인데, 쇼는 사자 역을 맡은 배우가 본격적인 연기에 들어가기 전 사자의 움직임을 공부하고 싶다는 말에 그와 함께 런던 동물원에 갔다. 거기서 안드로클레스의 친구 같은 사자는 찾을 수 없었다. 그러나 쇼는 갈기 없는 늠름한 사자를 만져보고 치타를 쓰다듬어줄 수도 있었다며 아주 흡족해했다.

『성호』[11]를 비롯해 그 밖의 유사 종교극에서 양분을 얻고 자란 세대가 『안드로클레스와 사자』를 반(反)종교적 농담으로 치부한 데다 나이든 연극비평가들이 아둔한 소리를 늘어놓는 바람에 쇼는 평정심을 거의 잃을 뻔했다. "오늘 저녁 『팰맬 가제트』 봤나?" 그는 릴라 매카시에게 물었다. "영국 대중에게 예의범절을 가르쳐줄 인간이 나 빼고 아무도 없는 것 같군. 극장이 무덤처럼 조용해질 때까지 열심히 일해야겠어." 두 편의 작품을 번갈아 상연하는 방식은 비용이 너무 많이 들어서 길게 가지 못했다. 8주가 지나자 바커는 양쪽에서 날아드는 청구서를 도저히 감당할 수 없어서 몰리에르, 입센, 마테를링크, 골즈워디, 메이스필드, 쇼의 작품을 연달아 리바이벌했다. 그중 쇼의 『의사의 딜레마』가 흥행에 성공했고 바커는 그러한 성공에 힘입어 세인트 제임스 극장과의 계약이 만료되자마자 사보이 극장으로 자리를 옮겼다. 쇼는 본인 작품에 대한 리허설을 바커와 분담했다. 그런데 1913년 12월 3일 쇼가 수트로에게 보낸 카드를 보면, 그가 짧은 기간 공연을 준비해 후다닥 무대에 올리는 방식을 별로 달가워하지 않았다는 것을 알 수 있다. "모임에 또다시 서둘러 갔다가 서둘러 와야겠군. 토요일에 무대에 올리기로 한 『의사의 딜레마』는 3주 만에 남부끄럽잖게 내놓을 수 있는 작품이 아니거든. 어쨌든 참석은 하겠네. 날 위해 치즈 샌드위치와 상추를 좀 준비해주게나. 그거랑 진저비어 한 병이면 되네. 뜨거운 점심을 먹으러 다니기에는 나이가 너무 많이 들었어. 뜨거운 점심은 내 안의 영혼을 녹여버린다네."

---

11 윌슨 배럿의 비극. 총 4막으로 구성되어 있으며 같은 해(1895년) 출간된 소설 『쿼바디스』와 내용이 비슷하다는 지적을 받았다. 미국과 영국에서 엄청난 성공을 거두었고, 1932년에는 세실 드밀 감독의 영화로 제작되기도 했다.

쇼는 일주일에 잘해야 800파운드를 벌어들이는 고급 드라마를 하다가 갑자기 웨스트엔드의 가장 크고 화려한 극장에서 고혹적인 패트릭 캠벨 부인이 출연하는 대형 흥행작으로 단숨에 건너뛰었다. 『피그말리온』이 1914년 4월 11일 국왕 폐하 극장 무대에 오른 것이다. 쇼는 1890년대 초 『두 번째 탠커레이 부인』[12]에서 피아노를 연주하는 캠벨 부인의 모습에 반했다. 그 후 그녀가 포브스-로버트슨의 상대 역으로 등장한 것을 보며 그녀의 육체적 재능을 격찬하기 시작했는데, 대단한 여배우라고 추어올린다는 것을 '발가락으로 바늘에 실을 꿸 수도 있는 여배우'라고 표현해서 그녀의 기분을 언짢게 했다. 1897년 2월에는 엘렌 테리가 쇼를 책망한 것이 눈에 띈다. "그러니까 당신은 이제 팻 캣 부인을 사랑하는군요?" 같은 해 9월 쇼가 엘렌 테리에게 보낸 편지를 보면, 그는 포브스-로버트슨이 햄릿으로 캠벨 부인이 오필리아로 분한 것을 보고 『피그말리온』의 아이디어를 얻었다는 걸 알 수 있다. 『피그말리온』을 실제로 집필하기 15년 전이었다. "그 둘을 위한 극을 쓰고 싶다는 생각에 『시저와 클레오파트라』에 대한 생각은 머릿속에서 깨끗이 사라졌습니다. 로버트슨이 웨스트엔드 신사로, 캠벨 부인이 이스트엔드 여자로 앞치마를 두르고 붉은 타조 깃털 세 개를 달고 나오는 극을 쓰고 싶군요." 쇼는 이미 캠벨 부인을 "막돼먹은 꽃 파는 소녀"로 생각하고 있었다. 여러 해가 지나고 어느 날 저녁 그는 『벨라 도나』[13]를 보러 세인트 제임스

---

12 아서 윙 피네로의 문제극. 19세기 멜로드라마의 단골 소재인 '과거있는 여자'를 다뤘다. 패트릭 캠벨 부인 주연으로 1893년 세인트 제임스 극장에서 초연되어 선풍적인 인기를 끌었다.

13 영국의 저널리스트이자 소설가 로버트 S. 히친스의 소설을 바탕으로 한 연극. 1912년 브로드웨이에서 초연되고, 1915년과 1923년에는 영화로도 만들어졌다. '문란한 90년대Naughty Nineties'를 풍자한 것으로 유명한 히친스는 쇼의 뒤를 이어 『월드』의 음악비평가로 활동했다.

극장에 들렀다. 배우이자 극장운영자 조지 알렉산더는 막간에 사람을 보내 쇼를 대기실로 불러들였다. 그리고 "저희를 위해 작품 하나만 써 주시죠?"라고 물었다. 쇼는 돌아가 『피그말리온』을 썼다. 집필을 끝내고 완성된 원고를 읽어주자, 알렉산더가 말했다. "이거 대박인데요? 틀림없는 대박이에요. 자, 들어보세요. 제가 선생이 원하는 여배우를 어떻게든 대령할게요. 여배우가 얼마를 원하든 다 주겠습니다. 선생 조건은 선생께서 알아서 결정하시죠. 하지만 캠벨 부인과 또다시 무대에 서야 한다면 저는 관두겠습니다. 차라리 죽고 말래요." 그러나 애초에 그 역할은 캠벨 부인을 위한 것이었다. 그는 엘렌 테리에게 설명했다. "『브래스바운드』 때처럼 배우와 역할의 조합이 환상적입니다. 제가, 다른 건 몰라도, 숙녀들의 훌륭한 재단사이기는 하잖아요."

하지만 문제가 있었다. 어떤 주연급 여배우도, 캠벨 부인처럼 화려한 여배우라면 특히, 앞치마와 타조 깃털에 끔찍한 말투를 쓰며 꽃을 파는 더럽고 상스러운 여인이 되고 싶어할 리가 없었다. 이와 벼룩을 죽이려고 오븐에 모자를 넣는 인물이자 제대로 씻기 위해 무대 밖으로 끌려나가는 인물이었으니 말이다. 쇼는 난관을 회피했다. 딱 맞는 역할이 있다고 캠벨 부인에게 제안할 엄두조차 못 낸 것이다. 결국 그는 친구 이디스 리틀턴에게 대본을 읽어주겠다고 하고, 그날 캠벨 부인이 차 한잔 하러 들를 수 있게 해달라고 부탁했다. 그리하여 캠벨 부인은 "벨라 도나의 분위기를 물씬 풍기며" 이디스 리틀턴 집에 들렀고 대본에 대해서는 전혀 모른 채, 작가와 배우와 우쭐대는 사람들을 전부 싸잡아서 당혹스럽고 굴욕스럽게 만드는 자신만의 취미를 즐기려고 했다. 차를 마시고 낭독이 시작됐다. 쇼가 묘사한 당시 상황은 이랬다. 꽃 파는 소녀가 처음으로 "아-아-아-오-오-오-우!"를 외칠 때까지는 모든 게 순조로웠다. 캠벨 부인은 그 빈민가 소녀가 주인공이라는 것을 아직 까맣게 모르고 있는 상태에서 기회가 생기자 얼른 끼어들었다. "오, 제발, 쇼 선생님 부탁이에요! 그 불쾌한 소리는 아닌 것 같아요. 좋지 않아요." 쇼는 전혀 흔들리지 않고 낭독을 계속했다. 그리고 이내 귀에 거슬리는 그 소리를 또 냈다. 캠벨 부인이 또다시 끼어들었다. "아니, 아니, 정말로, 쇼 선생님 그렇게 끔찍한 소리 좀 내지 마세요. 상스럽잖아요." 이번에도 쇼는 전혀 신경쓰지 않았다. 그는 또다시 전보다 더 지독하게 "아아아아아아아-오-우!!!"하고 소리 질렀다. 무시무시한 의혹이 영민한 그녀의 뇌리를 스쳤다. 그게 그녀의 배역이 되려고 그랬을까? 그녀는 자기가 할 수 있다는 것을 알았다. 쇼는 뭐든지 할 수 있었다. 그녀는 즉시 바보짓을 관두고 쇼의 낭독을 주의 깊게 경청하기 시작했다. 죽은 듯한 침묵 속에서 낭독이 이어졌다. 낭독이 끝났을 때 그녀는 더 이상 변두리 야유꾼이 아니라 고상하고 아름다운 이탈리아 귀족이 되어 있었다(캠벨 부인은 그 두 계층의 혼혈이었다). 그리고 자신에게 멋진 작품을 읽어준 것과 자신을 주인공으로 선택해 준 것에 대해 비할 데 없이 고상한 태도로 쇼에게 고마워했다.

둘은 차후 그녀의 집에서 만나 이야기를 마무리짓기로 합의했다. 캠벨 부인이 집에서 쇼를 맞았을 때, 쇼는 차분했고, 피도 눈물도 없는 사업가 같았으며, "그녀 같은 데릴라가 열두 명이 있다 해도" 자기가 한 수 위라는 자신감에 차 있었다. 그러나 캠벨 부인이 마음을 먹으면 누구도 그녀를 당해낼 수 없었다. 쇼는 스스로도 놀랄 정도로 순식간에 캠벨 부인에게 빠져들고 있음을 깨달았다. "그날 오후 내내 그리고 그 다음

날도 마치 스무 살 생일을 앞둔 청년처럼 꿈을 꾸고 또 꿨으며 구름 위를 걸어 다녔다." 일 생각은 머릿속에서 사라졌다. "그녀가 여자 주인공이고 내가 남자 주인공으로 나오는 장면만 수천 가지 떠오를 뿐, 다른 생각은 아무것도 할 수 없었다. 나는 곧 쉰여섯이 되는데. 세상에 이보다 더 어이없고 들뜨는 일은 없었다. 금요일에 우리는 한 시간을 함께했다. 우리는 어느 귀족을 방문했고, 택시를 탔고, 켄싱턴 광장의 어느 소파에 앉아 있었다. 나는 마치 옷을 벗듯 나이를 벗어버렸다. 나는 거의 서른다섯 시간 동안 사랑에 빠져 있었다. 그녀를 위해 허락된 시간은 그게 전부였기 때문이다!"

며칠이 지나자 일이 제자리를 찾아갔다. 캠벨 부인은 『피그말리온』 제작에 관여하고 진행을 좌우하고 싶어했다. 남자 주인공은 누가 하게 됐을까? "그녀는 온갖 불가능한 사람들의 이름을 댔다. 나는 로버트 로레인을 추천했다. 그녀는 로레인에 대해서는 들어보려고도 하지 않았다. 나는 내 뜻을 고수했다. 그러자 그녀가 로레인에 대해 끔찍한 말들을 늘어놓았다. 나는 로레인에게 그 말을 그대로 전했다. 그러자 그 또한 그녀에 대해 용납하기 힘든 말들을 늘어놓았다. 나는 캠벨 부인에게 그 말을 그대로 전했다. 이런 식으로 '섀비언의 목마' 놀이가 시작되자, 그녀는 화들짝 놀라며 나더러 이간질쟁이라고 했다. 나는 목마 놀이를 좀 더 했다. 그랬더니 결국 그들은, 내 바람대로, 서로에 대한 무한한 감탄과 존경을 확인하게 됐다." 하지만 로레인이 미국 쪽 계약을 먼저 이행해야 하는 바람에 수차례 오간 사업 논의가 종료됐다. 그녀는 무슨 일이 있어도 결코 '리자(일라이자)'를 하지 않겠다고 선언하고 액스레뱅으로 휴가를 가버렸다. 이 모든 것이 1912년 7월에서 8월 사이에 일어난 일들이다. 그 사이 빈과 베를린에서는 공연 준비가 순조롭게 이루어져서, 1913년 가을 그 두 도시 사람들은 런던 사람들보다 먼저 『피그말리온』을 보게 됐다.

쇼는 쉽게 마음을 빼앗겼다. 말하자면, 그의 마음은 진화 초기 단계에서 미처 벗어나지 못했다. 하지만 그는 이성을 잃는 법이 없었다. 캠벨 부인과 가정을 이루는 것은 사실상 불가능하다는 것을 잘 알았고, 그녀가 (역시 그녀의 노예가 된) 쇼의 친구와 결혼하기로 마음먹었다는 사실 또한 알고 있었다. 그 친구의 집안은 그녀에게 런던 사교계에서 난공불락의 지위를 보장해 줄 터였다. 쇼는 캠벨 부인과의 관계에 대해 이렇게 설명했다. "전쟁이 나기 전 몇 년 동안 나와 캠벨 부인은 『사과 수레』의 마그누스 왕과 오린시아처럼 친밀한 관계였다. 하지만 나는 마그누스 왕처럼 충실한 남편이어서, 마그누스 왕이 말한 대로 실제 우리 관계는 이상하게 결백했다." 『번복』에서 그레고리가 말한 그대로였다. "우리는 위험을 자초한다. 하지만 진짜 재미는 거기서 도망치는 데 있다." 『어울리지 않는 결혼』에는 쇼와 캠벨 부인의 관계를 예언하는 듯한 묘한 대사가 나온다. 탈튼이 리나에게 하는 대사다. "당신은 심금을 울립니다. 당신은 남자에게 시처럼 와 닿습니다. 당신은 영감을 줍니다. … 나는 바보짓을 하고 싶어져요. 상대가 당신이라면요. 내가 그래도 될까요?" 리나는 묻는다. "저 여자는 당신의 아내가 아닌가요? 그녀 생각은 안 해요?" 탈튼은 대답한다. "생각해요. 신경 씁니다! 언제나 아내가 우선입니다. 내 명예가 실추되는 한이 있어도 아내의 명예는 지킬 겁니다. 그러한 명예에 관한 부분을 당신도 존중해주시겠습니까?" 리나는 의문스럽다. "단지 명예만요?" 탈튼이 자기도 모르게 불쑥 되받아친다. "아니요! 맘

소사. 애정도 마찬가지입니다." 캠벨 부인이 '쇼는 그 무엇보다도 잘 정돈된 가정이 우선인 사람'이라고 했다는 게 전혀 놀랍지 않다. 캠벨 부인의 증언대로, "샬롯 쇼는 어떤 상황에서도 10분 이상 기다리게 해서는 안 되는 존재"였다. 때로 캠벨 부인은 극중 오린시아처럼, 쇼의 "융통성 없는 가정생활"(역시 캠벨 부인의 표현이다)을 참지 못하고, 아내와 사과를 먹는 게 전부인 그의 점심식사를 지연시키기 위해 갖은 노력을 다했다.

그보다 수년 전 쇼는 음악비평가로 활동하며 이런 글을 쓴 적이 있다. "독자 일반과 달리, 저는 베토벤처럼 사랑에 빠져서 바보 같은 연애편지들을 써왔고 그중 대다수는 유감스럽게도 화답 받지 못했습니다. 그 편지들은 제가 죽고 나서 다른 글들과 함께 조명받는 대신, 제가 살아 있는 동안 생각이 짧은 제 팬들에 의해 출간되어서 저를 아주 곤혹스럽게 할 것 같습니다. 그래도 한 가지 위안이 되는 사실은, 그 편지들이 내용이 뭐가 됐든(편지 내용을 저처럼 잘 잊어버리는 사람은 아마 아무도 없을 겁니다) 베토벤의 편지만큼 바보 같을 수는 없다는 점입니다." 그의 예언은 머지않아 들어맞았다. 하지만 그런 예감에도 불구하고 그는 "눈부시게 아름다운 하얀 대리석 같은" 그의 새 여인에게 바보 같은 연애편지를 계속해서 써댔다.

몇 년이 지나 그와 엘렌 테리가 주고받은 서신이 책으로 출간되어 크게 성공하자, 캠벨 부인도 그가 자신에게 보내온 편지들을 출간해서 더 큰 성공을 거두려고 했다. 하지만 쇼는 단호하게 거부했고, 그의 사후 50년이 지나 저작권이 소멸하고 나면 그때 출간하라고 했다. 그때쯤이면 쇼 부인이 오해하고 괴로워할 일도 없을 것이라는 게 그의 생각이었다.

캠벨 부인은 정식으로 재혼하고 자신의 회고록을 집필하기 시작하면서, 이름난 공작과 유명 화가, 제임스 배리, 버나드 쇼를 비롯해 그녀에게 마음을 빼앗겼던 수많은 남자에게서 받은 연애편지를 유례없이 공개하기로 출판업자에게 약속했고 선인세로 2,000파운드를 챙겼다. 하지만 저작권법을 미처 생각하지 못했다. 편지 주인들은 자신들이 앓았던 열병이 만천하에 공개되는 것을 당연히 허락하지 않았다. 결국 캠벨 부인은 출판업자에게 빚을 지게 됐고, 그런 그녀를 구해줄 사람은 쇼와 배리밖에 없었다. 쇼와 배리는 그녀가 몇 편의 편지를 편집해서 실을 수 있게 허락해서 그녀를 난관에서 구했다.

캠벨 부인은 쇼가 자기를 도왔다는 말이 나돌지 않게 하려고 쇼에게 원고를 보여주지 않았고 책이 출간된 후에도 책을 보내지 않았다. 오랜 시간이 흐르고 그 일에 대해 까맣게 잊고 있던 쇼는 어느 날 뉴질랜드에서 우연히 그 책을 발견하고는 처음으로 읽어봤다. 그녀 자신에 관한 부분을 제외하면 그 책은 아무 의미없다는 게 그의 설명이었다.

캠벨 부인은 쇼를 조이Joey라고 불렀다. 팬터마임 광대의 이름을 딴 것이었다. 쇼는 본성을 발휘해 지적인 공중제비를 돌았고 한껏 광대짓을 했다. 그는 자신이 믿기 힘들 정도로 수줍음이 많고 소심하며 자존감이 부족했다고 그녀에게 고백했다. 또, 아일랜드 청년들에게 영국 여자는 왜 공포의 대상인지를 설명했다. "아일랜드 여자에게 정중한 찬사를 보내면, 아일랜드 여자는 활짝 미소 지으면서 '아 네, 꺼지세요'라고 합니다. 영국 여자는 얼굴이 새파래져서 숨넘어가는 목소리로 이렇게 얘기하죠. '당신이 진심이었길 바래요.' 그런데 설명하기 어렵지만, 당신은 여느 영국 여자처럼 반응하지 않았어요." 그는 그녀가 오해하지 않도록 자신이 느끼는 바를 신중하게 설명했다. "세상에는 사랑에 빠지는 것 말고도 아주 멋진 관계가, 친밀하고도 순수한 사이가 존재합니다. 그리고 당신의 지적대로, 나의 식단과 여린 본성은 내가 사랑에 빠지는 것을 용납하지 않습니다. 내가 사랑에 빠지는 순간들이 있을 겁니다. 하지만 당신은 그걸 못 본 척 넘어가야 합니다."

한편, 『피그말리온』은 캠벨 부인이 오린시아처럼 변덕을 부리는 통에 제작이 지연되었다. 국왕 폐하 극장의 비어봄 트리는 『피그말리온』을 상연하고 싶어했다. 세인트 제임스 극장의 알렉산더에게서 자초지종을 전해 들은 모양이었다. 그러자 캠벨 부인이 즉시 쇼에게 알리기를, 자신이 국왕 폐하 극장에서 마지막으로 공연하는 동안 비어봄 트리에게서 '용납할 수 없는' 대접을 받았으니 자기 앞에서는 그의 이름조차 언급하지 말라달라고 했다. 그 후 프린스 오브 웨일즈 극장의 프랭크 커즌이 『피그말리온』을 상연하자고 제안했다. 무척이나 정중하고 관대한 제안이었다. 그러나 캠벨 부인은 전화로 커즌을 20분이나 붙잡고, 그는 왜 신사가 아니며 그녀 자신의 사적인 일에 그가 얼마나 주제넘게 관여한 건지를 장황하게 떠들었다. 쇼는 항상 너무 바빠서 연출을 담당할 시간이 없었고, 본인의 다음 작품에나 관심이 있지 지난 작품에는 절대로 관심을 두지 않았기 때문에, 공연이 지연되는 문제에 대해서는 전혀 신경쓰지 않았다. 그래서 캠벨 부인의 채권자들만 아니었으면 『피그말리온』은 그대로 묻힐 수도 있었다. 하지만 채권자들의 압박에 못 이긴 캠벨 부인이 마침내 쇼를 찾아와서 이렇게 물었다. "비어봄 트리가 뭐래요?"

그제야 쇼는 그녀가 비어봄 트리에게 받았다는 '용납할 수 없는' 대접이 뭐였냐고 물었고 그게 별것 아닌 다툼이었음을 알게 됐다. 결국 『피그말리온』은 국왕 폐하 극장에서 상연하기로 했다. 수년간 쇼와 트리는 유쾌한 관계였다.[14] 당시 대다수 연극계 유명인사들과 마찬가지로, 트리는 쇼를 제대로 된 정상적인 극작가로 여기지 않았다. 하지만 쇼가 어찌 됐든 제 몫을 하고 대사를 끝내주게 잘 쓴다는 사실을 차츰 인정할 수밖에 없었다.

『피그말리온』리허설은 형편없었다. 쇼는 그 리허설 직후에 찍힌 사진들을 공개하지 못하게 했다. 자신이 "싸움에서 진 늙은 개처럼 보였기" 때문이다. 덜렁대는 성격인 데다 리허설의 방법과 에티켓을 잘 몰랐던 비어봄 트리는 무의식중에 실례를 자꾸 범해서 주위 사람을 짜증나게 했다. 리허설이 한창일 때 누가 자신을 찾아왔다고 하자 곧바로 나가 버려서, 사람들이 몇 시간을 기다리게 한 적도 있었다. 한참 후에 돌아온 트리는 쇼가 자신을 대신해 리허설을 진행하는 것을 보고 깊이 상처받아서, 자신이 자리를 뜬 시점부터 리허설을 다시 하자고 우겼다. 쇼는 문제를 직접 거론하진 않았지만, 뭐가 잘못됐는지 태도로써 분명하게 보여주었다. 결국 트리는 괴로워도 참을 수밖에 없었고 다시는 그런 문제를 일으키지 않기 위해 노력했다. 하지만 쇼도 도저히 바로잡을 수 없는 문제가 있었으니, 그건 배리 설리번과 살비니, 코클랭, 리스토리가 가르쳐준 무대 기법을 트리와 캠벨 부인이 모른다는 점이었다. 트리와 캠벨 부인은 둘 다 보기 드문 개성의 소유자였고 그걸 효과적으로 이용하는 방법을 알고 있었다. 하지만 그들은 자신들이 속한 분야의 X,Y,Z만

---

14 〔저자 주〕쇼는 희년이었던 1897년 비어봄 트리가 새로 국왕 폐하 극장을 열었을 때 연극비평가로서 그 자리에 참석했고, 그때 트리의 연설을 이렇게 묘사했다. "트리는 자신이 극장 이름에 먹칠을 하는 일은 절대로 없을 거라고 했다. 그런데 그 말을 하는 그의 모습은, 사기·방화·중혼죄를 막 저지르려던 차에 국왕 폐하 극장 경영자는 그러면 안 된다는 생각이 들어서 가까스로 마음을 고쳐먹은 사람 같았다."

알았지, A,B,C는 몰랐다. 캠벨 부인은 무대 앞쪽을 어떻게 써야 하는지 몰랐다. 쇼는 그에 관한 전문가였다. 캠벨 부인은 얼굴에 조명을 지나치게 많이 받고 싶어해서, 자신의 얼굴이 '실제 얼굴처럼 아름다운 조각으로 보이지 않고 흰 접시 위에 말린 자두 두 알을 올려놓은 것처럼 보인다'(쇼의 표현이다)는 사실을 알지 못했다. 그렇지만 트리와 캠벨 부인 모두 쇼를 무대에 대해서는 아무것도 모르는 괴짜 아웃사이더로 여겼다. 어느 날, 로열 오토모빌 클럽에서 점심을 먹던 중 쇼가 그 둘에게 물었다. 셋 다 각자의 분야에서 최고의 위치에 있는데도, 언제나 서로 아무것도 모르는 초보자 대하듯 한다는 것을 알고 있느냐고 말이다.

그중에서도 최악은, 트리가 작품을 흥미로운 오락거리로 만들기 위해 사명감을 가지고 열과 성을 다한다는 것이었다. 작가가 이미 그런 작업을 했을 거라든지, 주어진 배역을 정확히 구현하는 것이 본인의 진짜 임무라든지 하는 생각은 전혀 못 하는 것 같았다. 그래서 트리는 『피그말리온』을 하며 몹시 혼란스러워했다. 주어진 대사보다 더 나은 대사가 떠오르지도 않았거니와, 쇼가 무대 기술을 활용하고 타고난 음역을 넘나들면서 배우 뺨치게 연기하는 것을 목격했기 때문이다. 쇼는 트리에게 결국 이 말을 던졌다. "우리가 직업을 잘못 선택한 것 같군요. 선생이 작가가 되고 제가 배우가 돼야 했는데." 글을 꽤 잘 썼던 트리는 쇼의 말을 칭찬으로 받아들였다.

무대에서 트리의 어떤 단점들은 쓸모가 있었다. 그는 자기 자신에게 너무 사로잡힌 나머지 다른 배우들의 대사에 번번이 놀랐다. 이는 쇼를 기쁘게 했는데, 연출가의 가장 어려운 임무 중 하나가 배우들로 하여금 극이 앞으로 어떻게 전개될지 전혀 모르는 것처럼 연기하게 하는 것이기 때문이다.

그런 트리의 특이함과 국왕 폐하 극장 리허설의 전반적인 분위기에 대해 쇼는 이렇게 적었다.

"트리는 언제나 다른 배우의 대사를 처음 듣는 사람 같았고 심지어는 살짝 놀라기까지 했다. 단적인 예로, 『피그말리온』에서 여자 주인공은 화가 나서 남자 주인공 얼굴을 향해 슬리퍼를 던진다. 우리가 처음 이 장면을 리허설할 때, 나는 아주 부드러운 벨벳 슬리퍼를 준비하도록 신경을 많이 썼다. 패트릭 캠벨 부인이 워낙 손이 맵고 힘이 센 데다 명중의 달인이었기 때문이다. 그 장면에서 트리는 역시나 슬리퍼를 얼굴에 제대로 맞았다. 결과는 끔찍했다. 트리가 작품에 그런 사건이 있다는 것을 까맣게 잊고 있었던 것이다. 그래서 그는 캠벨 부인이 돌연 악마 같은 분노와 미움에 사로잡혀서 자신에게 이유 없이 잔인한 공격을 가한다고 생각했다. 물리적인 충격은 아무것도 아니었지만 마음의 상처가 컸다. 그는 울음을 터뜨리며 옆에 있던 의자에 털썩 주저앉았다. 나는 놀라서 지켜보고 있었고, 그동안 극장 직원들은 걱정스러운 얼굴로 그를 에워싸고 그 사건은 원래 극의 일부였다고 설명하며 프롬프터용 대본을 보여주기까지 했다. 하지만 그의 정신세계는 산산조각났고 리허설을 재개할 수 있는 상태가 되기까지 상당한 시간이 걸렸다. 결국 캠벨 부인이 나서서 그를 어르고 달래야 했다. 최악은, 그가 매번 똑같이 놀라고 상처받는 통에 캠벨 부인이 슬리퍼를 던질 때마다 위축됐다는 것이고, 그 결과 실제 공연에서는 가장 설득력 없는 사건이 되어버렸다는 것이다.

트리는 항상 수행원 무리를 대동하고 다녔는데, 그 수행원들은 뚜렷한 직함도 없으면서 급여 대상자 명단에 이름이 올라가 있었다. 그중 한 명은 이런저런 일들을 제법 잘해서 나는 그를 무대감독으로 대우하기로 했다. 그런데 어느 날, 홍보 포스터를 보니 무대감독이라는 직함 아래 실제로 그의 이름이 쓰여 있는 것이 아닌가. 그때까지 나는 그가 트리의 초대를 받고 극장에 놀러 온 트리의 지인인 줄 알았다. 트리는 작가가 뭐 하는 사람인지 몰랐듯 무대감독이 뭐 하는 사람인지 몰랐다. 심지어 배우가 뭐 하는 사람인지에 대해서도 뚜렷한 주관이 없었다. 그는 막 친절하고 친근하게 굴면서 그의 가신들(트리의 직원과 주변인들을 묘사하는 데 그보다 적합한 말을 찾을 수 없다)을 놀라게 하고 기쁘게 하다가도, 어느새 그들의 역할과 권리(그런 게 있다면)를 대놓고 무시하는 끔찍한 결례를 저지르곤 했다. 그는 극장에서 제일 높은 사람이었지만 자기 위치를 잘 몰랐기 때문에 정감 가고 겸손한 사람처럼 보였다. 그렇지만 다른 사람들의 위치도 잘 몰라서 짜증을 유발하기도 했다. 나는 트리에게 친구가 아닌 다른 자격으로 대접받을 것이라는 기대를 진작에 버렸다. 나는 그냥 지나가다 들른 친구처럼 자유롭게 리허설에(내가 관여할만한 부분뿐만 아니라 거의 모든 부분에) 끼어들었으며, 아무도 나에게 이의를 제기하지 않았다. 어느 날, 내가 그런 식으로 리허설에 개입하자 트리가 살짝 비꼬는 투로 불평했다. '내가 아는 바로는, 선생이 오기 전에도 이 극장에서 현재의 경영진이 실제로 공연을 제작했고 무대에도 올렸습니다만, 선생은 그런 일이 있었을 리가 없다고 말씀하시는 것 같네요. 이걸 어떻게 설명하시겠습니까?' '그걸 제가 설명할 수는 없지요.' 나는 자포자기한 사람의 솔직한 심정으로 대답했다. '8시 반에 공연을 시작하고 문 앞에서 표를 팔겠다고 신문에 알리지 않았습니까. 그러면 어찌 됐든 공연은 해야 하는 겁니다. 달리 어떤 설명이 있을 수 있겠습니까.' 그런 경우가 두 번 더 있었는데, 너무 잔인하게 그를 괴롭히는 것 같기도 하고, 기본적인 무대 동작을 정리해주는 것(내가 이미 다 했다) 이상으로 관여하면 전혀 받아들여지지 않을 것 같기도 해서, 나는 그에게 그의 식대로 잘 해보라고 나름 진심으로 얘기한 다음 자리를 박차고 극장을 나왔다. 그리고 두 번 다, 제발 돌아와서 자신들을 가망 없는 수렁에서 구해달라는 배우들의 다급한 호소에 못 이겨 돌아갈 수밖에 없었다. 그런데 그때마다 트리는 정말 나에 대해 까맣게 잊고 있었는지, 지나가다 그의 리허설을 보기 위해 친절하게도 잠깐 들른 친구를 대하듯 나를 반갑게 맞았고, 내가 두 번째로 갔을 때는 그가 잘하고 있는지 다시 보러 와준 지극히 다정한 사람을 대하듯 했다. 처음에는 그가 나를 놀리는 게 아닌가 하는 생각이 들었다. 그러나 믿기 힘들게도, 그의 진심과 무신경함은 너무나 명백했다. 결국 나는 온순하고 재미있고 다정하지만 속상할 정도로 거슬리는 주연배우의 얼굴을 마주하고 연출에 관한 내 의사를 관철해야만 했다."

때로는 그 세 사람-쇼, 캠벨 부인, 트리-은 재치있는 말재주 덕분에 곤란한 상황을 모면하기도 했다. "우리 쇼한테 비프스테이크를 먹이고 붉은 피도 좀 수혈하는 게 어떨까요?" 어느 날 트리가 물었다. "맙소사, 안 돼요." 캠벨 부인이 끼어들었다. "지금도 충분히 나쁜 남자인데 고기까지 먹이면 런던에 무사할 여자가 없을걸요."

트리는 청소부(일라이자의 아버지) 역을 원했지만, 자신이 운영하는 극장에서 조연을 맡아서는 안 된다는 쇼의 조언을 따랐다. 트리는 주인공과 같은 '음성학 교수'는 만나본 적도 들어본 적도 없었다(트리의 발음은, 쇼의 표현에 따르면, "그의 다른 모든 부분과 마찬가지로 특이했다"). 더구나 로미오가 아닌 남자 주인공은 상상할 수도 없었다. 그리하여 트리는 그 퉁명스러운 교수를 사랑에 빠진 인물이자 호감 가는 인물로 만들기 위한 작업에 착수했다. 하지만 쇼가 그런 기회를 허락할 리 없었다. 트리는 몹시 당황했고, 결국 극이 끝나고 커튼이 내려가기 직전에 일라이자에게 꽃을 던지겠다는 부적절한 생각을 하기에 이르렀다.

캠벨 부인은 당시 결혼할 생각에 골몰해 있어서 일은 뒷전이었다. 리허설에서는 본인의 대사를 들릴락 말락 한 소리로 무성의하게 반복했다. 쇼가 그녀에게 쪽지를 보냈으나 그녀는 봉투를 뜯지도 않고 되돌려보냈다. 이후 쇼는 전달할 말이 있을 때면 업무용 봉투를 사용했다. 공연 준비가 거의 끝나고 공연 날짜가 가까워졌을 때까지도 그녀는 별로 집중하지 못했다. 쇼의 가구 배치에 대해 불평하면서 틈만 나면 무대에서 가구들을 은근슬쩍 밀었다. 쇼는 무대감독을 불러 가구를 고정시켜버렸고, 캠벨 부인에게는 그랜드 피아노를 밀 수 있는 여지만을 남겨주었다. 트리는 하늘을 향해 두 팔을 쳐들고 좌절과 분노로 울부짖으며 극장 안을 뛰어다닌 적도 있었다. 하지만 캠벨 부인은 언제나 비책을 갖고 있었고 초연 당일에는 단 한 번의 실수도 하지 않았다.

『피그말리온』은 출연진과 관계없이 상연하기만 하면 대성공을 거두었다. 『피그말리온』은 쇼의 『뜻대로 하세요』였다. 트리는 런던에서 13,000파운드의 순이익을 올렸다. 기분이 한껏 고조된 그는 쇼와 함께 연극예술아카데미의 위원회에서 나와 집으로 걸어가며 『피그말리온』 리바이벌에 대해 의논했는데, 놀랍게도 며칠 후 갑자기 세상을 떠났다.

캠벨 부인은 『피그말리온』을 자기 식대로 해석하고 히긴스 교수를 예의 바르고 열성적인 숭배자로 바꿔서 리바이벌했다가 완전히 실패하고 말았다. 쇼는 그 공연을 보러 갔다가 한바탕 웃고는 집으로 돌아왔다. 그 이전에는 쇼처럼 그녀의 마법에 걸려든 J.M.배리가 그녀를 위한 희곡을 썼다. 캠벨 부인이 20년만 젊었어도 재치를 인정받으며 큰 성공을 거뒀을 작품이었다. 배리의 극에서, 캠벨 부인은 살인범이지만 거부할 수 없는 매력을 지닌 까닭에 판사와 배심원을 포함해 모두에게서 용서받는다. 하지만 캠벨 부인의 퇴조하는 매력으로는 그 역을 감당할 수 없었다. 관객들은 자신들의 지성이 모욕당했다고 느끼며 그 살인범을 용서하기를 거부했다. 얼마 후 캠벨 부인의 공연은 비극적으로 막을 내렸다. 실제로 야유가 쏟아졌을 정도다. 그 공연은 그녀의 유일한 실패작이었고 배리의 유일한 실수였다. 『피그말리온』 리바이벌 공연 이후, 그녀는 런던에서 두 편의 흥행작에 나이든 역할로 출연했다. 한때 그녀가 큰돈을 벌어다 준 두 작가, 쇼와 피네로는 예전의 그녀라면 완벽하게 소화했을 만한 배역이 있는 새 작품을 썼지만, 그녀를 캐스팅하지는 않았다. 그리고 나이든 극장운영자들은 과거 (캠벨 부인과 함께하느니 차라리 죽고 말겠다던) 조지 알렉산더와 생각이 비슷해졌다.

   캠벨 부인의 두 번째 결혼생활은 실패로 끝났다. 스텔라[캠벨 부인]를 사랑하는 건 불가피한 일이었지만, 스텔라와 함께 사는 건 불가능한 일이었다. 그녀는 미국으로 건너갔으나 별로 환영받지 못했다. 그 후 파리로 거처를 옮겼고 나중에는 런던으로 돌아오려 했으나 그러기 위해서는 자신의 강아지와 6개월가량 떨어져야만 하는 상황이 되어 결국 귀국을 포기했다. 재산이 바닥나면서 그녀는 생활비가 덜 드는 피레네 산맥 기슭의 포Pau로 이사했고, 거기서 폐렴에 걸렸다. 그녀의 주치의에 따르면

정복   481

"그렇게 치명적인 병은 아니었지만, 살려는 의지가 전혀 없는 환자의 생명을 살리기란 불가능했다." 그리하여 그녀는 세상을 떠났다. 그녀가 마지막으로 했던 알아들을 수 있는 말 중에는 '조이'가 있었다. 그녀의 옛 숭배자들은 마침내 그녀의 고상하고 너그럽고 영예로운 모습만을 마음껏 추억할 수 있게 되었다.

29

망중한
"유럽 어디를 가도 쇼의 조각상을 피할 수가 없다"

내가 쇼를 처음 만난 1913년 그는 이미 백발이었다. 하지만 그로부터 불과 9년 전만 해도 그의 수염이 붉다고 한 사람이 있었다. 그러니까 그의 외모 변화는 48세에서 57세 사이에 진행된 것으로, 그 사이 그는 세계적인 유명인사가 되었다. 쇼의 모친은 살아생전 쇼의 악명이 높아짐에 따라 외모도 하얗게 변해가는 모습을 목격했다. 쇼는 모친이 세상을 뜨기 전 약 10여 년 동안 모친을 편안하게 모실 수 있었다. 그런데 뜻밖에도 그의 모친은 아들의 활동에 전혀 관심이 없었다고 한다.

"음악비평에는 분명 관심이 있으셨을 텐데요?"

내가 물었다.

"아마 한 줄도 안 읽어보셨을걸?"

"그럼 연극은요? 설마 연극도 한 번 안 보셨을까."

"글쎄 아니라니까! 아, 「부적절한 결혼」은 보신 것 같군. 어머니께서 탈튼의 딸더러 '지독한 계집애'라고 했던 게 기억나네. 그러고 보니, 관심이 아예 없지는 않으셨던 것 같아."

1912년 그는 누군가의 초대를 다음과 같이 거절해야 했다. "일흔둘이신 저의 어머니께서 쓰러지셨습니다. 아내 샬롯은 천식과 기관지염 때문에 제대로 숨을 못 쉬어서 우울해 하고 있고요. 적어도 세 편의 리허설이 저를 기다리고 있습니다. 한마디로, 선생의 서신에 제가 드릴 수 있는 답은 공허한 웃음뿐이랍니다." 이듬해 그의 어머니가 세상을 떠났다. 쇼는 어머니와 사이가 나빴던 적이 한번도 없었다. "나는 마흔둘이 될 때까지 어머니와 함께 지냈지. 마찰은 전혀 없었어. 하지만 어머니의 죽음을 계기로 우리 관계를 돌이켜보니, 내가 어머니에 대해 아는 게 거의 없더라고." 쇼는 그랑빌 바커를 유일한 문상객으로 대동하고 화장식을 치렀다. 그에게는 매장에 대한 공포가 있었다. 더블린 교외에 있는 대규모 개신교도 묘지인 마운트 제롬 뒤편에서 어떤 일이 벌어지는지를 너무 잘 알고 있었기 때문이다. 장례는 영국국교회식으로 했다. 그의 어머니가 영국국교회와 어떤 관련이 있어서라기보다는 다음 두 가지 이유에서였다. 첫째, 쇼는 할 일이 워낙 많은 사람이라서 사제 역할까지 하기에는 무리가 있었다. 둘째, 쇼는 영국국교회의 장례식이 어떤지 직접 확인해보고 싶었다. 그리하여 그는 그랑빌 바커와 끝까지 식을 지켰다. 그 자리에 참석한 사람은 그 두 사람과 사제가 전부였다.

결과는 만족스럽지 않았다. 후에 쇼의 종교적 영향력을 높이 산 레버렌드 딕 셰퍼드가 그에게 기도서 개정을 의뢰했을 때, 그는 영국국교회 장례식이 음울하고 소름끼친다고 비난했다. 하지만 장례식이 끝나고, 햇빛이 환히 비추는 방으로 관이 옮겨져 석류색 불꽃의 소용돌이를 일으키며 활활 타오르는 광경을 보자, 쇼는 그 놀라운 미적 효과에 넋을 잃고 말았고 전에 없이 열렬한 화장옹호자가 되어 매장은 범죄라고 주장하는 지경에 이르렀다.

용광로의 문이 닫힌 후 쇼는 그랑빌 바커와 산책에 나섰고, 산책에서 돌아와 보니 화장이 끝나 있었다. 석재 탁자 위에 카 쇼 부인의 유해가 흩어져 있었고, 흰 모자와 작업복 차림의 두 남자(꼭 요리사 같았다)가 탁자 위에 순수한 고인의 유골만을 남기기 위해, 용해된 금속과 재거름을 분주하게 솎아내고 있었다. 그러자 그때까지 예절감각에 눌려있던 쇼의 유머감각이 되살아났다. 그는 어머니가 자신을 내려다보며 함께 즐거워할 것이라고 느꼈다. 그에게 그런 자리에서 지켜야 할 예절을 환기한 것은 놀란 그랑빌 바커의 말이었다. "정말 유쾌한 영혼이네요, 쇼는."

수년이 지난 후, 웰스 부인의 장례식에서 쇼는 깊은 상실감에 빠진 웰스에게 화장장에 들어가 보라고 조언했다. "아들 녀석들을 데리고 들어가게. 아이들이 봐야 해. 정말 아름답거든. 나는 어머니가 거기서 화장되는 걸 지켜봤어. 가보는 게 자네에게도 좋을 거야." 웰스는 쇼의 조언대로 했고 가길 잘했다고 생각했다. "정말 아름다웠어요." 웰스는 공감했다.

1차세계대전이 끝나고 쇼의 누이가 세상을 떠났을 때는 화장장에서 매우 다른 장면이 펼쳐졌다. 고인의 뜻은 어떠한 종교의식도 치르지 말라는 것이었다. 하지만 누이의 친구 한 사람도 아니고 예배당을 가득 채운 일면식도 없는 사람들이 "사랑하는 루시"를 한목소리로 외치며 쇼에게 맞섰다. 그들은 의식을 치르고 싶어했다. 쇼는 자신이 그 어려운 상황에 어떻게 대처했는지 알려줬다. "불 속에 석탄을 던지듯 누이를 그냥 보낼 수는 없겠더라고. 그래서 내가 연단에 올라가 정식으로 추도사를 읊고 『심벨린』(셰익스피어의 로맨스극)의 장송가로 마무리했지. 그때는 석탄이 너무나 귀해서 나의 누이 루시는 양초 불꽃처럼 하얀 불꽃 속에서 화장되었어."

그에게서 이런 이야기들을 들었던 터라, 나는 그가 신설된 화장장 몇 곳의 지분을 갖고 있다는 소식을 듣고도 놀라지 않았다.

지식을 향한 쇼의 열망은 키플링스러웠다. 그는 기술적인 것에 매료되었고, 실험실을 방문해 현미경으로 박테리아 들여다보기를 좋아했으며, 기계라면 종류와 관계없이 흥미로워했다. 자동피아노와 축음기, 라디오, 계산기 역시 그의 관심을 끌었다. 그러나 공장의 구식 기계는 한없이 경멸했다. 그런 기계는 쓰레기 같은 인간들도 돈 욕심만 있으면 충분히 발명할 수 있다고 했다. 그는 카메라를 몇 시간이고 가지고 놀았고, 카메라에 관심있는 사람들과 사진에 대해 논할 때는 지치는 법이 없었다. 환갑이 다됐을 무렵에는 오토바이를 한 대 샀는데 공장에서 77마일을 달려 집 근처까지 잘 왔다가 길모퉁이를 너무 급하게 도는 바람에 한동안 그 기계를 감상만 해야 했다. 그는 팔순이 넘어서도 운전과 수영을 즐겼다. 자전거나 자동차로 에이욧 주변의 시골길을 질주하기도 했다. 런던에서 여름과 겨울을 지낼 때는 매일 아침식사 전 로열 오토모빌 클럽에 수영하러 갔다. "아일랜드 태생이라 그런지 나는 씻는 걸 별로 안 좋아해." 그는 말했다. "하지만 차가운 물에 첨벙 뛰어드는 자극 없인 못 살지." 이런 것들이 그의 취미였다. 시합은 일절 하지 않았는데, 승부욕이 없다 보니 그와 시합하려는 사람도 없더라고 했다. 그는 한창 재미있어지려고 하는데 점수를 따지느라 머리 굴리는 것이 딱 질색이었다.

시합은 안 했지만 그의 다른 활동들은 놀라울 정도였다. 과로로 지칠 때면 어두운 방에 들어가 바닥에 등을 대고 누워서 몇 시간 동안 온몸의 긴장을 풀었는데, 그의 아내만 알고 있었던 그 시간들을 제외하면 한시도 가만있는 법이 없었다. 대화할 때조차 쉴 새 없이 움직였다. 자리에서 일어났다 앉았다, 다리를 꼬았다 풀었다, 주머니에 손을 넣었다 뺐다, 등을 곧게 펴고 앉았다 의자에 기댔다, 허리를 앞으로 굽혔다 뒤로 젖혔다 하면서, 한 자세로 2분 이상 가만히 있지를 못했다.

그의 옷이 어쩌면 그의 영혼을 상징하는 것인지도 모른다. 최소한 그는 남들과 다르게 입었다. 언제나 옷깃이 부드러운 옷을 입었고, 몸통을 이중으로 감싸는 것은 좋지 않다고 생각해서 셔츠는 입지 않았다. 대신 특별히 주문 제작한 전신내의를 입었다. 그는 옷을 한 벌 맞추면 6년에서 16년을 입었다. "그 결과 정말 개성 있고 나다운 옷이 됐지. 소매와 다리 부분이 일반 맞춤 양복 같지가 않았어. 무릎이며 팔꿈치 부분을 보면 내 옷인지 딱 알 수 있었지." 복장이 별나다는 평판 때문에 난감했던 적도 있다. 자유당 정치인이었던 R.B.홀데인은 수많은 고위층 인사—밸푸어, 애스퀴스 가문 등—를 상대로 디너파티를 열곤 했는데, 연극비평가 자격으로 초대한 쇼가 야회복 입기를 꺼린다는 소문을 듣고는 일반 예복 차림으로 와달라고 요청했다. 쇼는 노동당 의원도 몇 명 오겠거니 예상했지만, 야회복은 고사하고 매일 입는 옷밖에 입을 옷이 없어서 힘들게 모아둔 돈으로 꽤 괜찮은 검은색 정장을 사 입고 파티장에 갔다. 그런데 막상 파티장에 가보니 온통 흰 셔츠와 목이 파인 드레스였고 오직 그만이 그 파티에 어울리지 않는 차림이었다. "내로라하는 사회인사들이 참석한 파티였다. 그 파티에 대해 말하자면, 1815년 브뤼셀 워털루 무도회를 묘사한 바이런의 글을 인용해야 할 정도다. 꼬리 없는 더블 버튼 재킷을 입은 나는 결혼식장에 홀로 선원복 차림으로 서 있는 기분이었다. 바지만 보면 도시의 선교사가 된 것 같았다. 하지만 저녁식사에 적합하지 않은 옷차림으로 고통스러운 결례를 범한 쪽은 그들이라고 느끼게 하기 위해 나는 최선을 다했다. 당황하지 않고 침착하게 마고 애스퀴스를 만찬회장으로 안내했으며 내가 할 수 있는 최대치를 했다. 그렇지만 지금까지도 내 입에서 욕이 튀어나오게 할 가장 확실한 방법은 나 혼자 야회복을 입지 않았던 그 날의 일화를 나에게 상기시키는 것이다."

쇼가 아무것도 안 하고 가만히 앉아있는 것은 거의 불가능해 보였지만, 쇼 부인은 전성기일 때 그를 기념할만한 무언가 가치있는 것을 남기고 싶어했다. 그래서 쇼가 예술가의 모델을 서는 일련의 놀라운 경험이 시작되었고, 웰스가 유럽 어디를 가도 유명한 동료의 조각상을 피할 수 없다고 불평하는 지경까지 갔다. 우리에게는 다행스럽게도, 쇼는 자신과 마지막으로 씨름했던 대 조각가 제이콥 엡스타인[1]의 모델을 섰던 일을 기록해두었다. 여기 그와 관련된 내용을 옮겨 본다.

엡스타인 선생의 저서를 막 다 읽었습니다. 많은 것을 배웠습니다. 배움은 나이든 사람의 특권 중 하나이지요. 보답하는 차원에서, 엡스타인 선생이 잘 모르고 있는 몇 가지를 알려드릴까 합니다. 창작활동을 하는 사람으로서 선생이 그런 것들을 꼭 알아야 할 필요는 없었을 겁니다. 그러나 평론가인 나로서는 알아야 했던 것들이지요. 하루는 폴 트루베츠

---

[1] 제이콥 엡스타인Jacob Epstein(1880-1959): 미국 출신 영국 조각가. 현대 조각의 개척자 중 한 사람으로 아방가르드한 컨셉과 스타일로 주목받았으며, 헨리 무어와 바바라 헵워스에게 지대한 영향을 미쳤다.

코이[2]와 『살롱』[3]전의 수많은 조각상 사이에 서 있었습니다. 조각상이 끝도 없이 늘어서 있는 것 같았어요. 폴은 침울한 얼굴로 조각상들을 바라보더니 확신하듯 말했습니다. '여기에는 조각이 없어. 이 자들은 조각가도 아니야.' 나는 그가 무슨 뜻으로 그런 말을 했는지 이해했습니다. 하지만 평론으로 먹고사는 사람인 내가 그런 말을 했다면 바로 해고됐을 겁니다. 폴의 말은 전체적으로 보면 사실도 거짓도 아니었습니다. 그 중 얼마만큼이 사실이고 얼마만큼이 거짓인지 밝히는 것이야말로 내가 할 일이었지요. 졸지에 '조각가도 아닌 사람'이 된 그 불쌍한 친구들도 폴만큼 잘살 권리가 있었습니다. 즉, 그들 모두 빚거나 깎아서 어떤 이미지들을 만들어낼 권리가 있었지요. 더구나 그들 중 일부는 작품을 높은 가격에 잘도 팔았어요. 반면에 폴은 호텔에 갚아야 할 저녁식사비가 18개월 치나 밀려 있었지요.

그때 이후로 나는 이름난 조각가와 화가들 앞에서 모델을 서기 시작했습니다. 그래서 웰스는 유럽 어디를 가도 내 얼굴을 피할 수 없다며 투덜대곤 한답니다. 선생은 못 해본 경험일 겁니다. 그래서 알려드리는 것이지요. 나는 제일 먼저 로댕과 작업했습니다. 나에 대해 전혀 들어본 적이 없었던 로댕은 본인이 관심없는 일은 하지 않으려고 별의별 이유

---

2   폴 트루베츠코이Paul Troubetzkoy(1866-1938): 이탈리아 출신의 러시아 조각가. 러시아 외교관이었던 페테르 페트로비치 트루베츠코이 대공의 아들로, 이탈리아에서 태어나서 프린스 파올로 트루베츠코이로 불리기도 한다. 이탈리아, 영국, 미국, 러시아에서 활동했으며, 버나드 쇼의 채식주의자 친구였다. 가장 잘 알려진 작품은 상트페테르부르크 대리석 궁전에 있는 알렉산더 3세의 기마상이다

3   '파리살롱'전이라고도 한다. 1725년 프랑스 미술원의 공식 미술전시회로 출발하여 1748-1890년 사이 1년 혹은 2년 마다 열리는 최고의 미술 행사로 자리잡았다. 1881년 이후로는 프랑스 예술가협회가 주관해왔다.

를 대며 거절했어요. 하지만 내 아내는 포기하려 들지 않았습니다. 아내는 당시 로댕의 비서로 있던 시인 릴케에게 조건을 확인했습니다. 릴케는 대리석으로 하면 1,000파운드, 청동으로 하면 800파운드라는 것을 알려줬어요. 아내는 자기 남편이 유명 작가로서 예술에 해박하고, 자신은 그런 남편의 모습을 기념하고 싶으며, 연락이 닿을만한 거리에 로댕이 있는데 로댕보다 못한 천재를 선택한다면 후세에 멍청이로 기억될 것이 뻔하다면서 남편은 로댕만을 고집한다고, 로댕에게 편지로 설명했습니다. 또한, 내 흉상 제작과 별개로 활동 경비에 보태쓰라며 로댕의 계좌에 1,000파운드의 후원금을 보냈습니다. 혹시나 그가 내 흉상 제작을 시작하게 되면 계속하든 그만두든 이 일을 위해 다른 중요한 일을 미루든 우리는 전혀 상관하지 않겠다고도 했지요.

로댕은 그런 대접에 저항할 수 없었습니다. 그는 저더러 파리로 와서 모델을 서면 안 되겠냐고 묻더군요.「지옥문」을 완성하라고 프랑스 정부가 제공한 작업실에서(그래서 그는「지옥문」의 완성을 최대한 늦추려고 노력했습니다) 모델을 서달라고 했죠. 우리 부부는 다음 날 아침 그곳을 방문했습니다. 그는 우리가 마음에 든 것 같았어요. 우리랑 잠깐 대화하더니, 혹시나 작업하러 너무 멀리 가야하는 건 아닌지 걱정하는 얼굴로 머뭇거리면서, 우리더러 뫼동Meudon의 자기 작업실에 매일 들러줄 순 없겠냐고 묻더군요. 나는 그가 편하다면 언제 어디서 하든 괜찮다고 했고, 다음 날 10시에 뫼동에서 보기로 했습니다. 그는 굉장히 기뻐했습니다. 그리하여 나는 이후 한 달을 뫼동에서 보냈고 그곳이 집처럼 편해졌답니다. 참으로 재미있는 경험이었던 것이, 그 흉상은 사라 베르나르의 멋진 스케치를 연상시키는 15분 만의 짧은 스케치에서 시작되어, 중세 이후 조각의 역사를 고스란히 거치며 완성되어 갔답니다. 그 흉상이 20세기에 도달했을 때, 그런 보배는 다시 없을 거란 생각이 들더군요. 그래서 나는 제발 그것을 갖고 가게 해달라고 그에게 애원했습니다. 하지만 그는 '아직 더 해야 합니다'라고 하더군요. 그러더니 소름 돋게도, 그 흉상은 베르니니Gian Lorenzo Bernini, 카노바Antonio Canova, 토발트센Bertel Thorwaldsen, 깁슨John Gibson과 폴리James Foley의 작품이 되었다가 마침내 로댕의 작품으로 거듭났습니다. 나는 모델을 서면서 그런 광경을 두 번 다시 보지 못했습니다. 로댕에게는 또 한 가지 특이점이 있었는데, 그건 그가 조각가라기보다 데생화가처럼 작업했다는 겁니다. 그는 흉상을 돌려가면서, 나를 거의 1인치씩 돌려가면서, 온갖 각도에서 캘리퍼스를 들이대고 한 면 한 면 윤곽을 잡아 나갔습니다. 한 달이 다 되어갈 무렵, 그는 이제 그만 해야겠다고 말하면서도 내가 파리에 들를 때마다 좀 더 손을 봐야겠다고 하더군요. 당연히 그런 일은 일어나지 않았습니다. 그렇지만 그는 어떤 흉상을 제작하든 그 모델이 살아있는 한 완성작으로 여기지 않을 사람이란 게 분명했습니다. 그는 모델들이 모델 서는 일에 지친 나머지 무슨 급한 용무라도 있는 것처럼 스스로 가짜 전보를 치는 자작극을 벌이고 도망치곤 한다며 투덜댔거든요. 그는 나처럼 오래 붙어 있는 모델은 본 적이 없다고, 그래서 이전에 했던 그 어떤 작업보다 더 멀리 끌고 갈 수 있을 것 같다고 말했습니다.

자, 이제 그 흉상의 장단점에 대해서 말씀드리지요. 아내는 로댕에게, 화가들이 나보다는 나의 명성을 그리는 데 더 집착하는 것 같다고 얘기했습니다. 그러자 로댕이 말했습니다. '저는 무슈 쇼의 명성에 대해 전혀 알지 못합니다. 저는 거기 계신 그대로 해드리겠습니다.' 그의 말은 '눈에 보이는 모습 그대로를 전하겠다'는 뜻이었죠. 선생에게 이 이야기는 분명 흥미롭게 들릴 겁니다. 로댕은 캘리퍼스를 들고 눈에 보이는 물리적 사실을 있는 그대로 표현하려고 세심하게 노력했는데, 선생은 순 거짓으로 보일 만큼 물리적 사실을 무시하는 스타일이니까요. 모델의 아내들이 선생이 만든 흉상을 못 견뎌하는 것도 바로 그 때문입니다. 선생은 잘 나가는 조각가가 알아야 할 첫 번째 교훈을 배우지 못한 것 같더군요. 그건 어떤 여자도 머리가 단정치 못한 남편의 흉상은 두 번 다시 거들떠보려 하지 않는다는 것입니다.

자, 로댕에게 흙으로 표현해야 할 눈에 보이는 물리적 사실이란 무엇이었을까요? 나는 피부가 얇고 항상 빗질을 잘해서 유난히 머릿결이 좋은 문명화된 아일랜드인입니다. 키가 183센티미터나 되니까 몸무게가 80킬로그램은 나갈 것 같지만 실제로는 68킬로그램 정도밖에 안 나가는, 누가 봐도 몸보다는 머리를 쓰는 노동자이지요. 이 모든 특징을 로댕은 완벽하게 전달했습니다. 모든 언어에 공통인 철학과 예술 용어로 대화하고 또 대화하면서, 나는 야만인이나 권투선수나 검투사가 아닌 지식인이라는 것을 로댕에게 보여주었습니다. 그는 그 점을 작품에 정확하게 반영했지요. 하지만 나는 철학자인 동시에 희극인이랍니다. 그런데 로댕은 유머감각이 전혀 없었어요. 로댕이 웃는 모습은 한 번인가 본 것 같은데(내가 로댕 부인에게서 받은 달달한 간식에서 반을 떼어 로댕의 강아지 캅$_{Kap}$에게 줬을 때였지요) 그나마도 웃은 게 맞는지 확신할 수는 없답니다. 아무튼 그런 이유로 그 흉상에는 유머감각이 없습니다. 유머감각 없는 쇼는 (쇼 본인한테라면 모를까) 쇼가 아닌데 말이지요. 이 부분에 있어서는 언어의 장벽을 극복할 수가 없었습니다. 나는 외국어 실력이 형편없어서 프랑스어로는 농담할 수가 없었습니다. 어느 부인이 내가 프랑스어를 잘하냐고 로댕에게 묻자, 로댕은 특유의 진지하고도 솔직한 태도로 이렇게 답하더군요. '무슈 쇼는 프랑스어를 잘하지 못합니다. 하지만 자신의 존재를 격렬하게 드러내면서 의사표현을 한답니다.'

폴 트루베츠코이는 로댕이 만든 내 흉상을 보더니 이렇게 말했습니다. '얼굴에 눈이 없잖아. 로댕의 흉상은 죄다 장님이구만.' 그러더니 갑자기 나에게 30분 동안 모델을 서라고 했습니다. 트루베츠코이는 거절 당하는 게 뭔지 모르는 사람이었어요. 어쨌거나 내가 그를 거절하는 것은 불가능했습니다. 30분은 물론 3시간을 의미했고, 나는 존 싱어 사전트[4]의 작업실로 가서 두 번이나 모델을 서야 했습니다. 거기서 트루베츠코이는 찰흙을 마구 던지며 작업해서 자기 몸은 물론 사전트의 그림과 카펫까지 온통 찰흙으로 덮어버렸지요. 두 번째로 사전트의 작업실을 찾았을 땐, 모든 물건이 천으로 덮여 있더군요. 미국계 외가와 러시아계 친가를 둔 트루베츠코이의 모어는 촌스러운 밀라노 방언이었습니다. 그는 온갖 언어를 다 할 줄 알았고 어떤 언어도 내가 프랑스어를 하는 것보다는 잘했지요. 하지만 나의 유머는 로댕에게나 그에게나 통하지 않았습니다. 그래도 트루베츠코이의 흉상은 세 시간 만에 나온 결과물치고는 정말 대단했지요. 더구나 내가 무슨 러시아 귀족처럼 보여서 기분이 좋았습니다. 물론 테이트 갤러리에 전시된 두 번째 흉상이나, 수년 후 그가 마조레 호수 근처 빌라 카비앙카에 있는 자기 작업실에 나

---

[4] 존 싱어 사전트 John Singer Sargent(1856-1925): 이탈리아에서 태어나 유럽에서 주로 활동한 미국 화가. 부유한 상류사회 후원자들의 초상화를 그린 것으로 유명하다. 오늘날 그의 대표작으로 꼽히는 「마담 X」가 스캔들에 휩싸이자 파리를 떠나 런던에 정착했다.

를 수없이 앉혀 놓고 만들었던 등신대상 및 작은 조각상들에 견줄 정도는 아닙니다만.

다음으로 내가 만난 유명한 조각가는 미국인이었습니다. 나의 유머러스한 성격을 알아볼 정도로 영어를 잘했지요. 로댕이나 트루베츠코이의 흉상에서는 빠져 있던 관점이었습니다. 그 조각가는 바로 천재적인 조 데이비슨[5]이었는데, 그의 얼굴 생김새는 칼 마르크스와 거의 흡사하더군요. 아무튼 그는 겨우 며칠 있다가 런던을 떠날 예정이었기 때문에, 내가 지적한 (그래서 캘리퍼스로 확인했더니) 치수가 잘못된 부분을 떠나기 직전에 급히 손봐야 했고, 시간이 없어서 미처 다하지 못했습니다. 그래도 그는 나이든 유쾌한 재담가로서의 내 모습을 생동감 넘치게 잘 표현해냈지요.

그다음에는 내가 들어보지 못한 조각가였습니다. 지그몬드 스트로블[6]이라는 헝가리인이었죠. 그는 다른 조각가들이 발견했던 것과 놓쳤던 것을 전부 잡아냈습니다. 나의 체형적 특성을 로댕만큼 잘 잡아냈어요. 옆얼굴은 오른쪽에서 보면 철학자, 왼쪽에서 보면 희극인이었지요. 내 아내는 대리석 조각을 원했고, 그는 카라라대리석이 아닌 엄청나게 단단한 돌덩어리를 아주 여유롭게 다루더군요. 우리집에 오는 사람은 누구나 그 흉상을 봐야 합니다.

이제 드디어 제이콥 엡스타인 선생의 차례입니다. 선생은 로댕과 트루

---

5 조 데이비슨Jo Davidson(1883-1952) : 사실적이고 강렬한 흉상으로 잘 알려진 미국의 조각가. 쇼 외에도 찰리 채플린, 코난 도일, 아인슈타인, 아이젠하워, 간디, 앙드레 지드, 거트루드 스타인, 월트 휘트먼, 록커펠러 등 당대 최고의 유명인사들이 그에게 흉상을 의뢰했다.

6 스트로블Zsigmond Kisfaludi Strobl(1884-1975): 헝가리 태생 조각가. 헝가리 국회의사당의 코슈트 기념비가 그의 작품이다.

베츠코이, 데이비슨, 스트로블에게 손사래를 치면서, 사실 '이 자들은 조각가도 아니다'라고 얘기합니다. 선생은 나에게서 다른 조각가가 끄집어내지 못한 무언가를 끄집어내고 싶어 합니다. 나는 희곡을 써야 할 시간에 조각가의 모델이 된 적이 필요 이상으로 많았지만, 이번에도 거절할 수가 없었습니다. 선생이 만든 흉상이 내가 쓴 희곡보다 세계 예술계에 더 보탬이 된다고 주장할 수 있을 정도로 선생이 훌륭하기 때문입니다. 그래서 나는 인내심을 갖고 모델을 섰고, 선생은 하고 싶은 걸 했습니다. 다시 말해, 나에게서 문명의 가면을 벗겨내고, 스트로블과 로댕이 본뜬 인위적인 세련됨을 없애고, 선생이 브루클린에서 배운 대로 나를 날것의 인간으로 보여주려 한 거죠. 눈앞의 사실을 반영한 선생의 첫 번째 스케치는 내 모습을 있는 그대로 멋지게 요약해서 보여주었습니다. 그러고 나서 선생은 선생의 흉상에 고귀함을 부여하는 온갖 놀라운 솜씨로 입술과 볼과 입을 빚었습니다. 그러나 선생은 선생이 집착하는 그 이론들도 적용했습니다. 바로 그 부분에서 무모할 정도로 거짓말을 했고요. 나는 선생 손에 의해 브루클린 인부로 거듭났습니다. 나의 피부는 두꺼워졌고, 머리카락은 거칠어졌으며, 몸무게는 35킬로그램이 불었고, 실제보다 세 배는 더 건장한 사람이 됐지요. 멋진 스케치가 대담한 거짓말이 되었습니다. 그 흉상이 레스터 갤러리로 갔을 때, 고상한 비평가임이 분명한 인부 한 명이 흉상 위에 모자를 씌워 놓음으로써 작품을 마무리했습니다. 어느 사진 기자는 그 상태를 그대로 포착해 신문에 내보냈지요. 나의 아내는 그 사진을 보더니 곧바로 그러더군요. 그 흉상을 집에 들이기만 해 보라고, 그러면 자기는 바로 집을 나갈 거라고요. 내 아내는 콘래드 부인보다 훨씬 더 격분했습니다. 선생의 콘래드 흉상은 머리가 헝클어지긴 했어도 야만인은 아니었잖아요. 여기서는 예술이 문제가 아니라 사실이 문제입니다. 이론상으로 나는 어쩌면 브루클린의 인부와 가증스러운 종이 한 장 차이일 뿐인지도 모릅니다. 하지만 그 종이 한 장의 차이가 없다면 나는 버나드 쇼가 아닙니다. 그리고 눈썹의 바깥쪽 끝이 특이하게 올라가 있다는 결정적인 특징이 없다면, 나는 고상한 희극인이 아닌 상스러운 익살꾼일 뿐입니다. 그 흉상은 걸작입니다만 초상이라고 할 수는 없네요. 선생이 선생의 흉상을 아내에게 기념으로 남겨주고 싶거든 직접 만들지 말고 스트로블에게 맡기세요. 선생이 본인을 브룩클린의 깡패로 만들어버릴지 또 누가 압니까. 왜냐하면 선생의 자존감조차 원시성을 이론화하려는 선생의 그 고질적인 욕구와 태평양 및 중앙아메리카 양식화를 향한 선생의 열정을 이기지는 못할 테니까요.

그건 그렇고, 말이 나온 김에 스트랜드 가의 조각상들[7]에 대해 얘기하자면(나는 아델피 테라스에 살 때 매일 그곳을 지나다녔습니다), 문제는 조각상이 아니라 스트랜드 가더군요. 리마의 문제는 리마가 아니라 하이드 공원이고요. 앨버트 기념비의 주춧돌에 새긴 조각들에 대해 이의를 제기한 사람은 아무도 없었습니다. 주위환경과 잘 맞아떨어진 것이지요. 리마[8]도 룩소르[9]에 있다면 아무도 뭐라고 안 할 겁니다.

---

7 구 영국의학협회 건물(현 짐바브웨 대사관 건물) 전면의 조각상들. 엡스타인이 1908년에 완성한 작품으로, 런던 사람들의 거센 항의와 비난을 불러일으켰다.

8 하이드 공원 조류보호구역에 있는 리마 조각상. 엡스타인이 W.H. 허드슨의 『그린 맨션』(1904)에 등장하는 캐릭터를 묘사한 작품으로, 어떤 사람이 작품이 마음에 들지 않는다며 페인트를 칠해버리는 사건이 있었다.

9 이집트 중앙 나일강변을 따라 동서로 자리한, 고대 이집트를 대표하는 도시.

오늘은 이만 해야겠습니다. 결국 조각가들은 다른 무엇보다 두 가지 충동에 이끌려 작업을 시작하는 듯합니다. 첫째, 흥미로운 대상을 다룬 작품에서 어딘지 아쉬운 부분을 발견하고 자기가 더 잘 다룰 수 있다고 느낄 때. 둘째, 재료를 보고 반했을 때. 선생의 「콘수마툼 에스트 Consummatum Est」는 설화석고 덩어리에서 비롯된 것이지요. 미켈란젤로의 「다비드」가 거대한 대리석 덩어리에서 비롯됐듯 말입니다.

선생의 책은 나에게서 이 모든 생각을 끄집어낼 만큼 훌륭했답니다.

로댕과의 만남은 쇼가 운문으로 외도하는 매우 드문 사례를 낳았다. 로댕은 (물론 표면에 우표 크기만 한 무늬가 새겨진 돌조각 더미가 대부분이긴 했지만) 많은 조각품을 소장하고 있었다. 반면, 예술적인 인쇄나 서적 제작에 대해서는 아는 게 없어서, 아무런 미적 가치도 없는 그저 그런 책들을 보물 다루듯 하고 있었다. 이 분야에 대해 교육하려는 듯, 쇼는 마침 운 좋게도 50파운드에 건진 켈름스콧 출판사판 초서 책에 다음과 같은 글귀를 적어서 로댕에게 선물했다.

현장에서 나는 두 대가를 만났다.
한 사람은 이 책을 만든 모리스고,
다른 한 사람은 흙으로 나의 두상을 빚은 위대한 로댕이다.
나의 작품이 먼지로 바뀔 때 그들의 작품은 성물이 될지니,
성전 한구석에 나의 이름을 휘갈겨 쓰며,
이 책을 로댕에게 바치노라.

쇼의 조각상

좌측부터 로댕, 지그몬드 스트로블, 제이콥 엡스타인, 트루베츠코이 작품

망중한 499

쇼는 로댕의 진실성을 깊이 존경했다. 로댕이 만든 흉상을 보고 사람들이 쇼 같지 않다고 하면, 쇼는 언제나 이렇게 대답했다. "그게 바로 나야. 다른 모습들은 다 연기야."

쇼가 로댕에게 준 초서 책은 파리 로댕 박물관에 있다. 로댕이 조각한 쇼의 대리석 흉상은 더블린 시립 미술관에 있다. 로댕의 청동 조각은 스트로블의 대리석 조각, 트루베츠코이의 작은 조각상과 함께 쇼의 집에 있다. 트루베츠코이가 처음에 만든 쇼 흉상은 뉴욕 시어터 길드 건물 로비에 있고, 나중에 만든 흉상은 테이트 갤러리에 전시되어 있다. 트루베츠코이가 쇼가 연설하고 있는 모습을 표현한 등신상은 현재 어디로 사라졌는지 알 수 없다. 나도 쇼도 그 행방을 모른다.

쇼에 대해 들어본 적이 없는 프랑스인은 로댕뿐만이 아니었다. 프랑스가 예술적으로 반세기 뒤처져 있었다는 쇼의 주장은 그의 작품이 프랑스에서 뒤늦게 인정받으며 사실로 확인됐다. 어느 날, 그는 시스틴 성당에서 아나톨 프랑스와 마주쳤다. 그들은 옛 그림 속 바벨탑을 닮은 작업대 위로 올라갔다. 미켈란젤로 천장화를 보수하기 위해 세워 둔 작업대였다. 그렇게 미켈란젤로 천장화를 가까이서 보니, 그림마다 설화석고 돋을새김으로 정교하게 마감되어 있었다. 아나톨 프랑스는 그 작업대 위에 올라서서 사전에 준비해 둔 연설문을 읽기 시작했는데, 온갖 판에 박힌 문구—미켈란젤로의 강철 같은 손목과 불같은 심장 등등—를 충실하게 늘어놓더니 테오필 고티에[10]를 인용하며 연설을 마무리했다. 쇼는

---

10 테오필 고티에Théophile Gautier(1811-1872): 프랑스의 시인, 소설가, 극작가, 비평가. 예술은 교훈적이고 도덕적이고 실용적인 기능으로부터 분리되어야 한다는 "예술을 위한 예술"을 주창했다. "모든 쓸모있는 것은 추하다"라는 말로 예술지상주의를 선언한 『모팽 양』(1835)이 그의 대표작이다. 발자크, 보들레르, 오스카 와일드 등 수많은 작가들에게 영향을 주었다.

대체 어떤 작자가 흔들리는 바벨탑 위에서, 그것도 델포이의 무녀가 빤히 내려다보고 있는데 고티에를 떠올릴 수 있는지 궁금해졌다. 작업대를 위태위태하게 내려온 아나톨 프랑스는 아직까지 그에게는 단지 "한 명의 무슈"일 뿐이던 쇼에게 다가오더니, 미처 이름을 물어보지 못했다면서 누구냐고 물었다. 쇼는 "나도 당신 같은 천재요"라고 대답했다. (프랑스인으로서는) 상상도 못 한 저속한 표현에 큰 충격을 받았는지, 아나톨 프랑스는 어깨를 한 번 으쓱하더니 이렇게 말했다. "하긴 매춘부도 스스로를 쾌락 상인이라고 칭할 권리가 있지요." 몇 년이 지난 뒤, 페이비언협회는 아나톨 프랑스를 초청해 성대한 만찬회를 열었고, 쇼는 만찬회 의장으로서 아나톨 프랑스를 칭송하는 연설을 했는데, 그의 연설이 절정에 달하자 아나톨 프랑스는 몹시 감동한 나머지 자리에서 벌떡 일어나 쇼를 향해 돌진하더니 그를 와락 끌어안고는 쉬지않고 키스를 퍼부었다. 페이비언들이 그 광경을 보고 얼마나 재미있어 했을지는 안 봐도 훤하다. 아나톨 프랑스는 시스틴 성당에서 쇼에게서 받았던 충격을 그 자리를 빌려 갚아줬다.

셰익스피어처럼 쇼도 라틴어와 그리스어 말고는 별로 배울 것도 없는 학교에 다녔지만 라틴어와 그리스어에 깜깜했다. 그는 영어 외에 유창하게 할 줄 아는 언어가 없었지만, 프랑스어로 의사소통은 할 수 있었고 글도 술술 읽었다. 이탈리아어와 스페인어는 신문의 뉴스를 이해하는 정도였고, 독일어는 어설프게 조금 알고 있었다. 오페라 대본에 해박한 게 때로는 도움이 됐다. 예술노동자조합 사람들과 밀라노로 여행 갔을 때, 사람들이 카페에서 점심값을 각자 계산하기를 원했다. 이탈리아어를 모르는 사람들은 그 말을 어떻게 해야 할지 몰라서 쇼의 등을 떠밀었고, 머리를 쥐어짜던 쇼는 순간 마이어베어Meyerbeer의 「위그노 교도: 각자 본인을 위해, 하늘은 우리 모두를 위해」 이탈리아어 버전을 떠올렸다. 그는 아무렇지 않게 "각자 본인을 위해"라고 했고, 웨이터는 "네, 네, 선생님"이라고 대답했다. 그리하여 그는 졸지에 이탈리아어에 능통한 사람으로 소문났다. 스칸디나비아어나 슬라브어에는 생무지였다. 그는 스톡홀름에 갔다가 스트린드베리[11]를 만나 윌리엄 아처를 영어 번역가로 지명하라고 조언한 적이 있다. "아처는 저와 생각이 다릅니다." 스트린드베리가 반대했다. "아처는 입센과도 생각이 달랐습니다." 쇼가 되받아쳤다. "그럼에도 불구하고 입센의 작품을 번역할 수밖에 없었죠. 시적 정서는 이해할 수 있었으니까요. 물론 시적 정서를 이해 못 하면 아무것도 이해할 수 없지만 말입니다." 쇼는 이러한 대화 내용을 아처에게 엽서로 고스란히 전달했다. 그러면서 이런 이야기를 덧붙였다. "대화 내내 A.S(아우구스트 스트린드베리)는 당혹스런 침묵을 유지하며 한두 번쯤 희미하게 웃었고, G.B.S.는 프랑스어와 독일어가 반반씩 섞인 끔찍한 외국어로 열변을 토했지. 대화가 길어지자 스트린드베리는 시계를 꺼내더니 독일어로 그러더군. '2시가 되면 저는 아픕니다.' 그의 이런 미묘한 귀띔에, 방문객들은 알아서 물러난다네."

쇼는 프랑스어나 독일어로 말할 때면 들쭉날쭉한 임시변통가였지만, 영어로 말할 때면 글을 쓸 때처럼 재치가 넘쳤다. 실제로 그가 대중연설에 뛰어든 1879년 이후로 그의 글은 구두 담화 같아졌고, 화자의 어조가

---

11 스트린드베리Johan August Strindberg(1849-1912): 스웨덴의 극작가이자 소설가. 입센과 함께 근대 북유럽을 대표하는 문인. 대표작으로는 스웨덴 자연주의의 효시가 된 『빨간 방』(1879), 자전적인 소설 『하녀의 아들』(1886) 등이 있다.

느껴졌다. 아놀드 베넷은 일기에 쇼와 웰스와 함께 저녁식사를 했다며 이렇게 적었다. "사실 처음부터 끝까지 쇼 혼자 얘기했다. 아무튼 그는 말이 너무 많았다." 베넷은 쇼를 자의식 강하고 자기중심적인 인물로 봤고, 자신이 "항상 G.B.S.의 세계에 갇히는 것 같은 느낌을 받았다." 나는 쇼에게 베넷이 그렇게 거북해 한 걸 알고 있었냐고 물었다. "망할 자식!" 쇼가 소리쳤다. "나는 그 녀석이 말하는 걸 들으려고 별짓을 다 했어. 그런데도 그 녀석은 입을 열지 않더라고. 나는 내 집에 온 손님들을 즐겁게 해줘야 하니까 손님들이 말을 안 하면 내가 하는 수밖에 없어. 나의 지난 이야기며 대화의 극적인 부분을 전부 외우고 있던 내 아내는, 수백 번 넘게 되풀이되는 이야기에 질려서 제발 다른 사람한테 말할 기회를 주라고 몇 번이나 얘기하더군. 나는 그렇게 했어. 그런데 다른 사람들이 말을 안 하는 거야. 사람들은 내 이야기를 들으러 온 거거든. 나를 즐겁게 해주기 위해서가 아니라 내가 자기들을 즐겁게 해주기를 기대하면서 말이야. 파데레프스키의 공연을 보러 간 사람들은 파데레프스키가 피아노를 너무 많이 친다고 불평하진 않잖아. 파데레프스키는 가끔 피아노를 싫어하는 사람처럼 연주하는데, 그러는 것도 무리가 아니지. 나도 전에 백 번도 더 한 이야기라는 걸 숨기고 어쩔 수 없이 같은 이야기를 반복해야 할 때가 한두 번이 아니거든. 웰스, 벨록, 올리비에, 배리, 난센은 내가 그런 수고를 하지 않고도 기분 좋고 평화롭게 점심식사를 마치게 해주는 가장 반가운 손님들이었지. 사실, 재미없는 수다쟁이이기만 해도 나는 감지덕지했다네."

뛰어난 언변가들이 다 그렇듯, 쇼 역시 말을 해야 하는 상황이기 때문에 말을 했다. 피곤해서 입을 닫고 싶어도 그럴 수 없을 때가 많았다.

그는 어떤 주제로든 즉석에서 화제 전환이 가능했고 주어진 주제에 대해 자신의 책에서처럼 술술 얘기했다. 그의 아일랜드인다운 화법, 호탕하고 빈번한 웃음, 말하면서 손바닥을 활기차게 비비는 습관, 생기 넘치는 청회색 눈동자, 요점을 강조하며 팔을 힘차게 벌리는 행위, 이 모든 것이 그의 이야기에 활기와 매력을 더했다. 사교계 인사로서 그의 가장 큰 매력 중 하나는 수줍음 많고 소외감 느끼는 젊은이들에 대한 배려심이었다. 프랭크 스위너튼[12]은 보잘것없던 청년 시절 부스스한 몰골과 벌게진 얼굴로 웰스가 주최한 오찬모임에 지각했을 때, 다들 멀찌감치 서서 고개만 까딱하는데 쇼가 방을 가로질러 와서 자신에게 악수를 청하고 식사 자리로 데려갔던 일을 결코 잊지 못한다.

매력까지는 아닐지 몰라도 감탄을 자아내는 쇼의 또 다른 특징은 상대의 예상을 뒤엎는 재치있는 답변이었다. 애스터 여사에게서 들은 이야기다. 클리브던에서 아침식사를 하던 중 애스터 여사가 말했다. "나는 재미로 살생하는 걸 혐오해요." 쇼도 같은 입장일 거라 생각해서 한 말이었다. 그때 애스터 여사의 자녀 중 한 명이 쇼에게 물었다. "재미로 살생하는 걸 혐오하세요?" 쇼가 대답했다. "그야 누굴 죽이느냐에 따라 다르지." 다른 예도 있다. 취리히의 연설가라는 어느 이상한 여인이 쇼에게 다음과 같이 제안했다. "당신은 세계 최고의 두뇌를 가졌고 나는 세계 최고의 몸매를 가졌으니, 우리가 아이를 낳으면 완벽한 아이가 될 거예요." 쇼는 물었다. "그 아이가 내 몸과 당신의 두뇌를 물려받으면 어떡할 거요?" 이 일화의 주인공이 이사도라 던컨이라는 항간에 떠도는 소

---

[12] 프랭크 스위너튼 Frank A. Swinnerton(1884-1982): 영국의 문필가. 50권이 넘는 저서를 남겼으며, 출판사 편집자로서 올더스 헉슬리와 리튼 스트레이치, H.G.웰스 등의 책을 편집하기도 했다.

문은 사실이 아니다.

쇼는 남을 온전히 즐겁게 해주기가 얼마나 어려운지, 나에게 예를 들어 설명한 적이 있다. "독실한 가톨릭 신자인 처들레이 여사와 함께 있을 때, 프로이센식 군국주의에 세뇌된 어느 외국인이 방문해서 끔찍한 결례를 범한 적이 있어. 그는 자기 형제가 무염시태설이 순 헛소리라고 했다가 감옥에 끌려갔다고 하더군. 처들레이 여사는 덕망 높은 가톨릭 신자로서 무슨 말을 해야 할지 몰라하고 있었지. 나는 즉시 그들 틈에 끼어들어서 지극히 무미건조한 말투로 모든 잉태는 다 무염시태라고(순결하다고) 했어. 그 비스마르크 추종자는 머릿속이 붕괴된 듯한 표정이더군. 처들레이 여사는 고맙다는 듯 나를 봤어. 그런데 조금 있다가는 내가 그를 너무 심하게 대한 게 아닌가 하는 표정으로 바뀌더라고. 하지만 그러는 사이 긴장된 순간은 지나갔지."

사람들은 쇼에게 강연을 부탁하면 종종 기대 이상의 혹은 전혀 기대하지 않았던 무언가를 얻곤 했다. "한번은 내가 큰 소란을 일으킨 적이 있었지." 그가 나에게 말했다. "브래들로의 후계자를 물색 중이던 영국 세속주의협회가 여러 후보 중에서도 하필이면 나를 제일 먼저 시험한 거야. 나는 '자유사상의 발전'을 주제로 강연하면서, 그들이 비도덕적인 미신으로 규탄하는 모든 신념이 실제로는 사실의 단순한 진술에 불과하다는 것을 증명했지. 이를테면, 삼위일체나 무염시태 같은 것들을 말이야. 그러니 내가 뽑히지 않았다는 건 굳이 말 안 해도 알겠지. 성경 타파를 외치는 구舊유물론자 내지 자유사상가들이 나를 받아들일 리가 없었지."

쇼는 웅변가로서 온갖 기술을 구사했지만, (레닌처럼 그도) 허세를 부리지 않았고 연단에서 언제나 인간 대 인간으로서 얘기했다. 그는 당대 최고의 연설가이자 논객이었다. 내 개인 취향으로는 단연 최고다. 그의 말은 한 마디 한 마디가 귀에 쏙쏙 들어왔다. 그가 "짜증스러울 정도로 분명하게" 말하는 탓이었다. 그는 군인처럼 똑바로 서서 손을 활발하게 움직이고 고개를 살짝 뒤로 젖혀 빽빽한 수염을 드러내 보임으로써 청중의 시선을 장악했고, 몸 상태가 좋을 때는 90분이나 연설했는데도 청중이 더 원하게 만들었다.

때때로 그는 힐레어 벨록이나 G.K.체스터턴과 무대에서 논쟁을 벌였으며, 그들의 논쟁은 런던에서 가장 재미있는 이벤트 중 하나였다. 쇼는 그 두 적수가 서로 어떻게 다른지 묘사했다. "벨록은 강도 높은 개인주의와 프랑스 농부의 땅 욕심을 이타적인 가톨릭 신앙 및 아리스토텔레스파 사제의 학식과 결합시킨 인물이다. 재산은 손에 쥐고, 영혼은 안전한 은행에 맡긴 셈이다. 그는 밸리올(옥스퍼드 남자단과대학)의 난폭성과 군대 포병대의 난폭성을 두루 경험한 사람이라서, 새빌클럽[13] 샌님이 아닌 전 세계를 무대로 모험하듯 살아온 천재 문인의 특급 난폭성을 갖게 되었다. 프롤레타리아가 벨록 같은 사람들로 이루어져 있다면 투쟁에서 승리는 따 놓은 당상이다. 아마도 방데 농민들[14]처럼 잘못된 편에 서겠지만 그래도 그런 사람들이 국민이면 정부가 국민을 존중

---

13 19세기에서 20세기 초반까지 영국의 중상류층 사이에서 유행하던 신사 클럽의 하나. 1868년 당대 가장 잘 나가던 문인과 예술가들이 설립한 클럽으로, 클럽하우스는 런던 메이페어의 중심부에 위치해 있다. 당시 새빌 클럽의 회원으로는 토머스 하디, 루디야드 키플링, 헨리 제임스, H.G.웰스, W.B.예이츠 등이 있었다.

14 프랑스 방데 지방의 농민들은 프랑스 혁명기인 1792-1795 사이 반혁명 왕정주의 반란을 일으켰는데, 이를 방데 반란이라고 부른다. 구교 세력이 강한 이 지방 농민의 불만을 왕당파가 이용한 것으로 공포정치를 부르는 계기가 됐다.

하지 않고는 못 배기길 것이다. 그리고 그런 국민은 군법으로 다스려야 할 거다." 체스터턴에 대해서는 이렇게 말했다. "사회도, 권력도, 재산도, 지위도 그의 행복에는 아무런 영향을 미치지 못한다. 한마디로, 그는 법 없이도 살 사람이다. 그는 남의 집 초인종을 누르고 도망갈지도 모른다. 어쩌면 문지방에 누워있다가 다급히 달려 나온 주인의 발을 걸어 넘어뜨릴지도 모른다. 하지만 그가 저지르는 잘못은 상상과 유머가 과도한 데서 비롯된 것이지, 악의에서 비롯된 게 아니다. 그는 다정하고 태평하고 꾸밈없고 온화하고 너그럽고 진정으로 민주적인 사람이다. 논쟁에서 쉽게 양보할 줄도 아는 사람이고. 하지만 벨록은 전혀 양보할 줄을 모른다." 또, 언젠가 쇼는 벨록은 순진하고 익살스러운 피크위크처럼 자신이 옳다고 생각한 건 무엇이든 믿는 사람이고, 체스터턴은 절대로 어른이 될 수 없는 진짜 피터 팬이라고 언급함으로써 두 사람에 대한 일관된 시각을 드러냈다. 쇼는 체스터턴을 좋아했고, 체스터턴은 자신의 자서전에 이렇게 적었다. "버나드 쇼의 답장을 읽고 기분이 좋아지지 않은 적이 없는데, 그게 그의 한없이 공정한 마음이나 지적인 상냥함 때문은 아닌 것 같다. … 대부분의 사람들은 합의를 통해 존경과 호의를 얻는데, 나는 논쟁을 통해 더욱 따뜻한 존경과 호의를 얻을 수 있다는 것을 쇼에게서 배웠다."

그들의 논쟁은 연단에서 언론으로 이어졌고, 급기야 체스터턴은 쇼에 관한 책을 내기에 이르렀다. 나는 그 책에 대한 쇼의 의견을 들을 수 있었다. "체스터턴의 책은 본질적으로 매우 훌륭해. 하지만 나와는 거의 관련이 없지. 체스터턴은 내 작품에 대한 연구를 전혀 하지 않았더라고. 책의 어느 대목에선가, 나의 한계를 논하면서 그러더군. 내가 『바바라 소령』등장인물 중 한 명의 입을 통해 무언가를 말했더라면, 나의 한계를 넘어설 수 있었을 거라고 말이야. 정말 웃겼던 게, 『바바라 소령』의 등장인물이 정확히 그 무언가를 말했거든. 체스터턴이 책장을 넘겨(아마 책도 없겠지만) 한 번 읽어보는 수고로움만 견뎠어도 그 부분을 찾을 수 있었을 거야. 그래도 나에 관한 부분만 빼면 체스터턴의 책은 좋은 내용으로 가득한 양서이자 매우 관대한 책이라는 것을 알게 될 걸세."

체스터턴은 요정을 믿는다고 공언했는데, 쇼가 보기에 그런 태도는 용납할 만했다. 체스터턴이 아이들을 끌어들이지는 않았기 때문이다. 하지만 J.M. 배리가 『피터 팬』으로 농간을 부려서 객석에 있던 아이들이 "요정을 믿는다는 거짓말을 한목소리로 외치게" 만들자, 쇼는 그 부도덕함에 충격을 받았다. 배리가 세상을 떠나자마자 나는 출판사로부터 그의 전기를 써달라는 요청을 받았다. 나는 그에 대해 아는 게 거의 없었고, 그의 작품 중 『대단한 크라이턴』 말고는 좋아하는 작품도 없었지만, 차분히 앉아서 그의 작품을 정독했고 쇼를 비롯한 몇몇 지인에게 서신을 보내 배리에 관해 전하고 싶은 사적인 기억은 없는지 물었다. 내가 배리에 관한 책을 쓰지 않기로 했을 무렵 쇼의 답장이 도착했다.

"배리의 다른 모든 지인과 마찬가지로 나 역시 언제나 배리와 사이좋게 지냈지. 수년 동안 아델피에서 서로 맞은 편 집에 살았으니 사람들은 우리가 거의 매일 봤을 거라고 생각하겠지만, 5년 동안 우리가 밖에서 우연히 마주친 적은 세 번이 채 안 될 거야. 그는 단순히 담배를 피우는 정도가 아니라 굴뚝처럼 담배 연기를 뿜어내야 만족하는 사람이라서 그가 우리집에 오면 집이 한 몇 주는 사람 살 수 없는 곳이 되어버렸어. 그래서 매번 우리가 그의 집으로 갔는데, 그런 일조차 매우 드물었지.

내 생각에, 작가들은 활동적인 사람들이 아니라서 그들에 관해 딱히 할 이야기도 없고 그래서 전기도 없다는 사실을 배리는 알고 있었던 것 같아.[15]

그의 아내가 다른 남자와 눈이 맞아 야반도주하고 입양한 자식 중 몇 명이 전사한 게, 내가 알기로는 그의 인생에 일어난 유일한 사건이지. 평소 그는 누구보다 과묵한 사람처럼 보였지만, 한번 자신을 내려놓으면 나이아가라 폭포처럼 말을 쏟아냈어. 윌트셔에서 나랑 그랑빌 바커랑 같이 산책하던 날에 바로 그랬지. 그는 자신의 어린 시절에 대해 털어놓았어. 베이컨을 일 년에 두 번 먹었다더군. 그 두 번을 제외하고 나머지는 죽으로 때워야 했대. 그는 부친이 목사인 듯한 인상을 줬는데, 그건 그냥 내 상상이었던 것 같아. 실제로 그의 부친은 방직공이었던 것으로 기억하네.

그는 지독하게 우울한 성향을 갖고 있었는데, 다행히도 그런 성향을 작품으로 표현할 능력은 없었지. 오로지 아동극을 통해서만 다른 사람들을 행복하게 해줄 수 있는 사람이었어.

그의 전기를 쓰려면 고생 좀 해야 할 걸세. 그래도 누군가 쓸 수 있는 거라면 자네도 쓸 수 있겠지. 나는 그에 대해 아는 게 정말 없어. 그렇지만 내가 알고 있는 것이 외부에 알려진 그에 관한 이야기의 전부가 아닐까 하는 의심도 드는군. 아무튼 나는 그를 좋아했네."

배리야말로 쇼에 대해 아는 게 없어서 자기가 만들려는 크리켓 팀에 쇼를 끌어들이려 애쓰기도 했다. 그만한 헛수고도 상상하기 힘들 것이

---

15 〔저자 주〕 쇼는 플라톤의 『소크라테스』, 보스웰의 『존슨』, 록하트의 『스콧』을 비롯해 이런저런 언어로 쓰인 위대한 작가들의 전기에 대해 잘 모르고 있었던 것이 분명하다.

다. 그러나 쇼도 한번은 공개적인 바보짓에 합류한 적이 있었다. 1913년 디킨스 동호회Dickens Fellowship의 어느 침울한 회원은 디킨스나 동호회를 위해 뭔가 해야겠다고 생각했다. 그리하여 저명한 디킨스 추종자들이 다수 참가하는 '에드윈 드루드 살인사건에 대한 존 재스퍼 공개 재판'이 열리게 되었다. G.K.체스터턴이 판사를, 동생 세실 체스터턴이 피고 측 변호인을, 커밍 월터스와 마츠가 검사를, 버나드 쇼가 뛰어난 작가 여러 명이 속한 배심원단의 대표를 맡았다. 이 '재판'은 1914년 1월 7일 코벤트가든 내셔널스포팅클럽의 킹스홀에서 열렸다. 디킨스 동호회는 그 재판으로 동호회의 위신이 크게 올라가길 바랐다. 존 재스퍼가 에드윈 드루드를 살해했는지 안 했는지는 그들에게 매우 중요한 문제였고 동호회 모임에서는 이미 수차례 논의된 바 있었다. 에드윈 드루드 살인사건은 디킨스가 그 비밀을 무덤까지 가져가는 바람에 당대 최고의 두뇌들이 달려들어 해결할 '미스터리'로 남았다. 디킨스 동호회는 뛰어난 변론이 언론에 대서특필되고 화려한 성공을 거둘 것으로 예상했다. 물론 유머 역시 기대하고 장려했다. G.K.체스터턴이 이따금 재치있는 말 한마디를 던지고, 쇼가 한두 차례 재담을 펼치고, 검사와 변호사 간 재기발랄한 공방이 오가면서 객석에 즐거운 분위기가 일렁일 것으로 내다봤다. 디킨스 동호회에는 도움이 될 만한 일이었다. 따지고 보면 디킨스 역시 상당한 유머리스트였으니까. 그럼에도 불구하고 행사는 엄숙하고 재판답게 치러지기를 바랐다. 한마디로, 익살이 가미된 진지함이 목표였다.

하지만 일이 그렇게 되지는 않았다. 레이J.W.T.L.는 『디킨시언』[16]에 그 이

---

16 1902년 런던에서 출범한 디킨스 동호회가 1905년부터 발행한 잡지. 2014년 현재까지 통권 제110권이 발행되었다.

유를 설명했다. "이번 재판은 디킨스 동호회 회원들뿐 아니라 일반 대중, 주요 신문사, 주요 비평가 및 작가들까지도 진지하게 받아들였다. 다들 이 재판을 미스터리한 살인사건에 대한 논리적 해답을 찾으려는 진지한 노력으로 간주한 것이다. 커밍 월터스와 세실 체스터턴은 재판 준비에 엄청난 공을 들였다. 거의 스무 명에 달하는 뛰어난 인재들이 기꺼이 참석해 주의 깊게 경청하고 … 증거에 부합하는 정확한 평결을 내리기로 했다. 그런 분위기 속에서 재판은 대체로 잘 진행되고 있었다. 그런데 막판에 장난꾸러기 같은 버나드 쇼 선생이 모든 걸 망치고 말았다. … 그는 동의하지 않을지 몰라도, 대부분의 사람은 그렇게 대단한 배심원단의 대표가 되어달라는 요청을 받는 것을 큰 영광으로 여긴다." 레이의 말에 의하면, 그 재판을 농담으로 여긴 사람은 그 건물에서 쇼가 유일했다. 하지만 재판이 거의 다섯 시간 동안 지속된 걸 보면, 농담이 너무 지나치다고 여긴 사람도 그 건물에서 쇼가 유일했을 것이다. 어찌됐든, 그는 분위기를 띄우기 위해 처음부터 최선을 다했다. 아직 아무런 증거도 제시되지 않았을 때였는데 배심원석에서 벌떡 일어났다.

쇼(배심원 대표): 재판장님, 한마디만 하겠습니다. 저 신사분이 지금 증거를 요청한다고 했습니까?
마츠(검사): 맞습니다.
쇼: 그렇다면, 이런 말씀을 드려야겠군요. 만일 저 신사분이 증거가 영국 배심원의 평결에 영향을 줄 것으로 기대한다면, 자기네 국민에 대해 잘 모르고 있다고 말입니다.
체스터턴(판사): 자, 이 다소 과한 견해에도 불구하고-

판사의 나머지 말은 들리지 않았다. 관객들이 배심원 대표의 요점을 알아들었기 때문이다. 나중에 (『에드윈 드루드 미스터리』에 등장하는 성직자) 캐논 크리스파클이 증언대에 서자, 쇼는 또다시 벌떡 일어났다.

쇼: 재판장님, 질문 하나 해도 될까요?
체스터턴: 물론입니다.
쇼: 증인은 지금 그 죄수가 음악가였다고 하는 겁니까?
증인: 그렇습니다.
쇼: 사실 그 주장은 좀 의심스럽습니다.

판사 체스터턴은 배심원단에게 사건의 개요를 설명하면서 "배심원 여러분, 이제 물러나서 평결을 논의하시기 바랍니다"라고 했다. 그러나 배심원 대표는 자리에 앉을 생각을 하지 않고 디킨시언들이 부적절하게 여길만한 장난스러운 태도를 보였다. "재판장님." 쇼는 말했다. "재판장님께 이런 말씀을 드리게 되어 기쁘게 생각합니다만, 우리는 영국 배심원의 전통과 관례에 따라 오찬 시간에 이미 평결을 내렸습니다. 재판장님, 한 남자가 클로이스터햄에서 모든 지인과 완전히 연락을 끊고 온 데간데없이 사라져버렸다는 사실이 우리로서는 몹시 이해하기 어려웠다는 점을 말씀드립니다. 하지만 오늘 이 자리에서 클로이스터햄 사람들을 직접 만나 그들이 말하는 걸 들어보니, 전혀 놀랄 일이 아니었더군요. 재판장님, 재판을 지켜본 결과, 이렇게 표현해도 될지 모르겠지만, 배심원 중 성격이 다소 극단적인 사람들은 처음에 무죄 평결을 내리고 싶어했습니다. 살인의 증거로 제시된 게 아무것도 없었기 때문입니다. 반면, 저희 중 보다 침착하고 분별력 있는 사람들은 자신의 조카를 죽인 냉혹한 살인마를 아무런 처벌 없이 놓아준다면 우리 모두 본인의 침대에서 살해당할 가능성을 열어두는 것이라고 느꼈습니다. 결국, 재판장님께서도 반가워하시리라고 생각하는데, 타협과 절충 끝에 저희가 내린 결론은 피고인이 유죄라는 것입니다. 우리는 재판장님께서 그에게 관용을 베풀어주시기를 진심으로 바라 마지않습니다. 그러나 한편으로는 지역주민들의 생명을 보호하는 일도 재판장님 손에 달려 있다는 사실을 잊지 않으셨으면 합니다. 더불어 어떠한 감상적인 사고에도 방해받지 않고 법을 가장 철저하고 엄격하게 적용해주실 것을 당부드립니다."

다섯 시간 동안 놀라울 정도로 얌전히 있던 방청객들은 그의 발언에 폭발적인 반응을 보였다. 영국 판사는 판사 본인이 농담을 던졌을 때를 제외하고 방청객들이 그렇게 폭발적인 반응을 보이면 무조건 퇴장 명령을 내릴 것이다. 그렇지만 디킨시언들에게는 커밍 월터스라는 투사가 있었다. 월터스는 자리에서 일어나 판사에게 항의했다. "배심원단은 법의 정신에 따른 의무를 제대로 이행하지 않았으므로, 배심원단의 해산을 강력히 촉구합니다. 배심원 대표가 평결을 미리 내렸다고 한 걸 우리는 모두 똑똑히 들었습니다. 따라서 저는 그 평결을 받아들이기를 거부하며, 재판장님께서 판결하실 것을 요청합니다." 이 말을 들은 배심원 대표는 또다시 일어났다. "배심원단은, 영국의 배심원이라면 누구나 그렇듯, 조기 해산을 몹시 환영하는 바입니다. 이르면 이를수록 더 좋습니다." 이쯤 되자, 판사는 더 두고 볼 수가 없었다. "판사로서 본인은," G.K. 체스터턴이 말했다. "본인을 제외한 여기 모든 사람에게 법정모독죄를 선고한다. 별도의 재판 없이 여기 있는 사람을 전부 수감할 것을 명한다."

　당시 런던의 문인은 그러고들 놀았다. 물론 쇼가 그들과 어울리는 일은 매우 드물었다. 일하지 않고 쉴 때면, 그는 동시대인들의 취미를 즐기기보다 집에서 평화롭게 지내는 편을 선호했다. "휴가라고! 살면서 나는 휴가를 가져 본 적이 없어!"라는 그의 외침은 대략 사실이다. 그러나 에이옷 세인트 로렌스에서 보내는 주말은 평온했고 기력 회복에 도움이 됐다. 가끔은 사진 작업을 하느라 오전 내내 암실을 지키면서 중간중간 암실을 나와 자신의 베히슈타인 피아노와 자동피아노를 번갈아 치기도 했다. 그에게는 음악이 언제나 문학보다 먼저였다. 그의 셰익스피어에 대한 식견은 베토벤에 대한 식견에 비하면 얄팍하다고 할 수 있을 정도였다. 쇼의 주장에 따르면, 베토벤은 속마음을 드러내지 않는 사람이 아니라, 삶의 현실을 분명하게 드러내는 사람이었다. "베토벤은 음악을 재료로 듣기 좋은 소리의 패턴을 만드는 대신, 자신의 감성적인 삶을 완벽하고 진실하게 표현했던 최초의 인물이다. 다른 이들은 음악으로 그렇게 할 수 있을 거라는 가능성만 보여줬다. 하지만 베토벤은 무엇보다도 자신의 삶을 표현하는 일에 주력했다. … 우리와 다를 바 없는 인간이었던 베토벤은 용기 있게 자신을 드러냄으로써, 우리의 모습 또한 드러냈고, 우리가 현실에서 우리 자신을 얼마나 아름답고 강하고 믿음직스럽게 바로 세울 수 있는지를 보여줬다. 베토벤 심포니가 그 어떤 오라토리오나 오페라보다도 뛰어나다는 점이 그러한 사실을 입증하고 있다."

　채식하는 (사람을 포함한) 다른 모든 동물과 마찬가지로, 쇼 역시 완전히 정적인 생활은 견디질 못했다. 그렇다고 신체단련운동을 좋아하는 스타일도 아니었다. 유진 샌도우[17]가 그를 제자로 삼아서 몸을 단련시키려고 하자, 그가 말했다. "자네는 나를 잘못 이해하고 있어. 자네가 그 대단한 가슴으로 남자 스무 명과 그랜드 피아노 두 대와 코끼리 두어 마리도 지탱할 수 있다는 건 알겠네. 또, 자네가 나를 훈련시킨다면 나도 그렇게 될 수 있다는 걸 알겠어. 하지만 내 목표는 피아노와 코끼리와 사람들을 내 가슴에서 떼어놓는 것이지, 내 가슴 위에 쌓아 올리는 것이 아닐세." 샌도우는 쇼를 가망 없다고 포기하고 얼마 지나지 않아 아쉽게도 세상을 뜨고 말았다. 그래서 쇼의 신체단련운동에 대한 불신과 과도한 근육으로 몸에 부담을 주지 않겠다는 결심은 더욱 확고해졌다. 그는 근육의 힘도 필요한 만큼은 있었고, 폐도 튼튼했으며 소화력도 좋았다. 특출난 체격의 소유자였던 휴버트 블랜드와 견주어도 아쉬울 게 하나 없었다. 그는 걷고 수영하고 자전거를 탔으며 운전을 40년 넘게 했다. 요즘 운전자들은 상상할 수 없을 정도로 도로 상태가 안 좋았던 시절에 영국은 물론 알프스 피레네, 아틀라스까지 차를 몰고 가보지 않은 곳이 없었다. 그에게 운동은 그 정도면 충분했다. 무엇보다, 그에게는 비밀리에 하는 활동이 하나 있었는데, 그건 바로 노래를 부르는 것이었다. 그의 어머니와 아내, 가사도우미를 제외하고 그가 노래하는 것을 들은 사람은 아무도 없다. 그가 그렇게 새비언답지 않은 행동을 하리라고는 아마 누구도 예상하지 못했을 것이다. 하지만 그는 매일 밤 잠자리에 들기 전 어머니에게서 전수받은 리의 창법으로 노래하는 습관이 있었다. 오페라부터 오라토리오, 칸타타, 발라드에 이르기까지 부를 수 있는

---

17 유진 샌도우Eugen Sandow(1867-1925): 독일 출신의 체조 보급자. 현대 보디빌딩의 아버지로 불린다. 세계 최초의 보디빌더로 보디빌딩과 피트니스와 같은 개념을 널리 보급시킨 장본인이다.

노래는 다 불렀다. '밤의 여왕'이 되어 자신의 바리톤 음역보다 높이 올라가기도 하고, '자라스트로'가 되어 베이스 음역으로 내려가기도 하면서, 소프라노 콘트랄토, 테너, 베이스의 전 음역을 넘나들었다. 의학적 치료법은 뭐든 의심의 눈초리로 대했지만, 가수건 피아니스트건 발성전문가건 잘못된 방법을 사용해서 낭패를 봤다가 스스로 치유하고 더 나은 방법을 완성해 가르친다는 사람이 있으면, 그 새로운 방법미학aesthodic 기술을 습득하기 위해 열일 제쳐놓고 달려갔다. (방법미학은 필요에 따라 새로운 말을 고안해내는 데 선수였던 암로스 라이트 경의 신조어로서, 쇼는 라이트 경이 위생을 미학으로 분류하는 것을 보고 획기적인 생각이라며 감탄한 바 있다.)

여담이지만, 쇼는 자신의 첫째 이름에 대해 유달리 거부감이 컸다. 언젠가 그가 말했다. "조지라니, 정말 끔찍하게 못나고 발음하기도 어려운 이름이야. 그 이름을 제대로 부르는 사람을 못 봤다니까." 그리고 어느 지인에게 이렇게 일러두기도 했다. "내 이름이 조지로 인쇄되는 것만큼 짜증나는 일도 없습니다."

그는 습관과 취미활동을 신중하게 계획하고 규칙적으로 식사하는 등 잘 정돈된 가정생활을 영위했다. 그의 집에는 효율적이고도 평온한 분위기가 감돌았다. "태어나서 죽을 때까지 사랑이 들끓는 가정에서 지내는 것이 인간이 도달할 수 있는 최고의 경지인 양 얘기하는 사람들은 그런 터무니없는 주장을 하기까지 5분도 진지하게 생각해보지 않았을 것"이라고 한 당사자가 바라던 그대로였다. 자녀가 없는 것이 그에게는 오히려 다행이었는지도 모른다. 아이들은 그의 평탄한 행로를 어지럽혔을 수도 있다. 더구나 그가 아이들을 전혀 가르치려 들지 않고 어른과 동등하게 대했기 때문에 아이들은 그를 좋아했음에도 불구하고 그는 아이들을 좋아하지 않았다. "어른-다 큰 어린이가 아닌 진짜 성숙한 어른-들과 어른들보다 이기적이고 잔인해서 사랑을 알지도 못하고 줄 줄도 모르는 아이들 간의 사랑이 자연스럽다고 말하기는 힘들다." 그렇지만 "나는 행동규칙 같은 것을 지켜본 적이 없어서 규칙 만드는 것을 포기했다"고 말하는 아버지를 둔 아이가 어떻게 성장했을지 지켜보는 것도 흥미로웠을 것이다.

그의 사생활에 사건사고가 전혀 없었던 것은 아니다. 사실 그는 사생활 보호를 위해 아델피 테라스 집에 방범벽까지 설치해야 했다.

"어떤 남자가 속임수를 써서 내 돈 500파운드를 훔쳐갔어. 그는 내 성격을 주도면밀하게 파악했더군. 하지만 발각되기 십상이었지. 똑똑한 사람이라면 그런 위험은 무릅쓰지 않았을 텐데. 사람들이 경찰에 맡겨야 할 문제인 것처럼 말하길래, 나는 왜냐고 물었어. 그랬더니 다른 사람이 비슷한 범죄를 저지르는 걸 막기 위해서라도 그 도둑을 처벌해야 한다는 거야. 그래서 나는 말했지. '당신들은 이런 사기죄에 대해 100년 넘게 잔인하게 처벌해왔습니다. 그런데도 저는 또 500파운드를 도둑맞았죠. 그러니까 당신들의 범죄 방지 노력은 범죄를 방지하지 못하는 게 분명합니다. 실제로는 그 사기꾼을 몇 년 동안 괴롭히고 그가 모든 면에서 더 나쁜 사람이 됐을 무렵 새로운 사기를 치는 것 말고 다른 할 일은 찾을 수 없는 사회에 그를 다시 던져 놓을 뿐이죠. 내가 고발하기를 저어하게 만드는 그 꼼꼼한 고발 절차는 또 어떻습니까. 하나 쓸데없는 복수를 하기 위해 사기꾼을 고발할 그 시간이면, 나는 유용한 일을 하면서 500파운드를 벌 수도 있습니다. 그래서 나는 그 사기꾼이 나를 턴 돈으로 즐겁게 지내기를 바라며, 할 수 있으면 다시 나를 속여보라고 하고 싶습니다. …' 내가 말은 이렇게 했지만, 내 집에 들어온 도둑은 경찰의 추적을 면키 어려울 것이라고 분명히 경고해야 했지. 방범장치를 설치하고 얼마 지나지 않아, 우리집에서 열린 오찬 모임에 초대하지 않은 손님이 한 명 왔더군. 그(또는 그녀)는 외투 한 벌과 내 아내가 아끼는 은식기를 훔쳐갔어. 그런데 알고 보니 내 외투가 아니라 우리집에 온 손님들 외투 중에서 제일 좋은 것을 훔쳐갔더라고. 그 손님은 도난보험을 들어놓았던 터라, 새 외투를 살 돈은 그의 보험회사가 지급했지. 그렇게 해서 그 문제는 결국 내 손을 떠나 경찰로 넘어갔다네. 어쨌든 도둑 입장에서 보면 이러나저러나 결과는 마찬가질 테지. 도둑은 잡히지 않았어. 그는 자기가 밀고 들어왔던 그 조잡한 문을 강력한 장애물로 바꾸는 일을 하는 사람들에게 일자리를 제공하는 사회적 보람을 누리게 됐지. 덕분에 우리 집은 사설 정신병원처럼 보이게 됐고 말이야."

소박한 식단 덕분인지, 노래하는 습관 덕분인지, 아내의 보살핌 덕분인지, 아니면 그 세 가지 모두가 작용했는지, 쇼는 큰 병치레를 하지 않았다. 물론 젊을 때인 1881년 당시 유행했던 천연두에 걸리기도 하고, 그로부터 얼마 후 누이에게서 전염된 성홍열을 가볍게 앓기도 하고, 1898년에 전체적으로 몸이 고장나서 고생한 적은 있었다. 두통이 생겼다 사라졌다 하기는 했지만, 그것 외에 술을 마시거나 고기를 먹는 사람들에게 나타나는 병으로 고생한 적은 없었다. 딱 한 번, 정상적인 생활이 불투명해 보였던 적이 있는데, 그때 그는 종합의료위원회에 등록되지 않은 저명한 의사이자 전직 피아니스트이기도 한 라파엘 로슈Raphael Roche에게 치료받았다. 라파엘 로슈 선생은 1919년 내가 메소포타미아에서 돌아왔을 때 쇼에게서 소개받은 의사이기도 한데, 나는 그의 치료 덕분에 6개월만에 말라리아와 이질에서 벗어날 수 있었다. 쇼는 당시 의학계에 '음낭수종'으로 알려진 몹시 불쾌하고 불편한 증세에 시달리고 있었다.

"아프지는 않았다. 하지만 꼴사납고 성가셨다. 내 의사 친구들은 아주 간단한 수술 한 번이면 된다면서, 그렇게 쉽게 제거할 수 있는데 보기도 안 좋은 걸 계속 달고 다닐 필요가 있겠냐고 했다.

그런데 공부해 보니까 그 수술은 스퀴어스 부인[18]이 했던 그런 기계적인 작업이었다. 한마디로, 수종 부위를 그냥 도려내는 것이었다. 외과 의사에게는 간단하고 쉬운 일인 게 분명했다. 그래서 나한테도 똑같이 간단하고 쉬운 일일 것이라고 자연스레 결론 내린 것이다. 하지만 그런 식이면, 칼로 누굴 찌르는 것에 대해서도 똑같이 간단하다고 얘기할 수 있을 것 같았다. 책을 찾아보니, 그 수술에 대한 의견은 내 의사 친구들이 학교에서 배운 것보다 훨씬 다양했다. 그 수술로는 병이 완치되지 않고 수종이 재발하면 재수술을 해야 하며, 수종을 제거한 다음에는 자칫 위험할 수 있는 소독제인 요오드 주사를 맞아야 한다고 했다. 또한, 재발을 철저히 막으려면 분비샘을 절제하는 수밖에 없다고도 했다. 마침 우리 동네에 나와 같은 증세를 앓는 환자가 있어서 그의 사례를 관찰할 기회가 생겼다. 그는 의사의 조언대로 그 간단한 수술을 받았다가, 의사들이 말하는 것보다 훨씬 더 심한 고통과 손상에 시달렸다. 게다가 증세가 재발하기까지 했다.

이런 증거를 마주하고 나니, 제정신인 이상 의사에게 나 자신을 내맡

---

[18] 찰스 디킨스의 소설 『니콜라스 니클비』 등장인물로, 그녀가 운영하는 기숙사의 한 소년에게 종기가 생기자 그걸 주머니칼로 도려냈다.

길 수는 없었다. 더구나 나는 자연치유력이 적어도 스퀴어스 부인보다는 낫다는 것을 알고 있었다. 그렇지만 어느 접골사에게 나의 불운을 털어놓았는데, 그는 내 음낭이 정상적으로 보이지 않으며 그 부분에 통증이 느껴지기 시작한다면 뭔가 조처를 해야 할 것이라고 심각한 얼굴로 경고했다. 실제로 얼마 안 가서 그 부분은 다소 불길하게 검은색으로 변하기 시작했고, 어떤 식으로든 건드려질 때마다 불편한 느낌이 들었다.

나에게는 치료법을 실험해볼 드문 기회였다. 나는 만성적 악성질환은 극소량의 약물로 다스리는 것이 좋다고 주장한 라파엘 로슈 선생을 알고 있었다. 그래서 내 음낭수종으로 한번 시험해 보라고 그에게 도전했다. 그는 망설임 없이 도전을 받아들였다. 그 후 몇 주 동안 매일 나는 그가 나에게 준 정제 한두 알을 진지하게 혀끝에 올려놓았다.

라파엘 로슈 선생이 이겼다. 운이 좋았던 건지, 솜씨가 좋았던 건지는 모르겠다. 내가 할 수 있는 말은, 음낭의 외관이 좀 나아졌고, 음낭에 찼던 물이 아무 예고 없이 알아서 빠졌다는 것이다. 운이 좋게도 내가 잠든 사이에 그런 일이 벌어졌다.[19] 그 후로 두 번, 투명한 림프액이 한 방울씩 나왔다. 그게 끝이었다. 나는 완전히 건강하고 정상적인 상태로 돌아왔다. 그리고 많은 시간이 지났지만 그동안 재발의 조짐은 조금도 없었다.

만일 런던의 일류 의사들이 모여 있는 할리 가에서 그런 식으로 치료해서 같은 결과를 얻었다면, 분명 하나의 치유법으로 인정했을 것이다. 그러나 할리 가의 의술은 치명적이라고 비난하는 라파엘 로슈 선생

---

19 〔저자 주〕 "어느 날 잠에서 깼는데 나의 물주머니가 터진 것 같더라고." 쇼가 나에게 했던 설명은 이랬다.

이 그런 결과를 얻었기 때문에, 할리 가에서는 내가 그의 치료를 받고 나은 것이 순전히 우연이라고 주장할 게 뻔했다. … 나는 사실을 있는 그대로 말하는 수밖에 없다. 그래서 고백하건대, 확실히 나는 완치되는 것과는 거리가 먼 고통스런 수술보다 로슈 선생의 기분 좋은 우연을 선호한다. 로슈 선생이 무슨 약을 썼는지는 물어보지 않았다. 그는 특정 질병에 쓰는 약이 따로 있다는 것을 강력하게 부인했다. 그가 약을 썼다고 확신하기도 좀 그런 것이, 그가 나더러 무슨 수를 써도 좋으니 그 정제의 성분을 한번 밝혀 보라고 무시하듯 넘겼기 때문이다. 그는 내가 내 안의 생명력으로 자가 치유한 것이라고 주장했다. 극소량의 약물이 직무 태만 상태에 있던 나의 생명력을 일깨웠다. 약을 더 많이 썼다면, 음낭 수종에서 비롯된 증세나 감각은 물론이고 나의 타고난 체질에서 비롯된 (육체적 혹은 정신적인) 증세나 감각까지 악화시켰을지도 모른다. 혹은 새로운 증세나 감각을 만들어내면서 내 생명력의 취약성-로슈 선생의 말에 의하면, 상처가 생기는 방향으로 진행하려는 경향-을 드러냈을지도 모른다. 이는 혈청요법 치료사들이 주장하는 접종의 효과를 능가하는 것이었다. 예방접종은 준비과정에서 건전한 정신을 가진 사람들에게 혐오감을 주고 동물 학대를 수반한다. 그와 같은 문제와 위험을 떠안아야 하는데, 로슈 선생의 정제를 선호하지 않을 사람이 누가 있을까?

또, 로슈 선생의 약물 요법은 일반적인 동종요법보다 훨씬 오묘했다. 일반적인 동종요법은 비록 소량의 약을 처방하긴 하지만, 특정 약에 대응하는 특정 질병의 목록에 여전히 집착한다. 그래서 그 목록만 주어지면 전화번호부를 찾아볼 정도의 지능이 있는 사람은 누구나 동종요법을 시행할 수 있다고 본다."

라파엘 로슈는 쇼의 무궁무진한 호기심과 열린 마음을 보여주는 좋은 사례를 이끌어냈다. 그는 쇼와 암로스 라이트 경과 함께 대화하던 중, 모든 전문의가 불치병으로 규정한 것을 자신이 치유한 적이 있다고 언급했다. 암로스 라이트 경은 절대로 믿지 못하겠다는 태도였다. 로슈는 증거를 제시할 테니 라이트 경에게 개인적으로 그 사례를 확인해 보라고 제안했다. 라이트 경이 그 제안에 콧방귀를 뀌자, 쇼는 라이트 경에게 항의했다. 라이트 경은 발끈했다.

"아니, 이것 보세요! 그건 말도 안 되고 있을 수도 없는 일이라고요. 자, 이렇게 생각해 보시죠. 만일 제가 옆방에서, '이리 좀 와보세요. 제가 방금 찻잎을 순금으로 바꿨어요.' 이러면서 선생을 부르면 기꺼이 오시겠냐고요."

쇼가 대답했다. "물론이지요!"

전쟁
전쟁의 열병은 여느 전염병과 다르지 않다

쇼는 "영국식 사회주의를 실용화하는 일에" 전념하느라 외교정책에는 별로 신경을 쓰지 못했다. 적어도 해리 케슬러 백작이 나타나기 전까지는 그랬다. 케슬러 백작은 영국과 독일이 각각 셰익스피어와 괴테, 뉴턴과 라이프니츠를 배출했으므로 서로 통하는 점이 많을 것이라는 다소 허술한 논리를 앞세워 독일과 영국의 화합을 시도했다. 그 결과, 셰익스피어와 괴테, 뉴턴과 라이프니츠의 문화적 후손들은 성명서를 교환하기로 합의했고, 쇼는 영국 측 성명서 초안 작성을 요청받았다. 그는 요청받은 대로 했다. 하지만 셰익스피어와 괴테를 향한 공통의 존경심이 두 나라 사이의 전쟁을 막지는 못할 것으로 내다봤기 때문에—더구나 독일인들은 셰익스피어가 독일인이라고 생각하고 영국인들은 전혀 그렇게

---

1 해리 케슬러 Harry Graf Kessler(1868-1937): 독일의 백작, 외교관, 작가, 예술 후원가. 어린시절을 프랑스와 영국에서 보내고 독일에서 고등교육을 받은 뒤 외교관이자 예술 후원가로서 활발하게 활동했다. 에드바르트 뭉크와 다리파(브뤼케) 화가들을 발굴하고 후원한 것으로 유명하다. 1차세계대전에 참전한 후 바이마르에 돌아와 의회 진출을 노렸으나 실패한 뒤 프랑스로 건너가 생을 마감했다.

생각하지 않았기 때문에-쇼는 그 성명서에 중요한 문장 하나를 추가했다. 영국은 독일 함대를 시샘하기는커녕 문명 보호를 위한 추가적인 장치로 여긴다고 선언한 것이다. 셰익스피어와 뉴턴의 문화적 후손들은 그 문장이 삭제되지 않으면 성명서에 서명하지 않겠다며 거부하고 나섰다. 그 문장은 삭제되었고, 성명서 작성자를 제외한 모든 사람이 서명했다. 쇼는 독일 함대가 북해 바닥에 수장되기 전까지는 셰익스피어의 동포들이 결코 행복할 수 없으리라 판단하고, 사람들에게 그러한 사실을 일깨우기 위해 두 편의 글을 썼다. 첫 번째는 1913년 3월 18일 『데일리 크로니클』에, 두 번째는 1914년 1월 1일 『데일리 뉴스』에 실렸다.

분별 있는 사람들이 으레 그렇듯, 쇼 역시 전쟁은 범죄이며 멍청한 짓이라는 것을 알아서 전쟁을 싫어했다. 그러나 멍청이와 범죄자들이 세상을 지배하는 한 전쟁이 불가피하다는 것도 알고 있었기 때문에 적어도 전쟁을 막고자 하는 사람들만큼은 알아들을 수 있도록 두 가지 실질적인 제안을 했다. 첫 번째는 "영국이 프랑스와 독일에 삼자동맹을 제안해야 한다"는 것으로, "프랑스가 독일을 공격하면 영국과 독일이 한편이 되어 프랑스를 격파하고, 독일이 프랑스를 공격하면 영국과 프랑스가 한편이 되어 독일을 격파하며, 다른 강대국이 프랑스나 독일을 공격하면 셋이 함께 연합하여 그 강대국을 격파한다"는 조건이 달려 있었다. 두 번째 제안은 첫 번째 제안에 당연한 결론처럼 딸려 나왔다. 영국의 약속이 가치가 있으려면, 영국은 공격을 감행할 수 있을 정도로 강해져야 하고 강한 원정군을 준비해야 한다는 내용이었다. 따라서 그는 의무군복무제 도입과 그 원활한 시행을 위해 군인들에게 완전한 시민권과 적정 보수를 보장할 것, 군비를 상당 규모 증강할 것을 촉구했다. 완벽하게 합리적인 이 제안들은 역시나 무시되었다. 독일과의 전쟁을 꾸준히 준비해온 사람들은 자신들의 속내를 드러내길 두려워했고, 낙관적인 생각으로 머리가 마비된 사람들은 현실을 직시하려 하지 않았다. 전자에 속한 외교관 중 한 명은 쇼가 외무성에 있으면 2주 안에 유럽 전쟁이 일어날 거라고 떠들었다. 그래서 18개월 후 정말 유럽 전쟁이 일어났을 때 쇼는 자기가 외무성에 없어서 전쟁이 늦어진 거냐고 쏘아붙였다. 후자에 속한 존 골즈워디는 1911년에 전쟁에서 항공기 사용을 반대하자는 내용의 호소문을 발표했다. 셰익스피어와 뉴턴의 문화적 후예들은 쇼만 빼고 전부 그 호소문에 서명했다. 쇼는 이렇게 기록했다.

"나는 그 어리석은 호소문에 서명할 수 없다. 그럴 바에야 차라리 군대는 맨주먹으로 싸워야 한다는 헨리 필딩의 제안을 부활시키겠다. '군비 부담'이 어쩌니 하는 건 죄다 헛소리다. 현재 규모가 가장 큰 군대에 들어가는 비용도 우리의 유휴 재산에 들어가는 비용에 비하면 아무것도 아니다. 아무리 경건한 희망을 피력해도, 총격전을 막을 수 없었던 것처럼 공중전 또한 막을 수 없다는 것을 우리는 잘 알고 있다. 공포스러울 수 있다. 하지만 공포야말로 전쟁의 핵심이다. 도시에 빗발치던 포탄이 조종사의 시체로 바뀌면 언론은 더욱 신이 나서 떠들 것이다. 사실 진짜로 궁금한 것은, 그렇게 불가피한 전쟁에 맞서 국제 협력이 얼마만큼의 진전을 보일 것인가이다. 경찰이 있지 않은 이상 국가 간의 싸움은 끊이지 않을 것이며, 설사 경찰을 조직한다고 해도 유럽-북미 경찰을 효율적으로 조직하고 무장하는 일은 쉽지 않을 것이다. 그러니까 그때까지 군비 부담이 어쩌느니 하는 말들은 모두 부질없는 헛소리일 뿐이다."

1914년 8월에 시작된 전쟁은 영국에서 육군성과 외무성 그리고 버나드 쇼만 빼고 모든 사람을 놀라게 했다. 하지만 대중은 육군성과 외무성이 전쟁 발발과 무관하다는 언론의 말을 곧이곧대로 믿었고, 영향력 있는 작가들은 언론과 한통속으로 거짓말을 해댔다. 따라서 적절한 시각으로 사실을 기록해 두는 것은 버나드 쇼의 몫이 되었다. 쇼는 모을 수 있는 자료를 최대한 끌어모아서 잉글랜드 남부 해변 휴양지인 토키로 출발했다. 그리고 두 달 동안 하이드로 호텔 지붕에서 일광욕하며 전쟁의 대의에 관한 선언문을 썼다. "나는 마치 두 해적선 간의 교전을 보는 것 같았다. 하지만 한 가지 중요한 사실은 영국 쪽 배에 나와 내 가족과 친구들이 타고 있어서 나는 가능하면 영국이 패배하지 않기를 바랐다는 것이다. 둘 다 해적기를 걸고 있었다. 그러나 우리 쪽 깃발 한구석에는 분명 영국 국기가 있었다." 가끔 그는 하이드로 호텔 지붕에서 내려와 파빌리온에서 바실 캐머런이 지휘하는 교향곡을 들었다. 앞줄에는 회복 중인 벨기에군 부상자들이 있었다. "악단은 이 전사들을 위해서 '티퍼레리의 노래'를 연주했다. 그 부상자들이 목발을 짚고 일어나 열광적인 환호를 터트리는 대신 멍하니 앉아 있던 걸로 보아 이 곡을 처음 들어본 것이 분명했다." 어느 날 쇼 부부는 바실 캐머런과 함께 점심을 먹다가, 평생 독일어로 신을 섬겨온 노신사가 예배를 독일어로 했다는 이유로 반독일동맹이 그 교회 문을 닫게 했다는 소식을 듣게 되었다. 쇼가 한마디 했다. "신이 독일인을 만들었다고 신에 대한 불신임안을 통과시킨 거로군!"

　쇼가 『전쟁에 관한 상식』(1914)이라는 선언문을 쓰고 출판한 것이 이제는 그의 경력에서 가장 용감한 행보였던 것처럼 보인다. 하지만 『뉴스테이츠먼』이 그 선언문을 전시 특별부록으로 발행하기를 주저하지 않았다는 점과 순식간에 7만5천 부가 팔려나갔다는 점, 사람들이 처음에는 그 선언문을 꽤 우호적으로 받아들였다는 점으로 미루어 볼 때, 쇼는 말해도 괜찮은 것이 무엇인지에 관해 그 어떤 언론인보다 잘 알고 있었다. 그러나 일부 공격적인 매체들이 쇼의 선언문을 읽어보지도 않고 도마 위에 올리자 다른 언론인들도 덩달아 비난을 퍼붓기 시작했다. 쇼는 참아야 한다는 걸 알았지만 불쾌함은 하루 이틀로 끝나지 않았다. 어찌 됐건 그는 군인이 물리적 전투의 위험에 맞서며 직업적 의무를 다하듯, 도덕적 행위에 따른 개인적 위험에 맞서며 자신의 직업적 의무를 다했다. 그는 이렇게 말하기를 좋아했다. "나에게 도덕적인 용기는 얼마든지 요구해도 좋습니다. 하지만 여러분이 서로 총을 쏘며 쓰러뜨리기 시작하면, 나는 겁쟁이의 특권을 내세우며 침대 밑으로 숨을 겁니다. 기관총에 맞아 죽기에는 내 인생이 너무 아깝거든요." 용감한 사람은 진실을 직시하고 진실로 흥하지만, 겁쟁이는 거짓 뒤에 숨고 거짓으로 망한다는 것을 그는 확실히 알고 있었다. 하지만 어느 집단에나 용감한 사람보다는 겁쟁이가 더 많으며, 위기 때 진실을 말하는 사람은 린치당할 위험이 크다는 것 또한 알고 있었다. 그의 경우는 특히 위험했다. 그에게 적대감을 드러낸 적이 없었던 사람들도 그가 좀 불리한 처지에 있다 싶으면 수년 동안 자신들을 괴롭혀온 억울함과 시기심을 한꺼번에 분출하려 든다는 것을 그는 경험을 통해 알고 있었다. 그의 태도는 그의 말 못지않게 매번 유머감각 없는 사람들을 화나게 했다. 『메투셀라로 돌아가라』에서 남자 노인은 말한다. "어떤 것이 재미있다면, 그 속에 숨은 진실을 찾아라." 하지만 불행하게도, 스스로 진지하다고 생각하는 사람들은 항상 숨은 비난거리를 찾는다. 『뉴욕 타임스』의 월간 부록으로 『전쟁에 관한 상식』 전반부가 출간되었을 때, 쇼의 라이벌 극작가 헨리 아서 존스는 욕설을 퍼부었다. 쇼의 가벼움만으로도 충분히 거슬렸는데, 가벼운 데다가 옳기까지 하니 참을 수 없었던 것이다. 그 불쾌한 요소들이 잘 드러난 예가 있다. 쇼가 자신이 전쟁 이전에 쓴 글(재앙을 막으려는 헛된 시도였다)에 대해서 언급한 대목이다. "아무도 내 말에 주의를 기울이지 않았다. 그래서 나는 내 공연에서 여주인공이 욕을 하게 했다. 그러자 곧바로 나는 독일 황제와 러시아 황제, 에드워드 그레이 경, 셰익스피어, 호머, 윌슨 대통령보다 유명해졌다. 언론이 요새는 전쟁 이야기만 하듯 당시에는 일주일 내내 내 이야기만 했다. 특히 어떤 신문은 내 연극에 나온 그 한 마디 때문에 특별판까지 발행했다. 런던조약(1839)도 그렇게까지 비중 있게 다루지 않았던 신문이 말이다. 그때 나는 이 나라가 진지해지는 것은 불가능하다는 결론을 내렸다. 하지만 일생의 습관을 바꾸기는 쉽지 않다. 좋은 충고를 해줘 봤자 이 나라는 또 죽은 듯이 잠잠하겠지만, 앞으로도 나는 충고하는 것을 두려워하지 않으련다. 어차피 내 인기는 다음 작품에 보다 충격적인 대사를 집어넣기만 해도 금세 회복될 테니까. 더구나 대외 정책에 관해서는 내가 옳았다는 게 이제 다 밝혀졌지 않은가."

그러나 죽은 듯이 잠잠한 상황이야말로 『전쟁에 관한 상식』이 야기하지 않은 유일한 상황이었다. 사실 지성인이라면 그 글에서 일말의 트집도 잡을 수가 없었다. 어쩌면 그래서였을까, 거의 모든 사람이 그의 한 마디 한 마디에 격분했다. 글쓴이는 그저 다음과 같은 점들을 지적했을 뿐이다. 영국이 독일의 벨기에(중립국) 침공을 문제 삼은 건 영국이 자신의 전쟁 개입을 정당화하기 위해서 내세운 빈약한 명분일 뿐이라는 점, 따라서 참전 중인 군인이 현명하다면 상관을 쏴버리고 집으로 돌아올 것이고, 교전국의 시민이 현명하다면 외교 전쟁에 돈을 대기를 거부할 것이라는 점, 융커(토지귀족)와 군국주의자는 독일뿐만 아니라 영국에도 존재하며 해외에서는 영국이 위선적인 걸로 유명하다는 점, 근거 없는 우월감으로 적을 매도하는 것은 전쟁에서 이기는 최선의 방법이 아니라는 점, 영국 외무장관 에드워드 그레이 경이 전쟁이 나기 전에 영국의 입장을 분명히 밝혔더라면 전쟁을 피할 수 있었다는 점, 독일에 대적해야 하는 진짜 명분은 정부가 내세운 가짜 명분보다 훨씬 설득력 있다는 점 등등. 사실 민주주의 국가의 진짜 입장을 명확하게 드러내고 거짓 입장을 분쇄해버린 매우 애국적인 소논문이었다.

하지만 (또 다른 '상식'에 관해 쓴 작가) 톰 페인의 『인간의 권리』 이래로, 『전쟁에 관한 상식』만큼 저자에 대한 적개심과 비난을 고조시킨 책도 없었다. 로버트 린드는 당시 상황을 이렇게 요약했다. "『전쟁에 관한 상식』에 대해 합리적인 이의를 제기한 사람은 아무도 없었지만, 그 글이 나오고 나서부터 전쟁은 영국-프랑스-러시아-벨기에 대 독일-오스트리아-터키-버나드 쇼의 싸움이 되었다." 언론에서는 쇼의 연극을 보이콧하자고 제안했다. 오래된 친구들은 그를 멀리했고, 알고 지내던 사람들은 그와 절연했다. 사람들은 그가 나타나면 자리를 떴다. 애스퀴스는 어느 날 저녁 왕립해군사단 식당에서 "그자는 총살되어야 해!"라고 말함으로써 동료 장교들의 의중을 대변했다. 쇼와 가장 친한 비평가들조차 "그 녀석은 왜 그렇게 비뚤어진 거야?"라며 소곤거렸다. 『전쟁에 관한 상식』을 읽어보지 않은 사람들이 더 난리였다. 작가의 우편함은 고

약한 욕설이 담긴 편지들로 넘쳐났다. 어느 자선 공연 때는 그의 작품에 출연했던 스타들이 그와 사진찍기를 단호히 거부했다. 그에 대한 반감은 대서양 너머까지 퍼졌다. 미국의 한 작가연맹이 비렉G.S. Viereck을 퇴출시켰을 때, 쇼는 정치적 입장 때문에 작가를 방출하는 문학단체는 문학단체가 아니라 정치단체라고 했다. 그러자 그 작가연맹의 한 회원이 쇼에게 편지로 알리길, 앵글로-아일랜드인은 미국 단체의 일에 마음대로 충고하고 명령할 권리가 없다고 했다. 쇼는 답했다. "당신의 편지 덕분에 나는 1913년 이래 미국 재무부에 소득세로 바친 상당한 돈을 되찾을 수 있을지도 모른다는 뜻밖의 희망에 부풀어 있습니다. 미국은 '대표 없이 조세 없다'는 조세법률주의에 입각하고 있으므로, 미국에서 나의 권리는 없다는 당신의 주장이 받아들여진다면 내가 내 돈을 돌려받을 수도 있을 것 같군요. 하지만 그렇게 되기 전까지는, 내가 세금을 내고 부여받은 나의 지위를 이용해 나의 견해는 물론이고 당신이 말하는 '충고와 명령'을 얼마든지 표현할 권리가 있다는 사실을 믿으셔도 좋습니다." 1914년 12월이 되자, 쇼의 주장을 뒷받침하던 근거들이 전부 사실로 밝혀졌다. "나는 전장에서의 그 어떤 업적보다도 대단한 도덕적 용기를 시전해왔다. 하지만 아직도 빅토리아 십자훈장을 받지 못했다. 사실, 내가 그 쇳조각을 받아야 한다고 빈정거리듯 주장한 사람들은 그간 꽤 있었는데 말이다."

정계에서는 오직 한 명의 저명인사만이 말 못 하는 소수의 정서를 대변했다. "내가 처음 자네 글을 읽고 전율을 느꼈을 때 용기가 부족해서 말하지 못했던 것을 이제 말해도 되겠나." 키어 하디는 쇼에게 이렇게 적었다. "자네 글이 영국에 준 자극은 영국이 이 전쟁에 들인 비용보다 (금전적으로) 훨씬 가치있는 것이었네. 그 글이 보다 널리 유통된다면, 모든 계층에서 가장 수준 높은 사람들 수만 명이 읽어볼 것이므로 국민의 생활 수준이 향상되고 그 효과가 수세대 동안 이어질걸세. 스코틀랜드 농부들 말을 빌려, '그대에게 신의 축복과 성공이 있기를'. 여기에 어떤 답장이나 기별도 하지 말게나. 거의 헌신에 가까운 감정으로 자네를 향해 고동치는 내 심장을 표현한 것뿐이니. … 추신. 오직 켈트족의 후예만이 그런 일을 할 수 있었을 걸세." 쇼는 그 추신에 동의했다. 대중을 열에 들뜬 헛소리와 신경질적인 횡설수설을 지껄이는 광분 상태로 몰아넣고 25년이 지나서 그가 나에게 설명한 바로는 그렇다. "자네가 지금 냉정한 정신으로 『전쟁에 관한 상식』을 읽는다면, 그게 왜 그렇게 사람들—특히 그 글을 읽어보지도 않은 사람들—을 화나게 했는지 이해가 안 갈 거야. 사람들은 욕할 때 '융커'라는 말을 쓰지 말라는 나의 경고 때문에 화가 난 거였어. 에드워드 그레이 경이 유럽의 대표 융커이니까 융커를 욕으로 쓰지 말라고, 내가 그랬거든. 나는 아일랜드인이라서 영국에 대한 애국심 따위가 있을 리 없었지. 그러니까 영국 문제를 완전히 객관적으로 다루는 나의 태도에는 영국인들이 참을 수 없는 뭔가가 있었던 게지."

루시타니아호가 독일 잠수함의 공격으로 가라앉자 국가적인 광기가 급증했다. "놀라운 광분이 즉시 전국을 휩쓸었다. 그때까지 침착했던 사람들조차 완전히 이성을 잃고 말았다. 그 모든 소요를 한마디로 요약하면 '일등 선객들을 죽이다니! 다음에는 뭐란 말인가?'였다. 하지만 그건 우리를 사로잡은 분노를 조금도 설명해주지 못하는 지극히 하찮은 말이었다. 나는 누브샤펠(프랑스 마을, 1915년 영국군과 인도군이 참패를 당한 곳)과 이프르(벨기에 서부의 소도시, 1차세계대전 격전지), 갈리폴리 (1차세계대전 작전 수행지)에서 끔찍한 대가를 치른 게 몹시 마음에 걸려서, 루시타니아호에 대해 호들갑 떠는 것이 무정하고 불합리하게 느껴질 정도였다. 루시타니아호의 희생자 중 가장 잘 알려진 세 명은 내가 개인적으로 잘 아는 사람들이었는데도 말이다. … 전쟁을 영국의 웅장한 스포츠쯤으로 여기던 민간인들이 실제로 전쟁이 어떤 것인지를 확실히 알게 되었다는 점에서, 나는 군인들이라면 잘 알만한 음울한 만족감마저 느꼈다. 나는 나의 답답함을 표현한 것인데, 그 문제에 관한 나의 솔직하고도 자연스러운 감정이 극악무도하고 무자비한 역설로 받아들여지고 있다. 놀라서 입을 벌리고 나를 보던 사람들에게 내가 페스튜베르에서 일어난 대학살에 대해서는 할 말이 없냐고 물으면, 그들은 그 사건을 완전히 잊어버렸는지 아니면 전혀 실감해본 적이 없었는지 아까보다 입을 더 크게 벌리고 나를 봤다. 그들은 나와 마찬가지로 무자비한 사람들이 아니었다. 그들이 이해하기에는 페스튜베르 재앙이 규모가 너무 컸던 것뿐이다. 그들에게는 루시타니아호가 이해하기 딱 좋은 규모였다."

루시타니아호에 대한 쇼의 거침없는 발언은 이제는 고인이 된 클리포드 샤프를 두렵게 했다. 샤프는 웹 부부가 쇼의 재정적인 도움을 받아 1913년에 창간한 『뉴스테이츠먼』의 편집장으로, 루시타니아호 침몰에 관한 쇼의 논평을 게재하기를 거부했다. 쇼는 전혀 서운해하지 않았다. 샤프에게 불운이 덮쳤을 때 최선을 다해 샤프를 도왔던 것을 보면 말이다. 하지만 쇼는 1939년 전쟁이 재발할 때까지 『뉴스테이츠먼』에는 전쟁에 관한 글을 한 편도 기고하지 않았다. 루시타니아호 사건 이후 쇼가 전쟁에 관해 쓴 글들은 매싱엄이 편집장으로 있는 『네이션』에 실렸다.

쇼의 온전한 정신상태는 동료 작가들의 신경을 긁었다. 그의 동료 작가 중 하나인 로크W.J.Locke는 파리도 함부로 대하지 않을 정도로 예의 바르고 온화한 사람이었지만, 루시타니아호 사건이 있기 전부터 쇼에게는 이를 갈고 있었다. 극작가 클럽의 어느 오찬 모임에서 쇼는 수트로에게 로크를 언급한 적이 있었다. "독일이 랭스 성당에 발포했을 때, 나는 독일군 포병을 타워 꼭대기에서 거꾸로 던져버리고 싶은 강한 충동을 느꼈지. 내가 그런 이야기를 했더니 맞은편에 앉아 있던 로크가 열렬히 동의하면서 나의 정의로움에 대해 놀람과 기쁨을 표하더군. 그래서 나는 아무리 독일군이라도 영국의 포병보다 더 무분별할 수는 없을 거라고 덧붙였지. 영국 포병은 실제로나 잠재적으로나 적이 있을 것 같으면 일 초도 주저하지 않고 유럽의 모든 성당을 날려버릴 거라고 말이야. 그때 나는 처음으로 알게 되었네. 전쟁은 서인도제도 사람처럼 온화한 로크에게도 예민한 주제라는 사실을 말일세." 루시타니아호가 어뢰 공격을 받은 후, 극작가 클럽의 또 다른 오찬 자리에서 로크, 헨리 아서 존스, 저스틴 매카시를 비롯한 군소배들이 쇼의 입장을 논의했다. 그 후 일이 어떻게 됐는지에 관해서는 쇼가 나에게 편지로 알려주었다.

"그 결과, 그들은 통보도 없이 엄숙하게 나를 제명했어. 나는 그런 절차는 무효이므로 여전히 나는 클럽회원이라고 지적한 다음, 그럼에도 불구하고 회원들의 만족을 위해 탈퇴하겠다고 했지. 그러자 몇몇 다른 회원들도 항의의 표시로 탈퇴했어. 개중에는 극작가 클럽의 주도 세력을 경멸해서 오찬 모임에는 한번도 참석하지 않았던 그랑빌 바커도 있었지. 쟁월도 탈퇴하려고 했어. 하지만 내가 그를 말렸지. 여성 극작가에게도 클럽 가입을 허용하자는 캠페인을 그가 남아서 이끌어 달라고 했어. 그 외의 작가들은 나처럼 지루해하며 그곳이 영 불편하던 차에 이때다 하고 도망칠 구실을 붙잡은 거였지.

아마 그 무렵이었을 거야. 나는 출생부터 기질까지 서인도제도 사람인 로크와 작가협회의 위원회 모임을 함께 하게 되었어. 그런데 그가 불쑥 일어나서 소리를 지르는 거야. '나는 버나드 쇼와는 한 방에 있지 않을 겁니다.' 그러더니 문을 쾅 닫고 나가버렸어. 잭 스콰이어는 나에게 징계 처분을 내리라고 작가협회에 서면으로 요구했지.

하지만 그런 전쟁의 광란기는 곧 지나갔어. 로크와 스콰이어는 나에게 와서 말없이 악수를 청했고 나는 당연히 받아들였지. 내가 보기에 전쟁의 열병은 여느 전염병과 다름없어. 전쟁병에 걸린 환자가 열에 들떠서 한 헛소리나 행동은 뇌염 환자가 한 말이나 행동과 마찬가지로 그 사람에게 불리하게 작용해서는 안 된다네.

나의 대중집회는 사람들로 붐볐고 성공적이었어. 『데일리 메일』은 내가 군중에게 습격당하는 것을 취재하려고 기자를 파견했는데, 그 기자가 본 것이라고는 내가 우호적인 청중에게 둘러싸여 군인 수당에 관해 질문 공세를 받는 모습이었지. 극작가 클럽 사건이 있기 바로 전에 어느 모임에 갔더니 기자들이 엄청나게 몰려있더군. 그 전뿐만 아니라 그 이후에도 그런 광경은 본 적이 없어. 하지만 정부는 나에 관한 어떤 기사도 내보내지 못하게 했지. 나는 그 주에 나와 같이 연설한 윌러비 드 브로크 경과 통째로 편집당했고 우리를 취재한 불쌍한 기자들은 한 푼도 벌지 못했어. 『맨체스터 가디언』만이 정부의 금지 명령을 어겼지.

훗날, 마침내 여성에게도 개방되어 엄청나게 발전한 극작가 클럽에서 명예 손님 자격으로 나를 저녁식사에 초대했어. 나는 악감정은 없었지만 그들에게는 충분히 질린 터라 핑계를 댔지. 예술 분야의 개척자는 누구나 원로들의 미움을 사기 마련이라서 그들의 모임에는 가입하지 않는 것이 좋아. 가입하면 그들에게 쫓아낼 수 있는 권리를 주게 되고 그들의 세력권에 놓이게 되기 때문이지. 개척자를 승리로 인도하는 건 신참과 아마추어들이야. 바그너는 음악계에서 그런 종류의 미움에 평생 시달렸지.

나를 미워했던 그 패거리는 사라진 지 오래됐어. 그 단체명이 어디서도 안 보이는 걸로 봐서, 아마 더는 존재하지 않는 것 같아. 내 친구였던 헨리 아서 존스는 죽을 때까지 나와 웰스를 장황하고도 과장되게 비난했는데, 그건 그가 병을 앓고 있어서 그런 거였어. 존스가 죽기 전 나에게 개인적인 감정은 없었다고 힘겹게 휘갈겨 쓴 애처로운 종이 쪼가리가 우리집 어딘가에 있지, 아마."

존스는 슬픈 경우였다. 루시타니아호 귀족 승객의 사망에 집중된 야단법석에 쇼가 분노를 표했을 때, 존스는 "이제 그를 다시는 만날 수 없을 것 같습니다"라고 했다. 극작가 클럽의 몇몇 회원이 쇼가 오찬 모임에 오지 않았으면 하는 바람을 표명했다고, 클럽 총무에게서 전해 들은 쇼는 존스에게 편지를 썼다. "저는 형님이 그 '몇몇 회원' 중 하나가 아니기를 바랍니다. 이 미쳐 날뛰는 광기의 시대에 알 수 없는 노릇이긴 하지만요. 참 재미있는 클럽이죠?" 존스는 답장에서 총무와 같은 입장이라고 밝힌 뒤 이어서 전쟁에 대한 쇼의 태도를 공격하고 나섰다. 쇼는 다시 응수했다. "헨리 아서, 헨리 아서, 전쟁에 대한 형님의 의견은 무엇입니까? 형님이 『데일리 익스프레스』를 베껴서 쓴 편지 한 장으로 저를 멀리할 수 있다고 생각한다면, 사람을 잘못 본 겁니다. 이제 그만 저에게 순수한 버킹엄셔 사람의 의견을 들려주세요." 쇼는 존스에게 자기보다 호레이쇼 바텀리²와 점심을 함께하고 싶은 것이냐고 묻고는, 존스가 공격한 몇 가지 사안을 깔끔하게 정리함으로써 존스의 혈압을 치솟게 했다. 이 일로 존스는 일종의 쇼 반대 운동을 벌였고 죽을 때까지 지속했다. 쇼가 그를 심각하게 여기지 않는다는 사실에 그는 거의 정신 나간 상태가 되었고, 쇼는 그를 법정에 세울 수도 있었지만 (그를 그렇게 미치게 만든) 다정한 태도를 끝까지 유지했다. 1921년 존스는 배우 반스J.H.Barnes를 위한 헌정 공연 위원회 명단에서 쇼의 이름을 발견하고 자신의 이름을 빼버렸다. 영국과 미국에서 그는 쇼를 "법망 밖에서 태어난 괴상한 호문클루스"로 묘사하며 공격했다. 쇼는 "내가 법적으로 내 아버지의 아들이며, 내 어머니 재산과 아버지 채무의 법적 상속자임은 틀림없는 사실"이라며 반박했다. 그리고 다음과 같은 문장으로 긴 반박문을 끝맺었다. "존스가 그의 출판업자들에게 우리의 두터운 우정을 장담한 모양이다. 그게 아니면 그들이 나에 관해 그렇게 대놓고 명예훼손을 저지르지는 못했을 것이다. 존스가 제대로 말했다."

1925년 4월 쇼는 스트랫퍼드온에이번의 셰익스피어 축제에서 축사 요청을 받았다. 이에 자극받은 존스는 『셰익스피어 마을의 시장님』이라는 책을 썼는데, 그 내용이 쇼에게는 상당히 모욕적이어서 출판업자와 인쇄업자는 그 책을 출간하기에 앞서 쇼에게 소송을 걸지 말아 달라고 부

---

2 호레이쇼 바텀리Horatio Bottomley(1860-1933): 영국의 금융가, 저널리스트, 하원의원. 1차세계대전 동안 애국적인 연설을 했던 것으로 유명하다. 바텀리의 인기는 그가 총리가 될지도 모르겠다고 소설가 D.H.로렌스가 우려했을 정도로 대단했다. 그러나 1922년 채권 사기로 7년형을 선고받았으며 1927년 교도소에서 나온 뒤로 1933년 사망할 때까지 빈곤하게 살았다.

탁했다. 쇼는 그 부탁을 거절하면서, 자신은 존스가 쓸데없는 독설에 재능을 그만 낭비하고 희곡 작가 본연의 업무로 돌아가게 하기 위해 전력을 다할 것이라고 했다. 1926년 쇼는 관계 회복을 위한 마지막 시도로 스트레사의 레지나팰리스 호텔에서 존스에게 편지를 보냈다. "저는 저의 일흔 번째 생일에 형님에게 축하 인사를 하려고 했습니다. 하지만 형님의 열이 한 10도쯤 치솟아 위독해지기라도 하면 어쩌나 걱정되더군요. 그러다 막스 비어봄에게서 형님이 쾌차했다는 말을 듣고 마음이 놓여서, 제가 형님이 아프다는 소식을 듣고 얼마나 걱정했는지, 무사히 나았다는 소식을 듣고는 또 얼마나 안도했는지 알려드리고 싶었습니다. 가장 친한 친구가 아플 때 그러는 것처럼 말이지요. 우리의 싸움은 언제나 가망 없이 일방적이었습니다. 저는 형님의 맹렬한 비난이 정말 재미있어서 거기서 어떤 악의도 느낄 수가 없었답니다. … 이제 저는 사회주의에 관한 책을 완성하기 위한 막바지 분투에 접어들었습니다. 이 단계가 끝나면 화살이 제 시위를 떠나겠지요. 사실 지금 저는 사고 후유증에 과로까지 겹쳐서 완전히 녹초가 된 상태랍니다. 이 편지로 표현하려는 감정이 저에게 영양가가 있기에 망정이지, 그게 아니면 편지 하나 쓰고 온종일 뻗어버릴 걸요. 그러니까 형님은 저에게 정말 좋은 일을 하고 계시는 겁니다. 답장하려고 애쓰지 마시길. 하지만 미리 알려두건대, 저는 무소식을 가장 좋은 뜻으로 해석할 거랍니다." 존스는 이 편지에 답장하지 않았다. 쇼와 다시 친하게 지낸다면 쇼 반대 운동을 전개하는 과정에서 생긴 자신의 숭배자들을 배반하게 되어 자신의 지위가 약해질지도 모른다고 생각했기 때문이다. 막스 비어봄은 존스에게 쇼는 악의가 없으며 극작가로서는 볼테르 이후 가장 재능있는 사람이라고 말하면서 '그 악마와 손을 잡으라'고 권유했다. 하지만 존스는 죽을 때까지 자기 뜻을 고수했다. 그러다 죽음이 다가왔을 때, 정치적인 광분에 휩싸여 왜곡되고 잊혀졌던 자신의 인간적인 감정을 '종이 쪼가리'에 휘갈겨 쓰려고 애썼다.

쇼의 다른 유명인 친구들은 존스만큼 공격적이지는 않았지만 『전쟁에 관한 상식』을 비난하기는 했다. 웰스는 쇼가 "병원에서 웃는 멍청한 아이"처럼 군다고 했다. 아놀드 베넷은 그 글이 시의적절하지 않았다면서 본인이 직접 시의적절한 글을 작성했다.[3] 존 골즈워디는 취향을 문제 삼았다. 조지프 콘래드는 삶과 죽음에 관한 한 어느 정도 위엄을 지켜야 한다고 평했다. 콘래드는 인간의 완성을 위해 만병통치약을 내놓는 사람들을 쓸모없다고 여겨서 기본적으로 사회학자를 싫어했다. G.K.체스터턴과 힐레어 벨록 역시 쇼가 그들을 건드렸다면 쇼를 공격했을 것이다. 거의 모든 사람이 고약한 말을 했다. 그런 말들은 정치·종교적 열정이 인간의 친절함을 얼어붙게 한다는 것을 증명했을 뿐이다.

쇼에게 접근 금지를 선포한 극작가 클럽의 그 오찬 자리에 알프레드 수트로는 없었다. 하지만 『전쟁에 관한 상식』이 시의적절하지 않았다고 한마디 했다가, 쇼의 맹비난을 듣게 되었다.

1915년 10월 30일
친애하는 알프레드,
자네 대체 나한테 뭐라는 건가? 자네가 정부기관에서 일한다고! 자네가! 자네가! 영국의 애국자라는 사람들이 온갖 어리석은 친독행위를 저

---

[3] 아놀드 베넷은 제1차세계대전 중 정보국의 선전지휘자로 활약했다.

질러왔지만, 이거야말로 최악일세. 현재의 이자율과 미국에서 매일같이 탄약을 수입하는 상황을 고려한다면, 종이 한 장으로 미국 돈 수백 파운드를 벌어들이는 한 사람이 서투른 아마추어 공무원 여섯 다스를 합친 것보다 영국에 더 도움이 된다는 사실을 모르겠나? 당장 거기서 빠져나오게. 영화 시나리오나 써서 L.A. 사람들에게 편당 500파운드에 팔게. 미국 시장을 노린 희극 한편을 써보는 건 어떤가. 아니면 『시카고의 벽』[4] 같은 드라마는? 아니면 『루방의 고아』나 『유령 간호사』, 『폭군의 임종』 같은 멜로드라마는? 아무거나 일단 쓰게. 그래서 매주 뉴욕에서 런던으로 인세가 흘러들어오게 하자고. 이 바보 같은 친구야, 자네 정말 모르겠나? 나이든 도시인은 독일과 그런 식으로 싸워야 한다는 걸? 또, 그런 식으로 싸울 수 있는 사람은 만 명 중 한 명뿐이라 절대로 총에 맞으면 안 된다는 걸? 자네 무슨 생각을 하는 건가? 생각이 있긴 있나? 자네에게는 이게 그저 낭만적인 소리처럼 들리는가? 여기서 연극을 하는 게 쓸데없는 짓 같은가? 점원일 말고는 잘하는 게 아무것도 없는 점원들은 여가를 즐기면 안 되는가? 훈련 중인 젊은 군인들은 카우보이 영화나 오입질 말고 다른 걸로 기분전환하면 안 되는가? 알프레드, 자네는 죄인이며 배신자요, 부엌의 성스러운 불을 낭비하는 사람이며 땅바닥에 씨를 쏟아버리는 사람이라고. 일어나, 이 대머리 양반아! 자네 조상들의 신이 자네에게 하라고 한 바를 행하란 말이야. 자! 일을 하라고! 그런데 그런 자네가 나한테 내 시간을 어디에다 써야 하느니 마느니 하며 훈수를 두는 건가. 자네가 나한테 '그건 시의적절하지 않았다'고 했나. 나는 그 글을 6주 뒤에 싣는 조건으로 300파운드를 제안받았지. 하

---

[4] 〔저자 주〕 『예리코의 벽 The Walls of Jericho』이라는 수트로의 가장 유명한 연극을 참고한 것이다.

지만 나는 그대로 밀어붙였어. 한 달만 지나도 너무 늦을 것 같았거든. 그때 우리는 이미 스웨덴을 독일 수하로 내몰고 있었고, 미국과 함께 전쟁을 향해 돌진하고 있었어. 윌슨이 루즈벨트[5]였다면 벌써 전쟁을 같이 하고도 남았을 거야. 우리는 여전히 19세기를 사는 것처럼 공해상 여기저기서 강도질을 하고 있었다네. 그러면서도 우리는 스스로를 칭찬하고 흠모하고 우리의 패배를 영광스런 승리로 칭하고, 브뤼셀과 앤트워프, 바르샤바에 죽음의 함정을 만들어 놓고 우리의 능숙한 전략가와 시저와 나폴레옹들이 운이 다한 독일인들을 거기로 유인하는 걸 보며 기뻐 날뛰고, 카보우르보다 애스퀴스를, 마르쿠스 아우렐리우스보다 그레이를 더 높이 떠받들고, 독일인들을 뱃놈이니 창녀니 하면서 겁쟁이와 천치로 매도했지. 그동안 우리 군인들은 군수품이 부족해서 무더기로 학살당하고 있었는데, 그건 우리가 일을 통째로 맡긴 회사들이 자기들보다 작은 가게에 마찬가지로 일을 맡기고 거기 의존해서 살아왔기 때문이야. 우리는 트로이 사람들처럼 온갖 거짓말을 해댔지. 허파에는 동풍이 잔뜩 들었고 말이야. 하지만 그 후 모든 진상이 밝혀졌고, 내가 전에 조심스럽고 신중하게 했던 이야기를 이제는 『타임스』며 『모닝 포스트』며 할 것 없이 모든 매체가 사방천지에 가장 해로운 방식으로 떠들어대고 있지. 그런데도 자네는 내 글이 시의적절하지 않았다고 뻔뻔스럽게 말하는군. 자네 말이 맞네. 글이 너무 늦게 나왔지. 내가 시간을 너무 오래 끌었어. 하지만 어려움이 있었네. 따끈따끈한 사안에 대해서 바로 쓸 엄두가 안 나더라고. 몇 달 동안 뼈 빠지게 고생하며 증거를 수집한 다음, 수정하고 또 수정해서 사람들에게 읽히고, 내가 불합리하거

---

[5] 〔저자 주〕 시어도어 루즈벨트 대통령을 가리킨다.

나 비겁하거나 근거에서 벗어난 건 아닌지 등등을 물어야 했어. 사실 그때 나는 벨기에를 대신해서 윌슨 대통령을 설득하려고 했거든. 그때 고생했던 걸 떠올리면 괴롭기 그지없다네! 하지만 적어도 나는 최면에 걸린 듯 다 같이 침묵하고 있는 그 비겁한 상황을 타개했어. 그리고 어리석고 위선적인 거짓말이 아닌 독일에 맞서야 하는 진짜 이유를 명시했다네. 그런 면에서는 독일이 우리보다 똑똑했지. 처음 사람들의 분노가 폭발하고 내가 반역 작가니 뭐니 하는 존재가 되니까, 독일인들은 나를 '대가'로 칭하면서 내가 친독적이라는 전설을 만들어내기 시작했어. 그러자 이 나라 언론인들은 사실관계를 파헤치는 대신 그대로 받아적더군. 전에 내가 자기들더러 저질 영화 같은 헛소리만 지껄이고 있다고 지적했더니 허영심에 상처를 입었는지 전부 거기에만 집착하더라고. 내가 운을 떼기 전에는 감히 입 밖에 꺼내지도 못했던 말들을 이제는 그들도 소리 높여 떠들고 있지만, 나에 대한 태도는 바뀌지 않았다네. 아마 내 수많은 사도들(수천 명쯤 되지)은 독일이 옳다고 오해하고 군에 입대하거나 힘을 보태기를 거부했을 걸세. 예언자 쇼가 그렇게 말했다고 언론에서 매일같이 들었을 테니까.

바로 어제 나는 하원의원인 알프레드 메이슨을 위해 모로코 족장들에게 보낼 긴 동양식 편지를 써야만 했네. 독일인들이 모로코 족장들의 반란을 부추긴답시고 내가 '1839년 런던조약'을 믿지 않는다고 한 걸 들먹였다나 봐. (이렇게 감이 없을 수가 있나? 무어인들이 나나 벨기에에 대해 무슨 관심이 있다고!) 벨기에 사람들이 가장 현명했다네. 앨버트 왕 기념서적이 원래 예정됐던 내 기고문 없이 출간됐을 때(『데일리 텔레그래프』가 겁을 집어먹고 마지막 순간에 빼버렸거든) 벨기에 정부는 나를 찾아와서 전 세계를 향한 호소문을 써달라고 요청했어. 그들은 내가 사람들을 귀 기울이게 할 유일한 인물이기 때문이라고 정중하게 얘기하더군. 사실 그건 벨기에에 대한 우리의 진짜 의무가 무엇인지를 밝히고 벨기에인들을 독일인들을 때리기 위한 몽둥이로 이용하지 않을 사람이 나밖에 없다는 뜻이었지. 그러는 동안 자네는 정부에 있으면서 그 매력적인 화술로 사람들이 제 할 일을 못 하게 하고, 바다 건너에서 식량을 들여오기는커녕 예비식량을 먹어치우고, 나를 총살시켜야 한다고 말하면서 시간 낭비만 하지 않았는가. 뭐, 용서해주겠네. 단, 자네가 당장 제자리로 돌아가고 어리석은 극작가 클럽으로 돌아가서 그 바보 같은 회원들에게도 자네처럼 제자리로 돌아가라고 말한다는 조건에 한해서야. 그들이 나에 대해 불필요한 바보짓을 일삼는 것 말고 다른 일을 할 것 같지는 않지만, 그래도 자네가 한두 명은 구제할 수 있겠지. 몹시 급하게 썼네, 알프레드.

G.B.S.로부터

앨버트 왕 기념서적은 유명 저자들의 기고문으로 구성되었으며 벨기에인들을 돕기 위해 판매되었다. 그 책의 편집은 『데일리 텔레그래프』의 요청으로 홀 케인 경이 맡았으며 쇼는 그가 글을 청탁한 작가 중 한 명이었다. 『데일리 텔레그래프』가 『전쟁에 관한 상식』에 겁을 집어먹고 쇼의 기고문을 싣지 않으려 하자 홀 케인 경은 사임하겠다고 했다. 그러나 1909년 홀 케인의 소설 『하얀 예언자 The White Prophet』에 서문을 써주기도 했던 쇼는 그에게 그러지 말라고 설득하면서, 벨기에인들에게는 다른 무엇보다도 돈을 모아주는 것이 중요하다는 사실을 강조했다. 그런 관점에서 보면, 쇼의 기고문은 비록 책에 실리지는 않았지만 무용지물이 되지는 않았다. 쇼가 아치볼드 헨더슨에게 이렇게 말했기 때문이다. "내가 벨기에인들을 위해 쓴 글이 어찌나 호소력이 있던지, 교정쇄를 읽고 나자 언행일치를 해야겠다는 생각이 들어서 나 스스로 상당한 기부금을 보냈다니까." 이런 일이 있고 난 직후, 벨기에인들은 자신들을 대표해 미국에 보내는 호소문을 쇼가 써야 한다고 주장해서 『데일리 텔레그래프』를 적잖이 놀라게 했다.

쇼는 모로코 족장들에게 편지를 쓰게 된 전말을 밝혔다. "전쟁 초기 독일 정부는 모로코와 알제리에서 프랑스에 대한 반란을 부추기려고 매우 정선된 아랍어로 쓴 글을 유포했는데, 그 글의 주 내용은 내가 위대한 예언자이며 예전에 내가 미국 상원의원에게 독일의 벨기에 중립 침해는 전쟁의 결과이지 원인이 아니라고 말했다는 것이었다. 모로코 불신자(비기독교도)들은 관심도 없고 뭔 말인지 알아듣지도 못할 그런 내용을 어느 불신자 하나가 얘기했다고 해서, 무어인 족장들이 즉시 무기를 들고 일어날 거라는 결론에 도달한 독일인의 뇌 구조를 나로서는 참 이해하기 힘들다. 하지만 독일인들은 그렇게 결론을 내리고 실제로 거기에 돈을 썼다. 그랬더니 현역으로 전쟁에 뛰어들어 지중해 부근에서 독일군을 포위하느라 바빴던 문학계 유명인사이자 동료인 A.E. 메이슨이 나를 찾아와서, '위대한 예언자 버나드 쇼는 친독주의자'가 아니라는 것을 '직접적이고도 간결하게' 선언하라고 촉구했다. 나는 무어인들과 같이 지낸 적이 있고 족장이나 이슬람교 수도사들과 대화해 본 경험도 있었기 때문에, 북아프리카에서 간결함은 미덕이 아니라고 메이슨을 설득했다. 한편으로는 내가 위대한 예언자로 설정된 마당에 설교를 얼마든지 길게 할 수도 있는데 그런 기회를 놓치고 싶지 않은 마음도 있었다. 메이슨과 나는 괜히 작가가 아니었다. 우리는 우리의 성경과 리처드 버튼 경의 『아라비안 나이트』 스타일을 적절히 조화시킨 예언적 계시를 탄생시켰으며, (바라건대) 그것은 아랍 문학에서 코란의 한 장으로 영원히 남을 만하다. 그 글은 적절한 때에 번역되어 유포되었던 것 같다. 어쨌든 무어인들은 납작 엎드린 채 아무 짓도 하지 않았다. 그 글에는 간결함만 빼고 모든 미덕이 다 있었다."

1915년 1월 쇼는 공군으로 복무 중이던 로버트 로레인에게 편지를 썼다. "앞으로 전깃불에 의존하며 방공호에서 태양 없이 살아야 하는 건지 아니면 전쟁을 그만둬야 하는 건지 다들 알고 싶어한다네." 당시 세계는 '하늘 공포증'에 시달리고 있었다. 그러던 중 체펠린 비행선이 런던을 공습하자, 쇼는 무방비 상태의 시민을 위해 (특히 학교 운동장에) 방공호를 설치하라고 정부 당국에 촉구하는 글을 『타임스』에 기고했다. 『타임스』 편집장은 "분개하며 그 전언을 게재하기를 거부했다. 그는 민간인은 성스러운 존재가 아니며, 군인은—사복 차림이 되면 동료 피조물에게 친절하기는커녕 손찌검하는 군인이라도—진정한 영국인이라는 끔찍한 견해의 소유자였기 때문이다." 그래서 쇼는 그 글을 진보적인 유명 일간지에 보냈다. 그곳 편집장은 『타임스』 편집장의 의견에 동의한 적이 한번도 없었지만, 문명국에서는 그 글이 빛을 보기 어려울 것이라고 단언했다(하지만 매싱엄이 『네이션』에 게재했다). 얼마 지나지 않아 폭격이 빗발치자 그 편집장들은 화들짝 놀라며 문명화의 미몽에서 깨어났고, "다음 전쟁에서 무사할 사람은 참호 속 군인들뿐일 것"이라는 쇼의 말에 동의할 수밖에 없었다.

쇼가 동맹국들을 위해 최선을 다하는 동안 영국 신문들은 쇼를 깎아내리기 위해 온 힘을 쏟고 있었다. 그들은 쇼가 사람들에게 공격당할까 봐 두려워하며 죄수처럼 집에 갇혀 있으며, 명성을 잃고 동료들에게 배척당하고 추종자들에게 인기를 잃어서 한마디로 완전히 끝장났다고 보도했다. 이러한 기사들은 빈과 베를린의 언론을 통해 윤색되고 유포되었다. 그렇지만 사실 그는 런던의 대규모 공개집회에서 매주 연설하고 엄청난 갈채를 받고 있었다. 기자들은 그가 야유를 받으며 연단에서 물러나는 모습을 보려고 왔다가 그가 연설하며 우레와 같은 박수를 받는 모습만 목격했다. 『전쟁에 관한 상식』에 대한 감사장이 전국 각지의 노동자 모임으로부터 매일 셀 수 없이 날아들었다. 우편물의 양은 갈수록 늘어났고, 그는 '편지쓰기를 포기하지 않으면 다른 글쓰기를 포기해야 하는 상황에 부닥쳤다'는 내용이 인쇄된 카드로 답장을 대신해야 했다.

1916년 나는 메소포타미아로 가기 전에 여러 번 그를 보러 갔다. 처음 방문했을 때 그의 집으로 통하는 쪽문 위의 무시무시한 못들을 보고 깜짝 놀랐다. 거실 벽난로 선반에는 이런 문구가 새겨져 있었다. "그들은 말해왔다. 그들이 뭐라고 말하는가? 그들이 말하게 내버려둬라." 쇼는 전에 그 집에 살았던 어느 철학자가 자기 생각을 간단하게 기록해 놓은 것이라며 이렇게 덧붙였다. "내가 그 구절로 시작하는 서문을 썼다면, 그 철학자도 그런 생각을 안 했을 걸. 그래서 그냥 거기 남겨두었지." 그날 우리 대화의 대부분은 뒷장에 나오는 프랭크 해리스에 대한 것이었다. 그렇지만 나는 그가 다른 주제에 관해 언급했던 것들도 기록해 놓았다. 다음은 우리가 대화하던 중간중간 산발적으로 나온 이야기들이다.

"군대는 어떤가?" 쇼가 물었다.

"별로예요. 하지만 양심적 병역 거부자가 될 용기도 없어요."

"양심적 병역 거부자들도 자신들의 선택을 위해 군인 못지않은 수련을 하지. 하지만 그 선택이 잘못됐어. 그들은 전쟁이 나면 싸울 수밖에 없다는 걸 이해하지 못하고 있어. 화재에 대해 예방조치는 할 수 있지. 하지만 내 집이 불타고 있으면 내가 예방조치를 잘못한 것에 대해서는 생각도 안 하게 마련이야. 그저 불을 끄려고 노력할 뿐이지. 전쟁을 누가 먼저 시작했는지 따지거나 전쟁이 나쁘다고 말하는 것으로는 이번 전쟁을 중단시킬 수 없어. 우리 모두 전쟁이 나쁘다는 것은 알고 있지. 하지만 전쟁을 끝내려면 화염과 싸워야 하고 그러기 위해서는 반드시 훈련이 필요하지. 물론 몇몇 정치인을 죽이면 전쟁을 훨씬 빨리 끝낼 수 있겠지만."

"지금은 뭘 쓰고 계세요?" 내가 물었다.

"남는 시간에 체호프식으로 희곡 한 편을 썼어."

『상심의 집』이었다.

"내 최고작 중 하나지! 자네 체호프 작품을 본 적 있나? 극작가란 바로 그런 사람이지! 가장 세련되고 완벽한 연극 감각을 지닌 사람이야. 그를 보면 나는 초심자가 된 기분이라네. 이제는 거창한 종교적 주제를 다뤄볼까 하고 시간 날 때마다 성경을 읽고 있어."

"저는 이미 어릴 때 평생 읽을 만큼을 다 읽었어요."

"성경은 아동용 책이 아니야. 소설이며 희곡이며 애새끼 같은 어른들이 읽는 여타 쓰레기에 물리기 전까지는 성경의 진가를 알아볼 수 없지."

"그렇다면 그게 훌륭한 책은 아니네요. 모든 위대한 문학은 아이들도 이해할 수 있을 정도로 단순하니까요."

"그런 식이라면 알파벳이 영국 문학사에서 가장 위대한 작품이겠군."

나는 말문이 막혔다. 하지만 나중에 돌이켜보며 이렇게 받아치지 않은 것을 후회했다. "달걀 두어 개와 버터 한 덩이와 약간의 연료가 코르동 블뢰〔일류 요리사〕가 만든 단순한 오믈렛과 같지는 않죠."

어쩌다 나온 이야기인지는 기억나지 않지만, 그는 "아일랜드 촌놈의 농업 혐오"를 고백했고, "족제비와 담비, 토끼, 벌레, 땅속에 사는 다른 무서운 것들"을 말하며 몸서리쳤다.

그는 『전쟁에 관한 상식』이 나오고 수주 동안은 편지가 자루로 배달되어서 편지함이 무용지물이었다고 했다. 대부분의 편지는 미치광이들이 보낸 것으로 거기 쓰인 언어는 입에 담을 수도 없을 정도였다고. "나는 어느 여인을 비서로 고용해서 내 지인들에게 편지봉투 좌측 상단 귀퉁이에 '음란'이라고 써 줄 것을 요청하도록 했다네."

"내가 그래도 린치는 안 당하고 사는 건 사람들이 내 이야기를 농담처럼 받아들이기 때문인 것 같아. 사실 내가 했던 말이 한 번이라도 진지하게 받아들여졌다면 체제가 위험해졌겠지. 여기에는 뭔가 시사하는 바가 있어. 사람들은 날 보고 웃지 않으면 도저히 날 견딜 수가 없다는 거지. 평범한 인간으로서 나는 솔직히 구제불능이야. 별종으로 봐도 겨우 참아줄 수 있을 정도지. 나의 정신적·도덕적 우월함은 견딜 수 없는 수준이거든. 육안으로는 나의 갑옷에서 어떤 틈도 찾을 수 없어. 그렇게 짜증나는 미덕을 실제로 갖춘 말도 안 되는 인간이 나타났으니 참기 힘들 수밖에. 그래서 나의 동료 시민들은 손가락으로 귀를 막고 생각없이

전쟁 547

낄낄대면서 내가 하는 말들을 흘려버리지."

내가 잉글랜드를 떠나기 전에 마지막으로 쇼를 방문했을 때, 그에게 작별인사를 하고 쪽문으로 향하는 계단을 반쯤 내려오는데 그가 난간 위로 몸을 구부리며 외쳤다.

"이 전쟁은 앞으로 30년은 계속될 걸세."

이런 위로(?)의 말과 함께 그는 기운차게 손을 흔들고 사라졌다.

쇼는 양심적 병역 거부자들의 태도에 동의하지는 않았지만, 그들을 인도적이고도 공정하게 대해야 한다고 호소하는 편지를 언론에 여러 차례 보냈다. 하지만 "육체적인 고문은 가장 저급한 인간이 가장 고귀한 인간을 타락시키고 망가뜨릴 수 있는 유일한 수단이다"와 같은 말이 한창 전쟁 중인 사람들 귀에는 잘 들리지 않는다. 그 호소문은 자기들에게 동의하지 않는 사람은 누구나 고문하려 드는 소수의 집권자와 그 떨거지들 사이에서 그의 인기를 더 떨어뜨렸을 뿐이다. 그가 로저 케이스먼트 경을 위한 여섯 개의 진정서 중 하나를 작성했다는 사실은 그에게 또 다른 악재로 작용했다. 로저 케이스먼트 경은 아일랜드에서 대역죄 혐의로 체포되어 재판을 기다리는 상황이었다. 한 가지 흥미로운 사실은, 코난 도일이 나머지 다섯 개의 진정서 중 하나를 작성했다는 것이다. 쇼는 자신보다 더 영향력 있는 사람들이 버나드 쇼라는 이름을 보고 서명하기를 꺼릴까 봐 그 진정서에 서명하지는 않았지만, 언론에 자신의 견해를 밝혔다. 그가 보낸 편지는 『타임스』와 『데일리 뉴스』, 『네이션』에서는 거부당하고 『맨체스터 가디언』에만 실렸다. 그러자 쇼는 케이스먼트가 재판에서 평결 전에 발표할 연설문 초안을 작성했다. 케이스먼트는 아일랜드인이므로 반역자가 아닌 전쟁 포로로 다뤄야 한다는 것이 그의 논지였다. 케이스먼트가 변호인들만 믿고 대역죄 혐의를 부인하는 잘못된 변호를 한다면 바로 끝이라는 것을 쇼는 알고 있었다. 그는 자신을 탱크에 태워준 서부 전선의 어느 장교에게 케이스먼트와 면담한 내용을 들려주었다. "나는 로저 케이스먼트에게 이미 살길이 없다고 말했소. '로저, 그들은 자네를 교수형에 처할 거야. 정복왕 윌리엄 때부터 내려온 성상을 파 뒤집어서라도 교수형할 거리를 찾아낼 거라고. 자, 이보게, 자네 돈을 비싼 변호사들에게 낭비하지 말게. 결론은 이미 정해졌어. 유죄를 인정하게. 그런 다음 감형을 위한 변론을 하라고 할 때, 이 연설문을 읽게나. 내가 특별히 자네를 위해 아일랜드와 그 과오에 대해 쓴 것이라네. 역대 최고의 연설문이고 엄청난 반향을 일으킬 거라고.' 그런데 믿어지시오? 케이스먼트는 단호히 거절하고 역사상 가장 위대한 기회를 놓쳤다오. 그는 교수형을 당했소. 비싼 변호사를 떼로 동원했지만, 결국 내가 말한 대로 돼버렸지."

1917년 2월 쇼는 영국의 총사령관이던 더글러스 헤이그 경을 만나기 위해 플랑드르 전선을 방문했고 일주일 "내내 신나게" 지냈다. 이프르에서는 자신이 직접 운전해서 광장을 가로지르게 해달라고 주무장교에게 간청했다. "자네 같은 군인이나 운전기사들은 재미로 운전하는 사람들을 데리고 다니는 위험을 감수해야 해서 짜증날 거야." 아일랜드 욜 출신의 키가 큰 주무장교는 그런 위험 따위는 전혀 신경 쓰지 않았지만 말문이 막혔다. 시끄러운 애국자와 군 연설가들을 데리고 똑같은 곳을 수도 없이 다녀봤지만, 그런 부탁을 하는 민간인은 처음이었기 때문이다. C.E.몬태규는 쇼의 방문 기간 내내 안내를 담당했던 사람 중 한 명으로서 이와 같은 일화를 공개했다. 쇼는 그 광장을 전속력으로 무사히 가로지른 다음 이프르의 전경을 볼 수 있는 산봉우리까지 올라갔다. "뭔가 낌새가 보이면 무조건 엎드리십시오." 주무장교가 말했다. 쇼는 기꺼이 그러고 싶었다. "어렸을 때 나는 무언극에 나오는 어릿광대를 열심히 흉내 내면서, 단숨에 바닥에 엎어졌다가 누군가 내 바지의 느슨한 부분을 집어 올려서 맵시 있게 일으켜 세우는 것처럼 보이게 하는 기술을 익혔다. 나는 내 새로운 친구에게 그와 같은 기술을 보여줄 수 있도록 독일군이 뭔가를 보내주길 은근히 바랐다. 하지만 아무 일도 일어나지 않았다. 그래서 나는 품위를 잃지 않고 이프르를 떠날 수 있었다."

그는 아라스며 솜 강 전선이며 비미의 산등성이며 전부 구경했다. 위 뫼르에서는 암로스 라이트 경을 만났고, 트레젠느에서는 로버트 로레인과 함께 지내면서 전쟁 중에 상영된 자신의 단막극 『페루살렘의 잉카』와 『빅토리아 십자훈장 수훈자 오플래어티』 드레스 리허설에 참석해 박장대소했다. "부족하게나마 선생님 작품을 무대에 올리려고 한 저희의 노력을 이해해주셔서 감사합니다." 어느 장교의 말에, 쇼가 배를 움켜쥐고 웃으며 대답했다. "그 작품이 이렇게 형편없이 나올 줄 알았다면 절대로 쓰지 않았을 겁니다."

영국으로 돌아간 쇼는 로레인이 심각하게 다쳐서 한쪽 다리를 잃을지도 모른다는 소식을 듣고 그를 위로하려 애썼다. "어쨌든 나는 다리 두 개로 살면서 다리가 왜 세 개가 아니냐고 불평한 적이 없어. 그런데 다리가 하나인 사람은 다리가 두 개가 아니라는 것에 왜 비참함을 느껴야 하지?" 로레인은 '두 다리에 익숙하니까요'라고 대꾸할 수도 있었다. 하지만 슬개골이 산산조각난 다리를 의사의 충고대로 절단하는 게 좋을지 조언을 구하는 걸로 대신했다. 쇼는 확신할 수 없었다. "그 다리에 대해서는 뭐라고 해야 좋을지 모르겠군. 자네가 그 다리를 잃으면 최고의 의족으로 헨리 5세처럼 승리할 것이고, 자네가 다리를 잃지 않는 대신 절름발이가 된다면 리처드 3세처럼 살아보겠지. 내가 '바이런'이라는 작품을 쓰지 않는 이상 말일세. 그리고 또 연금 문제가 있군. 다리 하나로 살면 얼마가 나오는가? 절름발이로 살면? 이런 것들을 사무적인 관점에서 볼 필요가 있다네." 쇼는 "배우가 사람들 앞에서 제 역할을 하기 위해 로마가톨릭 신부처럼 팔다리가 완벽해야 할 이유는 없다"고 봤다. 그리고 다른 사람이 아픈 상황뿐만 아니라 자신이 아픈 상황에도 최대한 잘 대처했다. 1918년 2월 무대의상 디자이너이자 활자 디자이너 찰스 리케츠Charles Ricketts에게 쓰기를, "나는 식중독에 걸린 데다가 계단에서 고꾸라지면서 내 귀중한 머리를 찧는 바람에(나이 들고는 잘 안 하게 된 운동이지) 일주일을 누워있었네. 이제 다 낫고 보니까 그렇게 아프고 나면 몸이 한결 좋아진다는 걸 알겠어. 머리를 찧는 건 지력을 위해 좋은 것 같아." 그런 그였지만, 이프르와 아라스의 폭탄 앞에서는 더 이상 강심장이 아니었다. "이제는 습격이라면 무서워서 심장이 마구 두근거린다. 그러나 아델피의 지하 대피소까지 내려가는 것은 너무 귀찮다."

1차세계대전 이후 베르사유 평화회의에서 민주주의를 위한 안전장치를 마련하려는 정치인과 외교관들에게 그는 몇 가지 조언을 해주었다.[6] 물론 그런 수고는 해봤자라는 것을 알고 있었다. 그의 조언이 "베르사유 회의에 미친 영향은 런던에서 파리가 윙윙대는 소리가 배편 만에서 명상 중인 고래에게 미친 영향과 비슷했다." 정치인과 외교관들이 한창

---

6   1919년 3월 12일 쇼는 「평화회의를 위한 조언Peace Conference Hints」이라는 제목의 소논문을 발표했다.

다투고 있을 때, 그는 "누가 승리하든 전쟁의 승리다"라고 썼다. 역시나 그 평화회의는 전쟁광들을 위한 안전한 세계를 만들었다.

미국 워싱턴에서 군비 제한을 위한 회의가 열렸을 때 쇼는 참석을 거부했다. 그는 말했다. "가장 최근에 벌어진 공중전만 봐도 군비 축소를 통해 전쟁을 막을 수 있다는 생각은 틀렸다는 것을 알 수 있다." 또, 그는 안보에 관해 논하며, 자신은 평생 안보 없이도 잘 지내왔으며 유럽의 모든 겁쟁이가 안보를 위해 싸울 때만큼 안보가 위태로웠던 적도 없었다고 주장했다. "나는 안보란 불가능하며, 안보가 가능하다고 믿을 사람은 구제불능의 멍청이나 의회에서 일생을 보내도록 저주받은 인간 말고는 아무도 없다는 것을 알고 있다. 안보의 첫째 조건은 하나의 권력이 다른 모든 권력을 없애는 것이고, 안보의 마지막 조건은 권력자 한 명(그런데 누구?)이 다른 모든 동료 인간을 없애는 것이다. 그러면 오렌지 껍질에 미끄러져서 다리가 부러지지 않는 한, 로빈슨 크루소가 누렸던 안보를 누릴 수 있을 것이다."

쇼는 영국 하원 회의에는 참석한 적이 없지만 1928년 국제연맹의 연례 모임에는 참석했다. 거기서 벌어지는 일들은 대체로 말할 수 없이 지루하고 바보 같았다. 물론 갑자기 등장한 사무국의 젊은 숙녀들로 인해 모임이 활기를 띠는 경우도 종종 있었다. 하지만 이 모든 것에도 불구하고 아니 바로 그 때문에, 쇼는 국제연맹이 외무성의 낡은 외교술에 맞서는 하나의 국제 정치세력으로 정당화되고 있는 것을 감지했다. "제네바에서는 애국주의가 사라지고 있다. 거기서는 애국주의자래 봤자 총살당할 리 없는 스파이에 불과하다." 사실 제네바는 현실과 너무 동떨어진 분위기여서 애국주의는 물론이고 다른 모든 것들도 죽어버렸다.

이렇듯 전쟁과 평화, 평화회의의 소집과 해산, 군주제의 붕괴와 민주주의의 쇠퇴와 독재자의 몰락이 이어지는 와중에도, 극장은 천재라는 반석 위에 굳건히 서 있었다. "수상과 총사령관은 솔론이나 시저처럼 짧은 영광을 누리다가 뱅코[7]의 뒤를 이어 하나같이 잊혀지고 사라졌다. 반면, 유리피데스와 아리스토파네스, 셰익스피어와 몰리에르, 괴테와 입센은 영원히 변치 않을 그들만의 자리를 지키고 있다." 우리는 거기에 버나드 쇼를 더할 수 있을 것이다.

---

7 셰익스피어 『맥베스』에 등장하는 장군. 맥베스와 함께 반란군을 진압하지만 맥베스에게 살해된 후 그를 괴롭히는 유령으로 등장한다.

㉛
우정
옛 친구의 체면을 세워주려다 본인의 체면을 깎아 먹다

쇼는 프랭크 해리스와의 관계를 통해 성격의 많은 부분을 드러냈다. 따라서 이제 하려는 이야기 없이는 버나드 쇼 전기라고 하기도 어려울 것이다.

앞서 나왔다시피, 프랭크 해리스는 『새터데이 리뷰』의 편집장으로서 쇼에게 연극 비평을 맡긴 장본인이다. 쇼의 이름 첫 글자 'G.B.S.'가 대중에 알려지기 시작한 것은 1895년에서 1897년 사이이므로, 해리스는 쇼가 비평가로 우뚝 서는 데 일조했다고 할 수 있다. 그렇지만 쇼의 비평은 『새터데이 리뷰』에서 가장 인기있는 꼭지였다. 그가 거기서 발휘한 재능을 고려하면 그의 보수는 형편없었다고 해도 과언이 아니다. 그럼에도 쇼는 해리스에게 늘 고마워해서 수년이 지나 해리스와 더 볼 일이 없어졌을 때도 "자네가 지구상의 어느 매체에서 일하든 나에게 글을 기대해도 좋아"라고 했다. 해리스 밑에서 일했던 사람 중 쇼만큼 해리스에게 호의적이고 너그러웠던 사람은 없었다. 쇼가 해리스에 대한 관심과 우정을 그렇게 일관되게 유지할 수 있었던 까닭은 무엇일까. 첫째, 쇼는 해리스의 어떤 부분에 아주 강하게 매료되어서 다른 사람들은 혐오하는 해리스의 성격에 거부감을 못 느꼈다. 둘째, 쇼는 해리스와 진정으로 가까워져 본 적이 없어서 해리스를 잘 아는 사람들이 왜 그에게 등을 돌리는지 이해하지 못했다.

"글 쓰는 작자들은 전부 나를 싫어해. 내가 저녁식사를 망칠걸." 1924년 쇼는 수트로에게 이렇게 썼다. "정말 고맙네. 항상 억지로라도 나를 끼워주려고 해서 말이야." 쇼의 말은 어느 정도 사실이었다. 작가들은 정말로 쇼를 좋아하지 않았고 쇼 역시 작가들을 좋아하지 않았다. 해리스는 작가가 아니었다. 사실 해리스는 대부분의 작가, 그중에서도 학자연하는 작가들에게 특히 분노했다. 그는 자신이 패거리의 중심이 되는 것은 굳이 마다하지 않았지만 그 어떤 패거리에도 속하지 않았다. 문학계 바깥의 세계-도박 세계라든지 금융업자나 사기꾼 세계-를 알고 있었고, 인생의 상당 부분을 먹고 마시고 사기 치고 유혹하며 보냈다. 운율이 예술적으로 살아 있는 저음의 목소리로 놀라운 모험담을 늘어놓았고, 당대 유명인사들을 전부 만나봤다고 주장하며 말초적이고 외설적인 설명을 덧붙여서 오케스트라로 치면 음역을 벗어난 이야기들을 팔고 다녔다. 플리트 가[1], 증권거래소, 메이페어, 몬테카를로 그 어느 곳을 가든 자랑하고 떠벌리고 약자를 괴롭히고 고함치면서 거침없이 자기 식대로 말했다. 그의 이야기는 인상적이지 않은 적이 없었지만 글로 쓰기에 적합한 적도 없었다. 그는 시를 읽고 읊조리고 극찬했으며, 셰익스피어와 예수를 들먹였고, 자기가 말하려는 바에 부합한다 싶으면 그러한 위인들에 대한 애정을 아낌없이 드러냈다. 젊은이들, 특히 기

---

[1] 과거 많은 신문사가 모여 있던 런던 중심부. 영국 언론계를 지칭한다.

존 관습에 반기를 들고 학교나 가정을 벗어난 것이라면 무엇이든 환영하는 젊은이들은 그러한 해리스의 태도를 매우 신선하게 받아들였다. 그들은 해리스와 조금이라도 비슷한 부모나 교사는 접해 본 적이 없었다. 그래서 해리스는 제자가 아쉬워 본 적이 없었지만 그를 따르던 제자들은 시간이 지나자 그의 영향권에서 벗어나 대부분 '유다'가 됐다. 그런가 하면, 쇼는 제도권에서 교육받지 않았고 누구의 제자였던 적도 없었기 때문에 해리스에 대한 감정이 처음부터 남달랐다. "자네는 왜 나를 악덕사업가로 묘사하는 거야?" 해리스는 쇼에게 이렇게 불평하곤 했다. 그는 자신이 현대판 예수라고 생각했고, 자신의 끔찍한 말투가 현대 교양인들에게는 낯설기만 하다는 사실을 어리석게도 전혀 인지하지 못했다. 쇼는 그를 괴물로 분류했고(실제로 그는 괴물이었다), 그의 낮은 목소리를 흉내 내며 재미있어했다. 어릴 때 외삼촌에게 단련되어서 그런지, 쇼는 놀랍고도 충격적이며 불경스럽고 외설적인 해리스의 이야기를 좋아했다. 쇼에게 해리스는 휴일 같은 존재였다. 해리스와의 한 시간이 시골에서의 하루보다 더 기운을 북돋웠다. 다만, 한 시간이면 충분하다는 게 함정이었다.

쇼는 지식인들을 싫어하고 오히려 욕 잘하는 사람들을 더 좋아한다고 웰스가 나에게 말한 적이 있다. 쇼가 웰스를 좋아한 걸 보면 맞는 말 같지는 않다. 원래 아일랜드인은 영국인보다 훨씬 불경스럽게 얘기한다. 쇼는 예수를 비롯한 온갖 성인의 이름을 들먹이며 거의 모든 대상에 욕을 퍼부었지만, 그의 영국인 친구들은 그 정도까지는 아니었다. 그러니까 쇼는 해리스를 보고 충격받을 일이 없었다. 해리스의 망나니 같은 언행을 순수함의 산물이라고 주장했을 정도다. 그는 항상 그렇게 옛 친구의 체면을 세워주려다가 본인의 체면을 깎아 먹었다. 해리스의 비평이 대부분 지면에 싣기에는 부적절하다는 점을 아쉬워하기도 했다. 한번은 극장 앞에서 우연히 해리스를 만나 어쩐 일이냐고 물었다.

"찰스 윈덤이라는 개자식한테 희곡을 읽어주려고."

해리스는 쇼팽의 장송행진곡 리듬으로 읊조렸다.

"아, 윈덤 정도면 나쁘지 않지. 윈덤이 생각은 고루해도 좋은 극을 알아보는 재능은 있거든."

쇼가 용기를 북돋우며 말했다.

"그 펌프 같은 자식은 안에 오줌을 싸놔도 물을 내보낼걸!"

해리스가 러시아 성가대원 같은 목소리로 대답했다.

이는 프랭크 해리스가 동시대인에게 했던 평가 중 아주 순한 편에 속한다. 그래도 쇼는 그의 미덕 하나만 보고 그를 신뢰했다. 해리스는 문학에 관한 한 좋은 작품과 나쁜 작품을 구분할 줄 알았고 좋은 작품은 좋아하고 나쁜 작품은 경멸했는데, 이 점 하나 때문에 쇼는 그의 모든 것을 용서했다.

해리스는 『새터데이 리뷰』를 매각하고 한동안 호텔 등지를 전전하며 도박을 일삼았고, 돈을 다 잃은 뒤에는 『캔디드 프렌드』와 『베니티 페어』에서 편집자로 일했다. 그의 마지막 『베니티 페어』에는 쇼를 공격하는 글이 여러 편 실렸고, 쇼는 그 글들을 읽으며 재미있어했다. 끝에 'F.H.'라고만 적혀 있었으나, "누가 봐도 프랭크 해리스의 글들이었다. 당시 프랭크 해리스에게는 오로지 봉급 타는 일이 중요했으니까." 쇼는 그를 이렇게 두둔했다. 그 후 해리스는 『단란한 가정Hearth and Home』과 『현대 사회』의 편집자로 일했고 『현대 사회』에 있을 때는 명예훼손죄로 교도소까지 갔다. 전쟁이 터지자 미국으로 건너가『피어슨스 매거진』편집자가 되었고 '우리 시대의 초상'이란 제목으로 쇼에 관해 썼는데, 그 초상이 실제 인물과 어느 정도 닮았는가 하면 악어가 캥거루와 닮은 정도였다. 당시 나는 해리스가 쓴『오스카 와일드의 삶과 고백』(1916)을 위해 영국 주요 문인들의 추천사를 받으러 다녔다. 해리스가 나에게 그러라고 시켰기 때문이다. 해리스의 젊은 제자였던 나는 키플링, 콘래드, 배리, 웰스, 베넷이 스승을 부정할 줄은 생각지도 못했다. 날카롭고 퉁명스러운 그들의 대답은 나를 슬프게 했다. 그들은 전쟁 때 해리스의 친독적 태도에 짜증이 났다지만, 전쟁 이전에도 해리스의 태도는 좋아한 적이 없었다. 쇼는 그러한 비난의 합창에 동참하지 않았다. 그는 해리스 앞으로 쓴 긴 편지를 나에게 보내왔다. 편지에서 그는 오스카 와일드와 만났던 기억을 더듬으면서, 해리스의 책은 와일드에 관한 이전의 이야기들을 전부 뒤엎는 내용이기 때문에 와일드의 명성은 해리스의 책과 운명을 같이할 것이라고 말했다. 쇼는 자신의 편지가 보급판(염가판)을 판매하는 데는 도움이 될 것이라고 했고, 실제로 해리스는 그 편지 덕에 상당한 돈을 벌었다. 쇼는 당시 그 책에 대한 진심이 무엇이었는지 나에게 털어놓았다. "셰익스피어가 팔스타프를 창조한 것처럼, 보스웰은 존슨을 창조했지. 그러나 해리스는 오스카 와일드를 창조하지도 못했고 와일드란 인물을 실제보다 흥미롭게 그려내지도 못했어. 그래서 와일드에게 관심없는 사람들이 이 책을 집어들 것이라고는 생각하지 않는다네. 하지만 내가 무인도에 있다면 나는 이 책을『도리안 그레이』보다는 자주 읽을 걸세."

다른 문인들에게 이래저래 거절당한 뒤라서 그런지 쇼의 아량은 더욱 놀랍게 느껴졌다. 더구나 내가 그에게 보낸 『피어슨스』에는 해리스가 그를 터무니없이 깎아내린 '초상'이 실려있었는데도, 그는 이런 답신을 보내왔다. "자네 뜻에 동조하는 매카시[2]의 편지를 동봉하네. 내가 매카시에게 『오스카 와일드』 책을 가지라고 했어. 그의 편지를 자네에게 내가 대신 전해주겠다고도 했지. 『피어슨스』를 보내줘서 고맙네. 내가 좀 더 읽어보고 돌려주겠네. 프랭크 해리스는 정말 끔찍한 거짓말쟁이야. 실제 기억을 교묘하게 부풀려서 가공의 인물과 가공의 대화를 만들어냈더라고. 피해자 대부분이 분노할 걸세. 하지만 어쩔 수 없지. 그로서는 당장 먹고살려면 가짜 기억에라도 의지해야 할 테니까." 당시에는 매카시 역시 프랭크 해리스 추종자 중 한 명이었다. 물론 나만큼 열렬하지는 않았지만.

쇼는 내가 다른 작가들로부터 성의 있는 답변을 들을 수 없었던 이유에 대해 최선을 다해 설명해주었다. 다음은 그가 나에게 보낸 편지의 일부이다.

"웰스는 아직 이탈리아에서 돌아오지 않았을 거야. 웰스가 갑작스러운 분노에 사로잡히면 한 시간 정도 눈에 뵈는 게 없는 사람처럼 행동하기는 해도 옹졸한 사람은 아닐세. 하지만 프랭크 해리스는 앞으로도 오랫동안 짜증나게 굴 위인이지. 이제 미국 『피어슨스 매거진』 편집자가 되어 개인적인 추억을 연재하기 시작했으니 적어도 3회까지는 갈 거야. 쓰레기 같은 잡지사에서도 일단 편집일을 맡으면 그 정도는 버텼으니까. 어쩌면 현재 그가 처한 상황이나 미국의 노예 착취적 노동 여건

---

[2] 데스먼드 매카시Desmond MacCarthy(1877-1952): 영국의 문예비평가이자 저널리스트. 버트런드 러셀, 리턴 스트레이치, 케인즈 등과 케임브리지 사도 중 한 사람이었다.

때문에 일을 계속하게 될지도 몰라. 나는 이제 겨우 1회분을 읽었을 뿐이지만, 해리스가 나와 웰스와 키플링은 물론이고 헨리 제임스, 새커리, 디킨스, 골드스미스, 셰익스피어, 초서까지 자기가 어떻게 발견했으며 또 우리를 어떻게 무명과 가난에서 해방했는지 앞으로 줄창 떠들 거라는 건 안 봐도 뻔하다네. 나는 그가 반갑지만 다른 사람들은 아마 상당히 예민하게 반응할걸. 아닐지도 모르고. 어쨌든 해리스 책이 영국에서 정식 출판되기 전까지 그들에게 이 문제를 환기하는 것은 별로 좋은 생각이 아닌 것 같네.

웰스, 키플링, 콘래드, 나를 포함해 다른 등한시되던 천재들을 어떻게 찾아냈으며 어떻게 무명에서 벗어나게 했는지 미국인들에게 알려주려는 해리스의 의도가 현재로써는 진심에서 우러나온 것이 틀림없다네. 왜냐하면 해리스는 자기가 미국에 도착한 순간 미국이 발견됐다고 믿을 위인이거든. 하지만 다른 문인들이 나처럼 호의적으로 나오지 않는 이상, 자네가 이 문제에 관해 그들과 이성적으로 싸우기는 어려울 거야.

자네가 쓴 편지를 콘래드에게 보내서는 안 되네. 자네는 그의 선생이 아니잖나. 간단히 이렇게 쓰게. '친애하는 콘래드 씨께, 제가 콘래드 씨께 정중히 부탁드린 건 프랭크 해리스 씨를 위해서였습니다. 이 일로 저를 나쁘게 보지 않으셨으면 합니다. 책을 돌려주셔서 고맙습니다. 저는 그 책이 환영받지 못할 거라고는 전혀 짐작하지 못했습니다.' 이렇게 하면 분쟁의 씨는 뿌리지 않게 될 걸세. 어쩌면 콘래드는 자신을 3인칭으로 지칭해서 편지를 쓴 게 잘한 짓인지 자문하게 될지도 모르지.

웰스의 경우 자네가 마음의 준비를 해야 할 걸세. 프랭크 해리스는 일종의 괴물이야. 그는 가장 섬세한 감수성과 가장 무감각한 야비함을 넘나드는 작자지. 그가 자신의 목적 달성을 위해 방종을 부리는 것을 견뎌야 할 의무는 누구에게도 없다네. 웰스가 '난 해리스를 알아'라고 한다면, 해리스가 웰스나 웰스의 친구들을 터무니없이 공격했을 가능성이 커. 웰스는 공격에 대단히 예민하거든. 자네가 이미 언급했다시피, 나는 해리스를 이 세상의 여느 이성적인 인간과 다름없이 대했는데도, 해리스는 내가 자기한테 (그의 표현대로라면) 못되게 굴었다고 믿는다지. 그러니까 해리스가 웰스의 은인임을 자처한다고 해서, 그가 웰스를 열받게 하지 않았으리라는 보장은 전혀 없다네.

신문이 프랭크 해리스의 책은 단신으로 하찮게 다루면서 웰스의 『미스터 브리틀링』이나 전쟁처럼 무의미한 주제에는 몇 페이지씩 할애하는 것을 보고 자네가 화났다고, 내가 매카시에게 얘기했더니 매카시가 좋아하더군. 그는 자네에게 동의한다고 했어. … 그렇지만 『맨체스터 가디언』에 단평이 실리는 정도면 칠순 노인으로서는 감지덕지해야지. 자네는 『맨체스터 가디언』이 해리스를 메시아처럼 띄워주는 칼럼을 한 세 단쯤 써줄 줄 알았는가?" (프랭크 해리스의 요청으로 나는 그의 『오스카 와일드』 전기를 주요 신문사들에 보냈었다.)

그 후 내가 쇼를 찾아갔을 때, 쇼는 편지로 했던 해리스 이야기를 보다 상세하게 들려줬다.

나는 전쟁이 끝나고 해리스의 전기를 내 처녀작으로 출간할 계획이어서 쇼에게 교정쇄를 보내 그의 편지를 책에 실어도 되는지 허락을 구했다. 쇼는 내 책으로 해리스가 "콘래드나 웰스 같이 명망 있는 작가들로부터 절연 당한 혐오스러운 인물이 될 수 있다"며 출간을 재고해보라고 조언했다. "해리스의 짜증스러움과 어리석음은 세상이 다 아는데 굳이 다시 들먹이는 이유가 뭔가? 그런 단점에도 불구하고 우리 중 몇몇이 그를 참고 받아들이는 이유에 대해서는 일언반구도 하지 않으면서 말이야. … 해리스가 어떤 인물인지 증언해줄 사람을 찾는다고? 그를 망신주려는 의도가 아닌 이상 그에게 적대적인 사람을 찾는 이유가 뭔가? 자네는 해리스와 싸우고 싶은 건가? 만일 그런 거라면, 콘래드나 웰스와 싸워야만 해리스와 싸울 수 있을 거라고 생각하는 건가? … 해리스의 평판이나 성격에 관해서는 안 좋은 말을 한마디도 하지 않는 것이 최선이야. 해리스가 나한테 못되게 굴었다는 이야기로 나의 아량을 극적으로 포장해줄 필요도 없네. 내 피라미드에서 그런 벽돌 하나쯤은 빠져도 상관없으니까." 쇼가 틀린 말을 한 것이 아니라서 나는 그 충고를 받아들일 수밖에 없었다. 심지어 해리스 본인조차 영국에서 그의 위상을 재정립하려는 나의 호의적인 시도를 반기지 않았다. 내가 그를 생존하는 가장 정력적인 작가라고 치켜세웠는데도 말이다.

프랭크 해리스가 영화제작사의 제의를 받은 것도 전쟁이 끝난 직후였다. 어느 영화제작사는 그의 오스카 와일드 전기를 스크린으로 옮기는 과정에서 쇼의 협조를 얻어주기만 하면 해리스에게 거액을 지급하겠다고 약속했다. 해리스는 나에게 편지를 보내서 자기 아내를 좀 도와달라고 했다. 와일드에 관한 편지를 영화에서 써도 되는지 쇼에게 허락을 구하기 위해 해리스가 아내를 대서양 너머로 보낸 것이다. 해리스가 아내의 임무에 관해 적어도 나에게는 그렇게 말했다. 나는 쇼가 조금도 흔들리지 않을 것이라고 확신했고 나의 확신은 맞았다. 해리스 부인이 쇼를 찾아가자, 쇼는 그녀가 해리스와 진작에 이혼하고 백만장자와 결혼했을 줄 알았다면서 일단 놀라움을 표시한 뒤, 해리스의 와일드 전기는 등장인물 중 다수가 여전히 살아있고 그중에는 에드워드 카슨 같은 힘 있는 인물도 있어서 결코 영화로 제작될 수 없을 것이라고 지적했다. 그런데도 해리스 부인은 긴가민가하며 나를 찾아왔길래 이번에는 내가 쇼를 만나러 갔다.

"프랭크를 위해서 부탁 좀 들어주시면 안 됩니까?" 내가 물었다.

"프랭크도 애고, 프랭크의 부인도 애고, 자네는 셋 중에서 제일 못 말리는 애로구먼."

쇼가 대꾸했다.

"그러면 고무 젖꼭지를 주시죠. 아니, 그러지 말고 제 부탁 좀 들어주세요."

"자네 정말 미쳤나? 그 미국인들이 나한테 원하는 게, 편지를 영화에 써도 된다는 허락뿐이라고 설마 진짜로 믿는 겐가? 그 치들은 내 허락 없이도 얼마든지 그럴 수 있는 사람들이야. 그자들이 못할 이유가 뭐 있겠나? 그들은 자기들이 원하면 프랭크 책에 대한 『타임스』 서평도 영화에 넣을 걸세. 하지만 영화 시나리오를 프랭크와 『타임스』가 공동으로 썼다고 광고할 수는 없을 테지. 그들이 진짜로 원하는 건, '시나리오-(큰 글씨로) 버나드 쇼와 (작은 글씨로) 프랭크 해리스'로 광고하는 거라고. 그게 자네 눈에는 안 보이나?"

"아, 하지만 프랭크가 그러는데-"

"사기라니까! 프랭크가 영화계 사람들에 대해 뭘 알겠나. 하지만 나는 알지. 그자들이 날 수백 번도 더 찾아왔거든. 내 작품 여섯 편을 스크린으로 옮기게 허락해주면 나에게 25만 파운드를 주겠다고 하더군. 나는 거절했고 앞으로도 계속 거절할 거야. 왜냐, 버나드 쇼의 플롯은 셰익스피어의 플롯만큼이나 유치하거든. 더구나 셰익스피어처럼 나도 플롯을 전부 다른 작가들에게서 훔쳐왔다고. 그러니까 영화에서 내 대사가 들리게 하지 않을 거면 내 이야기를 달라고 아무리 노래해봤자 소용없어."

"그러니까 선생님 말씀은 그들이 원하는 게—"

"이 친구야, 생각을 좀 해! 내가 안다니까. 그들은 프랭크를 미끼로 나를 낚으려고 하는 거라고. 한 번 해보라지! 그 몹쓸 시나리오에 내가 한 글자라도 보탰다고 하기만 해 봐! 바로 소송 들어갈 테니까!"

"무슨 말씀인지 알겠어요."

"만세를 불러야겠군!"

"그러면 프랭크가 시나리오 쓰는 걸 도와주시면 어때요?"

"나 원참! 헤스케드 이 친구야, 난 자네한테 놀랐어. 자네는 나더러 자네 책에 사인해달라고 부탁할 생각은 왜 안 했나? 자네 책이 내 이름을 달고 나오면 자네한테 2만 파운드는 떨어질 텐데, 왜 그런 부탁을 하지 않았지?"

"글쎄요, 저는—"

"왜 그런지 내가 말해주지. 가짜라서 그런 것 아니야. 자네는 바보이기는 해도 사기꾼은 아니니까."

"제 책에 서문을 써달라는 부탁 정도는 해야 할 것 같은데요."

"그래 봤자 헛수고야. 자네 작품이 그 자체만으로 읽을 가치가 없다면, 불구덩이에 던져버리고 거리 청소부나 하라고. 자네가 내 등에 올라타서 베스트셀러 작가가 되게 하는 일은 없을 테니."

"그러니까 정리하면, 선생님은 그 오스카 와일드 영화의 시나리오와 어떤 식으로든 엮이길 거부한다, 이 말씀이시군요."

"다른 영화도 마찬가지야."

"그런데 프랭크 책에 실린, 와일드에 관한 선생님 편지의 일부를 그들이 발췌해서 사용하는 건 반대하지 않으시네요."

"자네가 그런 헛소리를 써보내는 데 시간을 낭비하고 싶으면 마음대로 해. 그자들은 자기들이 뭐는 해도 되고 뭐는 하면 안 되는지 정확히 알고 있으니까. 시나리오와 관련된 것은 무조건 안 돼! 이게 나의 최종 대답이야. 해리스 부인이 전화로 얘기해도 될 걸 굳이 대서양까지 건너와서 유감이군."

"저의 중재가 아무 소용없어서 유감이네요."

"소용없다니! 이번 일이 자네에게는 꼭 필요한 가르침을 줬잖아. 프랭크는 자업자득이니까 고생을 하든지 말든지 내버려두라고. 자, 가게. 그리고 이제부터 다시는 죄짓지 말게."[3]

1928년 여름, 쇼는 앙티브에 머물던 중 몇 차례 니스로 가서 해리스를 만났다. 해리스는 은퇴 후 자서전을 출간했는데, 쇼 부인은 그 자서전이 가정부의 손이 닿는 거리에 둘 만한 책은 아니라며 태워버려서 해리스를 격분하게 했다. 그가 자기 자서전을 여성, 특히 수녀들을 위한 최고의 책으로 여겼기 때문이다. 당시 그는 그리스도에 관한 책을 준비 중이었으나 출판사들은 그가 쇼에 관한 책을 써주길 바랐다. 그러나 그 무렵 그는 경제적으로나 체력적으로 한계에 다다랐고, 쇼의 표현대로라면 가망 없을 정도로 한물간 상태였다. 그는 출판사들이 원하는 책을 쓰려고 죽을 힘을 다했다. 핍박받은 감리교도이자 항상 술에 절어 있는 아일랜드 소작농의 아들로 쇼를 묘사했고 쇼의 어린시절에 대해 미친 듯이

---

3 요한복음 8:11 인용

소설을 써댔다. 이어서 그는 『칸디다』를 인용하며 찬사를 늘어놓았고(쇼의 희곡 중 그가 아는 유일한 작품이었다), '성관계 신조'라는 제목을 붙인 장에서는 쇼의 편지 몇 장을 공개한 다음 쇼의 결혼에 관해 또 다른 소설을 썼다. 그 후 기력이 고갈된 해리스는 더는 못하겠다고 백기를 들더니 나머지는 쇼에 대해 자기보다 더 모르는 미국의 어느 떠돌이 저널리스트에게 맡겨버렸다. 명예훼손의 가능성이 상당히 큰 그 책에 대해서 미국의 출판업자들이 쇼에게 허락을 구하기 전까지, 해리스는 선인세를 최대한 끌어다 썼다. 쇼는 당연히 출판을 허락하지 않았다. 그리고 얼마 후 해리스가 죽었다. 자기 아내를 극도의 궁핍 속에 남겨둔 채로. 그리하여 쇼는 해리스가 썼던 소설을 지우고 공백기를 채워 넣고 책을 완전히 다시 쓰며 수많은 날을 보냈다. 그 책이 출판됐을 때, 쇼는 이렇게 말했다. "프랭크 해리스에 의한 내 자서전일세." 쇼는 사실을 바로잡기는 했지만 자신에 대한 해리스의 악평은 고스란히 남겨두었다.

출판업자들이 해리스에게 이미 상당한 선인세를 지급했기 때문에 그의 『버나드 쇼 전기』는 안타깝지만 즙을 다 짜낸 레몬이나 다름없었다. 해리스 부인에게 유일한 수입원은 『오스카 와일드의 삶과 고백』뿐이었는데, 미국에서는 여러 쇄를 찍었으나 영국에서는 알프레드 더글라스 경[4]에 의해 출판이 금지된 상태였다. 해리스가 더글라스 경은 와일드의 친구였지만 와일드를 불명예와 파멸로 이끈 여러 사건의 공범자였다고 지적함으로써 더글라스 경에게 참을 수 없는 오명을 뒤집어씌웠기 때문이다. 쇼는 『오스카 와일드의 삶과 고백』을 악의 없는 버전으로 바꾸

---

4 알프레드 더글라스Lord Alfred Douglas(1870-1945): '보시Bosie'라는 이름으로 더 잘 알려진 영국의 시인이자 번역가. 오스카 와일드의 친구이자 연인이었다.

고 더글라스 경을 공정하게 기술하는 작업에 착수했다. 특히 이 작업은 그의 주 무기인 '서문'을 통해 완수했다. 더글라스 경 본인이 더 이상 수정이 필요없는 개정판을 제시하면서 일은 훨씬 수월해졌다. 하지만 그렇게 충분히 만족스러운 개정판이 나오기까지 다음과 같은 우여곡절이 있었다.

처음에 해리스는 영국에서 와일드 전기를 출판하기 위해 알프레드 더글라스 경의 명예를 훼손하는 내용을 전부 삭제하고 자신이 로버트 로스[5]에게 속아 더글러스 경을 악당 취급하게 되었다는 내용으로 서문을 새로 쓰겠다고 제안했다. 더글라스 경은 그런 조건이라면 영국에서 출간을 허락하겠다고 했다. 해리스는 서문을 새로 썼다. 그런데 본문 인쇄용 판을 다시 제작할 여유가 없다는 이유로 본문 수정은 거부하고 나왔다. 더글라스 경은 당연히 자신의 태도를 고수하며 직접 개정 작업에 나섰다. 그러자 해리스는 발끈하며 협상을 깨버렸고, 자기가 더글라스 경에게 속아서 로버트 로스를 악당으로 만들었으며, 결과적으로 원래의 내용이 "진짜 사실"이라는 서문을 쓰기에 이르렀다.

나는 해리스의 그런 행동을 양심적이고 정직한 전기작가의 소행으로 볼 수 없었다. 게다가 해리스가 쓴 『우리 시대의 초상』이 믿을 만한 구석이 거의 없으며 대부분 명백한 허구라는 것을 나 스스로나 다른 사람을 통해서 알게 되었다. 오스카 와일드의 미출간 편지들을 읽고 나서는 해리스가 와일드와 리비에라로 여행한 적이 없다는 것도 확신하게 되었다. 그 여행은 『우리 시대의 초상』에서 가장 중요한 '고백'을 이끌어낸 사

---

5 로버트 로스Robert Ross(1869~1918): 캐나다 출신 저널리스트, 오스카 와일드의 첫 번째 연인으로 알려져 있다.

건인데 말이다. 결국 나는 카사노바처럼 아무리 매력적인 인물일지라도 (사실 나는 본의 아니게 코미디언 같았던 해리스를 보며 굉장히 즐거워했다) '사실'에 대해 그렇게 무신경할 수 있는 사람이라면, 소설이나 쓰고 전기는 절대로 건드리지 말았어야 했다고 결론지었다. 해리스와는 라이벌이었던 전기작가 로버트 셰랄드[6]가 해리스의 진실성을 문제삼은 것도 나에게 영향을 미쳤다. 나는 셰랄드에게 짧은 메모를 전달했고, 셰랄드는 그 메모를 복사해서 쇼에게 보냈다. '와일드의 명성은 해리스의 책과 운명을 같이하게 될 것'이라는 쇼의 서평이 해리스의 책 판매에 엄청나게 기여했고 그 책에 권위를 부여했다는 게, 내가 셰랄드에게 전달한 메모의 요지였다. 쇼는 그 메모를 다음의 편지와 함께 나에게 보냈다.

R.M.S. 랑이타네Rangitane, 뉴질랜드
미드 퍼시픽, 1934년 2월 28일

친애하는 헤스케드 피어슨,
내가 지금 수개월 만에 처음으로 여유가 좀 생긴 데다, 자네가 옛 익살꾼 시드니 스미스[7]를 위해서 세운 기념비가 읽어야 할 책들 사이로 떡하니 보여서 자네 생각이 났지 뭔가. 여기 동봉하는 셰랄드 발 포탄 파편에 대해 자네에게 한마디 하겠네.

---

6 로버트 셰랄드Robert Harborough Sherard(1861-1943): 영국의 저널리스트. 오스카 와일드의 친구이자 첫 번째 전기작가다.
7 시드니 스미스Sydney Smith(1771-1845): 영국의 재담가이자 작가. 영국국교회의 성직자이기도 했다. 헤스케드 피어슨은 1934년 시드니 스미스 전기를 출간했다.

해리스의 와일드 전기에 대한 자네 의견은 철회할 필요가 없어. 내가 아는 한 그 책은 이제까지 나온 오스카 와일드 전기 중 여전히 최고라네. 일단, 해리스가 글을 가장 잘 쓰기도 했고 와일드를 개인적으로 잘 알기도 했기 때문이지. 와일드를 우상숭배하듯 묘사한 셰랄드의 전기는 명백히 거짓이야. 윌리엄 모리스가 드루샤우트[8]의 셰익스피어 초상화에 대해 했던 말이 있지. "우리는 이 인물이 셰익스피어가 아니라는 것을 안다. 왜냐하면 도무지 사람 같지가 않기 때문이다." 이 말을 셰랄드의 전기에 대해서도 똑같이 할 수 있다네.

셰랄드는 프랭크 해리스가 이야기를 지어내고 틀리게 기술했다는 이유로 그의 전기가 무용지물이라고 착각하고 있어. 오스카 와일드가 붉은색 타이를 매고 녹색 우산을 들고 있는 모습을 그린 밀레이의 초상화와 마찬가지라는 거지. 와일드가 붉은색 타이를 매거나 녹색 우산을 들고 있는 모습은 누구도 본 적이 없지. 하지만 밀레이의 초상화는 온갖 디테일을 정확하고 완벽하게 그린 일반 화가의 그림보다 훨씬 사실적이었어. 나 자신이 바로 해리스가 쓴, 진실 비스름한 문장은 단 한 줄도 찾을 수 없는 전기의 피해자가 아닌가(그렇지만 해리스가 나에 대해 어떻게 생각하고 느꼈는지는 상당히 진실하게 전달했지). 그래서 나는 해리스가 그린 초상화에 대해 어떠한 환상도 없어. 하지만 해리스가 자신의 시각에서 본 와일드를 표현했다고 한다면 본질적으로 틀렸을 거라 생각하지는 않는다네.

해리스는 와일드에 대해서 거짓말을 하거나 자신이 본 것과 다르게

---

8 드루샤우트Martin Droeshout(1601-1650): 영국의 판화가. 셰익스피어의 첫 작품집에 실린 이래 지금까지도 널리 알려진 셰익스피어 초상화의 작가다.

묘사하려고 하지 않았어. 셰럴드는 세상에 도저히 있을 수 없는 우상을 하나 만들고 그 우상을 숭배하지 않는 사람은 누구든 비난하려 하고 있지. 그가 계속 그렇게 하게 놔둔다면 제풀에 미치고 말 거야.

자네는 어릴 때 프랭크 해리스를 편견 없이 존경했으니, 우리가 프랭크에 대해 서로 알려줘야 할 이야기는 없을 것 같군. 셰럴드가 프랭크에 대해 열심히 밝혀낸 것들이 우리에게는 별로 쓸모없다는 뜻이야. 자네가 타당한 근거를 가지고 했던 발언을 다른 사람들 말만 듣고 철회하지는 말게.

5월 중순까지는 런던으로 돌아가지 않을 거라네. 어찌 됐든 답장은 하지 않아도 돼. 편지 쓰는 일이 얼마나 귀찮은지 내 잘 아니까.

G. 버나드 쇼

나는 답신에서, 해리스가 와일드에 대해 의도적으로 거짓말을 한 게 아니었다면 무엇이 진실이고 무엇이 거짓인지 구분할 능력이 없었던 게 분명하고, 상상이 현실보다 더 선명해 보이더라도 전기의 가치는 정확성에 있으며 해리스가 그 책을 차라리 '소설'이라고 했으면 아무도 딴죽 걸지 않았을 것이며, 쇼가 셰럴드의 비판을 열린 마음으로 대했다면 해리스의 전기가 아무 가치 없다는 것을 제일 먼저 알아차렸을 거라고 했다. 하지만 내가 쇼의 태도를 바꿀 수는 없었다. 그는 주인공이 어떤 종류의 인물인지를 보여줬다면 한 행 한 행 전부 사실인지 아닌지는 전기에서 중요하지 않다는 입장을 고수했다.[9]

해리스의 거짓말을 낱낱이 밝혀낸 셰럴드의 책 『버나드 쇼, 프랭크

---

9 〔저자 주〕 그가 자신의 전기에 대해서도 같은 입장인지는 확인하지 못했다.

해리스 그리고 오스카 와일드』는 1937년에 출간됐다. 나는 쇼가 그걸 읽고 자신의 주장을 철회할 것이라고 성급하게 단정 지었는데, 쇼는 셰랄드의 책이 다음 두 가지-(1) 해리스 책은 처음부터 끝까지 거짓말투성이다 (2) 해리스 책은 셰랄드 책을 전부 표절했다-를 동시에 주장하고 있다며 오히려 조롱했다. 또, 셰랄드가 와일드의 타락을 '간통이 매독과 광기를 유발했다'고 설명한 것에 대해, 쇼는 '해리스 같은 상상력이라곤 찾아볼 수 없는 재치 없는 소설'이라고 꼬집었다.

영국에서 쇼의 서문을 실은 해리스의 『와일드의 삶』은 때맞춰 출간되었다. 『선데이 타임스』의 데스먼드 매카시와 『데일리 텔레그래프』의 해롤드 니콜슨과 『옵저버』의 나 헤스케드 피어슨은, 그 책은 전혀 신뢰할 수 없으며 쇼가 왜 서문을 썼는지 이해할 수 없다고 지체 없이 비난했다. 쇼는 『선데이 타임스』에 보낸 해명의 글에서, "해리스의 저작권 외에는 아무 재산도 없는 해리스 부인"을 데스먼드 매카시가 좀 생각해줬으면 좋겠다는 뜻을 내비쳤다. "나는 데스먼드와 셰랄드와 피어슨 등이 함께 뜻을 모아 해리스 부인에게서 그 책의 저작권을 사들일 것을 제안합니다. 그러면 그들은 자기들 사비로 그 책을 처분할 수 있을 겁니다." 쇼는 이렇게 해리스의 아내를 도움으로써 프랭크 해리스에게 다시 한 번 충실했다. 이에 대해 휴 킹스밀은 이렇게 말했다. "쇼가 해리스 부인을 자기 돈으로 돕는 것과 와일드를 판 돈으로 돕는 것은 분명 별개의 문제다."

쇼는 해리스가 "끔찍한 거짓말쟁이"이고 완전히 무책임하다는 것, 자신에 대해 "진실 비스름한 문장은 단 한 줄도 찾을 수 없는 전기"를 썼다는 것, 셰랄드가 해리스의 오류를 수없이 많이 지적했다는 것을 잘 알고 있었다. 따라서 쇼가 해리스의 와일드 전기를 왜 그렇게 옹호했는지에 대해 설명이 좀 필요할 것 같다. 쇼가 그런 태도를 보인 건 그의 성격적 특징 때문이었다. 쇼는 내면에 반항적이고 모험적인 남학생이 있었다. 그래서 처음부터 해리스에게 끌렸고, 그 첫인상이 끝까지 갔다. 쇼에게 과한 부분과 해리스에게 과한 부분은 서로 잘 맞았다. 다시 말해, 해리스의 무모하고 불같은 성격이 쇼의 신중하고 소심한 성격을 보완하는 격이었다. 쇼는 해리스에게 사기당한 적이 없어서 그에게 환멸을 느끼고 괴로워해 본 적도 없었고, 원체 앙심을 품을 줄 모르는 성격이어서 해리스가 자신을 비하할 때도 전혀 신경쓰지 않았다. 그는 연극비평가로 일할 때 해리스가 자유재량권을 준 것에 대해, 또 소송당할 뻔했을 때 해리스가 자기편에 서준 것에 대해 한시도 고마워하지 않은 적이 없었다. 그리고 문학의 힘과 수사학에 대해 사춘기적 애정을 품고 있었던 탓에 해리스의 작품을 과대평가했다. 쇼가 자신의 주 활동무대인 음악과 연극 외 다른 분야에 대해서는 그만큼의 흥미가 없어서 비평력을 발휘하지 않은 탓도 있다. 쇼는 쟁윌[10]과 베넷의 희곡 작품들을 보며 수트로에게 불만을 표한 적이 있다. "이 소설가들은 주제 하나를 잡아서 그걸 파고드는 대신, 이야기를 끝도 없이 만들어내고 그걸 희곡이라고 부르는 짓을 끈질기게 계속할 거야." 하지만 그 두 사람은 소설가였으므로 주로 이야기를 만들어내는 데 관심이 있었던 것뿐이다. 전기의 경우도 마찬가지다. 쇼는 예수에 대해 이렇게 말했다. "핵심은 사람이 아니

---

10 쟁윌Israel Zangwill(1864-1926): 영국의 작가. "게토의 디킨스"로 불렸다. 1909-1910년 에는 그의 『멜팅팟the Melting Pot』이 연극으로 제작되어 미국에서 큰 흥행을 거두었으며, 시오도어 루즈벨트 대통령이 크게 감동했다고 전해진다. 미국의 다문화사회를 일컫는 '멜팅팟'이란 용어를 대중화한 장본인이다.

라 사상이야." 하지만 전기작가가 관심을 두는 대상은 사람이다. 사상은 그 사람을 비추는 조명으로서 가치가 있는 것이다. 여기 좋은 예가 있다. 사람은 핵심이 아니라는 쇼의 사상이 바로 쇼를 밝혀주는 조명이다. 해리스의 와일드 전기는 본질적으로 정확하다고, 쇼가 그렇게 아무렇지도 않게 말하는 이유를 설명해주는 것이다. 만일 쇼가 와일드를 해리스가 다뤄야 할 주제나 텍스트로 여기는 대신, 오롯이 와일드라는 사람에게 관심을 가졌다면, 그는 해리스가 쓴 그 전기를 가짜라고 했을 것이다. 가짜로 인식했다면 그가 추천사를 철회했을까. 그건 모를 일이다. 워낙 자신만만하고 고집 센 기질을 타고났기 때문이다. 그러한 기질은 그 전기의 주인공인 와일드의 특징이기도 했다. 와일드 역시 진실의 가치에 대해 모호한 태도를 보이면서 자기가 쓴 것은 자기가 썼다고 주장하는 인물이었다.

32

모스크바
사악함이 아니라 무지함이 문제다

쇼는 함께 일하는 출판업자나 극장운영자들보다 법과 경제에 훨씬 해박해서(쇼는 그들을 '낭만적인 몽상가들'로 불렀다) 계약할 때 자신의 이익은 물론 상대의 이익까지 검토했고 계약서 초안은 항상 직접 작성했다. 그는 포브스-로버트슨에게 계약서를 내밀며 이렇게 물었다. "서명하시겠습니까, 논쟁하시겠습니까?" "서명하겠소." 그 대배우는 계약서를 읽어보지도 않고 대답했다. 그의 이익은 그 자신보다 쇼가 더 잘 챙길 것이고 쇼와 논쟁했다가는 본전도 못 찾는다는 것을 알았기 때문이다. 사업을 이해하는 사람들은 쇼가 일관되고 믿을 만한 상대라는 것을 알아봤다. 쇼는 좋은 계약이란 양쪽 모두에게 득이 되는 계약이며, 예술작품의 가격은 작품성과는 무관하고 얼마나 인기를 끌 것인가와 관련이 있다는 것을 잘 알고 있었다. 그의 동업자 정신은 확고부동했다. 작품 가격을 시장 가격보다 낮게 부르거나 경쟁자보다 낮은 금액을 제시해서 극장 계약을 따내는 행위는 동업자를 배신하는 범죄 행위와 다름없다고 봤다. 그는 자신의 권리를 절대로 팔지 않았다. 그의 첫 흥행작이 나오자 어느 투기꾼이 『무기와 인간』의 유럽 대륙 판권을 사겠다며 그에게 150파운드를 제시했다. 당시 영국의 극작가들은 그런 제안을 덥석덥석 물었으나 쇼는 이렇게 말했다. "외국의 극장운영자들이 영국 작가의 작품을 거저나 다름없이 가져간다면, 그 나라 작가들은 어떻게 먹고살겠는가?" 해외에서 쇼 작품에 대한 수요가 높아지자, 그는 해당 국가의 작가들이 최고 얼마를 받는지 확인하고 바로 그 금액을 요구했다. 혹시 그마저도 부족한 액수라고 판단하면 런던에서와 동일한 조건으로 계약할 것을 요구했다. 그러한 요구는 충분히 수긍할 만했지만 몇몇 나라에서는 전례가 없고 불가능하다는 이유로 반대에 부딪혔다. 쇼는 요지부동했다. 그러다가 그의 요구가 관철되면, 해당 국가의 가난에 찌들어 있던 작가들이 화들짝 놀라며 쇼와 동일한 조건을 내세우고 밀어붙였다. 이는 노동조합의 승리나 다름없어서 쇼는 승리의 기쁨을 만끽했다.

극작가들 혹은 그들의 대리인들은 지방 극단이나 소극장, 레퍼토리 극장처럼 상업적인 틀을 벗어난 곳에서 살아남으려고 고군분투하는 연극계의 모험가들을 아마추어로 대하면서 이들이 기존 작품을 공연할 때마다 편당 5기니 정도의 고정 요금을 내게 했다. 그건 누구나 낼 만한 액수는 아니었다. 그래서 오직 부자들만이 유명 연극의 인기 배우들을 흉내 내며 허영심을 충족시켰고, 공연수익금―그런 게 있다면―은 자선단체에 기부했다. 작가들은 신사숙녀들처럼 자신들이 기니 단위 이하의 돈은 받을 수 없다고 생각했다. 쇼는 그러한 관행을 단호히 거부하고, 공연 수익이 발생하면 극장과 연기자에게도 무조건 그 몫이 돌아가는 계약 조건을 내걸었다. 어느 마을 학교에서 그의 작품을 상연했을 때, 총수입은 15실링으로 작가에게 떨어진 몫은 9펜스에 불과했지만, 쇼는 그 작은 집단의 전통이 오래 지속되기를 바라면서 그 돈을 받아 주머니에 넣고 모자를 올려 경의를 표했다. 그 9펜스는 경비는커녕 우편료도 안 되는 액수였으나, 연극활동이 전국으로 확산될 수 있게 해서 결과적으로 쇼에게 돌아간 수익은 웬만한 점원이나 소상인이 가족을 부양할 수 있는 정도가 되었다.

이러한 사례들을 보면 쇼가 명민하고 유능한 사업가라서 성공했다는 생각이 들 수도 있다. 하지만 그는 집필과 공적인 일을 하기도 바빠서 억지로 떠밀리기 전까지는 사업적인 면에 신경쓰지 못했고 그래서 잃은 돈만 해도 어마어마하다고 항변했다. "나는 광고에 재능있는 사업 파트너를 구해야 했어." 그가 말했다. "사람들은 항상 내가 나를 광고한다고 하는데, 그게 무슨 말인가 하면, 수백 명의 머저리가 나에 대한 거짓말을 계속 써대면서 나에게 해만 끼치고 있다는 뜻이야. 그 결과 모두가 나에 대해 떠들지만 아무도 내 책을 읽지는 않는다니까."

사실 쇼는 누진소득세를 내는 전문가 계층에 안착할 정도로 충분한 고정수입을 얻게 되었고, 엄청난 자산가인 아내를 만나 그러한 입지가 더욱 강화되기는 했지만, 그가 지금의 백만장자 이미지를 갖게 된 것은 그러한 고정수입 때문이 아니었다. 언젠가 나는 그에게 영화 『피그말리온』의 이례적인 성공으로 얼마나 크게 횡재했는지를 물었다. 언론에서는 55,000파운드로 추정한 터였다. "과장된 부분을 빼려면 일단 4로 나누고 거기서 미국과 영국의 세금을 제하게. 그렇게 해서 남은 돈은 할 수만 있다면 이자가 2.5퍼센트인 곳에 투자해. 이제 거기서 파운드 당 12실링의 소득세를 제해 보게. 어떤가. 손에 쥐어지는 게 별로 없지? 사람들 열에 아홉은 돈을 만져본 적이 없어서 금액이 두 자릿수만 넘어가도 돈에 대해 쥐뿔도 몰라. 그러니 금액이 네다섯 자릿수가 되면 사람들의 상상력이 얼마나 크게 작용할지 짐작하겠지."[1]

그는 대단한 부자라는 명성이 종종 쓸모있다는 것을 인정했다. 다만 그러기 위해서는 탐욕스럽고 쩨쩨하다는 방어적인 평판도 달고 다녀야 했다. 그는 의도적으로 그러한 평판을 조장했다. 회신료선납전보에 전보가 아닌 엽서로 답한 그는 선납한 전보용지를 돌려달라는 요청을 받자 이렇게 불평했다. "마지못해 전보용지를 보냅니다. 회신료선납전보들은 나의 부수입이거든요. 나는 언제나 엽서로 답을 하고 전보용지를 챙긴답니다." 저가주택 단지를 건설하려는 더럼의 광부들에게 30,000파운드를 빌려준 이유가 뭐냐는 질문을 받았을 때는 "6부 이자"라고 대답했다.

그가 겉으로 보이고자 하는 모습처럼 실제로도 그렇게 탐욕스러웠다면 본인의 최대 흥행작을 낸 후 『지적인 여성을 위한 사회주의 안내서』를 쓰겠다고 3년이나 극장을 등한시하지는 않았을 것이다. 그 책은 사회주의라는 주제에 대해 쇼가 40년 넘게 생각하고 느낀 모든 것을 담고 있고, 하나의 전문적인 주제에 대해 이전 혹은 이후의 그 어떤 작가도 도달해 본 적이 없는 높은 수준의 명료함과 설득력을 갖추고 있다. 나와 대화하던 중에 그는 그 책을 쓴 목적이 무엇인지 밝혔다.

"이번 세기 초 나는 폭탄선언을 했어. 사람들 하는 말이 맞다고 한 것 뿐인데, 그게 혁명적인 발언처럼 여겨졌지. 일반인들은 사회주의라고 하면 무조건 '모두에게 동등한 수입'을 뜻하는 줄 알잖아. 나는 그 말에 전적으로 동의한다고 했어. 그러자 모두가 깜짝 놀라더군. 나는 그게 사

---

[1] 〔저자 주〕 1942년 1월 쇼는 나에게 이렇게 말했다. "『피그말리온』 영화로 저작권료 29,000파운드를 받고 전쟁세로 50,000파운드를 냈다네. 자네는 그런 성공을 거두지 않은 걸 천운으로 여기게. 그런 식으로 한 번 더 성공했다간 파산하게 생겼어."

회주의 사상에 내가 독창적으로 기여한 부분이라고 생각해. 경제 공부에 4년을 보내고 알게 된 것은 경제에 대해 아는 사람이 아무도 없다는 것이었어. 나는 자본주의 체제가 약탈 체제나 다름없다는 것을 깨닫고 이렇게 말했지. 사람들이 자기 이웃을 약탈하는 이유를 살펴보니, A는 3/6을 가지고 있고 B는 2/6를 가지고 있기 때문에 A가 B를 해치기도 하고 B가 A를 해치기도 하더라고. 나는 개인의 가치를 돈으로 평가하려는 사람을 보면 누구든 그냥 넘어가지 않아. 부를 어떤 비율로 분배해야 할지는 아무도 모르지. 그러니까 '모두에게 동등한 수입'이야말로 강도질을 통해 분배가 이루어지는 현 분배 방식에 대한 유일한 대안인 셈이야. 내 친구 중에 잉 주임사제와 권투선수 진 터니가 있어. 그 둘의 상대적 가치를 파운드나 달러로 매길 수 있는 경매인이 있을까? 현재 진 터니의 은행잔고는 잉 주임사제 열 명을 사고도 남을 정도인데, 그게 이상적인 분배일까?"

나는 설교도 권투도 좋아하지 않는 사람으로서, 그가 사례로 든 경우는 결론을 내리기가 어렵다는 데 동의했다.

대부분의 사회주의자는 돈이 있으면 인류를 괴롭히는 모든 문제가 해결될 것으로 믿었지만 쇼는 아니었다. "생각이 있는 사람이라면 행복하고 안 하고는 기질에 따른 것이지 돈과는 상관없다고 자신있게 말할 수 있을 것이다. 돈은 굶주림을 치유할 수는 있어도 불행은 치유할 수 없다. 음식은 식욕을 채울 수는 있어도 영혼은 채울 수 없다." 쇼는 유물론자가 아니었기 때문에 도덕성의 원천을 공상적 이상주의자들보다 더 깊은 곳에서 찾았다. "바른 행동은 알 수 없는 원리에 의해 일어나는 자기 존중이다. 사람이 얼마나 바르게 행동하는가는 그러한 자존감의 크기에 비례한다. … 우리에게는 영혼이라고 하는 신비로운 무언가가 있다. 의도적인 악행은 영혼을 말살하며 영혼이 없다면 그 어떤 물질적 성공에도 삶은 견딜 수 없는 것이 된다. … 바른 행동은 이성의 지배를 받는 것이 아니라 이성 너머에 있는 신성한 본능의 지배를 받는다. 이성은 지름길을 알려줄 수는 있어도 목적지를 알려주지는 못한다." 사람들이 더듬더듬하면서도 의식적으로건 무의식적으로건 신의 성좌를 향해 나아가고 있다는 믿음에서 쇼는 쾌활할 수 있었고 결점투성이인 인간 본성에 대해서도 관대해질 수 있었다. 『성녀 잔다르크』에서 종교재판관을 성자처럼 그릴 수 있었던 이유도 거기에 있었다. 자발적으로 교수형 집행인이 된 사람을 다정한 영혼으로, 선량한 마음씨를 지닌 타고난 교살자로, 예수 같은 기질을 지닌 재판관으로 묘사한 것도 같은 맥락이다. 또, 그러한 믿음 때문에 그는 인간의 악행에 대해 외부 조건을 탓하는 경향이 있었다. "부랑아는 원죄 때문이 아니라 빈민가 때문에 생기는 것이다. 자기 자신을 개혁하려는 사람은 사회를 먼저 개혁해야 한다." 이는 꼭 말보다 수레가 먼저라는 소리처럼 들렸다. 아니 그렇다면, 빈민가는 무엇 때문에 생겼겠는가? "리카도의 지대이론을 아무도 이해하지 못했기 때문이지"가 쇼의 대답이었다. 이에 대해 리카도의 지대이론은 어떻게 나왔으며 어떤 식으로 적용됐느냐고 물어볼 수도 있었다. 하지만 인생은 짧다. 어쨌든 쇼는 사악함이 아니라 무지함이 문제라고 주장했다. "악의에 찬 악마는 셰익스피어가 말한 '완장을 찬 성난 원숭이'가 아니라 정치경제학에서 '바보의 다리[2]'로 남아 있는 리카도의 비인간적인 지

---

2 '당나귀의 다리 pons asinorum'라고도 한다. 유클리드 기하학 제5명제를 증명하는 그림이 다리처럼 생긴 데서 유래됐다. 아주 기초적이지만 초심자는 넘기 힘든 난관을 의미한다.

대이론이다. 사람들이 그 지대이론을 사도신경만큼만 잘 알아도, 그들은 헨리 조지나 마르크스나 시드니 웹이나 나처럼 반응할 것이다." 사람의 본성은 그 사람이 세상에 대해 품고 있는 희망에서 드러난다. 공산주의로 인류동포주의가 가능해지리라는 쇼의 믿음은 그의 머리에서 나왔다기보다는 그의 마음에서 우러나온 것이었다.

쇼는 모두에게 동등한 수입이 실현된 사회에서도 만족하며 지낼 것이다. 그에게 돈은 사소한 횡포로부터 보호해주고 해방시켜준다는 것 외에 다른 의미는 없었다. 그게 아니라면, 돈은 식객을 끌어들이고 괜한 미움을 사는 골칫거리일 뿐이었다. 그는 자선과 후원을 혐오했다. "사람들을 금전적으로 도와줘야 할 때면 그들이 나를 싫어하는 것만큼 진심으로 나도 그들을 싫어한다." 모든 사람이 가진 것을 내놓는 사회를 사회주의로 잘못 알고 있는 사람들은 쇼가 가난하지 않다는 이유로 종종 그를 비난했다. 쇼는 미친 사람이나 저 혼자 유토피아에서 살 것처럼 행동하는 거라고 되받아쳤다. 부자들이 자신들의 부를 내려놓는다고 해서 그 부를 가난한 사람들이 차지하지는 않을 터였다. 예수는 부자들에게 가진 것을 모두 팔아서 가난한 사람들에게 나눠주라고 충고했다는 것을 내가 그에게 상기시켰더니, 그는 이렇게 답했다. "예수는 재산을 가져본 적도 없고 성직 업무도 유다에게 일임했기 때문에 자기가 무슨 말을 하는지 몰랐던 거야. 예수는 부유한 청년에게 이렇게 충고했어야 해. 로마법하에서는 돈을 우량채권이나 부동산에 투자하는 게 그나마 제일 잘하는 거고, 그러고도 돈이 남으면 유다의 가방에 던져주라고. 전차 경주나 매춘에 돈을 쓰는 것보다는 기독교에 관심을 붙이는 게 그런 청년에게도 훨씬 좋은 일이니까." 쇼의 조언을 부자들은 좋아했을 것이다.

그렇지만 예수의 관심은 보편적 번영이 아니라 개인의 구원에 있었다.

『지적인 여성을 위한 사회주의 안내서』 원고는 비평과 수정을 위해 쇼의 전문가 친구 6인(물론 웹 부부도 포함됐다)에게 전달됐다. 그 결과 잡다한 실수와 오기가 제거되었지만, 출간 이후에도 큰 실수가 서른 군데나 발견되어서 쇼는 "어처구니없는 실수가 대서특필됐다"고 했다. 그러한 실수들은 전국 각지에서 생판 모르는 사람들이 보내온 편지들을 참고해 하나하나 바로잡았다. 쇼가 초판을 싫어하는 이유다. 초판은 항상 최악이라고 그는 딱 잘라 말했다.

이론상의 사회주의에서 현실의 사회주의로 눈을 돌려서, 쇼가 공언했던 수많은 의견을 떠올려 보면 그가 러시아 볼셰비키 정권을 지지했다는 것이 쉬 이해되지 않는다. "폭력적인 수단이 효과가 있을 때조차 폭력을 거부하는 태도가 바로 진보다." "문명은 비판 없이는 발전할 수 없다. 문명의 정체와 부패를 막으려면 비판에 대한 면책을 선언해야 한다." "시민 교육은 권위에 대한 맹목적인 복종 속에서 이루어지는 교육이 아니라 자유롭게 논쟁하고 의심하고 불만을 품고 개선하는 과정에서 이루어지는 교육을 뜻한다." "국가 조직은 그 어떤 범죄자보다 더 사악해질 수 있으며 아무 거리낌 없이 범죄를 저지를 수 있다. 국가는 자신의 범죄를 합법화하고, 그 범죄를 정당화하는 문서를 위조하고, 그 실상을 드러내려는 사람이 있으면 고문하기까지 한다." 이 같은 쇼의 견해에 크렘린에서 단 한 번이라도 공감한 적이 있었을까? "아이들에게는 우리보다 더 나은 시민이 되라고 가르쳐야 하는 것이 아닌가?" 쇼는 따지듯이 물었다. 그리고 이렇게 말했다. "우리는 현재 아이들에게 그렇게 가르치지 않는다. 하지만 러시아인들은 그렇게 가르친다." 그러나 『인간과 초인』의 저자는 이미 그 질문에 대해 답했다. "아이의 성격을 주조하려는 자야말로 가장 고약한 낙태시술자다."

사실 쇼처럼 수없이 많은 의견을 피력하면서 모순에 빠지지 않는 사람이 있다면, 그는 사람이 아니라 기적일 것이다. 아무튼 쇼는 정체되는 것을 몹시 혐오했던 나머지 러시아가 시뻘게지고 있는데도 적당히 붉다고 생각했다. 언젠가 내가 '혁명이 일어나서 좋아지는 경우는 드물고, 전혀 예상치 못한 방향으로 나빠지는 경우는 종종 있는 것 같다'고 말했을 때 쇼가 몹시 즐거워했던 것을 보면, 그 말이 러시아 문제에 관한 쇼의 입장을 어느 정도 설명해주는 것 같다. 그래도 우리는 그의 관점에서 무슨 일이 일어났는지 알기 위해 노력해야 한다.

1917년 러시아 혁명으로 (쇼가 자신의 정치적 신조라고 공언한) 마르크스 공산주의가 실질적인 첫 시험대에 오르자, 영국의 사회주의자와 노동계 지도자들은 자본주의자들보다 더 혹독하게 볼셰비키를 향해 악의에 찬 저주를 퍼부었다. 그러한 흐름에 제동을 건 것은 쇼가 페이비언협회 공개회의에서 한 발언이었다. "우리는 사회주의자입니다. 러시아는 우리 편입니다." 잠시 어리벙벙한 침묵이 뒤따랐지만, 논쟁이 재개되자 소비에트에 대한 비난은 더 이상 나오지 않았다. 쇼는 찬사를 적어 넣은 그의 책 한 권을 레닌에게 보냈다. 쇼의 찬사는 석판 인쇄를 통해 원본 그대로 복사되어 러시아 전역에 유통되었고, 1931년 러시아 방문 때 그는 칼 마르크스만큼 중요한 인물로 환대받았다.

그럼에도 불구하고, 쇼는 소비에트에 대해 어떠한 환상도 갖고 있지 않았다. 실제 통치 경험이 전무한 소수의 전직 지하활동가들이 마르크스주의에 근거해 1억 6천만 인구를 통치하려는 첫 시도를 그는 아무런 기대 없이 바라봤다. 그들은 쇼를 "어쩌다 페이비언 사이에 끼게 된 좋은 사람"으로 불렀다. 그들 눈에 페이비언은 그야말로 한심한 쁘띠 부르주아 게으름뱅이 집단이었다. 그래서 쇼가 페이비언 설교를 통해 그렇게 경고했음에도 불구하고, 그들은 공산주의 조직을 가동할 준비도 안 된 상태에서 원칙만을 고수하며 자본주의 체제를 파괴하는 오류를 범하기 시작했다. 쇼의 지론은 '정부는 민간 자본가가 수행하고 있는 사회적 기능을 대신하기 전까지는 민간 자본가들의 동기가 아무리 반사회적이더라도 그들의 재산을 한 푼도 건드려서는 안 된다'는 것이었다. 형언할 수 없는 실패와 기아, 내전을 겪으며 3년을 보내고 나자 레닌은 소비에트 정부가 제대로 준비될 때까지는 자신이 '신 경제정책'이라는 명칭을 붙이긴 했으나 사실상 '구 경제정책'과 진배없는 경제제도를 받아들일 수밖에 없다고 인정했다. 쇼는 미국의 허스트 신문사로부터 웰스처럼 러시아를 방문해 그곳의 실상을 세계에 알려달라는 거액의 제안을 받았지만, 자신이 무엇을 보게 될지 너무나도 잘 알고 있었기 때문에 그 제안을 거절했다. 톨스토이의 딸이 그를 찾아와 야스나야 폴랴나에 있는 톨스토이 저택 주변의 풍요롭던 전원 지대가 이제는 잡초와 쓰레기가 무성한 황무지로 변해서 사람이 살 수 없게 되었다며 환멸과 비탄에 잠겨 얘기했을 때도 쇼는 놀라지 않았다. 그가 불친절한 사람이었다면, "내가 뭐랬습니까"라고 받아쳤을 것이다. 소비에트 정부는 성공한 농부들이 노동자와 말을 착취한 쿨락(제정 러시아의 부농)이라며 그들을 몰아냈지만, 그들의 땅을 대신 경작하지는 않았다. 따라서 집단농장의 농부들과 농업 부흥을 위한 인민위원회를 새로 조직할 때까지는 몰아냈던 농부들을 다시 반갑게 불러들일 수밖에 없었다. 레닌그라드와 모스크바의 거리와 상점도 사정은 마찬가지였다. 쇼는 그 똑같은 이야기를 반복함으로써 런던과 시카고의 자본주의자들을 의기양양하게 만들어줄 생각이 없었다. 그는 그게 과도기라는 것을 알고 있었으며, 쓴 경험이 약이 되어 더 많은 파괴가 아닌 더 많은 공산주의가 실현될 것으로 내다봤다.

그러는 동안 쇼는 페이비언협회 소속으로서 소위 공산주의 정당들과는 아무 관계도 맺지 않으려고 했다. 공산주의 정당들은 국제주의 원칙에 입각해 자신들의 국가를 트로츠키의 세계혁명과 교조적인 마르크스주의를 위한 지역 지부쯤으로 여기면서, 모스크바로부터 지도편달은 물론 금전적 지원까지 받고 있었다. 쇼는 자신이 페이비언 대표로 참여한 어느 연구위원회에서 바로 그 돈 문제를 논하다가 흥분한 공산주의자 청년 다수의 반대에 부딪히자, 신참자들에게 절대 탈퇴하지 말라던 자신의 평소 조언과는 반대로 그 위원회를 즉시 탈퇴했다. 쇼가 탈퇴할 때는 항상 외교적인 예의 때문이었다. 그가 혁명론자들에게 즐겨 했던 또 다른 조언은 이랬다. "평소 최대한 올바르게 행동하라. 당신이 사회주의에 시간을 쏟는 만큼 사회주의가 당신의 사생활에 마찰을 일으킬 것이기 때문이다." 영국의 사회주의 운동은 영국적이어야만 한다고 주장하기도 했다. 사람들이 파시스트와 볼셰비키를 흉내 내며 검은 셔츠와 붉은 타이를 자랑스레 입기 시작했을 때, 쇼는 그런 유행을 따라하면 영국에서 아웃사이더가 될 거라고 경고했다. 오직 페이비언만이 사회주의를 과학적으로 연구해왔고 마르크스보다 진화했다는 견해를 고수하면서, 마르크스가 1세대 볼셰비키처럼 실제 행정 경험이 전무한 데다 자본가나 고용자, 프롤레타리아 그중 누구와도 대화해 본 적이 없는 사람처럼 글을 썼다고 주장했다. 페이비언으로서 쇼가 제시한 사실과 근거는 대부분 박학다식한 시드니 웹이 수집한 영국의 사실과 근거였다. 이는 예술가이자 철학자이며 아일랜드인이었던 쇼가 몹시 속물적인 영국의 중산층 페이비언들-형이상학을 모호한 헛소리로, 예술가를 질이 좋지 않은 보헤미안 정도로 여기는 사람들-을 어떻게 꽉 잡을 수 있었는지를 설명해주기도 한다. 쇼는 완벽한 페이비언으로서 완벽한 속물이 되기도 했다. 그래서 페이비언들이 절대로 섀비언은 아닐 것이라는 생각만큼 확실한 판단 착오도 없을 것이다. 다른 모든 지도자와 마찬가지로, 쇼에게도 한 줌의 숭배자들이 있었다. 속물적인 잣대에도 역시 개인적인 예외는 있었다. 하지만 쇼와 페이비언의 관계는 그들이 공통의 정치적 목표를 추구한다는 점에서 대체로 상호보완적이고 유익한 관계였다. 그는 페이비언 덕분에 "현실에 단단히 발을 붙이고" 있을 수 있었고, 성미에 맞지 않는 온갖 종류의 사람을 다룰 줄 알게-그래서 그를 열렬히 싫어하는 사람들조차 그에게 싸움을 걸지 못하게-되었다면서 페이비언의 분위기를 높이 평가했다. 하지만 그 안에서만 살 수 없게 타고나기로는 쇼도 윌리엄 모리스와 마찬가지였다.

프롤레타리아의 세계 혁명을 기다리지 않고 단일 국가에서 사회주의를 달성하는 것이 가능한가의 문제를 놓고 스탈린이 트로츠키와 갈라섰을 때, 쇼는 사회주의가 나라별로 이미 시작됐기 때문에 국가 단위로 사회주의를 달성하는 것은 당연히 가능하고 다른 식으로는 시작하기도 어렵다고 봤다. 또한, 스탈린의 입장은 볼셰비즘의 일부가 필연적으로 페이비언화된 것이라며 당연하게 받아들였다. 그리하여 1931년 마침내 러시아를 방문했을 때(그 무렵 볼셰비키 정권은 봐줄 만해졌고 사실 인상적이기까지 했다), 그는 스탈린의 정책에 전적으로 공감했고, 그가 그곳에서 목격한 것들을 99퍼센트의 현지인보다 더 잘 이해하고 판단할 수 있었다. 모든 아이에게 마르크스의 변증법과 (쇼가 오류투성이에 지루하다고 한) 『자본론』의 앞부분을 주입하기 위해 소비에트가 그렇게 필사적인 노력을 기울였는데도 말이다.

사실 러시아 방문은 쇼가 의도한 것이 아니었다. 흥미롭게도 그의 일상 외 활동은 전부 외부 압력에 의한 것이었다. 그는 고백했다. "나를 가만 내버려뒀다면, 나는 태어난 집에서 죽었을 것이다. 나는 나무의 기질을 타고났다. 떡갈나무는 왜 사람보다 더 크게 자라고 더 오래 살까? 그건 한 곳에서 그보다 더 나을 것도 없는 다른 곳으로 옮겨 다니며 에너지를 낭비하지 않기 때문이다." 성 바오로에 관한 작품을 쓴 필리모어 부인은 쇼가 늘 같은 선로를 오가는 오래된 전차 같다고 했다.

하지만 스스로 탈선하지 않을 뿐, 다른 사람이 그를 탈선하게 하기는 쉬웠다. 어느 날 그를 찾아온 로디언 후작은 애스터 여사가 휴가를 몹시 필요로 해서 자신과 애스터 경이 러시아 여행을 제안했는데 쇼도 함께 갔으면 한다고 했다. 쇼는 그들보다 더 좋은 동행은 바랄 수 없기에 바로 짐을 쌌다.

그들의 러시아 방문은 무성한 소문을 낳았고, 쇼는 그 소문들이 전부 거짓이라고 일축했다. 예를 들어, 그가 식량을 한 짐 챙겨갔는데 러시아 땅이 비옥한 것을 보고 열차 창밖으로 던져버렸다는 유명한 일화는 러시아에 대해 쇼보다도 훨씬 모르는 어느 신문 기자가 지어낸 이야기였다. 사실, 애스터 여사는 『타임스』 기사에 속아서 정말로 (그녀의 아들을 포함해) 다섯 사람이 2주 동안 충분히 먹을 수 있을 만큼의 통조림을 챙겨갔다. 하지만 그 통조림을 창밖으로 던지지는 않았고 집으로 출발하기 전날 호텔 직원들에게 전부 나눠줬다. 호텔 직원들은 그 귀중한 팁을 망설임 없이 받아들였다. 다른 식으로 팁을 주려 했던 쇼의 시도는 모두 실패했지만.

러시아 음식은 쇼에게 맞았다. 그는 러시아 죽 '카샤'를 "세상에서 가장 맛있는 죽"이라고 했다. 검은 호밀빵과 양배추 스프는 그에게 이상적인 식단이었다. 오이가 수십 개씩 딸려 나오는 러시아 요리도 그를 실망시키지는 못했다. 그는 식전 대신 식후에 등장하는 수프에도 곧 익숙해졌다. 채식주의자가 아닌 그의 동료들은 그만큼 만족하지는 않았을 것이다. 그래도 그들이 불평할 일은 전혀 없었다. 경찰 스파이가 득실댈 줄 알았던 호텔에는 미국인들 천지였다. 호텔 직원들은 그들에게 서구 상류층의 예절에 따라 음식을 제공하고 기분 좋게 해주려고 최선을 다했으며, 어떤 손님들은 런던 리츠 호텔이었다면 상상할 수도 없었을 정도로 자유롭게 (영어로) 반역적인 이야기를 했다. 딱 한 번, 사고가 있었다. 승강기가 층간에서 멈춰버리는 바람에 애스터 여사와 쇼가 그 안에 갇히게 된 것이다. 그들은 좁은 틈새로 끌려 나오는 수모를 겪었다. 그래서 이후로는 승강기를 탈 때마다 신경을 곤두세우게 됐다.

쇼와 애스터 여사가 모스크바에서 받은 인상이 서로 다른 것은 당연했다. 애스터 여사에게 번영이란, 수 파운드에서 수천 파운드에 달하는 상품들이 상점 유리창 너머로 반짝이는 본드 가와 라페 가를 배경으로 아름답게 차려입은 신사숙녀들이 롤스로이스를 몰고 다니는 것을 의미했다. 하지만 모스크바에서 그녀가 본 것은 값싼 옷을 입은 사람들이었다. 그들은 모두 이런저런 사업이나 노동에 종사하는 사람들이었고 그들 뒤로는 평소 램버스나 서더크에서 흔히 봤던 풍경이 펼쳐져 있었다. 그곳의 중심 대로는 웨스트엔드의 대로를 무색하게 할 정도로 널찍했지만, 대로변의 상점들은 값싼 물건만을 취급하고 있어서 가난한 사람들을 얼씬 못하게 하기는커녕 들어오라 손짓하고 있었다. 더구나 모스크바의 상점 대부분은 문을 닫은 상태였다. 예술품을 취급하는 상점들은 임시보관소 번호표가 붙은 물건들을 진열해 놓고 쇼윈도 장식은 시도조차 하지 않은 걸로 보아 그 물건들의 가치도 모르고 있는 것이 분명했다. "물건을 고르면 들어가서 그 번호를 말하기만 하면 돼." 쇼는 나에게 설명했다. "손님이 들어오면 매우 수수한 복장을 한 점원이 사교적인 방문을 받은 것처럼 친근하게 손님을 맞이하고, 손님이 말하는 번호를 가격 목록에서 확인한 뒤 아무런 이윤도 남기지 않고 거래를 처리한다네." 말할 필요도 없겠지만, 어처구니없을 정도로 가격이 낮게 책정된 괜찮은 물건들은 쇼가 도착하기 한참 전에 이미 감정가들이 잡아채 가고 없었다. 서구의 백만장자에게는 우울하기 짝이 없는 상황일 수도 있었다. 하지만 쇼에게 그곳은 기대 이상이었고 새로운 가능성으로 가득했다. 그는 신사숙녀가 없다는 사실에 크나큰 위안을 얻었다. 그래서 러시아를 떠나 폴란드의 일등석 대기실에서 두 명의 젊은 숙녀를 보았을 때, 경찰을 불러서 그들을 끌어내고 그들에게 중노동을 시키고 싶은 충동을 느꼈다. 쇼는 사람들 얼굴에서 지긋지긋한 돈 걱정의 흔적이 사라지고, 육체노동자들에게서는 (냉소라기보다는 체념과 절망에 가까운) 환멸의 흔적이 사라졌다며 상당히 만족스러워했다. 그는 그러한 흔적을 자본주의 문명이 남긴 상처로 간주했다. 화려한 상점이 별로 없다는 것은 그에게 전혀 문제 되지 않았다. 그는 본드 가와 리젠트 가를 빈털터리일 때도 주머니가 두둑할 때도 걸어봤지만 결과는 같았다고, 즉 두 경우 다 아무것도 사지 않았다고 말하기를 좋아했다. 금세공업자협회가 4,000파운드짜리 푸른 다이아몬드 반지로 그를 유혹하려 한 적도 있었지만, 그는 울워스(지금의 저가 잡화점 같은 곳)에서 4펜스짜리 더 예쁜 보석을 찾았고 결국 아무것도 사지 않았다. 소비에트가 하루가 다르게 어지러운 상황을 정리해 나가는 모습은 쇼를 신나게 했다. 국영 공장과 집단농장, 궁전이나 사냥터의 저택에서 노동자와 예술가들이 주말을 보내는 풍경, 웅장한 공공미술 작품들, 치안판사가 현명한 여성인 데다 경찰도, 피고석도, 뻔한 강압도 없는 기분 좋은 즉결 재판소, 죄수가 형기를 다 채우고도 떠나려고 하질 않아 인구 과잉으로 위협받고 있는 유형소들, 이 모두가 쇼를 굉장히 기쁘고 즐겁게 했다.

그러나 그는 과거 차르 체제에 저항한 세력(대부분 그가 만나본 사람들이다)을 미화해 놓은 혁명전시관을 둘러보고 호되게 비난했다. "혁명 세력이 정권을 잡은 마당에 반정을 미화하다니 제정신입니까? 소련이 전복되기를 바랍니까? 젊은이들에게 스탈린을 암살하는 것이 길이 남을 영웅 행위라고 가르치는 게 현명한 짓입니까? 이 위험한 쓰레기들을 전부 치워버리고 이곳을 법질서 박물관으로 바꾸세요." 쇼의 칭찬을 기대했던 혁명전시관의 큐레이터는 놀라서 할 말을 잃었다. 어느 성당에서는 '반종교적'이라는 제목하에 종교의 이름으로 자행된 잔혹행위를 표현한 작품들을 전시하고 있었다. 쇼를 안내한 수녀 같은 소녀는 타고난 신자처럼 생겼으나 무신론자연맹 배지를 달고 있었다. 그는 미라 전시물 두 개를 가리키며 그것들이 왜 거기 있는지 물었다. "이건 두 농부의 시신인데 우리는 이 시신들이 부패하지 않는다는 것을 알게 됐답니다." 그 소녀가 대답했다. "사제들은 이게 오직 성인의 시체에만 일어나는 기적인 것처럼 말하잖아요. 하지만 이 미라들은 그런 일이 매우 자연스럽게 일어날 수도 있다는 것을 보여준답니다." 그러자 쇼가 물었다. "이 두 사람이 성인이 아니라는 걸 어떻게 알지요?" 그런 가능성은 소련 정부나 무신론자연맹의 누구도 제기한 적이 없었다. 그 작은 수련 수녀는 말문이 막혔다. 어쨌든 쇼는 그녀에게 '팁 주기 실험'을 했고, 그녀는 매수되지 않았다. 쇼는 그 전시에 대해, "교회중심주의의 위험성을 일방적으로 보여주기는 했지만 훌륭한 전시였고, 제네바나 벨파스트의 지자체라면 그 전시를 열렬히 지원할 것"으로 평했다. 그곳은 사실상 현지인은 아무도 찾지 않는 곳이 되면서 당시 가동 중이던 경제개발 5개년 계획을 선전하는 공간으로 바뀌었다.

쇼는 소비에트 치하의 성인 숭배 현상에 대해 이미 감을 잡은 상태였다. 모스크바에 도착하자마자 그와 그의 동료들은 방부 처리되어 안치된 레닌을 보기 위해 곧장 붉은 광장으로 갔고, 그 어둡고 건장한 이미지의 독재자가 실제로는 밝은 금발에 노동은 전혀 해본 적이 없는 것 같은 귀족적인 손을 가졌다는 사실에 놀랐다. 이후 그들은 저녁마다 수백 명의 노동자가 일과를 마치고 그 성지를 방문하기 위해 열을 지어 서 있는 광경을 목격했다. 그 노동자들에게 그곳은 단순한 흥밋거리가 아니라 성인의 무덤이었다. 한 인민위원은 쇼의 목격담을 듣고 깜짝 놀랐고, 그런 성지참배를 하지 않았느냐는 쇼의 질문에, 자기는 그런 미신적인 행위는 한 적이 없다며 펄쩍 뛰었다. 쇼는 국제 공산당 기구 코민테른을 '국가 교회'로 부르고, 과거 기독교 국가에서 그랬던 것처럼 교회와 국가가 최고 권력을 놓고 싸우게 될 것이라고 예언해서 그들을 곤혹스럽게 했다.

러시아 정부는 이 영국인 방문자들을 즐겁게 해주기 위해서 경마장으로 안내했고, 쇼는 거기서 승리한 기수에게 시상하게 되었다. 그는 소련이 경쟁을 포기한다고 해서 경기마다 말이 한 마리만 있을 줄 알았다고 소감을 밝혔다. 승리한 기수는 러시아인 같지가 않았다. 알고 보니 아일랜드인이었다.

쇼가 원했던 사교적인 일정은 레닌의 부인 크루프스카야를 만나는 것이 전부였다. 쇼를 제외한 나머지 일행은 스탈린을 만나고 싶어했다. 크루프스카야를 만나는 것에 대해 소비에트는 어떠한 반대도 하지 않았다. 하지만 매일 이런저런 구실로 방문이 미뤄져서 방문을 성사시키려는 의도가 아예 없다는 것이 분명해졌다. 듣자 하니, 크루프스카야가 감기로 누워있다고 했다. 그녀는 나이가 많고 혼자 있기를 좋아해서 방해해서는 안 된다고도 했다. 또, 모스크바가 아니라 시골의 통나무 오두막에 살고 있다고도 했다. 그래서 쇼가 그쪽으로 드라이브를 가겠다고 했더니, 사실 그녀는 모스크바에 살고 있다고 했다. 마침내 쇼는 단호한 태도를 취했다. 그녀에게 전해줘야 할 책이 있었다. 그녀를 방해하고 싶지는 않았지만, 그녀의 집이 어디든 간에 책과 명함을 그 집 문 앞에 두고 오기로 했다. 애스터 여사는 스탈린과 크루프스카야가 교육 문제로 사이가 틀어지면서 스탈린이 레닌의 공식 미망인을 다른 부인으로 지명하겠다고 위협하기까지 했다는 이야기를 전해 들은 터라 크루프스카야를 만나기 전에는 러시아를 떠나지 않겠다고 선언했다. 결국 핑계들이 갑자기 무너졌고 시골 통나무 오두막으로의 방문 일정이 잡혔다. 실제로 가 보니, 그곳은 사냥터의 호화로운 저택이었다. 건강한 모습의 크루프스카야는 그들을 열렬히 환영했고 하인들에게 둘러싸여 있었다. 그녀가 혼자 있기를 좋아한다던 보고는 믿기 어려웠다. 그녀는 끔찍할 줄 알았던 쇼가 상당히 매력적인 것을 보고서 크게 안도하고 기뻐했다. 스탈린에 관한 이야기는 한마디도 나오지 않았다. 사실 그동안 쇼의 방문을 회피한 장본인은 바로 크루프스카야였다. 쇼를 개인적으로 만나면 참을 수 없이 무례한 사람일 것이라고 상상했기 때문이다.

쇼는 초대한 여주인보다 더 놀랐고 더 즐거워했다. 크루프스카야는 사진상으로 유럽에서 가장 못생긴 여자라는 점에서 구세군의 윌리엄 부스 부인과 막상막하였다. 하지만 부스 장군이 부스 부인을 "나의 아름다운 아내"로 부르고 딸 에반젤린 역시 자신의 어머니를 특출나게 아름답다고 묘사했던 것처럼, 쇼도 크루프스카야에게서 못 견디게 사랑스러운 면을 발견했다. 아이들이 가득한 방에 그녀를 들여보내면 아이들이 금세 그녀에게 애정 공세를 퍼부을 것이라고 자신있게 말하기도 했다. 그는 몽골인 같이 묘하게 생긴 그녀의 눈을 극찬했다. 요컨대, 사냥터 대저택에서의 티타임은 매우 성공적이었다.

스탈린과의 면담은 그 어떤 방문객에게도 허용된 적이 없었고 미국과 영국의 대사들조차 스탈린을 본 적이 없었지만 애스터 경과 그의 친구들은 예외가 되었다. 그들도 처음 스탈린과 면담을 요청했을 때는 충격과 놀람으로 말문이 막힌 듯한 반응을 마주해야 했다. 어쨌든 면담을 청한 애스터 부부가 비밀 유지를 약속하면서 만남이 성사되었다. 쇼는 비밀 유지 약속에 대해 들은 바가 없었다. 쇼는 굳이 스탈린을 만나야 할 의무도 없었고, 단순히 호기심을 충족시키려고 시간 낭비할 생각도 없었다. 그 만남을 추진한 장본인은 쇼가 아니라 애스터 경이었다. 따라서 나는 볼테르와 프리드리히 대왕의 만남, 괴테와 나폴레옹의 만남과 마찬가지로 이 만남을 기록해도 될 것이다.

"다른 독재자들과 달리 스탈린은 주체할 수 없는 유머 감각의 소유자였다." 쇼는 스탈린에 대해 이렇게 요약했다. "그는 러시아인이 아니라 매력적인 검은 눈의 잘생긴 그루지야인이다. 그에게는 신기하게도 교황과 육군 원수의 모습이 다 있었다. 그를 보고 혹시 추기경의 사생아가 아닐까 하는 생각이 들 수도 있다. 그가 우리 덕분에 몹시 기분 좋아졌다는 사실을 숨기지 못한 것만 빼면, 그의 태도는 완벽했다고 해도 과언이 아니다. 처음에 그는 우리가 아무 말이나 지껄이게 내버려두었다. 그러고 나서 자기가 몇 마디 해도 되느냐고 물었다. 우리는 그의 말을 단 한 마디도 알아들을 수가 없었다. 내가 알아들은 유일한 단어는 '브란겔'로, 잉글랜드의 지원을 받아 볼셰비키에 저항했던 어느 장군의 이름이었다. 스탈린은 곧 흥에 겨운 상태가 됐다. 하지만 무능하기 짝이 없는 통역자가 겁을 먹고 덜덜 떨면서 얘기하는 통에, 스탈린의 농담이며 익살은 우리를 비껴갔다. 만일 리트비노프마저 없었다면 통역 한 번 없이 그 자리가 끝났을 것이다."

"스탈린은 검은 눈동자를 지닌 조용한 사람으로 예의 바르면서도 아주 서늘했지요. 그는 우리와 있는 동안 단 한번도 웃지 않았어요." 애스터 여사가 나에게 알려준 바로는 이랬다.

같은 장면을 보고도 이렇게 완전히 상반된 진술을 하는 경우는 늘 있는데, 이는 목격자들의 정신상태에 따른 것으로 전기작가를 매우 힘들게 한다.

그러나 한 가지 사실만은 틀림없었다. 오직 애스터 여사만이 스탈린

모스크바 593

을 이겼다. 그녀는 스탈린에게 소비에트는 아이들을 어떻게 다뤄야 하는지 모르는 것 같다고 지적했다. 아이들의 양육과 교육에 모든 것을 헌신하고 있다고 자신하던 스탈린은 갑자기 표정이 굳어지더니 놀람과 분노를 숨기지 않고 진짜 감정을 실어서 "영국에서는 아이들을 때리잖습니까"라고 외치며 채찍으로 후려치는 시늉을 했다.

"러시아인들이 그 자리에 있었다면 전부 무안해서 침묵했을 거야." 쇼가 당시 상황을 묘사했다. "애스터 여사를 무안하게 하고 침묵시키려는 시도는 파리가 돌개바람에 맞서려는 노력만큼이나 소용없었지. 애스터 여사의 두려움을 모르는 성급함은 크렘린을 바닥부터 흔들어 놓았어. 스탈린은 자기가 무슨 말을 하고 있는지를 몰랐지만 그녀는 알고 있었지. 그녀가 뎃퍼드에서 아동복지 실험을 하겠다며 맥밀런 수녀회를 조성하고 재정지원을 한 게 헛된 일이 아니었어. '집단 농장에 가보니 예쁘게 차려입은 어린 소녀들이 섬세한 보살핌을 받으며 부서지지 않은 새 장난감을 갖고 놀던데, 왜 밖에서 노는 애들은 없나요? 보모는 그날 아침 비가 와서 그렇다고 했는데, 말도 안 되는 소리지요! 애들은 날씨가 맑든 비가 오든 구애되면 안 돼요. 드레스에 얼룩 하나 없고 얼굴과 손이 깨끗한 것도 그렇지요. 애들은 식사 시간을 제외하면 지저분하고 꾀죄죄하고 흙투성이인 게 당연해요. 러시아 발레 단원 같은 옷을 입고 있어서는 안 된다고요. 30분 안에 막 빨아서 널 수 있는 질긴 리넨 옷 같은 걸 입어야 해요.' 그녀는 이렇게 한참을 퍼붓더니 스탈린에게 명령하더군. '똑똑하고 괜찮은 여성 한 명을 제가 있는 런던으로 보내세요. 그러면 제가 그녀에게 아이 다섯을 어떻게 다뤄야 하는지 책임지고 보여드리죠.'

스탈린은 압도당했고 곧이어 토네이도 같은 이 여성에게서 뭔가 배울 점이 있을지도 모른다고 추측했어. 주소를 적어달라며 그녀에게 봉투를 내밀더군. 친절한 행동이었지. 우리는 그것을 예의상 한 행동으로 여겼고, 그 이상은 기대하지 않았어. 그런데 그건 러시아 스타일이 아니더라고. 애스터 여사는 똑똑한 여성 한 명을 기대했지만, 스탈린이 열두 명이나 보내는 바람에 그녀는 고국에 돌아와서도 좀처럼 편히 지내질 못했어. 그들을 대접하고 가르치고 뎃퍼드에도 데려가야 했으니까. 그녀의 웅변이 헛되지 않았다는 측면에서는 다행인 일이었지. 하지만 그녀는 스탈린이 자기한테 복수한다고 느꼈을 거야."

다음 주자는 로디언 후작이었다. 그는 영국 자유당 지식인들의 역경에 대해 스탈린에게 다음과 같이 설명했다. "자유당 소속이었던 정치인은 둘로 갈라져서, 상대적으로 우파는 보수당에 가담했지만 좌파는 노동당이 정치력 면에서 아직 수준 미달이라고 생각해서 어디에도 속하지 못하고 이리저리 헤매고 있습니다. 이 자유당 좌파야말로 서구에서 진정한 과학적 공산주의를 실현할 유일한 무리입니다. 그러므로 그들은 과학적 공산주의라는 목표를 위해 노동당 내 좌파가 되어 영국 정치에 새바람을 불러일으켜야 합니다." 여기까지는 좋았다. 그러나 로디언 후작이 소련 공산당 중앙정치위원회는 자유당 좌파의 대표 격인 로이드 조지를 초대해서 러시아가 이룬 발전을 보여줘야 한다고 제안하자, 스탈린은 그 제안을 실현 가능성이 전혀 없는 웃기는 농담으로 받아들이고 그저 미소지었다. 스탈린은 웃으면서 설명하길, 불과 10년 전에 있었던 러시아 내전에서 브란겔 장군이 하얀 군대(왕당파)를 이끌고 붉은 군대(볼셰비키)에 대항했을 때 로이드 조지가 했던 역할이 있기 때문에 소련이 그를 공식적으로 초대하는 것은 불가능하다고 했다. 그렇지만 만일 로이드 조지가 관광 차원에서 사적으로 방문한다면 보고 싶은 것을 다 보고 잘 지내다 갈 수 있다고 했다. 그때 쇼가 처음으로 끼어들어서 윈스턴 처칠이라면 환영하겠냐고 물었다. 스탈린은 처칠에게는 감사해야 할 이유가 충분하므로 모스크바에서 처칠을 만난다면 기쁠 것이라는 수수께끼 같은 대답을 했다. (쇼는 스탈린의 농담이 무슨 뜻인지 나에게 설명해줬다. "처칠 덕분에 붉은 군대에 군화와 군복, 총이 생겼거든. 처칠은 전시총사령관이던 시절, 독일과의 전쟁을 위해 의회가 승인한 일억여 개의 군수물품을 러시아의 반혁명 왕당파에게 건네주었지. 그런데 볼셰비키가 이겼잖나. 영국이 아낌없이 제공한 군수물자가 결국 그들 차지가 된 거지.")

애스터 경은 스탈린과의 면담을 성사시킨 장본인으로서, 영국에는 언론의 격렬한 반소비에트 정서에도 불구하고 러시아를 친근하게 생각하고 러시아의 대단한 사회적 실험을 흥미롭게 지켜보는 사람이 많다는 것을 스탈린에게 알리기 위해 최선의 지혜를 발휘했다. 하지만 그는 오해를 풀고 분위기를 띄우려다가 너무 가벼워서 결국 쇼가 나서야 했다. 쇼는 스탈린에게 올리버 크롬웰이라는 사람에 대해 들어봤는지 물었다. 스탈린과 리트비노프는 짧은 대화를 나누었고 자신들이 역사 수업에서 배웠던 것들을 떠올렸다. "무슨 말씀을 하시려는 겁니까?" 리트비노프가 물었다. "하나만 말씀드리지요." 쇼가 대답했다. "아일랜드에서 잘 알려진 오래된 노래 가사 중에 크롬웰이 그의 병사들에게 하는 말이 있습니다. '나의 병사들이여, 신을 믿어라. 그러나 화약은 항상 건조한 상태로 유지하라.' 영국에 당신 친구들이 있다는 애스터 경의 이야기는 모두 사실입니다. 하지만 화약은 항상 건조한 상태로 유지하세요."

스탈린은 신을 믿는 것에 대해서는 아무 말도 하지 않았다. 하지만 러시아가 경계를 늦추지 않겠다는 뜻은 넌지시 내비쳤다.

스탈린은 덕망 높은 페이비언인 쇼에게 경의를 표하고 모두에게 친절한 작별인사를 하며 면담을 마무리했다. 이 방문객들은 자신들이 스탈린을 배려해서 30분 정도만 그를 붙잡고 있었다고 생각했다. 시계를 보고 나서야 어느새 자정이 지났고 실제로는 2시간 35분이나 지났다는 것을 알게 되었다.

영국과 미국의 언론은 경제 문제보다 가십에 더 흥미를 보였다. 그들이 가장 관심을 가진 일화는 애스터 여사가 (소문에 의하면 쇼 부인의 부탁을 받고) 쇼의 수염을 씻겨줬다는 것이었다. 그러나 "러시아에는 유명인을 쫓아다니는 파파라치가 없었다. 아니, 적어도 1931년에는 없었다." 쇼는 나에게 말했다. "매우 다행스럽게도 러시아 신문들은 아직 치근대거나 괴롭힐 줄을 몰라." 그러니까 그 수염 사건은 떠도는 소문일 뿐이었다. 쇼는 나에게 그 소문의 단초를 설명했다. "우리 모두 기차에서 3일 밤낮을 보내고 씻는 게 절실해졌을 무렵이었지. 애스터 여사가 비누라는 요긴한 물건을 갖고 있었어. 내가 내 셔츠에 물 좀 튀기지 말라고 그녀에게 불평했더니, 그녀는 '벗어버려요'라고 하더군. 그래서 나는 윗도리를 벗어버렸지. 떠들고 문지르며 씻는 사이 우리는 주변 상황에 대해 잊어버렸어. 소리가 들려서 주위를 돌아봤더니, 기자와 카메라는 없었지만 그 호텔의 전 직원과 그들 뒤로 최대한 비집고 들어선 모스크바 사람들이 우리를 바라보며 웃고 있더군. 우리가 알기로는, 입장료도 전혀 내지 않고서 말이야."

○33

걸작
관객은 자기가 놓친 대사를 언제나 최고의 대사로 상상한다

전쟁이 끝나자 전국에 흩어져 있는 레퍼토리 극장에 '쇼붐'이 일었다. 찰스 맥도나라는 배우가 쇼 작품으로 지방순회에 나서서 흥행몰이에 성공했고, 햄스테드에 있는 에브리맨 극장은 쇼 작품을 줄기차게 상연했다. 쇼는 마지막 리허설에 간혹 모습을 드러내곤 했는데, 리허설에서 그가 어땠는지에 관해서는 수많은 이야기가 전해지고 있다. 그 중 쇼에게 직접 확인한 일화 하나는 이렇다.

"『존 불의 다른 섬』에서 래리 도일 역을 맡은 존 샤인이 묻더군. 자신이 퇴장하는 장면 중 한 번은 너무 쉬러 나가는 것처럼 보이지 않냐고 말이야. 그래서 내가 그랬어. '당연하지. 래리 도일이 그러려고 퇴장하는 건데.' 샤인은 웃음을 참느라 움찔움찔하면서도 짐짓 태연한 표정을 짓더니, 결국 입이 근질거려 못 참겠는지 후다닥 달려나가더라고. 그게 내 공연과 관련해 지금까지 떠도는 일화 중 하나지."

전쟁이 끝나고 일 년 정도 지나자 쇼의 초기작 한 편이 웨스트엔드에 재등장했다. 로버트 로레인이 듀크오브요크 극장에서『무기와 인간』리

바이벌 공연을 시작한 것이다. 쇼가 강연이 있어서 공연 첫날 불참하자 로레인은 다소 서운해했다. 하지만 쇼는 둘째 날과 셋째 날 밤에 연달아 극장을 찾았고, "1894년의 악몽이 재현되는 것을 보며 경악을 금치 못했다. 1894년에도 『무기와 인간』 초연은 어마어마한 성공을 거두었다. 그날, 객석의 반응이 어떨지 몰라서 긴장한 배우들은 최선을 다해 연기했다. 그러다가 웃음과 박수소리가 끊이지 않는 것을 보며 불안했던 가슴을 쓸어내렸고, 자기들의 작품을 소극(웃음극)으로 결론지었다. 그리고 다음 공연부터는 관객을 웃기기 위해 연기했으나, 웃기지 못했다. 악몽의 시작이었다. 등장인물은 전부 쇼가 되어 쇼 사상(섀비어니즘)을 지껄였고, 처음에는 가볍고 자연스럽게 웃겼지만 나중에는 실망과 짜증을 불러일으켰다." 쇼는 다시 무대에 올린 『무기와 인간』을 보고 로레인에게 연기가 형편없다고 지적했다. 로레인이 그저 웃기겠다는 일념으로 웃음을 구걸한다고 했다. 그러면서 쇼는 모든 배우가 머릿속에 새겨야 할 조언을 했다. "관객이 작품을 적극적으로 감상하게 할 유일한 방법은 배우가 관객의 웃음소리에 아랑곳하지 않고 연기를 계속하는 거야. 관객이 자기들 웃음소리 때문에 가능한 많은 부분을 놓치고 지나가도록 놔두라는 말이지. 명심하게. 관객은 자기가 놓친 대사를 언제나 최고의 대사로 상상한다네. 그러니까, 대사는 전달하지 못해도, 극의 흐름이 끊기거나 흐트러지는 것은 막을 수 있지. … 내가 바라는 건, 배우가 관객을 철저히 무시하고 관객의 반응이 들리든 말든 오로지 작품에만 집중해서 능숙하게 연기하는 거야. 하지만 자네는 관객이 공연에 참여하기를 바라고 있어. 그러면 실패하기 마련일세. 첫 공연은 주목을 받을지 몰라도, 대중은 이 작품이 캐릭터도 없고 감정도 없는, 짜증나는 섀비언 스타일이라는 것을 금세 알게 될 거라고. 그런 다음 극장 근처에는 얼씬도 하지 않겠지. 8주로 예정됐던 상연 기간은 6주로 단축될 거고. 뭐, 걱정할 건 없네. 다 내 잘못이 될 테니까." 한 달 후, 쇼는 다시 극장을 찾았고 로레인의 연기에 크게 감동한 나머지 편지로 그에게 혹시 모르핀을 복용한 건 아니냐고 묻고는 이렇게 덧붙였다. "그건 그렇고, 내가 원래는 정감 가는 사람임에도 불구하고 자네를 그렇게 화나게 하는 건 내가 자기중심적이고 우스꽝스러운 작가라서가 아니야. 잘 생각해 보면 자네도 작가의 자만심 때문에 기분 좋게 웃은 적이 많았다는 사실을 인정할걸. 사람들이 나에게 화를 내는 이유는, 내가 걸핏하면 그들의 변호사나 의사, 영적 지도자를 자처하며 공연히 끼어들기 때문이지. 자네의 개인적인 습관이나 행복에 참견할 권리는 없지만, 자네도 알다시피 내가 참견을 잘하잖나. 나는 상대가 누구든 간에, 식습관이 지혜롭지 못하고 정치적으로 어리석고 어느 정도는 무절제하고 정직하지 못한 사람으로 여겨서 연민을 갖고 대하지. 그래서 아무리 상냥한 태도를 보이고 유쾌하게 얘기해도 사람들은 별로 좋아하지 않는다네. 뭐, 어쩔 수 없어. 결론적으로, 극작가가 자기 일에나 신경쓰기를 바라는 건 사리에 맞지 않거든. 극작가에게는 다른 사람들 자체가 일이니까. 때로는 극작가의 지긋지긋한 간섭이 도움되기도 하잖아. 그러니 자네가 최대한 양해해줬으면 좋겠어." 로레인은 격분해서 편지로 분통을 터뜨렸지만, 쇼는 조금도 기분 나빠 하지 않았다. 의사가 처방을 내리고 환자의 반응을 기대하듯 쇼도 로레인에게서 반응이 오길 기다리고 있던 터였다. 울분을 터뜨린 로레인은 곧 그 일에 대해 잊어버렸다.

하지만 로레인은 이후 쇼 작품에 다시는 출연하지 않았다. 둘의 친밀한 관계가 틀어지거나 해서 그런 건 아니었다. 로레인이 쇼 작품에 출연하지 않은 것은 순전히 경제적인 이유 때문이었다. 로레인은 탐욕이 아니라 명예 때문에 불가능한 출연료를 요구했다. 그는 『시라노 드 베르쥬라크』[1]로 엄청난 대중적 성공을 거두었다. 그렇지만 『시라노 드 베르쥬라크』는 돈이 많이 드는 작품이었다. 극장운영진은 극장이 만석이어도 비용을 감당하지 못하는 지경이 되자 로레인에게 극장을 직접 운영하는 게 어떻겠냐고 제안했는데, 로레인은 출혈로 망할 수도 있다는 의심은 전혀 하지 않고 그 제안을 덜컥 수용했다. 그는 사실 그 작품으로 본인은 물론 주변 사람 모두가 크게 한몫씩 챙길 줄 알았다. 로레인은 항상 극장운영자들을 압도했고, 아무리 사치스러운 요구를 해도 극장운영자들이 받아들이게끔 했다. 하지만 쇼는 대단히 예리한 경제학자였고 압도하려야 압도할 수 없는 인물이었다. 그는 자기 작품들로는 로레인을 감당할 수 없다며 깨끗이 단념했다. 런던의 극장운영자들은 로레인 때문에 쓴맛을 보고 나서야 비로소 쇼와 같은 결론을 내렸다. 로레인은 경영에 발을 들여놓긴 했지만 운이 따라주질 않았고 심각한 재정난을 겪다가 미국으로 건너갔다. 그가 미국에서 경제적으로 살만해지자 쇼는 그를 주인공으로 내세워 『파탄 직전』을 제작하려고 했다. 그러나 로레인이 역할에 자신이 없었거나 작품을 신뢰하지 않았던 것 같다. 『파탄 직전』은 페더럴 씨어터 프로젝트[2]로 넘어가서 흥행작이 되었고,

---

[1] 17세기 프랑스의 유명한 문필가 시라노 드 베라쥬라크의 일생을 모티프로 삼은 에드몽 로스탕의 운문 희곡. 1897년 당대의 명배우 코클랭 주연으로 파리에서 초연되자마자 큰 성공을 거두었고 이후 영국을 비롯해 세계 각지에서 상연되었다.

[2] 경제대공황기(1935-1939)에 미국에서 예술가들을 살리기 위해 진행된 뉴딜정책의 일환. 작가와 배우, 감독에게 일자리를, 서민들에게 문화적 혜택을 제공하기 위해 설립되었다.

쇼는 좌석 가격을 50센트 이하로 책정하는 것을 조건으로 페더럴 씨어터가 자신의 전 작품을 제작할 수 있게 했다. 로레인이 세상을 떠나면서 그 둘에 관한 이야기도 막을 내렸다.

상당수의 저명한 인물이 정신적으로 성장하는 과정에서 예술가 대 예언자의 싸움을 경험했고, 대부분은 예언자로서의 자아가 예술가로서의 자아를 몰아냈다. 자기주장보다는 초연함이 더 희귀한 인간의 속성이기 때문이다. 쇼는 그 둘 사이의 균형을 그럭저럭 잘 유지해 갔다. 볼테르와 마찬가지로 그의 두 자아-예술가와 예언자-는 서로 평행을 이루며 조화롭게 잘 살았다. 전쟁이 설교자로서 그의 모든 역량을 끌어내던 와중에도, 그는 1913년에 시작한 『상심의 집』 손질을 조용히 마무리했고 후에 『메투셀라로 돌아가라』가 될 작품도 구상하고 있었다.

쇼의 작품 가운데 『상심의 집』은 독특한 위상을 점하고 있다. 디킨스 하면 『두 도시 이야기』를 제일 먼저 떠올리듯, 쇼의 사도들은 쇼 하면 『상심의 집』을 떠올린다. 쇼는 의아하게 생각했다. "이상하게도 이 작품은 손에서 내려놓질 못 하겠다." 『상심의 집』을 완성하고 그는 이렇게 썼다. 처음에는 아무도 그 작품을 읽지 못하게 했다. 다시 말해, 친구들에게 읽어보라고 권하지 않았다. 1916년 12월 리 매튜스가 『상심의 집』을 스테이지 소사이티 회원들 앞에서 낭독하면 어떻겠냐고 제안하자 쇼는 다음과 같은 답장을 보냈다.

"그 일은 가능할 것 같지 않네. 스테이지 소사이어티가 유난히 성공적이었던 이번 시즌을 기념하며 회원들과 축하의 자리를 마련하겠다는 취지라면, 훌륭한 작가의 미발표 작품은 분명 기분 좋은 한 조각의 진미와도 같겠지. 하지만 회원들에게 회비를 걸 때는 완성된 연극을 보여주기로 해놓고 대본 낭독이나 한다면 비난을 자초하게 될 걸세. 불쌍한 작가는 비난의 중심에 놓일 테고. 자네도 알다시피, 나는 문명이 위태롭다 싶으면 내 인기 떨어지는 것쯤은 기꺼이 감수한다네. 그렇지만 자기 돈이 횡령당했다는 것을 알게 된 주주들 앞에서 의장 노릇을 하는 건 그보다 훨씬 어려운 일이라고. 더구나 이 경우는 내가 사실상 주주들 면전에서 횡령하는 것이나 다름없질 않은가.

스테이지 소사이어티에서 뭔가 색다른 오락거리를 제공하고자 한다면, 총회를 소집해서 변화에 대한 회원들의 동의를 얻고, 동의하지 않는 회원들에게는 원한다면 회비를 돌려줘야 한다는 게 내 생각일세.

문제는 또 있어. 내가 비공개를 전제로 자네에게 작품을 읽어주거나 아니면 효과적인 현악 사중주 규모로 너그러운 친구들을 소집해서 작품을 읽어주는 건 할 수 있네. 하지만 스테이지 소사이어티는 회원 수가 많으니 극장을 빌려서 심포니 규모로 해야 하잖아. 예전에 나는 헤이마켓 극장에서 딱 그런 상황을 목격한 적이 있네. 어떤 미국인 여자가 입센 극을 읽어주었는데 나만큼이나 잘 읽더라고. 하지만 그 공연은 참담한 실패로 끝날 뻔했어. 글래드스턴마저 그 자리에 없었더라면 말이지. 낭독이 시작된 지 20분쯤 지났을까. 글래드스턴이 코를 골며 호흡곤란을 일으키다 큰 소리를 내며 발코니 특별석에서 고꾸라졌지 뭔가. 하마터면 끔찍하게 죽을 뻔한 걸 주변 사람들이 그의 발뒤꿈치를 잡고 끌어올린 바람에 겨우 살게 됐지. 글래드스턴은 격노한 채로 극장을 떠났어. 정치인들이란 원체 고마워할 줄을 모르거든.

난 그 미국인 여자와 비슷한 운명을 겪고 싶지는 않다네. 더구나 이제는 글래드스턴도 세상에 없지 않은가."

걸작

쇼는 심지어 『상심의 집』이 제작되는 것도 바라지 않았다. 전쟁 중에는 10시 30분에 소등해야 해서 7시 15분에는 막을 올려야 하고 2주 이상 상연할 수 없다는 것을 핑계로 내세우기도 했다. "우리는 꿈꾸는 것으로 만족해야 해. 늙은 개가 여전히 짖을 수 있다는 것을 보여준 것으로 만족하자고." 그가 릴라 매카시에게 말했다. 1919년 리 매튜스가 스테이지 소사이어티에서 그 작품을 제작해도 되냐고 물었을 때는 이렇게 답했다. "대단한 배우들과 6주 이상 상연이 보장된 정기 공연을 할 수 없다면, 살아 있는 동안 그런 작품을 쓸 수 있도록 서둘러야겠군." 그는 체호프에게 감동해서 『상심의 집』을 썼다. 가장 애착이 가는 작품으로 『상심의 집』을 꼽았고, 샷오버 대위는 현대판 리어 왕이라고도 했다. 누군가 그게 무슨 뜻이냐고 질문하자 그는 평소처럼 대답했다. "제가 어떻게 압니까? 저는 그저 작가일 뿐입니다."

1921년 『상심의 집』은 J.B.페이건에 의해 마침내 코트 극장에서 초연됐다. 첫 공연에서, 원래는 4분이 걸릴 예정이었던 마지막 장면 전환이 전기 문제로 25분이나 지연됐다. 공연 시간이 길어서 가뜩이나 지쳐 있던 관객에게는 재앙이나 다름없었다. 아놀드 베넷은 1921년 10월 19일 이렇게 썼다. "어젯밤 나는 쇼의 『상심의 집』을 보러 갔다. 3시간 50분 내내 극도로 지루했다. 다행히 나는 두 번밖에 졸지 않았다." 『상심의 집』은 1주 동안 500파운드의 수입밖에 올리지 못했다. 낙담한 페이건은 『상심의 집』을 중단하고 대신 올리버 골드스미스의 『지는 것이 이기는 것』을 시작했지만, 결국 전혀 수익을 내지 못한 채 극장 문을 닫아야 했다.

배리 잭슨이 운영하던 버밍엄 레퍼토리 극장에서 『상심의 집』을 상연하자 쇼는 마티네를 보러 갔다. "쇼는 분명 감동받은 것 같았어." 배리 잭슨 경이 나에게 말했다. "그가 기차를 기다리는 동안 나는 우리 쪽에서 『메투셀라로 돌아가라』를 제작해도 되냐고 슬쩍 물어봤지. 그때까지 씨어터 길드의 뉴욕 상연을 제외하면 그 작품이 무대에 올려진 적이 없었거든. 쇼가 묻더군: '자네 가족이 괜찮아할까?' 그 문제에 관해서 나는 쇼를 안심시켰어. 그러자 쇼는 좋다고 했고 우리는 일을 진행했지. 쇼는 마지막 리허설에 참석해 자리를 빛냈어. 그 바로 전에 아일랜드에 갔다가 넘어져서 몸이 많이 불편했는데도 말이야." 쇼의 부상은 심각했다. 『성녀 잔다르크』를 쓰며 케리 주 파크나실라에 머물던 그는 어느 날 바위 언덕을 빠르게 올라가다가 미끄러져서 뒤로 완전히 자빠지고 말았다. 몸에 걸고 있던 카메라가 그의 살 속 깊숙이 박혀서, 쇼 부인의 표현대로라면, 카메라로 인해 움푹 들어간 부분에 편지를 넣어둬도 될 정도였다. 아일랜드 의사들은 그의 으스러진 갈비뼈를 원상복구하지 못했다. 쇼는 거의 절름발이 상태로 버밍엄에 도착했다. 그러나 버밍엄의 유명한 접골사 엘머 페일스가 72분간의 씨름 끝에 그를 다시 서게 했고, 가쁜 숨을 몰아쉬며 접골사로서 승리를 거두었다.

배리 잭슨은 『메투셀라로 돌아가라』를 준비하는 데 거의 두 달이 걸렸다. 쇼는 드레스 리허설 마지막 주에 나타났고, 종종 근처 영화관에 들러서 즐거운 시간을 보냈다. 재키 쿠건[3]이라는 어린 배우 덕분에 쇼는 자기 작품 속 남자 노인들에 대한 생각에서 벗어날 수 있었다. 『메투셀라로 돌아가라』는 1923년 10월 9일부터 12일까지 5회에 걸쳐 상연되었

---

3 재키 쿠건Jackie Coogan(1914-1984): 미국의 영화배우. 찰리 채플린의 「더 키드」 등 무성영화에 아역배우로 출연해 대단한 인기를 누렸다. 1960년대에 시트콤 「아담스 패밀리」에서 엉클 페스터 역을 맡아 유명해지기도 했다. 자신의 수입을 탕진한 부모를 상대로 소송을 제기해 아역배우보호법인 쿠건법Coogan Act을 제정하게 한 장본인이다.

다. 마지막 무대가 막을 내리자, 객석에는 깊은 여운과 함께 인상적인 침묵이 감돌았고 이어서 터진 박수소리는 점점 더 거세졌다. 『타임스』의 비평은 이랬다. "쇼가 무대에 올랐을 때, 관객의 환호는 평소와 많이 달랐다. 오래 참고 있던 감정이 무의식중에 분출된 것처럼, 짧고 갑작스러운 외침이 여기저기서 터져 나왔다. 이제까지 극장에서 그런 환호성은 들어본 적이 없다." 쇼가 관객의 갈채에 답하는 경우는 드물었지만, 그때만큼은 무대에 올라 소감을 전했다.

"저는 작가로서 제 자리가 어딘지 압니다. 무대는 작가를 위한 자리가 아닙니다. 무대는 작가가 창조한 캐릭터에 생명을 불어넣고 작품을 현실로 구현해내는 예술가들을 위한 자리입니다. 저는 제 작품이 무대에 오르는 것을 보는 호사를 누려왔습니다. 이 예술가들이 제 작품을 선택하고 거기에 생명을 부여했기에 가능한 일이었지요.

여러분에게 질문 하나 하겠습니다. 무슨 질문인가 하면, 여기 저의 지인 말고 혹시 버밍엄 주민이 있습니까? 이번 일은 제 인생에서 가장 특별한 경험이었습니다. 지난 나흘간 저는 참으로 멋진 공연을 보았습니다. 하지만 더욱 놀라운 것은 그게 버밍엄에서 일어났다는 사실입니다. 제가 기억하기에, 버밍엄은 작품으로 보나 극장으로 보나 이런 일이 일어나기 가장 힘든 곳이었습니다. 그래서 묻습니다. 여러분은 모두 순례자이거나 이방인입니까? 아니면 한두 명이라도 순수 버밍엄 주민이 있습니까?

극작가로서 제 경력의 정점이자 최고 순간을 버밍엄에서 맞을 줄은 꿈에도 몰랐습니다. 제가 보기에 배리 잭슨 씨는 '바꿔치기 된 아이[changeling]⁴가 분명합니다. 아니면 이번 공연에서 보듯 버밍엄에 어떤 변화가 일어나고 있는 건가요? 극의 초반에 등장하는 300세까지 사는 두 인물은 자신들이 그렇게까지 오래 살리라고는 상상도 못 했습니다. 그들의 친구들도 마찬가지였지요. 그들이 놀란 정도가 지금 제가 놀란 정도와 아마 비슷할 겁니다. 아무도 연극의 중심지가 될 것이라고 상상해 본 적조차 없는 버밍엄이, 제가 보기에는, 역대 최강의 연극을 만들어냈으니까요. 관객 여러분이 도와주지 않았다면, 그와 같은 위업은 불가능했을 겁니다."

막이 내리고 한자리에 모여 있던 출연진은 예순일곱의 노작가가 최근 사고로 몸을 제대로 가누지 못하는 상태임에도 불구하고 무대에서 환히 웃으며 독무를 펼치는 걸 보고 놀라움을 금치 못했다.

쇼의 다른 작품들과 마찬가지로 『메투셀라로 돌아가라』 역시 완성되기까지 많은 변화를 거쳤다. 1918년 7월 25일 쇼는 이렇게 썼다. "나는 막과 막 사이에 수천 년의 간격이 있는 극 한 편을 썼다. 그런데 이제는 막 하나하나를 완성된 극으로 만들어야 하게 생겼다."

그 이유는 궁내장관의 기록에 남아있다. 그 작품을 '8막 형식의 극'으로 제출했을 때, 공식 검열관이 '3막극'으로 하라고 했다가, '2막극'으로 하라고 했다가, '1막극 세 편'으로 하라고 하면서 그때마다 수수료를 요구했던 것이다. 『메투셀라로 돌아가라』의 발단이 된 아이디어는 이미 오래전부터 있었지만, 쇼는 거기에 독창적인 생각을 가미했다. 18세기에

---

4 유럽 전래 동화에서 요정, 트롤, 엘프 등은 인간의 아이를 데려가고 대신 자기 아이를 놓아두는데, 일반적으로 그렇게 바꿔치기 되어 인간 손에 키워지는 아이를 바꿔치기된 아이(체인즐링)라고 한다. 요정이나 트롤의 아이라서 작고 못생긴 아이를 가리키는 경우가 많다.

찰스 다윈의 조부 이래즈머스 다윈은 이렇게 썼다. "어느 시대나 소수의 생각하는 사람들은 인생이 짧은 것을 아쉬워했다. 인류가 과학을 발달시키거나 지력을 향상하기에는 시간이 충분치 않다면서 말이다." 그래서 그는 수명을 늘리기 위한 여러 기발한 방법들을 고안했고, 그중 하나가 일주일에 두 번 따뜻한 물에 몸을 담그는 것이었다. 쇼 역시 인생이 너무 짧다고 생각했다. 그렇지만 사람들이 경험을 더 많이 한다고 해서 더 나아지는 것은 아니라고 봤다. 그가 보기에, 인간이 이 세상과 자신의 환경을 개선하기 위해 진지하게 노력하지 않는 이유는 남자나 여자나 성숙함을 누릴 수 있는 기간이 고작 3~40년밖에 되지 않기 때문이다. 즉, 인간의 성격과 행동을 결정짓는 것은 삶의 경험이 아니고 삶에 대한 기대라는 것이다. 하지만 푸딩인지 아닌지는 먹어봐야 알 수 있다고, 우리가 '장수 인간'을 생산하기 전에는 그들이 어떤 삶을 살지 알 수 없는 노릇이다. 만일 그들이 『메투셀라로 돌아가라』 속 장수 노인들만도 못한 삶을 산다면, 50세에는 모든 사람이 죽어야 한다는 주장이 여전히 설득력을 갖게 될 것이다.

그것이 바로 『메투셀라로 돌아가라』의 진짜 약점이었다. 『메투셀라로 돌아가라』는 몇몇 뛰어난 장면들로 시작해서 애스퀴스와 로이드 조지가 요란한 희극배우로 등장하는 멋진 소극으로 이어지지만, 3막 '올 것이 오다'에서 4막 '어느 노신사의 비극'으로 넘어가면서 다소 지루해지더니, 5막 '생각이 닿을 수 있는 데까지' 가려는 노력이 생각하는 사람을 지치게 한 듯 맥없이 끝나버리고 만다. 쇼는 1890년대에 이렇게 썼다. "음의 행운에 감사하는 것은 인간 본성이 아니다. 치통이 있는 사람이 바라는 것은 오로지 치통에서 벗어나는 것뿐이다. 그러나 막상 치통에서 벗어나면, 치통 없는 상태를 결코 본인의 자산으로 여기지 않는다." 나는 『메투셀라로 돌아가라』에 등장하는 장수 노인들의 문제가 바로 거기에 있다고 봤다. 그 노인들의 행운은 음의 행운이다. 즉, "그들은 날 때부터 고통을 줄여왔고" 그러면서 삶의 기쁨도 줄었다. 그들은 고마워할 것이 아무것도 없다. 그들의 존재는 살아 봤자 별거 없다는 것을 증명할 뿐이다. 나는 쇼에게 이런 의견을 제시했으나 그를 설득하는 데는 실패했다. "자네는 머리가 안 돌아가는 건가, 생각을 할 줄 모르는 건가 아니면, 말도 안 되지만, 지력이 없는 건가? 정신적인 활동이 즐거움이 될 수 있고 지성이 열정이 될 수 있다는 생각은 안 드는가?" 그가 물었다. "젊은 여성이 춤추고 옷을 차려 입고 그림을 그리면서 4년을 보내고 나면, 잠을 자는 대신에 숲속을 거닐면서 수학 문제를 푸는 단계에 도달할 수 있다는 생각이 안 드는가? 혹은 나이 많은 남자가 자네처럼 유쾌한 젊은이에게 즐길 줄 모른다는 소리를 들으면, '내가 느끼는 지적 환희의 순간이 자네에게는 치명적일 수도 있네'라고 대답할 수 있다는 생각이 안 드는가? 자네가 이를 이해하지 못하면 『메투셀라로 돌아가라』에 대한 자네의 의견은 호의적이든 아니든 시스틴 성당에 대한 장님의 의견과 다를 바 없어." 나는 남녀노소를 불구하고 누구든 수학 문제를 풀면서 기쁨을 느끼는 어떤 단계에 도달할 수 있다는 것 자체를 상상하기 힘들다고 대답했다. 왜냐하면 하느님이 나를 만들면서 수학에 대한 이해력은 쏙 뺐기 때문이다. 하지만 정신적인 활동이 즐거움이 될 수 있고 지성이 열정이 될 수 있다는 점은 이해했다. 요컨대, 내가 『메투셀라』를 비판한 이유는 간단했다. 작중 노인들이 정신 활동으로 얻는 즐거움이 내가 멍때리면서 얻는 즐거움의 반도 안 되는 것처럼 보였기 때문이다.

그럼에도 불구하고, 『메투셀라로 돌아가라』는 처음부터 끝까지 멋진 문구들로 점철되어 있으며, 런던 코트 극장에서 공연을 본 사람이라면 다음과 같은 아놀드 베넷의 의견에 동의하지 않았을 것이다. "나는 쇼의 작품 1막을 보러 공연 첫 주에 극장을 찾았으나 잠이 들고 말았다." 1924년 2월 25일 베넷의 기록이다. "공연은 끔찍했다. 이게 일반적인 평일 거라고 생각한다. 나는 더는 보러 가지 않을 것이다." 아놀드 베넷은 곧이어 영어로 된 가장 지루한 소설을 발표했기 때문에 그의 비평은 오히려 쇼 작품의 우수성을 보증하는 찬사처럼 되어버렸다.

오랫동안 쇼는 예언자에 관한 연극을 구상해왔다. '전투적 성인'은 다른 어떤 인간형보다 그의 본성에 부합하고 그가 깊이 공감하는 유형이라서 확실히 통찰력 있게 그려낼 수 있었다. 역사를 통틀어, 그의 요구 조건에 정확하게 부합하고 섀비언 영웅이 되기에 부족함이 없었을 단 한 사람을 꼽으라면, 그는 바로 마호메트였다. 1913년 쇼는 포브스로버트슨를 염두에 두고 마호메트에 관한 희곡을 쓰려고 했다. 그로부터 4년 전에는 검열 문제에 관해 의회에 증언하러 가서 이렇게 말하기도 했다. "오랫동안 마호메트의 삶을 극화하고 싶었습니다. 하지만 터키 대사관에서 항의할지도 모르는 데다, 그럴 가능성이 있다는 것만으로도 궁내장관이 허가를 내주지 않을 것 같아서 자제하고 있었습니다." 하지만 그 예언자를 향한 그의 마음에는 변함이 없어서, 마호메트는 『메투셀라로 돌아가라』에서 나이든 신사로 나타났고, "교회 없는 종교를 설립한, 진정 현명한 사람"으로 묘사되었다. 마호메트는 『흑인 소녀의 모험』에도 등장하고, 『성녀 잔다르크』에서는 코숑 주교의 입을 통해 언급되기도 한다. 하지만 영국에서 예수에 대한 표현을 문제삼듯 동방에서는 마호메트에 대한 표현을 문제삼을 수 있었고, 마호메트가 나오는 연극을 제작할 경우 작가가 이슬람교 광신도에 의해 암살당할 수도 있었기 때문에 쇼는 『성녀 잔다르크』를 썼다.

그의 천재성을 살리기에 이상적인 주제이긴 했지만, 그 주제를 처음 떠올리게 된 계기는 무엇이었는지 궁금했다. "나는 환경의 산물이야." 그가 설명했다. "작품 청탁이 들어왔는데 마침 아이디어가 떠오르면 그걸 써. 하지만 대개는 써달라는 것과 다른 작품을 쓰게 되지. 가끔은 작품을 써야겠다는 의욕만 있고 뭐에 관해 써야 할지 전혀 떠오르지 않을 때가 있어. 『성녀 잔다르크』를 시작하기 전에 그랬지. 뭔가 쓰고는 싶은데 주제가 떠오르질 않는 거야. 그때 아내가 '잔다르크에 대해 쓰는 게 어때요?' 그러더군. 그래서 잔다르크에 대해 썼어. 잔다르크의 재판과 복권[5]에 관한 문서는 이미 다 읽어봤기 때문에 그 안에 있는 드라마를 무대에 맞게 각색만 하면 되는 데다(나한테는 애들 장난이지), 잔다르크에 관한 기존의 연극과 소설은 전부 낭만적인 헛소리라는 것을 알고 있었거든. 나는 당시 보고서만 참조했고, 작품을 끝낼 때까지 비평가나 전기 작가의 글은 한 자도 읽지 않아. 잔다르크가 최초의 개신교도로서 모든 위대한 최초들과 마찬가지로 상당히 거슬리는 존재였다는 점이 흥미로웠지. 에필로그는 잔다르크의 죽음 이후 무슨 일이 일어났는지를 얘기하기 위해 썼어. 에필로그를 제외한 나머지는 그저 사건의 연대기일 뿐이야. 처음 완성했을 때 작품이 너무 길어서 뼈대만 남기고 다 들어내야 했거든. 세 시간 반이면 뼈대치고 너무 굵은 게 아니냐고 할 사

---

[5] 잔다르크는 1431년 일곱 번의 재판 끝에 마녀와 이교도로 몰려 화형당했다. 백년전쟁이 끝나고 1456년이 되어서야 마녀 혐의를 벗고 복권했으며 1920년에는 성녀로 시성되었다.

람들도 있겠지만."

이 걸작의 탄생과 관련된 정보는 모조리 긁어모으고 싶은 마음에, 1939년 8월 나는 쇼에게 그 작품을 어디서 썼는지 물었다. "케리 주 파크나실라에서 썼던 게 분명히 기억나. 거기서 나는 친절한 사제 두 명과 재판 장면에 대해서 상의했지. 그러고 보니 다른 작품들은 어디서 썼는지 전혀 기억나지 않는다는 게 참 신기하군. 기억나는 예외가 있다면, 『바람둥이』-몬머스, 『아무도 몰라』-리젠트 파크와 서퍽, 『시저』-와이트 섬, 『성녀 잔다르크』-케리 정도랄까."

1923년 그는 『성녀 잔다르크』를 집필하느라 바빴지만, 『메투셀라로 돌아가라』 이후 세상에 더는 하고 싶은 말이 없어서 그가 은퇴했을 것이라고 속단한 사람들 때문에 이래저래 들볶였다. 쇼는 서문을 청탁한 리매튜스에게 자신은 아직 끝나지 않았으며 언제나처럼 성실하게 살고 있다는 것을 그해 세 차례나 상기시켜야 했다.

1월 18일

"나는 내 책이 아닌 다른 책에는 서문을 써줄 수가 없다네. 버나드 쇼의 서문은 이제 팔리는 글의 전형이 된 데다 일종의 소논문 같아서 분량이 100페이지에 달할 때도 있는데 그런 글을 쓰고 고치려면 최소 몇 달이 걸리거든. 이런 기준에 도달하지 못한 서문을 시장에 하나만 내보내도, 서문에 관한 나의 명성이 영원히 사라질 걸세. … 나는 원기를 회복하기 위해 열흘 동안 본머스에서 지냈네. 그리고 본머스에서 돌아온 바로 다음 날인 어제, 몇 년 만에 최악의 두통에 시달리다 거의 죽을 뻔했어. 휴일만큼 치명적인 건 없다니까."

6월 6일

"젠장, 안 돼! 자네가, 아니 누구라도 신문사에 편지를 써서 「볼포네」〔벤 존슨의 희극〕를 봐달라고 개인적으로 부탁하면 안 될까? … 어쨌든 벤 존슨은 내 관객이 아니라 자기 관객을 끌어들여야 한다고."

11월 5일

"짧은 기사도 못 써! 지금으로써는 3,000단어도 쓸 수 없다고. 나의 『성녀 잔다르크』를 무대에 올려야 하거든. 몇 년 동안 인쇄업자들이 자금을 묶어두고 일을 미뤘기 때문에 나는 그동안 써둔 작품들을 모아서 작품집을 내야 할 지경이라고. 내가 대접 좀 받겠다고 신문에 글을 쓰기 시작하면, 지금 이 작품은 절대로 완성될 수 없을 걸세. 그러니까 지금은 그냥 나를 내버려두게나. 내가 나중에 보상하도록 하겠네."

쇼가 『인간과 초인』을 헌정한 대상이자 『타임스』의 연극비평가였던 워클리는 쇼의 교우관계에 관해 간접적인 힌트를 제공했다. 『성녀 잔다르크』가 나왔을 때, 워클리는 잔다르크가 버나드 쇼 같은 극작가는 감히 다룰 수 없는 진지하고도 엄숙한 주제라면서, 아직 읽어보지도 않은 작품에 반대하는 장문의 글을 썼다. 이런 식의 비평은 전례가 없었다. 하지만 『타임스』는 경솔하게도 그 글을 내보냈고, 가엾은 워클리는 곧 자기가 말한 것을 후회하게 됐다.

쇼는 『성녀 잔다르크』를 쓰기도 전에 이미 주연배우를 점찍어 둔 상태였다. 그보다 수년 전, 칸디다 역을 맡고 싶다며 찾아온 시빌 손다이크Dame Sybil Thorndike에게 "집으로 돌아가 집안일을 배우고 아이 네댓을 낳은 후에 다시 돌아오라"는 조언을 한 적이 있었다. 손다이크는 쇼의 조언을 받아들였고, 적절한 때가 오자 칸디다를 연기했다. 전쟁 이후 그녀와 그녀의 남편 루이스 카슨Sir Lewis Casson은 대중극을 하며 한 시즌을 보냈다. "나는 만족스럽지 않았어요." 손다이크는 나에게 이렇게 말했다. "나는 정말로 대단한 작품을 한번 해보고 싶었어요. 그래서 남편과 『첸치 일가』[6]로 마티네를 몇 차례 해보기로 했죠. 모두가 반대했어요. 윈덤 여사는 실패할 것이 뻔하다고 했고요. 친구들은 하나같이 우리가 망할 것이라고 했죠. 하지만 우리는 죽기 아니면 까무러치기라고 생각했어요. 아무래도 상관없었답니다. 우리는 우리의 존재 가치를 증명하고 싶었거든요. 그리고 그때만큼은 이상이 승리했죠. 『첸치 일가』가 어마어마한 성공을 거두면서 우리는 대중극으로 본 손실을 전부 만회했어요. 무엇보다 내 경력이 절정의 시기를 맞을 수 있게 되었죠. 쇼가 잔다르크 역을 찾았다고 한 것도 『첸치 일가』의 재판 장면을 보고 나서였을 테니까요." 시빌 손다이크와 루이스 카슨은 쇼의 에이욧 세인트 로렌스 집으로 찾아왔고, 쇼는 그들에게 『성녀 잔다르크』를 읽어주었다. 시빌 손다이크에게는 잊을 수 없는 날이었다. "쇼의 낭독은 놀라웠어요. 모든 음을 어떻게 연주해야 할지 직관적으로 아는 위대한 연주자의 공연 같았죠. 대사는 선율 같았고 각각의 캐릭터는 오케스트라의 악기 같았어요. 쇼 혼자서 그 모든 것을 연주했고요. 그때 그 교향곡을 감상한 것은 내 생애 최

---

[6] 1819년 영국 시인 P.B.셸리가 쓴 시극. 19세기 초반 낭만주의 시극 가운데 가장 인상적인 비극으로 꼽히는 작품. 잔인하고 괴팍한 아버지를 견디다 못해 딸이 다른 가족들과 공모해 아버지를 죽이고 자신들도 사형선고를 받는다는 내용이다.

고의 경험이랍니다." 손다이크는 쇼의 낭독을 세 번이나 들으며 자신이 맡은 배역의 억양을 모조리 배우고 익혔다. 잔다르크 역을 맡았던 배우 중 어느 누구도 그런 기회는 얻지 못했다. 그리고 쇼에 의하면, 그들 누구도 손다이크만큼 연기를 똑 부러지고 만족스럽게 해내지 못했다.

쇼는 리허설이 시작되기 전 손다이크를 만나서 물었다.

"잔다르크에 관한 책을 읽은 적이 있나?"

"네. 눈에 띄는 책은 다 읽었어요."

"그것들은 다 잊어버리게. 나는 실제 문서를 토대로 작업했어. 다른 사람들은 잔다르크에 대해 죄다 낭만적으로 꾸며서 썼지. 나는 벌어진 일을 그대로 썼기 때문에 지금껏 그렇게 쉽게 쓴 작품이 없을 정도야. 내가 한 일이라고는 사실을 나열하고 잔다르크를 무대에 적합한 인물로 조정하는 것뿐이었지. 재판 장면은 실제 재판을 단순히 재현한 것이라고 할 수 있어. 잔다르크가 한 말을 그대로 인용했거든. 다시 말해, 그녀는 실제로 그렇게 말했고 그렇게 행동했어."

그러나 마지막에 잔다르크가 자신의 입장을 뒤집어봤자 투옥될 운명이라는 것을 깨닫고 폭발하는 장면은 당시 그 어떤 보고서에도 없었다. 그리하여 이 연대기 작가는 시인이 되었다.

"빵은 나에게 슬픔이 될 수 없고 물은 나에게 괴로움이 될 수 없습니다. 하지만 하늘빛이 차단되어 들판의 꽃을 볼 수 없고, 발에 족쇄가 채워져 다시는 군인들과 어울릴 수도 언덕에 오를 수도 없으며, 당신들의 어리석음과 사악함으로 내가 더럽고 축축한 곳에 처박혀 신을 저주하게 되고 신의 품으로 돌아가는 모든 길에서 멀어진다면, 성경에 나오는 일곱 번 달궈진 지옥이 차라리 나을 겁니다. 나는 군마가 없어도 괜찮습니다. 치마를 입고도 잘 지낼 수 있습니다. 깃발과 트럼펫과 기사와 군인들이 나를 지나쳐 버리고 다른 여자들에게 그러하듯이 나를 버려두고 떠나도 괜찮습니다. 나무를 스치는 바람소리를, 햇볕을 쬐는 종달새의 노랫소리를, 된서리 내릴 때 어린 양들이 우는 소리, 천사의 목소리를 바람에 실어 내게 보내줄 신성한 교회종 소리를 들을 수만 있다면 말입니다. 하지만 그런 것들이 없으면 나는 살 수 없습니다. 그런데 당신은 그런 것들을 나나 다른 사람에게서 빼앗으려 하는군요. 이제 나는 당신이 악마를 변호하고 내가 신을 변호한다는 것을 알겠습니다."

『성녀 잔다르크』는 1924년 3월 26일 런던 뉴씨어터에서 상연되었고, 얼마 후에는 그동안 쇼의 작품을 훌륭하게 제작해온 씨어터 길드에 의해 뉴욕에서도 상연되었다. 씨어터 길드가 공연시간이 자정을 넘길지도 모른다며 극의 일부를 잘라도 되냐고 작가에게 허락을 구하자, 쇼는 공연을 일찍 시작하거나 기차 막차 시간을 조정하라고 조언했다. 긴 공연시간에도 불구하고 『성녀 잔다르크』는 공연하는 곳마다 성공을 거두었고 작가의 최대 흥행작이 되었다. 로마가톨릭교도들은 개신교도들만큼이나 그 작품을 좋아했다. 실제로, 쇼는 공정한 시각으로 가톨릭교회를 다뤘기 때문에 누군가로부터 가톨릭으로 개종했냐는 질문을 받기도 했다. "로마가톨릭교회는 두 명의 교황을 허용하지 않습니다"가 그의 대답이었다. 반대로 내 경우는 극 중 개신교도의 감정에 더 몰입해서, 쇼에게 다음 작품은 침묵의 왕 윌리엄(오렌지공 빌렘)을 주인공으로 하면 어떻겠냐고 제안했다. 그는 나에게 엽서로 답했는데 대략 이런 내용이었다. "침묵의 왕 윌리엄이 쇼 작품에서 세 시간 반 동안 목청껏 떠든다면, 자네는 좋아할지 모르겠지만 요즘 사람들은 그 작품을 네덜란드 공화국 이야기로 안 볼 걸세."

이번에도 쇼는 서문에서 셰익스피어와의 싸움을 이어갔다. 그에 의하면, 셰익스피어는 중세를 이해하지 못했다. 셰익스피어가 "중세 정신에 대한 강한 반발에서 나온 원칙" 즉, "자기 자신에게 진실한 사람은 다른 사람을 거짓으로 대하지 않는다"는 원칙을 믿었기 때문이란다. 그렇게 볼 수도 있다. 하지만 그 원칙은 로마나 모스크바 그 어디에서건 제도중심사회의 부조리에 맞서는 위인의 통찰력으로 볼 수도 있다. 잔다르크는 자기 자신에게 진실했기 때문에 위대했다. 그리고 쇼의 작품이 위대한 이유는, "중세의 공기가 극에 자유롭게 떠다니게" 했기 때문이 아니라(그런 건 삼류 역사가들도 할 수 있다), 조직의 권위 앞에서도 무너지지 않는 개인의 정신을, 다시 말해 교회와 국가로 상징되는 어둠의 세력 앞에서도 약해지지 않는 신의 빛을 드러냈기 때문이다.

『성녀 잔다르크』로 그는 절정기를 맞았고 특별한 영예를 누렸다. 그때부터 그의 모든 말과 행동은 사람들에게 경외와 존중의 대상이 되었다. 그가 익살을 부리면 사람들은 의무적으로 웃었고, 그가 장난치며 촐랑거리면 사람들은 찬양하며 박수쳤다. 그의 한 마디 한 마디는 전파를 타고 여러 대륙으로 퍼져나갔다. 그가 의미없이 한 농담이나 부주의하게 내뱉은 혼잣말조차 심오한 사상가의 지혜라도 되는 듯 무턱대고 받아들여졌다. 그가 차기작에 작가 이름을 '성자 쇼Saint Shaw'로 표기해도 아무도 놀라지 않을 분위기였다. 쇼는 과한 찬사를 반기지 않았다. 그는 1928년 영국 왕립극예술학교 강연에서 자신은 비극의 절정을 완성하려는 순간 자꾸 우스꽝스러운 농담이 떠올라 반전을 주지 않고는 못 배기기 때문에 결코 위대한 작가는 될 수 없을 것이라고 했다. "내 안에는 비극 작가도 있고 광대도 있는데, 그 광대가 참으로 지독하게도 나의 발을 걸어 넘어뜨린답니다." 아무튼 그가 동료 작가 어니스트 리스Ernest Rhys에게 보낸 편지를 보면, 성인 반열에 오른 것이 그의 스타일에는 전혀 영향을 미치지 않았음을 알 수 있다. "다른 작가의 방식에 대해 알면 알수록, 사람을 기진맥진하게 하는 문학적 표현을 기꺼이 구사하려는 작가가 세상에 나밖에 없다는 사실이 더욱 분명해지더군. 실제로 나는 런던에서 가장 특이한 사람이라네. 자네가 이 이야기를 하면서 내 이름을 대도 좋아."

『성녀 잔다르크』는 쇼가 전쟁으로 입었던 금전적 손실을 보상해주기도 했다. 전쟁이 일어나지 않았다면 쇼는 독일과 오스트리아, 러시아에서 받은 인세만으로도 여생을 편안하게 보낼 수 있었다. 하지만 전쟁에 대한 배상책임을 지게 된 독일과 오스트리아는 단순히 화폐를 마구 찍어서 해결을 보려 했다. 쇼는 화폐 가치가 전혀 없는 폐지 더미는 받고 싶지 않아서 독일과 오스트리아에서 돈을 보내든 말든 신경도 안 썼다. 대신 그는 오스트리아에서 자신의 작품을 번역했던 지크프리트 트레비치Siegfried Trebitsch에게 추가적인 수입을 안겨주기로 했다. 트레비치의 희곡 중 하나인 『지타의 속죄』를 그가 영어로 번역한 것이다. 『지타의 속죄』는 런던 근교에서 상연되었고 미국에서는 흥행에 성공했다. 트레비치는 이렇게 썼다. "대단한 번역입니다만, 선생께서는 저의 비극을 희극으로 바꿔놓으셨더군요." 쇼는 독일어를 잘 몰라서 그랬다고 변명했다. 실제로 그는 스페인 비극 속 질투 많은 남편을 '영국의 코클랭'[7]을 위한 일류 희극 캐릭터로 바꿔놓았다. 하지만 지타는 누가 봐도 여전히 지타였고, 그렇다면 쇼의 입장에서는 문제될 게 없었다.

다른 유명 작가 같았으면 『성녀 잔다르크』로 대단한 성공을 거두고 나서 한동안은 쉬었을 것이다. 쇼는 그러지 않았다. 지적인 여성을 대상으로 사회주의에 대해 설명하는 어이없는 일에 착수했다. 그는 자기 자신을 아끼지 않았다. "좀 더 현명하게 일의 우선순위를 정하겠다고 굳게 다짐해 보기도 하고, 작가의 일이라는 것은 며칠 단위로 나누어 해도 된다는 사실을 떠올려 보기도 하지만, 보통 나는 나 자신을 끝까지 몰아붙인 다음 어디론가 멀리 떠나서 몇 주간의 회복기를 갖곤 한다." 1924년 7월 그는 스코틀랜드에서 회복기를 보내며 그랜타운온스페이의 그랜트 암스 호텔에서 리 매튜스에게 편지했다. "우리는 이곳 산맥을 자동차로 둘러보고 있네. 글씨가 이런 건 운전을 하도 해서 손에 경련이 난 탓일세. 알아볼 수 있게 사인하기가 힘들구먼." 쇼는 1925년 여름 다시 북부 지방을 찾았고 포브스로버트슨에게 이렇게 썼다. "우리는 따뜻한 옷도 물론 챙겨왔습니다. 그런데 이게 웬일입니까. 혹독하고 거칠다는 칼레도니아(스코틀랜드의 옛 이름)가 더 이상 북방의 혹독한 인버네스(스코틀랜드 하이랜드 중심지)가 아니더란 말입니다. 스코틀랜드의 북쪽 끝인데도 아일랜드 남쪽 끝과 기후가 같고, 후크시아 나무에서 멕시코 만류까지 다 있더라고요. 셰틀랜드(스코틀랜드 북동쪽 군도)에 비하

---

7 코클랭Benoit Coquelin(1841-1909): 프랑스 배우. 당대 최고의 배우 중 한 명으로 꼽힌다. 프랑스 국영극장인 코메디 프랑세즈 소속으로 50편에 가까운 작품에 출연했으며, 미국에서는 사라 베르나르와 「시라노 드 베르쥬라크」를 공연해 큰 인기를 끌었다.

면 토키(잉글랜드 서남부 해변 휴양지)는 북극이랍니다. 텅그의 공기는 케리 해변과 비슷하고요. 써소는 퀸즈타운보다 온화하지요. 여기 사람들이 에든버러에 가면 추워 죽겠다고 할걸요. 우리는 오크니에서 셰틀랜드, 케이스네스, 서덜랜드까지 다 가봤는데, 전부 좋더군요. 그런데 아무도 그걸 모르는 것 같습니다. 선생께서도 와서 한번 보세요."

포브스로버트슨은 전쟁이 한창일 때 연극 무대에서 은퇴해 1918년부터 회고록을 집필하기 시작했다. "그냥 생각나는 대로 쓰고 다음 배편으로 이 나라를 뜨세요." 쇼는 그에게 이렇게 말했다. 그리고 회고록에서 '내 젊은 날의 무대'라는 제목의 장을 다음과 같이 시작하라고 조언했다. "나는 19세기의 마지막 25년 동안, 런던 무대에서 중요한 위상을 차지했던 사람은 남자든 여자든 전부 만나봤고 같이 공연해봤다." 포브스로버트슨의 책을 보니, 쇼의 제안은 받아들여지지 않았다. 로버트슨의 책은 1925년에야 나왔고, 쇼는 그해 7월 17일 자신이 친애하는 배우에게 책에 대한 의견을 적어 보냈다.

친애하는 포브스로버트슨,

5월 13일 킹스 칼리지에서 선생의 연설이 끝나고 연단에서 일어나려는데 갑자기 무시무시한 병이 저를 덮쳤습니다. 두개골 밑에서 척추가 마치 녹슨 쇠막대기처럼 끔찍하게 삐거덕거리는 병이랍니다. 택시 타기가 무서워서 집까지 간신히 걸어갔어요. 그리고 30일 후 같은 시간에 마찬가지로 예고도 없이 기적적으로 회복하게 되었습니다.

그동안 졸거나 책을 읽는 것 말고는 할 게 없더군요. 처음으로 다 읽은 책은 바로 선생의 책이었습니다. 선생께 보내려고 책에 관한 편지도 썼지요. 하지만 정신이 혼미한 상태에서 횡설수설 쓴 거라 버려야 했답니다. 선생의 경우를 매크리디[8]나 셰익스피어의 경우와 비교하는 내용이 대부분이었지요. 매크리디와 셰익스피어는 자신들의 직업에 대해 마지막까지 뭔지 모를 반감이 있었습니다. 저 역시 무대 뒤의 공범자 겸 방조자로서 연극계에 몸담으며 그와 같은 감정을 공유하고 있습니다. 만일 제가 극장을 떠남과 동시에 가식과 속임수에서도 벗어날 수 있다면, 아마 진작 그렇게 했을 겁니다. 셰리단 놀스[9]나 쟝 라신[10]처럼 말이죠. 하지만 제가 고심 끝에 내린 결론은, 소위 말하는 진지한 분야들보다 예술 분야에 가식과 속임수가 훨씬 덜하다는 것입니다. 선생의 인생을 읽고, 대법관과 하원의원, 의료 귀족, 대주교와 선생을 비교해 보면, 연기자인 선생의 매력이 단연 돋보입니다. 선생께서는 적어도 사기꾼은 아니니까요. 선생께서는 햄릿인 척하는 사람이 되기보다, 그 누구인 척도 하지 않고 '햄릿을 연기하는 포브스-로버트슨'이 되고자 했습니다. 법복을 입고 공정한 척하는 판사나, 삶과 죽음에 관해 다 아는 것처럼 행동하는 유명 의사나, 사도전승[11] 혹은 천국과 지옥으로 가는 열쇠꾸러미를 내세

---

8 윌리엄 매크리디William Macready(1793-1873): 영국 배우. 지적인 셰익스피어 배우로 유명했다. 그가 은퇴할 당시 시인 테니슨이 시를 헌사했을 정도다.

9 셰리단 놀스James Sheridan Knowles(1784-1862): 아일랜드 출신의 극작가 겸 배우. 말년에 연극계를 떠나 침례교 목사가 되었다.

10 쟝 라신Jean Racine(1639-1699): 몰리에르, 코르네유와 함께 17세기 프랑스를 대표하는 3대 극작가로서, 서양 문학사에서 중요한 위상을 차지하는 작가다. 재능이 절정에 달했던 37세에 돌연 모든 것을 포기하고 수도사가 되기로 결심하여 이후 창작활동을 거의 하지 않았다.

11 로마가톨릭교회는 마태오 복음서(16:18)에 근거해, 베드로는 사도의 머리요 교황은 그 직계 후계자며 사제들의 머리라고 주장한다. 즉, 성직자는 예수 사도들의 직계이므로 사도의 권위를 갖고 있다는 입장이다.

우며 사제 행세하는 자들과 달리, 선생께서는 배우와 화가로서 우상숭배와는 무관한 명성을 누리고 있습니다. '신처럼 구는 화난 원숭이들'이 뒤에서 욕먹는 것과 달리 선생께서는 사람들의 진심 어린 존경을 받고 있습니다. 셰익스피어는 '온 세상이 무대다'[12]를 이렇게 썼어야 합니다.

> 온 세상이 무대다. 믿지 말아라,
> 자기가 배우보다 낫다고 장담하는 사람.
> 그런 거짓말이 악마의 깃발처럼 나부끼는 곳에
> 살인, 절도, 약탈 등이 있을지니.

R.A.D.A.(왕립극예술학교) 도서관에도 책을 한 부 보내시기 바랍니다. 최고의 경지에 도달하기 위해서는 자기중심적인 인간 내지 괴물이 될 필요가 있다는 것과, 잘생긴 허당들이 그들의 빈 껍데기 같은 몸에 영혼을 불어넣어 줄 작가와 연출가만 잘 만나면 무대에서 얼마든지 잘해낼 수 있다고 해도 결국에는 긍정적인 성격과 예술적인 소양을 가진 사람만이―비록 처음에는 자기 자신을 포기하고 허구의 인물이 되기가 쉽지는 않겠으나―일류 배우가 될 수 있다는 것을, 이제 무대에서 은퇴하셨으니 학생들에게는 글로써 알려주시는 수밖에 없지 않겠습니까.

쇼는 그다음 휴가를 외국에서 보냈다. 근 30년 동안 내리 건강했으나 과로로 몸이 고장나더니 칠순을 눈앞에 두고 사고가 났다. 1926년 5월

---

[12] 셰익스피어의 『뜻대로 하세요』 2막 7장에 나오는 제이퀴즈의 독백. 인생을 7막 연극에 비유한 유명한 대사다.

20일 그는 이렇게 썼다. "내 건강이 마침내 무너졌다. 나는 지난 두 달 내내 아팠고 아직 반밖에 회복하지 못했다. 70세 이전의 몸은 완전히 죽어 없어진 것 같다. 나는 산송장이다." 이탈리아 북서부 휴양지 스트레사에서 그는 수트로가 그의 70세 생일을 축하하며 보낸 편지에 이렇게 답했다. "신경 쓰지 말게. 내 자네를 용서하겠네. 자네는 좋은 뜻에서 축하 편지를 보냈을 테니까. 문명 세계 사람들이 너도나도 한 남자의 불행을 축하한다고 생각해 보게. (그중에는 전보를 보내는 사람도 있고, 캐논을 작곡해주는 유명 작곡가도 있고, 축하에 대한 답례로 500파운드만 빌려달라고 하는 사람도 있지.) 그 남자는 마치 돌팔매를 당한 기분이 들다가 결국에는 다시 냉소적이고 무감각한 상태로 돌아가게 되지. 알프레드, 일흔 생일은 건너뛰게. 일흔한 번째 생일을 맞이하고 싶다면 말일세. 악명 높은 사람이 되지 말고 행복하게 오래오래 살거나. 자네 편지가 다른 사람 편지보다 내 수명을 덜 갉아먹긴 했어. 그러니 다 죽어가는 이 가련한 버나드 쇼의 축복을 받게."

런던 주재 독일 대사관에서도 생일 축하 메시지를 보내왔다. 독일의 외무장관 구스타프 슈트레제만이 보낸 것이었다. "영국 외무장관은 생각지도 못했을 일입니다." 쇼가 독일 대사에게 보낸 답장이다. "대사께서도 아시다시피, 문화에 관한 한 우리는 야만국입니다. 우리는 지성은 무조건 두려워하고, 예술은 은밀하게 즐기기에는 좋아도 본질적으로 부도덕하다고 인식하고 있습니다. 그래서 제 70세 생일에 영국 정부로부터 받은 것이라고는, 방송출연금지라는 사려 깊은 통보뿐이었답니다."

하지만 『성녀 잔다르크』의 성공 이후 쇼는 온갖 종류의 영예를 안았다. "이제는 명목상 자유국이 된 내 고향 아일랜드에서 내 책 중 하나가 출간 목록에 올랐다. 내 나머지 책들도 검열관이 그 존재를 알아차리는 즉시 줄줄이 출간될 것이라 확신한다." 노동당이 집권하자 쇼는 수완을 발휘해서 아서 윙 피네로에게 기사 작위가 수여되도록 했고, 서훈대상자 명단에 몇 명 더 포함해줄 것을 램지 맥도널드에게 요청했다. 램지 맥도널드는 쇼가 건넨 명단을 확인하고 물었다. "선생은요?" 쇼가 답했다. "오, 그럴 일은 없소. 당신이 '램지 맥도널드 경'이 된다면 기분이 어떻겠소?" 쇼는 상원의원, 즉 귀족이 되어 노동당에 힘을 실어달라는 제안이 들어오자, 자신은 공작을 할 여유가 없으며 공작보다 낮은 지위는 자신에게 어울리지 않는다고 답했다. 친구들이 메리트 훈장[13]은 거절할 수 있는 것이 아니라고 지적했을 때는 이렇게 답했다. "나는 스스로 훈위를 준 지 오래일세. 더구나, 이제 그런 훈장은 '늙은이'라는 의미밖에 없지 않은가. 나는 아직 무덤에 발가락 하나만 걸쳤을 뿐이라고." 디킨스와 칼라일, 아우구스트 만스(그 유명한 수정궁 고전음악회 지휘자)와 마찬가지로, 쇼 역시 자기 이름이 곧 작위라는 것을 알고 있었다. 버나드 쇼 경이라든지 에이욧 세인트 로렌스 남작 같은 호칭은 아무도 들어본 적이 없다는 사실도 알고 있었다. 작위라는 것은 공적인 가치에 이바지했지만 국가가 미처 알아보지 못한 사람들에게 수여되어야 한다는 것이 그의 지론이었다. 기념 만찬에 대해서도 비슷한 입장이었다. 비평가 협회가 연극 분야에서 선구적인 업적을 제대로 인정받지 못한 J.T.그레인을 위해 만찬을 열었을 때는 쇼도 기꺼이 참석했다. 식후 연설자들이 쇼 이야기만 잔뜩 하고 그레인은 거의 언급하지 않자, 쇼가 일어서서 연설을 시작했다. "저는 오늘 저의 옛 친구인 잭 그레인을 기리기 위해 더

---

13 1902년 제정된 영국의 문화 훈장. 문무의 수훈이 있는 24명에 한해 수여되는 명예 훈위.

없이 겸손한 마음으로 이곳에 왔습니다. 그런데 알고 보니 저를 위한 만찬이었군요. 그래도 잠시 제 친구를 소개할까 하는데, 양해해주시렵니까?" 그는 비평가들이 만찬의 주최자로 대거 참석했다는 점을 놓치지 않고, 그들 중 "한 명만 빼고" 자신의 신작을 항상 너그럽게 봐줘서 고맙다는 인사를 덧붙였다.

반면, T.P.오코너가 램지 맥도널드를 위한 만찬에 참석해달라고 했을 때는 이렇게 답신했다. "저의 예정된 일정과 강한 유머감각 때문에 램지 맥도널드의 정치적 고명함을 알리기 위한 이번 만찬에는 참석하기 어려울 것 같습니다. 램지 맥도널드가 영국 수상을 지냈다는 것만으로도, 그의 고명함은 이미 충분히 알려졌다고 생각합니다. 만일 그 만찬이 성공한다면, 제안하건대, 그다음에는 교황의 경건함을 알리는 만찬을, 그다음에는 아인슈타인의 수학적 재능을 강조하는 만찬을, 또 그다음에는 도버 가의 이정표에 주목하는 만찬을 열어주면 좋겠습니다. 제가 희곡을 잘 쓴다는 것을 사람들에게 알리기 위해 오찬을 열어준다면 물론 더욱 좋겠습니다. 그런 행사들이 50년 전에 열렸다면 더욱 의미있었을 겁니다. 하지만 다 좋자고 벌이는 일이니, 모두 즐거운 시간을 보내길 바랍니다."

나는 쇼가 램지 맥도널드를 좋아했는지 알고 싶어졌다. "누가 좋아할 수 있을 만한 사람은 아니지." 그가 대답했다. "아주 오래전, 맥도널드는 페이비언협회 회원이었어. 그런데 독립노동당의 간부이기도 해서 페이비언들은 그를 독립노동당 스파이로 여겼고, 독립노동당 사람들은 그를 페이비언 스파이로 여겼지. 나는 그가 손해 보는 행동을 하는 것 같아서 그에게 편지로 솔직하게 상황을 얘기했지. 이제 자네도 잘 알겠지만, 사람들 대부분은 내 편지를 받으면 분해서 고함을 질렀다고. 그래서 나는 맥도널드가 나와 관계를 끊고 그때부터 나를 모르는 사람처럼 대할 줄 알았지. 그런데 전혀 아니었어! 그는 자기가 스파이로 불리는 걸 전혀 기분 나빠하지 않더군. 그는 빈틈없으면서도 재치있고 호의적이고 요령 있는 답장을 보내왔어. 그래서 나는 그가 일류 정치가가 될 줄 알고 있었지."

1925년에는 쇼에게 노벨문학상이 수여되었다. 쇼는 "세계에 잠시 안도감을 준 것에 대한 감사의 표시"로 받아들였다. 하필 책을 한 권도 내지 않은 해였기 때문이다. 쇼는 스웨덴 왕립아카데미 사무차관에게 편지를 보내 "그 상금은 해안가에 이미 안전하게 당도한 사람한테 던진 구명튜브나 다름없습니다"라며 수상 거부 의사를 밝혔다. 그것은 존슨 박사가 체스터필드에게 쓴 편지[14]의 다음 구절을 떠올리게 한다. "물속에서 허우적거리는 사람을 무심히 보고 있다가 그 사람이 육지에 도달하니까 그제야 도와준답시고 방해하는 사람을 후원자라고 할 수는 없지 않습니까, 남작 각하?" 그러다가 쇼는 그 상금을 스웨덴과 영국 간 문학적·예술적 교류와 이해 증진을 위해서 써도 괜찮겠다고 생각했다. 그가 수상을 거부한 사실이 알려지자, 돈을 빌려달라는 편지가 도처에서—특히 미국인들에게서—쇄도했고, 그의 삶에 부담을 줬기 때문이다. "요새 나는 미국인들을 파멸에서 구하기 위해 500달러를 송금하는 짓은 절대

---

[14] 1755년 새뮤얼 존슨 박사가 체스터필드 남작에게 쓴 편지. 새뮤얼 존슨은 영어사전 편찬을 시작하며 예술 후원가로 잘 알려진 체스터필드 남작을 찾아가 재정적 후원을 요청했으나, 처음에 10파운드를 건네 받고는 이후 7년 동안 아무런 지원도 받지 못했다. 그러다 사전이 출간되기 직전 체스터필드 남작이 후원자라고 생색을 내며 어느 잡지에 그 사전을 치하하는 글을 발표했고, 그의 그런 기회주의적 행동에 새뮤얼 존슨이 분개하여 쓴 편지다.

로 하지 않겠다는, 사나운 투지와 보편적 박애가 뒤섞인 복합적인 표정을 연습 중이다. … 알프레드 노벨이 다이너마이트를 발명한 것은 용서할 수 있다. 하지만 노벨상은 인간의 탈을 쓴 악마만 발명할 수 있었을 것이다!" 그의 수상 거부로 7,000파운드가 공중에 뜨면서 눈에 보이지 않는 수많은 문제가 발생하자 결국 그는 상금을 수령했다. 하지만 상금이 그의 수중에 머무른 시간은 그가 영수증에 서명할 때부터 신탁증서를 영국-스웨덴 문학동맹에 넘기기까지 아주 잠깐뿐이었다.

쇼는 명성이 높아지면서 펜클럽P.E.N. Club 가입을 피할 수 없게 됐다. 펜클럽은 전 세계 작가들의 전반적인 협력을 도모해왔다. 처음에 그는 가입을 어떻게든 피하려고 했다. 하지만 존 골즈워디의 강요에 항복하고 말았다. "이 선의의 협박범 같으니! 좋아, 내 잠자코 따르기로 하지. 하지만 자네가 알아서 해. 나는 일 년에 1기니씩 보내는 귀찮은 짓을 반복하진 않을 테니까. 자, 여기 내 평생 회비 20기닐세(내가 예순여덟이니까). 만일 그들이 받지 않겠다고 하면, 나를 명예회원으로 임명하든지 말든지 맘대로 하고 그만 꺼지라고 하게! … 나는 한결같은 이유로 펜클럽을 반대해왔네. 작가들은 서로 어울려서는 안 돼. 파벌이나 증오나 질투 때문이 아닐세. 그들이 정신적으로 교배해봤자 미숙아를 낳을 뿐이기 때문이지. … 나는 내 습관을 바꾸지 않을 참이네. 펜클럽이 국제단체고 식사 모임은 아니라서 자네의 강제 복무령에 굴복하는 걸세."

여러 지방자치단체들이 쇼를 탁월한 극작가로 인식하기 시작한 것도 바로 이 무렵이었다. 쇼는 셰리단 놀스 기념비 제막식을 위해 바스를, 불후의 인물 셰익스피어를 기리는 행사를 위해 스트랫퍼드를 방문했다. 스트랫퍼드 극장이 화재로 소실됐을 때, 쇼는 혐오스런 건물 철거를 축하한다는 내용의 전보를 보냈다. 그곳의 연례행사에 참석해서는 옛 건물을 싸잡아 비난한 다음 물잔을 들고 불후의 인물 셰익스피어를 위해 건배해서 그 자리에 있던 기관장들의 심기를 불편하게 했다. 그로부터 13년 후인 1938년, 쇼는 빅토리아알버트 박물관 맞은 편 사우스 켄싱턴에 조성된 런던국립극장London National Theatre 부지 권리증서를 받게 되었다. 그는 그 증서를 신탁관리자들에게 넘겨주면서, 마침내 국립극장 자리가 생긴 것에 대해 기쁨을 표했다. "영국인들은 국립극장을 별로 바라지 않습니다. 과거 영국박물관이나 국립미술관을 바라지 않았듯이 말입니다. 하지만 그 건물들이 일단 들어서고 나자, 영국인들은 그것들을 자연현상처럼 여기면서 그런 시설 없이는 대영제국도 완성될 수 없다고 말합니다. 마찬가지로, 우리가 국립극장 건립에 착수하면 그것은 곧 하나의 시설이 될 테고, 정부는 이유는 몰라도 국립극장은 계속 유지해야 하는 것으로 인식하게 될 겁니다." 쇼는 그 거래에 대한 물질적 징표로 '잔디와 잔가지'를 진지하게 건네받았다. 이는 그가 아일랜드의 부동산 사무실에서 일했을 때부터 지켜온 미신이었다. 영국인은 잔디와 잔가지에 대해 들어본 적이 없었다. 하지만 국립극장의 홍보담당자들은 그게 신문의 머리기사감이라는 것을 알아보고 드루이드교적인 그 의식을 기꺼이 받아들였다.

1930년에는 쇼의 전집이 출간되기 시작했다. 그가 "자기 부스러기를 줍는 일"이라고 표현한 단조롭고 고된 작업을 하기 싫어서 수년 동안 미뤄온 사업이었다. 전집을 위해 쇼는 출간된 적이 없는 자신의 첫 번째 소설 『미완성』을 다시 읽었고 거기에 자전적인 서문을 추가했다. "매우 재미있더군. 아무 생각 없이 다시 읽었는데 말이지." 그는 오랜 친구 스튜어트 헤들램에게 이렇게 썼다. "그 소설을 쓴 후에는 어쩐지 다시 보기가 꺼려졌거든. 그런데 이제 보니 『어린 손님들The Young Visitors』[15]보다 재미있더라고. 내용도 읽을만하고, 고전적인 빅토리안 스타일에다, 내 최근작의 단서가 그 안에 모두 들어있지 뭔가. 사람들이 경험에 관해 떠들 때, 괴테는 이렇게 말했지. '나는 원래부터 알고 있었다.' 확실히 나도 그랬더군. 물론 칼 마르크스와 헨리 조지가 나의 세계관을 완전히 바꾸어 놓긴 했지만. 자네, 자서전을 써보고 싶다는 생각은 안 해봤나? 나는 이번 전집을 위해 나 자신에 대해 서문 비슷한 글을 써야 했는데, 그게 마음에 들지 않아. 나의 기록이 술래잡기 흔적처럼 단순해지는 것 같아서 말이야."

명성은 사람을 어울리지 않는 장소로 데려가고 안 하던 일들을 하게 한다. 쇼는 오래된 교회를 자주 찾았고 그곳에 혼자 있고 싶어했다. 지구상에서 그를 만날 가능성이 가장 적은 곳은, 특별한 날 사람들로 북적거리는 웨스트민스터 사원이었다. 하지만 거기서 토머스 하디의 장례식이 열렸을 때, 그는 존 골즈워디, 제임스 배리, 루디야드 키플링, A.E.하우스먼, 에드먼드 고스와 함께 상여를 맸다. 그 자리는 제국주의 예언자와 사회주의 예언자―당시 정치사를 견인하던 두 세력의 대변자이자 당대 최고의 문인 두 사람―의 만남으로 더욱 특별하게 기억되고 있다. 두 사람은 전에 한 번도 만난 적이 없었다. 적어도 키플링 쪽에서는 쇼와 만나는 것을 원치 않았다. 하지만 에드먼드 고스는 그 점을 전혀 신경

---

[15] 영국 작가 데이지 애쉬포드Daisy Ashford가 9세 때 쓴 동화. 1917년 그녀가 36세가 되었을 때 우연한 계기로 출판되었다. 『피터 팬』의 작가 J.M. 배리가 서문을 썼으며, 출간 첫 해에만 18쇄를 찍는 성공을 거두었다.

쓰지 않고 둘을 어떻게든 엮어주려고 했다. "키플링은 초조해 하면서 가만히 있지를 못하더군." 쇼는 나에게 당시 상황을 설명했다. "그는 내 앞에 불쑥 나타나더니 손을 획 내밀며 '안녕하세요' 하고는 나를 못 믿겠다는 듯 손을 후딱 거두어가더라고. 그러더니 자기를 보호해 줄 하우스먼을 향해 저쪽 구석으로 토끼처럼 급히 달아났지."

장례식이 끝나고 쇼와 에드먼드 고스는 함께 웨스트민스터 사원을 나섰다. 쇼는 전날 밤 고스의 『아버지와 아들』을 침대맡에 두고 잤다고 했다. 고스는 쇼더러 전에 그 책을 읽지 않았느냐고, 다소 쓸쓸하게 물었다. "물론 읽었지." 쇼가 대답했다. "그래서 한 번 더 읽은 거야. 중요한 건 내가 그 책을 단숨에 다 읽었다는 거지. 정말이지, 세례식에 대한 자네의 묘사는 영국 문학사에 길이 남을 거야." 고스는 갑자기 쇼를 향해 두 팔을 벌리더니, "쇼, 친애하는 나의 벗이여"라고 소리쳤다. "나에게 용기를 주는 사람은 자네뿐일세." 이제는 고스도 키플링만큼이나 맹렬히 쇼를 싫어한다. 하지만 타인의 재능을 알아보는 능력에 있어서 쇼를 당해낼 사람은 없다. 키플링이 오래 살았다면 쇼는 키플링을 정복하고도 남았을 것이다. 그러나 웨스트민스터 사원에서의 만남이 그들의 마지막 만남이 되고 말았다. 키플링은 쇼와 서먹한 관계인 채로 세상을 떠났다.

쇼는 하디의 장례식 풍경을 묘사했다. "우리가 운구하는 모습이 이상했을 거야. 나와 골즈워디는 키가 180센티미터가 넘어서 눈에 확 띄었지. 나는 장례식 직전까지 트루베츠코이 앞에서 전신상 모델을 섰기 때문에 삼십 분 정도는 꼿꼿이 서 있을 수 있었고, 골즈워디는 언제나 위엄이 있었어. 배리는 우리와 나란히 걸을 수 없다는 것을 깨닫고는 어떻게든 7센티미터 더 커 보이려고 노력했는데 놀랍게도 잘해냈지. 우리는 하디 몸의 어떤 부분이 됐건 하디의 재를 사원에 안치한다는 생각으로 행진했지.[16] 그런데 내 바로 앞에 있던 키플링이 쉴 새 없이 꼼지락거리면서 발을 자꾸 바꾸는 거야. 키플링이 그럴 때마다 계속 그 위로 고꾸라질 뻔했다니까."

쇼는 현존하는 가장 널리 회자되는 인물 중 한 명으로서 명성이 높아짐에 따라 시간 써야 할 일들도 엄청나게 많아졌지만, 극악무도하거나 부조리한 현실을 마주할 때마다 언론에 기고하는 습관만큼은 버리지 않았다. 파크허스트 교도소의 죄수 한 명이 탈옥했다가 붙잡혀서 교도소 관례대로 6개월 동안 족쇄를 차게 되었을 때, 쇼는 『데일리 뉴스』를 통해 정부 당국이 자기들만 편하자고 죄수에게 야만적인 복수를 하고 있다고 지적했다. "그 사람은 감금될 것을 선고받았지 스스로 감금할 것을 선고받지는 않았다. 훌륭한 스포츠맨 정신의 기본을 따르자면, 사실 죄수에게는 도망칠 수 있는 한 도망칠 신성한 권리가 있다. 교도소 측은 이길 가능성이 압도적으로 높다. 막대한 공금과 구금장치, 감시병과 소총, 담장과 철책, 오해의 여지가 없는 죄수복과 같이, 궁핍하며 아무 도움도 받지 못하는 한 명의 죄수를 좌절시키기에 충분한 모든 것을 갖추고 있지 않은가. 만일 최악의 범죄자가 다만 며칠이라도 탈옥에 성공한다면, 대중은 그의 솜씨에 박수를 보내야 할 것이다." 쇼의 이러한 의견은 큰 반향을 불러일으켰고, 도망자에게 족쇄 채우는 형을 폐지하는 계기가 됐다.

---

16 토머스 하디의 장례식은 유가족과 유언집행인(시드니 카커렐 경) 사이의 의견 충돌로 말미암아, 1928년 1월 16일 스틴스포드와 웨스트민스터 사원 두 곳에서 동시에 거행되었으며, 스틴스포드에는 하디의 심장을, 웨스트민스터 사원에는 하디의 유골을 각각 안치했다.

1928년 5월 세르쥬 보로노프 박사[17]가 런던을 방문하자, 유명한 미생물학자 에드워드 바흐 박사는 『데일리 뉴스』에서, 인간의 회춘을 위한 원숭이 조직 이식 수술은 수술받은 당사자나 그 자손에게 유인원의 가장 안 좋은 특징을 전이할 수 있으므로 위험하다고 했다. 덧붙여, 그는 유인원들에게 내재된 주요 특징이 잔인성과 육욕이라고 했다. 쇼는 더 두고 볼 수가 없었다. 그는 '콘술 주니어'(콘술은 공연으로 유명했던 침팬지 이름이다)라는 이름으로 편지를 보내서 유인원을 옹호했다. 보내는 주소는 '리젠트 공원의 원숭이 집에서'라고 적혀 있었다. 콘술 주니어는 물었다. "유인원의 생명을 조금이나마 억지로 연장하기 위해서 살아있는 인간의 고환을 뜯어내 다른 유인원에게 이식한 유인원이 있었습니까? 토르케마다가 유인원이었습니까? 종교재판소와 검사성성이 원숭이들 집이었습니까? 루크의 벌겋게 달궈진 철제 왕관과 데미안의 강철 침대[18]가 유인원의 작품이었답니까? 인간처럼 유인원에게도 아동보호협회 같은 게 필요할 것 같습니까? 최근 전쟁을 유인원이 일으켰습니까, 인간이 일으켰습니까? 독가스를 발명한 게 유인원입니까, 인간입니까? 바흐 박사는 유인원이 지켜보고 있는데 어떻게 그렇게 뻔뻔하게 유인원이 잔인하다는 말을 입에 담을 수 있습니까? 인간 과학자들은 실험실에서 우리 유인원의 뇌를 무자비하게 혹사해왔습니다. 그런데 그런 과학자 중

---

17 보로노프 박사Dr. Serge Voronoff(1866-1951): 프랑스 외과의사. 1920-30년대에 원숭이 고환 조직을 사람 고환에 이식하는 수술로 커다란 명성을 얻었다. 회춘 효과를 위해 보로노프의 조직이식술을 받은 사람은 유명한 갑부 해롤드 맥코믹을 비롯해 1930년대 초반까지 전세계적으로 수천 명에 달했다. 하지만 학계의 반응이 바뀌면서 언론과 대중에게 순식간에 조롱의 대상으로 전락했다.

18 올리버 골드스미스의 시 『나그네The traveller』(1764)의 한 구절로 역사 속 고문 기구들.

하나가 우리더러 잔인하다고 비난하다니요!" 콘술 주니어는 "백신이나 항독소 주사로 인간에게 소의 미덕이나 말의 장점이 주입되지는 않았습니다"라고 주장하고는 다음과 같이 끝맺었다. "인간은 과거나 지금이나 똑같습니다. 한마디로, 모든 동물 중에서 가장 잔인하고 가장 지독하게 육체적 쾌락을 탐합니다. 바흐 박사는 그게 우리 유인원을 닮아서 그런 거라고 더 이상 억지 부려서는 안 됩니다. 보로노프 박사가 인간을 괜찮은 유인원으로 만들려고 아무리 노력해봤자 인간은 여전히 인간일 테니까요." 심지어 쇼는 인간이 유인원보다 위생적이라는 주장도 인정하지 않으려고 했다. 3년 뒤 이즐링턴 자치구의회가 그의 집에서 1마일 떨어진 휘트햄프스테드에 쓰레기를 버리자, "그쪽에서 바람이 불어올 때마다 셰익스피어가 말한 '제비꽃 향기에 실린 정다운 남쪽'이 떠오르는 게 아니라, 스트롬볼리와 에트나와 베수비오의 활화산과 지옥이 떠오른다"며 세인트 앨번 지방의회에 항의했다.

이 시기 쇼는 너무 바빠서 죽음에 대해 생각할 겨를조차 없었다. 그는 조지 비숍George Bishop에게 인생은 50대가 최악이라면서, 50대에는 자신의 유한성을 인식하며 죽음을 준비해야 했지만 그 후로는 유언장을 변경해야 했을 때를 제외하고는 죽음에 대해 생각해본 적이 거의 없다고 했다. 그의 대화에 죽음이란 주제가 끼어든 적은 별로 없었다. 그렇지만 언젠가 그는 "별들 아래 적당히 마른 땅에 잠들고 싶다"고 했고, 1935년 초 병을 앓고 난 이후에는 자신이 "죽을 고비를 아슬아슬하게 넘겼다"는 것을 알게 됐다. 그동안 그의 친구들은 "햇빛 비치는 곳에서 해가 들지 않는 곳으로" 하나둘씩 떠나갔는데, 그럴 때마다 그가 가장 강하게 느꼈던 감정은 윌리엄 모리스의 죽음에 관해 쓴 글에 잘 나타나 있다.

"우리가 윌리엄 모리스 같은 인물을 잃게 된다면, 그건 우리가 죽기 때문이지 그가 죽었기 때문이 아니다." 1924년 윌리엄 아처의 죽음은 그에게 여느 때보다 깊은 슬픔을 남겼던 것 같다. "아처가 없는 런던으로 돌아왔더니, 런던은 이미 새로운 시대에 접어든 것처럼 보였고 나는 마치 꾸물대는 잉여가 된 기분이었다. 그가 가면서 나의 일부도 함께 가져간 것 같다." 아처는 자신의 목숨을 앗아간 수술을 받기 직전 쇼에게 편지했다. "사고는 일어나기 마련이니까, 이번 일을 계기로 나는 자네에게 이런 말을 하고 싶네. 자네가 반드시 믿어줬으면 하는 이야기지. 나는 때로 자네의 멘토 역할을 자처하며 지나치게 솔직하게 굴었어. 하지만 자네에 대한 존경과 사랑이 흔들리거나, 자네와 동시대인이자 친구가 될 정도로 내가 운이 좋았다는 사실을 잊은 적은 한 번도 없었다네. 40여 년 간 좋은 동료로 지내줘서 진심으로 고맙네." 그보다 4년 전인 1920년에는 쇼의 누이 루시가 세상을 떠났다. 루시는 결혼하고 얼마 안 있다가 이혼했다. "누이는 남편과 서로 몇 년간 보지 못하다가 결혼해서 그 사이 남편에게 다른 여자가 생겼다는 것을 결혼식 당일에야 알게 되었어. 누이는 이혼하겠다고 길길이 날뛰었고 그 비용은 내가 대야 했지. 그렇게 그 남자에게서 자유로워졌는데, 그가 외롭다니까 누이는 그가 죽는 날까지 매일 놀아주더군. 나중에는 그의 미혼 남동생이 형의 뒤를 이어-역시 죽는 날까지-누이의 난롯가를 지켰어. 이런 일들이 있고 몇 년 뒤, 나와 누이 모두 60대였던 어느 화창한 오후, 나는 누이 집을 방문해 침대에 홀로 누워 있는 누이를 발견했지. 누이는 자기가 죽어가고 있다고 말하면서 내 손을 잡고는, 얼마 안 있다가 정말로 죽었어." 쇼 남매는 아주 오랫동안 서로 다른 세계에 살았고 거의 왕래하지 않았다. "누이는 마음이 정말 단단했던 것 같아(마음이 있었다면 말이지)." 쇼는 말했다. "하지만 누이가 본의 아니게 다른 사람의 마음을 찢어놓은 경우는 아마 셀 수도 없을 거야."

1929년 8월 배리 잭슨 경이 맬번 페스티벌Malvern Festival을 개최하면서, 극작가로서 쇼의 명성은 더욱 견고해졌다. 맬번 페스티벌에서는 『메투셀라로 돌아가라』, 『상심의 집』, 『시저와 클레오파트라』, 『사과 수레』를 상연했다. 『사과 수레』는 그해 6월에 이미 바르샤바 폴스키 극장에서 초연됐다. 런던에서 더 늦게 상연한 이유는 '자본주의-민주주의의 무용성'을 주제로 다뤘기 때문이다. 『사과 수레』에서는 자본주의와 민주주의의 결합이 영리한 입헌군주제만도 못한 것으로 비춰졌다.[19] 쇼는 그 작품을 6주 만에 썼다. 그의 일거수일투족에 이목이 쏠리는 시기였던 만큼, 1929년 8월 18일 런던의 평론가들은 그날이 일요일이었는데도 드레스 리허설을 보기 위해 맬번까지 기차를 타고 왔다. 푹푹 찌는 날이었다. 그런데도 쇼는 아침부터 맬번 힐에 올라 한참을 돌아다녔다. 그는 늘 그랬듯 『사과 수레』를 제작하는 동안에도 열심히 일했다. 왕 역할을 맡은 배우 세드릭 하드위크에게 건네준 장문의 편지는 그가 세부사항까지 얼마나 꼼꼼하게 신경썼는지를 보여준다. 같은 해 10월 쇼가 수트로에게 보낸 편지를 통해 우리는 『사과 수레』가 쇼의 다른 작품들과 마찬가지로 숱한 변화를 거쳐 완성됐다는 것을 알 수 있다. "셈프로니우스 아버지

---

19 [저자 주] 쇼는 유럽 전역에 독버섯처럼 번지고 있던 독재자들에게 해가 갈수록 더 호의적이 되었다. 1933년 10월, 그는 애스터 여사에게 이렇게 썼다. "'지극히 자유로운 마음, 즉 영국인의 마음'을 지닌 사람도 '지극히 평화로운 마음, 즉 호랑이의 마음'을 지닌 사람만큼이나 희귀합니다. 이 무솔리니 반대자들은 다 바보예요."

이야기로 시작한 게 잘못이었어. 원래는 의례주의자와 퀘이커교도를 대표하는 두 거대 정당에 관한 이야기로 시작해서, 왕이 둘 사이에서 균형을 맞추다가 나중에 둘이 힘을 합쳤을 때 한꺼번에 격파해버린다는 내용으로 전개하려고 했지. 그러나 분량 문제로 그 이야기는 버려야 했어. 그래도 나는 이 극의 오프닝이, 아주 훌륭한 모차르트 서곡처럼, 진짜 재미가 시작되기 전에 관객의 마음을 가라앉히고 집중시키는 효과가 있을 줄 알았어. 하지만 그 모든 게 소포클레스 때나 썼을 법한 구닥다리 수법 같더군. 공연을 보면서 민망해서 혼났다네."

맬번 페스티발은 1939년 (쇼의 표현에 의하면) "2차 포에니 전쟁"으로 중단될 때까지 매년 열렸다. 쇼의 영예를 드높이자는 취지에서 시작됐지만, 곧 다른 작가의 작품들도 무대에 올려졌다.[20] 1937년까지 쇼는 페스티발이 열리는 동안 언제나 맬번에 머물렀고, 행사의 주인공이었던 만큼 사인받으려는 팬들과 숭배자들을 끊임없이 몰고 다녔다. 세월이 가면서 그런 자리가 점점 피곤해지자, 1938년에는 드로이트위치에 머물면서 자동차로 둘러보고 싶은 곳을 마음껏 쏘다녔다. 맬번 페스티발 초창기에는 에드워드 엘가 경이 참석해서 쇼의 의욕을 북돋웠다. 둘은 아주 친해져서 어딜 가든 함께 있는 모습이 눈에 띄곤 했다. 그들은 음악에 관한 긴 대화를 주고받았다. 위험한 주제였다. 엘가는 음악에 관한 한

---

20 〔저자 주〕 쇼는 언제나 젊은 극작가를 위해 힘쓰고 다른 사람을 등 뒤에서 칭찬하는 보기 드문 미덕의 소유자였다. 다음은 1934년 2월 9일 그가 애스터 여사에게 보낸 편지의 일부다. "션 오케이시는 더블린 빈민가를 벗어나 하이드 공원에 온 것만으로도 국경을 초월한 재능이 있음을 보여준 괜찮은 사람입니다. 그의 작품은 대단히 인상적이고 사람들을 꾸짖는 듯한데, 내 작품처럼 그렇게 거슬리지 않는답니다. 그의 작품을 본 사람들은 조용히 자신의 변호사를 찾아가 이혼을 준비하는 대신, 서로의 품에 안겨 울면서 '신이시여, 우리 모두를 용서하소서!'라고 외치게 되죠."

성미가 활화산 같았기 때문이다. 하지만 쇼가 상대를 잘 알았던지라, 둘은 한번도 다투지 않고 취향과 기술적 관심을 공유할 수 있었다. 맬번 도서관에서 열린 공개행사에서 엘가는 자기보다 쇼가 음악에 대해 더 잘 안다고 말했다. 하지만 쇼는 극을 주제로 강의해달라는 요청을 받을 때마다, "나는 실행하는 사람이지 가르치는 사람이 아니"라며 매번 거절하고 평론가 고스에게 엘가와 비슷한 칭찬을 해주었던 사람으로서, 그러한 칭찬의 의미를 잘 알고 있기에 섣불리 으쓱해 할 수가 없었다. 쇼는 엘가를 자신보다 더 대단한 사람으로 추어올렸고, 이에 기분이 좋을 수밖에 없었던 작곡가는 "모든 예술가에게 최고의 친구이자 지구상에서 가장 다정하고 소중한 동료" 쇼에게 「세번 모음곡 Severn Suite」을 헌정했다. 1922년, 그러니까 그들이 맬번에서 그렇게 가까워지기 7년 전, 쇼는 퀸즈홀에서 열린 엘가의 「사도들」 공연에 관객이 별로 없고 공적인 후원자도 없다면서 언론을 통해 불만을 토로한 적이 있었다.

"일등석에 겨우 여섯 명만 앉아 있던데, 그나마도 공짜표로 온 사람들 같았습니다. … 그 공연은 더비(경마)나 굿우드(자동차경주), 컵 파이널스(축구경기), 카르팡티에 파이츠(권투경기)같이 사회지도층 인사가 사람들과 열심히 악수하는 장면이나 보도되는 그런 자리들과는 비교도 할 수 없을 정도로 중요했습니다. ……

남학생들이나 스포츠 도박 상인들의 이해력과 취향이 도시 문화의 척도가 되어버린 나라에서 살게 되어 후손 여러분에게 미안할 따름입니다. 역겨워서 이만 줄입니다."

나는 쇼가 엘가를 처음에 어떻게 만났는지 알고 싶어졌고, 쇼는 내 호기심을 충족시켜주었다.

"엘가는 밴더벨드 부인 집에서 점심식사를 하면서 처음 만났어. 밴더벨드 부인은 벨기에 사회주의자 정치인의 아내이지. 엘가와 나는 서로 소개받자마자 음악에 관한 긴 대화 속으로 빠져들었어. 엘가는 1880년대에 내가 『스타』에 '코르노 디 바세토'라는 필명으로 썼던 평론들을 탐독하고 웃다가 쓰러진 적도 있다더군. 나도 까맣게 잊고 있던 나의 농담을 여전히 기억하고 있더라고. 밴더벨드 부인이 음식이 식겠다고 일깨워주기 전까지 우리는 대화하느라 정신이 없었어. 그러다 우리가 말이 없어지자 포크와 나이프 소리밖에 들리지 않게 됐지. 그 자리에는 로저 프라이[21]도 있었는데, 엘가와 내가 음악에 대해 점점 깊이 들어가니까 계속 소외감을 느꼈던 모양이야. 어쨌든 우리가 조용해졌을 때, 로저 프라이가 자기도 말 좀 해야겠다고 생각했는지, 잠깐 숨을 고르고는 클라리넷의 샬류모(최저음역) 같은 고운 목소리로 그러더군. '결국 세상에는 오직 하나의 예술만 있을 뿐입니다. 디자인 예술이죠.' 그러자 식탁 반대편에서 무섭게 으르렁거리는 소리가 들렸어. 나는 엘가를 봤지. 그는 갈기를 잔뜩 세운 채 벼르고 있었고 폭발하기까지 그리 오래 걸리지 않았어. '음악은 천상의 언어요. 천상에서 온 것이란 말이요.' 그는 식식거리면서 말을 이었어. '그런데 당신, 그런 음악을 망할 모방 따위와 비교해!' 모두가 숨을 죽이고 프라이의 대답을 기다렸지. 그러나 프라이는 엘가의 머리를 향해 포도주병을 던지는 대신 미소지으며 입을 다물더군. 그

---

21 로저 프라이Roger Fry(1866-1934): 영국의 화가이자 미술비평가. 버지니아 울프, 존 메이나드 케인즈 등과 함께 블룸스베리 그룹 중 한 명이었다. '후기 인상파'라는 용어를 최초로 사용했고, 마네와 고갱, 마티스, 반 고흐와 같은 화가들을 영국에 처음 소개했으며, 폴 세잔을 발굴했다. 미술사학자 케네스 클락은 로저 프라이를 "러스킨 이후로 취향에 그 누구보다도 큰 영향을 미친 사람"으로 묘사했다.

래서 엘가도 잠잠해졌어."

나는 엘가가 독실한 가톨릭 신자였냐고 물었다.

"어림없는 소리! 엘가는 그 문제에 관한 한 의도적으로 말을 아껴서, 나는 그가 19세기적 불신자일 것이라고 확신했지. 물론 엘가가 그걸 인정하거나 그런 소리를 듣고 싶어하지는 않았겠지만. 그는 3대 개신교 성당인 우스터 성당과 글로스터 성당, 히어포드 성당의 음악 영웅으로서, 그의 영혼은 우스터에 있었지. 그래서 사람들은 그가 로마가톨릭교도는 아닐 거라 생각했어. 그는 모든 감정을 자신의 음악에 쏟아부었지. 그의 걸작 중 하나는 오쇼네시[22]의 「시-음악 만드는 사람들」에 붙인 곡이야."

쇼의 다음 작품 『바르게 살기엔 너무 진실해』는 1932년 맬번 페스티벌에서 초연되었다. 등장인물 미크 이등병의 실제 모델은 아라비아 군사작전의 영웅 T.E.로렌스임이 분명했다. 로렌스는 그 작품이 "감동적이며, 마치 고별사처럼 마음의 동요를 일으키는" 작품이라고 생각했다. 쇼와 로렌스는 피츠윌리엄 박물관 큐레이터이자 토머스 하디의 유언집행인이었던 시드니 카커렐 경을 통해 처음 만났다. 카커렐 경이 쇼의 아델피 집에 로렌스를 데려왔다가 오거스터스 존Augustus John이 그린 쇼 초상화를 우연히 발견하고 박물관으로 가져간 날이었다. 쇼 부부와 로렌스는 금세 친해져서, '다마스쿠스의 왕자'는 그때부터 걸핏하면 쇼의 집

---

[22] 아서 오쇼네시Arthur O'Shaughnessy(1844-1881): 37세에 요절한 영국의 시인 겸 파충류 학자. 시집 『음악과 달빛Music and Moonlight』(1874)에 수록된 「시Ode」로 유명하다. "우리는 음악을 만드는 사람들이다"로 시작되는 「시」는 1912년 엘가의 작품 「The Music Makers」(Op. 69)으로 거듭났으며, 1964년에는 졸탄 코다이가 곡을 붙여 옥스퍼드 머튼 칼리지에 헌정하기도 했다.

을 드나들었으며 어디 멀리 가기라도 하면 쇼 부인에게 줄창 편지했다.[23] 그 편지들은 이제 영국박물관에 있다. 어쩌면 로렌스는 쇼 부부와 있을 때 가장 마음이 편했는지도 모른다. 고질병에 가까운 그의 연극적인 태도가 무대로 단련된 쇼에게는 전혀 통하질 않았기 때문이다. 쇼는 그의 연극적인 태도와 과도한 문학 숭배를 조롱하면서, 그런 특이함 때문에 로렌스가 맹신성, 괴팍함, 공허함 같은 아마추어나 딜레탕트의 속성과 일류 작가의 글솜씨를 동시에 갖고 있다고 평가했다. 쇼는 그의 예리한 지성과 실용적인 창의성, 높은 사람을 전혀 개의치 않는 태도, 비범한 문학적 표현력을 대단히 좋아했지만, 한편으로는 그가 10대에 사고로 육체적 성장이 멈추면서 정신적 성장도 멈추게 된 것 같다고 주장했다. 로렌스가 어른들의 관심사라 할 수 있는 정치와 종교에 전혀 관심이 없었기 때문이다.[24] 결코 성장한 적이 없는 것 같은 로렌스의 천재 소년 기질은, 로렌스처럼 활동적이지는 않았지만 또 한 명의 놀라운 피터 팬이었던 길버트 체스터턴보다 훨씬 심했다. 그런 면에서 쇼는 그들과 완전히 달랐다. 로렌스에 대한 쇼의 견해를 평가하려면, 쇼가 영국인 전체를 미성인으로 분류한 적이 한두 번이 아니었다는 사실을 먼저 상기해야 할 것이다.

애초에 쇼는 로렌스가 사병으로 입대하자 "충격적인 바보짓"이라며

---

23 [저자 주] 1929년 6월 30일 로렌스가 애스터 여사에게 보낸 편지에는 이렇게 적혀 있다. "쇼 부인은 송구스럽게도 제 장점만 보신답니다. 제 생각에 쇼 부인은 매우 마음이 넓으신 분 같아요. 쇼와 쇼 부인을 보면 베이컨과 달걀처럼 이상적인 조합이라는 생각이 듭니다. 저는 책을 읽거나 음악을 듣는 것보다 그분들을 찾아뵙는 것이 더 좋아요."

24 [저자 주] 쇼는 수대에 걸쳐 인류를 마약처럼 취하게 만든 그 두 주제에 관심이 없다는 것은 어른의 사고방식을 가지지 못한 것으로 봤다. 그가 옳을지도 모른다. 하지만 그의 주장은 논쟁의 소지가 있다.

맹렬히 비난하고, 볼드윈[25]을 압박해 로렌스에게 합당한 연금을 지급하게 하려다가 실패했다. 충격적인 바보짓이 계속되자 쇼는 로렌스에게 툭 터놓고 얘기했다. "넬슨이 나일 강 전투에서 머리를 세게 얻어맞고 정신이 약간 이상해진 채로 집에 돌아와 바지선의 키잡이를 하겠다고 나서고 자기를 다른 사람과 똑같이 대해달라고 우겼는데, 그때 해군도 이렇게까지 당황하지는 않았을 걸세. '승리와 위엄을 부르는 신비로운 존재' 위대한 로렌스를 지휘하게 될 자네 상관의 심정은 아마도 아우스테를리츠와 예나에서 냉소적인 나폴레옹을 지휘하게 된 겁먹은 애송이 마르보의 심정과 비슷할 거야. … 자네는 쉬는 게 마치 어려운 일이라도 되는 것처럼 얘기하는데, 한 번 석 달만 쉬겠다고 해 보게. 자네 상관들은 안도의 눈물을 흘리며 이렇게 소리칠 거야. '제발, 열두 달만 쉬어라. 아니 평생 쉬어라. 아니 뭘 해도 좋으니 우리 모두를 바보로 만드는 이 미친 가면무도회를 멈춰달라고!' 나도 그들과 같은 심정일세."

그렇지만 로렌스가 '미크 이등병'이 된 것으로 미루어 볼 때, 그 문제에 관한 쇼의 생각이 바뀌었던 게 분명하다. 그리고 로렌스가 손발이 묶인 장교였을 때보다 공군 최하위 계급인 이등병이었을 때 자유와 재량권을 훨씬 더 많이 누렸다는 것도 분명하다.

『파탄 직전』(1933), 『칼레의 6인』(1934), 『백만장자 상속녀』(1937)를 제외한 쇼의 후기작 『예기치 못한 섬의 바보들』(1935), 『제네바』(1938), 『찰스 왕의 전성시대』(1939)는 맬번 페스티발에서 최초로 선보였다. 때로는 쇼의 머릿속을 몇 년 동안 떠돌던 아이디어가 마침내 형태를 갖추고 나오기도 했다. 대표적인 예가 『칼레의 6인』으로, 쇼는 1914년 전쟁이 터지기

---

25 스탠리 볼드윈Stanley Baldwin(1867-1947): 영국의 보수당 정치인. 수상을 세 차례나 역임했다.

얼마 전 자동차 여행을 하다가 이 작품에 대한 아이디어를 얻었다. 당시 그는 잔다르크에 대한 관심 때문에 동레미를 찾았고, 이프르, 휘르네, 됭케르크, 칼레를 거쳐 불로뉴까지 갔는데, 칼레에서 해 질 무렵 로댕의 조각을 보고 언젠가 그에 관한 작품을 써야겠다고 생각했다.

『찰스 왕의 전성시대』를 제외하고 그의 후기작 중 그 무엇도 그의 최고작에 필적하지는 못했다. 걷잡을 수 없이 혼란스러워져 가는 세상이 그의 작품에 반영됐던 것 같다. 하지만 그의 역사극만큼은 세상의 혼란과 거리가 멀었고, 그런 점에서 『찰스 왕의 전성시대』는 『성녀 잔다르크』 이후 가장 만족스러운 작품이었다. 쇼는 나에게 조지 폭스[26]에 관한 작품을 쓰고 싶다고 얘기한 적이 있었다. 또다시 종교가 주제인 작품이었다. 그러다 그는 문득 이런 생각이 들었다. '아이작 뉴턴에 대해 써볼까? 뛰어난 기억력을 가진 놀라운 존재였으나, 기원전 4004년에 세상이 창조됐다고 가정하는 바람에 그의 가장 천재적인 업적이라 할 수 있는 세계연대기가 어리석은 짓이 되어버렸다.' 또 한편으로는, 영국 왕위에 오른 자 중 가장 영리한 군주였던 찰스 2세에 관한 생각을 발전시키고 있었다. 결국 그는 그 세 사람을 모두 소개하기로 했고, 지적인 긴장을 완화하기 위해 찰스 왕의 정부도 몇 명 등장시켰다. 결과는 재미있었다.

사실, 쇼는 본인의 시대를 벗어나 다른 시대의 사람들과 함께 살 때 가장 행복해 보였다. 『상심의 집』, 『존 불의 다른 섬』, 『의사의 딜레마』 도 『추문 패거리』[27], 『지는 것이 이기는 것』, 『진지함의 중요성』처럼 '시

---

[26] 조지 폭스George Fox(1624-1691): 퀘이커교 창시자. '내면의 빛'을 주창하며 '진리의 벗'이라는 신앙단체를 조직했다. 영국 웨일즈 지방에서 시작해 미국으로까지 세력을 확장했다.

[27] 아일랜드 출신의 극작가이자 시인 리처드 브린슬리 셰리단의 희곡.

대물'로 다시 태어나기는 하겠지만, 쇼의 작품 중 가장 자연스럽고 가장 설득력 있고 가장 상상력이 풍부하고 가장 자의식이 덜 드러난 작품은 『시저와 클레오파트라』, 『안드로클레스와 사자』, 『성녀 잔다르크』라고 할 수 있다. 영국의 연극 무대가 쇼가 구원하기 이전보다 나은 상황이기만 하다면, 그 작품들은 계속해서 살아남을 것이다. 우리가 이미 살펴봤듯이, 쇼가 창조해 낸 캐릭터는 대부분 쇼 자신에게서 크게 벗어나 있지 않은 탓에 차별화된 존재감을 드러내지 못한다. 그의 작품에서 정말 살아 숨쉬는 것 같은 캐릭터, 다시 말해 종교적이고 자의식 강한 유형은 작가가 자신의 모습을 투영한 캐릭터이다. 그런데 방금 언급한 세 편의 작품에서는 조연들도 주연이 발산하는 빛의 일부를 포착하고, 꼭두각시를 조종하는 줄도 이전 작품들에서보다 확실히 눈에 덜 띈다. 쇼는 극작가로서 동시대인의 삶을 다룰 때 본인의 진짜 약점이 어디에 있었는지 알았던 것 같다. 그가 자신은 언제나 이 행성에서 원주민이 아닌 나그네로 살아왔고, 자신의 왕국은 이 세상에 없으며, 자신은 상상의 세계에 있을 때나 버니언, 블레이크, 셸리, 베토벤, 바흐, 모차르트와 같이 죽은 위인들과 함께할 때만 마음이 편하다고 고백한 걸 보면 말이다.

제2의 소년기
삶은 자신을 알아가는 것이 아니라 자신을 창조해가는 것이다.

"세계일주 중이라네. 아마도 4월 전에는 돌아오지 않을 거야." 1932년 12월 9일 쇼는 수트로에게 편지했다. 지중해와 독일 바이로이트에는 수차례 가봤지만, 세계여행에 나선 것은 일흔다섯을 넘긴 그때가 처음이었다. 그는 위대한 인물들치고 살던 나라를 벗어난 경우는 거의 없었다는 사실을 알고 있었다. 셰익스피어, 베토벤, 렘브란트, 예수, 부다, 마호메트가 그랬다. 쇼는 만일 혼자였다면 태어난 곳에서 1마일도 벗어나지 않았을 것이라고 단언했다. 여행하면 정신이 고양되고 견문이 넓어진다는, 당시 많은 작가가 공통으로 가지고 있던 환상이 그에게는 전혀 없었다. 셰익스피어는 스트랫퍼드와 런던만 오갔어도 전 우주를 아울렀고, 베토벤은 빈의 카페 한 곳에서 교향곡을 작곡했으며, 렘브란트는 굳이 암스테르담에 가지 않고 라이덴에만 머물렀지만 인간 본성을 그려냈다는 것을, 그는 잘 알고 있었다. 하지만 쇼 부인은 유목민이었다. 더구나 런던과 허트퍼드셔를 오가며 두 집 살림을 도맡아 했기에 휴가가 꼭 필요했다. 쇼는 스스로 움직이는 유형은 아니었지만, 누가 가자고 하면 호기심에서라도 어디든 기꺼이 갈 준비가 되어 있었다. 자동차 여행도 좋아했다. 운전대를 잡으면 꼭 펜을 쥐지 않아도 일에 대한 욕구를 실컷 충족시킬 수 있었기 때문이다. 유람선에서는 조용히 혼자 있건 붐비는 갑판에 있건 일에 몰두할 수 있었고, 방해받지 않고 일할 수 있는 안전한 방법도 알아냈다. "유명인사와 친구 맺을 준비가 된 숙녀를 나는 기가 막히게 잘 알아본다네." 그는 윌리엄 로텐슈타인[1]에게 이렇게 말했다. "일단 그런 숙녀를 발견하면, 그녀 옆에 내 갑판의자를 갖다 놓고서는 이렇게 묻는 거야. 옆에서 내가 말없이 새 작품을 쓰는 데 열중해도 괜찮겠냐고 말이지. 그러면 그녀는 자기가 G.B.S.의 보호자 역을 맡게 된 것에 몹시 기뻐하면서, 누구든 가까이 오기만 하면 '쇼 선생님이 지금 새로운 작품을 쓰고 계세요'라고 속삭이면서 내 주위에 얼씬도 못 하게 한다네. 그러면 나는 새로운 친구도 사귀고 배에서 완벽한 평화도 누리게 되지." 『시골에서 구혼하다』라는 짧은 촌극은 그와 같은 인연을 주 소재로 삼았다. 결과적으로, 쇼 부인은 자기 뜻대로 그를 "전 세계로 끌고 다녔다."

"여행하면서 특별히 인상 깊었던 곳이 있나요?" 내가 물었다.

"아니. 거기가 거기야."

"인상 깊었던 사람은요?"

"아니. 사람이 사람이지."

"아그라에서 타지마할 보셨어요?"

---

[1] 윌리엄 로텐슈타인William Rothenstein(1872-1945): 영국의 화가. 초상화가로 유명했다. 1920년부터 1935년까지 왕립미술원 학장을 지냈으며, 1931년에 기사작위를 받았다.

"아니. 다른 사람들은 일주일 안에 인도 전체를 둘러보겠다고 하더군. 나는 봄베이(뭄바이)에 머물렀고, 거기서는 나의 종교가 자이나교로 불린다는 것을 알게 됐지."

"중국에서 만리장성은 보셨어요?"

"비행기로 둘러봤지."

"흥미롭던가요?"

"벽치고는 흥미롭더군."

"로키 산맥에는 분명 감탄하셨지요?"

"그건 안 봤어. 나는 더블린 근처 세바위산을 본 것으로 충분히 만족해."

어느 기자가 그가 방문했던 국가들에 대해 할 말이 없냐고 묻자, 그는 이렇게 대답했다.

"태국에는 한 번 가볼 만합니다. 태국에서는 젊은 세대가 나이든 세대의 지혜를 존중하고 심지어 조언까지 구하더군요. 이제 영국에서는 아무도 내 조언을 구하지 않고, 조언해도 신경도 안 쓰는데 말이죠."

"태국 젊은이는 나이든 사람의 조언을 잘 받아들입니까?"

"물론 아니죠! 태국에는 버나드 쇼가 없으니 늙은이의 조언을 듣는 것도 바보짓일 겁니다. 그래도 그곳의 젊은이들은 적어도 조언을 구하는 예의라도 있지요."

1932년 초 그는 아내와 남아프리카를 방문했는데 케이프타운에서 자동차를 타고 동쪽으로 달리다가 사고가 났다. 차 안에는 운전 중이던 쇼와 그의 아내, 쇼 부부에게 안내를 해주던 해군 장교가 타고 있었고 짐도 엄청나게 많았다. 쇼는 익숙하지 않은 기계를 마주하면 흔들리는 모습을 보였다. "관리자가 밧줄을 잡아당겨서 위아래로 움직이는 승강기가 아니라 탑승자 스스로 조작해야 하는 전동식 승강기에 처음 탔을 때 나는 거의 울 뻔했다. 그리고 승강기에서 내렸을 때 그 안도감은 이루 말할 수가 없었다." 하지만 익숙한 장치를 다룰 때면 절대 움츠러들지 않았다. 다음은 그가 나에게 털어놓은 이야기다.

"위기의 순간 내 신경은 가장 이상한 방식으로 작동해. 명백한 재앙이 임박했다 싶으면, 그 상황을 피하려고 즉시 온몸에 힘이 들어가는데, 순식간에 상황을 판단하고, 이를 악물고, 근육을 수축하고, 정신을 가다듬고, 조금도 떨지 않지만, 언제나 잘못 행동하지. 팰맬 가에서 그런 적이 한 번 있었어. 자전거를 타고 국립미술관 앞을 지나가는데, 마침 헤이마켓에서 칵스퍼 가로 향하는 그레이트 웨스턴 철도회사의 화물마차가 보이더군. 한데 그때, 어느 숙녀가 양산을 펴는 바람에 말이 겁을 먹고 좌회전을 하면서 칵스퍼 가 쪽이 아니라 내 쪽으로 돌진해 오는 거야. 어쩐지 그럴 것 같더라고. 그런데 나는 보통 사람들처럼 자전거에서 내려 인도 위로 올라가는 대신, 정신을 차리고 온 힘을 다해 말이 돌진해오는 방향으로 핸들을 꺾어 말을 정면으로 들이받았지 뭐가. 땅바닥에 거꾸러져서는 발목을 움직여 마차 바퀴에서 1~2인치 떨어진 곳으로 몸을 피했고 겨우 목숨을 구할 수 있었지. 내 자전거는 거미가 갈가리 찢길 때처럼 날카로운 소리를 내며 박살났어.

그러고 나자 보상 문제가 불거졌어. 나는 귀찮아서 그 문제를 그냥 덮으려고 했지. 그런데 웹 부인이 '철도회사로부터 자전거 비용 받아냈어요?' 하고 만날 때마다 묻는 거야. 나는 그녀에게 바보같이 보이고 싶지 않은 마음에 결국 보상을 청구했지. 철도회사 직원 한 명이 내 피츠로이 집을 방문했어. '우리는 책임이 없습니다.' 그가 그렇게 말하길래, 내가 대꾸했지. '그럼 보상하실 필요 없습니다.' 그러자 그가 '얼마를 원하십니까?' 그러더군. 나는 '글쎄요, 만일 사고 전날 아침에 제가 그 자전거를 팔았다면, 15기니는 받았을 것 같군요'라고 했어. '너무하시네. 너무하셔. 그건 말도 안 돼요!' 그 직원이 소리쳤어. 나는 그에게 빙긋 웃으며 좋은 하루 보내라고 했지. '우리는 책임이 없습니다.' 그가 되풀이했어. 나는 그자보다 더 잘 알고 있었지만 굳이 맞서지는 않았지. 그는 주머니에서 1파운드짜리 금화 10개를 꺼내서 내 앞 탁자 위에 내려놓더군. 눈앞에 놓인 금은보화에 저항할 수 있는 사람은 드물다는 걸 알았는지 말이야. '선생께 야박하게 굴고 싶지는 않습니다. 하지만 그게 저희가 해드릴 수 있는 최대치입니다. 그 정도면 굉장히 후한 겁니다.' 그의 말에 내가 이렇게 제안했어. '우리 이 문제는 변호사에게 맡기죠. 나중에 이 사고가 어떤 결과로 이어질지 우리는 모르잖아요. 그때의 충격으로 저에게 어떤 후유증이 생길 수도 있고요. 그럼 귀사를 상대로 여러 가지 소송을 걸어야 할지도 모르는데.' 그러자 그는 마지막 카드를 꺼내 들었어. 돈을 도로 주머니에 집어넣고 천천히 문 쪽으로 가서 또 천천히 문을 열고 나가더니 그의 등 뒤에서 문이 거의 닫히려는 순간, 마침내 굴복하더군. 다시 돌아온 그는 체념 섞인 우울한 표정을 지어서 내 마음을 움직이더니 아주 힘들게 15기니를 건네면서 영수증에 서명해달라고 했어. 솔직히 나는 얼마를 받든 전혀 관심없었어. 그런 일이 어떤 식으로 처리되는지 보고 싶었을 뿐이지.

그건 그렇고, 남아프리카에서 난 사고는 좀 더 심각했어. 나는 1908년에 엑셀 페달이 클러치와 브레이크 사이에 있는 차로 운전을 배웠고, 그러한 배치에 완전히 익숙해졌지. 그래서 엑셀이 브레이크 오른쪽으로 간 차를 타게 됐을 때, 나는 극도로 위험한 운전자가 되었고, 내가 페달을 잘못 밟을 경우 바로 스파크를 꺼줄 믿을만한 운전사를 옆자리에 앉혀야 했어. 불행히도 남아프리카에서는 그 운전사가 내 옆에 없었던 거지. 우리는 윌더니스 해변에서 포트엘리자베스로 가던 중이었어. 나는 꼬불꼬불한 산길과 골짜기들 사이로 능숙하게 차를 몰아 한참을 간 끝에, 반 마일 정도 평탄하게 뻗어 있는 안전한 길에 당도했고 그때부터 전속력으로 달리기 시작했지. 그런데 난데없이 요철을 만나 차가 왼쪽으로 휙 틀어지면서 길가로 몰린 거야. 그 순간 내가 얼마나 침착했던지! 잠시도 당황하거나 허둥대지 않았다니까. 나의 몸은 단단했고 나의 정신은 강인했지. 나는 차를 반대 방향으로 꺾으며, 있는 힘을 다해 틀린 페달을 밟았어. 그 차는 참 호기롭게 반응하더군. 길을 가로지르더니 가시철조망을 뚫고 비탈을 가뿐히 넘어서 초원을 내달리기 시작했지. 내 발이 엑셀을 더 세게 밟으면서 차의 속도는 점점 더 빨라졌고 울퉁불퉁한 도로 위를 요동치듯 달리더니 가파른 골짜기 아래로 급히 내려갔다가 다시 반대편으로 올라갔어. 우리와 같이 있던 뉴턴 중령이 '엑셀에서 발을 떼고 브레이크를 밟으세요'라고 엄하게 소리치지 않았으면, 나는 아마 지금까지도 그 초원을 덜컹거리며 가고 있었을 거야. 나는 타당한 조언은 언제나 따르는 사람이라서 그의 말대로 했고 차를 멈출 수 있었지. 철조망 한 가닥을 몇 마일이나 끌고 달린 상태였어. 나는 다치지 않았지. 하지만 내 아내는 뒤에 있던 짐과 함께 굴러서 많이 다쳤어. 뉴턴 중령이 응급처치를 했고 우리의 여행은 나이스나$_{Knysna}$에서 끝나버렸지. 아내가 열이 42도까지 올라 한 달간 자리보전을 해야 했거든. 그동안 나는 매일 수영하고 『신을 찾는 흑인 소녀의 모험』을 썼지."

쇼는 1932년 2월 18일 나이스나의 로열호텔에서 연필로 편지를 쓰며 애스터 여사에게 그 사고와 쇼 부인의 상태에 관해 설명했다.

"나와 내 옆자리에 앉았던 친구는 몇 군데 부딪힌 것 말고는 괜찮습니다. 심지어 차도 멀쩡합니다. 하지만 아! 가엾은 샬롯! 눈사태처럼 덮친 짐 더미에서 그녀를 구출해내면서 홀아비가 될지도 모른다는 두려움에 얼마나 겁을 먹었던지요. '우리 다쳤나요?'라고 그녀가 입을 열기 전까지 말입니다. 그녀는 머리를 다쳤습니다. 안경테가 멍든 눈을 찌르고 왼쪽 손목은 보기 괴로울 정도로 접질렸더군요. 등은 무섭게 멍들었고 오른쪽 정강이에는 무언가가 뼈까지 관통해서 구멍이 생겼더라고요. 이 호텔에서 15마일이나 떨어진 곳에서 말이죠.

불과 8일 전에 있었던 일입니다. 멍든 데와 삔 데는 이제 괜찮아졌습니다. 하지만 정강이에 난 구멍은 나아질 기미가 안 보여서 아내는 여전히 누워있어요. 어제는 체온이 40도까지 올라갔는데(나는 심장이 입 밖으로 튀어나오는 줄 알았습니다), 오늘은 병세가 좀 호전되어 체온도 37.7도까지 내려갔답니다. 아내가 너무 고생입니다. 부인이 이 편지를 받게 될 때쯤엔 내 아내가 윌더니스에서 한창 회복 중이면 좋겠습니다. 그 사이 내가 전보를 치지 않으면 다 잘 되어가고 있다는 뜻으로 알고 있어도 무방합니다.

나는 모든 약속을 취소했습니다. 아내가 이 기후 좋은 낙원에서 마음 편히 지낼 수 있도록 말이죠(사고가 나기 전까지 그녀는 여기서 장미처럼 활짝 피었답니다). 아내가 몸이 좋아져서 그만 돌아가자고 할 때까지 여기 머무를 생각입니다. … 어젯밤 잠에서 깼을 때 나는 행복하면서도 지극히 냉철한 상태가 되었습니다. 이제 위험한 상황은 끝났다고 결론 내렸죠. 하지만 샬롯은 몹시 짜증이 나 있습니다. 앞으로 어떻게 될지 잘 모르거든요. 나는 알지요.

천만다행으로, 그 사고가 신문에 보도되지는 않았습니다. 문의가 쇄도하고 귀찮은 일들이 생길 수도 있으므로 그 일은 가능한 한 비밀에 부쳐야겠습니다. 그러니 우리의 가장 가까운 지인들에게만 알려주세요.

그 불행한 사고가 나기 전까지 이번 여행은 무척이나 성공적이었습니다. 태양과 경치, 해수욕, 자동차 여행을 즐기기에는 이만한 곳이 없답니다. 케이프타운 시청에서 나는 눈썹 하나 까딱하지 않고 러시아에 관해 1시간 45분이나 떠들어대서, 이 지역 페이비언들의 기대에 차고 넘치게 부응했습니다. 또, 남아프리카연방 전역으로 중계되는 방송에 처음으로 출연했습니다.

이곳의 두 정당, 국민당(여당)과 남아프리카당(야당)은 금본위제도를 놓고 가짜 싸움을 계속하고 있습니다. 둘 다 금본위제도가 뭔지도 모르면서 말이죠. 실상은 네덜란드인과 영국인 간의 민족 전쟁이에요. 영국에서는 까맣게 모르고 있지만, 여기서는 아주 심각하답니다. …"

남아프리카 초원에서 맞닥뜨린 요철과 도랑이 그에게 오랜 세월 인류를 맹렬히 괴롭혀온 종교적 장애물을 상기시켰던 걸까. 어쨌든 그는 『흑인 소녀』 우화를 생각하며 한가로이 작품을 집필했고, 종교에 대한 자신의 전반적인 입장과 신념을 어떤 전작보다도 간단명료하게 표현할 수 있었다. 그는 인간의 다양한 믿음을 되짚어보고, 그중 무엇이 신성하고 무엇이 맹목적인지를 보여주었으며, 자신과 볼테르의 가르침을 결합하여 이성적 신비주의로 마무리했다. 여기서 늙은 철학자는 볼테르고,

아일랜드 남자는 버나드 쇼다.

"그러니까 우리는 주님과 같은 완전한 존재가 될 수 없는 건가요?" 흑인 소녀가 물었다.

"그렇다고 믿는다." 늙은 철학자가 말했다. "신과 같은 완전한 존재가 되려면 우리가 신의 목표를 달성하고 우리 스스로 신이 되어야 하니까. 하지만 신의 목표는 무한하고 우리는 지극히 유한한 존재이므로-신께 감사하게도 말이지-절대로 신의 목표를 따라잡을 수 없을 거란다. 우리한테는 잘 된 일이지. 임무를 다하면 우리는 더 이상 쓸모없는 존재가 되니까. 그럼 우리는 끝나는 거고. 신께서 우리같이 못생긴 하루살이들을 뭐 볼 게 있다고 살려두시겠어. 그러니까 신의 영광을 위해 이리로 와서 정원 가꾸는 일을 도우려무나. 나머지는 신께 맡기는 게 좋을 거야."

……

"그럼 아저씨는 주님을 찾으려고 오신 게 아니에요?" 흑인 소녀가 물었다. "찾기는 개뿔." 아일랜드 남자가 대답했다. "신이 나를 찾을 수는 있겠지. 신이 원한다면 말야. 나는 말이지, 신이 이미 정해진 존재라고 생각하지 않는단다. 신은 아직 제대로 완성된 존재가 아니라는 거지. 우리 안에는 신을 향하는 무언가가 있어. 우리 바깥에도 신을 향하는 무언가가 있지. 그건 분명해. 또 다른 분명한 점은 그 무언가가 신에게 닿기 위해 수많은 실수를 범한다는 거야. 우리, 너와 나는 최선을 다해 거기로 가는 길을 찾아야 한다고. 왜냐하면 세상에는 제 배 불리는 것 말고는 아무 생각 없는 사람들이 겁나게 많거든." 말을 마친 그는 손에 침을 뱉고 다시금 땅을 파기 시작했다.

그 흑인 소녀가 신을 찾는 동안 몇몇 백인 소년들은 재밋거리를 찾고 있었다. 어느 날, 쇼는 해수욕을 즐기다가 뭔가 의도가 있는 듯 자신을 향해 헤엄쳐 오는 한 소년을 봤다. 그 소년은 쇼의 몇 야드 앞까지 접근하더니 안 되겠다는 표정으로 돌연 방향을 틀었다. 쇼는 돌아서는 소년에게 원하는 게 뭐냐고 물었다.

"제가… 할아버지를 물속에 밀어넣지 못한다는 데… 친구들이 1실링을 걸었어요."

소년이 더듬거리며 말했다.

"그래서?"

"제가 하겠다고 했어요."

"그런데?"

"안 되겠어요."

소년이 뒤로 물러나면서 말했다.

"말도 안 돼."

쇼가 받아쳤다.

"식은 죽 먹기구만. 잠깐 내가 숨을 들이마시고 나거든 내 머리를 물속에 밀어넣으렴."

그 소년은 의기양양하게 친구들에게로 돌아갔고 1실링을 따냈다.

쇼가 애스터 여사에게 보낸 편지를 통해 우리는 그의 세계여행 이모저모를 들여다볼 수 있다. 1933년 1월 13일 봄베이발 편지에는 이렇게 적혀 있다. "우리는 살아 있습니다. 하지만 그게 다예요. 우리는 녹초가 되어 쉬고 싶다는 생각뿐입니다. 그런데 이 배는 수영하기 힘들 정도로 물이 더러운 항구에만 들르고 있어요. 그리고 가능할 것 같지 않은 당일치기 여행을 권하며 해안가에 우리를 강아지들마냥 풀어놓는데, 기차를 타고 가서 몇 분 동안 몸을 푼 다음 사원을 둘러보거나 호텔에서 식사하거나 코브라 대 몽구스 싸움을 보라는 식입니다. 물론 우리는 거부했습니다. 일주일 동안 룩소르에 머물며 몸이 익었는데, 이제 봄베이에서 또 일주일간 몸이 익게 생겼네요. … 어느 귀부인이 나를 위해 성대한 연회를 열어서 인도 귀부인들을 한자리에 불러모았습니다. 그런데 오 세상에나! 이 지방세력가들의 옷입는 방식은 정말 못 말립니다. 아름다움이 아주 이글거리더군요. 영국인들이 그들을 거부하는 건 당연합니다(그 자리에 백인 여자는 재판장 부인 한 명뿐이었습니다). 이 거무스름한 여인들은 딸들을 자유롭게 놔두지를 않더라고요. 여기 사람들은 내가 사원에 갔을 때는 목에 화환을 걸어주었고, 일반 가정을 방문했을 때는 내 몸에 장미향수를 뿌리고 주홍색 염료를 발라주었습니다. 우리 유람선은 나의 사원을 방문하려는 순례자들로 북적였지요. 샬롯과 나는 우리의 생일과 이 항해를 저주했고요. 우리에게 유일한 위로는 부인 생각을 하는 것이었지요. 부인이 우리 곁에 있으면 좋겠다고 생각했답니다."

1934년 4월 28일 쇼는 웰링턴에서 런던으로 가는 랑이타네 여객선에서 뉴질랜드 여행에 관해 썼다.

"엔진이 또 고장나지만 않는다면(배가 너무 꽉 찼습니다), 17일에는 템즈에 있겠네요. 하지만 장담할 수는 없습니다. 해병대인지 뭔지를 무더기로 태우면서 하루를 또 버렸거든요. 해병도 알고 보니 사람이었습니다. 이 배는 아마도 그들을 플리머스 항에 떨궈주려나 봅니다. 예정에는 없던 일로 알고 있습니다만 …

뉴질랜드에서는 근래 러시아를 방문한 적이 있는 사람의 출입을 법으로 금지하고 있지만, 나는 소련에서와 마찬가지로 뉴질랜드에도 왕처럼 입성했습니다. 오클랜드에서 일주일을 보내고 나니, 다시 배를 타려면 어쩔 수 없이 가야 하는 웰링턴 말고 다른 도시는 방문하지 말아야겠다는 결심이 서더군요. 그렇지만 마지막 순간에 크라이스트처치로 급히 내달렸습니다. 크라이스트처치 시장이 시에서 30마일 밖까지 마중 나왔더라고요. 시의 환영행사(방송)가 끝나고, 나는 다시 웰링턴의 낡고 한심한 난파선으로 돌아갔습니다. 그런 다음 웰링턴 시장을 점심에 초대해 피곤하다고 호소함으로써 이후 예정된 환영행사를 간신히 피할 수 있었습니다.

부인과 월도프가 우리와 동행했다면 얼마나 좋았을까요. 이곳에는 시영 우유 회사와 깜짝 놀랄만한 산모복지시설이 있습니다. 트루비 킹이라는 정체를 알 수 없는 나이든 천재가 주도해 건립한 것들인데, 그 결과 이곳 뉴질랜드의 영아사망률은 영국의 절반 수준으로 떨어졌답니다. 부인이 우리와 함께 그곳을 봤어야 해요. 월도프도 농촌 문제를 살펴보느라 시간 가는 줄 몰랐을 걸요. 부인과 부군은 이 별난 제국을 가까이에서 봤어야 합니다. 갑판에서 운동 삼아 돌아다니거나 유치한 게임을 하는 것도 의회 활동보다 재미없지는 않더라고요. 뉴질랜드 사람들은 영국에 대한 애국심이 대단합니다. 영국을 '고향'으로 부르더군요. 하지만 그들이 영국에 대해 강한 애착을 드러내는 방식이란, 우리더러 버터와 울을 자기네 나라에서만 수입하라고 하고, 그렇게 하기를 거부하는 모든 강대국을 상대로 관세 전쟁을 벌이라고 하며, 뉴질랜드에 접근하려는 아시아 국가들과 일일이 싸워달라는 식이랍니다(독실한 빅토리안인 영국인 거주자들은 피임 의지를 불태우며 그 섬에서 번식하기를 단호하게 거부하고 있고요). 자기들은 영국산 수입품에 대해 높은 보호 장벽을 쌓고 체코슬로바키아나 중국처럼 우리보다 싸게 파는 나라에서 자유롭게 수입하면서, 우리에게는 관세 없이 자기들 물건을 수입하라고 요구하고 있는 거죠. ……

나는 이 편지를 파나마에서 뉴욕으로 보내려고 합니다. 하지만 이 편지나 우리나 비슷하게 도착하지 않을까 싶네요. 샬롯이 부인을 아주 많이 보고 싶어 합니다. 나도 마찬가지랍니다."

이듬해인 1935년 4월 8일, 쇼는 "홍해 바브엘만데브 근처 어딘가에서" 애스터 여사에게 마지막으로 편지했다.

"샬롯은 이 지옥 같은 열기 속에서 무섭게 피어나고 있습니다. 나는 유령이나 다름없는 상태이고요. 몸이 수척해져서 옷이 흘러내릴 정도랍니다. 추운 지중해에서 걸린 끔찍한 감기가 드디어 내 몸에서 거의 빠져나간 것 같습니다. 그렇지만 세상에 나처럼 딱한 인간이 또 있을까요. 나 자신에게 주의가 집중되는 것을 막으려고 미친 듯이 일하고 있으니 말입니다.

『백만장자 상속녀』이라는 작품을 손보고 – 사실상 다시 쓰고 – 있습니다. 사람들이 이 백만장자 여인은 부인이라고 할걸요. 끔찍하고 난감한 여인입니다만. ……

더 못쓰겠군요. 사람들은 아덴〔예멘 남서부 항구도시〕에서 부칠 편지를 쓰고 있습니다. 그곳에 내일 아침 도착할 예정이죠. 불행하게도, 아덴은 천사들이 '레노어'라고 이름 붙인, 귀하고 눈부신 여인이 사는 그 아득히 먼 에덴이 아니랍니다. 하지만 적어도 부인에게 편지를 부칠 수 있는 곳이긴 하죠."

쇼는 1933년 딱 한 번 미국을 방문했다.[2] 샌프란시스코에 도착한 그는 윌리엄 랜돌프 허스트 소유의 신문 광고가 큼지막하게 붙은 비행기를 타고 허스트의 저택으로 갔다가, 로스앤젤레스에서 배를 타고 태평양 연안을 따라 파나마로 내려간 다음, 다시 대서양을 따라 뉴욕으로 올라가서 하루를 보내고 메트로폴리탄 오페라 하우스에서 엄청난 군중을 상대로 연설한 후 배로 돌아갔다. 그는 미국인에 관해 얘기할 때 미국인들의 비위를 맞춘 적이 한번도 없었다. "그들(미국인들)의 열띤 관심과 특별한 배려, 끝없는 헌신을 유발하려면, 그들을 세상의 조롱거리로 삼기만 하면 된다. 디킨스는 보통의 미국인을 떠버리, 사기꾼, 암살자 등으로 가차 없이 형상화함으로써 미국인을 영원히 정복했다. …… 나 역시 미국에 대해 좋은 말을 하지 않으려고 각별히 주의해왔다. 미국을 촌사람들의 나라라며 비웃었다. 100퍼센트 미국인의 99퍼센트는 바보로 이루어져 있다고 단언했다. 그랬더니 그들은 나를 그저 우러러본다."

---

[2] [저자 주] 미국에서 유명인사들의 강연회를 주최하기로 유명했던 폰드 소령을 대신해, 영국의 소설가 앤서니 호프는 20세기 초 쇼에게 미국 투어를 할 생각이 있냐고 물었는데, 그때 쇼는 이렇게 대답했다. "나는 미국을 감당할 자신이 없습니다. 몰려드는 군중 때문에 죽을지도 몰라요. 지난 몇 년 동안 미국에서 강연해달라는 제안을 계속 받았습니다. 상상할 수 있는 온갖 종류의 압력을 견뎌야했는데요, 그중 최고는 강연당 300파운드를 주겠다는 것이었습니다. 게다가 뉴욕협회 회장은 내가 미국에 도착한 후 첫 소감을 자기네집 응접실에서 발표하면 개인적으로 500파운드를 주겠다면서, 유람선 혹은 미국 전함 하나를 나를 위해 통째로 제공하겠다고도 했습니다. 나는 이 모든 제안을 거절했습니다. 그러니 폰드 소령이 앞으로 성사될 가능성도 없는 제안을 하며 시간 낭비하게 하고싶지는 않군요. 하지만 대체로 나는 사람들이 제안하도록 내버려둡니다. 사업적인 차원에서나 개인적 허영을 만족시키는 차원에서, 나의 시장 가치를 알아보는 것을 좋아하거든요."

쇼는 미국인들의 청교도주의를 "외설적인 창작물을 유죄로 만들기 위한 구시대적 음모"로 묘사했고, "오늘날 미국의 문제는 다름 아닌 어리석음"이라고 했으며, 이렇게 묻기도 했다. "런던 사는 사람이 왜 미국에 가고 싶어하겠습니까? … 나는 '자유의 여신상'을 보고 싶지 않습니다. … 나는 희극적 반어법의 대가이지만, 내가 반어를 아무리 좋아해도 그 정도까지는 아니거든요!" 이런 그의 말에 누군가 이의를 제기하면, 그는 자신이 미국인에 관해 한 말은 지구상 어느 민족에게나 해당하는 말이라면서, 그걸 개인적인 모욕처럼 받아들이는 미국인은 세상에 바보는 자기들뿐이라고 착각할 정도로 자만심이 지나친 것이라고 했다.

뉴욕에 도착하기 전에는 그가 헬렌 켈러에게 무례하게 굴었다는 소문이 나돌았다. 헬렌 켈러는 눈도 멀고 귀도 먹고 말도 하지 못하는 장애인이었지만 총명함으로 미국 전역에서 유명해진 여성이었는데, 쇼가 그녀를 처음 만난 자리에서 "미국인들은 전부 장님이자 귀머거리이자 벙어리지요"라고 했다는 것이다. 나는 쇼에게 그 소문이 사실이냐고 물었다. "전혀 아닐세!" 그는 분명하게 말했다. "나는 헬렌 켈러를 클리브덴에서 처음 만났어. 그때 그녀는 애스터 부인과 함께 있었지. 그녀를 만나서 나는 이렇게 말했네. '미국인들이 전부 장님이자 귀머거리이자, 벙어리였으면 좋겠군요.' 당시 분위기는 아주 좋았어. 그녀는 나한테 키스를 해주지는 않았지만, 만면에 미소를 띠고 있었지." 청중 가운데는 이런저런 이유로 쇼에게 적대감을 품은 사람들도 있었다. 하지만 그는 매력적인 목소리와 재치있는 입담으로 적대적인 분위기를 순식간에 누그러뜨렸다. "나는 금융계 거물과 금융제도를 싸잡아서 무자비하게 공격했는데," 그가 말했다. "나중에 알고 보니 연단에서 내 뒷줄에 앉아있던 인

헬렌 켈러, 버나드 쇼, 애스터 여사

상적인 신사들이 전부 금융계 거물이었더군."

1928년 쇼 부부는 30년 가까이 살았던 아델피 테라스를 떠났다. 아델피 테라스가 곧 철거될 예정이었기 때문이다. 그들은 화이트홀 코트 4동으로 이사했다. 아델피 테라스보다 고풍스러움은 덜해도 모든 면에서 훨씬 편리한 곳이었다. 뉴질랜드, 남아프리카, 마데이라 등지로 여행했을 때를 제외하면 그들의 일상에는 거의 변화가 없었다. 그들은 사람들을 대접하거나 대접받았으며, 사교적이고 가정적이었다. 한마디로, 여느 시민과 다르지 않았다. 쇼 부부는 또한 서로를 존경했다. 쇼 부인은 세상에 자기 남편 같은 사람은 없다고 생각했고, 쇼는 세상에 자기 부인 같은 사람은 없다고 생각했다. 대부분의 사람과 마찬가지로 쇼에게도 그만의 의식 같은 것이 있었다. 배우이자 작가인 모리스 콜본Maurice Colbourne은 쇼가 이른 아침마다 로열 오토모빌 클럽 수영장에서 치르는 의식 하나를 알게 되었다. 쇼는 "물에서 나오면 수건을 사용하지 않고 손으로 물을 가볍게 털어내는데, 그 모습이 아주 체계적이고 균형적이고 심지어는 예술적이기까지 했다. 그는 먼저 몸을 굽혀 발목의 물을 털어냈고, 종아리를 거쳐 허벅지, 몸통, 팔, 수염으로 올라가다가, 내 기억이 맞는다면, 눈썹에서 물을 털어내는 것으로 마무리했다. 그런 다음 그는 시야에서 유유히 사라졌다." 하지만 쇼는 공적인 의식에 대해서는 대부분의 사람과 대조적인 태도를 보였다. 알맞은 옷이 없다는 이유로 친구의 결혼식 초대를 거절하고 대신 14기니를 수표로 보낸 적도 있다. 14기니면 결혼식에 입고 갈 옷을 사기에 충분한 액수였다. 그는 군주와의 만찬도 거절했다. 1934년 10월 3일 애스터 여사에게 보낸 편지에는 이렇게 적혀 있다. "불가능합니다. 나는 평일이든 일요일이든 시간을 다투며 일하는 사람입니다. 부인의 손님 명단을 보니, 나를 겁주려는 것 같군요. 마리[3]는 그런 늙은이들을 만나고 싶어하지 않을 겁니다. 그녀를 위해서 평판 나쁜 젊은 예술가 몇 명을 불러모으는 게 어떻습니까? 아니면 그녀를 나에게 데려오는 건 어떻습니까? 나는 거만하지 않아서 2분이면 그 수줍음 많은 왕비를 편안하게 해줄 수 있습니다. 하지만 인생에서 내가 일할 수 있는 날이 얼마나 남았는지 세어보니, 시골 저택에 있는 왕비에게 내 시간을 3일이나 내줄 수는 없을 것 같네요. 더구나 부인을 볼 수 있는 시간이 식사 시간뿐이라면 말입니다. 전에 리옹역에서 카르멘 실바[4]와 마주친 적이 있습니다. 그때까지 나는 그 역의 성대한 환영 행사가 나를 위한 것인 줄 알았다니까요."

50대에 쇼는 죽음에 대해 생각했고 비실거리는 바보로 퇴행하지는 않을까 두려워했다. 60대에는 그의 표현대로 "제2의 아동기"를 맞아 "일곱 번째 활력"을 얻었고, 기분 좋은 해방감을 만끽하면서 모험적이고 무책임해졌다. 말년에 그가 쓴 서문에는 나이든 사람의 흔적을 찾아볼 수 없다. 어떤 사람들-특히, 그가 영어권에서 셰익스피어를 제외하고 유일하게 중요한 극작가라는 사실을 인지하지 못하는 사람들-은 그의 실력과 개성은 서문에 가장 잘 드러나 있다고 여긴다. 서문이 없었다면 그가 그렇게 폭넓은 독자층을 확보하지는 못했을 것이다. 언젠가 그가

---

3 루마니아 마리 왕비Marie of Romania(1875-1938): 영국 빅토리아 여왕의 친손녀로서 '에든버러의 마리아'로 잘 알려져 있다. 루마니아에서 카롤 1세에 이어 즉위한 페르디난드 1세의 부인으로 루마니아 왕가의 마지막 왕비가 되었다.

4 카르멘 실바Carmen Sylva(1843-1916): 루마니아 엘리자베타 왕비의 필명이다. 엘리자베타 왕비는 근대 루마니아 왕가의 초대 국왕 카롤 1세의 왕비로서 독일어와 루마니아어, 프랑스어, 영어로 시와 소설 등의 작품을 남겼다.

말했다. "책값은 무게로 결정해야 한다는 게 내 지론일세. 정부 간행물처럼 온스당 얼마 하는 식으로 말이야. 나는 내 책이 집안에서 이 사람 저 사람을 거치며 되도록 오래 읽히기를 바라는 마음에서 최대한 그 값어치를 할 수 있게 했지.『인간과 초인』을 가지고 하이네만의 관심을 끌려고 했던 게 기억나는군. 하이네만이 피네로 책의 판매 수익을 보여줬는데, 그 책은 피네로 작품을 제작한 어느 아마추어 극단에 열두 권 정도 팔린 것을 제외하곤 전혀 팔리지 않았더라고. 나는『인간과 초인』에 '평론가 워클리에게 보내는 편지'와 '혁명가를 위한 안내서', 격언 모음까지 포함해 하이네만에게 제시했지만, 그는 전혀 흔들리지 않았어. 정치경제에 관한 책이나 연극은 팔리는 법이 없다고 확언하더군. 출판업자 존 머레이는『인간과 초인』을 보고 충격을 받았어. 그는, 어쩌면 자기가 구식이어서 그런지는 모르겠지만 그 책은 방향이 잘못된 것 같고 해롭게 느껴져서 양심상 출판은 못 하겠다고 고백하는, 나름 감동적인 편지를 보내왔지. 그 일을 계기로 나는 내 책을 위탁 출판하기 시작했어. 그리하여 서문은 내 아이디어를 글로 설명하는 작업이 되었고, 연극은 그것을 극으로 표현하는 작업이 되었지."

쇼는 희곡보다 서문에 더 많은 노력을 들여야 했다. 서문은 주관적 견해를 표출하는 통로였기 때문에 그에게는 매우 중요할 수밖에 없었다. 쇼의 서문은 쇼라는 인물을 직접적으로 드러내고 있어서 전기작가에게는 더없이 요긴한 자료다. 하지만 그 서문들이 계몽되지 않은 사람들을 계몽하는 데 도움이 됐을지는 의문이다. 그의 서문들이 한 권의 책이 되어 나왔을 때 쇼는 슬프게 고백했다. "사람들은 자기들이 원래 갖고 있던 것 말고는 책에서 아무것도 얻지 못합니다. …… 여러분이 저한테 물으실지도 모르겠습니다. 굳이 이 서문들을 쓴 이유가 뭐냐고 말이죠. 저는 잘 모르겠다는 답밖에 드릴 수가 없습니다. 그것들을 쓴 데는 이유가 없습니다. 그냥 써야만 했어요. 그게 다입니다."

많은 사람이 쇼가 천성을 발휘하는 것에 질색했다. 사람들은 쇼가 주기적으로 "폭발할 수밖에 없었던" 이유를 알지 못했고, 심란한 공적 문제를 그가 무정하고 가볍게 다룬다며 무턱대고 분노하기도 했다. 그는 국가 분위기가 무겁게 가라앉아 있을 때 풍자문을 발표하곤 했는데, 1936년 12월 초에 쓴 풍자문은 점잖은 사람들까지 펄쩍 뛰게 만들었다. 영국이 헌정 위기에 처했을 때였다. 에드워드 8세가 이미 두 번이나 결혼한 적이 있는 미국 여성과 사랑에 빠진 탓이었다. 대주교와 주교, 귀족, 내각장관은 비밀리에 그 문제를 논의했다. 영국의 왕이 과연 귀천 상혼을 할 수 있겠는가? 영국의 귀족부인과 왕족이 미국 평민의 뒤를 따를 수 있겠는가? 에드워드 8세는 왜 선왕들처럼 하지 않는가? 질문은 끝이 없었다. 몇 주 동안 다른 문제들은 완전히 뒷전이었다. 거의 모든 사람이 그 문제를 생사의 문제로 여겼고, 거의 모든 사람이 갑자기 영국국교회와 영국 헌법, 의무, 도덕, 십계명에 지대한 관심을 보였다. 축구조차 잠시 잊힐 정도였다. 약간의 상식이 절실했다. 그래서 쇼는 그것을 제공했다. 하지만 독자 대다수는 그가 나름 완곡하게 표현한 "일시적 광기"라는 말조차 받아들이기 힘들어서 결과적으로 그는 대중의 광기를 도리어 부추긴 셈이 됐다. 쇼는 『이브닝 스탠다드』에 「왕과 헌법 그리고 여인」이라는 제목으로 '가상의 대화'를 발표했고, 그 서두에서 (그의 표현에 따르면) 한마디로 "반半 미치광이들의 왕국"이나 다름없던 당시 영국 상황을 간단하게 정리했다.

새로운 왕은 곧 마흔이었지만 여전히 미혼이었다. 그는 이제 왕이 되었으므로 가정을 꾸려서 국민에게 좋은 본보기가 되기를 원했다. 그는 상냥하고 다정한 아내를 원했다. 그가 매우 예민한 성격이어서 내각 대신들과 대화하다 보면 짜증날 때가 많았기 때문이다. 그러던 어느 날 바라던 여인이 나타났다. 그녀는 데이지 벨 부인이었다. 두 번이나 결혼한 전력이 있는 미국인으로서, 결혼 경험이 전무한 왕에게는 훌륭한 배우자가 될 소지가 많았다. 모든 것이 자연스럽고 순조로워 보였다. 그러나 반 미치광이들의 왕국에서는 조용히 넘어가는 일은 뭐든지 미심쩍다. 예컨대, 이 나라 정부는 눈썹 하나 까딱하지 않고도 전 국토가 폐허로 전락하게 놔둘 수 있다. 반대로, '도버 가에는 이정표가 있다'는 어느 외국 독재자의 말 한마디에 세상이 끝날 것처럼 난리 칠 수도 있다. 그래서 왕은 어느 날 오후 대주교와 수상이 갑자기 자신을 찾아왔을 때 전혀 놀라지 않았다. 왕은 벨 부인과 아침을 보내고 기분이 좋아져서 대주교와 수상을 만나자 칵테일과 시가를 권했다. 하지만 그들은 엄숙한 태도로 다과를 거절하고 극도로 불안한 기색을 보였다. 왕은 걱정스러운 얼굴로 무슨 일이냐고 물었다.

수상: 폐하, 어떻게 그런 질문을 하실 수가 있습니까? 신문마다 떠들어대고 사진까지 나도는 마당에 말입니다. 저희는 그 부인의 강아지 사진까지 보고 있습니다. 폐하께서는 이 문제를 어찌 하실 작정입니까?

왕: 달라질 건 없소. 즉위식이 5월이니 4월에 데이지랑 결혼하겠소.

수상: (거의 비명을 지르며) 불가능합니다! 말도 안 됩니다!

대주교: (그의 목소리는 설교 예술의 승리다) 당찮습니다. 이 여인과는 결혼하실 수 없습니다.

왕: 대주교는 그녀를 벨 부인이라고 불러주면 좋겠소. 뭐, 데이지라고 불러도 괜찮고.

대주교: 만일 제가 폐하께서 말씀하시는 그 결혼식을 집행하게 된다면, 저는 그녀를 '이 여인'이라고 해야 합니다. 주님의 집에서 괜찮은 것은 여기서도 괜찮은 법이니까요. 하지만 저는 그 결혼식을 집행하지 않을 겁니다.

수상: (큰 소리로) 저는 사퇴하겠습니다.

왕: 끔찍하군! 그 자리에 앉을 사람은 많다는 걸 상기시키면 너무 잔인하려나? 샌디 맥로시가 곧 나를 위해 왕당파를 결성할 거요. 사람들도 나를 지지할 거고. 어쨌든 수상은 대관식이 있기 한참 전에 사임해야 할 거요.

대주교: 폐하의 조롱이 저한테는 통하지 않습니다. 교회는 헌법에 위배되는 결혼식은 거행하지 않을 겁니다.

왕: 그렇다면 아주 큰 부담을 덜 수 있겠군. 여러분 중에는 아직도 정복왕 윌리엄 때인 줄 아는 사람이 있는 것 같은데, 지금은 종교 문제가 그때처럼 그렇게 간단하지가 않소. 정복왕 윌리엄은 고려해야 할 인구가 많지 않았소. 게다가 전부 기독교도였고 종파도 하나였지. 나는 4억9천5백만 명-대충 5억으로 해두자고-을 고려해야 하오. 그 중 11퍼센트만 기독교도고 그나마도 여러 종파로 나뉘어서, 내가 종교에 대해 한마디라도 하면 누군가의 감정은 반드시 상하게 되어 있지. 내가 개신교도

로 왕위를 계승하면, 교황과 그 교회에는 모욕이 될 거요. 내가 첨탑이 있는 교회에서 결혼하면, 퀘이커교도들이 불쾌할 거요. 내가 영국국교회의 39개 신조를 믿는다고 공언하면, 친애하는 나의 백성 대부분을 저주받은 채로 놔두겠다고 맹세하는 거나 다름없소. 그리고 그들 중 수백만 명은 내가 자기들이 믿는 하느님의 적이라고 생각하겠지. 아무튼, 대관식과 관련된 종교적인 것들은 전부 시대에 뒤처져 있지만 나는 그걸 바꿀 수가 없소. 그건 당신이 할 일이지. 하지만 나의 왕국에서 결혼은 어느 누구의 종교적 감정도 상하게 하지 않고 합법적으로 할 수 있지. 나는 호적등기소에서 세속적으로 결혼할 것이오. 거기에 대해 뭐 할 말 있소?

대주교: 전례 없고 터무니없는 일입니다. 하지만 제가 아주 곤란한 상황에서 벗어날 수는 있겠네요.

수상: 대주교님, 지금 혼자만 살겠다는 겁니까?

대주교: 당장은 전혀 예상치 못한 폐하의 행보에 뭐라고 대응할 말이 생각나지 않습니다. 제가 그걸 생각하는 동안 수상께서는 법적인 논의를 계속하시지요.

수상: 폐하께서 헌법을 거역하실 수는 없습니다. 의회의 힘은 막강합니다.

왕: 의회가 아무 일도 하지 않을 때는 그렇겠지. 나도 수상만큼이나 헌법에 헌신하는 사람이오. 이 문제에 대한 사람들의 바람을 확인하기 위해 총선까지 치르도록 수상이 나를 몰아붙이면, 나도 끝까지 갈 각오가 되어 있다는 점만 알아두시오. 수

상은 묵사발이 될 거요. 언론에서 호들갑스럽게 떠들어봤자 나에게는 아무 소용없소.

수상: 총선이라니 말도 안 됩니다. 폐하께서는 내각 각료들의 조언에 따르실 준비가 안 된 겁니까? 폐하와 저의 문제는 간단합니다.

왕: 글쎄, 수상의 조언은 뭐요? 내가 누구랑 결혼했으면 좋겠소? 나는 이미 정했소. 이제 수상이 조언해 보시오. 결혼에 대해서는 추상적으로 얘기해서는 안 되오. 딱 집어서 얘기하시오. 수상은 누굴 추천하겠소.

수상: 각료들이 아직 거기까지는 검토하지 못했습니다. 폐하, 지금 게임을 하고 계시는 게 아닙니다.

왕: 그러니까 내가 이기고 있다는 뜻이군. 내가 이길 거요. 아니 이긴 것 같구먼.

수상: 전혀 아닙니다, 폐하. 제가 폐하 대신 폐하의 아내를 고를 수는 없지 않습니까?

왕: 그렇다면 그 문제에 대해 조언할 수도 없겠군. 그리고 수상이 그 문제에 대해 조언할 수 없으면 내가 수상의 조언을 따를 수도 없고.

수상: 궤변처럼 들리는군요. 폐하께서 그렇게 나오실 줄 정말 몰랐습니다. 제가 무슨 말 하는지 잘 아시지 않습니까. 왕족 중 누군가를 말하는 겁니다. 미국인이 아니라요.

왕: 이제야 구체적인 뭔가가 나오는구먼. 영국의 수상이 공공연히 미국인을 천민으로 분류하는 거요? 수상은 나의 제국과 우정과 혈연으로 맺어진 그 나라를 모욕하고 있소. 나의 가장 현명

한 정치인 친구들은 영국왕과 미국 여인 사이의 결혼을 신의 한 수라고 치켜세우는구먼.
수상: 말이 잘못 나왔습니다. 실수였어요.
왕: 알았소. 못 들은 걸로 합시다. 하지만 수상은 여전히 왕족 출신 신부를 원하고, 17세기 왕실의 결혼을 꿈꾸고 있잖소. 그러면 나, 이 대영제국의 왕은 이미 폐위되어서 빈털터리 신세가 된 부르봉이나 합스부르크나 호엔촐레른이나 로마노프 왕족의 사촌을 찾아 쓸데없이 전 유럽을 뒤져야 할 거요. 그래 봤자 이 나라 국민은 아무 관심없을 거고. 나는 그렇게 인기없고 바보 같은 일은 하지 않겠소. 수상이 17세기를 살고 있다면, 나는 20세기를 살고 있다는 얘기요. 나는 전직 페인트공과 석공과 군 장교와 신발공장 사장의 아들들이 막강한 권력을 휘두르는 공화국 세상에 살고 있소. 내가 그런 자들의 딸과 결혼할 수 있을까? 수상이 내 장인어른을 골라 보시오. 페르시아의 왕도 있고, 왓더투르크(아타튀르크) 각하도 있고, 봄바르도네(무솔리니) 총리도 있고, 배틀러(히틀러) 총통도 있고, 러시아의 철강왕도 있소. 그들이 바로 오늘날의 왕족 아니오? 나는 이 대단한 지배자들 중에서 자기 친척을 나같이 한물간 왕에게 시집보내려는 사람이 한 명이라도 있을지 궁금하오. 아마 없을 거요. 단언컨대, 오늘날 유럽에 남아 있는 왕족 가운데 내가 결혼했을 때 영국의 지위를 약하게 하지 않을 가문은 하나도 없다고. 그걸 모른다면 수상은 아무것도 모르는 것이오.
수상: 제가 보기에 폐하께서는 완전히 미치신 것 같습니다.

왕: 시대에 이삼백 년이나 뒤처진 소수 런던 집권층 눈에는 내가 그렇게 보일 수도 있겠지. 이 현대 사회가 더 잘 알 거요. 하지만 그 문제로 싸우지는 맙시다. 자, 원하는 여인의 이름을 대보시오.

수상: 지금 당장은 떠오르는 사람이 없지만, 분명 괜찮은 후보가 많이 있을 겁니다. 대주교님께서 한 명 추천해 주시죠?

대주교: 너무 급작스러운 요구에 아무 생각도 나지를 않습니다. 제 생각에는 차라리 퇴위 가능성을 논하는 것이 나을 것 같네요.

수상: 맞습니다. 맞아요. 폐하께서 퇴위하셔야 합니다. 그러면 모든 문제가 해결되고 우리도 이 고충에서 벗어날 수 있을 겁니다.

왕: 여러분과 여러분의 친구들이 아주 강하게 호소하고 있는 나의 공공심은 내가 별 이유 없이 내 자리를 포기하게 놔두지 않을 거요.

대주교: 폐하의 왕위가 근본까지 흔들리게 될 것입니다.

왕: 왕위에 오른 사람은 나니까 그건 내가 알아서 조심해야 할 문제요. 그런데 만일 내가 교회의 강요로 사랑 없는 결혼을 하고, 결혼 후에 내가 진짜 사랑하는 여인과 불륜을 저지른다면, 교회의 근본은 어떻게 되겠소?

대주교: 그렇게 사실 필요가 없잖습니까.

왕: 여러분 조언대로 하면 내가 그렇게 될 거란 걸 알잖소. 그래도 계속 고집하겠소?

대주교: 수상, 우리는 이제 그만 가보는 게 좋겠습니다. 내가 미신적인 사람이었으면, 폐하가 악마의 사주를 받았다고 믿었을 겁니다.

폐하의 주장에는 뭐라고 답할 수가 없군요. 교양 있는 영국인의 사고에서 너무 크게 벗어나 있고, 수상이나 제가 속한 세계에서 나올 수 있는 이야기가 아니네요.

왕: (방문객들이 일어나자 같이 일어서며) 그건 그렇고, 내 뒤를 이을 내 아우도 나의 퇴위를 강하게 반대할 거요. 내 아우는 이 나라에서 나고 자란 여인과 결혼했지만 그녀는 이전의 그 어떤 해외 출신 공주들보다 인기가 많지. 그는 내가 앞바다에 있는 한 절대 진짜가 될 수 없소. 당신들이 내 목을 베어야 할 거요. 왕위는 장난이 아니니, 없애버릴 게 아니면 존중하시오.

수상: 충분히 알아듣게 말씀하셨습니다, 폐하. 이제 그만 하시지요.

왕: 두 분 점심이나 같이하는 게 어떻소? 데이지도 올 거요. 아니면, 내가 명령해야 같이 하겠소?

대주교: 점심시간이 지났군요. 저는 배가 많이 고픕니다. 폐하의 명령이라면, 이의를 제기하지 않겠습니다.

왕: (계단을 내려가며 경직된 수상에게 속삭인다) 골드윈 수상에게 경고하겠소만, 수상이 내 도전을 받아들여서 신붓감을 추천한다면, 다음 날 모든 신문에 그녀의 사진이 대문짝만하게 실릴 거요. 데이지와 그녀의 강아지 사진 옆에 말이지.

수상은 애처롭게 고개를 가로저었다. 그들은 점심을 함께 했다. 수상은 거의 먹지를 못했다. 반면 대주교는 접시에 아무것도 남기지 않았다.

쇼는 이 대화의 실제 주인공들에게 일일이 연기지도를 해줄 수도 있었다. 하지만 모든 배우가 그에게 배울 수 있는 것은 아니었다. 에드워드 왕은 칼자루를 쥐고 있었지만 그걸 휘두를 수도, 휘두르려는 의지도 없었다. 수상이나 대주교가 아무런 반발을 하지 않았는데도 그와 그의 여인은 알아서 떨어져 나갔다.

이 대본을 쓴 작가는 당시 팔순이었다. 하지만 그는 마치 열여덟 살 같았고 '영문학계의 원로'라고 하기가 무색했다. 그에게는 차라리 '원로 소년'이라는 표현이 더 잘 어울렸다. 그가 다음에는 무슨 일을 벌일지 아무도 알지 못했기 때문이다. 그의 젊고 진취적인 기상과 타고난 활력은 놀라울 따름이었다. 1938년 봄 그는 자기보다 스무 살 어린 사람도 이기기 힘든 병에 걸렸다. "나는 악성 빈혈 때문에 간장엑스제를 투여받았어." 1939년 11월 그가 나에게 털어놓았다. "그러던 어느 날 런던드리하우스[5]에서 쓰러지는 바람에 간장엑스제 투여가 중단됐지. 하지만 나는 그게 나름 효과가 있다고 생각해서 무려 6~70가지 추출물로 이루어진 그 진저리나는 진액을 여전히 떠먹고 있다네." 그는 달걀이나 버터, 치즈, 꿀과 같은 동물성 식품을 배제하지 않는 채식주의 식단을 계속해서 유지했다. 언젠가 그는 말했다. "사람들이 자기한테 맞는 걸 먹게 내버려둬야 한다. 설사 그게 당신 눈에는 쓰레기처럼 보일지라도 말이다." 그의 경우에는 분비물(젖이나 진액)이 그 쓰레기였다. 아내의 정성 어린 간호가 그의 회복에 기여했다는 것은 말할 필요도 없다. 쇼는 병원이나 요양원을 신뢰한 적이 없었다. "병원은 반쯤 회복되기도 전에 거리

---

[5] 런던 메이페어 파크레인에 있던 타운하우스. 런던드리 후작으로 알려진 스튜어트가의 저택으로, 1965년 철거되고 난 자리에는 힐튼 호텔이 들어섰다.

로 내쫓고, 요양원은 죽기 전에는 절대로 내보내 주지 않는다." 1938년 7월 4일, 그는 나에게 편지로 건강이 회복됐음을 알렸다. "지난 한 달 동안 나는 펜을 잡는 것조차 금지될 정도로 심각한 환자였다네. 그래서 여러 걸작을 읽으며 시간을 보냈지." 그해 10월, 나는 그의 전기를 쓰기로 했다. "누군가 애정 어린 손길로 선생님의 가면을 벗겨주길 바라신다면, 제가 여기 있습니다." 내가 이렇게 말하자 그가 대답했다. "나는 애초에 광대로 태어난 사람처럼 스스로 가면을 벗어 버릇했기 때문에 가면을 벗기보다는 오히려 써야 한다네." 그는 어느 때보다 젊고 건강해 보였다.

쇼의 여든세 번째 생일(1939년 7월 26일)에 『데일리 익스프레스』는 그와의 인터뷰를 내보냈다. 세계 전쟁이 일어나기 직전이었으나, 쇼는 세상이 그 정도로 미쳐 돌아갈 수 있다는 것을 믿지 못했다. "현재 평화가 유지되고 있는 것은 두려움 덕분이다. 두려움을 강화하는 것은 무엇이든 평화에 기여한다. 그 두려움이 좋은 말로 하면 상식이다. … 항구적인 평화란 꿈 같은 이야기다. 그렇지만 전쟁을 일으키는 것을 죽을 만큼 두려워하지 않는 정치인이 있다면 무조건 정신병원으로 보내야 한다." 그는 이런 말도 했다. "1918년 우리는 사악한 조약을 맺고 중유럽을 민족 경계선이 아닌 군사 경계선으로 덮어버렸다. 그럼으로써 우리는 우리 스스로를 나쁜 편으로, 불구가 된 독일을 좋은 편으로 만들었다." 하지만 그는 히틀러가 결국 유대인 때문에 파멸할 것이라고 예언하면서, "히틀러는 반유대주의라는 끔찍한 장애를 갖고 있는데, 반유대주의는 정신 나간 유행이지 정치제도가 아니"라고 덧붙였다.

그로부터 한 달도 지나지 않아, 히틀러는 러시아의 대국적 제안-유럽을 평화롭게 유지할 의향이 있는 모든 나라와 친선관계를 맺고 불가

침조약을 체결하자는 제안-을 받아들였다. 이것이 침략적인 군사동맹일지 모른다는 의심을 샀다. 쇼는 단숨에 『타임스』에 편지를 써보냈다. "일주일 전쯤 잉 주임사제는 『이브닝 스탠다드』의 지면을 빌려, 히틀러는 이미 용서를 빌고 있을 것으로 추측했습니다. 며칠 후 잉 주임사제가 옳았고, 히틀러가 스탈린 손아귀에 들어갔다는 기쁜 소식이 들려왔습니다. 스탈린은 지금 무엇보다 평화가 절실한 사람입니다. 그런데 나만 빼고 모두가 당황하며 어쩔 줄 몰라하고 있군요! 왜죠? 내가 미친 겁니까? 그게 아니라면, 대체 왜들 그러는 겁니까?" 히틀러는 러시아를 매수한 뒤 폴란드를 박살내고 스탈린과 그 땅을 나눠 가졌다. 그리고 그 사이 영국과 프랑스는 폴란드를 침략한 독일에 선전포고했다.

8월 말 쇼는 프린턴으로 갔고, 그곳에 머무는 동안 『타임스』에 편지를 보내서 영국은 히틀러를 견제하고 있는 스탈린에게 고마워해야 한다고 지적했다. 그는 애스터 여사에게도 편지했다.

1939년 9월 28일

부인은 그동안 의회에서 부인과 한솥밥을 먹는 멍청이와 미치광이들이 함부로 날뛰지 못하게 막아온 현명한 여성으로서, 이제 나설 때가 됐다고 생각합니다. 눈 달린 사람은 누구나 전쟁이 끝났다는 걸 아는 마당에, 계속 3년 전쟁을 치르는 척하고 있는 자들의 극악무도함을 분연히 일어나 지적해주세요. 그런 사기 행위 때문에 나라 안에 있는 사람들은 전방위적으로 괴롭힘을 당하고 있고, 나라 밖에 있는 사람들은 죽음으로 내몰리고 있습니다.

우리는 아무 생각 없이 폴란드에 영토 보장을 약속한 탓에 빼도 박도 못하는 상황을 맞게 되었습니다. 무엇보다 최악은 우리가 "우리의 모든 자원을 동원해서" 폴란드를 돕겠다고 약속했다는 점입니다. 그리고 정말 그래야 할 때가 왔지만, 우리는 폴란드를 도울 수 있는 우리의 유일한 자원(공중폭격기)조차 감히 사용할 엄두를 내지 못하고 있습니다. 폴란드 국경 인근이나 발트 해 연안에 우리 육군이나 해군이 단 한 명도 없기 때문이지요. 우리가 라인 강 주변 도시나 베를린에 단 하나의 폭탄만 떨어트려도 바로 보복 전쟁이 시작되고 서방의 모든 도시가 마드리드나 바르샤바 꼴이 날 겁니다. 우리는 폴란드인들에게 이렇게 경고했어야 합니다. 독일의 무자비한 진격을 우리로서는 막을 도리가 없으므로, 히틀러를 정신 차리게 하기 전까지는 폴란드도 체코슬로바키아처럼 납작 엎드려 있어야 한다고 말입니다.

다행히도 우리의 옛 친구 스탈린이 적절한 시점에 나서서 히틀러의 목덜미를 잡았지요. 6백만 붉은 군대를 등에 업고 절묘한 외교력을 발휘했다고나 할까요.

이제 우리가 할 일은 당장 휴전 명령을 내리고 다시 가로등에 불을 밝히는 겁니다. 그러니까, 전쟁을 취소하고, 독일이 폴란드를 압박하면 폴란드는 아일랜드 여섯 개를 합친 것보다 더 골치 아픈 존재가 될 수 있다는 것을 히틀러가 알아듣게 만들어야 해요. 하지만 반드시 기억해야 할 것은, 만일 폴란드 문제가 폴란드 외에 다른 누군가가 풀어야 할 문제라면, 그건 우리보다는 러시아나 독일이 풀어야 할 문제라는 것입니다. 또한, 우리가 독일과 끝까지 싸웠다간 둘 다 망한다는 것과 우리건 히틀러건 러시아와는 싸울 수 없다는 것도 잊으면 안 됩니다. 아직도 로마노프나 부르봉, 심지어 스튜어트나 합스부르크 왕조의 부활을 꿈꾸는 보수당 강경파는 정계에서 쫓아내야 해요.

내 생각에, 우리는 국제사법재판소에 당장 히틀러를 고소하겠다는 뜻을 밝혀야 합니다. 히틀러는 국가 차원에서는 통제가 안 되는 데다가 유대인콤플렉스, 다시 말해 선민콤플렉스에 병적으로 사로잡혀서 대대적인 박해와 약탈을 감행하고 있으니까요. 하지만 강제수용소는 언급하지 말아야 합니다. 그걸 발명한 장본인이 우리이기 때문이죠.

나는 지금 에섹스 주 프린턴에서 이 편지를 쓰고 있습니다. 내일 에이옷으로 돌아갈 예정이므로 곧 부인을 만날 수 있을 것 같군요. 샬롯은 이곳에서 끔찍한 시간을 보내다가, 지난 한 주 동안 많이 괜찮아졌습니다.

월도프가 상원에서 붉은 깃발을 흔들지도 모르겠네요. 그에게 체임벌린주의[제국주의]는 아무 쓸모가 없지요. 어쩌면 그는 의도치 않게 미국에 모범을 보이게 될지도 모르겠습니다. 제프리 도슨이 용감하게도 『타임스』에 나의 서신 두 편을 실었습니다. 그의 서랍에 나의 세 번째 서신이 있지요. 그에게 정말 고마운 마음이랍니다.

모든 프롤레타리아여, 단결하라!

노동당이 지독한 바보짓을 하고 있어요.

부인과 부군에게 우리의 사랑을 전합니다.

서둘러 짐을 싸며,
G.B.S.

정확히 일주일 후 그는 애스터 여사에게 또다시 편지했다.

얼른 이번 주 『뉴스테이츠먼』을 읽어 보세요. 부인이 전쟁에 대해 어떤 태도를 취해야 할지 완벽하게 설명해 놓았답니다. 이런 설명은 모두가 바라고 있지만, 나 말고는 누구도 할 수 없고, 하려고 들지도 않는 것 같습니다.

샬롯은 최악의 고비는 넘겼습니다. 지난 금요일에는 꼼짝 않은 채로 이 여행을 잘 견뎌냈지요. 요통이 도질까 봐 여전히 문밖으로 나가지는 못하고 있지만, 그녀의 몸은 이제 거의 원상태로 돌아왔답니다.

월도프는 정부가 하루 만에 해치울 일을 한 달 동안 하게 내버려뒀더군요. 정부가 일주일이면 끝낼 일을 30년 동안 붙들고 늘어지다가 결국 힘에 부쳐서 '불과 칼'로 해결하는 걸 본 적이 있습니다. 그 바람에 샬롯의 고향인 아일랜드 일부 지역도 불타버렸지요. 그래서 일이 되기를 원하는 사람들은 웨스트민스터보다 히틀러나 무솔리니, 아타튀르크를 선호하는 겁니다. 지자체에서 몇 년만 보내 보면 진정한 정치와 정당 놀음을 구분할 수 있을 텐데, 부인은 그런 경험이 없다는 게 아쉽군요. 내 오랜 경고문을 써서 서재에 붙여두도록 하세요.

"30분 만에 끝낼 일을 30년 걸려서 한다면, 조만간 30년에 걸쳐 해야 할 일을 30분 만에 끝내야 할 때가 올 것이며, 아주 지랄 같은 일이 될 것이다."

부인은 스탈린을 골리는 데 완벽하게 성공한 유일한 생존자이고, 스탈린은 부인이 만나본 최고의 정치인이자 (버나드 쇼를 제외하고) 가장 유쾌한 사람이었으니, 『이브닝 스탠다드』 기자처럼 그에게 욕을 퍼붓는 일은 그만했으면 합니다. 수치스럽게도 우리는 순전히 우리의 경솔함 때문에 폴란드를 배신하고 몰락시켰습니다. 하지만 유럽이 폭파 시합에 돌입하려는 찰나, 우리가 꽁무니를 빼고 폴란드가 주어진 운명에 알아서 맞서도록 내버려둔 것은 우리는 물론 프랑스와 독일에도 잘된 일입니다.

스탈린이 폴란드를 구했습니다. 폴란드 여행을 하던 때가 기억납니까? 수확이 늦어져서 수레바퀴살 같은 황금빛 긴 이랑이 우리 주위로 펼쳐져 있던 풍경을? 사랑스러운 풍경이었지요. 하지만 부인도 알고 있겠지요. 그 개방경지는 가난과 무지, 야만성, 더러움, 밥벌레 같은 인간을 의미한다는 것을 말입니다. 지주제도는 말할 것도 없습니다. 이제 스탈린이 그곳을 집단농장으로 바꿀 겁니다. 그러면 폴란드인들도 야만적인 상태에서 벗어나게 되겠지요. 폴란드인들은 계속해서 그들의 언어와 법 그리고 미국과 같은 연방공화국의 시민으로서 그들의 정체성을 유지하게 될 겁니다. 단지 좀 더 문명화되겠지요. 그러면 히틀러는 전리품의 일부가 좋게 변하는 모습을 바로 눈앞에서 지켜보면서 자신의 국가사회주의를 러시아 공산주의처럼 바꾸거나, 아니면 폴란드가 그에게는 아일랜드 열 개 합친 것보다 더 골치 아픈 존재라는 사실을 깨닫게 될 겁니다. 그러니까 안심하고, 붉은 깃발과 망치와 낫을 위해 건배합시다.

우리는 둘 다 부재지주입니다. 하지만 스탈린은 우리에게 호의적이었지요.

이런 정치학을 용서하세요. 하지만 이걸 외면해서는 안 된답니다. 부인이 매일 물리도록 접하는 온갖 살인적인 위선과 어리석음을 잘 견딜 수 있도록, 희망과 위안이 담긴 정치학을 얘기한 것이니까요.

모든 프롤레타리아여, 단결하라. 교황은 꺼져라.[6] 그리고 위스키는 한

---

6 〔저자 주〕애스터 여사는 독실한 개신교 신자이자 금주가였다.

병에 13파운드 9펜스로 올라라.[7]

친애하는 낸시, 잘 지내요.

우리의 사랑을 전하며.
G.B.S.

그는 『뉴스테이츠먼』 기고에 영리하게도 「전쟁에 관한 비상식」이라는 제목을 붙이고, 다시 한 번 스탈린을 칭찬했으며, 전쟁 초기에 엉망진창으로 대처한 영국 정부의 과오를 요약한 다음 이렇게 덧붙였다. "베르사유 조약이 없었다면, 지금쯤 히틀러는 정치적으로 아무런 영향력도 없는, 생활고에 허덕이는 예술가로 살고 있을 것이다. 실제로 그를 출세시킨 장본인은 우리다. 그러니 우리가 만들어낸 인물을 그만 욕하고, 우리의 사악한 계획을 무산시킨 그의 능력과 그에게 독일 국민이 갖고 있는 부채 의식을 인정하자. 이제 우리가 할 일은 또다시 잘못을 저지르면서 우리 국민을 파멸로 이끄는 것이 아니라 히틀러를 비롯해 전 세계와 화해하는 것이다." 끝으로 그는 "이 모든 잘못의 근원이지만 우리가 절대로 언급하지 않는 원초적 본능인 호전성, 특히 호전성 그 자체를 위한 호전성"에 대해 거론했다. 통찰력 있는 견해였다. 호전성이 이겼고, 1939년 11월에는 쇼도 손을 들고 말았다. "이제는 전쟁에 목적이 없다. 싸움에서 이기는 것 외에는 다른 목적이 없다. … 전망은 그리 밝아 보이지 않는다. 우리가 지면 이긴 자들이 우리를 쥐어짜고, 우리가 이기면 우리가 스스로를 쥐어짜야 할 것이기 때문이다. … 전쟁이 끝나면 우리는 마치 아무 일도 없었던 것처럼 비용을 지불해야 할 것이다. 내가 도

---

[7] 〔저자 주〕 그래서 자본가들만 마실 수 있게 하라는 뜻 같다.

박꾼이라면, 진짜 승자는 러시아나 미국 같은 중립국들이라는 데 걸겠다. … 우리는 이 전쟁에 모든 것을 쏟아붓고 있다. … 나는 우리가 헨리 필딩의 조언을 받아들여 맨주먹으로 끝장을 볼 때까지 싸우기를 바랄 뿐이다. 이렇게 어두운 곳에 숨어 있는 것은 굴욕적이다. 고성능 폭탄을 날리는 것을 정정당당한 공격으로 볼 수는 없다."[8]

쇼와 나머지 세계가 각자의 싸움으로 분주할 동안, 나는 그의 전기와 씨름하고 있었다. 『타임스』에 그의 첫 번째 편지가 실리고 나서 나는 그에게 본인의 작품 중 선호하는 작품이 있는지 물었다. 그리고 말이 난 김에, 그가 잉 주임사제를 칭찬한 것은 다소 의외였다는 말도 덧붙였다. 우리 중 몇 사람은 벌써 수년 전부터 예언한 것을 잉 주임사제가 막판에 '추측'했을 뿐인데, 쇼가 왜 칭찬하는지 알 수가 없었다. 그는 엽서로 답장을 보내왔다. "내가 잉 주임사제를 칭찬한 것은, 그를 깎아내리는 순간 16등급 지식인임을 자처하는 꼴이 되기 때문이야. 그가 자라면서 받은 교육은 끔찍하게도 무려 700년이나 뒤처진 것이었다고. 하지만 그는 살아 있지. 그러니까 칭찬해줘야 하지 않겠나. 나는 선호하는 작품이 따로 없네. 학교 선생도 아닌데 점수를 매기라니, 왜 나를 모욕하나?" 이에 나는 퉁명스럽게 되받아쳤다. 베토벤도 본인이 최고라고 생각하는

---

8 〔저자 주〕 1941년 6월 히틀러가 러시아를 침공했을 때, 가장 예리한 관찰자들조차 러시아가 금세 항복할 것이라고 했고 그중 가장 낙관적인 사람들마저 러시아가 6주도 못 가 화평을 청할 것으로 전망했다. 몇몇 신문은 다소 절망적인 논조로 러시아가 세 달만 버텨준다면 영국이 독일을 공격하는 데 필요한 시간을 벌 수 있을 거라고 평했다. 러시아가 승리할 것이라고 단언한 사람은 영국에서 버나드 쇼가 유일했다. "끝내주는 소식입니다." 그가 말했다. "기대 이상이에요. 어제만 해도 우리는 미국과 함께 히틀러를 처단해야 하는 아주 피곤한 숙제에 직면해 있었습니다. 러시아는 웃으며 구경하는 입장이었지요. 이제 우리는, 생각지도 못했던 히틀러의 바보짓 덕분에, 스탈린이 히틀러를 박살내는 걸 웃으며 지켜보기만 하면 되게 생겼군요. 독일은 이길 가망이 쥐꼬리만큼도 없습니다." (『뉴크로니클』, 1941년 6월 23일)

작품과 가장 좋아하는 작품을 밝혔는데, 그렇게까지 거만하게 나올 건 없지 않냐고, 특별히 애착이 가는 작품을 알려달라고 했다. 그러자 그는 다음과 같은 답장을 보내왔다.

1939년 9월 4일
에섹스 주 프린턴, 에스플러네이드 호텔에서

친애하는 헤스케드 피어슨,

내가 자네 기분을 상하게 했나? 일부러 그런 건 아닐세. 나는 단지 자네에게 기념서가 아닌 전기를 써야 한다고 말하려던 것이었네.

어느 나이든 영국인 대령이 말년의 베토벤을 찾아가서 그의 7중주(유치한 작품이지) 같은 곡을 작곡해달라고 의뢰한 적이 있지. 베토벤은 그를 욕하며 내쫓았어. 만일 그 대령이 베토벤에게 그의 작품 중 선호하는 작품이 뭐냐고 물었어도 결과는 마찬가지였을 걸세.⁹ '선호하는'은 틀린 말이야. 『패니의 첫 번째 연극』과 『메투셀라로 돌아가라』는 어쩌다 보니 나온 작품이라네. 『패니』는 돈벌이용이었고, 『메투셀라』는 상업적 의도가 전혀 없는 중요한 작품이었지. 그건 나도 자네만큼 잘 알고 있어. 하지만 그 작품이 내 기념서처럼 느껴진다거나 그런 건 아니라네.

디킨스는 『데이비드 코퍼필드』를 자신의 기념서처럼 여기며 선호했지. 본인의 경험을 담은 책이었거든. 하지만 『위대한 유산』이 더 좋은 작

---

9 쇼가 틀렸다. 시인 크리스천 커프너Christian Kuffner는 1817년 베토벤에게 그의 작품 중 가장 선호하는 교향곡이 있는지 물었다. 「에로이카」입니다." 베토벤이 흔쾌히 답했다. "저는 C단조(5번 교향곡)일 것으로 짐작했습니다만." 커프너가 말했다. "아닙니다. 「에로이카」입니다." 베토벤이 재차 말했다. 그때는 그가 이미 8번 교향곡까지 완성한 후였다.

품이고, 『작은 도릿』이 더 대작이라는 것은 디킨스 자신도 잘 알고 있었어.

『상심의 집』처럼 앞으로 어떻게 될지 전혀 모르는 상태에서 쓴 희곡들이 『아무도 몰라』처럼 곧바로 제작이 예정됐던 돈벌이용 작품들보다 흥미롭게 느껴지긴 해. 하지만 내가 감정적으로 선호하는 작품이란 건 정말 없어.

잉 사제와 관련해서는 그의 『거침없는 에세이』와 그에 대한 나의 서평 「우리의 위대한 주임사제」를 읽어보게나. 전前마르크스적인 그의 정치경제론은 신경쓰지 말고. 노동 정치는 그의 전공이 아니니까. 하지만 그의 전공분야에서 그는 단연코 영국 최고의 지성인 중 한 명이라네. 잊지 말게나. 자네는 내가 잉 사제를 존경하는 마음에 대해 반드시 언급해야 하네.

그의 다음 편지는 9월 13일 자로, 위 편지에 대한 나의 답장을 인용하며 시작했다.

친애하는 헤스케드 피어슨,

"선생님 작품 가운데, 선생님의 깊은 속 내지는 선생님의 열정을 가장 많이 쏟아부은 것 같은 작품은 무엇입니까? 저는 그런 뜻으로 질문한 것입니다. 하지만 선생님께서 별로 대답하고 싶어하지 않으신 것 같으니, 강요하지는 않겠습니다."

이런 질문으로는, 정말로! 내가 겪어 온 과정을 조금도 설명해주지 못한다네. 나는 대장장이가 말굽을 만들듯 열심히 망치질을 하네. 『메투셀라로 돌아가라』의 5막 「생각이 닿는 데까지」를 쓸 때, 나는 결론에 도달할 때까지-그 결론이 너무 단순해서 종종 웃긴 했지만-논증을 거듭했고, 그런 다음 의견을 내놓았어. 나는 내가 올바른 결론에 도달하기를 원한다는 것과 올바른 결론을 찾는 과정 자체가 유쾌한 활동으로서 성취감을 준다는 사실을 깨닫고, 이렇게 확신하게 됐지. 지성에 대한 열망은 섹스에 대한 열망에 비하면 강도는 덜하지만 평생 지속되고 진화 과정에서 더욱 강력해질 수 있어서 삶을 보다 행복하게 하고 섹스의 불쾌함으로부터 자유롭게 해준다고 말이야. 그러면 인간은 섹스에 대한 압박을 덜 받게 되어 번식 기능도 더욱 떳떳하게 수행할 수 있겠지.

『바르게 살기엔 너무 진실해』 마지막에 나오는 구절은 당시 우스터 주임사제였던 무어 에디Moore Ede로 하여금 열정적인 설교를 하게 했지. 그 구절은 내가 리허설 때 급히 휘갈겨 쓴 거야. 『메투셀라로 돌아가라』 마지막 부분에 나오는 릴리스의 '위대한' 연설은 전하고 싶은 말을 마구 쏟아낸 것이었어. 릴리스(인류의 어머니)는 사실상 아무도 아니었으니 표현해야 할 캐릭터도 없었거든. 셰익스피어의 '구름 모자를 쓴 탑'[10]이나 '신은 있다'[11]나 '이제 저 시계의 음탕한 손이 정오의 음경 위에 있구나'[12]와 같은 표현도 전부 그가 평소 쓰던 대로 쓰다가 얻어걸린 말들일 거야.

잉 주임사제에 관해서는 했던 말을 취소하고 자네에게 사과하고 싶군. 나는 자네가 잉 사제를 잘 모르면서 그저 노동조합의 적대적 감정과

---

10 『템페스트』 4막 1장 프로스페로의 대사 중에서.

11 『햄릿』 5막 2장 햄릿의 대사 중에서.

12 『로미오와 줄리엣』 2막 4장 머큐시오의 대사 중에서.

최근의 상스러운 경향에 편승한 것으로 오해했다네. 그래도 그가 끔찍한 성직자 교육을 받았다는 사실을 참작해주게나. 또, 그의 재담은 최고라는 사실도 잊지 말라고.

우리는 멍청하게 철수하느라 정신이 없구먼. 기가 막힐 노릇이야. 우리가 겁에 질려서 처음으로 시도한 '전시 공산주의Military Communism'는 그저 놀라울 따름일세.

우리가 서로 2천만 명이나 죽여도 안타까워할 사람 하나 없다는 것을 알게 되어서 얼마나 다행인지!

마지막 말은 쇼의 전체주의적 시각을 드러낸다. 살아있는 사람이라면 누구에게나 그 또는 그녀의 죽음을 안타까워할 사람이 세 사람은 있다는 합리적 전제하에서, 2천만 명이 죽으면 6천만 명이 안타까워할 것이다.

잉 주임사제에 대한 쇼의 존경심은 설명할 필요가 없을 것 같다. 쇼가 와인을 싫어하는 이유에 대해서도 마찬가지다. 다시 말해, 취향에는 설명이 필요 없다. 하지만 잉 사제의 『거침없는 에세이』에 대한 쇼의 서평 중 한 구절은 인용할 만하다. 쇼는 잉 주임사제를 위대한 프로테스탄트로 묘사하고 이렇게 말을 이었다. "나는 너무나도 철저한 아일랜드 프로테스탄트라서 사는 내내 아일랜드 성직자들을 열받게 했고, 프로테스탄트 교회라는 말이 그 자체로 모순이라고 선언해서 아일랜드 사제들이 미소짓게 했다. 참프로테스탄트는 신비주의자이지 제도주의자가 아니다. 이 점이 이해되지 않는 사람들은 제도주의와 신비주의에 관한 잉 사제의 탁월한 에세이를 읽어봐야 한다. 특히 영감으로 가득한 232페이지는 교회법에 포함시켜야 할 내용을 담고 있다."

쇼는 영적인 문제에 관해서는 신비주의적 태도를, 세속적인 문제에 관해서는—추측컨대, '마몬[13] 없이는 하느님을 섬길 수 없다'는 원칙에 기초해—제도주의적 태도를 적절하게 견지했다. 어쨌든 우리가 보기에, 아니 그의 전기작가가 보기에, 쇼의 위대함은 그의 신념보다는 유머에, 설교보다는 인격에 있다. 유머는 삶의 시이며 삶에 대한 정당화이자 보상이다. 그리고 쇼는 그 유머라는 요소를 어마어마하게 많이 퍼뜨렸다. 쇼의 유머는 질적인 측면에서 항상 최고였다고 할 수는 없지만, 양적인 측면에서는 타의 추종을 불허했다. 유머는 그의 캐릭터를 줄기 삼아 피어난 꽃이기도 했다.

"선생님 작품 가운데 의식적으로 선생님 자신을 투영한 인물이 있습니까?"

언젠가 내가 물었다.

"없어." 그가 대답했다. "모든 작품에 등장하는 G.B.S. 캐릭터를 빼면 말이지."

그는 자신과 본질적으로 다른 위대한 캐릭터는 창조한 적이 없다. 사실 쇼 자체가 몹시 희귀한 창조물이었고 위대한 캐릭터였다. 그의 유머 넘치는 건강함은 한 시대를 환하게 빛냈으며, 역사는 아마도 그 시기를 '새비언 시대'로 기억할 것이다.

---

13 마태오복음 6:12과 루카복음 16:13 "너희는 하느님과 재물을 함께 섬길 수 없다"에서 언급한 재물과 물욕의 신.

참고문헌

내가 참고한 책과 신문을 전부 나열하려면 열두 페이지도 모자랄 것이다. 따라서 여기서는 주요 출처만 밝히려고 한다.

『미완성』에 실린 쇼의 자전적 서문과 1888~1889년에 발행된『런던 뮤직』,『내가 아는 윌리엄 모리스』, 그가 동시대인들에 대해『펜 포트레이츠 앤드 리뷰즈』에 기고한 글이 전기작가에게는 매우 중요한 자료였으며, 개인적으로 판단하건대, 그것들은 영어로 된 가장 재미있고 흥미진진한 에세이라 할 만하다. 일곱 권에 달하는 그의 음악연극 비평집과『내가 정말로 전쟁에 관해 쓴 글』이라는 책은『쇼와 엘렌 테리의 서신집』(1931)만큼이나 많은 사적인 정보를 제공했다. 그다음으로는 쇼 사상(새비어니즘)으로 가득한 그의 희곡 서문들을 참조했는데, 그중 최고는 역시『안드로클레스와 사자』서문이다. 거기서 쇼는 예수에 관해 역대 그 누구보다도 분별 있는 평가를 내림으로써 쇼 본인의 캐릭터를 드러냈다.

나는 쇼에 관한 세 편의 전기―1911년과 1932년에 아치볼드 헨더슨이 쓴 전기 및 1931년 프랭크 해리스가 쓴 전기―도 참조했다.

버나드 쇼 연보

1856
7월 26일 아일랜드 더블린에서 조지 카 쇼와 엘리자베스 쇼 부부 슬하 1남 2녀 중 막내로 태어나다.

1871
더블린의 부동산 사무소에 취직하다.

1876
4월 더블린을 떠나 어머니와 누이(첫째 누이는 결핵으로 사망)가 있는 런던 빅토리아 그로브 13으로 이주하다.

1876-77
밴덜러 리를 대신해『호넷』에 음악 비평을 쓰다.

피아노 치는 쇼

1878-79
첫 번째 소설『미완성』을 완성하다.

1879-80
런던 에디슨 전화 회사에 취직했으나, 다른 회사에 합병되면서 8개월 만에 회사를 나오다.

1880-83
영국박물관 독서실에서 살다시피 하면서 네 권의 소설『부적절한 결혼』,『예술가들의 사랑』,『캐셜 바이런의 직업』,『비사회적인 사회주의자』를 완성하다. 처녀작을 포함해 소설 다섯 권 모두 출판을 거절당하다.

1884
9월 시드니 웹 등과 페이비언협회에 가입하다.

1885
윌리엄 아처의 소개로『팰맬 가제트』에 1,000자짜리 서평을 쓰기 시작하다. 산업보상회의에서 처음으로 대중 연설을 하다. 4월 아버지가 사망하다.

1886
윌리엄 아처의 소개로『월드』의 미술비평가로 활동하다(~1889).

1888
'코르노 디 바세토'라는 필명으로『스타』의 음악비평가로 활동하다(~1890).

1889
『페이비언 에세이』의 집필과 편집을 주도하다.

1890
『스타』를 나와『월드』의 음악비평가로 활동하다.

1891
『입센주의의 정수』출간.

1892
첫 번째 희곡『홀아비의 집』초연.

1893-95
『바람둥이』,『위렌 부인의 직업』,『무기와 인간』,『칸디다』집필.

1895-96
『새터데이 리뷰』연극비평가로 활동하며『악마의 제자』를 집필하다.

1897
런던 세인트 팬크라스 교구 위원으로 선출되다.『악마의 제자』가 뉴욕에서 흥행에 성공하면서 수입이 크게 늘다.

1898
그간의 작품들을 모아『유쾌한 희곡과 유쾌하지 않은 희곡』을 출간하고, 페이비언협회에서 만난 샬롯 페인 타운센드와 결혼하다.

1899
『시저와 클레오파트라』완성.『아무도 몰라』초연.

1900-01
『칸디다』런던 초연.『브래스바운드 선장의 개종』제작.『청교도를 위한 세 편의 희곡』(악마의 제자, 시저와 클레오파트라, 브래스바운드 선장의 개종) 출간.

1902-03
『인간과 초인』집필과 출간.

1904-05
세인트 팬크라스 자치구 선거에 출마했다 패하고, 그간의 경험을 토대로『시영사업에 관한 상식』을 출간하다. 코트 극장에서 상연한「존 불의 다른 섬」이 에드워드 7세를 비롯해 내각 장관들을 극장으로 이끌면서, 런던과 뉴욕에서 가장 선도적인 작가로 알려지다.

1906
흉상 제작을 위해 로댕의 작업실에서 모델을 서다. 에이옷 세인트 로렌스로 거처를 옮기다. 뉴욕에서『시저와 클레오파트라』초연.

로댕과 쇼

1907
『존 불의 다른 섬』,『바바라 소령』,『그는 어떻게 그녀의 남편에게 거짓말을 했을까』출간하다.

1908
『예술에 관한 상식』출간.『결혼』초연.

1909-11
『오려낸 기사들』,『블랑코 포스넷의 출현』,『부적절한 결혼』,『소네트의 흑부인』,『패니의 첫 번째 연극』초연.

1912
『피그말리온』집필(1913년 빈에서 초연).『번복』초연(1916년 출간).

1913
2월 어머니 사망.『안드로클레스와 사자』초연(1916년 출간).

1914
런던에서『피그말리온』이 대성공을 거두다. 11월『전쟁에 관한 상식』을 출간하다.

1915-1919
『인간과 초인』초연.『상심의 집』,『전쟁에 관한 단막극』출간.

1920-1922
3월, 누이 루시 사망.『메투셀라로 돌아가라』출간.

1923-1924
『성녀 잔다르크』집필과 출간, 런던 뉴씨어터에서 초연.

1925-1926
1893년 발표한『워렌 부인의 직업』이 해금되어 처음으로 공개 상연되다. 노벨 문학상을 수상하다.

1927-1928
아델피 테라스를 떠나 화이트홀 코트로 이사하다.『지적인 여성을 위한 사회주의 안내서』를 출간하다.

1929
우스터서 맬번에서 쇼 페스티벌이 개막되다.『사과 수레』를 출간하다.

맬번 페스티벌 식수행사에서 삽을 들고 가는 쇼

1930
버나드 쇼 전집이 출간되기 시작하다. 런던 사보이 호텔에서 열린 앨버트 아인슈타인을 위한 만찬에서 축사하다.

아인슈타인, 로스차일드 경, 쇼

1931
러시아를 방문해 스탈린과 크루프스카야 (레닌 부인), 스타니슬랍스키를 만나다. 12월 부인 샬롯 쇼와 남아프리카로 여행을 떠나다.

스타니슬랍스키와 쇼

1932-36
부인과 함께 세계일주에 나서다. 『바르게 살기엔 너무 진실해』, 『칼레의 6인』, 『백만장자 여인』을 출간하다.

1937-38
스트랫퍼드 셰익스피어 축제를 위해 『심벨린을 다시 마무리하다』를 집필, 출간하다. 가브리엘 파스칼이 『피그말리온』을 영화로 제작하다.

1939-42
『제네바』 출간. 영화 『피그말리온』으로 아카데미 각본상을 수상하다. 『바바라 소령』이 영화로 제작되다.

영화 『피그말리온』

1943
부인 샬롯 쇼 사망. 『모두를 위한 정치적인 모든 것』(한국어판 제목 『쇼에게 세상을 묻다』) 집필하다.

1944-1945
에이욧의 자택(쇼의 코너)을 내셔널 트러스트에 기증하다. 『시저와 클레오파트라』가 비비안 리 주연의 영화로 제작되다.

1944-1946
쇼의 90세 생일을 맞아, 『지옥에 간 돈 후안』이 특별 상연되고, 『메투셀라로 돌아가라』가 옥스퍼드 대학 출판부가 선정한 500번째 고전으로 출간되다.

1950
마지막 희곡 『그녀가 왜?』를 집필하다. 정원을 손질하다 나무에서 떨어져 신부전증이 악화되면서 11월 2일 94세를 일기로 사망하다.

옮긴이의 말

오스트리아 비엔나의 신예 작가 지크프리트 트레비치는 1902년 쇼를 만나기 위해 런던의 아델피테라스를 찾았다. "선생님 작품을 번역해서 독일의 연극무대를 정복할 준비가 됐습니다." 생면부지 외국인의 느닷없는 제안에 쇼는 즉시 부인에게 도움을 청했다. "샬롯! 여기 웬 나이 어린 미친놈이 찾아왔는데 아무래도 제정신이 아닌 것 같아. 당신이 나서서 진정시키는 게 좋겠어." 쇼 부인이 나타나 트레비치의 설명을 듣고 쇼에게 말했다. "이 분 말이 맞아요. 독일의 극장들은 셰익스피어도 독일 시인으로 만들었는데, 당신이 여기서는 못 받는 대접을 독일 극장에서는 받게 될지 누가 알아요?" 긴가민가한 표정으로 쇼가 트레비치에게 물었다. "그러니까, 자네가 나의 슐레겔과 티크가 되고 싶다는 거지?" (슐레겔과 티크는 셰익스피어의 독일어 번역가로 셰익스피어를 독일의 국민작가로 만든 일등공신들이다.) 그리하여 트레비치는 쇼의 공식 독일어 번역가가 되었고, 20세기 초 독일과 오스트리아에 '쇼 붐'을 일으켰다. 쇼는 이렇게 외칠지도 모르겠다. "내가 죽고 60년도 더 지나서, 유럽이나 미국도 아니고 저 멀리 아시아의 어떤 작자가 내 전기를 번역한다는군. 샬롯, 당신이 나서서 진정시키는 게 좋을 것 같아." 하지만 쇼가 결국에는 이렇게 물어봐줬으면 좋겠다. "그러니까 자네도 나의 슐레겔과 티크가 되고 싶다는 거지?"

트레비치는 당시 극작가로 한창 주가를 올리고 있던 쇼의 희곡 작품을 주로 번역했다. 우리에게도 쇼는 노벨문학상을 받은 극작가로 익숙하지만, 쇼의 명성과 매력은 극작가에만 국한되지 않는다. 철학자 C.E.M.조드는 말했다. "우리 영국인들은 한 사람이 한 개 이상의 명성을 갖는 것을 용납하지 못하는데, 쇼는 적어도 여섯 개의 명성을 갖고 있다." 극작가는 물론 음악·미술·연극비평가, 연설가, 재담가, 정치가, 사상가로서 영역을 넘나들며 종횡무진 활약했을 뿐만 아니라, "이미 가진 것을 원할 수는 없는 법"이라며 글쓰는 재능은 원래부터 타고났다는 식으로 말하는 쇼를 보면 기가 차는 면이 없지 않다. 『쇼에게 세상을 묻다』를 번역할 때부터 쇼의 글을 돌려보며 함께 작업해온 '수요번역회' 친구들도 쇼의 넘치는 지성과 왕성한 활동을 종종 버거워했다. 그럼에도 우리는 도돌이표처럼 쇼에게로 돌아가곤 했는데, 그의 삶 전반에 깔린 경이로운 지성과 지혜는 두고두고 곱씹어볼 만한 것이었기 때문이다. 쇼는 콩가루 집안이라는 "수치스러운 비밀을 없앨 수 없다면 차라리 활용"하기로 했으며, 지독히 수줍은 성격을 "하나씩 배워나가기 위해 매번 화재 현장에 뛰어드는 겁 많은 소방관"의 자세로 극복해 연단을 정복했고, "움직이며 살아 있는 것은 행복보다 기분 좋은 상태"라면서 사회운동을 하다가 지치면 희곡을 쓰는 식으로 육체와 정신을 끊임없이 단련했다. 당대의 명사들도 날카로운 지성이 돋보이는 쇼의 말과 글, 다방면의 명성 앞에서 주눅이 들었던 듯하다. 찰리 채플린은 1921년 런던을 방문했을 때 쇼를 만나고 싶어서 쇼의 집 문 앞까지 갔다가 갑자기 "바보처럼 소심해져서" 그냥 돌아서기도 했다. 10년 후 마침내 쇼와 마주하게 된 채플린은 여전히 긴장했지만 예술과 세계경제에 관한 대화를 나누고는 쇼가 "자신의 감상적인 면을 숨기기 위해 지성을 방패막이로 사용하는 순한 신사"임을 알게 되었다고 한다.

쇼의 이런 면이 잘 부각되었다는 게 헤스케드 피어슨이 쓴 이 전기의 매력이다. 피어슨은 쇼의 빛나는 지성과 매력적인 인성을 입체적인 시각으로 다뤘다. 『버나드 쇼: 지성의 연대기』는 공정하고 냉정한 시각으로 자료를 선별해서 객관적으로 인물을 서술하는 데 치중한 전기가 아니다. 쇼에게는 연극판의 까마득한 후배이기도 한 배우 출신의 저자가 존경하는 극작가의 전기를 써보겠다고 20년 넘게 쇼와 가까이 지내며 대화를 나눈 결과물이다. 쇼가 셰익스피어와 디킨스를 통해 사회와 역사를 배웠듯, 우리는 쇼가 만난 수많은 역사적 인물과 사건을 통해 근대사의 현장들을 생생하게 목격할 수 있다. 쇼가 삶을 대하는 태도는 이 책 곳곳에 드러나며, 팍팍한 현실에 쫓겨 꿈과 이상을 외면하고 나이 들수록 타성에 젖어 더는 '사고'하려 하지 않는 우리에게 큰 울림을 전한다.

트레비치의 초창기 번역은 오역과 의역으로 엄청난 혹평에 시달렸지만, 쇼는 즐거운 마음으로 트레비치 편을 들어주었다고 한다. 그리고 이런 말도 했다. "좋은 번역은 지식의 산물일 뿐만 아니라 '촉divination'의 산물이기도 하다" '촉'을 한껏 세워봐도 해결되지 않던 부분들을 함께 고민해주고 부족한 부분은 채워주던 '수요번역회' 친구들에게 이 자리를 빌려 고맙다는 말을 전한다.

김지연

찾아보기

A.B.위클리A.B.Walkley 451, 613, 663
A.E.하우스먼A.E.Housman 630
E.R.피즈E.R.Pease 106, 391
G.R.심스G.R.Sims 69
G.W.푸트G.W.Foote 97, 119
H.T.머거리지H.T.Muggeridge 391, 396
H.W.매싱엄H.W.Massingham 162, 191-192, 533, 544
J.B.홀데인J.B.Haldane 422
J.E.베드렌J.E.Vedrenne 309, 340, 368-369, 372, 378-379, 389, 433, 438, 447, 450, 453-454, 457
J.T.그레인J.T.Grein 289, 291, 297, 624
S.G.홉슨S.G.Hobson 429-430
T.E.로렌스T.E.Laurence 207, 639-641
T.P.오코너T.P.O'Connor 191, 201, 625
W.R.잉W.R.Inge 578, 674, 680, 682-684

결혼Getting Married 389, 456-457
괴테Goethe 112, 183, 333-334, 523, 553, 593, 629
구노Gounod 40-41, 198-199
그랑빌 바커Harley Granville-Barker 304, 309, 340, 352, 368-371, 375, 379, 382-389, 433, 438-439, 447-450, 453-454, 457, 462, 464-466, 484-485, 533
그랜트 앨런Grant Allen 278-279, 425
그레엄 월러스Graham Wallace 110-111, 127, 190, 275, 317-318, 324, 330, 398-399, 401-402, 408-410
글래드스턴W.E.Gladstone 191, 603
길버트 머레이Gilbert Murray 372, 382, 434, 457
길버트 체스터턴Gilbert.K.Chesterton 373, 380, 404, 506-508, 510, 512-513, 640

난센Fridjsof Nansen 386, 503
네이션The Nation 533, 544
노르다우Max Nordau 137, 228
노스클리프 경1st Viscount Northcliffe 423, 426
뉴스테이츠먼The New Statesman 134, 532, 677, 679
니체Friedrich Nietzsche 348, 364

대단한 크라이턴The Admirable Crichton 363, 508
데스먼드 매카시Desmond MacCarthy 559, 561, 571
데이비드 코퍼필드David Copperfield 220, 681
데일리 뉴스The Daily News 524, 548, 631-632
데일리 메일The Daily Mail 423, 534
데일리 익스프레스The Daily Express 673
데일리 크로니클The Daily Chronicle 161, 524
데일리 텔레그래프The Daily Telegraph 541-543, 571
도니제티Gaetano Donizetti 44, 196
돈 조반니Don Giovanni 41-42, 56, 177
두 도시 이야기A Tale of Two Cities 602
두 번째 탠커레이 부인The Second Mrs.Tanqueray 467
뒤마Alexandre Dumas 38, 108, 233
드보르자크Antonin Dvorak 198
디킨시언The Dickensian 510-513

라이프니츠G.W.Leibniz 523
라파엘 로슈Raphael Roche 518, 520, 522
램지 맥도널드Ramsey McDonald 138, 624-626
레닌Vladimir Lenin 134, 150, 337, 349, 505, 582-591
렘브란트Rembrandt 388, 645
로댕Rodin 489-495, 497-498, 500, 642
로렌스 어빙Laurence Irving 251, 340
로버트 로레인Robert Loraine 381-382, 455-456, 470, 544, 550, 598, 602
로버트 로스Robert Ross 567
로버트 린드Robert Lynd 529
로버트 셰랄드Robert Sherard 568
로빈슨 크루소Robinson Crusoe 36, 552
로이드 조지David Lloyd George 426, 595-596, 608
로저 케이스먼트Roger Casement 548, 549
로저 프라이Roger Fry 638
루디야드 키플링Rudyard Kipling 365, 372-373, 392, 432, 486, 558, 560, 629-631
루시 쇼Lucy Shaw 326, 485-486, 634
루이스 캘버트Louis Calvert 373-375, 442

루크레치아 보르자Lucrezia Borgia 44
리처드 3세Richard III 45, 244, 248-249, 304, 364-366
리처드 맨스필드Richard Mansfield 305, 312, 315
리처드 바그너Richard Wagner 213
리처드 홀데인Richard Haldane 127-128, 487
리카도David Ricardo 404, 579
리트비노프Maksim M. Litvinov 593, 596
릴라 매카시Lillah McCarthy 380, 388, 439, 461, 466, 604
릴케Rainer Maria Rilke 490

마테를링크Maeterlinck 300, 370, 435, 459, 466
마호메트Mahomet 352, 452, 610-611
막스 비어봄Sir Max Beerbohm 264-265, 268, 463, 537
맥베스Macbeth 5, 45, 233-234, 255, 257, 311, 380, 447, 455, 553
맨체스터 가디언The Manchester Guardian 534, 548, 561
맬번 페스티발Malvern Festival 635-637, 639, 641
머레이 카슨Carson Murray 305, 313
메이 모리스May Morris 140-147, 163, 166, 175, 181
메투셀라로 돌아가라Back to Methuselah 165, 351, 406, 527, 602, 605, 607-612, 681, 683
멜바 부인Nelli Melba 196
모차르트Mozart 41-42, 160, 178, 223, 388, 421, 636, 643
몬나 반나Monna Vanna 459
몰리에르Moliere 466, 553, 621
몸젠Mommsen 333,335
무기와 인간Arms and the Man 181, 298-300, 315, 378, 389, 451,453, 674, 598-599
무디와 샌키Moody and Sankey 55-56, 71
무솔리니Mussolini 336, 349, 635, 677
미완성Immaturity 71, 74, 628, 686
미켈란젤로Michelangelo 47, 358, 388, 497, 500

바그너주의자The Perfect Wagnerite 213, 331
바람둥이The Philanderer 178-179, 292, 315, 612
바르게 살기엔 너무 진실해Too True To Be Good 639, 683
바바라 소령Major Barbara 372, 375, 377, 382-385, 507-508

바이로이트 페스티발Bayleuth Festival 210-213
바흐Bach 192, 643
배리 설리번Barry Sullivan 45-46, 233, 364, 448, 475
배리 잭슨Sir Barry Jackson 604-606, 635
백만장자 상속녀Millionairess 641, 657
번 존스E.Burne-Jones 137, 147, 158
번복Overruled 457, 471
베르디Verdi 41, 44
베를리오즈Berlioz 160
베아트리스 웹Beatrice Webb 128, 175-176, 184, 226, 270, 274-276, 293, 297, 304, 318, 322, 324, 402, 411, 648
베토벤Ludwig van Beethoven 196, 351-352, 388, 421, 472, 514, 643, 645, 680-681
벨라 도나Bella Donna 467-468
보로노프Dr.Serge Voronoff 632-633
부다Buddha 645
부적절한 결혼The Irrational Knot 76-77
브래스바운드 선장의 개종Captain Brassbound's Conversion 339-345, 438, 449, 468
브램 스토커Bram Stoker 243-244, 246, 249
블랑코 포스넷의 출현The Shewing-up of Blanco Posnet 339, 458-459
비사회적인 사회주의자The Unsocial Socialist 78

사과 수레The Apple Cart 166, 471, 635
사라 베르나르Sarah Bernhardt 265-266, 490, 619
상심의 집The Heartbreak House 428, 546, 602, 604, 635, 642, 682
새뮤얼 버틀러Samuel Butler 84, 153-154, 406
새뮤얼 존슨Samuel Johnson 509, 626
새터데이 리뷰The Saturday Review 230, 236, 242, 258, 260, 262, 265, 268, 315, 321, 554, 557
샬롯 쇼Charlotte Shaw 317-318, 323, 328-329, 341, 448, 472, 484, 651-652, 657, 676-677
성녀 잔다르크St.Joan 25, 351, 579, 605, 610-623, 643
세드릭 하드위크Sir Cedric Hardwicke 635

세실 로손Cecil Lawson 74-75, 86
세실 체스터턴Cecil Chesterton 5164, 510
세인트 제임스 가제트St.James Gazette 155
션 오케이시Sean O'Casey 636
셰익스피어William Shakespeare 5, 25, 36, 38, 76, 108, 147, 184, 195, 203-204, 232-244, 250-257, 269, 282-287, 296, 303, 318, 333-338, 349-352, 364-369, 373, 420, 438, 440, 447, 461, 465, 485, 501, 514, 523, 536, 553, 555, 558, 560, 564-569, 579, 617, 621-628, 633, 645, 662, 683
셰리단 놀스James Sheridan Knowles 621, 627
셸리Shelley 56, 87, 115, 118, 182, 185, 187, 349-352, 614, 643
소네트의 흑부인The Dark Lady of the Sonnets 460
슈트레제만Dr.Gustav Stresemann 623
스키피오Scipio 409-410, 412
스타The Star 171, 191, 193, 201, 213, 223, 426, 638
스탈린Stalin 337, 349, 585-586, 589, 591, 674-675, 678-680
스테이지 소사이어티The Stage Society 294, 297, 304, 309, 346, 362, 366, 368, 430-431, 602-603
스튜어트 헤들럼Stewart Headlam 103, 134, 264, 303, 629
스트린드베리Strindberg 502
시골에서 구혼하다Village Wooing 646
시드니 그런디Sydney Grundy 246, 457
시드니 올리비에Sydney Olivier 110, 126, 275, 291
시드니 웹Sydney Webb 103, 107-108, 110, 126, 133-134, 184, 226-227, 270-276, 580, 585
시드니 카커렐Sydney Cockerell 207, 631, 639
시라노 드 베르쥬라크Cyrano De Bergerac 601
시릴 모드Cyril Maude 306, 388
시빌 손다이크Sybil Thorndike 613-614
시저와 클레오파트라Ceasar and Cleopatra 316, 331-336, 361-362, 373, 389, 397, 441-452, 467, 635, 643
신을 찾는 흑인 소녀의 모험The Adventure of the Black Girl in Her Search for God 610, 651-652

아나톨 프랑스Anatole France 500-501
아놀드 데일리Arnold Daly 295, 315, 367
아놀드 베넷Arnold Bennett 435, 503, 538, 604, 610

아무도 몰라You Never Can Tell 305-306, 308-309, 319, 332, 379, 454, 612, 682
아버지와 아들Father and Son 630
아서 밸푸어Arthur Balfour 377-378, 384, 487
아서 오쇼네시Arthur O'Shaughnessy 639
아서 윙 피네로Arthur Wing Pinero 258-259, 287, 300, 302, 433-436, 457, 467, 481, 624, 663
아우어 코너Our Corner 156, 168-169
아이작 뉴턴Sir Isaac Newton 523-525, 642
아치볼드 헨더슨Archibald Henderson 543, 686
악마의 제자The Devil's Disciple 304, 311-316, 333, 366, 381, 389, 447, 464
안드로클레스와 사자Androcles and the lion 450, 463-466, 643, 681
알렉산더 매켄지Alexander Mackenzie 193, 197-198
알프레드 노벨Alfred Nobel 627
알프레드 더글러스Lord Alfred Douglas 567
알프레드 수트로Alfred Sutro 300, 384, 431-432, 434, 437, 466, 533, 538-539, 555, 623, 635, 645
암로스 라이트 경Sir Almroth Wright 385-386, 421, 516, 522, 550
애니 베산트Annie Besant 115-119, 156, 167-171, 185, 224, 407
애니 호니먼Annie Horniman 298, 453
애스터 여사Lady Astor 504, 586-587, 591-597, 635-636, 640, 651, 654, 657, 659-661, 674, 676-678
어울리지 않는 결혼Misalliance 456-457
에드먼드 예이츠Edmund Yates 156, 193, 202, 232, 237
에드먼드 고스Edmund Gosse 629-630, 637
에드워드 7세Edward VII 299, 378, 434
에드워드 8세Edward VIII 664, 672
에드워드 그레이Edward Grey 127, 528-529, 531
에드워드 에이블링Edward Aveling 167, 387
에드워드 엘가Edward Elgar 193, 636-639
에드워드 카펜터Edward Carpenter 118, 302
에드윈 드루드 미스터리The Mystery of Edwin Drood 223, 510, 512

엘레노어 마르크스Eleanor Marx 184-186

엘레오노라 두제Eleonora Duse 265-266

엘렌 테리Ellen Terry 166, 181, 231-247, 303, 305-306, 318-319, 322, 326, 338-339, 346, 372, 398, 438-439, 449, 467-468, 472

엘리자베스 쇼Elizabeth Shaw 8-9, 13, 15, 485

예기치 못한 섬의 바보들The Simpleton of the Unexpected Isles 641

예수Jesus 396, 555-556, 572, 579-581, 610, 645, 686

예술가들의 사랑Love Among the Artists 76-77

오스카 와일드Oscar Wilde 8, 64, 70, 87, 148, 188, 204-206, 261-265, 348, 500, 558, 562, 564-573

오스카 와일드의 삶과 고백Life and Confessions of Oscar Wilde 558-559, 561, 566

올리버 골드스미스Oliver Goldsmith 604, 632

올리버 크롬웰Oliver Cromwell 596

운명을 지배하는 남자The Man of Destiny 237-238, 240, 242, 244, 247-248, 304-305, 315

위렌 부인의 직업Mrs.Warren's Profession 292-297, 335

월도프 애스터Waldorf Astor 586, 592, 596, 656, 676-677

월드The World 155-156, 193, 202, 292, 467

월터 스콧Walter Scott 241

윈스턴 처칠Winston Churchill 596

윌리엄 T. 스테드William T. Stead 155-160

윌리엄 랜돌프 허스트William Randolph Hearst 658

윌리엄 모리스William Morris 60, 95, 100, 115, 118, 131-144, 146-148, 185, 206-207, 225, 373, 497, 569, 585, 633-634, 686

윌리엄 버틀러 예이츠William Butler Yates 178, 181, 370, 375-376, 506

윌리엄 아처William Archer 154-156, 170, 193, 212-213, 287-292, 297, 299, 309-310, 335, 386, 388, 502, 634

윌리엄 테리스William Terriss 309-310, 312-313

윌리엄 하이네만William Heinemann 264, 663

윌슨 대통령Woodrow Wilson 528, 540-541

유리피데스Euripides 370, 372, 375, 457, 553

유진 샌도우Eugen Sandow 515

유쾌한 희곡과 유쾌하지 않은 희곡Plays:Pleasant and Unpleasant 323, 327

의사의 딜레마The Doctor's Dilemma 188, 387-388, 421, 466, 642

이디스 네스빗Edith Nesbit 111, 172

이래즈머스 다윈Erasmus Darwin 608

이브닝 스탠다드The Evening Standard 664, 674, 677

이사도라 던컨Isadora Duncan 504

이스라엘 쟁윌Israel Zangwill 533, 572

인간과 초인Man and Superman 50, 61, 81, 104, 166, 190, 358-359, 361, 368, 379-382, 458, 582, 613, 663

입센Ibsen 154, 179, 188, 224, 233-234, 240-242, 253, 258-259, 287, 289, 292, 312, 348-352, 373, 393, 434, 442, 466, 502, 553

입센주의의 정수The Quintessence of Ibsenism 320

자본론Das Kapital 111, 155, 348, 403, 586

재닛 어처치Janet Achurch 293, 297, 303-304, 315, 346, 373

쟝 라신Jean Racine 621

전쟁에 관한 비상식Common Sense about the war 679

전쟁에 관한 상식Uncommon Sense about the war 526, 528-529, 538, 542, 545, 547

제네바Geneva 641

제이콥 엡스타인Jacob Epstein 488, 494-498

제임스 매튜 배리James Matthew Barrie 147, 308, 363, 385, 432-433, 457, 461, 463, 473, 481, 503, 508-509, 629-630

제임스 보스웰James Boswell 509, 558

제임스 에이게트James Agate 265

조 데이비슨Jo Davidson 494-495

조지 알렉산더George Alexander 245-246, 251, 263, 302, 306, 341, 468, 474, 481

조지 존 밴덜러 리George John Vanderleur Lee 14-16, 67, 212

조지 카 쇼George Carr Shaw 6-10, 42, 52

조지프 체임벌린Joseph Chamberlain 271-272, 392, 401

조지프 콘래드Joseph Conrad 495, 538, 558, 560-562

존 골즈워디John Goldsworthy 369-370, 372, 380, 457, 466, 525, 538, 627, 629-630

존 머레이John Murray 361

존 밀턴John Milton 97-98, 144
존 버니언John Bunyan 256-257, 351, 383, 643
존 번스John Burns 114, 117, 395-396
존 불의 다른 섬John Bull's Other Island 255, 369, 373, 375-379, 441, 598, 642
존 스튜어트 밀John Stuart Mill 91, 107
존스턴 포브스 로버트슨Johnston Forbes-Robertson 250, 313-315, 333, 335, 361, 440-454, 467, 5074, 610, 619-621
주더만Hermann Sudermann 245, 265
지그몬드 스트로블Zsigmond Strobl 494-500
지는 것이 이기는 것She Stoops to Conquer 604, 642
지적인 여성을 위한 사회주의 안내서The Intelligent Woman's Guide to Socialism 577, 581
지크프리트 바그너Siegfried Wagner 213
지크프리트 트레비치Siegfried Trebitsch 618
진 터니Gene Tunney 578

찰리 채플린Charlie Chaplin 147, 494, 605
찰스 다윈Charles Darwin 57, 91, 98, 167, 404, 406
찰스 디킨스Charles Dickens 37, 65, 108, 220-223, 313, 510-511, 560, 602, 658, 681-682r
찰스 스튜어트 파넬Charles Stewart Parnell 138
찰스 왕의 전성시대In Good King Charles Golden Days 641
찰스 윈덤Charles Wyndham 246, 292, 302, 304, 341, 557
천로역정The Pilgrim's Progress 36, 229, 257
청교도를 위한 세 편의 희곡Three Plays for Puritans 357
첸치 일가The Cenci 614
초서Geoffrey Chaucer 136-137, 497, 500, 560

칸디다Candida 300, 302-304, 306, 315, 343, 367-368, 438, 453, 566, 613-614
칼 마르크스Karl Marx 41, 93-94, 103-104, 107, 111, 130, 134, 136, 138, 148, 167, 184-186, 348, 370, 403, 405-407, 494, 580, 582-584, 586, 629
칼레의 6인The Six of Calais 641
캐서린 대제Great Catherine 460

캐셜 바이런의 직업Cashel Byron's Profession 77-78, 130, 160
커닝엄 그레엄Cunninghame Graham 117, 120
코난 도일Conan Doyle 234, 424-426, 548
크루프스카야Krupskaya 591-592
크리슈나무르티Krishnamurti 171-172
키어 하디Kier Hardie 185, 278, 391, 408, 530

테오필 고티에Theophile Gautier 500-501
토머스 데이비드슨Thomas Davidson 104
토머스 에디슨Thomas Edison 68-69
토머스 칼라일Thomas Carlyle 96, 183, 624
토머스 하디Thomas Hardy 629, 631, 639
토머스 헉슬리Thomas H. Huxley 91, 98, 271, 406
톨스토이Leo Tolstoy 109, 254, 458-459, 583
톰 페인Thomas Paine 529
트로츠키Trotsky 584-585
트루베츠코이Paolo Troubetzkoy 489, 493, 498, 500, 640

파데레프스키Paderewski 503
파블로프Pavlov 418-419
파비우스Fabius 105, 409-410, 412-413
파우스트Faust 40, 112, 196
파탄 직전On the Rocks 601, 641
패니의 첫 번째 연극Fanny's First Play 401, 681
패트릭 캠벨Patrick Campbell 166, 181, 333, 342, 467-481
팰맬 가제트The Pall Mall Gazette 74, 118, 158, 170-171, 398, 466
퍼블릭 오피니언Public Opinion 55
페더럴 씨어터 프로젝트The Federal Theatre Project 601-602
페이비언 에세이The Fabian Essays 129-130
프랭크 포드모어Frank Podmore 106
프랭크 해리스Frank Harris 181-182, 230-232, 263, 268, 545, 554-573
프루동Proudhon 111
플로렌스 파Florence Farr 178, 180-181, 184, 189, 290, 298

피그말리온Pygmalion 467-468, 470, 474-475, 480-481, 577
피어슨스 매거진Pearson's Magazine 558-559
피크위크The Pickwick Papers 37, 507
피터 팬Peter Pan 463, 507-508

한킨St. John Hankin 433-436
햄릿Hamlet 46, 195, 239, 248, 250, 256-257, 310, 364, 441, 443, 445, 449, 467, 621, 683
허버트 애스퀴스Herbert H. Asquith 127-128, 378, 487, 529, 540, 608
허버트 조지 웰스H.G.Wells 139, 274, 373, 380, 398-402, 405-414, 418-422, 428, 485, 488-489, 503-504, 535, 538, 556, 558-561, 583
허버트 트리Sir Herbert Tree 341, 361, 458, 464, 474-475
헨델Hendel 41, 199, 351-352
헨리 솔트Henry Salt 215-218, 330, 353
헨리 아서 존스Henry Arthur Jones 258, 289, 300-301, 327, 332, 528, 533, 535
헨리 어빙Henry Irving 46, 232-233, 242-244, 250, 309, 340, 398
헨리 제임스Henry James 398-399, 560
헨리 조지Henry George 92-93, 103, 348, 580, 629
헨리 하인드먼Henry Hyndman 93, 100, 102-104, 114, 124, 131, 134, 185, 394, 423
헨리 할리데이 스팔링H. H. Sparling 143-145
헬렌 켈러Helen Keller 659-660
호넷The Hornet 67
홀브룩 잭슨Holbrook Jackson 145, 280, 397
홀아비의 집Widowers' House 289-292, 298
황폐한 집Bleak House 37, 221
휴버트 블랜드Hubert Bland 105, 112, 172, 515
히틀러Hitler 147, 336, 349, 673-680
힐레어 벨록Hilaire Belloc 380, 503, 506-507, 538

| Picture Acknowledgements |

p.110 Photo by G.C.Beresford from 『Bernard Shaw: His Life and Personality』; p.142 May Morris photo by G.B.S. from 『G.B.S. 90』, William Morris photo by G.C.Beresford, 『Bernard Shaw: His Life and Personality』; p.270 The Webbs from LSE Library: http://archives.lse.ac.uk; p.328 The Shaws from 『G.B.S.90』; p.446 Johnston Forbes-Robertson photo by L. Caswall Smith, 『Bernard Shaw: His Life and Personality』, Vivien Leigh from open sources; p.498 A Bust of Shaw at the Rodin Museum from commons. wikimedia.org., Strobl's Bust from open sources; p.499 Jacob Epstein's Bust from Central Press Photos, Troubetzkoy's Statue photo by G.B.S.; p.644 G.B.S. from 『Bernard Shaw through the Camera』; p.660 G.B.S. with Helen Keller and Lady Astor from New York Times; p.687 G.B.S. photo by Laude Bros., 『Bernard Shaw through the Camera』; p.688 G.B.S with Rodin from Ibid., G.B.S at Malvern Festival photo by Alvin Langdon Coburn, 『G.B.S.90』; p.689 Einstein, Sir Rothschild and Shaw from Topical Press, 『Bernard Shaw through the Camera』, G.B.S. with Stanislavsky from Picture Post Library, 「Pygmalion」 film poster from www.wikipedia.org

| 옮긴이 | 김지연

서울대학교에서 종교학을 공부하고 동대학원에서 박사과정을 수료했다. 경인교대와 부산교대에서 학생들을 가르쳤다. 옮긴 책으로 『파워오피니언 50』(공역), 『쇼에게 세상을 묻다』(공역), 『월터 미티의 은밀한 생활』이 있다.

버나드 쇼
지성의 연대기

2016년 7월 7일 초판 1쇄 발행
2017년 2월 14일 초판 2쇄 발행

지은이 ·················· 헤스케드 피어슨
옮긴이 ·················· 김지연

펴낸이 ·················· 유수현
펴낸곳 ·················· 도서출판 뗀데데로 TENDEDERO
　　　　　　　　　　　서울시 서초구 방배로 28길 89 화신빌딩 F4
　　　　　　　　　　　등록 제 321-251002009000002호

　　　　　　　　　　　전화 070-8182-6300
　　　　　　　　　　　팩스 02-6008-2089
　　　　　　　　　　　이메일 info@tendedero.co.kr

ISBN 978-89-962823-9-6-03990
버나드 쇼:지성의 연대기ⓒ2016. TENDEDERO. Printed in Korea.

이 도서의 국립중앙도서관 출판예정도서목록(CIP)은 서지정보유통지원시스템 홈페이지(http://seoji.nl.go.kr)와 국가자료공동목록시스템(http://www.nl.go.kr/kolisnet)에서 이용하실 수 있습니다. (CIP제어번호: CIP2016015289)

- 잘못 만들어진 책은 바꾸어 드립니다.
- 책값은 뒤표지에 있습니다.